Max Taut

Annette Menting

MAX TAUT

DAS GESAMTWERK

Deutsche Verlags-Anstalt
München

Die Forschungsarbeit zu Max Taut wurde
durch die Deutsche Forschungsgemeinschaft
gefördert.

Bibliografische Information
Der Deutschen Bibliothek
Die Deutsche Bibliothek verzeichnet diese
Publikation in der Deutschen Nationalbibliografie;
detaillierte bibliografische Daten sind im Internet
über http://dnb.ddb.de abrufbar.

© 2003 Deutsche Verlags-Anstalt GmbH, München
Alle Rechte vorbehalten
Grafische Gestaltung: Iris von Hoesslin, München
Lithographie: reproteam siefert, Ulm
Druck und Bindung: Printer Trento, Trento
Printed in Italy

ISBN 3-421-03440-0

INHALT

Vorwort

Wer baute das siebentorige Theben?
In den Büchern stehen die Namen von Königen.
Haben die Könige die Felsbrocken herbeigeschleppt?
Und das mehrfach zerstörte Babylon –
Wer baute es so viele Male auf? In welchen Häusern
Des goldstrahlenden Lima wohnten die Bauleute?
Bertold Brecht, Fragen eines lesenden Arbeiters

Meine erste Begegnung mit der Architektur Max Tauts ergab sich durch mein Studium an der heutigen Universität der Künste in Berlin. Die Architekturschule war unmittelbar nach dem Zweiten Weltkrieg von Max Taut als neue Abteilung der Hochschule gegründet und unter Einbeziehung ehemaliger Bauhäusler zu einer Ausbildungsstätte aufgebaut worden, die künstlerische und technische Momente in ihrer Lehre vereinte. In den achtziger Jahren schien gleichwohl die Sachlichkeit Tauts eher ein Thema für Historiker als für zukünftige Architekten. Postmoderne und Dekonstruktivismus bestimmten den architektonischen Diskurs und als Vorbild diente die rationale Ästhetik der New Yorker Fünf.

Wenn mein Weg am tautschen Buchdruckerhaus vorbeiführte, führte er an keiner spektakulären Wegmarke im damaligen Kreuzberg vorbei. Mit der Internationalen Bauausstellung rückten Architekten wie Mario Botta, John Hejduk, Gustav Peichl, Aldo Rossi und Zaha Hadid ins Blickfeld. Dagegen wirkte das Buchdruckerhaus mit seiner gelben Klinkerfront als Understatement und erfrischend unprätentiös in der architektonischen Galerie atemberaubender Einfälle. Otto Steidle war es, der Max Taut Bescheidenheit mit seinem Verwaltungsbau im Hinterhof attestierte, während sich naturgemäß Verbände und Banken mit ihrer Architektur exponieren. Aber es ist eine Bescheidenheit aus Selbstvertrauen: Das Buchdruckerhaus steht für eine Architektur, deren Ausdruck weder erborgt noch importiert ist, sondern sich, ohne regional zu wirken, aus einer eigenen metropolen Traditionslinie herleitet. Auch Max Taut konnte mit Bauwerken sichtbare Zeichen setzen, wie das erste sachliche Hochhaus Deutschlands für die Gewerkschaften in Frankfurt oder das Warenhaus am Berliner Oranienplatz beweisen. Doch sein Anliegen war das der menschlichen Maßstäblichkeit und der authentischen Kon-

struktion, einhergehend mit seinem künstlerischen Wirken für Gewerkschaften, Arbeiter und Angestellte. Julius Posener brachte es auf die einfache Formel: »Er hat immer für die kleinen Leute gebaut.«

Es ist bislang kaum bekannt, welche Bautätigkeit er nach 1945 im Ruhrgebiet entfaltete und wie sehr er, noch als Achtzigjähriger, dafür kämpfte, am Rande desolater Industrieareale so etwas wie ein Wohnklima für Stahlarbeiter und Bergleute zu schaffen. Er hat auf die insistierenden Fragen des brechtschen Poems mit seiner Architektur in seiner Zeit geantwortet. Der Siedlungsbau am Niederrhein war keine spektakuläre Aufgabe, vielmehr eine Mission im Kleinsten und das kraftzehrende Planen gegen Gleichmut und Verkrustungen der Behörden im nördlichen Revier.

In Berlin kann der Städter heute am Buchdruckerhaus vorbeigehen, ohne dass es als Blickfang wirkt, aber er kann nicht hineingehen, ohne mit einer ganzen Palette sinnlicher Eindrücke wieder auf die Straße zu treten. Diese durchaus sinnenhafte Erfahrung durften auch wir einst als Studenten bei einer Besichtigung im baugeschichtlichen Seminar bei Jonas Geist machen. Das Miteinander von Materialien in Verbindung mit einer expressiven Skala von Farben kann eine architektonische Offenbarung sein. Zumindest gehört die Besichtigung des Buchdruckerhauses zu den Schlüsselerlebnissen des Studenten Julius Posener, dessen Verständnis einer neuen Architektur hier begann. Es hätte auch beim ADGB-Haus an der Wallstraße beginnen können oder mit dem immer noch zauberhaft inmitten des baumreichen Stahnsdorfer Friedhofs aufragenden Grabmal Wissinger.

Meine Forschung glich einem Wahrnehmen von Neuem und einem Wiederentdecken von Vertrautem, das man, so wie man ein Buch nach Jahren ein zweites Mal aufblättert,

1 Max Taut, Porträtfoto aus den zwanziger Jahren

dem veränderten Blick aussetzt. Neben dem bekannten gab es den jungen Taut mit seinen Schulen und prachtvollen Konstruktionen kennen zu lernen und den Taut der späten Jahre, der sich selbst einmal, achtzigjährig, humorvoll als Fossil bezeichnete. Dieser lange, an Brüchen reiche Weg, der vom Jugendstil bis zu den späten Nachkriegsjahren führt, erscheint als Faszinosum und gleicht einem Schnitt durch die Sedimente der Moderne des vergangenen Jahrhunderts. Ihn schreibend noch einmal zurückzulegen, war mein Anliegen, um etwas von der Atmosphäre der Zeit und dem Phänomen Taut einzufangen und damit das Interesse für eine meisterliche Architektur zu wecken, die mitunter so frisch wirkt, dass man glaubt, sie sei von der Gegenwart inspiriert.

Annette Menting, Leipzig 2003

Einleitung

Eine Fotografie, datiert vom 2. November 1962, zeigt drei Protagonisten des *Neuen Bauens*, die in der Berliner Akademie der Künste zusammengekommen waren (Abb. 2). Im Mittelpunkt der aus Amerika angereiste Walter Gropius in der legeren Haltung des Weltbürgers mit obligater Zigarre. Im gedanklichen Austausch mit ihm Hans Scharoun, der produktive Architekt. Seine Zigarre hält er wie einen Skizzierstift und seinen Blick richtet er ins Weite. Ein wenig abseits, die Hände verschränkt – Max Taut. Max Taut, der bedächtig Zuhörende, sich Zurückziehende und nachdenklich Wirkende. Fast scheint es, als empfände er eine gewisse Skepsis in dieser Runde. Die Rolle, die er unter den Wegbereitern der neuen Architektur einnimmt, ist so wenig beleuchtet wie kaum eine andere. Im Berlin der Nachkriegsjahre stand vor allem Hans Scharoun mit dem Bau der Philharmonie im Licht der Öffentlichkeit. Wichtig für Max Taut war zudem die Nähe zu einem weiteren Vertreter modernen Bauens, der als einflussreicher Initiator und Theoretiker selten in seiner Gegenwart unerwähnt blieb – Bruno Taut.

Im Schatten des Bruders

Im Jahr 1927 erschien ein schmaler, beispielhaft illustrierter Band über Bauten Max Tauts mit programmatischen Texten des Kunsttheoretikers Adolf Behne. Die Idee der Sachlichkeit sah der kritische Weggefährte nirgends klarer verwirklicht als im Werk des Architekten Max Taut. Im Zentrum der Publikation stand das Buchdruckerhaus, *das* Bauwerk, mit dem die Gewerkschaften ihr neues Selbstverständnis gestalterisch originär artikulierten. Max Taut rückte mit seinem Wirken für die Gewerkschaften und mit der meisterlichen Anwendung des Eisenbetonrahmenbaus zu den führenden Architekten der Weimarer Zeit auf. Zur Werkbundausstellung in Stuttgart hatte

Ludwig Mies van der Rohe zunächst nur den Baumeister der Sachlichkeit, Max Taut, eingeladen – nicht dessen Bruder Bruno. Während Max Taut zwei kostengünstige Häuser aus Stahl entwarf, realisierte Walter Gropius ein Beispiel der Vorfabrikation und der 34-jährige Hans Scharoun gestaltete ein plastisch-organisches Gebäude. Bruno Tauts *proletarisches* Wohnhaus erregte schon aufgrund seiner leuchtend roten Straßenfront unter den farblich dezent gehaltenen Objekten Aufsehen.

Mit der nationalsozialistischen Doktrin gegen die Ideale einer internationalen Avantgarde endete das Wirken der Taut-Brüder in Deutschland: Bruno war zur Flucht gezwungen, Max blieb von öffentlichen Aufträgen ausgeschlossen. Nach dem Krieg belebte sich das Interesse an den Brüdern nur allmählich. Vor allem das Bild des im Nachkriegs-Berlin wirkenden Architekten Max Taut gewann nicht mehr jene frühere Frische – trotz seiner konzentrierten Aufbaubemühungen, trotz seines pädagogischen Engagements als Gründer einer neuen Architekturschule. Die innovative Ära sachlichen Bauens, mit dem er den Weg des Neuerers beschritten hatte, war unwiderruflich vorbei. Versuche, an Vorstellungen und Konzepte der zwanziger Jahre anzuknüpfen, bargen die Gefahr, in der Tradition einstiger Avantgarde zu erstarren. Das von ihm vielfältig angewandte und zum prägnanten Ausdruck geführte Prinzip des Betonrahmenbaus fand simplifiziert als so genannter Rasterbau allgemeine Verbreitung auf oftmals niedrigstem Niveau. Dagegen erlebte der in der Emigration verstorbene Bruder als architektonischer Visionär eine stärkere Renaissance. Max Taut, gleichsam ein Überlebender der zwanziger Jahre, geriet zusehends in den Schatten des großen Bruders: Fiel der Name *Taut*, war der charismatische Vordenker Bruno gemeint. Selbst bauliche Leistungen, die *Max* zustanden, sah man unversehens vom Publikum dem berühmten Bruder zugeordnet. »Bloß Max« wurde bald zur erläuternden Formel, die Max Taut vorausschickte, um Verwechslungen zu begegnen.

Dennoch ist die Wirkung seines Œuvres auf Architekten der nachfolgenden Generationen unübersehbar. Während Architekturstile und Manierismen in immer rascherem Turnus wechselten und die Beliebigkeit vielerorts die Verbindlichkeit ablöste, konnte die Qualität des tautschen Werkes wieder entdeckt werden. Eine Reihe namhafter Architekten lassen ihre Wertschätzung für Max Taut erkennen, sei es für den frühen Expressionisten oder für den Meister der Sachlichkeit. In einer Veranstaltungsreihe, die beiden Brüdern gewidmet war, bezogen Architekten wie Hinrich Baller, Winfried Brenne, Max Dudler, Zvi Hecker und Pe-

ter Kulka Position zur Kunst Max Tauts.[1] Sein sachlicher Hochhausentwurf für die *Chicago-Tribune* stand hier neben seiner expressiven Zeichnung des Blütenhauses.

Mit dieser ersten Monographie über das Werk Max Tauts verbindet sich nicht zuletzt die Hoffnung, die Aufmerksamkeit wieder verstärkt auf den Jüngeren, den *Namenlosen*, zu lenken und ihn als eigenständigen Baumeister aus dem Schatten des Bruders treten zu lassen. Es war Max, der die Kraft der Realisation besaß und mit seiner gebauten Welt Gedanken und Forderungen seiner Zeit umsetzte. Er, der Jüngere, schuf das expressionistische Denkmal der Frühlicht-Ära, den Identität stiftenden Bürobau der Arbeiterbewegung, die fortschrittlichen Reformschulen und zwei Industriebauten vollendeter Sachlichkeit. Nur eines

2 Max Taut links neben Walter Gropius und Hans Scharoun in der Akademie der Künste, 1962

fehlte ihm – die Magie des Wortes, mit dem er seinem Wirken eine theoretische Grundlage hätte geben können.

Max Taut hat zeitlebens im Schatten seines Bruders gestanden, ja, und nach dem Tode auch. Und wenn ich ihm damals sagte, dass er von den Brüdern der bessere Architekt sei, dann war das keine Artigkeit. Ich meinte es, und ich meine es noch. Das soll keine Herabsetzung Brunos sein.[2]
Julius Posener

Leben und Werk über sechs Jahrzehnte

Das Werk Max Tauts erstreckt sich über eine Epoche, die wie keine andere von technischen und künstlerischen Neuerungen und gesellschaftlichen Umwälzungen gekennzeichnet ist. Den Auftakt bilden die Lehrjahre Tauts zu Beginn des Jahrhunderts in Königsberg und Berlin-Neukölln, eine Phase, die zum ersten Mal in der Literatur behandelt wird. Werke aus der Zeit vor dem Ersten Weltkrieg – wie die Tuchfabrik in Finsterwalde – finden als Beispiele der Abkehr von Historismus und Jugendstil eine ausführliche Würdigung. Die Entwicklung kulminiert in den zwanziger Jahren, die zunächst noch expressionistisch gefärbt sind, ehe sich die Sachlichkeit durchzusetzen beginnt.

Für die Zeit des Nationalsozialismus wurden zahlreiche Dokumente neu ausgewertet. Hier ergibt sich ein differenzierteres Bild: Während Max Taut sich nach scharfen Anfeindungen im Jahr 1933 zunächst aus der Architektur zurückzieht, gelingt es dem Büro Taut und Hoffmann in den folgenden Jahren gleichwohl, neue Aufträge zu akquirieren und seine Existenz zu sichern. In zwei Kapiteln, die vor allem die Nachkriegsentwicklung thematisieren, wird das Spätwerk skizziert, wobei angesichts der Materialfülle eine Akzentuierung nötig war. Max Tauts lebenslange Verbundenheit mit der brandenburgischen Ortschaft Chorin und der Wandel der Bedeutung des Ortes für ihn finden ihr Äquivalent in der Aufgliederung des Motivs auf drei Kapitel.

Ergänzt wird der monographische Teil durch ein kommentiertes Werkverzeichnis, dem die Werkliste des Max-Taut-Katalogs von 1984 zugrunde liegt. Mit der Forschung ergab sich eine Vielzahl neuer Informationen, die eine Präzisierung und Komplettierung zur Folge hatten, wobei eine Reihe bisher unbekannter Entwürfe Berücksichtigung fand. Werkverzeichnis und Monographie stehen in engem Konnex, so dass Projekte, die bereits im mono-

graphischen Teil aufgrund ihrer Schlüsselbedeutung eingehend behandelt sind, im Werkkatalog knapper gefasst werden.

Fast alle bedeutenden Bauten Max Tauts sind erhalten – das Frühwerk ist durch die Schulen in Finsterwalde und Nauen dokumentiert. Ein anspruchsvolles Sanierungsvorhaben bildet zurzeit der 1927 entworfene Schulkomplex in Berlin-Lichtenberg. Aber auch bedauerliche Eingriffe und Entwicklungen sind zu konstatieren: Die Kreissparkasse Genthin erfuhr unsensible Umbauten und die Tuchfabrik Finsterwalde, von Adolf Behne einst den Fabrikbauten Hans Poelzigs gleichgestellt, steht vor dem Verfall. Bauten und Siedlungen, die Max Taut für die August Thyssen-Hütte im Ruhrgebiet errichtete, sind ohne denkmalpflegerischen Anspruch umgestaltet worden. Als größter Verlust im gebauten Werk Max Tauts gilt die im Krieg zerstörte Konsum-Großbäckerei in Spandau aus dem Jahr 1930.

Briefe, Bilder und Fotos, die zunächst im Besitz der Erben waren, konnten im Jahr 2001 in die Bestände des Max-Taut-Archivs eingegliedert werden, das von der Stiftung Archiv der Akademie der Künste Berlin verwaltet wird.[3] Weitere Materialien zu bislang nicht dokumentierten Projekten konnten in Museen und Archiven der Städte Finsterwalde, Freital, Bonn und Duisburg eingesehen werden. Neben der dokumentarischen Grundlage waren zur Erschließung der Biografie die Informationen von Zeitzeugen, Verwandten und Schülern unerlässlich. Wichtige Hinweise verdanke ich der Großnichte Max Tauts, Christine Schily, und der Tochter Franz Hoffmanns, Isi Fischer-Sperling, der Familie des Neffen Walter Cordes, die nach 1945 engen Kontakt zu Max Taut pflegte, sowie Fritz Bornemann, Heinz Deutschland, Jonas Geist, Cornelius Hertling, Kurt Junghanns und Manfred Speidel.

Max Taut, un protagonista dimenticato

Max Taut ist ein führender Architekt der modernen Sachlichkeit. Seine Baugestaltungen erstreben den unmittelbarsten und präzisesten Ausdruck von Zweckbestimmtheit, Grundriss und Konstruktion, organisch belebt durch fein empfundene Größenverhältnisse und ästhetisch wirksame Materialverwendung.
Ankündigung zu *Max Taut: Bauten und Pläne*, 1927

Die Reihe der Publikationen zu Projekten Max Tauts ist lang, doch finden sich nur wenige Betrachtungen, die sein Werk oder Phasen seines Schaffens umfassend würdigen und in den Kontext der Architekturentwicklung stellen.

Ersten Niederschlag findet die Arbeit Max Tauts 1906 mit dem Wohnhaus für Landarbeiter, das in Dresden ausgestellt wird. Bis 1914 trifft man in einschlägigen Architekturzeitschriften wiederholt auf den Namen Max Taut im Zusammenhang mit Wettbewerbsteilnahmen und -erfolgen. Wichtig sind Adolf Behnes Artikel, in denen er auf das Wirken des jungen Architekten aufmerksam macht – insbesondere sein Beitrag von 1915 *Ostpreußische Architekten in Berlin*.

Nach dem Ersten Weltkrieg veröffentlichen der *Arbeitsrat für Kunst* und das *Frühlicht* einige max-tautsche Zeichnungen. Starke Resonanz erfahren sein ADGB-Bürohaus an der Wallstraße und sein Buchdruckerhaus – hiermit rückt Taut in die erste Reihe der Architekten auf. Die Gewerkschaftsbauten werden als *Denkmäler des modernen Berlins* von maßgeblichen Kritikern im In- und Ausland gefeiert, unter ihnen Adolf Behne, Walter Curt Behrendt, Max Osborn, Werner Hegemann, Fritz Hellwag und Christian Zervos. In spanischen und französischen Zeitschriften wie *Arquitectura* und *Cahier d'Art* wird mit großer Anteilnahme über die neuen Berliner Bauten berichtet. Grafisch wertvoll ist der umfangreiche Beitrag mit über sechzig Abbildungen von Maximilian Maul 1925 in der Zeitschrift *Neue Baukunst*. Als kleines Gesamtkunstwerk aus fotografischen Sequenzen, Texten zur Sachlichkeit und der ausgefeilten Typografie Johannes Molzahns kann das bereits erwähnte Buch von 1927 über Max Tauts Buchdruckerhaus angesehen werden (Abb. 3). Alfred Kuhn hebt in seiner wichtigen Taut-Schrift von 1932 vor allem die Sachlichkeit als neue Qualität hervor und bewertet Einflüsse der expressionistischen Phase kritisch. Julius Posener gehört zu jenen Kritikern, die in den dreißiger Jahren

auf internationaler Ebene in *L'Architecture d'Aujourd'hui* über Max Tauts Arbeit berichten.

Zwischen 1933 und 1945 findet Max Taut nur insofern Erwähnung, als man vereinzelt versucht, seine Bauten für die Gewerkschaften als bolschewistische Architektur mit »aufreizendem Moskauer Baucharakter« zu diffamieren.[4] Selbst ein vergleichsweise wichtiger Bau wie die Kreissparkasse Genthin aus dem Jahr 1936 findet nur unter Fortlassung des Architektennamens Eingang in die Presse.

Bald nach Ende des Kriegs, im Jahr 1946, legt Max Taut seine umfangreiche Mappe *Berlin im Aufbau* vor. Sie besticht durch eine Reihe von Zeichnungen, während der erläuternde Text knapp gehalten ist. Im Zusammenhang mit der Neugründung der Architekturabteilung an der damaligen Hochschule für Bildende Künste führen Presse und Rundfunk in Berlin Interviews mit Max Taut. Auch Wettbewerbsbeiträge werden in der *Neuen Bauwelt* und in *Architektur und Wohnform* ausführlich besprochen. Eine von Oswald Mathias Ungers initiierte Ausstellung und Publikation zur *Gläsernen Kette* 1963 mit einem Vorwort von Max Taut belebt das Interesse an der visionären Architektur. Im selben Jahr erscheint ein Nachdruck des *Frühlichts* mit Texten und Bildern der Brüder.

Die Mehrzahl der Artikel in den fünfziger und sechziger Jahren erscheinen anlässlich von Jubiläen und sind überwiegend freundlich, teils persönlich gehalten und naturgemäß mehr Achtungsbezeugungen als kritische Auseinandersetzung. Zum achtzigsten Geburtstag veranstaltet die Akademie der Künste eine Ausstellung, die in einem Katalog mit einer Einleitung von Julius Posener dokumentiert wird.[5] Die Nachrufe zum Tod Max Tauts finden sich – in vergleichsweise bescheidener Zahl – in Fachzeitschriften: Julius Posener, Alfred Maul, Kurt Junghanns und Franco Borsi äußern sich. Zum hundertsten Geburtstag initiiert die Akademie der Künste eine zweite, umfassendere Ausstellung, die breitere Resonanz erfährt und in allen wichtigen Zeitungen von der *Frankfurter Allgemeinen Zeitung* über *Die Welt* bis zur *Süddeutschen Zeitung* besprochen wird.

In der *Zeit* entwirft Manfred Sack zum hundertsten Geburtstag Tauts ein gleichermaßen präzises wie sensibles Porträt, wobei er an Poseners Einschätzung anknüpft. »Der um vier Jahre jüngere Bruder Max war zurückhaltender, bescheidener, empfindsamer, ein lieber im Stillen Handelnder. ... Max Taut gehört wie sein Bruder zu den Bahnbrechern des Neuen Bauens, er war der bessere Architekt.«[6]

3 Seite aus dem Buch *Max Taut: Bauten und Pläne*, 1927

4 Doppelporträt der Brüder Bruno und
Max Taut in der Tagespresse

In den nachfolgenden Jahren wurde die
Sanierung wichtiger Taut-Gebäude durchgeführt – vom Haus der Konsumgenossenschaft
am Berliner Oranienplatz, dem heutigen Max-
Taut-Haus, bis zum ADGB-Gebäude in der
Wallstraße. Anlässlich der Sanierung des
Grabmals Wissinger erschien 1989 die Schrift
Frühlicht in Beton. Der Architekturstudiengang
der Universität der Künste verleiht bereits seit
Jahren einen Max-Taut-Preis für herausragende Diplomarbeiten. 1999 gaben Jonas Geist
und Heinz Deutschland für die Hochschule eine Dokumentation heraus, die Max Tauts Wirken als Lehrer in den Mittelpunkt stellt. Er-
freulich ist die Ausschreibung eines Bruno
und Max gleichsam wieder vereinenden Brü-

der-Taut-Preises, mit dem der Beauftragte der
Bundesregierung für Angelegenheiten der
Kultur und Medien zusammen mit der Bun-
desarchitektenkammer den Nachwuchs auszeichnet.

Wesentlich zur Rezeption Bruno Tauts
trug die von Kurt Junghanns erstellte Monographie von 1970 bei, doch kam damit zugleich die Gefahr einer ideologischen Interpretation auf, die das Bild der Brüder verzerrte.
Vor allem Bruno Tauts Sohn Heinrich, der im
Osten Berlins als Hochschullehrer wirkte und
dem Kurt Junghanns wesentliche Informationen verdankte, förderte zeitweilig eine Hero-
isierung Brunos und überwarf sich mit Max
Taut, der das DDR-System ablehnte und nach

Am 11. März 1928 erscheint im *General Anzeiger für Dortmund*, der
damals auflagenstärksten Tageszeitung Deutschlands außerhalb Berlins, ein großformatiges Doppelporträt unter dem Titel *Die
Architekten Bruno und Max Taut*,
das ein Beispiel für die Popularität
der Brüder bietet (Abb. 4). Der Text
stellt anschaulich den unterschiedlichen Wirkungskreis der Architekten dar.

*Die Brüder Taut gehören zu den
führenden Architekten Europas. Geborene Ostpreußen, wirken sie sei einer Reihe von Jahren in der Reichshauptstadt, haben aber auch in
anderen großen deutschen und sogar
außerdeutschen Städten bedeutsame
Bauwerke errichtet. Während Max
Taut sich mehr auf das eigentliche
Bauen beschränkt, und infolgedessen
nurmehr seinen Fachgenossen bekannt geworden ist, bei diesen allerdings höchste Achtung genießt, ist
Bruno Taut der weit über Deutsch-*

*lands Grenzen hinaus bekannt ge-
wordene Propagandist moderner
Baugesinnung. … Längst hat Bruno
Taut sein Amt als Stadtbaumeister
einem seiner Schüler als Nachfolger
übergeben und wirkt wieder mit seinem Bruder zusammen als Privatar-
chitekt in Berlin. Auch in Magdeburg
war er der geniale Anreger gewesen.
Eine der neuesten Schöpfungen der
Brüder Taut [Entwurfsverfasser ist
Max Taut] ist das große Gewerkschaftsgebäude der Buchdrucker in
Berlin-Tempelhof.*

dem Mauerbau seinen Neffen Heinrich wegen dessen orthodoxer Haltung salomonisch so lange von seinem Erbe ausschloss, wie die Mauer bestehen würde.[7] Sosehr Heinrich Taut das Werk seines Vaters Bruno schätzte, sowenig schien er an dem des Baumeisters Max Taut interessiert. Schon Tilmann Buddensieg begegnete der Idealisierung Brunos mit leiser Ironie, wenn er bei der Herausgabe eines Briefes anmerkt, dass Bruno, der begeistert die Landvillen im noblen Berliner Bezirk Dahlem besichtigte, nicht mit einem sozialistischen Gewissen zur Welt gekommen sei.[8] Mit mancher theorieorientierten Betrachtung zu Bruno Taut ging eine latente Abwertung des Bruders einher, als könne man es nicht ganz verwinden, dass dem intuitiven Max Taut die Übertragung architektonischer Programme in eine bauliche Form leichter von der Hand ging. Gewiss liegt eine Schwierigkeit der Rezeption des Jüngeren darin, dass seine Architektur sich nicht in jedem Fall ohne konstruktives Verständnis erschließt. Max Taut gilt als Pionier des Rahmenbaus und manche Form erklärt sich in ihrer Logik schwerlich ohne Kenntnis der baulichen Struktur.

Zuweilen muss man über die Grenzen blicken, um sich an Max Taut erinnern zu lassen. Die italienische Zeitschrift *Controspazio* titelte im Februar 2000: Max Taut, ein vergessener Protagonist. In einem fundierten 15-Seiten-Bericht wird Taut von Piergiacomo Bucciarelli als Architekt zwischen Expressionismus und Neuer Sachlichkeit vorgestellt. Resümierend heißt es, dass zwei so unterschiedliche Werke wie das Grabmal Wissinger und das Buchdruckerhaus ausreichten, um Max Taut einen Platz in der neuen Architekturgeschichte zu sichern.

Auf der Suche nach der phrasenlosen Gestalt 1904–1917

*Auffällig immerhin, wie wenig Kunstwerke obersten Ranges sogar in der Epoche
des Historismus zutage gefördert wurden, der doch alles Erreichbare durchwühlte.*[9]
Theodor W. Adorno

Unleugbar hat Dir die Bauschule in architektonischer Hinsicht kolossal geschadet.
Bruno an Max Taut, 13.5.1904

Das architektonische und gesellschaftliche
Umfeld zu Beginn des 20. Jahrhunderts befindet sich im Umbruch: Mit der fortschreitenden Industrialisierung und dem rapiden
Wachstum der Städte nehmen die sozialen
Verwerfungen zu und die Arbeiterbewegung
erstarkt. Die Gegensätze zwischen hegemonia-
lem Machtbestreben wilhelminischer Politik
und gesellschaftlicher Benachteiligung weiter
Bevölkerungsteile finden in der architektonischen Entwicklung ihre Entsprechung: Die
Bauaufgaben reichen von der Errichtung mo-
numentaler Denkmäler bis zur Schaffung kostengünstiger Arbeiterwohnungen. Für die
Überwindung überkommener Gestaltungsfor-
men gewinnt der Büro- und Industriebau herausragende Bedeutung, wobei mit dem Einsatz von Baustoffen wie Eisen und Eisenbeton
neue gestalterische Wege beschritten werden.

Spurensuche: Königsberg

Max Taut wird am 15. Mai 1884 im ehemals
ostpreußischen Königsberg geboren. Er ist
nach Richard und Bruno der dritte Sohn des
geschäftlich wenig erfolgreichen Kaufmanns
Julius Taut und seiner Frau Augusta; zwei weitere Kinder des Ehepaars sterben im ersten Lebensjahr. Alles in allem wächst Max in eher
bescheidenen Verhältnissen auf und besucht
bis zu seinem 16. Lebensjahr eine städtische
Mittelschule. Er selbst bezeichnet sich als
schlechten Schüler, der nur mit Mühe die letzte Klasse hinter sich bringt. Ein Schulfach, das
sich dank auffallend guter Bewertung von allen anderen Fächern absetzt, ist das Zeichnen.
Außerordentliche Begabung zeigen schon die
Skizzen des Fünfzehnjährigen: Er zeichnet
Königsberger Bauten, entwirft Plakate und fertigt Naturstudien an. Seine Mutter, die aus einer Bauernfamilie stammt, wünscht sich jedoch einen soliden Beamten: Max Taut soll

Briefträger werden. Sein künstlerisches Talent
und nicht zuletzt das Vorbild seines älteren
Bruders tragen dazu bei, dass er dennoch einen anderen Berufsweg einschlägt. Er entscheidet sich für eine Zimmermannslehre und
kann drei Jahre später, im Oktober 1902, mit
einem »nach vier Seiten abgedachten Mansardenturm« als Gesellenstück seine Prüfung ab-
legen.

Wie sein Bruder Bruno vier Jahre zuvor
besucht Max Taut die Königsberger Baugewerkschule (Abb. 8). Im September 1904
schließt er nach vier Semestern seine Ausbildung mit Auszeichnung ab und findet zwan-
zigjährig eine Anstellung im Atelier des Architekten Friedrich Heitmann, wo er bereits
während des Studiums beschäftigt gewesen
ist.[10] Das Büro zählt mit seinem umfangreichen Auftragsbestand zu den bekanntesten der
prosperierenden ostpreußischen Hauptstadt;
Entwurf, Ausführung und Bauleitung gehören
zu seinem Tätigkeitsfeld.

Mit seiner baulichen Haltung steht Friedrich Heitmann dem preußisch gefärbten Historismus nahe, der sich in Königsberg in vielfältiger Ausprägung findet. Unverkennbar ist
der frühe Einfluss August Stülers, der mit
dem Brandenburger Stadttor und der 1862 fertig gestellten Albertus-Universität historisie-
rende Paradigmen liefert und Motive der
Spätrenaissance, Gotik und Romanik zur Anwendung bringt. Heitmann selbst entwirft
kurz nach der Jahrhundertwende die Kirche
Zur Heiligen Familie im Stadtteil Haberberg,
ein Beispiel ostpreußischer Backsteingotik
(Abb. 9). Der neugotische Bau, der heute als
Konzertsaal der Kaliningrader Philharmonie
dient, entsteht 1904 unter den Augen des jungen Max Taut, der im Atelier mit der Ausarbeitung von Entwürfen und dem Anfertigen von
Skizzen beschäftigt ist.

Die Bevölkerungszahl der Stadt wächst
mit der konjunkturellen Hochphase im ersten

5 Max Taut, Ahorn in Juditten, Aquarell
1899

6 Max Taut, Plakatentwurf Hüttenwerk,
Königsberg 1899

Jahrzehnt des Jahrhunderts stark an, so dass neue Baugebiete, auch für das gehobene Bürgertum, erschlossen werden. Königsberg rückt an die 17. Stelle der deutschen Großstädte auf und nimmt mit der 1544 gegründeten Universität, der Oper und der Kunst- und Verwaltungsakademie den Rang einer kulturellen Metropole ein. Von städtebaulicher Bedeutung ist die Gründung der Kolonie Amalienau im Jahr 1901. Der später zum königlichen Baurat ernannte Friedrich Heitmann ist maßgeblich an der Entwicklung dieses Villenvorortes beteiligt. Seine Wohnhausentwürfe zeigen die typische Formenadaption jener Zeit – von eklektizistischen Tendenzen bis hin zu einem durchaus kunstvoll angewandten Jugendstil. Max Tauts Mitarbeit, die den Villenbau in Amalienau einschließt, wird im Büro geschätzt: Im Zeugnis heißt es, dass er seine Aufgaben mit großer Geschicklichkeit und »vielem Talent« ausführt.

Bezeichnend für die Amalienauer Architektur ist die 1905 von Heitmann erbaute Doppelvilla mit klassischen Elementen und Jugendstildekor (Abb. 10). Die beiden prägnanten Eckrisalite des Gebäudes sind, bei identischen Grundrissen, von unterschiedlicher äußerer Gestalt, entsprechend dem Gedanken, dass sich hier die Individualität zweier Familien widerspiegelt. Bei allem Charme, den die Villen im baumbestandenen Amalienau aufweisen, lässt sich stärker noch als bei den

7 Max Taut in Königsberg, Fotografie kurz nach der Jahrhundertwende

8 Baugewerkschule Königsberg, Schönstraße, Jahrhundertwende

9 Friedrich Heitmann, Kirche zur Heiligen Familie in Königsberg, 1904–1907

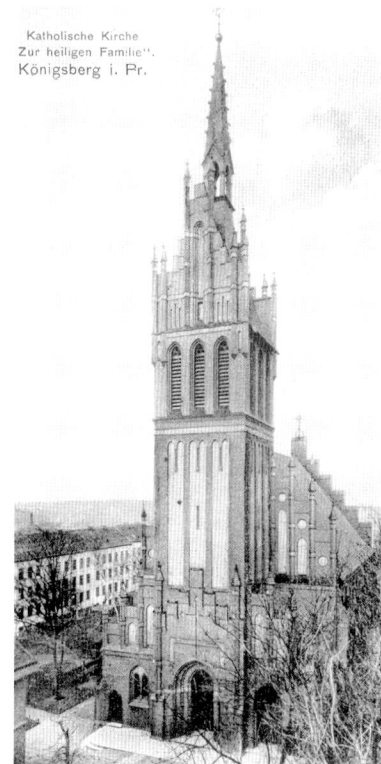

Friedrich Heitmann 1853–1921

Friedrich Heitmann beginnt seine Laufbahn in Königsberg 1886 als Bauleiter bei der Oberpostdirektion. Zu seinen ersten größeren Werken zählt die Königin-Luise-Gedächtniskirche, die in den Jahren 1899–1901 errichtet wird und in der heute das Kaliningrader Puppentheater untergebracht ist. Es folgen weitere Kirchenbauten in Königsberg und in der Provinz, so die katholischen Kirchen in Tapiau, Rasterburg, Pillau, Dietrichswalde und Allenstein. Von der Vielfalt seines architektonischen Wirkens zeugen Kreishäuser, Hospitäler und eine stattliche Zahl an Wohnbauten.

Eine der wichtigsten Leistungen ist die Planung der Siedlung Amalienau, an der er auch wirtschaftlich als Mitbegründer der Königsberger Immobilien- und Baugesellschaft beteiligt ist. Viele noch heute erhaltene Villen und Mehrfamilienhäuser gehen auf Entwürfe Friedrich Heitmanns zurück. Bis zum Ersten Weltkrieg avanciert er zu einem der bekanntesten und meistbeschäftigten Architekten Königsbergs und wird 1914 zum Königlichen Baurat ernannt. Zeitweilig widmet er sich auch der Denkmalpflege und unterstützt Adolf Boetticher mit Bauaufnahmen und Zeichnungen bei der Herausgabe der *Bau- und Kunstdenkmäler der Provinz Ostpreußen.*

Heitmann war im Historismus groß geworden, er liebte dessen romantische Variante mit der Auflösung der Symmetrie, er verarbeitete auch die allgemeinen Formen des Jugendstils, ohne jedoch auf dessen typisches Dekor einzugehen. Diese Art des Gestaltens, schon vor dem Ersten Weltkrieg fortschrittlicher Kritik ausgesetzt, hatte mit dem Ausgang des Krieges ihr Ende gefunden ... Als Heitmann 1921 verstarb, fand sich keiner mehr, der ihn würdigte, er wurde einfach vergessen. Über Heitmann gibt es in der Fachliteratur (im Gegensatz zum späteren Hanns Hopp) keinerlei zeitgenössische Veröffentlichungen ...[II]

Sakralbauten eine vom Geschmack des Auftraggebers bestimmte Wahl des Formenkanons erkennen.

Neben historisierenden Formen steht der so genannte Landhausstil, der sich an Heitmanns eigenem Haus von 1904 findet: Charakteristisch hierfür ist das Nebeneinander verschiedener Dachformen bei einem unregelmäßigen Grundriss und die handwerklicher Tradition entspringende Ausbildung der Fachwerkformen. Max Tauts frühe Entwürfe für Landarbeiterhäuser nehmen Bezug hierauf

10 Friedrich Heitmann, Doppelvilla Borodinskaja in Königsberg, 1905

und lassen mit ihrer Anknüpfung an regionale Traditionen die Abkehr von einem als nicht mehr authentisch empfundenen Historismus erkennen. Das ländlich-handwerkliche Bauen wirkt nun unverbraucht und originärer als ein historistischer Stil, der sich darin erschöpft, den Ausdruck herrschaftlicher Repräsentation auf das Bürgertum zu übertragen.[12]

Max Taut beschäftigt sich während seiner insgesamt zweijährigen Anstellung im Atelier Heitmann auch mit der Gestaltung des Landwirtschaftskammergebäudes und mit einem

Haus im nahen Juditten. Erhalten ist der eigenständige Entwurf einer Doppelvilla in Amalienau und die ausgesprochen schlicht gehaltene Zeichnung eines Hauses im damals landwirtschaftlich geprägten Vorort Hufen.

Kaum weniger wichtig als die architektonische Arbeit sind für Max Taut das Malen und Skizzieren in der Natur (Abb. 11 bis 13). Er zeichnet Landschaftsszenen bei Cranz, einem der ersten Ostseebäder nahe Königsberg, und scheint ausgesprochen empfänglich für den landschaftlichen Reiz der Nehrungen und hellsandigen Dünen. Schon sein Bruder schreibt ihm, dass er neben den alten und neuen Bauten die Landschaft studieren solle, was in jedem Fall hilfreicher sei als die Ausbildung an der Baugewerkschule, die Bruno aus eigener Anschauung kennt. In Stuttgart dekoriert er die Wände seines Zimmers mit Zeichnungen vom Haff, die der jüngere Bruder geschickt hat.

Für beide Brüder gilt, dass sie sich der Natur und vor allem der nordöstlichen Landschaft verbunden fühlen. Dies erklärt auch die Affinität zum brandenburgischen Chorin mit seiner berühmten Ruine des Zisterzienserklosters. Hier trifft Bruno bereits seit 1903 und ab 1905 auch Max Taut regelmäßig mit Künstlern, Familienmitgliedern und Freunden zusammen.

11 Max Taut, Cranz Düne, 1904

12 Max Taut, Landschaft bei Juditten, 1904
13 Max Taut, Haff, 1905

Der brüderliche Freund

Du magst können, soviel Du willst – wenn Du den Blick nicht nach allen Seiten hin offen hältst, so wird dein Schaffen nie ein quellender Born, sondern ein träge sickerndes und schließlich vertrocknendes Wässerchen sein.
Bruno an Max Taut, 20.7.1904

Es ist nicht zu übersehen, wie stark der Einfluss des intellektuellen Bruders Bruno auf den jüngeren Max zu Beginn der künstlerischen Laufbahn ist. Der geistig rege Bruder, der sich als »brüderlicher Freund« sieht, übernimmt die Rolle eines Mentors.[13] In seinen Briefen spart er nicht mit Ratschlägen und schildert in emphatischem Ton seine Reiseeindrücke und ersten beruflichen Erfahrungen in Berlin, Wiesbaden und Stuttgart. So wird Max aus der Ferne in die architektonischen Debatten der Zeit einbezogen.

In einem Brief vom 2. März 1902 äußert Bruno sich zum Kaufhaus Wertheim, das er über alle Maßen schätzt. Er habe noch kein Bauwerk gesehen, schreibt er, das sich so nackt, so wahr dem Beschauer zeigt und ohne Pathos sagt: Ich bin so, wie ich bin, und nichts anderes. Alfred Messel wird mit seinem Bau zum Vorbild beider Taut-Brüder, gelingt es doch hier, die historische Formenlast weitgehend abzuwerfen und mit hohen Glaswänden einen kühnen, lichten Bau zu schaffen (Abb. 14). Wohlwollend beurteilt Bruno den wallotschen Reichstag mit seiner innovativen glaseisernen Kuppel und hebt auch eine Arbeit August Stülers hervor – die Kuppel des Berliner Schlosses. Manches erscheint in den Briefen recht unbefangen, und so schreibt Tilmann Buddensieg über Bruno Tauts Berliner Brief resümierend: »Allerorten schreiendes soziales Elend hindert den 21-Jährigen keineswegs an der rückhaltlosen, einseitig ästhetischen Begeisterung für die gepriesene *Originalität*, also für den heute gar nicht mehr geschätzten subjektiven Darstellungswillen in den opulenten Landhäusern der wilhelminischen Neureichen im Grunewald und im Tiergarten.«[14]

Brunos Wunsch, sich dem Bruder mitzuteilen, ihm ein aktuelles Bild der Architektur zu vermitteln, ist überall spürbar. Er bedauert, dass er angesichts der Fülle an Eindrücken nur Beispielhaftes anführen kann. Später, im Jahr 1903, sendet er eine Ansichtskarte mit dem Berliner Hochbahnhof Bülowstraße nach Königsberg und äußert sich euphorisch über das Projekt und die Arbeit bei seinem »Meister« – es ist der Architekt Bruno Möhring, bei dem Bruno vorübergehend arbeitet (Abb. 15).

Hermann Billing, dessen Gebäude er in Karlsruhe besichtigt, gilt seine besondere Wertschätzung. Bruno Taut selbst möchte bei Billing in Karlsruhe arbeiten, wird jedoch 1904 an Theodor Fischer nach Stuttgart weiterverwiesen. An Max schreibt er: »Vorigen Sonntag habe ich in Karlsruhe Billing studiert. Ich sage Dir, mein Lieber, das ist etwas Kolossales.«[15]

Die Korrespondenz gibt Einblick in die enge Beziehung der Brüder in jenen Jahren, da Bruno erste Erfahrungen in der Architekturwelt sammelt, während Max noch in Königsberg studiert. Selbst scheinbar unbedeutende Vorkommnisse wie eine Korrektur, die Bruno Taut von Theodor Fischer erhält, werden dem Bruder ausführlich dargelegt. Brunos Zweifel und Hoffnungen, seine Vorstellung zu Bauten und Lehrmeistern finden Eingang in die Briefe, ebenso wie Leseerlebnisse, die Auseinandersetzung mit Nietzsche oder die musikalischen Eindrücke eines Brucknerkonzertes.

Belebt wird der Briefwechsel der Brüder durch einen regen Austausch von Skizzen und Zeichnungen – es scheint, als werde hier bereits der Weg erprobt, der später zur *Gläsernen Kette* führt. »Ich freue mich schon riesig auf Deine Zeichnungen, lieber Max!«, schreibt Bruno.[16] Während er die Naturstudien von Max lobt und offen bekennt: »Das kann ich nicht«, kritisiert er ihn in anderen Bereichen. So wird Max ermahnt, seine Bildung nicht zu vernachlässigen, und muss sich sagen lassen, dass seine schriftliche Ausdrucksweise unzureichend sei. Doch ebenso entschieden schreibt Bruno,

14 Alfred Messel, Warenhaus Wertheim Berlin, Front an der Leipziger Straße 1896

15 Bruno Möhring, Bahnhof Bülowstraße Berlin, Postkarte von Bruno an Max Taut 1903.
»Lieber Max! Dank für Euren Brief! Hier ein Werk meines Meisters! Er ist in allem brillant. Sonst nichts Neues! Es wird fleißig geschafft! Bruno.«

wenn es um die eigenen Zeichnungen geht: »Bitte um Deine rückhaltlose Kritik!« Hier wird die Basis für ein kritisch-konstruktives Verhältnis der Brüder zueinander geschaffen.

MIT VEREINTEN KRÄFTEN

Bereits im Jahr 1902 hat Bruno verkündet: »Ein Herzenswunsch, der mir immer auf der Seele liegt, ist, dass uns einst vergönnt sein möchte, mit vereinten Kräften zusammen große Ideen verkörpern zu können.«[17] Bei aller Vielfalt der Korrespondenz bleibt folglich die Architektur im Mittelpunkt des Interesses. So lädt Bruno den Bruder im Dezember 1904 zur gemeinsamen Teilnahme an einem Wettbewerb ein – zu planen ist das Empfangsgebäude des neuen Karlsruher Hauptbahnhofs. »Es ist eine ganz famose Aufgabe«, schreibt Bruno. »Ich will meine ganze Kraft einsetzen – denn wir haben auf Conkurrenzen wie Olbrich, Billing, Möhring zu hoffen.«[18]

Der Entwurf der Brüder lässt mit seinem romanischen Einschlag vor allem bei der Fassade den Einfluss des Wallotschülers Theodor

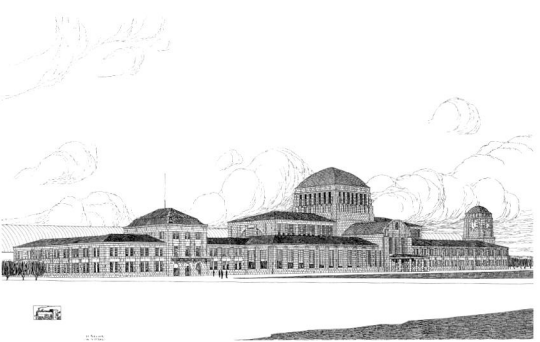

16 Hermann Billing, Hauptbahnhof Karlsruhe, Wettbewerbsentwurf 1904–1905

17 Bruno und Max Taut, Hauptbahnhof Karlsruhe, Portal, Wettbewerbsentwurf 1904–1905

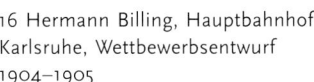

Fischer erkennen, den Bruno selbst einen Romantiker nennt. Für einen repräsentativen Bahnhof dieser Größe ist man auf der Suche nach einer adäquaten Formensprache. Das Bemühen, sich von historisierenden Formen zu lösen, ist erkennbar, führt jedoch – vor allem an den Portalen – zu einer sichtbaren, fast archaischen Schwere (Abb. 17). Auch schafft die starke Betonung des Daches, wie es in der perspektivischen Zeichnung hervortritt, einen Gebäudeeindruck, der fast ländliche Eigenart aufweist und weniger den Charakter eines innerstädtischen Verkehrsbaus mit starken Publikumsströmen.

Für Bruno Taut steht ohnehin fest: Der mit Abstand beste Beitrag stammt von Hermann Billing (Abb. 16). In der Tat zeigt sich hier eine souveräne und sichere Verteilung und machtvolle Gliederung der Baumassen, so dass dieser Entwurf zu den herausragendsten Leistungen des Architekten zählt. Es gelingt Billing jedoch trotz aller Bemühung nicht, ihn zu realisieren, da die Kosten von der Generaldirektion als zu hoch eingeschätzt werden. Max wird zwei Jahre nach dieser indirekten Begegnung eine mehrjährige Tätigkeit im Karlsruher Büro Billings aufnehmen.

EIN LEHRJAHR IN BERLIN 1906

Dann ging ich nach Berlin und traf dort mit Mies van der Rohe zusammen. Wir bauten das Rathaus in Neukölln, eine tolle romantische Angelegenheit![19]
Max Taut

Es ist verständlich, dass es auch Max drängt, seinen beruflichen Horizont außerhalb Königsbergs zu erweitern, so sehr seine Arbeit im Atelier Friedrich Heitmanns geschätzt wird. Die Reichshauptstadt Berlin übt einen magischen Sog auf Intellektuelle, Schriftsteller, Maler und Architekten jener Zeit aus. Die Namensliste der aus Königsberg und Umgebung stammenden Künstler, die früher oder später in Berlin tätig werden, ist imposant: Sie reicht von Käthe Kollwitz und Lovis Corinth bis zu Bruno Möhring, von Erich Mendelsohn bis zum naturalistischen Literaten Arno Holz, vom Regisseur Leopold Jessner bis zum späteren Berliner Stadtbaurat Martin Wagner.

Max Tauts Wunsch, bei Bruno Möhring in Berlin zu arbeiten, lässt sich, wie einer schriftlichen Anfrage seines Bruders zu entnehmen ist, nicht realisieren. Auch ein Versuch, bei Theodor Fischer in Stuttgart unterzukommen, wo Bruno bereits beschäftigt ist, schlägt fehl. Zwar werden Max Tauts Arbeiten

ausdrücklich von Fischer gelobt, doch erlaubt die Auftragslage des Ateliers offenbar keine Vergrößerung. Im November 1905 schreibt Bruno begeistert von einer Stelle im Stadtbauamt Rixdorf: »Martens, mein früherer College bei Möhring, ein sehr feiner Mensch und phantasievoller Künstler, hat dort die künstlerische Leitung des Büros und braucht einen jungen Menschen, der frisch schafft, mit einfachen Mitteln zu arbeiten versteht und für das Detaillieren eine gute konstruktive Grundlage besitzt.«[20]

So findet Max Taut dank der Vermittlung des Bruders im Januar 1906 eine Anstellung in der Entwurfsabteilung des Hochbauamtes von Rixdorf, dem späteren Berliner Bezirk Neukölln. Hier trifft er auf den zwei Jahre jüngeren Mies van der Rohe, der gleichfalls eine Anstellung beim städtischen Bauamt gefunden hat, wo er Zeichnungen zur Innenausstattung des Rixdorfer Rathauses anfertigt, ehe er seine Ausbildung bei Bruno Paul fortsetzt.[21] Es ist die Zeit, in der das architektonisch eher

18 Reinhold Kiehl, Rathaus Neukölln, 1905–1909

vernachlässigte Rixdorf, die Schlafstube der Berliner Arbeiter, zur Großstadt bei Berlin heranwächst und durch den 1905 ernannten Stadtbaurat Reinhold Kiehl eine vorbildliche städtebauliche Prägung erfährt.

Im Mittelpunkt der Tätigkeit steht zunächst das von Reinhold Kiehl entworfene Rathaus, in dem die rasch gewachsene Stadt ihr neues Selbstbewusstsein zum Ausdruck bringt (Abb. 18). Unentbehrlich beim Rathausbau jener Zeit ist der Bürgerstolz demonstrierende Turm, der hier in seiner werksteinbekleideten Massigkeit mit einer Höhe von siebzig Metern weithin sichtbar gerät. Julius Posener spricht von einem schöpferischen Eklektizismus, der darauf bedacht ist, den verfügbaren historischen Formen den Stempel der Gegenwart aufzudrücken.[22] Neuartig für den Rathausbau ist die funktionale Trennung zwischen dem repräsentativen Eckteil als städtebaulicher Dominante mit klassischen Rathausaufgaben und dem rückwärtigen Gebäudeflügel für die laufenden Verwaltungsgeschäfte.

Es ist aber nicht allein die Handschrift Reinhold Kiehls, die sich in den Entwürfen für Rixdorf und der Ausgestaltung verschiedenster Schul- und Wohnbauten findet. Leiter des Entwurfsbüros ist der von Bruno Taut erwähnte frühere Kollege John Martens, der von Mies van der Rohe »als sorgfältiger Architekt und

Künstler« gelobt wird. Auch Franz Hoffmann, der spätere Büropartner Bruno und Max Tauts, ist für einige Zeit bei Reinhold Kiehl in Rixdorf tätig.[23] Während Max Taut von dem Rathaus als von einer romantischen Angelegenheit spricht, weist das Zeugnis ihn vor allem als Mitarbeiter bei der Fassadengestaltung von Schulneubauten des Rieselguts Brusendorf aus. Wie schon im Atelier Heitmann überzeugt er mit seinem zeichnerischen Geschick, aber auch sein Verständnis für harmonische Formgebung und nicht zuletzt sein Farbensinn werden lobend hervorgehoben.

Max Taut gewinnt während seiner Anstellung einen umfassenden Einblick in die rapide städtebauliche Entwicklung und die Planung ungezählter Schulbauten, die gleichsam im Zeitraffertempo in ganz Neukölln entstehen. Bei aller Vielfalt zeichnet sich gleichwohl eine Hinwendung zur schlichteren Gestaltung ab. In einem zeitgenössischen Zeitungsbericht heißt es zu einem kleinen typischen Schulhaus in der heutigen Sonnenallee, dass auf dekorativen Aufputz fast gänzlich verzichtet werde. Eben dies sei für das Auge eine wahre Erquickung, denn es sei ermüdet durch viele mit sinnlosem Schnörkel überladene und deshalb unschöne Prunkbauten der benachbarten Reichshauptstadt. Gleichsam in Antizipation dessen, was Adolf Behne später zur Sachlichkeit ausführt, heißt es weiter:

Reinhold Kiehl 1874–1913

Reinhold Kiehl, in der ehemals ostpreußischen Provinz Danzig geboren, studiert in München und Braunschweig und beginnt seine Laufbahn als Architekt an der Königlichen Kreisbauinspektion Danzig und und setzt sie beim Hochbauamt Dresden fort. Nach einer kurzen Lehrtätigkeit an der Baugewerkschule Breslau übernimmt er die Bauleitung für das neue Rathaus in Charlottenburg. 1904 wird Reinhold Kiehl zum Stadtbauinspektor in Rixdorf ernannt und ein Jahr später zum Stadtbaurat gewählt.

Kiehl wird als einer der begabtesten, sachlich orientierten Vertreter der Messel-Hoffmannschen Architekturrichtung gesehen. Der 31-Jährige entwickelt gleich nach Amtsantritt Pläne für das Rixdorfer Rathaus, dessen Neubau durch den enormen Bevölkerungs-

zuwachs erforderlich geworden ist. Im Neuköllner Tageblatt vom 12.3.1913 heißt es über den Frühverstorbenen:
Als Kiehl im Jahre 1904 die neubegründete Stelle des Stadtbauinspektors für Hochbau in Neukölln übernahm, sah er sich vor Aufgaben gestellt, wie sie eine Stadtverwaltung nur in ganz seltenen Ausnahmen zu stellen hat. Der Bau des Rathauses, eines großen Krankenhauses stand unmittelbar bevor. In jedem Jahre waren neue Schulgebäude aller Gattungen zu errichten, zahlreiche Hochbauten für die technischen Verwaltungszweige harrten ihrer Entstehung, und das Stadtbild selbst, das im Drange der Zeit bis dahin arg vernachlässigt war, bedurfte der ordnenden und gestaltenden Hand des künstlerisch geschulten Architekten. Das sind Aufgaben, wie sie anderswo in Generationen in langsam wohlüberlegtem Schaffen und Werden entstehen. Und wie hat Reinhold

Kiehl in 8 Jahren seiner hiesigen Tätigkeit diese Aufgaben bewältigt! Seine Bauten haben der Stadt das Gepräge gegeben. Sie gelten mit Recht in ihrer schlichten und vornehmen äußeren Gestaltung wie in ihrer inneren Anordnung als Musterbauten und haben Neuköllns Namen und den des Erbauers weit über die Grenzen Berlins bekanntgemacht. Mit sicherer Hand führte er die Linien seiner Projekte, mied alles Aufdringliche und Überladene, sondern bevorzugte das Zweckmäßige und Einfache.
Adolf Behne bedauert in einem Artikel über Max Taut den frühen Tod des produktiven Stadtbaurats, der das letzte Lebensjahr im Zweckverband Groß-Berlin als Sachverständigenbeirat fungierte. Heute erinnert das nach Reinhold Kiehl benannte Kiehlufer im nördlichen Neukölln an das Wirken des einstigen Stadtbaurats.

Aber weise Enthaltung von allem Flitter und Tand bedeutet nicht schon Dürftigkeit und Nüchternheit der Gestaltung. Der Baumeister, der sich auf seine Kunst verstehen will, wisse vor allem, aus konstruktiven Notwendigkeiten zugleich ästhetische Tugenden zu machen ... Sicherlich vollzieht sich hier im Schatten der Hauptstadt der Schritt zum Zweckmäßigen teilweise schneller als im repräsentationsbedachten Zentrum Berlins, wenn auch ohne spektakuläre Beispiele.[24]

Auch beim Mietshausbau führen Reinhold Kiehls Bestrebungen vom Eklektizismus fort zu abstrakten Strukturelementen. Insgesamt lässt sich eine Tendenz zu klarer Proportionierung erkennen, wobei Fassadenornamente sparsam eingesetzt werden. Kiehl steht zwar in der Linie der Traditionalisten, doch sind seine Raumkonzeptionen ausgesprochen funktional. Er ist im Begriff, moderne Aufgaben mit modernen Mitteln zu lösen. »Das von ihm verwendete tradierte Formenzitat wird nicht prunkhaft oder, akademisch erstarrt, dekorativ angewandt, sondern als gliederndes, tektonisches Element den Notwendigkeiten des Gesamtentwurfs untergeordnet.«[25] Julius Posener vergleicht Reinhold Kiehl mit dem zur gleichen Zeit wirkenden, deutlich älteren Berliner Stadtbaurat Ludwig Hoffmann und sieht eine gewachsene Freiheit in der Architektur des Jüngeren, die zugleich authentischer anmute.

EIN LANDARBEITERHAUS

Noch in Königsberg hat Max Taut an einem Wettbewerb der ostpreußischen Landesversicherungsanstalt für ein Landarbeiterhaus teilgenommen und erhält 1906 Gelegenheit, seinen Entwurf auf der Dresdner Kunstgewerbe-Ausstellung zu realisieren. Es ist beachtlich, dass Max Taut sich neben seiner kontinuierlichen Mitarbeit in Büros von früh an regelmäßig Wettbewerben zuwendet. Er selbst sieht in diesem Projekt, das er als 21-Jähriger entwirft, sein Gesellenstück. »Deine Sachen gefallen mir außerordentlich«, kommentiert Bruno den Entwurf. »Sie sind echt ostpreußisch. Schreib nur in dem Erläuterungsbrief recht klar und deutlich, dass Du ein Haus schaffen wolltest, das sich dem speziellen Charakter der ostpreußischen Ebene anpassen sollte.«[26]

Mit der Ausschreibung war die Forderung nach einem *ostpreußischen* Haus verbunden, doch ist hierin nicht allein der Grund zu sehen, dass Max Taut sich stark an der ländlichen Bauweise orientiert. Im Mittelpunkt steht der Gedanke, dass nur ein regionaltypischer Bau kostengünstig und unter Einsatz ortsansässiger Fachkräfte zu erstellen ist. Der Kostenrahmen ist ausgesprochen eng, so dass

19 Max Taut, Einfamilienhaus für ostpreußische Landarbeiter, Dresden 1906.
Die Karte von Max Taut an Margarete Wollgast vom 9.7.1906 aus Berlin-Neukölln zeigt im Vordergrund König Friedrich August von Sachsen, der während seines Besuchs der Dresdener Baufach-Ausstellung den Dorfplatz und Tauts Landarbeiterhaus passiert.

20 Max Taut, Einfamilienhaus für ostpreußische Landarbeiter, Grundriss

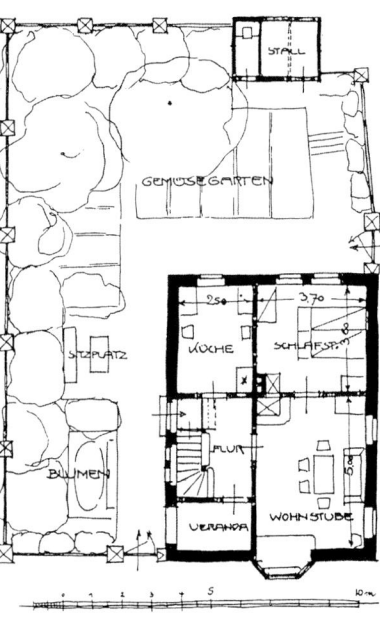

21 Max Taut, Einfamilienhaus für ostpreußische Landarbeiter, 1906, Wohnzimmer mit Blick in den Schlafraum

22 Max Taut, Einfamilienhaus für ostpreußische Landarbeiter, 1906, Schlafraum mit Kachelofen

kein Spielraum für aufwendige Gestaltungsansätze bleibt. Zum anderen verbindet sich mit der praktischen Ausbildung Max Tauts auch das besondere architektonische Verständnis, das die Herkunft aus dem Handwerk nicht leugnet. Dies geht einher mit dem Verzicht auf historische Formelemente. Ein Blick auf die ländlichen Wohnhäuser namhafter Architekten der Zeit, sei es Muthesius, Messel oder Möhring, lassen die zunehmende Bedeutung des handwerklich-ländlichen Stils im ersten Jahrzehnt des Jahrhunderts erkennen.

Der Grundriss des Hauses ist als Rechteck angelegt und bei einer Nutzfläche von 55 Quadratmetern so einfach gehalten, wie es die Mittelbeschränkung auferlegt (Abb. 20). Über den Eingangsflur lassen sich Küche, Wohnraum und überdachte Veranda erreichen. Wohnzimmer und Schlafraum sind durch eine großzügige Tür verbunden, so dass sich bei aller Beschränktheit ein angenehmer Raumeindruck bescheidenen Komforts entfalten kann (Abb. 21 und 22). Verstärkt wird der Eindruck durch den mit einer Bank ausgestatteten Kachelofen, der ökonomisch geschickt im Schnittpunkt der drei Räume liegt und das gesamte Haus einschließlich einer Kammer im Dachgeschoss beheizt. Ein kleiner Erker an der Front erweitert den Wohnraum und trägt zur größeren Plastizität der Ansicht bei. Wie exakt Max Taut arbeitet, spürt man an der wiederkehrenden Rechteckform: Wohnraum, Haus und Gartenanlage wachsen aus derselben Proportion hervor. Das im Unterschied zum strengen Grundriss organischer gestaltete Mansarddach mit abgewalmtem Giebel nutzt die dem Zimmermannsgesellen Taut vertrauten Konstruktionsformen. Ohne Aufmauerung eines Drempels ergibt sich hier dank des steilen Dachs Platz für weitere Räumlichkeiten.

Auch die Einrichtung des Hauses stammt von Max Taut. Die Möbel sind einfach, aber zugleich raffiniert eingesetzt, was die Raumausnutzung angeht. Mit einer besonderen Farbgebung verleiht Max Taut dem schlichten Interieur etwas Frisches und Lebendiges. Die Preisrichter Alfred Messel und Peter Behrens finden Gefallen an Tauts Landarbeiterhaus: Die harmonische Gesamtanlage überzeugt sie ebenso wie die bauliche Ökonomie unter Ausnutzung ortstypischer Konstruktionsweisen. Als Ausstellungsobjekt der Dresdener Kunstgewerbe-Ausstellung erhält das Haus die Goldene Medaille.

Schon mit diesem Projekt schlägt Max Taut im Wohnungsbau eine Richtung ein, die er bis ins späte Werk weiterverfolgt. So bleibt die Erstellung kostengünstigen Wohnraums eines seiner wichtigen Themen – dabei enthält er sich jeden programmatischen Stils. Während er in seinen Bauten für die Gewerkschaft kühne Konstruktionsweisen entwickelt, die zu einem grundlegend neuen Ausdruck führen, bleibt der Wohnungsbau durch regionale, soziale und funktionale Aspekte bestimmt. Noch in den fünfziger Jahren – bei der Reutersiedlung in Bonn – finden Lochfassade, Klappläden und flach geneigte Satteldächer im Ein- und Zweifamilienhaus ihre Anwendung. Die Entwicklung vollzieht sich vor allem in der Bautechnik und in der Anwendung neuer Materialien wie Gussbeton, durch die eine raschere und sparsamere Fertigung ermöglicht wird. Anstelle losgelöster Ästhetik findet sich hier die technische Neuerung. Im Zentrum des tautschen Wohnungsbaus stehen letztlich die Bedürfnisse der Bewohner, meist Arbeiter und einfache Angestellte, so dass sich Max Tauts soziales Bauen tatsächlich am Gebrauchswert messen lässt.

Der gleiche Grundsatz findet seinen Ausdruck in der Berücksichtigung regionaler und landschaftlicher Charakteristiken. Ohne an einen *International Style* mit exportierbaren Architekturmodellen anzuknüpfen, ist beiden Brüdern Taut das Eingehen auf örtliche Eigenarten und die Verbindung von Modernität und Bautraditionen ein wichtiges Anliegen für eine Identität stiftende Bauweise.

BEGEGNUNG MIT EINEM TENDENZVOLLEN MONUMENTALISTEN 1907–1909

... dem Einfluss Billings verdankt Max Taut wohl manche Züge, die sein eigenstes Wesen hier und da noch verdecken. Zeitweilig arbeitete er im Atelier Schaudts, aber mit größerem Gewinn unter dem früh verstorbenen Rixdorfer Stadtbaurat Kiehl.[27]
Adolf Behne

Max Taut bezeichnet die Jahre zwischen 1906 und 1911 als seine Wanderschaft, und in der Tat ist sein Aufenthalt in Berlin mit einem Jahr relativ kurz bemessen. Es ist gewiss weniger ein Unbehagen an seiner Arbeit bei Reinhold Kiehl, das ihn zum Weiterziehen veranlasst, als die großartige Chance, bei Hermann Billing in Karlsruhe mitwirken zu können. Billing ist der Architekt, dessen Werk Bruno Taut schon in seinen Briefen an Max mit Begeisterung beschrieben hat. »Ich habe da eine Menge Bauten von ihm gesehen, viel Unreifes und Jugendliches, aber auch so viel Reifes und Meisterhaftes, dass ich diese Eindrücke erst langsam in mir verarbeiten muss.«[28] Innerhalb der neuen badischen Architektur ist Hermann Billing mit seinen monumentalen, vom Jugendstil geprägten Arbeiten der herausragende Vertreter. Der Kunstkritiker Karl Scheffler sieht in der Architektur Billings das Großflächig-Primitive und das Raffinierte in effektvoller Kombination. Stets sei in seinen Gebäuden ein Element der Theatralik, während die Wirkung gewollt pathetisch ausfalle.[29]

Sicherlich ist für Max Taut der Gedanke verlockend, dass mit seiner neuen Anstellung die räumliche Nähe zum Bruder in Stuttgart hergestellt wird. So sind beide, zumindest für kürzere Zeit, im süddeutschen Raum beschäftigt, kaum fünfzig Kilometer voneinander entfernt. Der Zusammenhalt der Brüder und die gemeinsame Sorge für die Familie bleiben unvermindert bestehen. Während seiner Tätigkeit bei Billing unterstützt Max Taut die Eltern in Königsberg finanziell – bei einem Anfangsgehalt von neunzig Mark. Schon 1906 hat Bruno bei Max angefragt: »Sag mal, haben die Eltern genug zum Leben?«[30] Auch darin offenbart sich allerdings das berufliche Scheitern des Vaters, der im Jahr 1907 stirbt.

Die Erfahrungen beim Rathausbau in Neukölln kommen Max Taut fraglos bei Billing zugute, wo er erneut an einem Rathaus mitarbeitet. Das Kieler Rathaus, eines der bedeutendsten Projekte Billings – der Entwurf beschäftigt ihn seit 1903 –, entsteht zwischen 1907 und 1911. Es ist bezeichnend, dass Valentin Hammerschmidt das Neuköllner Rathaus von Reinhold Kiehl und das Rathaus Hermann Billings gemeinsam als Beispiel artifiziellkomplexer Gebilde aus dem Geist des Jugendstils anführt.[31] Weitere Projekte, an denen Max Taut mitwirkt, sind die Kunsthalle Mannheim und das Kollegiengebäude der Universität Freiburg. Über den betreffenden Zeitabschnitt sind keine Dokumente erhalten, da sämtliche Bürounterlagen Billings 1914 bei Kriegsbeginn verloren gehen. Dass sich im Nachlass Tauts Materialien zur billingschen Teilnahme am Wettbewerb für die Sektkellerei Henkell befinden, bezeugt zumindest, dass Max Taut sich intensiv mit diesem Entwurf Billings auseinander gesetzt hat.

Im ersten Jahr bei Hermann Billing nimmt Max erneut mit seinem Bruder an einem Wettbewerb teil, wobei es um eine Planung für die Möhnetalsperre geht (Abb. 24). Das Projekt lässt in seiner klassisch-rationalen

23 Hermann Billing, Kunsthalle Mannheim, Postkarte von Max Taut an die Familie Wollgast, 1907

Tendenz Einflüsse der Revolutionsarchitektur ahnen, vor allem bezogen auf die Anwendung stereometrischer Formen.[32] Auffallend erscheinen die Schieberhäuschen mit ihrer Säulenordnung, die auf kanonische Abstufungen verzichtet. Die Aufstellung von Erzfiguren des Bildhauers Constantin Meunier, die das Motiv des Sämanns versinnbildlichen, trägt zur symbolischen Überhöhung bei, wie sie bezeichnend ist für die Bildhaftigkeit einer *architecture parlante*. Ein Jahr darauf entwirft Max Taut eine Talsperre bei Klingenberg, in der er stärker die technische Einfachheit sucht. In beiden Wettbewerben setzen sich Entwürfe im monumentalen Stil durch. Der Kölner Architekt Franz Brantzky erhält den 1. Preis für die Möhnetalsperre, und Hans Poelzig geht als Gewinner aus dem Wettbewerb um die Weißeritztalsperre bei Klingenberg hervor. In einigen Entwurfsskizzen der Zeit, beispielsweise für das Allensteiner Rathaus, lässt sich auch bei Max Taut eine Erprobung monumentalerer Bauweisen erkennen. Es ist gewissermaßen ein Tasten, es sind Versuche, die charakteristisch für die Zeit zwischen Späthistorismus,

Jugendstil und zyklopischer Überhöhung sind, doch letztlich steht Max Taut einer neudeutschen Monumentalkunst zurückhaltend gegenüber.

Insgesamt erweist sich das Verhältnis Max Tauts zu Hermann Billing als ambivalent. Dafür spricht auch, dass er sich bereits im September 1908 persönlich ein zweites Mal bei Theodor Fischer in Stuttgart bewirbt.[33] Sein Bruder ist zu diesem Zeitpunkt bereits in Berlin, so dass hier weniger der Wunsch brüderlicher Zusammenarbeit ausschlaggebend ist als eine zunehmend skeptische Haltung der billingschen Architektur gegenüber.

Im Dezember 1909, nach knapp dreijähriger Tätigkeit bei Hermann Billing, verlässt Max Taut Karlsruhe und kehrt nach Berlin zurück, wo er zunächst im Büro Emil Schaudts arbeitet.[34] Dieser Wechsel ist seit längerem geplant, wie er Margarete Wollgast, seiner späteren Ehefrau, in einem Brief vom 30. November 1909 mitteilt.

Der Einfluss Billings ist in manchen Frühwerken Tauts ablesbar, doch setzt sich bald schon die ornamentlose Einfachheit durch und spätestens 1913 ist die endgültige Abkehr von Jugendstil und billigschem Manierismus vollzogen. Der Bruder Bruno, anfangs ein begeisterter Anhänger Billings, spricht später von den »Schlacken« der Billingzeit in klarer Befürwortung einer sachlichen Architektur. Auch die Haltung Billings, der bis 1911 Mitglied der Nationalliberalen war und dessen gesteigertes Repräsentationsbedürfnis ihn verstärkt Kontakt zum Adel suchen lässt, weicht deutlich von den Vorstellungen der Brüder ab, die sich mehr und mehr den sozialen Aspekten in ihrem Bauen zuwenden.

Kommentare Hermann Billings zu Max Taut sind nicht überliefert. Auch umgekehrt findet sich wenig mehr von Max Taut über Billing als ein Satz in einem autobiografischen Resümee zum achtzigsten Geburtstag. Hier spricht Taut von Billings Fähigkeit, Ornamente ohne Symbolik zu schaffen und mit Formen zu spielen. Diese Anmerkung mag zunächst überraschen, da sie die Unterschiede zwischen Billing und Max Taut hervorkehrt, dem als Baumeister der Sachlichkeit jedes Dekor

24 Bruno und Max Taut, Möhnetalsperre, Wettbewerbsentwurf 1907

Hermann Billing 1867–1946

Hermann Billing wird 1867 in Karlsruhe geboren. Schon in der Schule besticht sein zeichnerisches Talent. Zunächst besucht er die Karlsruher Kunstgewerbeschule, was im Sinne des Vaters ist, der sich als Baumeister und Unternehmer auf die Herstellung von Möbeln und Inneneinrichtungen spezialisiert hat. 1886 beginnt Hermann Billing sein Architekturstudium in Karlsruhe, doch hält es ihn nur vier Semester an der Hochschule. Er geht nach Berlin, wo er praktische Erfahrungen bei Kayser & von Großheim und bei Heinrich Seeling sammelt.

Bald sind Architekturzeichnungen Billings auf der Großen Berliner Kunstausstellung zu sehen. Mit dem Jahr 1894 kommt es zu ersten Aufträgen von privaten Bauherren, und Billing gewinnt in den folgenden Jahren als führender Kopf der badischen Architektur überregionale Bedeutung. Die Jahre von 1900 bis 1911 sind die produktivsten im Wirken Billings. Vor allem unmittelbar nach der Jahrhundertwende gelingt es ihm, dem Jugendstil mit greller Farbigkeit und individuellem Dekor eine fantastische und poetisch-subjektive Note zu verleihen. »Schrankenloser Individualismus, basierend auf eklektizistischen Stilrückgriffen, monumentalisierende Großform und eine ausgeprägte Vorliebe für das Ornament, ... sowie eine überraschende Farbigkeit kennzeichnen das Œuvre von 1900 bis 1903.«[35]

In den nachfolgenden Jahren kommt es dank zahlreicher Wettbewerbserfolge zu Großaufträgen außerhalb der badischen Heimat. Das Rathaus Kiel (1907–1911) und die bekannten Kunsthallen in Mannheim (1905–1907) und Baden-Baden (1906–1909) entstehen. In diese produktivste Phase fällt Max Tauts Mitarbeit im Atelier Hermann Billings. Was allerdings erstaunt: Ein späteres Werkverzeichnis, in dem Billing die aus seinem Atelier hervorgegangenen Architekten anführt, lässt den berühmtesten Schüler unerwähnt. Hermann Billing kann zahlreiche Würdigungen entgegennehmen und wirkt als Lehrer an der Karlsruher Hochschule, wo er als Student sein Studium nach vier Semestern abgebrochen hat. Doch die Zahl lukrativer Aufträge lässt bereits vor dem Ersten Weltkrieg nach, und Billing wendet sich wieder verstärkt der Malerei zu. Während der Weimarer Zeit, da Max Taut zu einem der bedeutendsten deutschen Architekten avanciert, wird es um Billing still. Eine Konstante ergibt sich dank seiner Lehrtätigkeit an der Technischen Hochschule Karlsruhe, wo er bis 1937 unterrichtet. 21 Jahre später ernennt dieselbe Hochschule Max Taut zum Doktor-Ingenieur ehrenhalber.

fremd ist. Doch besteht die Leistung Billings gerade in der Loslösung von einer überkommenen Symbolik. Der Umgang mit dem Ornament wird so zum freien Spiel, das nicht ans tradierte Formenvokabular gebunden ist.

Nicht weniger als Billing schätzt der junge Max Taut die Architektur von Joseph Maria Olbrich, der mit seinen vegetabilen Formen den Jugendstil entscheidend prägt. Bruno Taut erwähnt beide Architekten im direkten Zusammenhang mit Max Tauts zeichnerischen Fertigkeiten und führt an, dass Billing und Olbrich seinem Bruder am meisten bedeuteten. Max Tauts frühe Vorliebe für den Raumpoeten Olbrich, vor allem was die Zeichen- und Darstellungsart betrifft, ist unverkennbar, so dass manche expressive Form oder zeichnerische Figur hier ihren gestalterischen Ursprung hat.

Nur kurze Zeit hält es Max Taut bei Emil Schaudt, der unter anderem durch die Planung des Kaufhauses des Westens bekannt geworden ist. 1911 lässt Taut sich als selbstständiger Architekt an der Schöneberger Straße in Berlin nieder und intensiviert seine Wettbewerbsarbeit. Noch im selben Jahr wird ein Entwurf des 27-Jährigen für einen Schulbau in Finsterwalde prämiert und vom Magistrat der Stadt zur Ausführung bestimmt.

25 Max Taut, Knabenschule
Finsterwalde, 1911–1913, Perspektive

DAS BEDÜRFNIS NACH KLARHEIT: ERSTE SCHULBAUTEN 1911–1914

DIE FINSTERWALDER KNABENSCHULE

Schon unter Stadtbaurat Reinhold Kiehl hat Max Taut an Schulprojekten mitgewirkt und vielfältige Erfahrungen in Berlin sammeln können. Eine Wettbewerbsteilnahme für ein Realgymnasium in Tempelhof 1909 bleibt zwar ohne Erfolg, doch erhält er 1911 die Gelegenheit, eine Knabenschule und ein Kinderheim in der ehemaligen Tuchmacherstadt Finsterwalde in der Niederlausitz auszuführen – abgesehen vom temporären Landarbeiterhaus in Dresden 1906 ist dies sein erster realisierter Entwurf. Zur Jury, die ihm den zweiten Preis zuspricht, gehören Reinhold Kiehl und Bruno Möhring. Das Gebäude bildet zusammen mit dem Kinderheim, das der Tuchfabrikant Max Koswig stiftet, eine eng zusammengehörige Baugruppe westlich der Finsterwalder Altstadt.

Blickfang der Finsterwalder Schule ist das prägnant vortretende Eingangsportal mit seinem weich geschwungenen Dach (Abb. 26). Nirgends ist Max Taut in seinem Werk dem Jugendstil näher, so dass man an die plastische Gestaltungskunst des Lehrers Billing denken mag, auch wenn der Eingang insgesamt in seiner Erscheinung jede Monumentalität vermeidet. Julius Posener spricht von einem »Nachklang« des Jugendstils.[36] Max Taut selbst sieht beim Finsterwalder Schulbau vor allem den architektonischen Einfluss Theodor Fischers. »Mit dem Schulbau Finsterwalde, meinem ersten größeren Bau, 1911, machte ich mich als

Architekt selbstständig, stand jedoch etwas unter dem Einfluss Theodor Fischers.«[37]

Mit figurenbestückten Säulen aus hellem Sandstein wird eine fantasievolle Eingangssituation geschaffen. Zur Tür führen drei einladend flache Treppen: Es fällt nicht schwer, sich den Strom der Schüler vorzustellen, die geradeaus, links und rechts um die Säulen herum in drei Richtungen die Treppen nach Schulschluss hinabströmen. Die beiden Figurengruppen, die spielende Kinder darstellen, schauen auf die Szenerie hinab (Abb. 27). Der Handlauf wird von Steinkugeln getragen, die wie Bälle auf der Brüstungsmauer liegen. Sachlich ist an dieser Szenerie nichts, aber wo Architektur eine so stimmige Bewegtheit entfaltet und Spielerisches und Zweckmäßiges so souverän miteinander verbindet, hat sie ihre Aufgabe sicher erfüllt. Noch während man das Für und Wider eines Eintritts erwägt, wird man von der ersten Stufe ins Innere des packend wirkenden »Einbaus« geführt, heißt es in einem zeitgenössischen Zeitungsbericht.[38]

Die Ostfassade, die Schauseite zur Stadt, wird durch einen Arkadengang belebt und weckt mit ihren beiden Rundtürmen, die von pittoresken Turmspitzen bekrönt werden, Assoziationen an eine Burgfront (Abb. 30). Dagegen stehen die strenge Anordnung der Fenster und die völlige Ornamentlosigkeit der Fassade. Der Arkadengang ist ein Motiv, das Max Taut des Öfteren in der Choriner Klosterkirche skizziert hat. Die Klassenräume der einbündigen Anlage liegen nach Westen und bilden zusammen mit Turnhalle und angrenzendem Kinderheim einen weitläufigen Hof. Adolf Behne sieht vor allem am Beispiel der

26 Max Taut, Knabenschule
Finsterwalde, 1911–1913, Portal,
Zustand 1993

27 Max Taut und Wilhelm
Repsold, Figurengruppe an den
Säulen des Portals, Zustand 2002

28 Max Taut, Knabenschule
Finsterwalde, Hofseite, Zustand 2002

Hoffassade eine Entwicklung zum »Phrasen-los-Natürlichen«.[39] Es wird nicht mit dem Formenrepertoire der Vergangenheit gespielt und kein Ausdruck erborgt, der nicht unmittelbar der Funktion des Bauwerks entspringt. Optimale Lichtverhältnisse, beste Durchlüftungsmöglichkeiten, offene Wandelgänge und großzügige Freianlagen lassen die Schule zu einem Inbegriff fortschrittlichen Bauens werden.

Die Turnhalle dient zugleich als Aula, wobei dem Anspruch eines Festsaals mit einer Galerie an der Hofseite Rechnung getragen wird. Der Blick zur Hallendecke – hierhin wandert das Auge wie von selbst beim Eintritt – zeigt eine ausdrucksvolle Konstruktion aus gebogenen Holzfachwerkbindern mit hölzernen Zugstäben. Max Taut selbst ist von der Hallenkonstruktion so sehr überzeugt, dass er den Innenraum für einen Abdruck in der ersten Publikation des *Arbeitsrates für Kunst* 1919 auswählt (Abb. 29). Immerhin imponiert die sichtbare Dachkonstruktion sowohl Bruno Taut als auch Adolf Behne. Zur Zeit der Ausführung im Jahr 1912 bereist Max Taut gemeinsam mit seinem Bruder die Niederlande

29 Max Taut, Knabenschule
Finsterwalde, Turnhalle Innenansicht

Wilhelm Repsold

Sämtliche Plastiken und Reliefs der Finsterwalder Bauten sind Werke des Bildhauers und Illustrators Wilhelm Repsold, der eine Vorliebe für groteske und heitere Szenen entwickelt und viele Kinderbücher illustriert.

Wilhelm Repsold, 1885 in Hamburg geboren, studiert zunächst an der Dresdner Akademie bei Richard Müller, einem künstlerischen Vorläufer des Surrealismus. Weitere Stationen seiner Ausbildung sind die Akademie Julian in Paris und Studien in Stuttgart und München. Er arbeitet als Bildhauer und Keramiker, als Stuckateur und Aquarellist, als Grafiker und Silhouettenschneider überwiegend in Berlin. Reizvoll und für die Zeit fortschrittlich sind seine Buchillustrationen und Scherenschnitte. Dabei zieht er burleske und humoristische Themen vor: Münchhausen, Eulenspiegel und Don Quijote. Gerade im letzten Buch nähert er sich einer expressionistischen Formgebung an. Die in ihrer Gestalt überzeichneten und surreal verzerrten Figuren sind Beispiele manieristischer Überhöhung (Abb. 31).

Wilhelm Repsold arbeitet mit Max Taut bei den Finsterwalder Projekten sowie beim Umbau des Cafés Odeon in Berlin zusammen und fertigt zum ADGB-Haus an der Wallstraße die Präsentationszeichnungen. Für Bruno Tauts *Monument des Eisens* gestaltet er den Silhouetten-Fries im Diaphanien-Saal. 1912 stellt er neben Pechstein, Kirchner und Corinth seine Werke in der Großen Ausstellung des Deutschen Künstlerbundes in Bremen aus. Weitere plastische Arbeiten folgen für den Stahlwerk-Verband und die Reichsbank. Nach dem Zweiten Weltkrieg lebt Wilhelm Repsold in Dießen am Ammersee.

und besichtigt offenbar auch die Amsterdamer Börse von Hendrik Berlage. Ihr Innenraum, vor allem die Fachwerkkonstruktion der Hallendecke, hat mutmaßlich Einfluss auf die Gestaltung der Finsterwalder Turnhalle, auch wenn Hendrik Berlage als Material Eisen wählt.

Ein Blick in die Zeitungen jener Zeit belegt die rege Anteilnahme, die beide Bauten, Schule und Kinderheim, finden. Vom Wettbewerb bis zur Einweihung werden alle Stadien ausführlich dargestellt. Das Interesse besteht bis in die Gegenwart fort, wie Ausstellungen und Jubiläumsfeierlichkeiten sowie die sorgfältige Restaurierung des Schulgebäudes zeigen. Auf der Homepage der Schule, die heute Janusz-Korcak-Gymnasium heißt, finden sich Daten zum Leben Max Tauts und Aufnahmen des Bauwerks.

Im Niederlausitzer Anzeiger vom 16. Oktober 1913 findet sich ein erstaunlich präziser Beitrag zur Charakterisierung des Gebäudes:

Der farbige Eindruck herrscht trotz aller Einfachheit vor! Und es gibt kaum einen Architekten, der ein so feines Gefühl für die Verwendung der Farbe in der Architektur hat, als Taut. Das hat er beim Bau des Kinderheimes gezeigt, das verrät er mindestens ebenso deutlich bei diesem, seinem neuesten Werk. ... Das Charakteristische an diesem Schulbau ist jedoch, dass durch das Achten auf die Forderungen der Praxis und nicht durch strenges Festhalten an einem Stilprogramm, alle Formen entstehen, die dadurch eine intime Natürlichkeit behalten, nie in eine allzu persönliche Prägung ausarten. Das Schulhaus ist darum etwas Solides, organisch Geordnetes, dessen Werte bleiben, auch wenn die Stilmoden sich ändern. Es ist sachlich – wie angeführt – ohne nüchtern zu werden, persönlich, ohne in Übertreibungen auszuarten, deren Unhaltbarkeit sich späterhin im Gebrauch herausstellt.[40]

30 Max Taut, Knabenschule Finsterwalde, Ostfassade mit Wandelgang und Türmen

31 Wilhelm Repsold, Don Quijote,
Buchillustration

Ein Entwurf für ein Realgymnasium in Oranienburg

Im Jahr 1912, während die Finsterwalder Schule noch im Bau ist, entwirft Max Taut ein Realgymnasium für Oranienburg und erhält für seinen Wettbewerbsbeitrag einen dritten Preis. Wie in beiden vorangegangenen Wettbewerben gehört Reinhold Kiehl als Fachmann für Schulbauten zur Jury. Dieser Entwurf, nur ein Jahr nach Finsterwalde entstanden, zeigt bereits eine weitaus sachlichere Behandlung der Dächer und Fassaden. Der Vorbau verweist mit seiner doppelgeschossigen Gliederung auf die Aula, die in ihrer Anlage mit schmalen, hohen Fenstern wie eine Vorläuferin der Nauener Aula wirkt.

Das Realgymnasium in Nauen

Das Realgymnasium in Nauen ist ein Auftrag, der aufgrund der erfolgreichen Finsterwalder Projekte direkt an Max Taut vergeben wird. Die Schule entsteht in den Jahren 1913 bis 1916 und lässt die konsequente Weiterführung der baulichen Gestaltung hin zur Sachlichkeit erkennen. Bezeichnenderweise schreibt Bruno Taut, dass Max sich mit seiner Nauener Schule ganz von seinen früheren Vorbildern befreit habe. Alfred Kuhn, der 1932 eine Schrift über

die Bauten Max Tauts herausgibt, sieht in der Nauener Schule den ersten Bau, mit dem Taut den entscheidenden Schritt zu einer neuen Baukunst geht. Erwähnt wird das Treppenhaus der Schule, das mit seinem strengen eisernen Stabgeländer und den raumhohen schlanken Fenstern eine lichte Klarheit aufweist (Abb. 33). Max Taut selbst spricht von der ersten konstruktiven Anwendung sichtbaren Betons im Inneren und im Äußeren.[41] Das Grundrisskonzept ist durchaus dem der Finsterwalder Schule verwandt, vor allem in der Großform und der Angliederung einer eingeschossigen Turnhalle, die bedauerlicherweise durch einen Brand im Jahr 1989 zerstört wird.

Die Schulanlage öffnet sich mit einem geräumigen dreistufigen Plateau zur Straße (Abb. 34). Die Empfangsgeste fällt ruhiger und strenger aus als in Finsterwalde. So wird hier im Unterschied zur Knabenschule die Aura einer höheren Bildungsanstalt spürbar. Ohne weiteres lassen die klar hervortretenden Stützen und der Giebel des Eingangs eine klassische Lesart als Portikus zu. Auch hier zeigt sich eine elegante Inszenierung über die schön proportionierten Treppen, die mit ausladender Bewegung auf dem Plateau münden. Mit wenigen Mitteln wird ein im Detail abwechslungsreiches Bild geschaffen. Klinker und Terrakotten finden im Wechsel mit Beton und Verputz Verwendung. Der Kontrast zwischen hellen Putzflächen und rahmenden Ziegeln ist auch in der Klosteranlage Chorin an den Giebeln thematisiert.

Max Taut setzt hier, etwa gleichzeitig mit der in Finsterwalde entstehenden Tuchfabrik, erstmals einen Eisenbetonrahmen als sichtbare Konstruktion ein. So ist das Portal gleichsam eine Studie, die vor dem Hintergrund des weitgehend ornamentlosen Massivbaus sehr eigenständig wirkt. Die mittleren Rahmenstützen wecken mit ihren erkennbaren Vouten das Bild eines klassischen Kapitells – wie im Ganzen der Eisenbetonrahmen noch nicht zu sich selbst gefunden hat, sondern in einer klassischen Erscheinungsform hervortritt, die an einen Portikus erinnert. Aber auch in dieser klassisch betonten Variante ist der Betonrahmen an einem Schulgebäude jener Zeit außergewöhnlich, ja, einmalig.

Der Blick auf die Hauptfassade zeigt eine differenzierte Fensterfolge, die mit ihren profilierten Gewänden aus Ton und ihrem hochstrebenden Charakter eine leicht expressive Tendenz erhält. Die Fenster wachsen vom Souterrain zum nächsten Geschoss an, ehe vier bemerkenswert schlanke Fenster folgen, hinter denen die doppelgeschossige Aula liegt.

32 Max Taut, Realgymnasium Nauen, Straßenfront der Aula, Ausschnitt, Zustand 2002

33 Max Taut, Realgymnasium Nauen, 1913–1916, Treppenhaus

34 Max Taut, Realgymnasium Nauen, Eingang mit Eisenbetonrahmen

Mit ihr wurde ohne dekorativen Aufwand ein durchaus feierlich anmutender Saal geschaffen (Abb. 35). Gegliedert wird der Raum durch eine Galerie, wobei eine Rahmenkonstruktion in Analogie zum Eingang die weit tragende Decke stützt. Quadratische Öffnungen unterhalb der Decke wandern wie ein Fries um den Baukörper herum und tragen zur Belebung der Fassade bei. Die stab- und speichenförmigen Fensterliederungen in Backstein muten wie eine weitere Reminiszenz an Chorin und ans gotische Maßwerk der Klosterkirche an.

Die Zeitungen schreiben nur knapp über die entstehende Schule, da der Bau von den Ereignissen des Kriegs überschattet wird. Max Taut wird im August 1914 zum Kriegsdienst eingezogen und kann die Fertigstellung nicht beaufsichtigen. Doch springt sein Bruder Bruno ein und kümmert sich vor Ort um den wei-

teren Bauverlauf. Er spart nicht mit Lob und spricht enthusiastisch über Details des Schulgebäudes:

Dein Bau ist ganz ausgezeichnet geworden. Hier hast Du Dich nun ganz von den Schlacken aus der Billingzeit befreit. Die Eingangsseite ist ganz famos: etwas, was man nicht vergisst. ... Das Innere ist ganz famos. Der Aufriss der Korridore ist wirklich fein. Die Treppenhäuser ausgezeichnet, besonders das vordere, der kleine Brunnen, besonders aber die Aula. Es ist ein ganz brillanter Raum. Dann mit den Lampen und den Fenstern – Tip-Topp![42]

Max Taut wird sich sowohl in den zwanziger Jahren als auch in der Zeit nach dem Zweiten Weltkrieg wieder eingehend mit Schulbauten beschäftigen, mit einem Thema, das ihn von seinen Anfängen bei Reinhold Kiehl bis zum Ende seiner Laufbahn begleitet.

35 Max Taut, Realgymnasium Nauen, Innenansicht Aula

Frühe Sachlichkeit: Die Tuchfabrik Koswig 1913

Max Taut konnte konstruieren und dachte konstruktiv bei allem, was er tat.[43]
Julius Posener

Die Entwicklung von einer Architektur, die mit regionalen Elementen und Jugendstilmotiven arbeitet, zu einer Architektur konstruktiver Sachlichkeit vollzieht sich im Wesentlichen innerhalb von zwei Jahren. Es ist eine der beeindruckendsten Leistungen des Architekten Taut, der in dieser Zeit – im Alter von 28 Jahren – konsequent den Weg zu einer phrasenlosen, neuen Gestaltung geht. Schon Julius Posener wies auf die erstaunliche Entwicklung anhand der Eingänge der Schulen in Finsterwalde 1911 und Nauen 1913 hin. Der entscheidende Schritt wird gleichwohl mit der Finsterwalder Tuchfabrik vollzogen, die wenige hundert Meter von Knabenschule und Kinderheim entfernt entsteht. Es ist verständlich, dass es ein Industriebau ist, an dem der Wandel gleichsam exemplarisch zum Ausdruck gelangt.

Neben Posener ist es vor allem der Bruno-Taut-Biograf Kurt Junghanns, der die Bedeutung dieses Schritts hervorhebt. In seinem Nachruf auf Max Taut spricht er von ihm als erstem deutschen Architekten, der die Eigenarten des unverhüllten Eisenbetonbaus erfasst und als neues künstlerisches Element nutzt. »Nachdem ein kühn gedachter Entwurf für einen Wasserturm 1912 abgelehnt worden war«, schreibt Junghanns, »erprobte Taut seine neuen Ideen in kleinerem Maßstab an einem Schulbau in Nauen und besonders an einer Tuchfabrik in Finsterwalde.«[44] Auch wenn es müßig scheint, zu klären, welcher Architekt wo zuerst den Betonrahmen am reinsten darstellte – zu nennen wären in jedem Fall Auguste Perret und die Jahrhunderthalle Max Bergs –, geben Kurt Junghanns Zeilen das Wesen der Entwicklung wieder. Neben Junghanns und Posener ist es, kaum unerwartet, Adolf Behne, der das Bauwerk als einer der Ersten in seiner Neuartigkeit begreift. Sein Lob reicht so weit, dass er 1915 das Werk des jungen Architekten unumwunden zu einem der besten Industriebauten erklärt und neben Hans Poelzigs vielgerühmte Fabrik in Luban stellt.[45]

Die künstlerischen Entwicklungslinien lassen sich nur skizzieren, zumal die Einflüsse jener Zeit auf Max Taut überaus vielfältig sind. Bedeutung für die unverhüllte Nutzung neuer Materialien und der damit einhergehenden Konstruktionsweisen gewinnt seit 1907 das Wirken des Werdandi-Bundes, mit dessen Gründer Friedrich Seeßelberg Max Taut 1913 die Werdandihalle entwirft. Auch die Reise, die Max mit Bruno 1912 durch Holland unternimmt, lenkt ihn verstärkt zu einer konstruktiven Bauweise, wobei wichtige Anregungen von Hendrik Berlage und seiner Amsterdamer Börse ausgehen.

Entscheidend für die stringente Hinwendung zum Eisenbeton ist gewiss auch die handwerkliche Ausrichtung Tauts, der weniger durch Ideen und Visionen besticht, als durch die souveräne Umsetzung baulicher Aufgaben mit zweckentsprechenden Mitteln. Als Zimmermann liegt ihm das konstruktive Bauen nahe: Wie wichtig ihm dieses Detail ist, wird sichtbar, wenn in einer von fremder Hand erstellten Biografie das Wort *Tischler* von ihm gestrichen und durch das Wort *Zimmermann* ersetzt wird, in dem Sinne, dass der Zimmermann als *architékton* derjenige ist, der *tektonisch* arbeitet und Dachstühle zusammenfügt, während der Tischler mit der Holzbearbeitung und Möbelherstellung betraut ist. Mit seinem Fabrikbau etabliert Max Taut sich zugleich neben seinem Bruder Bruno als Architekt – wenn auch weniger im Licht der Öffentlichkeit als jener.

Enthüllung

Der Wasserturm, den Max Taut 1912 für Nauen entwirft und in zwei Varianten veröffentlicht, veranschaulicht in prägnanter Weise die *Enthüllung* eines Bauwerks und erweist sich als wichtige Etappe auf dem Weg zum konstruktiven Fabrikbau (Abb. 229 und 230). Die erste Variante bietet das vertraute Bild eines Turms mit Mauerwerk, das allerdings nur als Ummantelung des tragenden Skeletts aus Stahlbeton dient. Unterhalb des Wassergefäßes lässt Taut eine Fuge, als wolle er auf die nichttragende Eigenschaft des Mauerwerks verweisen. In der zweiten Variante wird die Hülle fortgelassen und der Turm steht in seiner Konstruktion aus acht Eisenbetonstützen gleichsam nackt da. Das Stabwerk aus Eisenbeton präsentiert sich als unverhülltes Gerüst – ein Bild, so ein zeitgenössischer Kritiker, an das man sich angesichts der neuartigen Möglichkeiten des Eisenbetons wohl gewöhnen müsse. Max Taut führt hier exemplarisch den Versuch vor, mit dem Verzicht auf redundante Elemente einen neuen künstlerischen Ausdruck zu finden, der sich aus der Konstruktion ableitet. »Natürlich«, so resümiert Max Taut die Reaktion auf seinen Wettbewerbsbeitrag, »flog ich mit Pauken und Trompeten durch.«[46]

ZELTDACH AUS BETON

Kurz darauf, im Jahr 1913, entsteht die Erweiterung der Fabrik Koswig, ein vom Fabrikbesitzer und Stifter des Kinderheims Max Koswig direkt an Taut vergebener Auftrag. Bezogen auf das bestehende Fabrikareal, das an die Finsterwalder Innenstadt anschließt, ist das Bauvolumen der Erweiterung eher bescheiden – ein fünfgeschossiger Anbau mit einer Grundfläche von etwa fünfhundert Quadratmetern.

Betritt man den Erweiterungsbau über das vorspringende Treppenhaus, so liegt zur Rechten der tautsche Neubau. Abgesehen vom Erdgeschoss mit Lager- und Verwaltungsräumen bildet jede Etage eine Halle, die in der Mittelachse durch eine Folge schlanker Eisenbetonstützen gegliedert wird. Die Mittelstützen mit oktogonalem Querschnitt nehmen die Lasten über sichtbar belassene Unterzüge auf. Die Kräfte werden in den Normalgeschossen über die massiven Außenwände abgeleitet. Ganz anders im Dachgeschoss: Hier herrscht

eine kühnere Struktur vor, da ein punktueller Lastabtrag über ein Rahmenwerk erfolgt, das sich in der Fassade abzeichnet. Der Konstruktionswechsel geht mit einem Wechsel der Bogenfenster zu kleineren Rechtecköffnungen im Dachgeschoss einher. Zum ersten Mal findet sich hier ein Gebäude Max Tauts, das innen wie außen durch die reine Betonkonstruktion bestimmt wird. Anders als beim Eingang der Nauener Schule wird kein klassisches Bild evoziert, sondern der Rahmen stellt gleichsam nur sich selbst als Rahmen dar. Charakteristisch sind die Vouten, die der Aussteifung dienen. Ausgefacht ist das Skelett mit dünnen Ziegelwänden. Dem flüchtigen Betrachter könnte der Wechsel der Konstruktion von den Normalgeschossen zum Dachgeschoss entgehen, denn der rote Backstein wird in Anlehnung an den Bestand als Material beibehalten.

Eine besonders schöne Ausprägung findet die Tektonik im westlichen Teil des Dachs, wo, aufgrund einer Aufweitung des Raums, eine größere Fläche überspannt wird und eine einzelne mächtigere Stütze in kunstvoller Aus-

36 Gesamtansicht der Fabrikanlage Koswig in Finsterwalde, Erweiterungsbau von Max Taut rechts im Bild

37 Max Taut, Fabrik Koswig, 1913, Front mit sichtbarer
Rahmenkonstruktion im Dachgeschoss.
»Der Fabrikbau endlich, den Max Taut in Finsterwalde für
die Firma Koswig errichtet hat, zeugt wiederum ähnlich
wie Poelzigs Bau, von einer vollendeten Sachlichkeit«,
schreibt Adolf Behne 1920 in *Fabrikbau als Reklame*.

38 Hans Poelzig, Chemische Fabrik in Luban bei Posen,
1911–1912

39 Max Taut, Fabrik Koswig, 1913, Dachgeschoss

40 Auguste und Gustave Perret, Garage Automobile in Paris, 1906–1907

formung die Lasten aufnimmt. Aus der Stütze wachsen in einer Schirmkonstruktion acht Unterzüge, so dass man den Eindruck gewinnt, ein Zeltdach über sich gespannt zu sehen. Die Lasten werden auch hier, als Rahmen, an der Außenwand über sichtbare Stützen weitergeführt. Die Raumwirkung ist durch ein pyramidenförmiges Glasdach über der Stütze gesteigert – wie überhaupt die Halle vor allem durch Dachfenster ihre Helligkeit erhält. Damit wird ein neuartiger lichter Raum geschaffen, ohne jede Anlehnung an historische Bauformen, ohne aufgesetzte Ornamentik, eine Architektur, deren Reiz allein aus der gleichermaßen ökonomisch wie kühn ausgebildeten Konstruktion erwächst.

HAUS OHNE GROSSE GEBÄRDE

Mit der unverhüllten Konstruktion der Finsterwalder Fabrik tritt ein gesellschaftlicher Aspekt in Erscheinung, der, wie Adolf Behne ausführt, das radikal Neue an Tauts Tuchfabrik ausmacht. Peter Behrens hatte vier Jahre zuvor mit der AEG-Turbinenhalle einen neuen Typus im Industriebau geschaffen, einen nach den Werkbedürfnissen gestalteten Raum, außen ein mächtiger Körper, neben dem die Stuckfassaden der Mietshäuer kindisch verputzt anmuteten.[47] Dabei ist der Bau in seiner gestalterischen Wucht nicht frei von Stilisierung und das Pathos verbrämt mitunter den Zweck. Adolf Behne schreibt, dass die AEG-Bauten sich der bürgerlichen Fassade zum Ruhm und zur Selbstdarstellung des Fabrikanten bedienten und »zyklopische Tempel der Arbeit« seien. Die große Gebärde dieser Fabriken, so Adolf Behne in seiner Kritik, habe nicht das Geringste an der Lohnsklaverei der Arbeiter geändert. Gewiss, gesteht er ein, es lag nicht in der Hand des Baukünstlers, dieses zu leisten. »Aber es lag in seiner Hand, zu vermeiden, dass Stätten des Schweißes und der herdenweisen Arbeit um das liebe Brot ein Gesicht bekamen, als seien sie Stätten der Erhebung.«[48] Behrens habe mit seiner Architektur kein Ausdrucksmittel für eine nichtbürgerliche Verrichtung gefunden und mithin dumpf-zyklopische Repräsentationsfassaden geschaffen, die weihevoll und unaufrichtig seien, architektonische Masken, die allein dem Größenwahn des Produzenten schmeichelten. Behne führt als Vorbilder im Industriebau Walter Gropius und Hans Poelzig an und beschließt seinen Essay über den Fabrikbau mit der Präsentation der koswigschen Tuchfabrik. »Hier ist nicht mit großer Gebärde eine *Stätte moderner Arbeit* geschaffen, sondern ehrlich, ohne Gerede, ein *Haus* hingestellt, hinter dessen Wänden und Fenstern Lohnarbeit geleistet wird. So entstand ein in seiner Strenge überzeugender Bau, der im Innern vortreffliche Arbeitsräume hat und geradezu prächtige Beton-Ausführungen der Decken zeigt.«[49]

Adolf Behne spricht von vollendeter Sachlichkeit, doch mutet die Zeltdachkonstruktion der Fabrik Koswig nicht nur sachlich, auf keinen Fall nüchtern an. Blickt man ins Zeltdach, so ist die Wirkung zugleich expressiv. Die aus einer einzigen Achteckstütze herauswachsenden dünneren Arme, acht an der Zahl, bilden eine organische Konstruktion (Abb. 41). Wie eng sachliche und expressionistische Gestaltung beieinander liegen, wird an dieser Eisenbetonkonstruktion deutlich. Indem die Architektur ökonomisch aus dem Kraftverlauf konstruiert ist und selbstverständlich auf jedes Dekor verzichtet, ist sie sachlich. Dank ihrer organischen Gestaltung gewinnt sie in ihrer Bewegtheit eine »prachtvolle« Ausdrucksqualität. Die Saaldecke des 1923 fertig gestellten ADGB-Gebäudes an der Wallstraße wirkt ähnlich belebt. In der Finsterwalder Fabrik ist die Verbindung von sachlichen und expressiven Momenten vorweggenommen. Auch die Struktur der Backsteinausfachung im Dachgeschoss – statt glatt sind die Ziegellagen vor- und zurückspringend gemauert – wirkt eher expressiv als sachlich.

Verfall der Tuchmacherei in der Lausitz

41 Max Taut, Fabrik Koswig, 1913, Dachgeschoss mit Zeltdachstütze

Der heutige Zustand der Halle gibt die frühere Innenraumqualität nur unzureichend wieder. Es sind weniger die baulichen Verfallserscheinungen der seit 1992 stillgelegten Fabrik als unsensibel und willkürlich montierte Deckenleuchten und Kabel, durch die das Bild des Kraftflusses empfindlich beeinträchtigt wird. Bauliche Änderungen wie Zumauerungen an den Fenstern sind dem äußeren Erscheinungsbild abträglich. Nicht zuletzt stört die als Schutz gedachte Holzabdeckung sämtlicher Oberlichter, also auch des gläsernen Pyrami-

Die Tuchfabrik F. F. Koswig

Die Entstehung der Tuchmacherei in der Lausitz fällt in die Zeit des 12. Jahrhunderts, als flämische Flüchtlinge, ihres heimatlichen Bodens verwiesen, nach Osten wanderten, um sich eine neue Stätte zu suchen.[50]

1838 Gründung der Firma durch Friedrich Ferdinand Koswig.
1879 Max Koswig übernimmt das Fabrikationsgeschäft.
1886 Verlegung der Fabrik in die Brunnenstraße und Errichtung von Neubauten.
1905 Die Fabrik beschäftigt 720 Arbeiter und 40 Angestellte. Hergestellt werden schwarze und farbige Tuche, Satins, Croisés, Damenklei-

der, Herrenanzüge und Paletstoff. Absatzgebiete sind Europa, Nord- und Südamerika, der Orient, Ostasien und Australien.
1913 Errichtung des Kinderheims mit Hilfe einer Stiftung des Ehepaars Max und Anna Koswig und Planung der Fabrikerweiterung durch Max Taut.
1914–1918 Max Koswig trägt zur textilen Versorgung der Armeen bei, so dass die Firma aufgrund des Krieges erheblich prosperiert.
Nach 1945 entsteht aus den drei Finsterwalder Tuchfabriken – Koswig, Schaefer und Schulze – der VEB Feintuchfabrik Finsterwalde. In den achtziger Jahren gehört das Unternehmen mit einer Investition von 25 Millionen Mark und dem Ankauf neuester Webmaschinen zu

einer der modernsten Webereien der DDR. Fenster und Dach werden zu dieser Zeit in architektonisch wenig sensibler Weise erneuert. Nach der Wiedervereinigung scheint eine wirtschaftliche Fortführung des Betriebs nicht möglich; bis 1991 werden fünfzig Prozent der Belegschaft entlassen. Bereits ein Jahr darauf gibt die Treuhand ihre Versuche zur Rettung der Fabrik auf und verkauft die technische Ausrüstung. Am 30. Juni 1992 wird die Produktion eingestellt und das Bauwerk steht fortan leer und verfällt. Seit 2000 ist die Planung eines Technologieparks und Innovationszentrums für thermische Materialbearbeitung im Gespräch.[51]

dendachs über der Schirmkonstruktion. Es wäre zu wünschen, dass die Halle als Raum von unvergleichlicher Qualität in ihrer authentischen Gestalt wieder zu erleben wäre. In jedem Fall ist in der Finsterwalder Tuchfabrik ein kulturhistorisch wie bauhistorisch überregional bedeutendes Bauwerk zu sehen, dessen Erhalt für die Geschichte und damit der Identität der gesamten Region erstrebenswert ist.

Der sichtbare Rahmenbau sollte in den zwanziger Jahren zum Markenzeichen Tauts werden, und so spricht Julius Posener von einem deutschen Perret und erklärt Max Taut zum Meister des Eisenbetonrahmenbaus. Neben dem Finsterwalder Bau schuf er nur ein größeres eigenständiges Fabrikgebäude, die im Zweiten Weltkrieg zerstörte Spandauer Großbäckerei.

DER WERDANDI-BUND UND DIE FRAGE NACH DEM MATERIAL

Max Tauts Verbindung zum Werdandi-Bund ist durch den Architekten und Kunsttheoretiker Friedrich Seeßelberg gegeben. Manche gestalterische Idee der Vereinigung kommt wohl Tauts Vorstellungen nahe oder er selbst trägt durch seine Arbeit mit dem Vereinsgründer Seeßelberg neue Gedanken bei. Zeitweilig assistiert er bei Friedrich Seeßelberg an der Technischen Hochschule Charlottenburg, bis der Kontakt mit Kriegsausbruch abbricht.[52] Ohnehin löst sich der Bund, dem Max Taut nie als Mitglied angehört, in den Kriegsjahren auf.[53] Die Kluft wird nach 1918 unüberbrückbar: Während Max Taut sich mit seinem Bruder der revolutionären Aufbruchsbewegung anschließt, gerät Seeßelberg bald in die Nähe nationalsozialistischer Ideologie.

Am 6. Mai 1907 gegründet, ist dem Bund die Förderung der jungen Kunst Hauptanliegen. »Der Werdandibund will das Deutsch-Eigentümliche und Kulturkräftige auf den Gebieten aller Einzelkünste ins Bewusstsein rufen, die getrennten Künste zusammenschließen und den Künstlern führenden Ein-

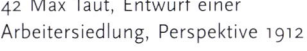

42 Max Taut, Entwurf einer Arbeitersiedlung, Perspektive 1912

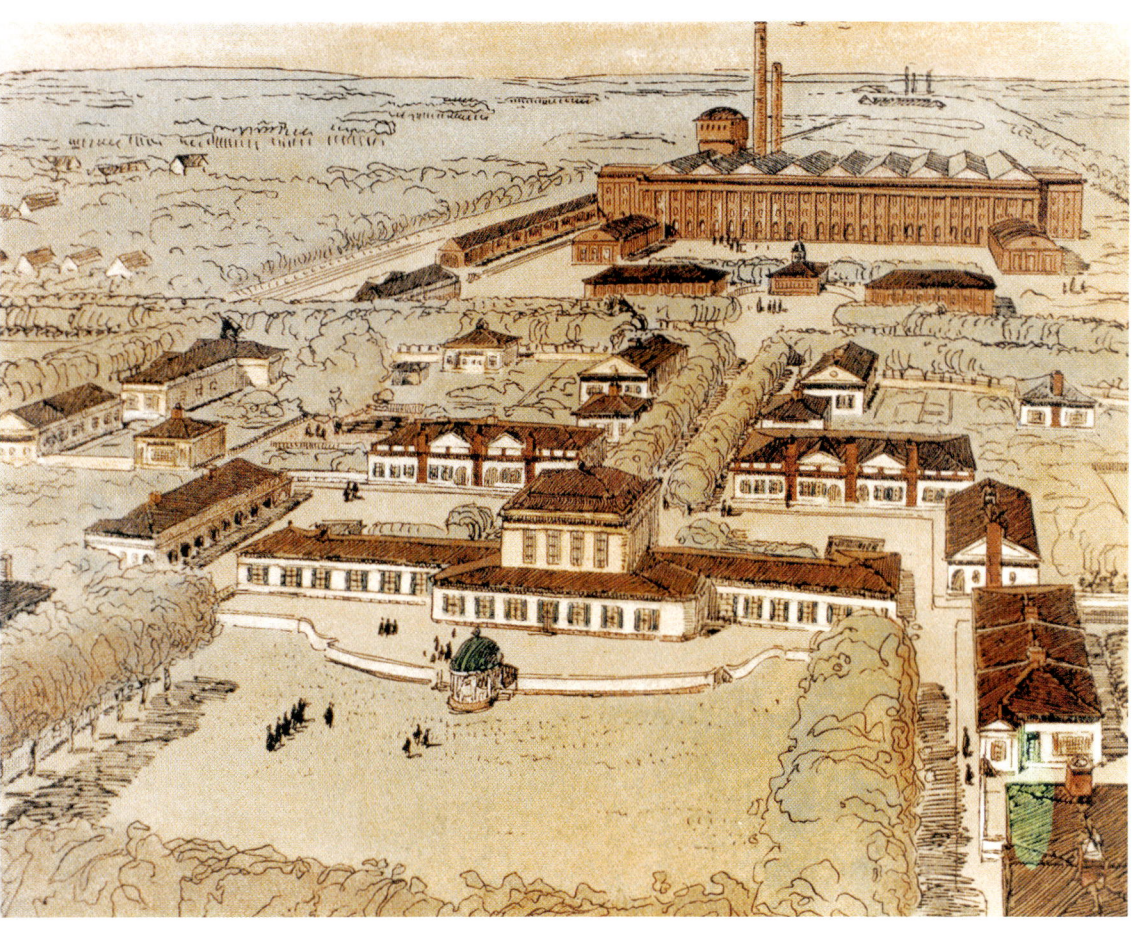

fluss auf die Kultur verschaffen.«[54] Der Name verweist auf die skandinavische und germanische Sagenwelt: Werdandi bedeutet die Werdende und bezeichnet die zweite der drei Nornen aus der Edda. So verbindet sich von Anfang an eine moderne Tendenz mit einer nordisch-nationalen Haltung. Selbstbewusst tritt man für eine Ästhetik ein, die den technischen und wirtschaftlichen Notwendigkeiten der Zeit Rechnung trägt. Zugleich spricht Seeßelberg in seinen kunsttheoretischen Schriften von der Stärkung der Seelenkraft des deutschen Volkes durch die Mittel der Kunst. In dieser Widersprüchlichkeit ist der Werdandi-Bund durchaus dem frühen Werkbund verwandt: Nicht wenige Werkbundmitglieder sind auch im Werdandi-Bund vertreten, zu dessen Unterstützern Paul Wallot, Bruno Möhring und Hermann Billing zählen.

In praktischen architektonischen Fragen sucht der Werdandi-Bund die klare Abgrenzung vom Heimatschutzbund. In der Frage der Materialanwendung und der endgültigen Überwindung historischer Stilelemente ist er der Zeit voraus. Adolf Behne unterscheidet zwischen dem konservativen Heimatschutz und dem fortschrittlichen Werdandi-Bund, der auf Entwicklung setzt.[55] Auch die Anwendung der Farbe ist ein wichtiger Aspekt für die Arbeit des Bundes. Ausdrücklich bekennt man sich zu den *Surrogaten* und unterstützt Bauten, bei denen Zement- und Teerstoffe unkaschiert zur Anwendung kommen.

Wettbewerb um das flache Dach

Im Dezember 1911 schreibt der Werdandi-Bund einen Wettbewerb um das flache Dach aus.[56] Den Teilnehmern steht die Bearbeitung dreier Aufgaben offen: ein frei stehendes Landhaus, ein Gehöft und eine Arbeitersiedlung. Ziel ist es, künstlerische Lösungen für die Einpassung des flachen Dachs ins Landschaftsbild zu finden und die wirtschaftlichen Vorteile zu prüfen. Die Auslober legen besonderen Wert auf die zukunftsweisende Anwendung von neuen industriellen Materialien zur Deckung der Dächer.

Beim Thema *Arbeitersiedlung* verbindet sich die Frage nach der flachen Bedachung mit dem gesellschaftlichen Anliegen, Arbeitern günstigere Wohngelegenheit zu schaffen. Der »Dächerprunk« soll fortfallen und stattdessen dem Pflanzenwuchs die Hauptwirkung überlassen werden. Möglichst viele Menschen sollen außerhalb der Ballungsräume ein eigenes Haus bewohnen können. Mit der Kritik am Mietskasernenbau in Berlin verbindet sich das

Bedauern, dass man sich nicht beizeiten der Gartenstadtbewegung nach englischem Vorbild angeschlossen habe.

Max Taut sieht in seinem Entwurf für die Siedlung mit sechzig Wohnungen eine axialsymmetrische Anlage vor, wobei die Fabrikationsstätte und das großzügige Gemeinschaftshaus als Pendant ausgebildet werden (Abb. 42). Insgesamt erweist sich vor allem die Einbettung in eine parkähnliche Umgebung als gelungen. Die Arbeitersiedlung hat weniger städtischen Charakter und erscheint wie ein erster Schritt zu Siedlungsentwürfen, wie Taut sie 1919 erstmals in Berlin-Eichkamp realisiert. Sein Vorschlag wird von der Jury, zu der Peter Behrens, Alfred Grenander und Reinhold Kiehl gehören, mit einem 2. Preis ausgezeichnet. Die Überlegungen zum flachen Dach und die Ergebnisse des Wettbewerbs werden 1912 in einem Band publiziert, dessen Umschlag Max Taut gestaltet.[57]

Die Werdandihalle auf der Baufach-Ausstellung in Leipzig

Gemeinsam mit Friedrich Seeßelberg entwirft Max Taut 1913 die Ausstellungshalle für den Werdandi-Bund auf der Baufach-Ausstellung in Leipzig. Neben dem Monument des Eisens, das sein Bruder Bruno ausführt, gehört sie zu den überzeugendsten Bauten der Ausstellung, die zu Füßen des im selben Jahr eingeweihten Völkerschlachtdenkmals von Bruno Schmitz stattfindet. Das kolossale Denkmal, das mancherorts weniger als architektonische Leistung denn als gebaute Kriegserklärung empfunden wird, überragt als monumentale Skulptur die Leistungsschau der Industrie und des Baugewerbes.

Max Taut entscheidet sich, schon weil es um ein temporäres Ausstellungsgebäude geht, für eine Konstruktion aus Holz, ähnlich wie später bei der Gesolei-Ausstellungshalle in Düsseldorf. Im Grunde ist dies nicht überraschend, zumal eine Reihe anderer Bauten der Ausstellung in Holz errichtet werden, verdient jedoch insofern Erwähnung, als in der Literatur wiederholt die Werdandihalle als ein Beispiel des frühen Eisenbetonbaus vorgestellt wird.[58] Für die kühne Holzkonstruktion werden schwertartige Holzbinder erstellt, die am oberen Ende über einen umlaufenden Gitterträger verbunden sind und so einen Rahmen bilden (Abb. 44). Hierauf erhebt sich als filigranere Konstruktion das Abschlussteil samt Dach. Die Nutzung verblendeter prüßscher Patentwände als Ausfachung ist bezeichnend für Tauts weitere Arbeit und findet sich unter anderem beim Buchdruckerhaus und der Gesolei-Ausstellungshalle wieder.

Um die zentrale Halle sind so genannte Kojen gruppiert, die in ihrer Eingeschossigkeit als erhöhter Sockel wirken. Mit Oberlichtern ausgestattet, dienen sie als Ausstellungs- und Leseräume, während die quadratische Halle frei bleibt, einzig mit einem handwerklich qualitätvollen Boden ausgestattet.

Insgesamt versteht sich der Bau als Beispiel für die Anwendung »verpönter« Baustoffe und industrieller Materialien wie Dachpappe, Teerböden und vorgefertigter Wände. Adolf Behne betont in einem Artikel zur Bauausstellung, dass der Werdandipavillon der einzige sei, der seine Dachpappe nicht bronziert oder patiniert habe. »Die Außenansicht dieses Pavillons macht sehr starken Eindruck.«[59] Großen Wert legt man auch auf die farbliche Abstimmung aller Bauteile und setzt die schwarz belassene Teerpappe gegen kräftig gelbliche Töne. So wird die Halle vielfach als *Monument der Farbe* bezeichnet. Die ausgereifte Konstruktion spricht für sich und weist Max Taut als eigenständigen Gestalter aus. Gerade auch mit diesem ganz aus dem struktiven Gedanken lebenden Gebäude vollzieht er die Überwindung früherer Vorbilder. In den wenigen dekorativen Gestaltungselementen, die

zurückhaltend eingesetzt sind, mag man Konzessionen an den Mitarbeiter Friedrich Seeßelberg sehen, der einen erhebend-kühnen Ausdruck anstrebt.

Für die Holzarbeiten ist die renommierte Holzbaufirma Christoph und Unmack aus Niesky zuständig, die sich mit ihrem späteren Chefarchitekten Konrad Wachsmann und der Vorfabrizierung internationales Ansehen erwerben sollte. Auch die von Max Taut verwandten Schwertbinder sind ein präfabriziertes Produkt und können so vor Ort in kürzester Zeit montiert werden. Mit dieser Halle gelingt Max Taut eine Architektur, die keine Bezugspunkte zum Wirken Hermann Billings aufweist, dessen Atelier er bereits vier Jahre zuvor verlassen hat. Der in der Literatur zu findende Vergleich der Werdandihalle mit Hermann Billings Rathaus in Kiel beruht auf einer bloß phänomenologischen Gegenüberstellung, und es fällt aus architektonischer Sicht schwer, den 1905 entworfenen Rathausturm als Vorbild der Werdandihalle zu deuten.[60] Konstruktion und Konzeption der Werdandihalle offenbaren eine prinzipiell andere Architektur: Die als Holzskelett errichtete Halle lebt vom konstruktiven Gedanken und kommt ohne plastische Gestaltgebung aus. Dagegen steht Hermann Billings in konventio-

43 Max Taut und Friedrich Seeßelberg, Werdandihalle, temporärer Ausstellungsbau 1913

44 Max Taut und Friedrich Seeßelberg, Werdandihalle, Montage, Konstruktion aus hohen schwertförmigen Holzbindern

Friedrich Seeßelberg 1861–1956

Friedrich Seeßelberg studiert an der Technischen Hochschule Hannover und an den Universitäten in Berlin und Heidelberg, ehe er als Architekt und Fachschriftsteller wirkt. Er verfasst Werke zur skandinavischen Baukunst und zur Architektur des Mittelalters. Bekannt geworden ist seine Abbildung der Krypta des romanischen Doms zu Lund bei Malmö. 1907 übernimmt er eine Dozentur für Detailübungen in mittelalterlicher Stilrichtung und wird 1911 Professor für Philosophie der Baukunst an der Technischen Hochschule Charlottenburg. Von 1908 bis 1911 ist er Vorsitzender der Berliner Ortsgruppe des Bundes Deutscher Architekten. Neben dem mit Max Taut verfassten Entwurf für die Halle des Werdan-di-Bundes entwickelt er 1914 eine Halle in Lund, gemeinsam mit Otto Liesheim, und entwirft sein Wohnhaus Frohwerk in Lichterfelde-Ost.

Seeßelberg, dessen deutsch-nationale Haltung in seinen frühen Schriften bereits zum Ausdruck kommt, entwickelt sich in den zwanziger Jahren zum Antisemiten nationalistischer Haltung. Zu diesem Zeitpunkt haben sich die Wege Max Tauts und Seeßelbergs längst und endgültig getrennt.

Julius Posener, der in den zwanziger Jahren an der Technischen Hochschule Charlottenburg unter anderem bei Seeßelberg studiert, erinnert sich an seinen Lehrer, in dessen Händen die Vermittlung mittelalterlicher Baukunst lag:

Vom Werdandibunde wusste ich damals garnichts. Ich bemerkte, dass in Seeßelbergs Seminar Blätter von einer gewissen Modernität hingen, von seinen Studenten gezeichnet ... Er war klein, dünn, agil ... war ein großer Patriot, ganz sicher Antisemit und in seinem Seminar kamen – wie in dem meines späteren Lehrers Erich Blunck – die Nazis zusammen, die es durchaus in den mittleren Zwanzigern gab, und andere Völkische. Einmal hat er im Seminar Blunck ein Fest veranstaltet, wobei er sein Glas hob, um mit uns auf »das Heldische« zu trinken. Ich hob brav auch mein Glas, wurde aber von einem neben mir stehenden Studenten angesprochen: »Posener, das brauchen Sie nicht mitzutrinken: Sie wissen nicht, was das Heldische ist.« Das war leider für die Atmosphäre im Seminar Seeßelberg nicht untypisch.[61]

---

neller Bauweise errichteter Rathausturm, der, wie viele Beispiele der Zeit, mit seiner Stützenordnung formal an die Gestaltung des Campanile von San Marco anknüpft und in dieser Hinsicht als repräsentativer Bedeutungsträger einer aufstrebenden Hafenstadt zu sehen ist.

Der Einfluss des Materials auf die Baukunst

Es gibt wenige theoretische Äußerungen Max Tauts. Als umso wertvoller erweist sich sein 1913 verfasster Artikel, in dem er sich mit Fragen der Konstruktion und des Materialeinsatzes beschäftigt und auf die Baufach-Ausstellung in Leipzig eingeht.[62]

Im Mittelpunkt des Aufsatzes steht die Forderung, neuen Konstruktionen unter Verzicht auf materialfremde Verschönerung ihre zweckgemäße Gestalt zu verleihen. Zunächst wird konstatiert, dass mit der fortschreitenden Technik die Konstruktionsformen und Baustoffe mannigfaltiger geworden seien, was die Aufgabe des Architekten erweitere. Bauten, die vormals der Domäne des Ingenieurbaus zuzurechnen gewesen seien, wie Brücken und Bahnhöfe, fielen mehr und mehr ins Arbeitsfeld des Architekten. Bedauert wird, dass manche Ingenieure versucht hätten, die Zweckform zu verschönern anstatt die Konstruktion ehrlich herauszuarbeiten.

Beim Einsatz industriell gefertigter Baustoffe sei die richtige Verwendung ausschlaggebend, um ästhetisch überzeugende Ergebnisse zu erzielen. Max Taut erwähnt als Vertreter des Fabrik- und Industriebaus an erster Stelle Hans Poelzig. Alle Stoffe – ob Beton, Eisen, Holz oder Zement – sollten unverhüllt und in materialgerechter Form gezeigt werden. Vor allem für den Ausstellungsbau biete sich die Nutzung neuer, günstiger Materialien an, wobei in jedem Fall eine »Attrappenwirtschaft mit Tempelsäulen« zu vermeiden sei. Bereits durch die richtige Materialwahl solle eine thematische Beziehung zum Produkt des Ausstellers geschaffen werden. Max Taut kritisiert in diesem Zusammenhang die Betonhalle von Wilhelm Kreis, da sich in ihr das Prinzip des Eisenbetonbaus nicht manifestiere. Als gelungenes Beispiel hebt er Bruno Tauts *Monument des Eisens* hervor, das unter »restloser Wahrung der Eigentümlichkeit des Materials« als Bauwerk auffalle. Der Entwurf der Werdandihalle gehe vom selben Grundgedanken aus: Hier sei beabsichtigt, industrielle Erzeugnisse, die als »verpönt« gelten, gezielt zu nutzen und unter möglichst klarer Verwendung zu einem ästhetischen Gesamtbild zu vereinen.

Gleichsam als Vorgriff auf die Kölner Werkbundausstellung hebt Max Taut abschließend die *ungeahnten* Wirkungen hervor, die mit dem Material Glas zu erzielen seien. Es ist ein Thema, das Max, aber auch seinen Bruder Bruno fasziniert, der 1914 seine Vorstellungen zu einem gläsernen Bauwerk verwirklichen kann.

45 Bruno Taut, Glashaus auf der Kölner Werkbundausstellung 1914

GLASARCHITEKTUR UND KRIEGSAUSBRUCH

Das bunte Glas
Zerstört den Hass.
Paul Scheerbart, Sprüche für das Glashaus

Max Tauts Palmenhaus wird nie realisiert. Es wird als Modell im berühmten Glashaus des Bruders 1914 auf der Kölner Ausstellung gezeigt. Während es Bruno unter großen Mühen gelingt, sein später viel beachtetes Projekt mit Firmengeldern und Eigenmitteln zu realisieren, kann Max in Ermangelung finanzieller Förderer sein Botanisches Museum nicht verwirklichen. Selbst eine angemessene Doku-

mentation des Entwurfs liegt nicht vor. Wie sein Bruder erkennt auch Max die dem Glas innewohnenden Gestaltungsmöglichkeiten und gehört laut Adolf Behne zu den ersten, die sich für den Einsatz des Glases begeistern: Unter anderem entwirft er im selben Jahr ein drehbares Haus, das er später als gläsernes Restaurant in den Ostseedünen weiterentwickelt. Auch eine andere Planung, die Ladengestaltung des Kunstgewerbehauses, zeigt Max Tauts fortschrittlichen Umgang mit dem Material Glas. Zusammen mit Franz Mutzenbecher gestaltet er auf der Kölner Werkbundausstellung für die Ladenstraße einen der wenigen Verkaufsräume, die künstlerisch überzeugen.

In dieser Zeit der ersten Erfolge erweist sich das Verhältnis der Brüder als unverändert konstruktiv und harmonisch: Man engagiert sich im Werkbund, unternimmt zusammen Reisen und hat eine Reihe gemeinsamer Bekanntschaften, zu denen unter anderem der Herausgeber des *Sturms*, Herwarth Walden, gehört.[63] Ende 1913 schließt Max Taut sich dem Büro des Bruders und Franz Hoffmanns an. Der Bauantrag für die Finsterwalder Tuchfabrik vom 30.4.1913 ist noch von Max Taut allein unterzeichnet, doch kommt im Verlauf der Planung Franz Hoffmann als Mitarbeiter hinzu, so dass der Kunstkritiker Paul Westheim die Fabrik als erstes gemeinsames Projekt des Büros der Brüder Taut und Hoffmann anführt.[64] Zwar arbeiten Max und Bruno, etwa im Unterschied zu den Brüdern Luckhardt, als Architekten unabhängig voneinander, doch Organisation und Baustellenbetreuung werden jeweils mit Franz Hoffmann als technischem Leiter und beratendem Planungspartner durchgeführt.

In den letzten Julitagen des Jahres 1914, während in Köln die Werkbundausstellung noch ihre Tore geöffnet hat und Max Taut am

---

Max Taut zur Bürogemeinschaft Brüder Taut und Hoffmann

Diese Arbeitsgemeinschaft war derart, dass Bruno sowohl wie ich, jeder seine Bauten hatte, also dass wir niemals, wie ich Ihnen schon einmal sagte, gemeinschaftlich gebaut haben. Franz Hoffmann war also jeweils der Mitarbeiter von Bruno resp. mir.

Mein Bruder hat sich seinerseits mit Hoffmann gefunden, weil sie bei-

de in einem Büro, Architekt Lassen, gemeinschaftlich arbeiteten.

Auch hier möchte ich erwähnen, dass es eine Firma Taut und Hoffmann, also im üblichen Sinn, nicht gegeben hat. Wettbewerbe z. B. wurden im Allgemeinen nur unter dem persönlichen Namen Bruno resp. Max Taut gemacht. Ja, wir konkurrierten sogar getrennt an gleichen Wettbewerben.

Zur Gründung der Bürogemeinschaft heißt es, dass der Entwurf des Nauener Wasserturms

1912–1913 maßgeblich dafür verantwortlich sei, dass Max Taut in die bestehende Arbeitsgemeinschaft Bruno Taut und Hoffmann aufgenommen wird. Die Zusammenarbeit ist »ungewöhnlich kollegial und kameradschaftlich. Wir haben immer, mein Bruder sowohl wie ich, unsere Bauten getrennt durchgeführt und wir haben oft bei bestimmen Wettbewerben gegeneinander konkurriert (z. B. Chicago Tribune).«[65]

Realgymnasium in Nauen arbeitet, erhält er eine zwar vorhersehbare, dennoch für ihn erschütternde Nachricht. »Hier in Berlin laufen die allerschlimmsten Gerüchte herum«, schreibt er am 30. Juli 1914 nach Chorin an Margarete Wollgast. »Es sollen Extrablätter im Umlauf sein, dass Heer und Flotte bereits grundmobil gemacht werden. Es war ja in den letzten Tagen schon vorauszusehen, denn überall macht sich sehr große Nervosität bemerkbar. Für mich ist der Gedanke so unglaublich, dass ich es gar nicht fassen kann. Man denke sich nur die Folgen aus!«

Bereits am 3.8.1914, vier Tage später, muss er sich zum Kriegsdienst stellen. Das dazwischen liegende Wochenende nutzt er in all der Turbulenz des Kriegsausbruchs, um Margarete Wollgast in Chorin zu besuchen – und sie zu heiraten. Er kennt Margarete Wollgast bereits knapp zehn Jahre und hat, wie seine zahlreichen Briefe an sie zeigen, ein vertrauensvolles Verhältnis zu ihr gewonnen. Max Taut ist inzwischen 30, Margarete 34 Jahre alt. In den folgenden vier Kriegsjahren sind Max Taut nur wenige kurze Besuche in Chorin möglich.

Von Anfang an spricht Max Taut mit Erschrecken und einer erkennbaren Fassungslosigkeit vom Krieg. »Ich glaube, alles übertrifft noch unsere Vorstellung«, schreibt er an Margarete. Eine solche Haltung ist nicht selbstverständlich unter Künstlern und Intellektuellen, die oftmals den Kriegsausbruch als Ausgangspunkt einer kulturellen Erneuerung begrüßen. Otto Dix und Max Beckmann sind Beispiele für Künstler, die sich vom Kriegstaumel mitreißen lassen, bis – meist sehr rasch oder spätestens angesichts der brutalen Grabenschlachten – die Ernüchterung einsetzt.

Max Taut wird zunächst bei Küstrin (Kostrzyn) im Dorf Zicher (Cychry) an der Oder stationiert, sechzig Kilometer östlich von Berlin – seine ersten Postkarten sind an Margarete Taut adressiert. Einige Male kann er noch Urlaub nehmen und Grete treffen, bevor er wenige Monate später nach Graudenz (Grudziaz) an die Weichsel versetzt wird. Weitere Stationen sind die polnischen Orte Mława und Czarnia in Masowien, die im damaligen Grenzgebiet zwischen Ostpreußen, Polen und Russland liegen. Im Juni 1915 folgt die Verlegung an die Westfront, ins französische Grandpré in den Ardennen.

Der ältere Bruder Bruno ist unterdessen um die Fortführung des Büros bemüht. So betreut er auch die Baustelle des Nauener Realgymnasiums, die im Sommer erst begonnen wurde, und hält den Kontakt mit den Auftraggebern. In seinen Briefen an Max gibt er sich

überraschend gelassen, jedenfalls zeugt seine Haltung zu Kriegsbeginn weder von Skepsis gegenüber den kriegerischen Ereignissen noch von Kritik. Damit gehört er zur Mehrheit der Künstler, die gegenüber der »großartigen Katastrophe«, wie Max Beckmann es formuliert, zunächst eine abwartend-fatalistische, wenn nicht zustimmende Haltung einnehmen. Im August 1914 unterstützt er seinen Bruder gleichsam moralisch und äußert nicht nur seinen Optimismus, dass Deutschland den Krieg gewinnen werde, sondern spricht auch von der notwendigen Tapferkeit im Felde. Während Max gewissermaßen mit Entsetzen in die Zukunft blickt, schreibt Bruno Taut: »Die Einberufung würde mir Spaß machen, soweit ich's aushalte.«[66] Eine Identifikation mit den deutschen Kriegsbestrebungen kommt in anderen Sätzen zum Ausdruck: »Ich habe aber eingesehen, dass das ruhige Weiterarbeiten der Zurückgebliebenen mindestens ebenso wichtig ist wie das tapfere Vorgehen im Felde – selbst in unserem Beruf.«

Erst als sich abzeichnet, dass auch die älteren Jahrgänge zum Landsturm einberufen werden, sieht er die Lage ab Frühjahr 1915 ernster: »Wie ich jetzt hörte, sollen die 35-Jährigen jetzt auch mit ins Feld. Ich weiß nicht, wie ich das leisten soll. Brrr!«[67] Nun nutzt Bruno Taut alle Möglichkeiten, einen Ersatzdienst zu finden und wird zunächst in Brandenburg als Bauführer einer Pulverfabrik dienstverpflichtet. Auch für seinen Bruder Max ist er bemüht, einen Weg aus dem Kriegsdienst zu finden. Als die empfohlene gesundheitliche Reklamation keinen Erfolg bringt, schlägt er im Frühjahr 1915 vor, Max möge sich auf die Stelle eines Bezirksarchitekten in Königsberg bewerben. Bruno schickt einen Bauwelt-Artikel über *Die Maßnahmen der Staatsregierung für den Wiederaufbau Ostpreußens*[68] und rät dem Bruder, sich an den Verfasser, Baurat Fischer aus Königsberg, zu wenden. Eine Anstellung für die Wiederaufbauplanungen würde Max einen weiteren Dienst an der Front ersparen – doch geht dieser Plan nicht auf. Max Taut erhält inzwischen dank seiner Beförderung zum Unteroffizier eine Stellung als Bauberater der Division. Wie in früheren Jahren, als Max noch in Königsberg studierte, versorgt Bruno den jüngeren Bruder mit Lesematerial und Informationen zur Architektur. Er schickt Ausgaben des *Sturms* und bietet an, Bücher von Edgar Allan Poe, Dostojewskij oder Tolstoj zu senden. Ende Oktober 1915 teilt er mit, dass der »liebe Glaspapa« Paul Scheerbart am 14. des Monats verstorben sei.

Das Leben an der Front beschreibt der befreundete Maler Franz Mutzenbecher, mit dem Max Taut zuletzt auf der Kölner Werkbundausstellung zusammengearbeitet hat. »Das Arbeiten im Freien ist ja sehr schön u. hat seinen besonderen Reiz«, berichtet er in ironischem Ton. »Gleichzeitig ist es das beste Mittel, diese Zeit, wo alles sich totschlägt, tot zu schlagen. Aber der übrige Bimmel-bammel ist der größte Kitsch, den ich je erlebt habe. Wir sind nahe Thiancourt in einem Etappenort. Granaten fliegen uns über die Köpfe weg. Sonst ist die Sache aber nicht lebensgefährlich.«[69] Auch Franz Hoffmann, der seit Januar 1915 Kriegsdienst als Leutnant der Reserve leistet, schreibt an Taut: »Das Leben ist natürlich endlos stumpfsinnig und ich denke mit tausend Hoffnungen an die Zeit, wo wir 3 Getreuen wieder zusammen in unserem geliebten Bureau hausen können.«[70]

Am 10. Januar 1917 sendet Bruno eine Feldpostkarte mit dem Absender des neunten preußischen Armier Bataillons; er muss offenbar kurzfristig doch für die Armee tätig werden, ehe er kurz darauf im Büro einer Ofenfabrik in Bergisch-Gladbach bei Köln dienstverpflichtet wird.[71] Max spricht er weiterhin Mut zu, sich um Anstellungen außerhalb der Armee zu bemühen: »Also nun schreibe mal los. Etwas wird schon glücken. Wenigstens für Dich soll der verdammte Krieg aufhören.« Margarete Taut nimmt in den Kriegsjahren die Kinder von Bruno und dessen Frau Hedwig aus Berlin auf, da Hedwig erkrankt ist.

In den letzten Kriegsjahren knüpft Bruno an den früheren Briefwechsel an, indem er Max Niederschriften seiner neuen architektonischen Gedanken zusendet und um dessen Kritik bittet. Die 1919 publizierte *Stadtkrone* und die *Alpine Architektur* gehören hierzu. Dass man bereits in die Zukunft blickt – die deutsche Niederlage rückt unaufhaltsam näher –, beweist ein Brief von Franz Hoffmann an Max Taut aus dem Jahr 1917:

Nach dem Kriege werden wir wieder mit vereinten Kräften anfangen. Ich glaube gerade, dass Sie dann rasch vorwärts kommen werden. Überhaupt bin ich fest davon überzeugt, dass Sie gerade durch Ihre Architektur noch einmal große Erfolge und viele Aufträge bekommen werden, denn alle drei Leute, mit denen ich vor dem Kriege zusammengekommen bin und die künstlerisch etwas Geschmack zeigten, haben Gefallen an Ihren Bauten gefunden ... Aber halten Sie auch Ihren Kopf hoch und glauben Sie an Ihren Stern, so wie ich an den Ihrigen glaube. Noch eins! Wollen wir nicht Du zu einander sagen? Wir haben doch eigentlich das Recht dazu. Für heute lebe wohl, lieber Max ...[72]

Kloster Chorin   Totalansicht

46 Gesamtansicht des Klosters Chorin
von Südwesten, Skizze von Karl
Friedrich Schinkel 1817

47 Schmiede, Klosterschenke und
Klosteranlage Chorin, Postkarte von
Margarete an Max Taut 1914

Chorin I: Gotik und Natur

Chorin ist für Max Taut von früh an der Ort des Rückzugs, der Reflexion und des Gesprächs mit Freunden – auch der Ort der Familie. Chorin ist zugleich der Ort, der wie kein anderer beide Brüder zu Naturstudien, zu Skizzen der märkischen Landschaft und der berühmten Klosterruine inspiriert. Max, durch seinen Bruder mit der Ortschaft in der wald- und seenreichen Uckermark bekannt gemacht, kehrt über alle Jahre immer wieder hierher zurück. Während der Zeit der nationalsozialistischen Herrschaft bietet sich ihm hier zeitweilig ein Refugium, in dem er sich, als Architekt nicht länger akzeptiert, mit zeichnerischen Arbeiten beschäftigt. Auch seine Grabstätte findet er 1967 in Chorin unmittelbar hinter der Klosterruine.

Das Verständnis des Ortes Chorin, seiner Landschaft und des frühgotischen Baustils der Zisterzienser ist zugleich eine Annäherung an den Architekten Max Taut – an sein Leben und seine Baukunst. So wird Chorin als Stätte der Inspiration, des Rückzugs und der Familie zum wiederkehrenden Motiv. Theodor Fontane schildert die Ankunft in Chorin:

Chorin erreicht man am bequemsten von der benachbarten Eisenbahnstation Chorinchen aus, die ziemlich halben Weges zwischen Neustadt-Eberswalde und Angermünde gelegen ist. Ein kurzer Spaziergang führt von der Station aus zum Kloster. Empfehlenswerter aber ist es, in Neustadt bereits die Eisenbahn zu verlassen und in einem offenen Wagen, an Kapellen, Seen und Laubholz vorbei, über ein leicht gewelltes Terrain hin, den Rest des Weges zu machen. Dies Wellenterrain wird auch Ursache, dass Chorin, wenn es endlich vor unseren Blicken auftaucht, völlig wie eine Überraschung wirkt. Erst in dem Augenblicke, wo wir den letzten Höhenzug passiert haben, steigt der prächtige Bau, den die Hügelwand bis dahin deckte, aus der Erde auf und steht nun so frei, so bis zur Sohle sichtbar vor uns wie eine korkgeschnitzte Kirche auf einer Tischplatte. Es kommt dies der architektonischen Wirkung, wie gleich hier hervorgehoben werden mag, sehr zustatten, weniger der malerischen, die für eine Ruine meist wichtiger ist als jene. Wir kommen am Schlusse unseres Aufsatzes auf diesen Punkt zurück.[73]

Choriner Freundeskreis

Treffpunkt der Freunde ist die *Alte Klosterschenke*, die seit mehreren Generationen von der Familie des Schmiedes Wollgast geführt wird. Die Berliner Künstler finden hier unmittelbar am Choriner See, dem heutigen Amtssee, Gastfreundschaft und familiäre Aufnahme. Das Dorf, das zum Kloster gehörte und im Dreißigjährigen Krieg erheblich zerstört worden war, entwickelt sich zu Beginn des Jahrhunderts für viele Berliner zu einem beliebten Ausflugsziel. Bruno Taut plant im Jahr 1904 eine Neugestaltung des Innenraums der Klosterschenke, doch kommt es nicht zur Ausführung des Entwurfs, den er aber vermutlich Theodor Fischer in Stuttgart bei seiner Bewerbung vorlegt.[74] Max Taut ist erstmals im Sommer 1905 auf Einladung seines Bruders in Chorin und zeichnet hier im selben Jahr erste Landschaftsszenen. Zur Familie Wollgast gehören sieben Töchter: Hedwig Wollgast wird 1906 Brunos Frau. Max Taut und Margarete Wollgast heiraten 1914 vor seiner Einberufung zum Kriegsdienst.

Zu den engeren Freunden der Taut-Brüder gehört Hans Kaiser, der als Journalist und Schriftsteller arbeitet und die erste Monographie über Max Beckmann verfasst.[75] Er heiratet die Wollgast-Tochter Johanna und nimmt später, während des Zweiten Weltkriegs, einige Mitglieder der Familie Taut bei sich in Meersburg am Bodensee auf. Um 1920 gibt er die expressionistische Monatszeitschrift *Das Hohe Ufer* heraus, in der sich Beiträge von Hans Poelzig, Bruno Taut und Paul Scheerbart

50 Max Taut, Chorin Klosterkirche,
Innenraum, Kreide 1906

51 Chorin Klosterkirche,
Innenraum

48 Max Taut, Choriner Landschaft,
Kreide 1905

49 Max Taut, Choriner Landschaft,
Kreide 1906

finden sowie Texte expressionistischer Dichter wie Franz Werfel und Georg Trakl. Überraschend ist die spätere Hinwendung zu einer konservativen Heimatideologie: Hans Kaiser ist Mitbegründer und künstlerischer Leiter des *Deutschen Heimatwerks*. Max Beckmann, der gleichfalls zu den Choriner Gästen zählt, schreibt 1912 über seinen Biografen: »Mein Buch bei Cassirer hat ein Herr Hans Kaiser geschrieben, der Ihnen glaube ich aus Constanz bekannt ist. ... Er ist vor allem ein feiner anständiger Mensch, von wirklicher innerlicher Bescheidenheit und von großem Wesen.«[76]

Ein weiterer Gast in Chorin ist der Schriftsteller und Biograf Emil Ludwig (1881–1948) aus Breslau. Emil Cohn – so der eigentliche Name – verfasst neben Romanen und Schauspielen eine Reihe von Monographien zu Künstlern, Schriftstellern und Staatsmännern. Er gehört 1933 zu jenen Autoren, deren Bücher am 10. Mai vor den Universitäten des Landes verbrannt werden. Neben Kollegen aus dem Büro Möhrings, die Bruno Taut mit dem Ort bekannt gemacht haben, sind der Architekt Paul Bonatz und Hugo van der Woude zu Gast, ein Maler, der heute vergessen scheint, doch sind Bilder von ihm im Nachlass Max Tauts erhalten. Viel diskutierte Themen unter den Choriner Gästen sind, neben den laufenden Restaurierungsarbeiten am Kloster, der ausklingende Jugendstil. So stehen die Talente des Jugendstils Hermann Billing und Joseph Maria Olbrich im Mittelpunkt der Gespräche, aber auch Alfred Messel und Theodor Fischer zählen zu den Vorbildern des Künstlerkreises.[77]

BACKSTEINGOTIK, SACHLICH

Karl Friedrich Schinkel gilt als architektonischer Wiederentdecker der Klosterruine, über deren Bedeutung er erstmals 1817 im Namen der Oberbaudeputation schreibt. »Auf dem Amte Chorin bei Neustadt-Eberswalde befänden sich bedeutende Überreste alter Klostergebäude, welche in vieler Hinsicht als Werke deutscher Baukunst merkwürdig sind und besonders in Rücksicht auf Konstruktion mit gebrannten Steinen unserer Zeit als Muster dienen können.« Weiter heißt es, dass die »schöne große Kirche, welche ihr Gewölbe schon verloren hat«, zu ökonomischen Zwecken als Scheune und Holzgelass eingerichtet worden sei. Man unterbreitet den Vorschlag, dass dem Amtmann zu Chorin die Erhaltung der noch bestehenden Bauteile zur Pflicht gemacht werde, und fordert Maßnahmen, um das willkürliche Einreißen und Verbauen zu verhindern. Die gotische Klosterruine regt Schinkel zu einer Reihe von Feder- und Bleistiftskizzen an – er fertigt Grundriss- und Ansichtszeichnungen zur Rekonstruktion und dokumentiert Details wie Säulenknäufe, Konsolen und Portale.

Für die Entstehung des Klosters sind die Jahre 1273 als Baubeginn und 1334 als Hauptweihe überliefert, wenn auch davon auszugehen ist, dass die Klosteranlage im Wesentlichen vor 1319 zum Abschluss kommt. Das Bauwerk verbindet spätromanische und gotische Kunst und erweist sich im Gesamthabitus durchaus als filigran, in klarer gotischer Gliederung, doch ruht die Konstruktion sowohl auf dem Prinzip romanischer Massenbauten als auch auf dem des gotischen Skelettbaus. Charakteristisch für die gotische Erscheinungsform sind die schlanken Spitzbogenfenster mit ihrem Maßwerk, die Strebepfeiler und die Kreuzrippenwölbungen. Die Westfassade gleicht einer Synthese aus dem Repräsentationswunsch des Landesherrn und dem bewusst einfachen Stil der Zisterzienser, die keinerlei Türme für ihre Kirchenbauten vorsahen. Die Kirche ist als dreischiffige Basilika über einem schlichten kreuzförmigen

Die alte Choriner Schenke

Die alte Choriner Schenke, seit vielen Jahrzehnten von der Familie Wolgast [sic] bewirtschaftet, ist weit über die Grenzen der Heimatflur hinaus bekannt. Wieviel Tausende von Wande- *rern im Laufe der Jahre den Fuß über ihre gastliche Schwelle gesetzt haben, wird schwer zu errechnen sein – sie ist auch so mit dem Kloster Chorin verwachsen, dass sie aus dieser Umgebung kaum wegzudenken ist. Das alte Gemäuer der Schmiede, das im* *Vordergrunde unseres Bildes steht, hat auch schon seine 200 Jahre auf dem eisgrauen Buckel.* [78]
Rudolf Schmidt: Aus der Geschichte einer der ältesten Schmiedefamilien der Mark Brandenburg

Grundriss errichtet. Atmosphärisch eindrucksvoll wirkt der Kreuzgang, der einen Garten mit
kleinem Brunnenhaus einschließt. 1542 wird
das Kloster säkularisiert und es folgen in
späteren Jahrhunderten Umbauten zur Einrichtung eines Wirtschaftshofes. Teile des
Bauwerks verfallen oder werden im Dreißigjährigen Krieg zerstört. Mit Schinkel
entwickelt sich das Kloster zu Beginn des
19. Jahrhunderts zum Initialbau der deutschen
Denkmalpflege.

Der Zisterzienserorden, der sich ab 1098
als Reformzweig der Benediktiner etabliert,
zeichnet sich in seiner Baukunst durch
Schlichtheit und besonderer Achtung handwerklicher Qualität aus. Die Klöster entstehen
nach dem Vorbild in Cîteaux meist abseits von
Ortschaften und folgen den strengen Auflagen
der eigenen Bauhütten. Schmuck, jede Form
irdischer Pracht, widerspricht dem Selbstverständnis der Zisterzienser. Große Bedeutung
kommt dem Einsatz von Materialien zu, die
sich am Bauort finden, das heißt im Fall
Chorins – Ton. In vielfältiger Form brennt
man ihn zu Normalsteinen und schafft in
handwerklich-technischer Vollendung Form-
steine für Friese, Konsolen und für das
Maßwerk. Von ausgesprochener Kunstfertig-
keit zeugt das ornamentale Pflanzenwerk mit
teils naturalistischen Darstellungen von Wein-

laub, Reben und Lilien. So gilt das Choriner
Zisterzienserkloster als herausragendes Denkmal gotischer Backsteinarchitektur.

CHORINER MOTIVE

Die Baukunst der Zisterzienser hinterlässt,
was Formensprache, handwerklichen Ursprung und Materialwahl betrifft, lesbare Spuren im Werk Max Tauts. Wieder und wieder
malt Taut in frühen und späten Jahren Ansichten und Details der Choriner Klosteranlage.
Die starke Akzentuierung des Handwerklichen, die sich mit der Idee des materialge-
rechten Bauens verbindet, findet sich in der
Biografie beider Brüder wieder: Bruno ist
während seiner Ausbildung als Maurerlehrling
tätig und Max ausgebildeter Zimmermann.
Von Max ist der Ausspruch überliefert, Kunst
sei zu 99 Prozent Handwerk.

Zwar wird 1914 von Bruno Taut und Paul
Scheerbart das Glas zum Baustoff der Zukunft
erkoren und der Backstein halb ernsthaft, halb
spaßhaft der alten Bauweise zugeordnet: »Das
Glas bringt uns die neue Zeit, Backsteinkultur
tut uns nur leid.« Hingegen wird der Bezug
zur gotischen Baukunst unterstrichen: »Der
gotische Dom ist das Präludium der Glasarchitektur.« Max Taut wendet sich trotz intensiver

52 Kloster Chorin, Kreuzgang

53 Knabenschule Finsterwalde, 1911–1913, Wandelgang

gleichkommen. Der Nauener Schulbau ist hierfür ein prägnantes Beispiel. Man sieht gleichsam eine Morphologie der gotischen Elemente, die Max Taut in Chorin vorfindet und zeichnet. Die Front der Schule zeigt eine auffällige Gestaltung mit schlanken hohen Fenstern, hinter denen die doppelgeschossige Aula liegt. In die umlaufenden Fensteröffnungen des Attikabereichs ist ein schlichtes, abstrahiertes Ziegelornament eingelassen, das wie eine sachliche Variante eines Maßwerks anmutet (Abb. 32). An der Treppe des Portals verwendet Max Taut Ziegellisenen im Wechsel mit hell geputzten Flächen. Dieses Prinzip findet sich an den gestuften Giebeln und Blendfenstern in Chorin als Kontrast roter Ziegel und weiß getünchter Flächen. An den Finsterwalder Bauten hingegen fällt Max Tauts funktionale Interpretation offener Gänge auf. Manche perspektivische Ansicht des Klosters Chorin mit seinem Kreuzgang und dem darin eingeschlossenen Hof erscheint wie ein Vorbild für das Konzept der Finsterwalder Schule, wo die Wandelgänge den Schülern auch im Winter oder bei Regen eine Pause im Freien ermöglichen sollen (Abb. 52 und 53).

Unverkennbar ist der Bezug in Max Tauts Zeichnungen für das *Frühlicht* und die *Gläserne Kette*, in denen vegetabile und geometrisch-konstruktive Formen nebeneinander stehen. Auf die Analogie zwischen seinem Blütenhaus, dem Grabmal Wissinger und dem gotischen Spitzbogen wird wiederholt verwiesen. Auch die Hauptfassade des Bürohauses an der Wallstraße lässt in ihrem expressiv aufstrebenden Duktus Anklänge an gotische Konstruktions- und Gestaltungsweisen erkennen, wie sie in Chorin zu finden sind.

Erprobung neuer Baumaterialen nie von Ton und Backstein ab: Ziegel sind bei seinen frühen Schulen und seinen Häusern auf Hiddensee zu finden oder als prüßsches Mauerwerk bei seinen Ausstellungsbauten. Bezeichnend ist die Verwendung von Tonplatten, die das Bild des Dorotheen-Lyzeums und des Reichsknappschaftsgebäudes bestimmen.

Vor allem in der frühen Phase des tautschen Werkes finden sich Elemente und Motive, die, verwandelt und neuen Zwecken angepasst, einer Reminiszenz an Choriner Formen

Die Verwirklichung des expressionistischen Baugedankens 1918–1922

*Am tiefsten hat ihn der Expressionismus berührt; aber auch er ist in den Rahmen
– ganz wörtlich – seines Werkes eingegangen, ohne ihn zu sprengen.*[79]
Julius Posener über Max Taut

Revolution im Geistigen

Mit dem Zusammenbruch des Kaiserreichs und dem Ende des Weltkriegs herrscht im November 1918 in Teilen der Arbeiterschaft, aber auch unter Künstlern und Intellektuellen vielerorts der Wunsch nach revolutionärer Veränderung vor. Politische Gegensätze brechen auf und im Nervenzentrum Berlin rivalisieren politische Gruppierungen, zu denen Spartakisten, Arbeiterräte und monarchistisch gesinnte Freikorps zählen. Vier Kriegsjahre an der Front liegen hinter Max Taut, als er nach Berlin zurückkehrt. Sowenig in den revolutionären Nachkriegswirren an neue Bauvorhaben zu denken ist, erfüllt sich doch Franz Hoffmanns Wunsch des baldigen Zusammenseins der »drei Getreuen« im geliebten Büro. Auch Bruno, der zuletzt in Bergisch-Gladbach dienstverpflichtet war, ist nach Berlin zurückgekehrt und avanciert zum Spiritus Rector der künstlerischen Aufbruchsbewegung.

»Es lebe das Neue!«, ruft Philipp Scheidemann am 9. November 1918 vom Reichstagsgebäude aus. Das sich anschließende Es-lebe-die-Deutsche-Republik! gilt einer neuen Staatsform, über die gleichwohl keine Einigkeit besteht. Sollte der Weg vom absolutistischen Obrigkeitsstaat zur parlamentarischen Demokratie oder – wie Karl Liebknecht wenig später vom Stadtschloss aus proklamiert – zur freien sozialistischen Republik und damit zum Rätestaat führen? Analog zur russischen Revolution liegt die Macht zunächst bei den Räten der Arbeiter und Soldaten, die die politische Situation zu Kriegsende bestimmen. In dieser Aufbruchskonstellation gründen sozialrevolutionäre Künstler und Intellektuelle den *Arbeitsrat für Kunst*, dessen Vorsitz Bruno Taut übernimmt, während Max Taut als Gründungsmitglied dem Geschäftsausschuss angehört. Mit Manifesten, Schriften und Ausstellungen tritt man an die Öffentlichkeit in der Hoffnung, mit der politischen Umwälzung auch die Befreiung der Kunst von »jahrzehntelanger Bevormundung« durchzusetzen.

»Kunst und Volk müssen eine Einheit bilden«, lautet die Prämisse im ersten öffentlichen Aufruf des *Arbeitsrates* vom 18. Dezember 1918. »Die Kunst soll nicht mehr Genuss weniger, sondern Glück und Leben der Masse sein.«[80] Die anschließenden Forderungen betreffen den Bau von Volkshäusern als Vermittlungsstätten zwischen Künsten und Volk sowie das sofortige Einstellen der Arbeiten für geplante Kriegsmuseen. Zu den Unterzeichnern des künstlerischen Manifests gehören – neben den Brüdern Taut – Walter Gropius, Käthe Kollwitz, Max Pechstein, Hans Poelzig, Otto Bartning, Heinrich Tessenow und andere namhafte Künstler.

Zeitgleich verfasst Bruno Taut ein *Architekturprogramm*, das Weihnachten 1918 als erste Flugschrift des *Arbeitsrates* verbreitet wird.[81] Im Duktus radikaler Leitsätze werden archi-

54 Flugblatt des Arbeitsrates für Kunst, April 1919

tektonische und sozialutopische Vorstellungen aufgelistet, zu denen die Sammlung der ideellen Kräfte unter den Architekten gehört, der Bau großer Volkshäuser und der Zusammenschluss der künstlerischen Disziplinen unter »den Flügeln einer neuen Baukunst«. Ins Programm fließen utopische Ideen ein, die bereits vor Kriegsende in der *Stadtkrone* ihren poetischen Ausdruck als Architekturtheorie globalen Anspruchs fanden.

Im April des Jahres 1919 kann die erste Arbeitsratsausstellung unter dem Titel *Für unbekannte Architekten* im Graphischen Kabinett Neumann am Kurfürstendamm gezeigt werden. Per Annoncen in Zeitungen sind Idealprojekte und Ideenskizzen gesucht worden, wobei drei Vertrauensmänner des *Arbeitsrates* – Walter Gropius, Otto Rudolf Salvisberg und Max Taut – die Auswahl getroffen haben. Der Ausstellungstitel verweist auf das antibürgerliche Programm, in dem nicht große Namen dominieren sollen, sondern neue utopische und zukunftsweisende Ansätze.[82] Bruno Taut betont im Flugblatt zur Ausstellung, dass der Architekt in der gegenwärtigen Situation nicht Schaffender, sondern nur Suchender und Rufender sein könne. Das Spektrum der Exponate, die in drei Sälen von Malern, Bildhauern und Architekten präsentiert werden, reicht von rein fantastischen Entwürfen bis zum Verwirklichungsgedanken. Zwischen den kristallinen Spitzkegeln, Glasbergen und quallenarti-

gen Gebilden, die viele Kritiker nicht ohne Ironie kommentieren, muss Max Tauts Beitrag geradezu fremd wirken. Er wählt schlichteste Kleinsiedlungsprojekte, bei denen das Formale hinter dem Praktischen und Allereinfachsten zurücktritt. Die Kleinsiedlung ist als Fortsetzung der Gartenstadtidee zu verstehen und wird auch – im Gegensatz zur Metropole – als Friedensstadt interpretiert. Insofern fasst Max Taut seine Siedlungsentwürfe nicht zuerst als eine Angelegenheit der Kunst auf, sondern als eine gesellschaftsutopische Aufgabe und mithin als eine »rein politische Sache«.

Anerkennung erfährt die Ausstellung durch Paul Westheim, der die erfreuliche Tendenz sieht, dass es keine nachgemachten Schinkelbauten mehr zu sehen gibt.[83] Er äußert Verständnis dafür, dass eine aus der ersten Revolutionspsychose geborene Ausstellung auf sensationelle Wirkung erpicht sei und wenig Interesse für die handwerkliche Praxis in der Architektur zeige. Dabei verweist er auf Karl Friedrich Schinkel und seine architektonischen Utopien, in die sich der Baumeister aus der Enge der Zeit flüchtete. Während Schinkel als Baumeister gleichwohl das Potenzial besessen habe, die Spiele seiner Fantasie umzusetzen, erscheinen dem Kritiker Westheim manche grafischen Versuche als papierne Architekturfantasien ohne Architektur, vergleichbar dem hebbelschen Eimer Wasser ohne Eimer.

Max Tauts Antworten auf Fragen des *Arbeitsrates für Kunst*

Siedelungswesen
Siedelungen sind nicht Angelegenheiten der Kunst, sondern eine rein politische Sache. Aufgabe des Arbeitsrates für Kunst ist es, die Massen auf die Scheußlichkeit ihrer bisherigen Wohnungsweise aufmerksam zu machen. Immer wieder müsste man gute Beispiele zeigen; ganz von selbst, ohne unsere direkte Mitwirkung, würden sie dann auf die Schaffung guter Wohnungen dringen und diese Forderung auf ihre Programme stellen.

Der Künstler im sozialistischen Staat
Der Künstler muss Mitmensch sein. »Besondere Rechte« zu beanspruchen, hat er kein Recht. Bei seinen Mitmenschen muss er sich das Recht wie jeder andere Mensch

erwirken; er darf nicht ausbeuten und nicht ausgebeutet werden.
Der Künstler muss sich zu einem klaren Sozialismus entscheiden, der ihm von vornherein die einfachste Existenzmöglichkeit gewährt.

Einklang mit dem Volk
Mit der Presse sollten wir uns gar nicht einlassen, sondern uns direkt an die wenden, die wir suchen. Kein Geld von Gönnern, Stiftern, Verlegern usw. Zur rechten Zeit an die Arbeiter Aufrufe richten, aus denen klar unsere Stellung zu ihnen hervorgeht.
Flugblätter. Maueranschläge. Besondere Wanderausstellungen in den Arbeiterbezirken mit anschließenden Erklärungen und Vorträgen, Vorlesungen guter Dichter, Konzerte erscheinen geeignet, doch dürften diese Darstellungen nicht tropfenweise geboten wer-

den, sondern die Arbeiter müssten mit solchen Dingen völlig überschwemmt werden, damit sie von der Existenz des Arbeitrats Kenntnis bekommen. ...
Eine Fühlungnahme mit den Gewerkschaften oder Organisationen führt leicht auf politische Abwege. Eine Agitation in den Fabriken, vielleicht mit Hilfe der Räte, erscheint am geeignetsten.
Das Interesse der Arbeiter müsste zur eigenen Mitarbeit geweckt werden. Der Arbeiter müsste begeistert werden, dass er Mitarbeiter und eine direkte Stütze wird.
Jede Stadt und Fabrik sollte Arbeiterräte für künstlerische Dinge wählen. Diese Ausschüsse müssten in ideeller und pekuniärer Hinsicht werbefähig sein.
Auszug aus *Ja! Stimmen des Arbeitsrates für Kunst in Berlin* 1919

Im November desselben Jahres bringt der *Arbeitsrat für Kunst* seine erste Publikation unter dem Titel *Ja! Stimmen des Arbeitsrates für Kunst* heraus. In der Absicht, die Stellung des Künstlers zur revolutionären Bewegung zu klären, werden Antworten auf eine Umfrage aus dem Kreis der Mitglieder veröffentlicht. Die hier zu findende Stellungnahme Max Tauts zählt zu den raren theoretischen Äußerungen, die aus seiner Feder stammen. Zu seinen Postulaten gehören die Abschaffung der Schulen zugunsten von Werkstätten und die unmittelbare Einbeziehung der Arbeiterschaft in das neue künstlerische Wirken. Die Werktätigen selbst sollen zu Akteuren in der Kunst und auf den Bühnen werden.

Neben seinen theoretischen Äußerungen wählt Max Taut für die Publikation ein gebautes Projekt der Vorkriegszeit aus: die Volksschule in Finsterwalde. Die Abbildung zeigt einen Blick in die innovativ konstruierte Turnhalle, die Adolf Behne 1915 zur gelungenen Probe moderner Architektur erklärt hat (Abb. 29). Der Bruder Bruno stellt demgegenüber mit dem Domstern eine Fantasie aus der Alpinen Architektur vor. Aus Distanz sieht Max Taut, 75-jährig, auf die Zeit des Aufbruchs zurück und interpretiert die Alpine Architektur weniger als Architektur denn als ein inneres Aufbäumen gegen alles Bestehende. »Im Arbeitsrat der Novembergruppe waren nur Leute zusammen, die ähnlich dachten. Freude am Widerspruch, der das Leben lebendig macht.«[84]

In der Erinnerung verschmelzen für Max Taut die beiden Korporationen *Arbeitsrat für Kunst* und *Novembergruppe*, die zunächst gleichwohl getrennt voneinander im November 1918 gegründet wurden. Die *Novembergruppe* wird in erster Linie von Malern und Bildhauern ins Leben gerufen: Max Pechstein, Cesar Klein und Rudolf Belling zählen zu den Gründern. Bald wächst sie auf 120 Mitglieder an, von denen viele wie die Brüder Taut auch dem *Arbeitsrat* angehören. Ende des Jahres 1919 verbinden sich *Novembergruppe* und *Arbeitsrat* zu einer engen Arbeitsgemeinschaft, um sich effektiver für die gemeinsamen Ziele einzusetzen, zu denen insbesondere die verstärkte Zusammenarbeit von Künstlern und Volk gehört.

Ein solcher Einklang zwischen Künstlern und Volk sollte nach Vorstellungen Max Tauts durch Wanderausstellungen in Arbeiterbezirken und gemeinsame Kongresse mit Arbeiterausschüssen erzielt werden. Eine Initiative dieser Art ist die *Ausstellung für Proletarier im Osten Berlins*, die Anfang 1920 in den Räumen der *Freien Jugend* eröffnet wird. Bilder von Arbeitern, Kindern und Künstlern – unter ihnen Chagall und Feininger – hängen ohne Kennzeichnung nebeneinander, so dass man das übliche Kunstpanoptikum der Salons durchbricht. Max Taut ist wiederum mit Entwürfen zu Kleinsiedlungshäusern vertreten, bei denen es sich vermutlich um die Siedlung Eichkamp in Berlin handelt, deren Planung er kurz zuvor begonnen hat.

Früher als andere tut Max Taut den Schritt von der Architekturfantasie zur baulichen Verwirklichung und beschäftigt sich neben utopischen Zeichnungen kontinuierlich mit Entwürfen für Siedlungshäuser und Wohnlauben. So schreibt sein Bruder Bruno wenige Tage vor Initiierung der *Gläsernen Kette* im November 1919: »Mein Zeichentisch hier im Büro bleibt leer, tagtäglich dasselbe nichts – mein Bruder beschäftigt 3 Herren, alle klagen, dass sie vor Arbeit umkommen, und ich schwebe in der Luft als *imaginärer Architekt*.«[85] Tatsächlich konzipiert Max bereits im ersten Nachkriegsjahr eine Gartenstadt, die nach englischem Vorbild mit öffentlichen Einrichtungen wie Gemeindehaus, Kirche, Schule, Verwaltung und Kaufhalle ausgestattet werden soll (Abb. 240). Auftraggeber der Arbeitersiedlung für rund zehntausend Bewohner in Berlin-Charlottenburg sind die Märkischen Heimstätten. Da Besitzverhältnisse ebenso wie Einsprüche der bürgerlichen Bezirksverwaltung das Vorhaben einschränken, kann gleichwohl nur ein geringer Teil der geplanten Gesamtanlage umgesetzt werden. Max Taut entwirft einfache Kleinhäuser, die zum Teil nach neuestem Gussbetonverfahren errichtet werden und damit zeitsparend und kostengünstig erstellt werden können. Die »einfachste Existenzmöglichkeit« hat er als Arbeitsratsmitglied postuliert – er baut sie nicht nur für die anderen, sondern nimmt sie selbst an, indem er mit seiner Frau Margarete bald nach Fertigstellung der ersten Häuser im Mai 1921 eine Eichkamper Wohnung bezieht. Wenige Jahre später erwirbt er das Haus Lärchenweg 15, das er mit wenigen Unterbrechungen bis zum Ende seines Lebens bewohnt.

Formphantasien
für die Gläserne Kette

Unsere Luftschlösser sind zähere Arbeit als das eilige Tageswerk, das angeblich so fest auf der Erde steht.[86]
Adolf Behne, 1920

Von aller Großartigkeit der Ziele blieb wenig übrig. Sie enthüllten sich schnell als Fata Morgana, und jene, denen es mehr auf verantwortete Arbeit, denn auf eine interessante Stellung unter den Zeitgenossen ankam, wandten sich bald der Gegenwart und ihren Aufgaben zu ...[87]
Adolf Behne, 1921–1922

Anfang 1919 schlägt Max Taut vor, dass Künstler sich zu Logen und Gilden zusammenschließen sollten, um ihre Werke zu fördern und innerhalb der Vereinigungen auszustellen. Tatsächlich findet sich im Dezember des Jahres eine Gruppe von 13 Freunden aus dem Umkreis des *Arbeitsrates* zu einer korrespondierenden Künstlerloge zusammen, die nicht so sehr ein öffentliches Wirken anstrebt als vielmehr den Austausch von Gedanken und Utopien untereinander. Ihr Anreger ist Bruno Taut, der angesichts der schlechten Auftragslage für ein Sammeln der Kräfte plädiert, bis der Zeitpunkt für neue Bauaufgaben gekommen sei. »Seien wir mit Bewusstsein *imaginäre Architekten!*«, fordert er in der Überzeugung, dass erst eine völlige Umwälzung zum zukünftigen Bauen führen kann. Der Austausch von Zeichnungen und Texten soll im kleinen, elitär anmutenden Zirkel zur Erörterung, Anregung und Kritik neuer Ideen beitragen, wobei allenfalls gelegentliche *exklusive* Publikationen erwogen werden. Es ist bezeichnend, dass Bruno seit frühen Jahren eine rege Korrespondenz mit Max unterhält und dem Bruder Manuskripte, aber auch Entwürfe und Skizzen sendet. So haben die Brüder Taut bereits untereinander eine Praxis des Dialogs gepflegt, die wie eine Vorform dessen erscheinen mag, was nun in der *Gläsernen Kette* zu einem originellen Versuch des künstlerischen Austausches unter den Visionären der Nachkriegsära führt.[88]

Aufschlussreich sind die Decknamen, die von den Mitgliedern der *Gläsernen Kette* gewählt werden. Der Bruder Bruno entlehnt seinen Namen *Glas* der Welt Paul Scheerbarts, der 1915 an den Folgen eines Schlaganfalls gestorben ist. Die Brüder Hans und Wassili Luckhardt bevorzugen symbolhafte Pseudonyme wie *Angkor* nach dem indischen Tempel

Angkor Wat und *Zacken* als Motiv der expressiv-kristallinen Architektur. Max Taut gehört selbstverständlich dazu und wahrt doch eine gewisse Distanz, wenn er als einziger auf jede Form eines Decknamens verzichtet. Während Wenzel Hablik zumindest mit seinem Monogramm als W.H. geführt wird, findet sich bei Max Taut lediglich die Anmerkung: kein Name. Zudem wählt er als Medium nicht das Wort – es ist kein geschriebener Kettenbrief von ihm bekannt –, sondern das Bild. So versendet er visionäre Zeichnungen eines drehbaren Hauses, das ihn bereits vor dem Krieg beschäftigt hat (Abb. 239). Adolf Behne begeisterte sich 1915 für die Idee und bescheinigte Max Taut, dass er abseits vom Feststehenden entschlossen vorwärts schreite. Eine frühe Skizze zeigt die funktional-konstruktive Durchführung der drehbaren Wohnmaschine, über deren fixem Eingangssockel sich ein Wohngeschoss erhebt, das per Hand- oder Motorbetrieb nach dem Stand der Sonne ausgerichtet werden kann. Der freie Blick von der Düne über die offene See und über das Haff

55 Max Taut, Das drehbare Haus, 1919, Neufassung des Entwurfs von 1914. »Das Haus sollte 1914 in der Nähe von Cranz in den Dünen der Curischen Nehrung für Herrn Mendthal gebaut werden«, heißt es im *Frühlicht*.

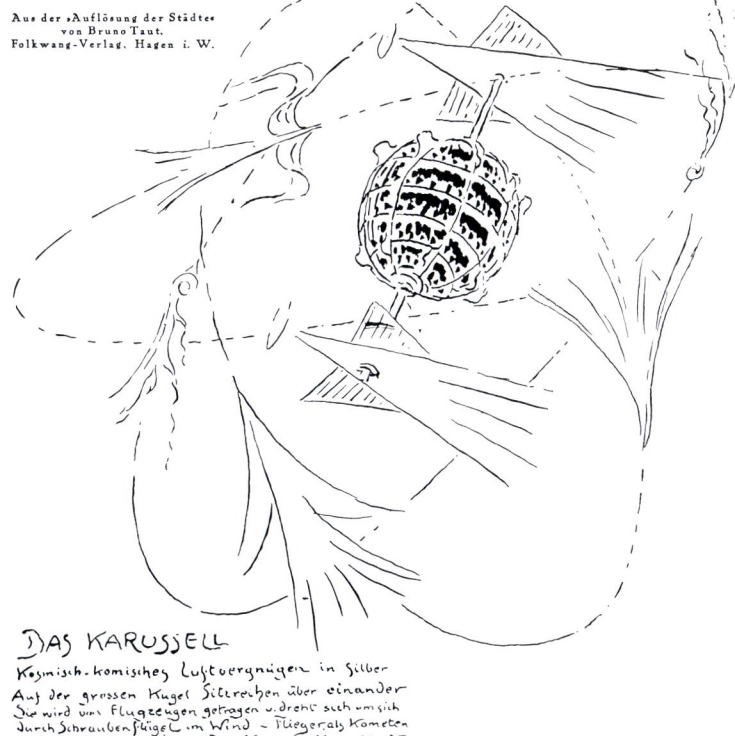

Aus der »Auflösung der Städte«
von Bruno Taut.
Folkwang-Verlag. Hagen i. W.

DAS KARUSSELL
Kosmisch-komisches Lustvergnügen in Silber
Auf der grossen Kugel Silcreichen über einander
Sie wird um Flugzeugen getragen u. dreht sich um sich
Durch Schraubenflügel im Wind – Flieger als Kometen
verkleidet umschwirren Das Karussell

56 Bruno Taut, Das Karussell aus der
Auflösung der Städte, 1920

57 Max Taut, Sommerhaus Müller auf
Hiddensee, 1922, Asta Nielsens
Karussell, Aufnahme 2000. Die
Fensterprofile waren ursprünglich deut-
lich schmaler, während die
Farbgestaltung original ist.

der Kurischen Nehrung sind Anlass für die
technische Erfindung.

Ein Bauherr namens Mendthal, den Max
Taut im Frühjahr 1914 in Königsberg aufge-
sucht hat, erteilt ihm den Auftrag zur Planung
des Strandhauses. Er zeigt sich über die Arbeit
des jungen Architekten begeistert und fordert
ihn 1915 auf, sich um eine Anstellung in Königsberg zu bemühen und damit zugleich dem
Kriegsdienst zu entgehen: »Aufträge besorge
ich Ihnen schon. Sie werden reich und
berühmt ...«[89] Doch erweisen sich seine Ange-
bote als haltlose Versprechungen und der Kontakt bricht ab – und damit bleibt auch der viel
versprechende Entwurf zunächst liegen.

Spätere Darstellungen des Hauses, die
als Lichtpausen an die Ketten-Freunde versandt und 1920 im *Frühlicht* veröffentlicht
werden, lassen eine modifizierte Ausführung
erkennen und betonen den ideellen Aspekt
des Entwurfs: Nun wird ein kristalliner Kup-
pelraum aus farbigem Glas mit roter Glasspit-
ze präsentiert, über der sich ein wirbelnder
Satz herausdreht und die Dynamik veranschaulicht (Abb. 55).[90] Die technisch-konstruk-
tive Interpretation des Projekts ist einer visionären Architekturpoesie gewichen. Auch
die Dünenlandschaft erscheint weniger natu-
ralistisch als auf einige charakteristisch bewegte Linien reduziert. Unverkennbar ist der Einfluss der scheerbartschen Glasfantasien – eine

Welt, die auch Adolf Behne in seiner Schrift *Wiederkehr der Kunst* 1919 fordert, wobei er die Glasarchitektur mit dem Zustand eines hellen Bewusstseins verbindet, das im Gegensatz zum geistlosen Beharrungszustand einer qualligen Gemütlichkeit steht.[91]

Der Bruder Bruno reagiert beglückt auf den Entwurf des drehbaren Hauses in den Dünen, erinnert sich später der Freund und Mitstreiter Hans Scharoun.[92] Bruno Taut hat in der *Auflösung der Städte* ein Karussell als kosmisch-komisches Luftvergnügen in Form einer großen, von Flugzeugen getragenen Kugel entworfen und lässt darin seinen universalen Anspruch aufscheinen. Demgegenüber dreht

der Bruder Max einen kleinen Teil der Welt – ein Strandhaus, das er mit dem Ziel der Verwirklichung entwickelt. Realisieren kann Max Taut seinen beweglichen Bau letztlich nicht, es entsteht jedoch ein karussellartiges Sommerhaus an der Ostseeküste auf der Insel Hiddensee. Es wird 1922 für die Familie Müller ausgeführt und wenige Jahre später von der dänischen Schauspielerin Asta Nielsen übernommen, die es aufgrund seiner Gestalt *Karussell* tauft. Anlass hierzu gibt nicht die tatsächliche Drehbarkeit des Hauses, sondern seine reizvolle Grundrissdisposition (Abb. 57 und 256).

Die dritte Ausstellung des *Arbeitsrates für Kunst* unter dem Titel *Neues Bauen* ist im We-

58 Max Taut, Phantasie, Vorzeichnung in Blei, 1919

59 Max Taut, Phantasie aus *Ruf zum Bauen*, 1920, Tusche

sentlichen eine Veranstaltung der *Gläsernen Kette*. Adolf Behne gibt hierzu im Mai 1920 den Katalog *Ruf zum Bauen* als zweite Arbeitsrats-Publikation heraus und verteidigt idealistische Entwürfe und Luftschlösser gegen Kritiker, die als Antwort auf die Nachkriegsprobleme architektonische Konkretheit und ein Runter-von-den-Wolken fordern. Hans Luckhardt, der mit seinem Bruder für die Gestaltung verantwortlich war, weist als *Angkor* in einem Kettenbrief auf das ungewöhnlich rege Interesse an der Ausstellung hin. Den Zeitgeist sieht er tektonisch in der

60 Max Taut, Reklamebauten für die Leipziger Messe, 1921

reinen Form verkörpert und verknüpft damit bauliche Vorstellungen für die zukünftige Architektur: »Die reine Form ist die Form, die, losgelöst von allem Dekorativem, aus den Urelementen Grade, Rund und Unbestimmt frei gestaltet, jedem Ausdruck dienen kann, sei es für einen Kultbau, sei es für eine Fabrik.«[93] Die Ketten-Mitglieder seien größtenteils auf dem Weg dorthin, doch lässt Hans Luckhardt eine differenzierte Kritik folgen, in der er auf die Unreife utopischer Entwürfe und auf den Mangel an stringenter Durcharbeitung eingeht. Max Tauts Arbeiten werden als vergleichsweise reif eingeschätzt und als »duftig gezeichnete Architekturen« gesehen, die ein Programm sein könnten, wäre die reale Greifbarkeit noch stärker.

Im Katalog *Ruf zum Bauen* finden sich solche Beispiele freier Formphantasien (Abb. 58 und 59). Für eine Federzeichnung hat Max Taut offensichtlich Vorskizzen in Bleistift erstellt, die in ihrer Wirkung konturierter ausfallen als die feinere Tuschearbeit, in der die kristallinen Spitzen als sprühendes Licht inszeniert werden. Max Taut thematisiert den Prozess des Emporwachsens, indem er aus einer kubischen Berglandschaft einen Schaft mit knospenartig aufbrechender Kuppel erstehen lässt. Dass selbst von einer so fantastischen Komposition ein Weg zur baulichen Konkretisierung führt, verdeutlicht sein im *Frühlicht* veröffentlichter Reklamebau für die Leipziger Messe (Abb. 60). In diesem Entwurf wird die kristalline Entfaltung auch kinetisch umgesetzt, indem aus einem einfachen Kubus in Etappen ein Turm aufsteigt, der sich zu einer drehbaren, farbigen Reklameskulptur auffächert und Reihen kleinerer Messestände überragt. Utopische Zeichnung und konkrete Planung erweisen sich als äquivalent in der konstruktiv-vegetabilen Form und der aufwärtsgerichteten Kinetik. Realisiert wird die temporäre Leipziger Reklameburg allerdings nicht nach dem Vorschlag Max Tauts, sondern nach einem Entwurf von Peter Behrens. Mit welcher konstruktiven Evidenz Taut Skizzen der Frühlicht-Ära entwickelt, zeigt Ulrich Conrads bereits 1984 im Akademiekatalog auf. Blätter wie der *Marmordom* und die *Betonhallen* offenbaren einen Baumeister, der aufs Wesentliche zielt und Fantastik und Selbstdisziplin miteinander verknüpft. In dieser Hinsicht *baut* Max Taut seine Formfantasien und avanciert zum Realisten unter den Utopisten.

Nachdem Adolf Behne bereits im *Ruf zum Bauen* die visionären Künstler verteidigt hat, rechtfertigt auch Bruno Taut in seinem Frühlicht-Artikel *Pro Domo* die Architekturfantasien unter Berufung auf Karl Friedrich Schinkels fantastische Entwürfe. Mitglieder der *Gläsernen Kette* haben ihre Arbeiten seit Januar 1920 im *Frühlicht* veröffentlicht, das Bruno Taut zunächst innerhalb der Zeitschrift *Stadtbaukunst alter und neuer Zeit* von Bruno Möhring und Cornelius Gurlitt herausbringt. Innerhalb der *Gläsernen Kette* nehmen gleichwohl Uneinigkeit und Zweifel aufgrund kritischer Anmerkungen aus unterschiedlichen Richtungen zu. Erich Mendelsohn erörtert auf Einladung des *Arbeitsrates* das *Problem einer neuen Baukunst*, wobei er den »Rausch der Vision« anerkennt, doch gegenüber prinzipiellen Utopien und kubistischen Tendenzen in der Architektur Skepsis äußert.[94] Er unterscheidet drei vorherrschende Richtungen: »Die Apostel der gläsernen Welten«, also Bruno Taut als Vertreter scheerbartscher Utopien, »die Analytiker der Raumelemente«, zu denen die kubisch-kristallinen Formen der Luckhardts gehören, und »die Formsucher aus Material und Konstruktion« – auf diesem dritten Weg befindet sich zeichnend und bauend Max Taut.

Ende 1920 zerfällt die *Gläserne Kette* in Ermangelung neuer idealer Anstöße ihrer Mitglieder, die sukzessive vom Ideal zur Praxis wechseln. Blieb sie als idealistisches Forum auch ohne unmittelbare Resultate, weist Max Taut 1963 darauf hin, dass sie der erste befreiende Schritt jener geistigen Bewegung gewesen sei, an deren Ende Projekte wie die neuen Berliner Großsiedlungen, Gewerkschaftshäuser und die Werkbundausstellung in Stuttgart zu sehen seien.[95] »Und Ihr Nur-Schweiger«, schreibt Bruno Taut resigniert in einem der letzten Kettenbriefe, »könnt Ihr es verargen, wenn ich mich nicht mehr entschließen kann, Euch nach Ablauf fast eines Jahres nichts mehr zu schicken?« Schon zuvor hat er die Kehrtwende vollzogen und – nicht ohne Sinn fürs expressive Paradox – nach dem emphatischen Fanfarenstoß »Es lebe die Utopie!« das Bauen zur wichtigsten gegenwärtigen Aufgabe des Architekten erklärt.[96]

Vom Blütenhaus zum Grabmal Wissinger: Die Verwirklichung des expressionistischen Baugedankens

Nur ein ganz kleiner teil der architektur gehört der kunst an: das grabmal und das denkmal.[97]
Adolf Loos

Das Titelbild der zwölften Frühlicht-Beilage von 1920 zeichnet Max Taut am 16. Mai, einen Tag nach seinem 36. Geburtstag (Abb. 61). Aus einer zackenförmigen Berglandschaft sprießt eine baldachinartige Struktur, die einen kleinen Kristall überspannt. Leicht versetzt wächst ein pflanzenähnliches Gebilde in die Höhe. Ein kultischer Ort fern des alltäglich-pragmatischen Lebens ist angedeutet. Die motivische Fügung von Bergmassiv, Gewölbekontur und Pflanzenwelt beschäftigt Max Taut in vielen Varianten – auch in der Phase nach der *Gläsernen Kette*. Aus blockhaft-abstrakten Basen wachsen organisch-lineare Raumstrukturen, zuweilen kombiniert mit Elementen einer tektonisch geprägten Vegetation.

Pflanzen und Landschaft gehören bereits seit der Königsberger Zeit zu Max Tauts Sujets, doch im Unterschied zu den frühen naturalistischen Darstellungen sind die Frühlicht- und Ketten-Zeichnungen aus abstrahiert-analytischen Formen entwickelt. Auf der Suche nach der *reinen* Form leitet Max Taut die neue Gestalt nicht in jugendstilhaft floralem, sondern gesetzmäßig tektonischem Sinn aus der Naturform her. Parallelen sind auch in der gotischen Konstruktion und ihrer Formung raumbildender Rippengewölbe zu finden. Bei alledem zeigt sich der unterschiedliche Ansatz der Brüder: Während Bruno gewissermaßen weltumspannend in einer *Alpinen Architektur* fantasiert, fokussiert Max den Blick, greift sich überschaubare Gefüge aus dem Szenario heraus, um sie mit den Augen des Architekten zu interpretieren. Anstelle der Vogelperspektive also das fast bedächtige Eintreten in die Situation, womit zugleich Strukturen und Materialien sichtbar werden – so malt Max Dome aus Marmor und Hallen aus Beton.

Es ist Max Taut, der auch den nächsten Schritt geht und die tektonisch konkretisierten Architekturfantasien für ein Grabmal in Stahnsdorf bei Berlin in die Realität umsetzt. Das Entwurfsthema Grabmal erlaubt am unmittelbarsten die Verwirklichung einer Formfantasie, da die Zweckfreiheit seinem Wesen immanent ist. Als einziges Mitglied der *Gläsernen Kette* übersetzt Max Taut mit diesem Grabmalentwurf eine Vision, was nicht zuletzt

61 Max Taut, Titelzeichnung für
das *Frühlicht*, Nr. 12, 1920

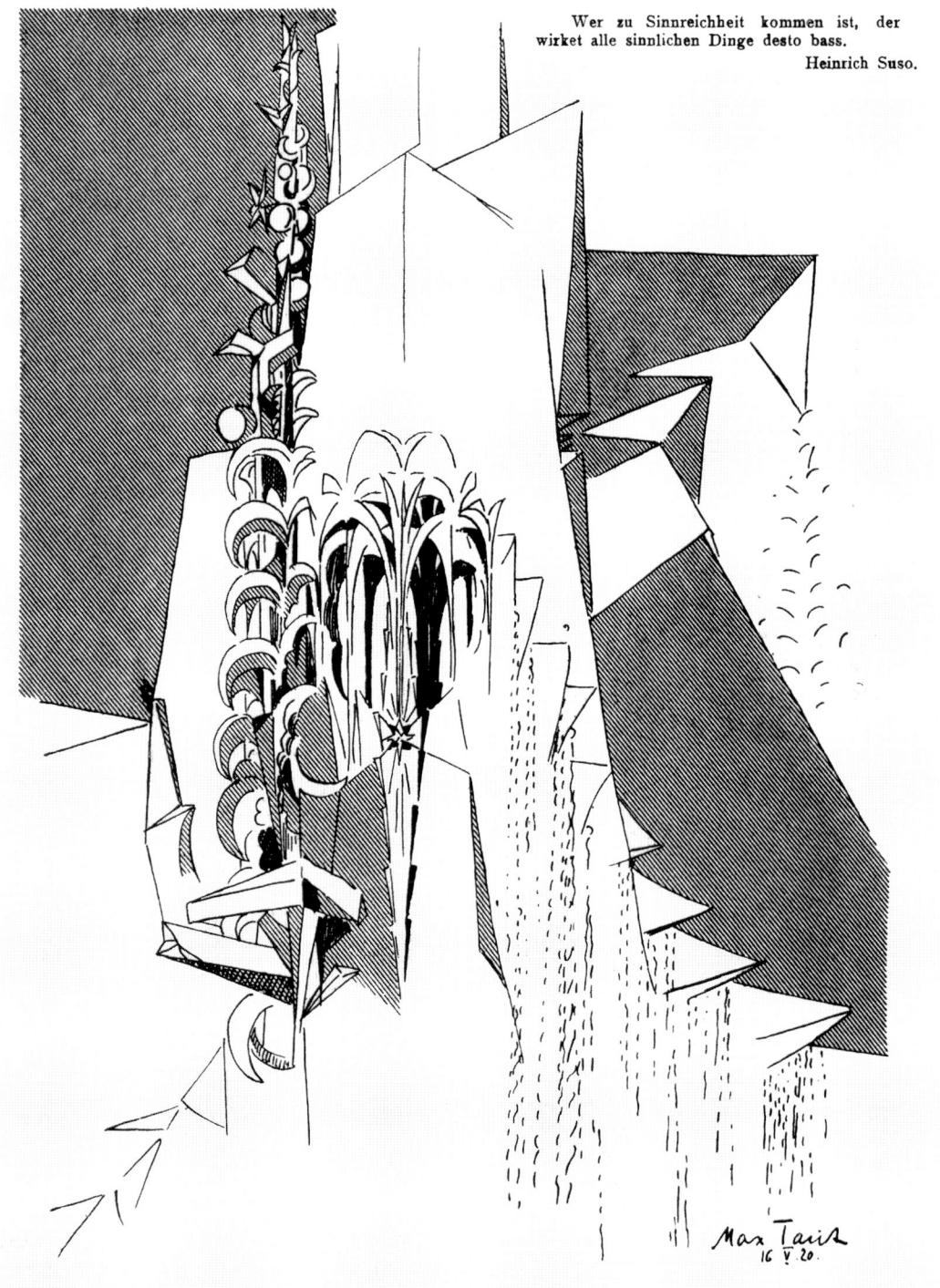

dank der künstlerisch aufgeschlossenen Bauherrn, des Ehepaars Helene und Julius Wissinger, möglich wird (Abb. 65 und 66). Im *Frühlicht* des Winters 1921/1922 wird erstmals ein Modell des Erbbegräbnisses Wissinger veröffentlicht: Es veranschaulicht ein Haus der Leere, ein Haus für die Nicht-mehr-Anwesenden. Spitzbogenförmige Betonrahmen umschreiben eine Halle, die aus einer gezackten Basis emporwächst. Eine knappe Beschreibung verweist auf die geplante Verwendung der Farben Blau, Rot und Gold, die die expressionistische Qualität der Konstruktion noch steigern würden. Farb- und Formwirkung scheinen im Aquarell *Blütenhaus* vorweggenommen: Hier rückt der Betrachter perspektivisch in den baldachinartigen Raum hinein, während der Blick in geschickter Dramaturgie durch die Bogenrahmen gegen einen farbigen Kristall gelenkt wird (Abb. 64).

Das ausgeführte Grabmal lässt die zeitgenössischen Kritiker auf die gotische Baukunst verweisen: »Dieses Grabmal ist wie das Gerüst einer gotischen Kirche, es ist die ver-

geistigte Idee gotischer Gottessehnsucht himmelsfroh und naturdurchtränkt, von Stein und Erdenschwere befreit.«[98] Nahe liegend erscheint dieser Vergleich aufgrund der Entwurfsthematik und der Strukturform. Die fein profilierten Betonstützen verbinden sich über Spitzbögen zu einem linearen Raumgerüst und evozieren das Bild der gotischen Bündelpfeiler mit ihrem fließenden Übergang ins Rippengewölbe. Betrachtet man eine einzelne Stütze näher, so scheint sie, einer Statue verwandt, aus der gotischen Säule abstrahiert: Fest in der Basis verwurzelt, erhebt sich ein konisch anwachsender Körper, aus dem sich flügelähnlich die Bögen entwickeln. Oberhalb der Seitenarme findet die Stütze ihren Abschluss in einem knospenartigen Kopfteil.

Die mittelalterliche Kathedrale gilt Anfang der zwanziger Jahre als das Sinnbild der vereinigten Künste – und wird nicht zuletzt vom Bauhausdirektor Walter Gropius als »Bau der Zukunft« emphatisch beschrieben. »Wollen, erdenken, erschaffen wir gemeinsam den Bau der Zukunft, der alles in einer Gestalt sein

62 Max Taut, Betonhallen. Die Zeichnung von 1919 wurde an die Mitglieder der *Gläsernen Kette* versandt.

63 Max Taut, Marmordom, *Frühlicht*, 1920

wird: Architektur und Plastik und Malerei, der aus Millionen Händen der Handwerker einst gen Himmel steigen wird als kristallenes Sinnbild eines neuen kommenden Glaubens.«[99] Max Taut setzt bei der Interpretation allerdings nicht allein symbolisch, sondern auch tektonisch an, wie in seinen Ketten-Zeichnungen und dem Entwurf für das Erbbegräbnis erkennbar. Während Walter Gropius bei einer vergleichbaren Aufgabe, dem Denkmal für die Märzgefallenen in Weimar, vor allem die Form eines mächtigen, aufstrebenden Kristalls skulptural aufgreift, überträgt Max Taut das Gotisch-Kristalline in eine abstrahierte Raumstruktur.

Alfred Kuhn, der 1932 in seinem Buch über Max Taut dessen Qualitäten als Protagonist der Sachlichkeit konsequent herausstellt, vermag das Grabmal Wissinger nicht in seine Theorie einzubinden und handelt es en passant als Konzession an den expressionistischen Zeitgeschmack ab. Da Kuhn den Expressionismus in der Architektur generell als verunklarend verwirft, überrascht es nicht, wenn er die Bögen aus Eisenbeton des Erbbegräbnisses als eine Bewegung deutet, die im Grunde Selbstzweck sei. Aber gerade diese Zweckfreiheit ist, wie Adolf Loos konstatiert, charakteristisch für ein Grabmal, das nicht in jene architektonische Sparte gehört, die Bedürfnisse zu decken hat, sondern zur zweckenthobenen Kunst. Heute gilt das Grabmal Wissinger als einzige verwirklichte Utopie der *Gläsernen Kette*, wie Manfred Sack in der *Zeit* festhielt, und hat als gebautes Beispiel des Expressionismus kontinuierlich an Wirkung gewonnen. Hierzu trug auch die sorgfältige Restaurierung in den Jahren 1987/1988 bei, die durch die Schrift *Frühlicht in Beton* ergänzt wurde. Bemerkenswert ist die umfassende Würdigung des Grabmals in der italienischen Zeitschrift *Controspazio* im Jahr 2000, wo es in Anlehnung an Ernst Blochs poetische Formulierung als steinernes Schiff beschrieben wird, das ungemessenen Weiten entgegenfliegt.[100]

Otto Freundlich (1878–1943) und das Grabmal Wissinger

Der Maler und Bildhauer Otto Freundlich setzt unmittelbar nach dem Ersten Weltkrieg alle Hoffnung in die kulturelle Revolution und beteiligt sich wie Max Taut an der *Novembergruppe* und dem *Arbeitsrat für Kunst*. Mit großem Engagement widmet er sich der Aufgabe, eine Grabplatte für Hermann Wissinger innerhalb der von Max Taut entworfenen Grabstätte zu modulieren, doch wird seine expressive Plastik kurz nach der Aufstellung 1923 aufgrund von Protesten durch die Synode entfernt. Otto Freundlich beschuldigt daraufhin Max Taut, nicht entschlossen genug für den Erhalt der Skulptur eingetreten zu sein. »Ich hätte schon längst von mir hören lassen«, schreibt Freundlich an Julius Wissinger, »doch da mir Taut sagte, dass die Grabplatte sogar in die Erde eingegraben sei und sie also von der Erdoberfläche verschwunden, erfasste mich ein Abscheu gegen die Willkür, die ein mit Liebe ausgeführtes Werk eines Künstlers einfach tötet.«[101] 1924 droht dem expressionistischen Grabmal als Ganzem das Schicksal der Beseitigung. Die lokale Presse berichtet, dass das Werk des *berühmten* Architekten Max Taut von der Synode wiederum lebhaft beanstandet und eine Entfernung beantragt worden sei.

Otto Freundlich hat im Jahr 1920 bereits dem *Deutschen Werkbund*, dem *Arbeitsrat für Kunst* und der *Novembergruppe* eine radikale Absage erteilt: »Diese drei Institute gleichen einander wie Drillinge, gezeugt in dem Bette der Bürokratie, getauft mit Wasser der bürgerlichen Kirche, durchtränkt von dem Geiste des Snobismus, des Strebertums, und der ganzen merkantilen Infektion.«[102] Versuche von Walter Gropius, Otto Freundlich 1920 als Dozent für Plastik ans Bauhaus zu holen, scheitern am Widerstand in Weimar.

1925 verlässt Otto Freundlich Deutschland endgültig und geht nach Paris, wo er schon vor dem Ersten Weltkrieg die Nähe zur Künstlerszene gefunden hat. In seinen bildnerischen Arbeiten setzt sich mehr und mehr die Tendenz zu abstrakten Farbflächen in geometrisch gefügten Formen durch. Später entwickelt sich hieraus sein Stil zu mosaik- und kaleidoskopartigen Farbfügungen in abstrakten Kompositionen. Freundlichs Skulptur *Der neue Mensch* (1912) wird als Beispiel »entarteter« Kunst 1937 für den Titel des gleichnamigen Ausstellungsführers der Nationalsozialisten missbraucht. Nach einer Denunziation wird Otto Freundlich 1943 in Frankreich verhaftet und nach Polen deportiert, wo er im Konzentrationslager Lublin-Maidanek am Tag seiner Ankunft stirbt.

64 Max Taut, Blütenhaus, Aquarell und Bleistift. Das Blütenhaus zeigt als Vorstudie die gotisch-kristalline Struktur des Erbbegräbnisses Wissinger. Auf der Rückseite des Blattes heißt es trotz der Datierung von 1921: »Danach 1920 entstand das Grabmal Wissinger.«

65 Erbbegräbnis Wissinger auf dem
Zentralfriedhof Stahnsdorf bei Berlin,
Entwurf 1920–1921, Aufnahme um 1924

66 Erbbegräbnis Wissinger auf dem
Zentralfriedhof Stahnsdorf bei Berlin,
Entwurf 1920–1921, Aufnahme 2002

Historisches Intermezzo:
Die Utopie hat ihre Schuldigkeit
getan

Man sei keineswegs resigniert, versichert Adolf Behne anlässlich der Auflösung des *Arbeitsrates für Kunst* am 30. Mai 1921, vielmehr stehe man eng zusammengeschlossen und ohne Illusion weiterhin zu den Manifesten der Bewegung.[103] Der gesellschaftlich und künstlerisch revolutionäre Elan der unmittelbaren Nachkriegszeit ist zu diesem Zeitpunkt einer nüchternen Einschätzung gewichen. Parallel hat sich die Hoffnung auf eine radikale Erneuerung der Gesellschaft für die Künstler der beiden Novemberkorporationen endgültig zerschlagen, auch wenn die *Novembergruppe* bis 1933 fortbesteht. Dem sozialdemokratischen Reichspräsidenten Ebert wird stellvertretend von Kurt Tucholsky der Sieg der Reaktion angelastet, und viele Intellektuelle sehen das aufkeimen, was sie mit ekstatischen Appellen abzuwehren versucht haben: eine autoritäre Bürokratie, Normen des Bürgertums und militaristische Tendenzen.

Die Utopie habe ihre Schuldigkeit getan, verkündet Adolf Behne Anfang 1921. »Jetzt steht vor uns die schwierige Aufgabe, die Wirklichkeit anzupacken, ohne ihr zu erliegen ...«[104] Er bescheinigt den jungen Architekten, die nach dem Krieg von der Woge des Utopischen ergriffen worden seien, zur Realität zurückgefunden zu haben. Tatsächlich scheint die junge Weimarer Demokratie Intellektuellen und Künstlern die Chance zu bieten, in Anerkennung der Tatsachen ihre Ideen ohne die Restriktionen der Vorkriegszeit einzubringen. Bruno Taut lässt sich von der sozialdemokratischen Mehrheit in Magdeburg zum Stadtbaurat berufen, Max Taut und Franz Hoffmann nehmen Fühlung mit den Gewerkschaften auf. Als Vorbild dienen Behne die Architekten im Umkreis der Leidener Zeitschrift *De Stijl*, vor allem der Stadtbaumeister Rotterdams Jacobus Johannes Pieter Oud, der mit Erich Mendelsohn, Walter Gropius und Bruno Taut in regem Austausch steht. Oud fliehe nicht die Gegenwart, schreibt Behne im *Frühlicht*, sondern trachte das Lebensgefühl der Epoche wiederzugeben, indem er eine sachliche Baukunst anstrebe, die ihre Aufgaben in überpersönlicher Hingabe löse unter Einbeziehung der technischen Errungenschaften und der Materialien Glas, Eisen und Beton.[105] An die Stelle papierener Pagoden für Niemanden – so Behnes rhetorischer Seitenhieb gegen die Architekturutopien – tritt die Faszination der Technik und neuer Materialien und damit eine Ästhetik, die ihre Inspiration von Automobilen und Dampfschiffen bezieht.

So wird nach den himmelstürmenden Fantasien die Wende von einer utopischen Architektur zur Konzentration auf reale Bauaufgaben eingeleitet. Dabei soll an die Stelle der geschwätzigen Form die sachlich-konzise Gestalt treten. Während Technik und Mechanisierung stärker ins Blickfeld rücken, distanziert sich Behne zugleich von der bruno-tautschen Idee der Auflösung der Städte und bezeichnet das Einfamilienhaus auf dem Lande als pure Schwärmerei, denn letztlich führe die Idee zu einem Konglomerat aus verzettelter Siedlung und verzettelter Natur. Im Zentrum der Arbeit steht nicht mehr die flache Siedlung, sondern das Hochhaus.[106] Mit dem Abschied von der imaginären Ära wird auch die Abkehr vom Expressionismus proklamiert, den Adolf Behne und Alfred Kuhn bald nur noch als mehr oder weniger peinliches Intermezzo in der Baukunst verstanden wissen möchten.

Zwischen Neuer Welt
und poetischer Fiktion

Ein Turmhaus für die Neue Welt 1922

Mit dem international ausgelobten Wettbewerb für einen Neubau der *Chicago Tribune*, der als »schönstes und außergewöhnlichstes Bürohaus der Welt« entstehen soll, bietet sich 1922 den Architekten in Europa die Möglichkeit zu einem Hochhausentwurf neuer Dimension. Während für die amerikanischen Teilnehmer das Entwurfsthema bereits seit Jahrzehnten zum festen Bestandteil der Architektur geworden ist, beobachtet man in den europäischen Beiträgen die Suche nach einem zeitgemäßen Ausdruck für diesen Bautypus. Neue Eisenkonstruktionen haben die modernen Bürotürme der *Chicago School* in den achtziger und neunziger Jahren des 19. Jahrhunderts ermöglicht, wobei Louis Sullivan nach seinem berühmt gewordenen Form-follows-function-Leitsatz den frühen Skelettbau in klarer Tektonik entwickelte. In den zwanziger Jahren orientieren sich amerikanische Architekten gleichwohl wieder verstärkt an historischen Stilen wie der Neogotik, in der das Hochstrebende artikuliert wird. Hingegen steht die europäische Avantgarde den Prinzipien Sullivans näher und wendet sich ohne historische Anleihen dem großstädtischen Typus zu.

Max Taut entwirft ein kubisches Gebäudevolumen, das sich stufenförmig aus dem

67 Max Taut, Verwaltungsgebäude für die Chicago Tribune, Entwurf 1922

68 Walter Gropius, Verwaltungsgebäude für die Chicago Tribune, Entwurf 1922

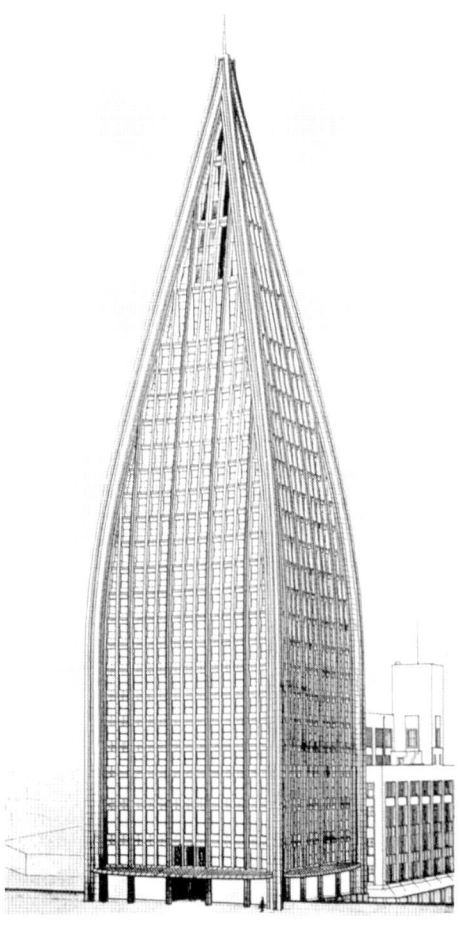

69 Bruno Taut, Verwaltungsgebäude für die Chicago Tribune, Entwurf 1922

Stadtgrund entwickelt und oberhalb der Achtzig-Meter-Linie zu einem schlankeren Tower emporwächst (Abb. 67). Für ihn erweist sich das *zoning law*, die Auflage zur Rückstaffelung des Baukörpers, als günstige Voraussetzung für ein spannungsvolles Bauwerk. Der Turm exponiert sich nicht an der Straße, sondern ergibt sich selbstverständlich aus der Gebäudekubatur. Die Perspektive von der Michigan Avenue zeigt einen Rahmenbau, dessen schmale Vertikaltragglieder plastisch hervortreten und das Aufstreben des Kubus betonen. Die Horizontalproportion der raumhohen Verglasung schafft einen harmonischen Ausgleich hierzu. Mit den einfachen Mitteln des feinen Vor- und Zurückspringens von Glasflächen und Geschossdecken erzeugt Max Taut ein lebendiges Licht-Schatten-Spiel der Fassade. Im Vergleich zu anderen Beiträgen erscheint der Vorschlag von radikaler Rationalität und darf mit seinem Verzicht auf jede willkürliche Zutat als einer der konsequentesten unter den modernen Entwürfen gelten. Der viel publi-

zierte Vorschlag von Walter Gropius und Adolf Meyer weist formal-skulpturale Balkonelemente auf, die der Fassade eine horizontale Dynamik verleihen, ohne dass sie zwingend aus dem Baukörper hergeleitet scheinen (Abb. 68).

Für die *Chicago Tribune* werden auch Entwürfe expressionistischer Tendenz eingereicht, wie die von Hans Scharoun oder Bruno Taut (Abb. 69). Mit der Form eines pyramidalen Körpers vermeidet Bruno Taut das erforderliche Rückstaffeln und lässt den Baukörper spitz zulaufen. Adolf Behne bezweifelt in seinem *Modernen Zweckbau*, dass hier die Grundlage für einen Typus geschaffen sei, doch einen solchen Maßstab müsse jedes moderne Bauwerk erfüllen. Konstruktiv-funktionell möge die Lösung untadelig sein, aber als Typ genommen würde sie »die City Chicagos zu einem Negerdorf machen«.[107] Während Bruno Taut also auf die individuelle Solitärform zurückgreift, widmet der Bruder Max sich einem Typus, der dem Wesen und den Bedingungen der neuzeitlichen Metropole

70 Max Taut, Nusetürme, 1921, nach dem Scheerbart-Roman *Lesabéndio*, Bleistift und Aquarell.

Grundlage der Skizze ist ein früher Nuse-Lichtturm von einer Meile Hohe auf dem Asteroiden Pallas. Die ersten Nuse-Türme in der Geschichte der Pallasianer fangen Licht ein und werden auch Glasürme genannt, wenngleich *Kaddimohnstahl* ihre Stabilität sichert. *Und dann flogen sie rasch von der letzten Bahn ab nach oben hinauf auf die Spitze eines sehr hohen Berggipfels, auf dem Tausende von Pallasianern ganz still da-saßen und ein neues Bauwerk anstarrten. Das Bauwerk war ein Glasturm. Doch die-ser Glasturm ragte eine volle deutsche Meile in den Weltenraum hinaus. Und so wars sehr natürlich, dass Tausende von Pallasianern dieses neue Bauwerk ganz still anstarrten. Der Pallasianer Nuse, der die-sen Turm gebaut hatte, sah jetzt den Lesabéndio mit dem Biba heranfliegen ... Der Glasturm war ein Lichtturm, der hef-tig leuchten sollte – in der langen Nacht. Die lange Nacht war auf dem Pallas so lang wie ein Monat auf der Erde; der Tag war ebenso lang. Der eigentliche Licht-spender ist aber auf dem Pallas nicht die Sonne, sondern eine weiße große Wolke, die hoch über dem Nordtrichter befindlich ist.* Paul Scheerbart: Lesabéndio

71 Max Taut, Lichtturm Nuse 1921,
Bleistift und Buntstift.
Der höchste Nuse-Turm misst zehn
Meilen, besteht aus *Kaddimohnstahl*
und durchbricht die große Spinn-
gewebewolke.
*Und sie hatten vor nicht allzu langer
Zeit ein Material im Innern ihres
Tonnensterns entdeckt, das den Horizont
der Baugelüste merklich erweiterte.
Dieses Material hieß Kaddimohnstahl
und bestand aus unzerbrechlichen mei-
lenlangen Stangen. Mit solchen Stangen
war auch der neue Lichtturm erbaut...*

*Lieber Dex, wir haben vor drei Jahren
den großen Nuse-Turm gebaut und wis-
sen, dass er nur eine Meile hoch ist. Das
war aber ein schönes Stück Arbeit. Zehn
Meilen hoch ist zehnmal höher. So ein-
fach ist das alles nicht. Doch es flog die
Nachricht, dass der große Turm nur zehn
Meilen hoch gebaut werden sollte von
Mund zu Mund - und alle alten
Pallasianer nickten bald zustimmend mit
den Köpfen und alle sagten bald:
Darüber ließe sich reden; jetzt ist die
Turmidee reif.* Paul Scheerbart:
Lesabéndio

72 Max Taut, Nuse Lichtturm
16.1.1922, Bleistift und Aquarell.
Das Bild zeigt eine Variante des
höchsten Nuse-Turms, der die
Spinngewebewolke durchbricht und
über mehrere Plattformen verfügt.
*Als nun die Wolke sich nach oben zog
und oben wieder zu blenden begann,
begaben sich alle auf die obersten
Balkons des Turms, und die Stangen
des letzten Stockwerks drehten sich
langsam mit ihren Hautstücken ganz*

*gleichförmig nach oben, so dass die
Stangenspitzen einen Halbkreis beschrieben. ... Die Spitzen der Stangen
berührten die Wolke, und die Wolke begann zu zittern. Ein furchtbarer Donner
wurde hörbar. Und die ganze Wolke begann an den Rändern zu blitzen.
Danach gab es einen Knall. Und die
Mitte der Wolke, die ganz dunkelviolett
leuchtete, bekam plötzlich einen Riss,
der gelb aussah und unregelmäßig wurde.* Paul Scheerbart: Lesabéndio

funktional entspricht. Es ergibt sich eine im Ansatz offene Architektur, die eine modulartige Erweiterbarkeit zulässt und mithin auf das Prinzip der Zukunft verweist. Wolfgang Pehnt merkt hierzu an, dass eben dieses Kriterium den Hochhausentwurf Max Tauts vor dem seines Bruders auszeichne.[108] Die abgeschlossene Skulptur Brunos steht hier der offenen Struktur Max Tauts gegenüber.

Turmfantasien für den Stern Pallas

In einem philosophischen Aufsatz über das Ewige und das Lebendige erörtert Paul Bommersheim im *Frühlicht* des Winters 1921/1922 die Bedeutung des Bürohochhauses im Unterschied zur Stadtkrone Bruno Tauts.[109] Da die Formen des Domes Sinnbilder der Ruhe und des himmelwärts gerichteten Blicks seien, lehnt er ihre Übertragung auf das Hochhaus generell ab. Dieses sei in seiner Eigenschaft der Ort der Geschäftigkeit, mitten aus der Bewegtheit des städtischen Lebens aufsteigend. Als Pendant hierzu sieht er den *Turm des Ewigen*, der in seiner Bedeutung der Stadtkrone nahe kommt, doch in den stilleren Stadtvierteln, etwa am Rand eines Waldes, zu platzieren wäre, so dass eine räumliche Trennung zwischen dem Zentrum der Betriebsamkeit und der Stätte des »Seelenfriedens« gegeben sei.

In Zeichnungen zum Nuse-Turm beschäftigt sich Max Taut parallel zu großstädtischen Entwürfen mit der Welt der poetischen Fiktion und skizziert Turmbauten, die er vor der großstädtischen Silhouette in weiter Landschaft ansiedelt (Abb. 70 bis 72). Die Nuse-Türme entstehen ohne Auftrag zwischen 1921 und 1922 – zum Teil also im selben Jahr wie der Entwurf für die *Chicago Tribune* – und sind thematisch dem scheerbartschen Asteroidenroman *Lesabéndio* entlehnt. »Paul Scheerbart lebt« – dies schien auch für Max Taut zu gelten, wie ein Blick in die Bibliothek seines Nachlasses belegt, die das scheerbartsche Werk fast vollständig enthält. Anders als Alfred Kubin, der 1913 die Original-Illustrationen zum Roman schuf, gelangt Max Taut bei seiner Umsetzung der literarischen Türme zu Ergebnissen, die ohne Vorbild in der Realität sind.[110] Kubin lehnt sich ans vertraute Bild des Eiffelturms an, obgleich das Eisenfachwerk den Lichttürmen nur bedingt entspricht, während Taut einen gleichermaßen visionären wie konstruktiv stimmigen Lichtturm aus der fiktiven Scheerbartwelt herleitet, die dichterische Vorlage in architektonischem Sinn interpretierend.

Turmartige Gebilde finden sich bereits in seinen Ketten-Zeichnungen und Formphantasien, wie sie im *Ruf zum Bauen* erscheinen. In Scheerbarts Roman entwickelt der Baumeister Nuse aus unzerbrechlichen Stangen von *Kaddimohnstahl* Türme, die Licht in den langen Nächten auf dem Asteroiden Pallas spenden.[111] Der Roman eröffnet einen fantastisch-farbigen Kosmos mit einer Licht-, Eisen- und Glasarchitektur, die in komplexen Bauprozessen von den Bewohnern errichtet wird. Mit einem Turmbau ungeahnter Dimension wollen die Pallasianer sich neue Einsichten verschaffen und konstruieren einen zehn Meilen hohen Turm, der eine lichtspendende weiße Spinngewebewolke durchstößt. Die Gefahr des Verbrennens ist hierbei ebenso hoch wie die Aussicht auf neue Erkenntnis. Es ist begreiflich, dass die kosmischen Szenerien, in denen Glas, kristalline Formen und Farben zu einer Poetic-Fiction-Kulisse verschmelzen, Max Taut faszinieren und zu gleichermaßen fantasievollen wie präzisen Skizzen anregen.

Individualisierung der Architektur: Ein Haus der Arbeit

Kirchen und *Fabrik bauen wollen, Luxushotels und Erwerbslosensiedlungen ist kaum erreichbar. Es ist, als ob eine Tragödin auch die Naive und die Komische Alte nebeneinander verkörpern sollte. Architektur ist eine Sache des Menschentums. Daher auch ihre Individualisierung, wo es sich um bedeutende Leistungen handelt.*[112]
Alfred Kuhn, Max Taut – Bauten

An zahlreichen Vorschlägen für Volkshäuser habe es in den letzten Jahren nicht gefehlt, doch seien sie alle Entwürfe geblieben, da letztlich die ethische Höhe des Volkes für ein solches Haus nur stufenweise erreicht werden könne. Ein Schritt dahin, so der Kritiker Fritz Hellwag 1922, sei der für den Allgemeinen Deutschen Gewerkschaftsbund geplante Neubau.[113] Mit dem Entwurf des Hauses betraut die Gewerkschaft die Architekten Max Taut und Franz Hoffmann, die damit ihren ersten bedeutenden Auftrag in der Nachkriegszeit erhalten. Im *Arbeitsrat* hat Max Taut den unmittelbaren Kontakt zur Arbeiterschaft gefordert und ist zunächst skeptisch gegenüber einer Fühlungnahme mit den Gewerkschaften gewesen, da dies auf politische Abwege führen könne. Zwei Jahre später plant er gleichwohl in Gewerkschaftsauftrag: Das alte ADGB-Haus am ehemaligen Luisenstädter Engelufer, von Behne als kulturlose Imitation einer gotischen

73 Max Taut, Bürohaus des Allgemeinen Deutschen Gewerkschaftsbundes in Berlin, 1921–1923, Perspektive von Wilhelm Repsold

74 Max Taut, Bürohaus des Allgemeinen Deutschen Gewerkschaftsbundes in Berlin, 1921–1923, Aufnahme um 1924

75 Max Taut, Bürohaus des Allgemeinen Deutschen Gewerkschaftsbundes in Berlin, 1921–1923, Aufnahme 2000. »Die Quadratflächen stehen braunrot zwischen den grauen Betonrahmen, durch schwarze Ziegelleisten von ihnen abgesetzt.« So lauten zur Farbgebung übereinstimmend zeitgenössische Berichte, die offenbar für die Restaurierung 1997–1998 keine Relevanz besaßen. Die Stützen an der Wallstraße waren kielförmig profiliert und ragten über das zurückgestaffelte Dachgeschoss hinaus. Heute ist dem Gebäude die expressive Plastizität genommen und die Front wirkt – im Wortsinn – flach, wozu auch der graue Anstrich beiträgt, der die Materialität des Betons übertüncht.

Franz Hoffmann 1884–1951

Franz Hoffmann wird im selben Jahr wie Max Taut in Berlin geboren. Er besucht die Baugewerkschule und absolviert – wie Max Taut – eine Lehre als Zimmermann. Nach drei Semestern Hochschul-Hospitanz an der Technischen Hochschule Charlottenburg arbeitet er vorübergehend bei Reinhold Kiehl und im Atelier von Heinz Lassen, wo er Bruno Taut kennen lernt. 1909 gründen die beiden Kollegen eine Bürogemeinschaft, der Max Taut Ende 1913 beitritt. Die Brüder führen ihre Projekte eigenständig jeweils mit dem Partner Franz Hoffmann als planendem Berater, Akquisiteur und Baumanager aus.

Die Tuchfabrik Finsterwalde, für die Max Taut 1913 direkt beauftragt wird, ist das erste Projekt, an dem sich Franz Hoffmann beteiligt.[114] Nur wenige Vorhaben können bis zum Kriegsausbruch 1914 noch realisiert werden. Anfang 1915 wird Franz Hoffmann zum Kriegsdienst einberufen und schreibt von der Etappe an Max Taut: »ich denke mit tausend Hoffnungen an die Zeit, wo wir 3 Getreuen wieder zusammen in unserem geliebten Bu-

reau hausen können.«[115] Mit der Siedlung Eichkamp beginnt das Bauen bereits früh nach dem Krieg, doch ist der eigentliche Auftakt für die erfolgreichen zwanziger Jahre das ADGB-Haus in der Wallstraße in den Jahren 1922–1923. Hierauf folgt eine Reihe von Großprojekten für Gewerkschaften und Konsumgenossenschaften sowie wegweisenden Schul- und Fabrikbauten. Die Aufgaben sind klar zugeteilt: Den architektonischen Entwurf vertritt Max Taut und die Bauleitung übernimmt Franz Hoffmann – so lauten die Angaben in der Publikation *Bauten und Pläne* von 1927.

1924 heiraten Franz Hoffmann und Charlotte Hennig und beziehen 1929, nicht weit von Max und Margarete Taut entfernt, ein Wohnhaus im Eichkamper Zikadenweg 72, in dem sie bis 1951 wohnen. Die enge Freundschaft der drei Büropartner zeigt sich auch darin, dass Bruno Taut später aus dem japanischen und türkischen Exil seine Briefe gleichermaßen an den Bruder wie an Franz Hoffmann richtet. Obgleich Margarete Taut als sehr zurückgezogen gilt, unternehmen die Familien Taut und Hoffmann gemeinsame Reisen.

Zwischen 1933 und 1945 rücken die beiden in Deutschland zurückgebliebenen Partner angesichts der Angriffe durch die Nationalsozialisten enger zusammen – die erste Zeit ist durch Diffamierungen der Gewerkschaftsarchitekten gekennzeichnet. Franz Hoffmann gelingt es gegen Ende des Krieges, Aufgaben im Bereich der Fliegerschadensbeseitigung zu erhalten und den Bürobetrieb weiterzuführen, so dass man sich anderen, kriegswichtigen Arbeitseinsätzen entziehen kann. Es gibt Hinweise darauf, dass die Zusammenarbeit nach 1945 nicht mehr komplikationsfrei verläuft: Für die Partner hat keine vertragliche Vereinbarung bestanden, denn die Rollen schienen im gegenseitigen Vertrauen eindeutig verteilt. Mit der alleinigen Annahme eines Auftrags durch Max Taut Ende der vierziger Jahre erfährt die bewährte freundschaftliche Kooperation nach Angaben der Tochter Franz Hoffmanns eine Beeinträchtigung.[116] Franz Hoffmann, der bis zuletzt seine Aufgaben im gemeinsamen Büro wahrnimmt, stirbt am 15. Juli 1951 an den Folgen eines Hirnschlags.

Kirche verspottet, war als Sitz für den rapide gewachsenen Gewerkschaftsbund zu klein geworden.

Analog der Anteilnahme des ganzen Volkes am neuzeitlichen Bau soll jeder Arbeiter den Entstehungsprozess des Hauses miterleben, so dass alle Mitglieder der Gemeinschaft sich verantwortlich fühlen. Diese Werbung Hellwags für das Interesse der Arbeiterschaft scheint erforderlich, weil der Entwurf mit der Bautradition früherer Gewerkschaftshäuser radikal bricht. Im Sommerheft des *Frühlichts* 1922 wird das endgültige Projekt erstmals anhand von atmosphärischen Perspektiven vorgestellt, für die Max Taut den befreundeten Maler Wilhelm Repsold gewonnen hat (Abb. 73). Sie illustrieren einen Ausschnitt des städtischen Gefüges in Berlin-Mitte mit der traditionellen Blockrandbebauung und dem Märkischen Museum von Ludwig Hoffmann im Hintergrund – sowie dem neuen ADGB-Haus. Gegenüber den gründerzeitlichen Häusern setzt der neue Bau sich deutlich durch seine Struktur und das sichtbare Rah-

mengerüst der Fassade ab. Anstelle der üblichen Lochfassade tritt der Betonrahmen, dessen Felder mit Fenstern und geputztem Mauerwerk ausgefacht sind. Charakteristisch erscheint der Baukörper zur Inselstraße, wo die kristallin gestalteten, hohen Sitzungssäle der Front eine expressionistische Prägung verleihen.

Adolf Behne, der mit diesem Projekt zum beständigen kritischen Weggefährten Max Tauts wird, unterstützt die künstlerische Idee in verschiedenen Artikeln, um den Bauherrn gegen äußere Bedenken in seinem Vorhaben zu bestärken. Dabei attackiert er das gotische Gewand und die barocken Innenräume des alten Gewerkschaftshauses. »Aber Ihr, Genossen, was habt Ihr mit dem Sonnenkönig zu tun?«, fragt er provokativ und fordert eine Form für ein sozialistisches Kollektivum, die keinesfalls in alter Manier entworfen werde könne. »Genossen, wenn Ihr jetzt einen neuen Bau errichtet, so muss er unter allen Umständen der beste moderne Bau in Berlin werden. Das zu erzwingen, heißt auch an seinem Teile

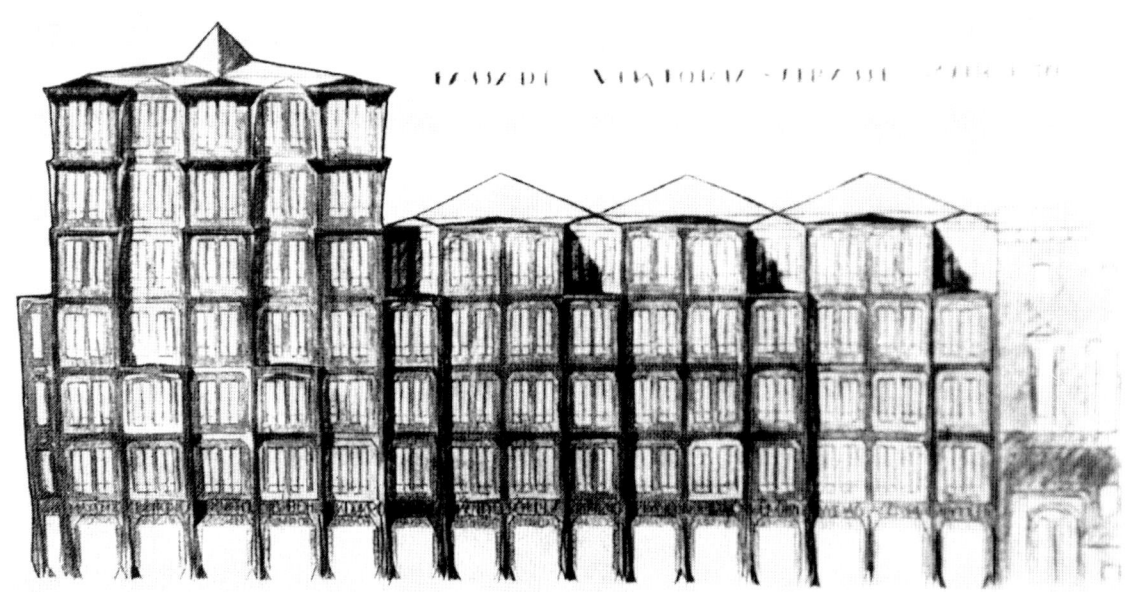

76 Max Taut, Bürohaus am Kemperplatz,
Wettbewerbsentwurf 1921

den Sozialismus verwirklichen!«[117] Zusätzlich
verweist er auf die holländischen und belgischen Gewerkschaftsbauten von Hendrik Berlage und Victor Horta, die mit ihrem Wirken
eine Verbindung von Arbeiterschaft und modernem Bauen im Kampf gegen die historistische Stilarchitektur geknüpft haben.

Der Gewerkschaftsbund hält am neuen
Konzept fest und so kann das Gebäude 1923
als erstes Projekt einer Reihe bedeutender
Bauten der Gewerkschaftsbewegung von der
Arbeitsgemeinschaft Max Taut und Hoffmann
realisiert werden.

DER RAHMEN ALS VERMITTLER ZWISCHEN HORIZONTALER UND VERTIKALER

»Das Haus des A.D.G.B. in der Wallstraße ist
der erste Rasterbau«, schreibt Julius Posener,
»denn der Rahmen als bestimmendes Element
der Architektur war damals in der Tat etwas
Neues.«[118] Dem Betrachter präsentiert sich das
Haus zunächst als vielgliedrig gestaffelter Körper an der Inselstraße und als tektonisch
strengere Front an der Wallstraße. Hier reihen
sich über sämtliche Etagen Büroräume, die in
der Fassade durch den Rahmenbau als additives Prinzip zum Ausdruck gelangen – Max
Taut spricht von »wabenförmigen Zellen«. Obgleich die Fassade von einem Raster gebildet
wird, erhält das Aufstrebende eine leichte Betonung. Die schlanken Stützen der Wallstraßenfront waren ursprünglich vom ersten
Geschoss aufwärts kielartig moduliert und
über das zurückgestaffelte Dachgeschoss hin-

ausgeführt, so dass die Vertikale eine plastische Akzentuierung erhielt. Ausgleichend
hierzu erschien die Horizontallinie der Rahmenfelder, die mit Standardfenstern und geputztem Mauerwerk ausgefacht sind. Der
heutige Zustand des Gebäudes entbehrt der
Feinheiten, die wesentlicher Bestandteil des

77 Erich Mendelsohn, Bürohaus am Kemperplatz,
Wettbewerbsentwurf 1921

expressionistisch modulierten Rahmens waren und zur kristallographischen Interpretation des Eisenbetonbaus gehörten.

In den Vorskizzen von 1922 zeigt sich die Fassade noch mit Vouten in den einzelnen Feldern (Abb. 73 und 252). Auch beim unausgeführten Vorprojekt zum ADGB-Haus in Treptow und beim Wettbewerb für das Bürohaus am Kemperplatz erscheint der Rahmen konstruktiv gestaltet, also mit ausgesteiften Ecken, vergleichbar dem Tragwerk der Tuchfabrik in Finsterwalde von 1913. Der Rahmenbau, konstruktiv verstanden, stellt eine tragende Konstruktion aus Stäben dar, die in den Knotenpunkten biegesteif miteinander verbunden sind. Der tautsche Rahmenbau zeigt lediglich in einigen Fällen dieses Tragwerksprinzip auch in der Fassade. Das Tragwerk des ADGB-Hauses berechnet Karl Bernhard, der sich bereits als Ingenieur der AEG-Fabrikbauten von Peter Behrens Renommee erworben hat. Nach seiner Planung sind die Eckaussteifungen nicht erforderlich, so dass der Fassadenrahmen aus einfachen Rechteckfeldern gebildet werden kann.

Max Taut geht mit der Entwicklung des Rahmens einen Weg, der zum Ausgleich von gotischer Vertikale und ruhender Horizontale führt. Dies zeigt sich bereits beim Wettbewerbsentwurf für den Kemperplatz (Abb. 76). Der Bruder Bruno entwickelt im gleichen Wettbewerb eine Vertikalbetonung und gliedert die Fassade durch schlanke Lisenen. Erich Mendelsohn setzt hingegen auf die plastisch gestaltete Horizontalschichtung der einzelnen Geschosse und unterstreicht die Idee durch auskragende Etagen (Abb. 77). Er folgt dem Prinzip der funktionellen Dynamik und stellt der metropolen Geschäftigkeit die als *spannungslos* interpretierte Horizontale gegenüber. Mit dem Rahmenbau und der quadratischen Fügung als der schlichtesten und ruhigsten Raumgestaltung sucht Max Taut eigenständig einen dritten Weg. Beim neuen Gewerkschaftshaus scheinen Gestaltungsgrundsätze der Finsterwalder Fabrik, zu denen Zweckerfüllung und nachvollziehbare Konstruktion zählen, auf den neuen Typus des Bürohauses übertragen. So wird letztlich das Ethos Arbeit, das im Zentrum des Gewerkschaftswesens steht, nicht durch das Gewand einer fremden Stilform kaschiert, sondern zu einer originären Ausdrucksform ohne fremde Anleihen geführt.

78 Max Taut, Decke des kleinen Sitzungssaals mit Leuchter im ADGB-Haus, Aufnahme 2000

FARBSKALA VON SCHARF BERECHNETER WIRKUNG

Wesentlich für den Ausdruck des Gewerkschaftshauses, dessen Charakter Max Taut durch keine »unnötige Verzierung« verunklart wissen will, ist die Farbgebung, die der Verdeutlichung der struktiven Eigenschaften dient. Nicht Farbe um jeden Preis also, sondern Farbe als kompositorischer Parameter, der zur Form in wohlkalkulierter Reziprozität steht. Der äußere Betonrahmen wird dabei im grauen Ton belassen, während die füllenden Flächen ein tiefes Rot erhalten, so dass helle Hauptlinien zwischen den dunkleren Flächen emporstreben.

»Er hat die Wände des Hauses rot gestrichen«, hört man Fritz Hellwag förmlich ausrufen, und Max Osborn bestätigt: »Die Fronten sprechen unzweideutig. Die grauen Betonsteine behielten, offenherzig, ihre natürliche Farbe. Die dunkelroten Wandungen der viereckigen Flächen, die von ihnen umzogen werden, stehen farbig vortrefflich dazu.«[119] Zweitrangig scheint die Frage, ob Max Taut den Außenanstrich zugleich unter dem Aspekt gewählt hat, dass sich die Farbe Rot seit Mitte des 19. Jahrhunderts mit der Arbeiterbewegung verbindet. Die heutige Gestalt des Hauses lässt von der ursprünglichen Komposition wenig erkennen, denn um 1932 wurden mit der Erweiterung der Anlage durch Walter Würzbach eine Farbänderung vorgenommen und hellere Töne verwendet.

Auch im Inneren des Gebäudes herrscht der Kontrast zwischen der unbehandelten Eisenbetonkonstruktion und kräftig farbigen Wandflächen, wobei eine erstaunliche Farbskala von Blau und Grün über Gelb und Rot und Braun und Schwarz zur Anwendung kommt, und zwar »in breiten Flächen und scharf berechneter Wirkung«, wie es im *Vorwärts* heißt.[120]

Für die Farbgestaltung des Sitzungssaals wird der Maler Franz Mutzenbecher hinzugezogen, der hier das Deckenbild anfertigt. Wie seinerzeit vom *Arbeitsrat für Kunst* und der *Novembergruppe* gefordert, beteiligt Max Taut bei der Gestaltung des neuen Baus bildende Künstler, so dass die Forderung nach Einheit aller Künste bei ihm mithin nicht reine Theorie bleibt. 1923 stellt er den Entwurf mit anderen Arbeiten der *Novembergruppe* auf der Großen Berliner Kunstausstellung vor. Mit der Integration der Kunst bei seinem ersten Gewerkschaftsbau setzt er ein Zeichen für das künstlerische Zusammenwirken, das er bei seinen Projekten in den zwanziger Jahren und in der Nachkriegszeit intensiv fortführt.

EIN DENKMAL DES MODERNEN BERLIN

Das Gewerkschaftshaus erfährt mit seiner Fertigstellung in der Presse eine nachhaltige Resonanz. In der *Weltbühne* präsentiert Behne zwei Neubauten, die sich von den »leisetreterischen Kompromissen« der Berliner Bauaktivitäten absetzen: Erich Mendelsohns Mosse-Haus und Max Tauts ADGB-Gebäude.[121] Auch Fritz Hellwag bringt Tauts Projekt mit dem Umbau für den Zeitungskonzern Mosse in Beziehung und erläutert den Gegensatz zwischen der eigenwilligen, plakatartigen Hervorkehrung des künstlerischen Gedankens beim Mosse-Haus und der strengen Verkörperung der sachlichen Bestimmung beim ADGB-Projekt. Er stellt das mendelsohnsche *Bild* der nicht minder genialen tautschen *Konstruktion* gegenüber.[122] Wie schon im Wettbewerb für den Kemperplatz ablesbar, folgen beide Architekten ihrem individuellen Weg zum *Neuen Bauen*. Während Mendelsohns funktionelle Dynamik besonders in den zwanziger Jahren aufgegriffen wird, setzt der Rahmenbau sich nach 1945 als Ausdruck modernen Bauens durch, wo er später gleichwohl zur massenhaften genormten Anwendung verflacht. Fritz Hellwag sieht die Analogie zu den Zunfthäusern des Mittelalters, deren Idee sich im Falle Tauts mit der Sachlichkeit verbinde, wobei das Zukunftsweisende die bis zur Anonymität gesteigerte Organisation des Zweckes sei. Max Osborn schließt seinen Artikel über das ADGB-Haus in der *Vossischen Zeitung* mit dem Statement: »Ein Denkmal des, trotz allem, werdenden modernen Berlin.«[123]

Adolf Behne sieht den radikal nüchternen Kassenraum im Erdgeschoss des Gebäudes als Beispiel vollkommener Sachlichkeit und bildet ihn in seinem 1923 geschriebenen *Modernen Zweckbau* ab, während er in den Sitzungssälen manche Absichtlichkeiten und architektonischen Willkürlichkeiten beanstandet. Vor allem der kleine Saal erinnert mit seinem kristallinen Betonstern in der Deckenstruktur an Zeichnungen der *Gläsernen Kette* (Abb. 78). Der zentrale Raum der Versammlung, dem eine ideelle Dimension zukommt, wird gestalterisch von den reinen Büroeinheiten abgesetzt, so dass hier der expressionistische Volkshaus-Gedanke durchscheint. So wie Max Taut den Rahmen mit seinen Zellen als reihendes demokratisches Prinzip versteht, wählt er dort, wo sich das Ideal solidarischer Gemeinschaft der Zukunft manifestieren soll, die gotisch-expressive Form, hervorgegangen aus dem revolutionären Gedankenkosmos, der sich in den zeichnerischen Utopien und

Franz Mutzenbecher 1880–1968

Franz Mutzenbecher, aus Hamburg stammend, studiert Malerei in Stuttgart bei Leopold von Kalckreuth und Adolf Hölzel. Während seiner Studienzeit lernt er Bruno Taut kennen, mit dem er gemeinsam eine Kirche in Unterriexingen bei Ludwigsburg renoviert. 1907 fertigt Max Taut eine Pastellzeichnung des farblich effektvoll gestalteten Innenraums. Auf der Kölner Werkbundausstellung 1914 sind Franz Mutzenbecher und Max Taut mit Arbeiten für das Glashaus vertreten. Das Glasbild des Malers wird von Max Taut 1922 in eine neu gestaltete Musikalienhandlung in Magdeburg integriert.

Das Verhältnis der beiden Künstler erscheint freundschaftlich, wie dem Briefwechsel während des Ersten Weltkrieges zu entnehmen ist. Nach dem Krieg wird Franz Mutzenbecher Mitglied des *Arbeitsrates* und der *Novembergruppe* in Berlin. 1923 gewinnt Max Taut ihn für die malerische Ausgestaltung des Sitzungssaals im ADGB-Haus an der Wallstraße. Die Machtübernahme durch die Nationalsozialisten bedeutet für Mutzenbecher zunächst ein Malverbot. Gegenüber seiner Schwester erwähnt er 1934 einen Brief, den er von Bruno Taut aus Japan erhalten hat, und kommentiert: »Von Bruno hatte ich vorige Woche zum ersten Mal seit seiner Abreise Nachricht aus Japan, mit 2 Manuskripten über japanischen Hausbau und über Shinto. Ein Lebender schreibt einem Toten. – Er wird sich dort wohl sehr glücklich fühlen, aber nach Äußerungen von Franz Hoffmann wird das Geld wohl bald zu Ende gehen. Sein Bruder hier hat seit über einem Jahr keinen Auftrag mehr und so geht es allen meinen früheren prominenten Architektenfreunden.«

In den Nachkriegsjahren arbeitet das Atelier Max Taut und Hoffmann bei der Sanierung des kriegsbeschädigten ADGB-Hauses erneut mit Franz Mutzenbecher zusammen, der neue Wand- und Deckenbilder für den Sitzungssaal ausführt. Im Juli 1947 schreibt er, dass er mit der Malerei im Gewerkschaftshaus begonnen habe, die ihm genauso viel Freude mache wie vor 25 Jahren.[124]

Kristallformen findet. Ernst Bloch spricht im *Geist der Utopie* von einem Wir-Geheimnis, das durch die gotische Linie als unvollendet expressiv-deskriptives Zeichen hervortritt.

In der Rezeption des Gebäudes zeichnet sich eine Argumentationslinie über Alfred Kuhn, Adolf Behne und Julius Posener ab, die poco a poco zu einem neuen Verständnis der expressionistischen Elemente in der sachlichen Struktur durchdringt. Bekanntermaßen reagiert Alfred Kuhn überall dort, wo er Expressionismus in der Architektur wittert, sauer, um es mit Posener zu sagen. Kuhn kritisiert die »in voller Bewegung befindliche Decke« des Sitzungssaals und mokiert, dass es sich hier um Dinge handle, die viel zu rauschhaft, aus Sturm und Drang geboren seien. Aber was er in seiner historischen Sicht kritisiert, ist das, was uns heute gefällt, schreibt Posener 1964 in einer Verteidigung der Bewegtheit. Behne, dem Neuen stets auf der Spur, rückt gegen Ende der zwanziger Jahre bereits von seiner strikten Forderung nach Sachlichkeit ab, in der Einsicht, dass hier die Gefahr des Formalismus lauert.

In der Verbindung expressionistischer und sachlicher Elemente liegt für den Konstrukteur Taut die eigentliche Kunst, denn eben hier, im Konstruktiven, fließen gotisch inspirierte Tektonik und Ökonomie des Rahmens unter Nutzung des Materials Eisenbeton zusammen. So ist Tauts Expressionismus der frühen zwanziger Jahre sachlich, weil er nicht mit applizierten Stilelementen arbeitet, sondern aus der aufstrebend-gotischen Konstruktion hergeleitet ist, und seine Sachlichkeit ist expressiv, weil sie mehr als den Zweck erfüllt, indem sie zugleich der Verdeutlichung des Ausdrucks dient. Die kielförmige Stützenprofilierungen, die wie überflüssiger Stuck in der Nachkriegszeit abgeschlagen werden, sind an der scheinbar so sachlichen Wallstraßenfassade expressives Ausdruckselement, auf das Taut an der rückwärtigen Fassade bezeichnenderweise verzichtet.

Der kritische Freund Adolf Behne schließt seine Vorstellung des ADGB-Hauses in der *Weltbühne* mit einer rhetorischen Verbeugung: »Ein ausgezeichneter Baumeister hat sich in dieser Arbeit selbst gefunden.«

GESTALTETE WIRKLICHKEIT 1923–1927

*Sachlich ist jene Arbeit, die eine Sache, das heißt: eine Notwendigkeit,
eine Wirklichkeit gestaltet. Sachlichkeit ist die mit Exaktheiten arbeitende Phantasie.*[125]
Adolf Behne

*Architektonische Phantasie wäre demnach das Vermögen, durch die Zwecke
den Raum zu artikulieren, sie Raum werden zu lassen; Formen nach Zwecken zu errichten.*[126]
Theodor W. Adorno

NEUE ZIELE

Die Hinwendung zur Sachlichkeit bedeutet gleichermaßen eine Absage an die expressionistische Emphase der Nachkriegszeit als auch ein Anknüpfen an jene modernen Tendenzen, für die seit der Jahrhundertwende Architekten wie Alfred Messel, Hendrik Berlage, Louis Sullivan, Peter Behrens und Auguste Perret stehen. Mit der Tuchfabrik Finsterwalde hat Max Taut bereits vor dem Ersten Weltkrieg einen Bau verwirklichen können, dem Adolf Behne »vollendete Sachlichkeit« attestiert. Die expressionistische Zeitspanne erscheint mitunter als bloßes Interim. Zeitweilig finden sich beide Strömungen in direktem Nebeneinander, doch schon 1921 wird von führenden Theoretikern das sachliche Bauen als die Architektur der Zukunft propagiert und der expressionistische Weg als Sackgasse gedeutet. Nachdem der Gegensatz einmal begründet worden sei, so Wolfgang Pehnt in seiner *Architektur des Expressionismus*, sei er unüberbrückbar geworden. »Dramatisiert werden darf er jedoch nicht. Verbindungslinien liefen hin und her.«[127]

Ein Beispiel der Parallelität bietet die Große Berliner Kunstausstellung im Sommer 1923, auf der Max Taut mit der *Novembergruppe* seine jüngsten Bauten und Pläne präsentiert. Das kristallin-expressive Grabmal Wissinger findet sich hier neben dem radikal sachlichen Entwurf für die *Chicago Tribune*. Die Skizze des Tribune-Tower wiederum kontrastiert mit detaillierten Plänen des im Bau begriffenen ADGB-Bürohauses, das sich je nach Blickrichtung als Bau eines konstruktiv geläuterten Expressionismus oder einer expressiv modulierten Sachlichkeit darstellt.

In derselben Ausstellung ist Mies van der Rohe mit dem Entwurf eines Bürohauses vertreten und erteilt in seinen Arbeitsthesen von Mai 1923 den expressiven »Teigwaren« eine Absage. Er fordert: »Gestaltet die Form aus dem Wesen der Aufgabe mit den Mitteln unserer Zeit.« El Lissitzky präsentiert den mit elementaren Formen und Materialien gestalteten Prounen-Raum und Mart Stam zeigt den sachlichen Entwurf eines Königsberger Geschäftshauses, dessen Fassade Verwandtschaft mit der des tautschen Tribune-Towers aufweist.[128] Innerhalb dieses Architektenkreises fällt auf, dass Max Taut neben seinem Beitrag zur expressionistischen Ära bereits ein fertiges Projekt des *Neuen Bauens* vorweisen kann. Sein wachsender Einfluss wird auch darin deutlich, dass junge Architekten wie der 23-jährige Mart Stam in seinem Atelier tätig werden.

1925 stellt Walter Gropius unter dem Titel *Internationale Architektur* ein *Bilderbuch moderner Baukunst* zusammen, in dem Max Tauts Tribune-Skizze in bildlicher Nähe zu Mies van der Rohes Hochhausentwurf und einem Geschäftshaus Richard Neutras präsentiert wird. Mit wenigen Worten erläutert er den sich vollziehenden Wandel in der Architektur: »Ein neuer Wille wird spürbar, die Bauten unserer Umwelt aus innerem Gesetz zu gestalten ohne Lügen und Verspieltheiten, ihren Sinn und Zweck aus ihnen selbst heraus durch die Spannung ihrer Baumassen zueinander funktionell zu verdeutlichen ...«[129] Adolf Behne liefert mit seinem 1923 verfassten *Modernen Zweckbau* dem *Neuen Bauen* eine theoretische Grundlage und legt die Entwicklungslinien so prägnant dar, dass drei Jahre später, mit dem Erscheinen des Buches, die architektonische Realität wie eine Bestätigung wirkt.[130] Innerhalb seiner knappen Auswahl zeigt er zwei Objekte Max Tauts: den Tresorraum des ADGB-Gebäudes und den funktionalen Entwurf für die Fabrikanlage Norma (Abb. 79). Die Bildauswahl ergibt sich aus dem Thema des Zweckbaus, wie er durch Fabriken und technische Anlagen repräsentiert wird und

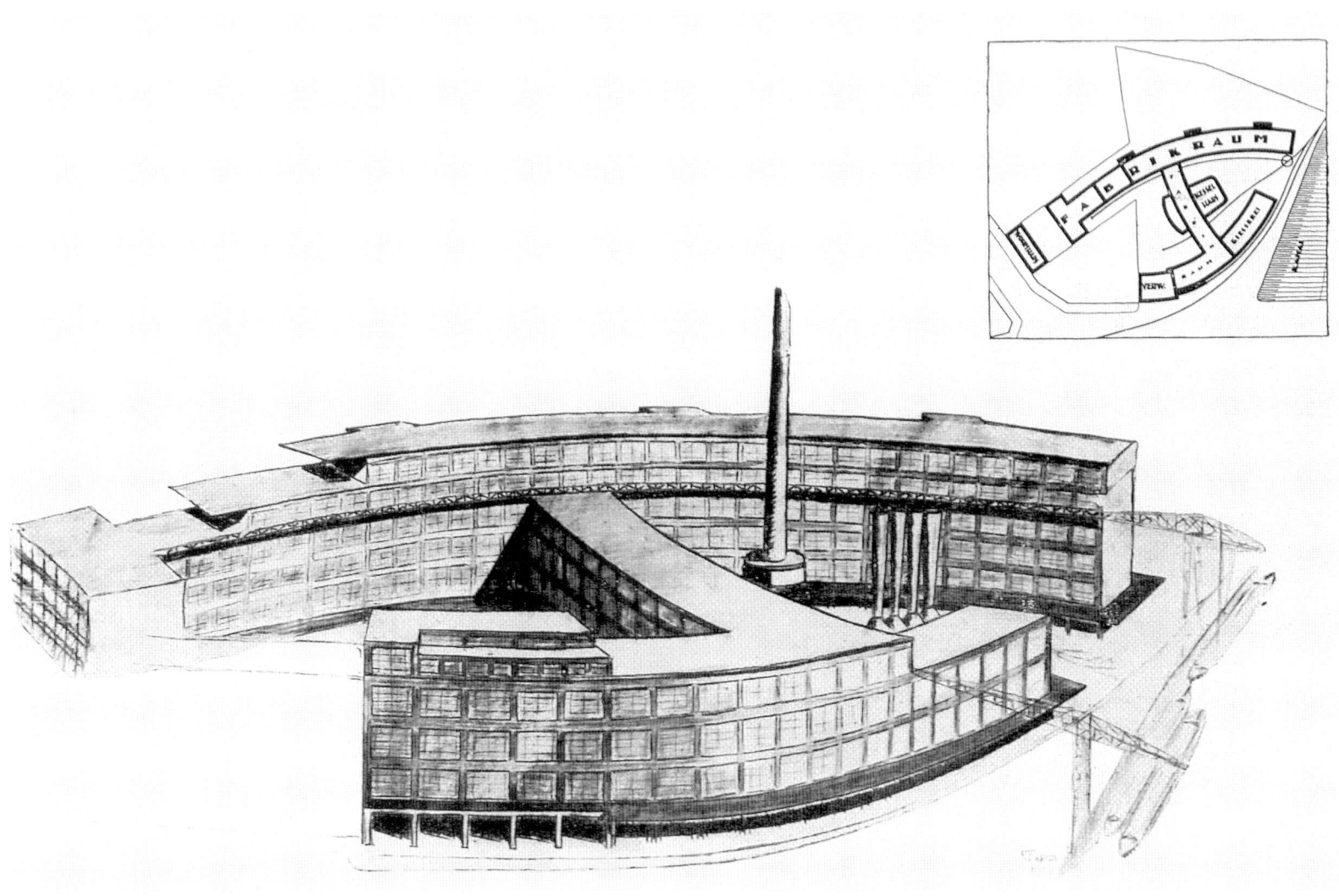

79 Max Taut, Werkzeugmaschinenfabrik
Norma in Berlin-Neukölln, Entwurf 1923

von hier auf andere Gruppen von Bauten aus-
strahlt. In dieser Hinsicht konsequent erscheint das darstellerische Beispiel des Tresor-
raums, ohne dass der neue Gewerkschaftsbau
selbst gezeigt wird. Dies könnte durchaus als
Affront missverstanden werden: Max Taut hat
immerhin unter Adolf Behnes Applaus dieses
erste sachliche Gewerkschaftshaus realisiert,
doch der Betrachter bekommt nicht den zu-
kunftsweisenden Bau im Kontext geboten,
sondern eine nüchterne, ja monotone Reihung
kleiner Schließfächer innerhalb einer hell ge-
tünchten Zelle, von der nicht mehr als ein
Winkel zu erkennen ist. So versteht Behne im
tautschen Fall die abgebildete Architektur lediglich als Demonstrationsmittel, die er unter
einem Aspekt fokussiert.

Anders als der *Moderne Zweckbau* stellt
sich das ein Jahr später erscheinende Buch
über Max Tauts Bauten und Pläne dar: Die
hier ausgewählten Texte Adolf Behnes werden
lediglich als *Bemerkungen* apostrophiert. Die
Abbildungen sind ihnen ästhetisch ebenbürtig

und nicht als reines Beweismaterial eingesetzt. Der Leser selbst muss die Verknüpfungen zwischen Theorie und Bild herstellen, da
der Text auf einer eigenen Ebene ohne konkreten Bezug zu den Beispielen der tautschen Architektur steht. Behne greift auf eine Reihe
programmatischer Texte aus den Jahren 1921
und 1922 zurück und fügt einen entscheidenden, auf Taut gemünzten Beitrag hinzu: Von
der Sachlichkeit. Darin heißt es:

*Zweckerfüllung kann etwas sehr Kleinliches
sein. An seiner Deutung des Zweckbegriffes erkennt man den Rang des Architekten. Viele einzelne Zwecke müssen kontrolliert und gegeneinander
abgewogen werden. Dazu gehört ein diszipliniertes Denken. Wir nennen es Sachlichkeit. Sehr im
Irrtum sind also jene, die unter Sachlichkeit nur
Trockenheit, Schlichtheit und irgend ein mageres
Thema verstehen. Sachlichkeit bedeutet verant-
wortetes Denken, bedeutet ein Schaffen, das alle
Zwecke mit und aus der Phantasie erfüllt. Denn es
gehört Phantasie dazu, den Zweck dort zu fassen,
wo er seinen revolutionären Sinn enthüllt.*[131]

Behne fordert eine neue Baukunst, die eine Durchkonstruierung des Lebens leistet, damit nicht mehr die Existenz Einzelner geschmückt, sondern das Leben der Allgemeinheit erfüllt werde. Nach der allmählichen Entwicklung zur einfacheren Form müsse der nächste Schritt zu einer unmittelbar durch das Bauen gestalteten Wirklichkeit folgen. Die Voraussetzung dafür sieht er in der konzentrierten Grundrissarbeit, in der die gesellschaftlichen Probleme des Wohnens, des Arbeitens und des Verkehrs nach allen Seiten konsequent zu durchdenken seien. Mit dem Diktum *Architektur ist eine soziale Kunst* setzt Adolf Behne den Begriff der Sachlichkeit, wie er für die architektonische Arbeit Max Tauts gilt, von einer rein formalen Auffassung ab – die Urelemente des Ästhetischen liegen für ihn allein in der Sphäre des Sozialen.

Von August bis September 1923 zeigt das Bauhaus seine erste große Ausstellung und lädt dazu auch dem Bauhaus nahe stehende Künstler und Architekten ein. Max Taut stellt hier erneut sein Chicagoer Hochhaus aus. Mit der internationalen Ausstellung der Baukunst zeigt auch das Bauhaus eine Neuakzentuierung gegenüber seinen anfänglichen Zielen.

Während in der Gründungsphase die Kunst gleichsam als Steigerung des Handwerks begriffen wurde, lautet das Motto inzwischen »Kunst und Technik – eine neue Einheit«. Dabei soll die Zusammenarbeit mit der Industrie intensiviert und eine Produktion gefördert werden, die vielen zugedacht ist und nicht mehr den wenigen, deren Finanzstatus den Erwerb individualisierter Erzeugnisse erlaubt.

Nicht zuletzt aufgrund der angespannten politischen Lage in Weimar und der zunehmenden Angriffe auf das Bauhaus erscheint die internationale Ausstellung wichtig. Sie verdeutlicht, dass das Bauhaus keine singuläre Erscheinung ist, sondern im Kontext einer überregionalen Entwicklung steht. Die Situation um die Schule eskaliert jedoch nach der Landtagswahl und dem Wahlsieg der konservativen Parteien, so dass die Schließung droht. Am 25. Mai 1924 schreibt eine Gruppe des Bundes Deutscher Architekten an Landtag und Regierung und fordert, die künstlerische Arbeit des Bauhauses nicht durch bürokratische Eingriffe von Verwaltungsstellen zu ersticken. Hinter diesem Schreiben steht der kurz zuvor gegründete *Zehner-Ring*, eine logenartige Vereinigung von Architekten, der auch Max Taut angehört.

Adolf Behne 1885–1948

Adolf Behne wird am 13. Juli 1885 als Sohn eines Architekten in Magdeburg geboren. Bereits ein Jahr darauf zieht die Familie nach Berlin, wo Behne später an der Technischen Hochschule Charlottenburg Architektur studiert und nach vier Semestern zur Kunstgeschichte bei Heinrich Wölfflin wechselt. Nach der Promotion 1911 entwickelt er sich zum scharfsinnigen Kritiker und Förderer der modernen Architektur. In diese Zeit fällt die Freundschaft mit den Brüdern Taut. In Herwarth Waldens *Sturm* prägt er 1913 den Begriff der expressionistischen Architektur am Beispiel des Eisenmonuments von Bruno Taut. Nach dem Ersten Weltkrieg gehört er zu den führenden Kräften des *Arbeitsrates für Kunst*, als dessen Schriftführer er fungiert, und hält intensiven Kontakt zu den Architekten der europäischen Avantgarde.

In seiner Schrift *Der moderne Zweckbau* analysiert Behne 1923 die neuen Tendenzen der Architektur und fordert ein nach sachlichen Funktionen ausbalanciertes Bauen frei von Willkürlichkeiten. Die Wirklichkeit zu gestalten, gilt ihm als zentrales Anliegen, in dem sachliche und soziale Aspekte zusammenfließen. Diese Forderung führt ihn zu einer verstärkten Rezeption der Arbeiten von Max Taut, der 1923 mit dem ADGB-Haus ein erstes Beispiel zweckgerichteten Bauens verwirklicht. Die Idee der Sachlichkeit erhellt Adolf Behne 1927 in der max-tautschen Publikation *Bauten und Pläne*, in deren Mittelpunkt das Buchdruckerhaus steht. Im Winter 1930/1931 beteiligt Behne sich an der Konzeption der Ausstellung *Internationale Sozialistische Kunst* in Amsterdam. Als Gegner des NS-Regimes wird er 1933 aus seiner Lehrtätigkeit entlassen. In den folgenden Jahren wendet Behne sich als Privatgelehrter den älteren Kunststilen zu und schreibt über Peter Paul Rubens, Veit Stoß und Albrecht Dürer.

Unmittelbar nach Ende des Zweiten Weltkrieges spricht Adolf Behne als einer der ersten über die so genannte entartete Kunst und verweist auf die Diskriminierung der Künstler, denen nun verstärkt Aufmerksamkeit entgegenzubringen sei. Im Juni 1945 wird Behne als Professor für Bau- und Kunstgeschichte an die Hochschule für Bildende Künste in Berlin berufen, wo Max Taut den Studiengang Architektur aufbaut. Drei Jahre später, am 22. August 1948, stirbt Adolf Behne. Als Max Taut zu seinem achtzigsten Geburtstag einen Artikel von Julius Posener über sich liest, seufzt er: »Sehr vernünftig, sehr vernünftig.« Und fügt hinzu: »Schade, dass Behne nicht mehr lebt.«[132]

Über die Konstitution des *Rings* gibt es unterschiedliche Überlieferungen: Hugo Häring schildert, dass in den Jahren 1923 bis 1924 ein kleiner Kreis von Architekten, überwiegend Mitglieder des Bundes Deutscher Architekten, wiederholt im Büro Mies van der Rohes und Härings zusammenkommt.[133] Man sucht die enge Verbindung, um künstlerische Ansprüche als Gruppe Gleichgesinnter politisch durchzusetzen. Trotz gegensätzlicher Auffassungen in einzelnen Punkten sei man sich in seinen Vorstellungen von einer neuen Architektur vollkommen einig gewesen, bestätigt Max Taut. Je nach Zahl der Beteiligten ergibt sich der *Zehner-Ring*, zu denen die Architekten Bartning, Behrens, Häring, Mendelsohn, Mies van der Rohe, Poelzig, Schilbach sowie Bruno und Max Taut gehören, und später der *Zwölfer-Ring* einschließlich der Brüder Luckhardt.[134] Der Name der Gruppe hat durchaus symbolische Bedeutung und wird als »Figur einer in sich geschlossenen Form ohne Spitze« verstanden.[135]

Aufgrund der instabilen politischen und wirtschaftlichen Situation bietet sich den fortschrittlichen Architekten nach dem Krieg nur vereinzelt Gelegenheit, ihre Vorstellungen zu realisieren. Mit der Einführung der Rentenmark Ende 1923 und der allmählichen Konsolidierung der Wirtschaft hätte die Lage sich ändern können, doch stehen die Vertreter der einstigen wilhelminischen Verwaltung der Verwirklichung des *Neuen Bauens* entgegen. Eine Einschränkung geht vom lang amtierenden Berliner Stadtbaurat Ludwig Hoffmann aus, der auch Max Taut bei der Planung des ADGB-Hauses größere Schwierigkeiten bereitet. Zwar legt Hoffmann im April 1924 sein Amt aus Altersgründen nieder, doch hat er zuvor einen Kunstausschuss des Berliner Magistrats eingerichtet und sich langfristig Einfluss in der Kulturpolitik gesichert. Gegen diesen Kunstausschuss wendet sich der *Ring* 1924 mit einem Protest, der vom Bund Deutscher Architekten unterstützt wird: »Einseitige und bevormundende Entscheidungen der Behörden und ihrer fachmännischen Berater haben in letzter Zeit die Tätigkeit der künstlerisch selbständig schaffenden Architekten, die Unternehmungslust der Bauherrn und die Wiederaufrichtung der Bauwirtschaft wiederholt empfindlich gelähmt.«[136] Die Ring-Architekten fordern die gestalterische Freiheit und lehnen eine künstlerische Diktatur ab, die eine charaktervolle Entwicklung des Berliner Stadtbil-

des vereitle. Nach der Pensionierung Hoffmanns verlangt der *Ring* die Wahl eines neuen Stadtbaurats, der auch dem *Neuen Bauen* aufgeschlossen gegenüber steht. Offenbar hat eine Zusammenkunft am 14. April 1924 im Büro Mies van der Rohes den Zweck, Einflussmöglichkeiten bei der Wahl eines neuen Baustadtrats zu erörtern. Die Ring-Architekten plädieren schließlich für den aus Königsberg stammenden Martin Wagner, der selbst zeitweilig dem *Ring* angehört.

Im Mai 1926 wird die Architektenvereinigung auf 27 Mitglieder erweitert, die sich in verschiedenen Städten gegen eine rückwärtsgewandte Architektur- und Kulturpolitik zur Wehr setzen. Ab diesem Jahr veröffentlicht die *Bauwelt* regelmäßig die Bauten der Ring-Mitglieder in einer Sonderbeilage – und eröffnet die Reihe mit dem tautschen Buchdruckerhaus. Resümierend schreibt Max Taut an Barbara Miller Lane:

Der ›Ring‹ hatte etwa zehn Persönlichkeiten in sich vereinigt, die mit der Vorkriegsarchitektur nicht einverstanden waren. Der Kampf dieser Gruppe gegen das Bestehende war keineswegs einfach; die Widerstände waren groß. Wir waren uns damals bewusst, dass wir für die Zukunft mit größten Schwierigkeiten zu rechnen hätten, wenn sich die Ideen und Absichten dieser Gruppe nicht durchgesetzt hätten. Der damals noch im Amt befindliche Stadtbaurat Ludwig Hoffmann war unser schärfster Gegner, ebenfalls auch der größte Teil der damaligen Architektenschaft.[137]

EIN MANIFEST: DAS VERBANDSHAUS DER DEUTSCHEN BUCHDRUCKER

Das Problem der Form erhebt sich dort, wo ein Zusammen gefordert wird. Form ist die Voraussetzung, unter der ein Zusammen möglich wird. Form ist eine eminent soziale Angelegenheit. Wer das Recht der Gesellschaft anerkennt, anerkennt das Recht der Form.[138]
Adolf Behne

Mit der allmählichen Konsolidierung der wirtschaftlichen Situation gehen auch bislang zurückhaltende Verbände und Institutionen neue bauliche Aufgaben an und verfolgen ihre in der Inflationszeit zurückgestellten Vorhaben. So wendet sich der Verband der Deutschen Buchdrucker 1924 für die Planung eines neuen Hauses in Berlin an das Atelier Max Taut und Hoffmann. Entscheidend für diese Wahl ist die Empfehlung des Allgemeinen Deutschen Gewerkschaftsbundes, dessen eben fer-

80 Max Taut, Verbandshaus
der Buchdrucker in Berlin-
Kreuzberg, 1924–1926

81 Max Taut, Verbandshaus der Buchdrucker, Perspektive
der Gesamtanlage mit Druckereigebäude im Vordergrund

82 Max Taut, Verbandshaus der Buchdrucker, Front des
Druckereigebäudes

tig gestellter Verwaltungssitz an der Wall-straße in seiner unprätentiösen Sprache dem neuen Selbstverständnis der gewerkschaftlichen Bewegung gestalterisch Ausdruck verleiht.

Im Bezirk Kreuzberg, nahe dem Tempel-hofer Feld, erwirbt der Buchdruckerverband ein Grundstück, auf dem zwei Gebäude errich-tet werden: Ein Wohnhaus für die Verbands-mitglieder, die von Leipzig nach Berlin umsiedeln, und ein Verwaltungs- und Druckereigebäude für den Gesamtverband. Damit ergibt sich analog zur traditionellen Kreuzberger Typologie die Platzierung des Wohnhauses an der Straße und des Fabrikge-bäudes im Hof (Abb. 81 und 89).

Schon dank seiner Farbigkeit setzt sich das Wohnhaus von den gründerzeitlichen Mietshäusern der Umgebung ab. »Wie muffig träge, wie entsetzlich melancholisch stehen rundum die öden Klunker-Fassaden«, schreibt

Adolf Behne.[139] Zum ockergelben Verblender des Wohnhauses kontrastieren Loggien und Fenster mit schwarzen Terrakotta-Umrahmun-gen und rot-weißen Profilen. Anstelle dekora-tiver Zutat dient wie beim ADGB-Haus die Farbe der Steigerung des Ausdrucks. Die Front folgt mit ihrer zentralen Hofeinfahrt einer symmetrischen Vorgabe, doch erfährt die Fas-sade im Zusammenspiel von Loggien, plas-tisch ausgebildeten Fenstern und feinen Belüf-tungsschlitzen eine agogische Belebung.

Tritt der Besucher in den Hof, bietet sich seinem Blick eine Gruppe dominanter Pfeiler, deren vertikale Vehemenz überrascht (Abb. 82 und 83). Eine andere Sphäre tut sich hier mit dem Druckereigebäude auf, da die unter-schiedlichen Funktionen von Wohn- und Fa-brikbau klar herausgearbeitet sind. Wenn-gleich die Hofdurchfahrt mit ihrer sichtbaren Stahlbetonkonstruktion vermittelnd wirkt, ste-

83 Max Taut, Verbandshaus der Buchdrucker, Rückfront des Druckereigebäudes mit Loggia des Sitzungssaals

84 Max Taut, Verbandshaus der Buchdrucker, Treppenhaus des Nebeneingangs, Aufnahme 2002

85 Max Taut, Verbandshaus der Buchdrucker, Haupteingang des Druckereigebäudes, Aufnahme 2002

86 Max Taut, Verbandshaus der
Buchdrucker, Treppenhaus mit Aufzug,
Aufnahme 2002

hen sich Wohnhaus aus Backstein und Beton-rahmen in originärer Materialität gegenüber. Die Pfeiler treten prägnant in den Vordergrund, da die Fassadenfläche hinter den starken Stützen liegt. Zeitgenössische Kritiker wie Fritz Hellwag verweisen auf das Prinzip der Gotik. Aus der gotisch-expressiven Interpretation der Konstruktionselemente beim ADGB-Haus ist hier eine abstrahierte Bezugnahme geworden, so dass das konstruktive Prinzip in der neuen baulichen Entwicklung aufgeht. »Es ist im Grunde das alte Bauprinzip der Gotik, nur dass das neue Material keiner seitlichen Stützen mehr bedarf und in Druck und Gegenzug ganz andere Berechnungen und somit auch eine flache Dachgestalt ermöglicht.«[140] Max Osborn spricht im gleichen Sinn vereinfachend von Strebepfeilern, die der Eisenbetonbau mit den Kirchen der Gotik gemein habe.[141]

Obgleich Verbandshaus und Wohnhaus in Gestalt und Funktion deutlich differieren, gelingt Max Taut eine überraschend harmonische Komposition. Wesentlich hierfür sind die Proportionen, die er der Großform verleiht. So erhalten die niedrigen Seitenflügel, die Wohn- und Fabrikgebäude verbinden, in den hohen Außenachsen des Wohnhauses ihr lesbares

Äquivalent. Im Übergang zum Fabrikbau wiederum werden sie zu Türmen, die das Treppenhaus aufnehmen. Dieses korrespondierende Prinzip ist vor allem in perspektivischen Fotografien ablesbar, die das Projekt als Gesamtensemble zeigen.

Im Unterschied zum außen sichtbar belassenen Beton herrscht im Inneren des Druckereigebäudes eine kontrastreiche, ja expressive Farbskala: Bereits im Vestibül und im Treppenhaus fällt eine Wandbekleidung aus schwarzen Keramikplatten auf, die mit leuchtend roten und gelben Fliesen eine feine Gliederung erfährt (Abb. 86). Dank der großzügigen Verglasung des Aufgangs gelangt die kontrastreiche Farbkombination Schwarz-Rot-Gold eindrucksvoll zur Wirkung. Hier scheint die Wahl der Farben, wie schon beim ADGB-Haus, Symbolwert zu haben, zumal sie dem Farbklang der Republik entspricht, der sich vom Schwarz-Rot-Weiß des Kaiserreichs absetzt. Mit unterschiedlichen Akzenten scheint die Farbskala in anderen räumlichen Situationen wieder auf. Die Treppe des Nebeneingangs ist in Schwarz und Rot gehalten und steht vor einer zitronengelben Fliesenwand (Abb. 84). Der Sitzungssaal im obersten Ge-

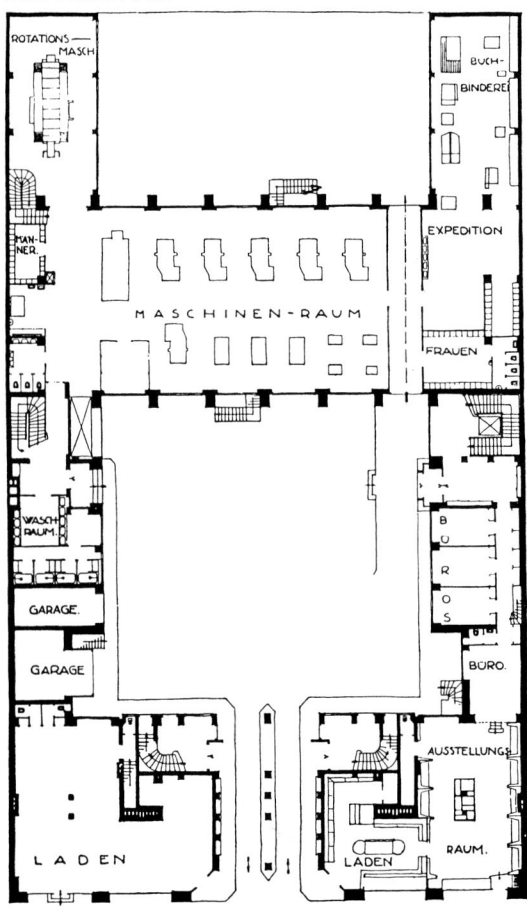

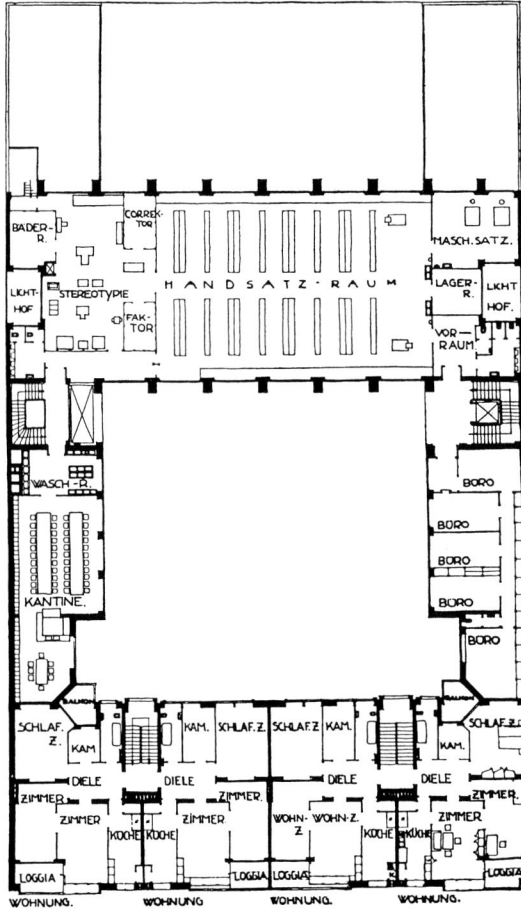

87 Max Taut, Verbandshaus der Buchdrucker, Grundrisse

schoss zeigt eine rote Decke, messingfarbene Leuchtkörper und schwarze Birnbaummöbel. Auch die Farben des Wohnhauses erscheinen mit dem Ledergelb der Klinkerfassade, den tiefdunklen Umrahmungen der Loggien und den roten Fensterprofilen als eine Variation dieser Farbsequenz.

Mit dem zweiten Gewerkschaftshaus unternimmt Max Taut wiederum den Versuch, Architektur und Kunst zusammenzuführen, und arbeitet erstmals mit dem Bildhauer Rudolf Belling zusammen, der, als Mitbegründer der *Novembergruppe*, das Ideal einer künstlerischen Gemeinschaftsarbeit wiederholt verwirklichen kann. Für das Vestibül des Verbandshauses fertigt er eine keramische Reliefplastik, die in den schwarzen Wandbelag eingelassen ist (Abb. 88). Sie zeigt ein überlagertes Gefüge von Wappen und Buchdrucker-Werkzeugen wie Manuskripthalter, Druckerballen und Winkelhaken und gewinnt durch die bewegte Diagonalkomposition trotz der figürlichen Einzelobjekte eine abstrakte Ge-

samtwirkung. Bei der von Belling geschaffenen Bronzebüste im großen Versammlungssaal stellt sich die Frage nach gegenständlicher oder abstrakter Darstellung noch deutlicher. »Die Gewerkschaft wollte hier das Bildnis ihres Begründers Richard Härtel sehen, der vor sechzig Jahren den Grundstein zu dem Riesenbau des Verbandes legte. Wie zog sich Belling aus der Affäre?«, fragt Max Osborn in der *Vossischen Zeitung* und fährt fort: »Er erfand ein Gebilde von silbernem Schimmer, Metall auf keramischer Unterlage und ließ das Antlitz des Verehrten in außerordentlicher Manier gleichsam als Silbermaske plastisch hervortreten, völlig und streng ornamental ersonnen und gleichwohl real-ähnlich in der Wirkung. Ein Spruchstreifen in Silber, asymmetrisch angelegt, begleitet den Kopf.«[142] Mit dieser neuen bildhauerischen Sprache verfolgt Rudolf Belling einen ähnlichen Weg wie Max Taut von der expressionistischen Kunst zu einem neuen Naturalismus, den Adolf Behne als »potenzierte Sachlichkeit« beschreibt.

Rudolf Belling (1886–1972) und seine Zusammenarbeit mit Max Taut

Rudolf Belling, 1886 in Berlin geboren, absolviert zunächst eine kaufmännische Lehre und wendet sich dem kunstgewerblichen Berufszweig als Modelleur und Dekorateur zu. Er gestaltet 1909 Bühnenbilder für Max Reinhardt und zeigt später auf der Großen Berliner Kunstausstellung stilisierte Figuren zu Reinhardts Turandot-Inszenierung. 1911 wird er Meisterschüler bei Peter Breuer an der Hochschule für Bildende Künste und formuliert seine Auffassung von einer Bildhauerei, deren Wesen er im Volumenhaften und Kubischen sieht.

Für das Buchdruckerhaus, das erste Projekt mit Max Taut, fertigt Belling ein Buchdruckerwappen als Relief, einen Trinkbrunnen und eine Bronzebüste.[143] Die Künstler kennen sich bereits aus dem *Arbeitsrat für Kunst* und der *Novembergruppe*, deren Mitbegründer Belling gewesen ist. Fortan sucht Max Taut Bellings Mitarbeit bei wichtigen Projekten wie dem Dorotheen-Lyzeum und dem Reichsknappschaftsgebäude. Für die gläserne Eingangshalle des ADGB-Ausstel-

lungsbaus auf der Gesolei entwirft Belling 1926 eine Brunnenskulptur, in der die vierzig Gewerkschaftsverbände symbolisch als miteinander verbundene Kugeln in ihrem Organisationsaufbau dargestellt werden.

Unter dem Titel *Der Bildhauer als Teufelsbeschwörer der Architektur* veröffentlicht Werner Hegemann 1932 ein Gespräch, in dem sich Rudolf Belling zu seinen Arbeiten für die Gewerkschaften äußert:

Viele Mitglieder der Gewerkschaften sind noch gar nicht reif für neue Kunst. Wenn ich für die Gewerkschaften arbeiten durfte, verdanke ich es hauptsächlich den Bemühungen des Architekten Max Taut. Ich habe immer wieder bemerkt, dass auch so genannte Sachverständige sich bei der Beurteilung bildhauerischer Werke davon leiten lassen, ob irgendein Körperteil ihnen angenehme Erinnerungen wachruft. Da ich auf tektonische Formen dränge, fragen sie mich immer wieder, warum ich mich nicht lieber mehr an die Natur halte. Als ob den Architekten und der Baukunst, in deren Geist ich als Bildhauer arbeiten will, etwas an Natur läge.[144]

1935 führt Rudolf Belling eine Plastik an der tautschen Schule in

Lichtenberg aus und 1936 vier Reliefs für die Kreissparkasse Genthin – es ist seine letzte Arbeit in Deutschland, da er 1937 nach Istanbul emigriert, wo er einen Ruf an die Akademie der Schönen Künste erhält. Seine frühen expressiven Arbeiten werden in diesem Jahr in Deutschland als »entartete« Kunst angeprangert und zum Teil eingeschmolzen.

Dass die Verbindung zwischen Belling und Max Taut über das Kollegiale hinausgeht, bezeugt unter anderem ein gemeinsamer Winterurlaub mit der Familie in Davos. Nach dem Tod von Bruno Taut in Istanbul im Dezember 1938 kommt es allerdings zu einer Irritation im Verhältnis der Künstler. Obgleich mit beiden Taut-Brüdern befreundet und Lehrer an derselben Hochschule wie Bruno, bleibt Rudolf Belling am ersten Weihnachtstag 1938 der Bestattung des Bruders für Max unverständlicherweise fern.

Die Akademie der Künste Berlin organisiert 1962 eine Ausstellung zum bellingschen Werk. Erst Mitte der sechziger Jahre kehrt Rudolf Belling aus der Türkei zurück und lebt bis zu seinem Tod 1972 in Krailling bei München.

Am 22. Januar 1926 – die letzten Arbeiten am Buchdruckerhaus erfolgen noch – erscheint in der *Weltbühne* ein begeisterter Artikel Adolf Behnes. Endlich habe eine große Organisation ihren Baumeister aus der vordersten Reihe der Moderne genommen, schreibt er, »und den ersten Gewerkschaftsbau geschaffen, der klarer, reiner und bestimmter Ausdruck seiner Gattung ist«. Zahlreiche Besprechungen folgen in den Gewerkschafts- und Fachzeitungen von renommierten Kritikern wie Max Osborn und Fritz Hellwag. Auch die Architektenvereinigung *Der Ring* erweist Max Taut für diesen Bau seine Reverenz und widmet die erste Veröffentlichung dem Buchdruckerhaus. Das Heft 31 der *Bauwelt* aus dem Jahr 1926 präsentiert in der Ring-Beilage unter dem Titel *Der neue Bau* das kurz zuvor vollendete Gebäude in herausragenden Fotografien und gibt in den Bildlegenden Hinweise zur vielfältigen Materialität und Farbigkeit.

Wie durch ein Fernglas betrachtet, zeigt sich das Produktionsgebäude des Buchdruckerhauses über dem Behne-Titel *Einige Bemerkungen zum Thema: Moderne Baukunst* in der Taut-Publikation von 1927 (Abb. 3). In neuer visueller Form wird das Verbandshaus als mustergültiger Bau der Sachlichkeit und Beispiel moderner Wohn- und Arbeitskultur vor-

88 Rudolf Belling, Buchdruckerwappen im Vestibül des Druckereigebäudes. Die Plastik wurde während der NS-Zeit zerstört.

gestellt. Hierzu hat der Grafiker Johannes Molzahn die Fotografien so geordnet, dass der Betrachter sich in eine kinematografische Inszenierung versetzt fühlt. Breitbildausschnitte folgen auf eine Reihe von Dokumenten, die das Haus in den verschiedenen Baustadien präsentieren. Die Dynamik des Treppensteigens und das horizontale Schwenken des Blicks werden in Bildfolgen eingefangen, die wie Bildstreifen eines Filmnegativs arrangiert sind. Das Buch eröffnet den Blick in eine neue Welt und leitet mit seiner grafischen Gestaltungskunst den Betrachter in filmisch-detaillierter Animation durchs Haus. »Nicht mehr lesen! Sehen!«, lautet das Motto Johannes Molzahns – das Buch wird so zum didaktischen Mittel, das *Neue Bauen* der Allgemeinheit nahe zu bringen.

ENTREAKT II: JULIUS POSENER BEGEGNET MAX TAUT

Wiederholt stellt Max Taut das Buchdruckerhaus im Jahr der Fertigstellung Architekturinteressierten vor – die Anteilnahme am neuen Gewerkschaftsbau ist immens. Zu den Besuchern, die von Max Taut durch das Gebäude geführt werden, gehört auch der 1904 geborene Architekturstudent Julius Posener, der an der Technischen Hochschule Charlottenburg Seminare bei Hans Poelzig und Heinrich Tessenow belegt. Zu den Architekten, die er am meisten schätzt, zählt Muthesius, wenngleich dessen Ruhm in der Weimarer Zeit bereits verblasst und die Generation der nach 1880 Geborenen die Entwicklung bestimmt. Aber mitnichten ist Julius Posener zu diesem Zeitpunkt ein Enthusiast des *Neuen Bauens*. Er berichtet:

Ebenfalls beruhigend hat eine andere Begegnung mit Architektur auf mich – auf uns – gewirkt. Wir nahmen an der Führung durch das Buchdruckerhaus teil, welche sein Architekt, Max Taut, veranstaltete. ... Max Taut legte zwar bei seiner Führung Wert auf eine genaue Betrachtung des Sitzungssaales, in dem man noch einige expressionistische Elemente entdecken konnte, auch wies er darauf hin, dass der Bildhauer Belling mitgearbeitet habe, derselbe, der mit Mendelsohn am Mossehaus gearbeitet hatte. Was uns aber an dem Gebäude, vielmehr den Gebäuden, das Besondere schien, war, dass man sie verstehen konnte, ohne sich in eine der damals gängigen Auffassungen von neuen Bauen hineinsteigern zu müssen. Hier lag sozusagen alles auf der Hand. Wir hatten ein in allen Stücken modernes Gebäude vor Augen, aber es wirkte wie ein Manifest des gesunden Menschenverstandes, nicht wie ein Aufruf zur Utopie.[145]

Max Taut wirkt auf Julius Posener wie ein Mensch, der mit beiden Beinen fest auf dem Boden steht. Allüren sind dem Architekten des Buchdruckerhauses in der Tat ungeachtet zunehmender Erfolge fremd, und es verwundert nicht, dass er sein bescheidenes Eichkamper Siedlungshaus als Wohnsitz behält. Vor allem ist er kein Mann des Wortes, der seine wachsende Bedeutung durch Vorträge oder theoretische Schriften fördert. Mit seinem neuen Gewerkschaftsbau rückt er gleichwohl zu den führenden Architekten des *Neuen Bauens* auf, so dass bald darauf Mies van der Rohes Einladung zur Werkbundausstellung in Stuttgart ihm und nicht dem Bruder Bruno gilt. Auch Adolf Behnes Interesse als Theoretiker der Sachlichkeit verlagert sich von Bruno auf Max. Aus Sicht des jungen Julius Posener hat Max Tauts Architektur mehr mit dem täglichen Leben zu tun als mit den Exaltiertheiten der Nachkriegsutopisten. »Er hat in diesem Buchdruckerhaus eine neue Architektur verwirklicht, eine, mit der Leute wie ich etwas anfangen konnten. Will sagen, er hat Leuten wie mir den Weg zu einer neuen Architektur geebnet.«

Vier Jahre später, im November 1930, schreibt Julius Posener als Mitarbeiter von *L'Architecture d'Aujourd'hui* in Paris seinen ersten Artikel über Max Taut; im Mittelpunkt steht das Köpenicker Dorotheen-Lyzeum. Vierzig Jahre nach der ersten Begegnung gehen Max Taut und Julius Posener noch einmal gemeinsam durchs Buchdruckerhaus. Posener, nunmehr Professor an der von Max Taut gegründeten Architekturabteilung der Hochschule der Künste in Berlin, berichtet: »In den sechziger Jahren, nicht lange vor seinem Tode, hat er es noch einmal einer kleinen Gruppe von Kritikern gezeigt, und ich gehörte dazu. Eigentlich erstaunlich – bemerkte Max – es ist immer noch gut.« Und Julius Posener bestätigt: »Es bleibt gut.«[146]

DIE SCHULE DER DEMOKRATIE

Die Stabilisierung des politischen Systems und das Ende der Inflationszeit begünstigen 1924 ein Klima, in dem auch die Planung öffentlicher Bauten an Bedeutung gewinnen. Vor allem in den sozialdemokratisch regierten Städten wendet man sich dabei an die Architekten des *Neuen Bauens*, deren klare funktionale Sprache der jungen Republik und ihrem demokratischen Selbstverständnis angemessen erscheint. Mit der Wahl Martin Wagners zum neuen Stadtbaurat von Berlin im Jahr 1926 findet die Architektenvereinigung *Der Ring* Unterstützung durch einen ihr nahe

89 Max Taut, Verbandshaus der Buchdrucker, Gesamtansicht mit Wohnhaus und Druckereigebäude

stehenden Stadtplaner an baupolitisch verantwortlicher Position. Damit bieten sich Künstlern wie Max Taut neue Chancen zur Realisierung ihrer Ideen, denn Martin Wagner zieht nicht mehr allein die kommunalen Bauämter und ihre beamteten Architekten für öffentliche Bauaufgaben heran, sondern lädt verstärkt zu Wettbewerben unter freischaffenden Architekten ein. Hierbei beteiligt er mit diplomatischem Geschick Traditionalisten und Vertreter des *Neuen Bauens*, wobei die funktional gestaltenden Architekten aufgrund ihrer überzeugenden Grundrisse oftmals größere Chancen bei den Juroren haben.[147]

Die Schulen gehören zum Kernbereich öffentlicher Bauten und stellen als Stätten der Erziehung zugleich eine gesellschaftspolitische Aufgabe dar. Bereits Anfang des Jahrhunderts hat es vereinzelte Schulreformen mit dem Ziel gegeben, von der reinen Lern- zur Lebensschule zu gelangen. Diese Bestrebungen werden in der Weimarer Republik aufgegriffen und teilweise gesetzlich verankert, um mit der Schule der Demokratie die Autoritätsanstalten des wilhelminischen Reichs abzulösen.[148] Die ersten baulichen Maßnahmen erfolgen nach der wirtschaftlichen Konsolidierung Mitte der zwanziger Jahre, können jedoch lediglich über wenige Jahre weiter verfolgt werden, da mit der brüningschen Notverordnung 1931 ein allgemeiner Baustopp für öffentliche Bauten erlassen wird. Max Taut wird in dieser

Zeit zu mehreren Wettbewerben eingeladen und kann drei Schulentwürfe realisieren, darunter in Lichtenberg das größte schulische Projekt der Weimarer Republik.

Doch vollzieht sich die Entwicklung nicht ohne Brüche, und konservative Kräfte wirken den neuen Tendenzen entgegen, wie sich am Beispiel des Wettbewerbs um das Deutsche Sportforum in Berlin-Charlottenburg 1926 zeigt – neben verschiedenen Spiel- und Sportstätten soll hier auch ein Hochschulkomplex entstehen. In der Jury dominieren mit German Bestelmeyer, Ludwig Hoffmann und Paul Bonatz Traditionalisten, die den Vorschlägen Hans Poelzigs und Max Tauts ablehnend gegenüberstehen und sich für einen Entwurf klassisch-repräsentativer Manier der Brüder March entscheiden. Der Juror Carl Lewald, Präsident des Deutschen Reichsausschusses, formuliert den Anspruch, dass das Sportforum mindestens für ein Jahrhundert das Gesicht des deutschen Sports bestimmen solle. Das Ergebnis des Wettbewerbs ist gleichwohl weniger ein Schritt in die Zukunft als ein Rückgriff aufs historische Repertoire und belegt für die Ring-Mitglieder wiederum die Berechtigung ihres Protestes gegen die künstlerische Diktatur von Seiten Ludwig Hoffmanns.

Max Taut präsentiert für das Charlottenburger Sportforum ein Konzept, das sich durch die elegante Komposition klarer Baukörper innerhalb eines weiträumigen Ensembles

Martin Wagner 1885–1957

Martin Wagner wird am 5. November 1885 in Königsberg geboren und steht vom Alter her in einer Linie mit Max Taut, Adolf Behne und Rudolf Belling. Nach seinem Studium an der Technischen Hochschule in Charlottenburg und in Dresden und einer Mitarbeit bei Hermann Muthesius promoviert er 1915 über *Das sanitäre Grün der Städte*. Julius Posener widmet der Dissertation über die Freiflächenplanung ein eigenes Kapitel in seinem Hauptwerk *Berlin auf dem Weg zu einer neuen Architektur* und sieht Wagner als *homo politicus*, der klarer sozial denke als viele seiner Zeitgenossen. 1916 wird Martin Wagner erstmals von Bruno Taut in einem Brief an Max Taut als »ganz manierlich« wirkender Ostpreuße erwähnt, der in der Stadt Rüstringen kurzzeitig das Bauamt leitet.[149]

Wagner ist zu Beginn der Weimarer Republik Mitbegründer der Deutschen Bauhütte und anderer genossenschaftlicher Institutionen und gehört ein Jahrzehnt lang der SPD an. Vom *Ring* wird er bereits 1924 als Nachfolger des Berliner Stadtbaurats Ludwig Hoffmann vorgeschlagen und kann das Amt von 1926 bis 1933 übernehmen. Es sei Martin Wagner zu verdanken, so berichtet Max Taut, dass die Stadt in den zwanziger Jahren zu einem international anerkannten Zentrum des Fortschritts in der Architektur und im Städtebau geworden sei, wobei er selbst ihm bedeutende Aufträge zu verdanken habe, vor allem was den Schulbau betrifft.

Martin Wagner wirkt mit verschiedenen Architekten des *Rings* zusammen: Mit Bruno Taut bei der Hufeisensiedlung, mit Hans Poelzig beim Messegelände und mit

Hans Scharoun in der Siemensstadt. 1933 widersetzt Wagner sich dem Ausschluss von Heinrich Mann und Käthe Kollwitz aus der Preußischen Akademie der Künste und emigriert 1935 in die Türkei. Wenige Jahre später siedelt er in die USA über, wo er, dank der Vermittlung von Walter Gropius, eine Professur für Städtebau in Cambridge an der Harvard University erhält. Nach 1945 gelingt es Martin Wagner nicht, für seine spezifische Sicht des Wiederaufbaus Unterstützungen zu finden und Einfluss auf die städtebauliche Entwicklung im Nachkriegsberlin zu nehmen. Im November 1954 schreibt er an Hugo Häring: »Mir wird wirklich übel, wenn ich meine Kollegen vom Städtebau nur in der Realität ihrer Trümmer und Parzellen herumkriechen sehe – und mit der Nase im Dreck des Tages.«[150]

auszeichnet (Abb. 267). Die Bauten differieren vor allem in Höhe und Länge, so dass hier, eingebettet ins landschaftliche Umfeld, kubische neben linearen Baugruppen stehen. Eine axiale Ausrichtung mit repräsentativer Wirkung liegt Max Taut fern, da sie einer konsequenten Organisation der Abläufe im Sinne optimaler Nutzbarkeit widersprechen würde – so bleibt von konservativer Seite der Vergleich mit einer Fabrikanlage nicht aus. Adolf Behne stellt die tautschen Entwurfszeichnungen seinen *Anmerkungen zur modernen Baukunst* von 1927 voran, gleichsam als Ergebnis einer gestalterischen Genese, die von der breiten, erzählenden Form zur knappen Herausstellung der Sache selbst führt.

DIE WIRKLICHKEIT DURCHDENKEN: DIE DOROTHEEN-SCHULE IN BERLIN-KÖPENICK

Es ist zumindest in Berlin das erste Mal, dass ein wahrhaft modernes Haus geschaffen wurde, und der Verdienst des Architekten, Monsieur Max Taut, besteht ganz einfach darin, sich den Forderungen der Pädagogen bis in jede Einzelheit angepasst zu haben.[151]
Julius Posener über das Dorotheen-Lyzeum in *L'Architecture d'Aujourd'hui*

Der Grundriss – das ist keine Aufgabe für eine persönliche, im alten Sinn ›künstlerische‹ Leistung, kein Anlass zur Entwicklung von Form-Phantasie, sondern Zwang, die Wirklichkeit zu durchdenken und zu gestalten – wozu eine viel höhere Phantasie gehört.[152]
Adolf Behne

Nach den frühen Schulbauten in Finsterwalde und Nauen gegen Ende der wilhelminischen Ära kann Max Taut mit der Dorotheen-Schule in Berlin-Köpenick den Weg sachlichen Gestaltens unter Einbeziehung neuer pädagogischer Einsichten fortsetzen. In einem geladenen Wettbewerb des Jahres 1927 erhält sein Schulentwurf den Zuschlag und wird unter Mitwirkung des örtlichen Hochbauamtes in den folgenden Jahren ausgeführt. 1929, im zehnten Jahr der Republik, kann das Oberlyzeum mit rund 520 Schülerinnen als einer der wenigen realisierten Schulbauten der Weimarer Zeit eingeweiht werden.

Im Mittelpunkt des Entwurfs steht die Grundrissarbeit, aus der sich letztlich Form und Konstruktion stringent herleiten. Prägend für die Anlage ist die Ecksituation, die Max Taut städtebaulich als Blockrandschließung interpretiert, wobei er die leichte Krümmung der Mentzelstraße aufgreift. Durch Differenzierungen in Höhe, Form und Position entsteht ein klar gegliederter Gebäudekomplex, in dem Aula und Verwaltungsbereiche zur Oberspreestraße und der Klassentrakt zur verkehrsärmeren Seitenstraße orientiert sind. Zwischen den beiden Hauptflügeln liegt gelenkartig das Treppenhaus in Form eines Viertelzylinders mit bandartigen Fenstern.

Aus der Gruppierung der Bauteile ergibt sich die Lage des Schulhofs, der als geschützter Freiraum gleichermaßen dem Aufenthalt für Spiel und Sport wie auch der Nutzung als Schulgarten dient (Abb. 92).[153] Insgesamt entwickelt sich der Schulkomplex konsequent vom geschlossenen über den halboffenen zum

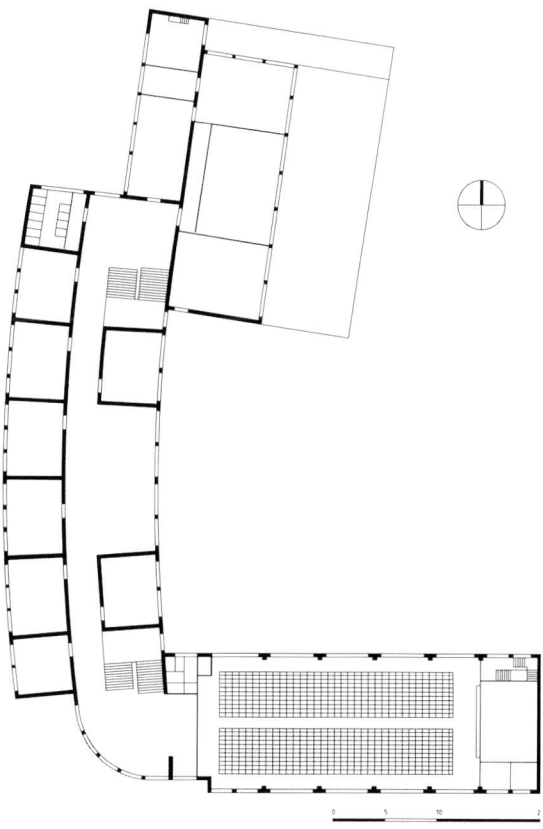

90 Max Taut, Dorotheen-Oberlyzeum, Grundriss 1. Obergeschoss. Ein großer Lichthof und offene Treppenhäuser auf der Ostseite verleihen dem Klassenflügel Weite und Helligkeit.

offenen Bereich und erfüllt, den Umraum ein-
beziehend, alle Forderungen des *Neuen Bauens*
nach Licht, Luft und Sonne. Die Flachdächer
der Doppelturnhalle und des angrenzenden
Klassentraktes bieten weiträumige Dachterrassen, die sportliche Übungen und Unterricht
im Freien ermöglichen (Abb. 93). Mit seinem
alten Baumbestand, dessen Erhalt der tautsche
Entwurf vorsah, erstreckt sich der Schulhof
samt Schulgarten bis zum Spreeufer, wo ein
Bootshaus für den Wassersport eingeplant ist.
In der *Bauwelt* wird die Überzeugung
geäußert, dass mit dieser sachlichen Baukunst
das Verhältnis der Menschen zur Natur und
zum körperlichen Leben eine neue Definition
erhält.[154] Den Kindern biete sich ein Höchstmaß an Möglichkeiten wahrer Lebensbereiche-
rung und Lebensvertiefung mit einem Min-
destmaß an äußerlichem Aufwand – dabei
komme das neue Bauen einer einzigen Vereh-
rung von Licht, Luft, Wasser und Erde gleich.

Vorbildlich ist die enge Kooperation zwischen Architekten und Pädagogen: So tritt in
Köpenick auf Wunsch der Lehrer an die Stelle
des konventionellen Stammklassensystems die
Stärkung des Fachunterrichts mit speziellen
Räumlichkeiten. Die so genannte Platoon-
Schule findet, aus den Vereinigten Staaten
kommend, in den zwanziger Jahren bei deutschen Pädagogen mehr und mehr Befürwor-

91 Max Taut, Dorotheen-Oberlyzeum in Berlin-Köpenick,
1927–1929, Eingangsbereich und Straßenansicht aus
L'Architecture d'Aujourd'hui, 1930

ter. Schüler der Mittel- und Oberstufe wechseln jeweils in den entsprechend ausgestatteten Raum der Fachlehrer, wodurch eine effiziente Nutzung von Zeichen-, Physik-, Chemie- und Biologiesälen möglich wird. Bei der architektonischen Umsetzung des neuen Modells gilt es, eine straffe funktionale Abfolge zu entwickeln, um die vermehrte Betriebsamkeit innerhalb der Schule ohne Nachteile zu organisieren. Feste Installationen für einen Frontalunterricht vom Pult werden in Köpenick nur noch auf besonderen Wunsch der Lehrer in den unteren Klassen vorgenommen. Alle anderen Schulräume lassen sich in ihrer Möblierung an unterschiedliche Unterrichtsformen wie Projekt- und Gruppenarbeit oder Lehrforen anpassen.

Neben der ausführlichen Bilddokumentation des Schulbaus veröffentlicht die *Bauwelt* 1930 einen Bericht des Pädagogen Weller, der neue pädagogische Konzepte und sachliche Baukunst als Äquivalente sieht. Sowie die neue Baukunst das Helle und Übersichtliche anstrebt, fördere sie auch im Geistigen ein solche Helligkeit und Weite. Der tautsche Bau zeichne sich durch Ruhe und Gelassenheit aus und verkörpere fern jeder modischen Attitüde Strenge, Festigkeit, Bestimmtheit und Kraft ohne jede Verzerrung dieser Eigenschaften in Gewalt, Starrheit, Zwang und Grobheit.[155] Die Schwäche des wilhelminischen Schulbaus wird darin gesehen, dass die Gebäude oftmals repräsentative Zwecke erfüllen sollten und vom Erwachsenen aus gedacht waren, obgleich sich Leben und Alltag des Kindes darin abspielt. Dies zeigt sich nicht zuletzt in der Missachtung kindlicher Proportionen bei zu großen und schweren Eingangstüren, falschen Geländer- und Griffhöhen und zu hohen Fensterbrüstungen. Max Taut berücksichtigt, wie schon in der Finsterwalder Turnhalle, den besonderen Maßstab, ohne dabei *klein* zu gestalten – Größe und Großzügigkeit erzeugt er durch die akzentuierte Weite der Verkehrsräume wie der Eingangshalle, der Klassenflure und der Treppenhäuser. Auch knüpft Max Taut an die Wandelgangidee der Finsterwalder Schule an und schafft zwischen den Klassenzimmern Lichthöfe, die sich sowohl als Aufenthaltsort bei schlechtem Wetter als auch für Ausstellungszwecke eignen. Die Feinheit und Konsequenz sachlichen Gestaltens setzt sich bis ins Detail fort, wenn Max Taut Luxferprismen für Brüstungen verwendet oder die Treppengeländer mit Drahtgittern ausfacht.

92 Max Taut, Dorotheen-Oberlyzeum, Schulhof mit Blick zur Turnhalle

93 Max Taut, Dorotheen-Oberlyzeum,
Dachterrassen

94 Max Taut, Dorotheen-Oberlyzeum,
Aula

Der Köpenicker Schulbau kombiniert die Vorteile des konventionellen Mauerwerksbaus mit denen des Eisenbetonrahmens, der für Aula und Turnhalle eingesetzt wird. Der Ingenieur Otto Zucker beschreibt in *Konstruktion und Architektur*, dass die Gestaltung in einem Maße vom Tragwerk abgeleitet sei, dass die Architektur sich dem Charakter des Ingenieurbaus nähere.[156] Beim Entwurf der Aula habe Max Taut sich im Grunde damit beschieden, der gewählten Eisenbetonkonstruktion gute Proportionen zu geben und ganz auf die Konstruktion als Ausdruck zu setzen (Abb. 94). Mag dies für den Innenraum gelten, so erfolgt im Lauf des Entwurfsprozesses für die äußere Gestaltung der Aula eine stärkere Angleichung an den Baukörper mit seiner typischen Keramik-Bekleidung. Im Modell war die Aula auch in der Fassade als eigenständige Rahmenkonstruktion ablesbar: So sehr diese Lösung als ehrliche Darstellung der konstruktiven Idee gelten kann, erscheint gleichwohl die Harmonie des äußeren Erscheinungsbildes durch das Exponieren des Rahmens gestört (Abb. 283). Alfred Kuhn stellt späterhin heraus, wie wichtig es gewesen sei, eine solche Überbetonung von Funktion und Konstruktion zu vermeiden.[157]

Die Siegersdorfer Tonplatten geben der Fassade ihren nuancenreichen Ton, von dem sich die schwarz gestrichenen Fensterprofile absetzen. Auch im Inneren beeindrucken Far-

bigkeit und Lichtfülle. Die ehemalige Zeichenlehrerin Gutzeit schildert ihre Eindrücke beim ersten Rundgang durchs neue Schulhaus: »Man kann das Glücksgefühl kaum beschreiben, das uns alle erfasste, als wir durch die weiten lichtdurchfluteten Flure und die sauber und praktisch eingerichteten Räume schritten. Kein Bild durfte die Farbenharmonie Elfenbein, Orange, Schwarz, Gold und Graublau der Innenarchitektur unterbrechen. Dies war der ausdrückliche Wunsch des Architekten Max Taut. Die Farbe war das Mittel, die Schönheit und Großzügigkeit der Architektur zu unterstreichen und zu voller Geltung zu bringen.«[158]

Beim Eintritt in das Gebäude werden Schüler und Lehrer durch eine Reliefplastik von Rudolf Belling an die Namensgeberin der Schule erinnert (Abb. 91). Aus dem gleichen Werkstoff geschaffen wie die Fassadenbekleidung, scheint die Hauptfigur aus der Wand herauszutreten. In Anlehnung an Goethes Drama *Hermann und Dorothea* wird eine helfende Frauenfigur dargestellt, die Brot an Flüchtlinge austeilt. Die Integration eines erzählerischen Motivs am Entree der Schule findet sich bereits beim Schulbau in Finsterwalde, wo Taut mit dem Bildhauer Wilhelm Repsold zusammenarbeitete.

Die keramische Fassadenbekleidung der Dorotheen-Schule

Max Taut setzt früh und konsequent Tonelemente, Ziegel und Terrakotten in verschiedensten Varianten für seine Bauten ein. Zu erinnern ist an seine intensive Auseinandersetzung mit der Backsteinkunst der Zisterzienser in Chorin, wo Tonsteine und -ornamente von technischer und gestalterischer Perfektion geschaffen wurden. Als Fassadenbekleidung gewinnt die Baukeramik aus Siegersdorf, einem Ort im Kreis der vormals schlesischen Keramikstadt Bunzlau (Bolesławiec), beim Reichsknappschaftsgebäude und bei der Köpenicker Schule Bedeutung. Die unglasierten Keramikplatten werden bei der Dorotheen-Schule un-

verzichtbares Gestaltungselement zur Belebung der streng kubischen Baukörper. Es wird ein gelblicher Ton und ein Maß von 26 auf 42 Zentimeter gewählt. Beschädigungen im Zweiten Weltkrieg, mangelnde Instandhaltung und Sparmaßnahmen führten inzwischen zur vollständigen Entfernung der Keramikplatten, an deren Stelle ein liebloser Putz trat. Eine denkmalgerechte Sanierung unter Einsatz des originalen Fassadenmaterials wäre wünschenswert, um dem Schulbau mit seinem ehemals freundlichen Gelb als ein mustergültiges Beispiel sachlich-sensibler Architektur seine Authentizität wiederzugeben.

Die vorzüglichen Tone, die den Siegersdorfer Werken in ihren vielen Gruben zur Verfügung stehen, gestat-

ten die Herstellung jeder Art von Baukeramikmaterial mit unglasierter oder glasierter Oberfläche. Das Material ist wetterbeständig und frostsicher, da es bei einer außergewöhnlich hohen Temperatur von 1200–1350 Grad gebrannt wird. … Die Technik der Baukeramikherstellung ist in Siegersdorf seit Jahrzehnten zu höchster Vollendung gebracht. … Zur Verkleidung größerer Flächen ist es zweckmäßig, ein Format zu wählen, das die maschinelle Anfertigung der einzelnen Platten gestattet und so eine weitgehende Verbilligung gegenüber der Handformerei ermöglicht. Die unglasierte Keramik wird in etwa acht der wichtigsten Grundtöne geliefert, während für die glasierte Keramik 32 verschiedene Hauptfarben hergestellt werden.[159]

Eine neue kulturelle Mitte: Die Lichtenberger Schulen

*An Stelle der sich ausbreitenden, geschwätzigen
Form trat die sachliche, knappe, konzise Gestalt.
Die Form der Breite war zusammengehörig mit einer Gesinnung, die dem Leben eng und beschränkt
gegenüberstand. Die knappe Gestalt ist verbunden
mit weitester Einstellung zum Leben.*
Adolf Behne, Einige Bemerkungen zum Thema: Moderne Baukunst

Gleichzeitig mit dem Wettbewerb für die Köpenicker Schule wird auch für den Berliner
Bezirk Lichtenberg eine Schulanlage projektiert. Zunächst wünscht das Lichtenberger
Hochbauamt, die Planung allein durchzuführen, doch veranlasst Stadtbaurat Martin
Wagner einen engeren Wettbewerb und fordert 1927 neben der Bezirksbauverwaltung die
freien Architekten Hans Scharoun, Peter Jürgensen, Heinz Stoffregen und Max Taut zu Lö-
sungsvorschlägen auf. Wie schon in Köpenick
kann sich Max Taut auch hier gegen die Mitbe-

werber mit einem Beitrag »liebenswürdiger
Einfachheit« durchsetzen.[160]

Die Reformschulen der Weimarer Republik sollen auf Basis einer sparsamen und rationellen Bauweise entstehen, wobei eine differenzierte Nutzung erforderlich scheint, um
Schwankungen der Schülerzahl auszugleichen
und den zeitweiligen Leerstand von Schulräumen zu vermeiden. Indem unterschiedliche
Schultypen zusammengefasst werden, stehen
an den neuen Standorten zentrale Räume al-
ternierend zur Verfügung. Für Lichtenberg ergibt sich eine Kombination von Berufsschule,
Mittelschule und Oberlyzeum. Gemeinsam
nutzbare Einrichtungen wie Aula, Turnhallen
und Sportplatz sind Grundlage einer qualitativ
wie ökonomisch befriedigenden Lösung für
die neue Schulgruppe.

Das Areal des Schulkomplexes erstreckt
sich zwischen vereinzelten Wohnblöcken, Ge-
werbeflächen und Bahngleisen am östlichen
Rand Berlins. In diese stadträumliche Brache
setzt Max Taut eine kräftige raumumspannen-
de Grundfigur in Form eines Bogens (Abb.
96). An der Ecke Fischer- und Schlichtallee

95 Max Taut, Schulgruppe Lichtenberg,
Fassadenausschnitt, Zustand 1999

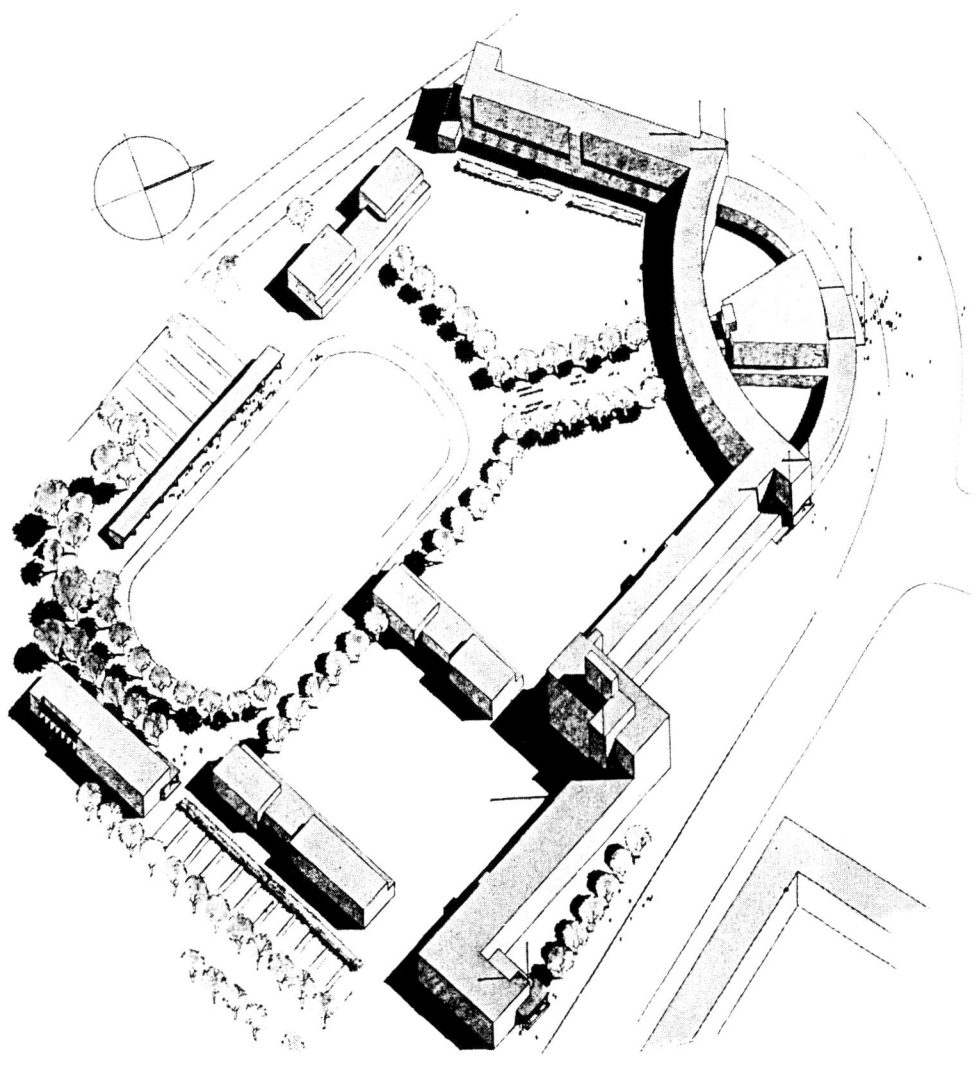

96 Max Taut, Schulgruppe Lichtenberg,
Gesamtanlage, Axonometrie

sche Vorgaben des Bezirks und auf die Mitarbeit des Hochbauamtes zurückgehen.[161]

Interessant erscheint der Vergleich zum Lösungsansatz Hans Scharouns: Während Max Taut seinen Schulentwurf als ein städtebauliches Thema behandelt, scheint Scharoun vor allem an der Herausarbeitung der besten Funktionsweise gelegen. Er ordnet drei Gebäudezeilen als aufgelöste Bebauung so an, dass optimale Bedingungen für die inneren Abläufe gegeben sind – von der Ablesbarkeit der Funktionsbereiche bis zur Westorientierung der Schulräume. Dem undefinierten Stadtraum am Rande der Metropole verleiht dieses Konzept allerdings keine prägende Struktur. Eine ähnliche Figur wie Taut sie für Lichtenberg entwickelt, findet sich in monumentalerem Duktus bereits bei Hans Poelzigs Entwurf für die Charlottenburger Berufsschulen von 1927, wo ein großzügiger Freiraum mit einer schützend umschließenden Geste gefasst wird. So offensichtlich die Vorteile der ordnenden Großform in Lichtenberg sind, kann sie nicht die günstigste Ausrichtung sämtlicher Klassenräume nach Westen leisten. Alfred Kuhn spricht dem Entwurf jedoch außerordentlich praktischen Wert zu, da er sich vor allem aus dem Grundriss erkläre und diese Konzeption eine »völlig auf Fassaden verzichtende Anordnung« darstelle. Die Spangenfigur kann zudem ein adäquates Areal klar als Schulhof definieren, der von Pausenflächen über Schulgärten, Sportanlagen und Turnhallen eine den Schultag ergänzende Vielfalt an Betätigungsmöglichkeiten bietet – ausgeführt wird dieses anspruchsvolle Freiraumkonzept aufgrund der schwierigen Finanzlage allerdings nicht.

Die schlichten Baukörper der Lichtenberger Schule werden – charakteristisch für die Arbeit Max Tauts – durch Materialität und Farbgebung belebt (Abb. 95). Im Großmaßstäblichen erhält die Anlage durch den Wechsel des Klinkers vom dunklen Rot zum hellen Gelb die wesentliche Gliederung. Während der eingeschossige Bogen zur Straße und die Aula vom dunkleren Stein bestimmt werden, setzen sich die Obergeschosse der Schulen mit einem leichteren Gelbton ab. Im Kreuzverband gemauert, zeigen die Ziegel Nuancen von Rot, Rotbraun und Bläulich-Violett und von Gelb, Ocker und Gelbbraun. Zum Wechsel der Steinfarbe kommen die feinen Farbakzente der Fensterrahmen, die vor der roten Ziegelfläche rot und blau und vor der gelben Ziegelfläche rot und weiß gestrichen sind, so dass die Lichtenberger Schulgruppe im Volksmund auch »das Haus mit den roten Fenstern« genannt wurde.

weicht er mit der Bebauung von der Grundstücksgrenze zurück, bewahrt jedoch eine straffe dynamische Linie im städtisch diffusen Raum. An der Straßenkreuzung entsteht so ein Vorplatz, der ein angemessenes städtebauliches Entree für die Schulanlage schafft.

Die zentrale Aula ist als Vermittlungsstätte zwischen schulischer und städtischer Sphäre in der Mitte des bogenumschriebenen Raums positioniert und formuliert mit ihrer platzwärtigen Lage ihre Bedeutung als bezirklicher Veranstaltungsraum. Die Doppelnutzung wird im Spiel von zwei gegeneinander schwingenden Baukörpern thematisiert. Der niedrige Bogen orientiert sich samt Eingangshalle zum öffentlichen Platz, während der hofseitige das Areal der Schulhöfe begrenzt und Fachräume für die Berufs- und Mittelschule beherbergt. Das Oberlyzeum an der Fischerstraße erscheint als der am deutlichsten separierte Baukörper mit eigener kleiner Aula. Dass hier keine stärkere Einbindung in die Grundfigur erfolgt, mag zum Teil auf planeri-

97 Max Taut, Schulgruppe Lichtenberg,
Treppenhausfassade

Max Taut kann die letzte Bauetappe des Schulkomplexes nicht mehr als verantwortlicher Architekt beaufsichtigen: Die Weltwirtschaftskrise und die Notverordnung führten im Herbst 1931 zu einer zweieinhalbjährigen Bausperre für alle öffentlichen Bauten in der Republik. Vor diesem Hintergrund erklärt sich, dass nach Fertigstellung der ersten beiden Schulen das Oberlyzeum bis 1932 zwar im Rohbau abgeschlossen wird, der Innenausbau jedoch auf einen späteren Termin verschoben werden muss. Auch sind von den geplanten Turnhallen lediglich zwei ausgeführt und anstelle der anspruchsvollen Freianlagengestaltung klafft eine unwirtliche Fläche. Erst 1935 wird die Gesamtanlage durch die Bauräte Nerlich und Weis zu Ende geführt, ohne Mitwirken Max Tauts, der seit 1933 von öffentlichen Aufträgen ausgeschlossen ist. Rudolf Belling kann allerdings noch 1935, mutmaßlich auf Grundlage eines älteren Vorschlags, ein Terrakottarelief für die Fassade des Oberlyzeums erstellen.[162] Fachpublikationen zum realisierten Bau, der einzigen ausgeführten Großschule mit zeitweilig mehr als 5500 Schülern, folgen nach 1933 nicht mehr, da er in seiner gesamten Konzeption deutlich als Manifest der Weimarer Republik erkennbar ist. Die Idee der öffentlichen Aula jedoch bewährt sich, auch wenn nach 1933 die Gegner des *Neuen Bauens* sie für ihre Zwecke missbrauchen.

98 Max Taut, Schulgruppe Lichtenberg, 1927–1931
(Fertigstellung Oberlyzeum 1935), heute Max-Taut-Schule,
Blick zur zentralen Aula

99 Max Taut, Schulgruppe Lichtenberg,
Blick auf die Hoffassaden

100 Max Taut, Schulgruppe Lichtenberg,
1927–1931, Treppenhaus und
Eingangsbereich, Zustand 2000

DIE KRAFT DER KONSTRUKTION

Für das Quartier, in dem viele Arbeiter und einfache Angestellte leben, entsteht mit der zentralen Aula ein sozial und kulturell prägender Mittelpunkt. Die Aula ist Stätte der Bildung und Ort abendlicher Veranstaltungen mit Theater- und Lichtspielaufführungen und trägt als Saal mit Galerie und Vestibül für tausendeinhundert Besucher zur Belebung des Umfeldes bei. Sie gehört neben den Turnhallen zu den einzigen in Eisenbeton ausgeführten Bauteilen. Hier lässt sich eine konstruktive

101 Max Taut, Schulgruppe Lichtenberg, Blick in die Turnhalle

102 Max Taut, Schulgruppe Lichtenberg, Aula

Thematik von den frühesten Veranstaltungsräumen wie der Nauener Aula über die Sitzungssäle der Gewerkschaftsbauten bis zur Aula der Dorotheen-Schule ziehen. Konsequent nutzt Max Taut für all jene Räume, in denen große Spannweiten gefordert sind, Eisenbetonkonstruktionen. In der unkaschierten Konstruktion mit ihrem ablesbaren Kraftfluss hält sich eine tautsche Eigenheit, die sich nicht auf reine Sachlichkeit reduzieren lässt, sondern gleichermaßen Ursprünge in der expressiv-konstruktiven Bauweise hat. Der trapezförmige Grundriss der Lichtenberger Aula erfordert analog eine radiale Anordnung der Balken, die somit längs zu Blickrichtung und Bühne verlaufen. Sechs sichtbar belassene Hohlbalken aus Eisenbeton überspannen den dreißig Meter tiefen Saal als Teil des Rahmens. Hierzu schreibt Alfred Kuhn, dass ihm die besondere Konstruktionsleistung klar, fast überklar ersichtlich erscheint. »Letzten Endes ist ein Bau ja eben sowohl ein Kunstwerk wie eine Statue, und für dieses wird das whistlersche Wort immer gelten, dass ein Kunstwerk dann fertig ist, wenn man nicht sieht, wie es gemacht wird.«[163] Es ist wiederum charakteristisch, dass Kuhn ungeachtet seines rückhaltlosen Lobes für die Lichtenberger Schulanlage leise Kritik angesichts der Aula äußert, weil die tautsche Architektur hier unverkennbar mehr als reine Zweckerfüllung ist und ihre Eigenart aus der ausdrucksvollen Konstruktion herleitet, die sie deutlich, laut Kuhn, allzu deutlich zeigt.

Das Bauwerk aus dem Geiste der Republik bleibt, so paradox es scheinen mag, unter der NS-Diktatur Anziehungspunkt für die Bevölkerung, um die man hier mit Tanzveranstaltungen und »Bunten Abenden« wirbt. Nach der Zerstörung im Zweiten Weltkrieg zeigt sich die große Aula bis in die Gegenwart hinein als Ruine. Im Rahmen eines Programms zur Aufwertung sozialer Krisengebiete soll sie jedoch als multifunktionales Zentrum in den nächsten Jahren aufgebaut und einer neuen Nutzung zugeführt werden.[164] Im Mai 2002 fällt die Entscheidung für ein Konzept von Max Dudler, das eine weitgehende Rekonstruktion vorsieht und der Aula zugleich eine kontrastierend neue Schicht von Materialien und Installationen zufügt, um mit heutiger Licht- und Bühnentechnik eine zeitgemäße Nutzung des Saals zu gewährleisten (Abb. 103). Ein Paradigma des tautschen Rahmenbaus wird so nach mehr als einem halben Jahrhundert wieder erlebbar und dank eines architektonisch anspruchsvollen Weiterdenkens in den architektonischen Kontext der Ge-

103 Max Dudler, Schulgruppe Lichtenberg, Neuaufbau der großen Aula von Max Taut

genwart einbezogen. Das denkmalgeschützte Ensemble erhält 1997 den Namen Max-Taut-Schule und erfüllt alle Voraussetzungen, ein Identität stiftender kultureller Anziehungspunkt im östlichen Berlin zu werden.

NEUES WOHNEN – NEUES BAUEN

Es ist nicht ganz zwecklos, heute ausdrücklich hervorzuheben, dass das Problem der neuen Wohnung ein baukünstlerisches Problem ist, trotz seiner technischen und wirtschaftlichen Seite.[165]
Mies van der Rohe, Bau und Wohnung

Mitte der zwanziger Jahre beginnt der Werkbund unter der künstlerischen Leitung Ludwig Mies van der Rohes mit seiner Ausstellungsplanung auf dem Weißenhofgelände zum Thema *Die Wohnung* und wendet sich damit zugleich der Frage nach Typisierung und Rationalisierung zu. Der architektonischen Avantgarde soll Gelegenheit geboten werden, am Beispiel einer mustergültigen Siedlung das qualitativ Neue in der Grundrissgestaltung, der Materialverwendung und der Konstruktion vorzuführen. Man möchte die Sinne für eine neue Wohnkultur schärfen und nicht zuletzt der breiten Masse der Bevölkerung ein Bild von den Vorzügen zeitgemäßen Wohnens ver-

mitteln. Max Taut hat als Dreißigjähriger bereits auf der ersten Kölner Ausstellung des Werkbundes einen Verkaufsraum gestaltet und ein Modell seines Botanischen Museums im Glashaus des Bruders ausgestellt. Dreizehn Jahre später gehört er zum Kreis der 17 in- und ausländischen Architekten, die in Stuttgart Beiträge zum neuen Wohnen präsentieren, und stellt zwei Einfamilienhäuser vor, deren Planung von einfachsten Grundsätzen bestimmt ist.

In der ersten Phase der Ausstellungskonzeption gibt es Unklarheit darüber, welcher der Taut-Brüder zu den Teilnehmern zählen soll. Auf einer Teilnehmerliste vom 1. Oktober 1926 erscheint schließlich der Vorname: Max. Wie aus der Korrespondenz hervorgeht, hat Mies van der Rohe von Anfang an mit *Taut* den jüngeren Bruder gemeint. Karin Kirsch bestätigt in ihrem Buch über die Weißenhofsiedlung, dass Max Taut sich der großen Wertschätzung Mies van der Rohes erfreut habe und für Mies bei der Ausstellungsvorbereitung *der* Taut gewesen sei.[166] Dem Einwirken Max Tauts ist zu verdanken, dass Bruno dennoch in die Planung einbezogen wird. »Ich sprach eben mit Max Taut«, schreibt Mies an Gustaf Stotz nach Stuttgart, »er ist natürlich auch bereit mitzumachen. Er wies darauf hin, dass es doch nicht richtig sei seinen Bruder ganz zu

104 Max Taut, Haus 23, Bruckmannweg 12, 1926–1927, Weißenhofsiedlung Stuttgart.
Mit farbig glasierten Fassadenplatten zeichnet Max Taut die Eisenskelett-Konstruktion nach und macht das Eisengerippe in der Fassade ablesbar. Hierzu wählt er verschiedenfarbige Platten, mit denen tragende und ausfüllende Elemente voneinander unterschieden werden. In das flächig ausgebildete Raster sind entsprechend die Fensteröffnungen eingepasst, die ursprünglich großzügiger angelegt waren. Das gestalterische Prinzip des Nachzeichnens der Konstruktion greift er beim Reichknappschaftsgebäude 1928 wieder auf.

105 Max Taut, Haus 24, Rathenaustraße 11, 1926–1927, Weißenhofsiedlung Stuttgart

übergehen, zumal er sich gerade für die Neugestaltung der Wohnung eingesetzt habe. Ich will nun überlegen wie und wo wir ihn noch unterbringen.«[167] Es mag verwundern, dass Mies nicht aus eigener Initiative den Bruder einbezieht, obgleich Bruno mit der Hufeisensiedlung und anderen Wohnprojekten zu den wichtigsten Wohnungsplanern der Weimarer Zeit zählt. Doch sind die Gegensätze zwischen dem Idealisten Bruno Taut, der lange noch an der individuellen Architekturform festhält, und dem Rationalisten Mies unübersehbar – was sich schon in der unterschiedlichen Auffassung zur Farbe zeigt.

Die Auswahl der Architekten für die Werkbundausstellung fällt zeitlich mit der Erweiterung des *Rings* im Mai 1926 zusammen. Früh schon ist die Schwierigkeit einer Ausstellung erörtert worden, bei der es rund zwanzig Architekten unter einem Hut zu bringen gelte, wie Hugo Häring schreibt, der als Sekretär des *Rings* zunächst an den Ausstellungsvorbereitungen beteiligt ist. Ein städtebaulicher Gesamtplan mit Vorgaben wie Material- und Konstruktionswahl soll erstellt werden, ohne die einzelnen Persönlichkeiten zu sehr einzuschränken. Auf der endgültigen Auswahlliste finden sich unter den deutschen Teilnehmern bis auf den Stuttgarter Adolf Gustav Schneck ausschließlich Mitglieder des auf 27 Mitglieder erweiterten *Rings*. Da der neue Baustil in Deutschland vielerorts mit Vorbehalten zu kämpfen hat und sich nur partiell durchzusetzen scheint, soll mit der Teilnahme europäischer Architekten zugleich der universelle Anspruch der Moderne veranschaulicht werden. Aus Belgien, Österreich, Frankreich und den Niederlanden werden fünf weitere Künstler geladen, darunter Le Corbusier, Oud und der frühere Mitarbeiter Max Tauts Mart Stam.

Im Juni 1925 legt der Werkbund seine erste Denkschrift für die geplante Ausstellung vor. Die Rationalisierung auf allen Gebieten des Lebens, auch bei der Wohnungsfrage, soll zur Verbesserung der großstädtischen Wohnbedingungen und der gesamten Wohnkultur führen. Für die Ausstellung sind mehrgeschossige Mietshäuser sowie einige Siedlungshaustypen vorgesehen, mit denen »mustergültige Lösungen in technischer, baulicher und formaler Hinsicht vorgeführt werden können«.[168] Die Wohnungen sind für Familien gedacht, die in kleinen oder mittleren Verhältnissen leben, wobei von verantwortlicher Seite mehrfach angesichts des höheren Preises der Prototypen betont wird, dass man keine luxuriösen Wohnungen plane. Julius Posener

spricht gleichwohl von Kleinvillen, mit denen Weißenhof wenig zum sozialen Wohnungsbau beigetragen habe.[169]

Erste Kontroversen zwischen ortsansässigen Architekten und dem Ausstellungsleiter Mies van der Rohe treten nach Bekanntwerden des Bebauungsplans auf. Der Entwurf für die Siedlung kommt in städtebaulicher Hinsicht einem Bruch mit der herkömmlichen Aneinanderreihung der Baukörper gleich und bringt die Bauten in eine freie, räumlich bewegte Komposition. »Diese Betonung der bewegten Linie in 3-dimensionaler Richtung führt zu einer abstrakten, nach allen Seiten gleichartigen Form des einzelnen Hauskörpers, also der Form des Würfels. Schräge Flächen, wie Dächer im seitherigen Sinne, würden den angestrebten Ausdruck störend beeinflussen.«[170] Paul Bonatz kritisiert den miesschen Plan mit auffällig tendenziösen Äußerungen und verteidigt im Mai 1926 vehement die ortstypische Stuttgarter Bauweise: Die Häufung flacher Kuben am Abhang erinnert ihn weniger an Wohnungen für Stuttgart als an eine Vorstadt Jerusalems.[171] Mit dem Verzicht auf das geneigte Dach gelangt Mies zu einer geometrisch klaren Form der Bauten, die in ihrer Abstraktion mithin nicht länger der regionalen Tradition verpflichtet sind, sondern als Internationalisierung und Ausdruck des neuen Stilgefühls begriffen werden.

Max Taut vermisst zunächst eine präzise Formulierung von Sinn und Zweck der Ausstellung. So antwortet Mies, dass die Ausstellungsbauten beispielhafte Lösungen sowohl für das Wohnproblem als auch für die Konstruktion des Hauses aufzeigen sollen. »Man soll das Eine tun und das Andere nicht lassen.«[172] Wesentlich für die Ästhetik des *Neuen Bauens* sind die beiden Komponenten, die sich in der Zweckmäßigkeit des inneren Aufbaus und in der Normierung und Typisierung der einzelnen Bauelemente äußern. Mit der Ausstellung des Werkbundes soll verdeutlicht werden, dass die Industrialisierung des Hausbaues keine Negation des Individuums bedeutet. Nicht das Haus als Ganzes soll folglich standardisiert gefertigt werden, sondern lediglich seine Bauteile. Mit Modulen aus günstiger Massenproduktion lassen sich alle erdenklichen Varianten erstellen, so dass ein Höchstmaß an individueller Anpassung mit Spielraum für die architektonische Gestaltung gegeben ist.

Einfachste Grundsätze

Die ersten Entwürfe für die Stuttgarter Wohn-häuser vom November 1926 präsentiert Max Taut in seinem Buch *Bauten und Pläne*. Als Aufgabe oblag ihm der Einfamilienhaus-Typ C mit vier Zimmern für eine kinderreiche Familie mit Hausangestellter. Max Taut spricht von einem Kleinwohnungshaus und betont die angestrebte Einfachheit des Typus. Der Grundriss der Häuser zeichnet sich durch die klare Konzeption aus, in der Wohnraum, Essplatz und Ostterrasse sich zu einer größeren Einheit verbinden (Abb. 272). Eine Ziehharmonikatür ermöglicht eine Abtrennung, während die übrigen Räume in ihren Abmessungen auf ein Minimum reduziert sind. Das Volumen muss jedoch im Verlauf der weiteren Ausstellungsplanung bei allen Weißenhof-Projekten um bis zu 15 Prozent verringert werden, um eine drohende Kostenüberschreitung zu vermeiden. In den Obergeschossen der beiden Taut-Objekte entfällt jeweils ein Raum und die glasierten Fassadenplatten werden beim Haus 24 teilweise durch günstigere Putzflächen ersetzt. Während anfangs bandähnliche Fensteröffnungen für den Wohn- und Essraum vorgesehen sind, die den Panoramablick über den Hang erlaubten, kommen mit der Kostenminimierung Standardfenster zum Einsatz, die naturgemäß auch mit Einbußen an Großzügigkeit des Fassadenbildes einhergehen.

Die tautschen Bauten gehören zu den Eisengerippebauten, die nach dem so genannten *System Pohlmann* mit Thermosplatten ausgefacht sind. Der Vorteil dieses Montagetrockenbaus besteht in der Verlegung wesentlicher Arbeiten vom Bauplatz in die Fabrik, so dass das Haus vor Ort zügig und kostengünstiger erstellt werden kann. Im Unterschied zu den meisten Teilnehmern wählt Max Taut anstelle des Putzes eine spezielle Fassadenbekleidung – laponisierte Zementplatten – und bekennt sich wie sein Bruder zur Farbe, indem er eine blaue Glasur wählt.[173] Mies van der Rohe teilt Max Taut nach einem Baustellenbesuch mit, dass ihm die Farbausführung misslungen erscheine, und so lässt Max Taut kompromisswillig noch vor Ausstellungseröffnung eine Änderung zum Hellgrau vornehmen. »Ich bin natürlich der Meinung, dass die Farben, wenn sie nicht richtig geworden sind, unbedingt geändert werden müssen. ... Ich möchte Sie bitten, sich zu überlegen, wie wir die Farben ändern, ich denke weiß oder grau.«[174] Es ist nicht überliefert, ob die Änderung der Farbe, offenbar ein Überstreichen der blauglasierten Zementplatten mit einem Hellgrau, zu einer ästhetisch befriedigenden Lösung geführt hat. Edgar Wedepohl zumindest kritisiert in *Wasmuths Monatsheften* diese Maßnahme, die im Gegensatz zur Forderung nach Materialehrlichkeit stehe. Zweifellos kann Max Taut den Entstehungsprozess seiner Häuser im fernen Stuttgart nicht mit gleicher Intensität künstlerisch beaufsichtigen wie seine Berliner Bauten. Zudem liegt ihm wohl mehr am Experiment des Serienbaus als an der Vorstellung, dass hier ein Bild moderner Weltarchitektur entstehen soll.

Auch der Bruder Bruno gestaltet, ganz im Sinne seines Aufrufs zum farbigen Bauen aus der Frühlicht-Zeit, sein Objekt farbig. Anders als Max belässt er es trotz heftiger Kritik in seinen leuchtenden Lackfarben, so dass es aus den dezenten Grau- und Pastelltönen der Ausstellung hervorsticht. In seiner Beschreibung zum Haus heißt es kämpferisch: »Dieses Haus ist seiner Programmfassung nach der *Proletarier* unter den Einfamilienhäusern der Ausstellung.«[175] Für die Häuser Max Tauts gilt, dass er als soziales Anliegen vornehmlich ein kostengünstiges Haus mit Modellcharakter zur Serienherstellung im Sinn hat, so dass er ausdrücklich auf die niedrigeren Kosten hinweist – auch auf jene der wirtschaftlichen Nutzung der Wohnung bis hin zur leichten Beheizbarkeit. Letztlich sieht er seine Aufgabe in der Suche nach neuen Wegen zur Linderung der Wohnungsnot unter Einbeziehung kostensparender technisch-konstruktiver Neuerungen. Es wird ein Maximum an Wohnqualität mit einem Minimum an finanziellem und technischem Aufwand geschaffen. Ästhetische Vorstellungen, die nicht ihren Ursprung im Sozialen und Ökonomischen haben, sind Max Taut in Stuttgart ebenso fremd wie die Etablierung eines internationalen Stils.

Individuelle Lösungen für das Wohnen

In den zwanziger Jahren setzt Taut sich in vielfältiger Weise mit dem Thema Wohnen auseinander und entwirft einzelne Sommerhäuser, Landarbeiterunterkünfte, Wohnlauben oder Wochenendhäuser. Die architektonischen Ansätze sind individuell, unprogrammatisch und situationsbezogen. Ein Sommerhaus auf einer Insel errichten heißt für Max Taut die landschaftlichen Gegebenheiten einbeziehen und regionale Materialien verwenden. Adolf Behne schreibt 1927 in *Neues Wohnen – Neues Bauen* zum Haus Pingel auf Hiddensee: »Kein nachgeahmtes Bauernhaus, auch keine Miniaturvilla, sondern die natürliche Erfüllung der Ansprüche: Küche, Wohnraum, Schlafkabinen. Der Landschaft angepasst, mit den ortsüblichen Mitteln ehrlich gebaut.« Beim Wochenendhaus, das 1927 neben Entwürfen von Hans Poelzig und Fred Forbat auf dem Berliner Messegelände gezeigt wird, steht weniger der Gedanke eines luxuriösen Freizeitheims im Vordergrund als das Modell eines einfachen Kleinhauses, das eine Alternative zur Mietwohnung in der Großstadt bietet. Max Taut wendet sich hierbei mit der Firma Fonitram dem Montagebau zu und entwickelt eine kostengünstige Herstellungsmethode. Auch die Gestalt der Wohnhäuser unterscheidet sich deutlich: So wird in der Eichkamp-Siedlung 1927 die Satteldachform gewählt, während sich beim Trepliner Landarbeiterhaus von 1925 das Flachdach findet. Max Taut tritt nicht als Dogmatiker einer bestimmten Form auf, sondern entscheidet jeweils unter Berücksichtigung der Nutzung gemäß der Bauaufgabe.

Der Entwurf eines Einfamilienhauses, das 1925 als erster Preis einer Lotterie des Deutschen Roten Kreuzes vorgestellt wird, ist ein unmittelbarer Vorläufer der Weißenhof-Häuser (Abb. 107). Der kubische Baukörper bildet eine L-Form und ist so gestaffelt, dass sich auf dem Flachdach eine Terrasse ergibt. Auch der Kontrast von geschlossener Eingangsseite und weiter Öffnung zum Garten findet sich hier. Die für diesen Entwurf geltende strenge Form, die als Gliederungsmittel die Farbe einbezieht, scheint die Gestaltung der Stuttgarter Häuser vorwegzunehmen.[176] Erst Ende der zwanziger Jahren beschäftigt sich Max Taut intensiver mit dem Siedlungsbau, der für ihn nach dem Zweiten Weltkrieg schließlich zur zentralen Bauaufgabe wird.

Sieg des neuen Baustils?

Nicht ohne Pathos verkündet Walter Curt Behrendt 1927 in seinem Buch *Der Sieg des neuen Baustils* den Durchbruch der Moderne: Das Titelbild seiner Schrift zeigt unter wehenden internationalen Flaggen einen Ausschnitt der Stuttgarter Weißenhofsiedlung – im Vordergrund ist das max-tautsche Haus an der Rathenaustraße sichtbar (Abb. 108).[177] Behrendt, seit 1926 Ring-Mitglied, schildert gleichsam einen Wettstreit zwischen Tradition und Moderne, den nicht das einzelne Talent, sondern der Zeitgeist entscheide. Veränderte Konventionen des Denkens und Fühlens gehen aus seiner Sicht mit neuen Formen einher, die in ihren übereinstimmenden Merkmalen als Elemente eines neuen Baustils zu betrachten seien.

Während Behrendt die Werkbundausstellung als Ganzes beurteilt, finden sich verschiedene Kommentatoren, die einzelne Weißenhof-Bauten hervorheben: Hierzu gehören die Stahlhäuser von Le Corbusier, der lang gestreckte Wohnblock von Mies van der Rohe und die Reihenhäuser von Oud und Stam. Die anderen Einfamilienhäuser erscheinen selbstverständlich im Sinne der Moderne gestaltet und bis auf wenige Ausnahmen ist ihnen aufgrund der planerischen Vorgaben der kubische Körper mit flachem Dach, die zurückhaltende Farbigkeit und der Einsatz innovativer Konstruktionen gemein.

In der Bilanz zur Ausstellung heißt es von Seiten der Bauabteilung, dass man zwar den billigen Wohnungstyp nicht geschaffen habe, doch sei die Ausstellung ein großer internationaler Publikumserfolg und »Stuttgart in aller Welt Munde«. Tatsächlich erweist sich die Stuttgarter Ausstellung des Werkbundes als eine Manifestation des *Neuen Bauens*, die international Aufmerksamkeit erfährt. Dass man sich auf dem Weg zu einem internationalen Stil befindet, spiegelt sich in der fünf Jahre später veranstalteten New Yorker Ausstellung von Henry Russel-Hitchcock und Philip Johnson wider. Doch wächst mit der Internationalisierung die Gefahr des Formalismus: Was in Stuttgart Versuch ist, droht zur Festschreibung eines Stils zu werden, der durch stereometrische Grundformen, horizontale Fenster, weiße Oberflächen und serienmäßig fabrizierte Bauelemente überregional in Erscheinung tritt. In diesem Kontext erscheint Max Tauts skeptische Rückschau verständlich, in der er sich als Achtzigjähriger über die Verwässerung der modernen Ideen äußert: »Wir haben uns durchgesetzt – vielleicht leider, denn dann kamen die Leute, die das, was wir wollten, hundertfältig bauten und verwässerten.«[178] Julius Posener äußert den Verdacht, dass ohnehin in Stuttgart sämtliche Forderungen in bautechnischer, hygienischer und sozialer Hinsicht letztlich Vorwände gewesen seien, hinter denen sich das eigentliche Ziel, die Etablierung einer neuen Form, verborgen habe.[179]

Deutliche Stimmen gegen den neuen Baustil erheben sich zur Ausstellungseröffnung am 23. Juli 1927. Kurt Schwitters, der als Gast die Eröffnung mit wachen Augen ver-

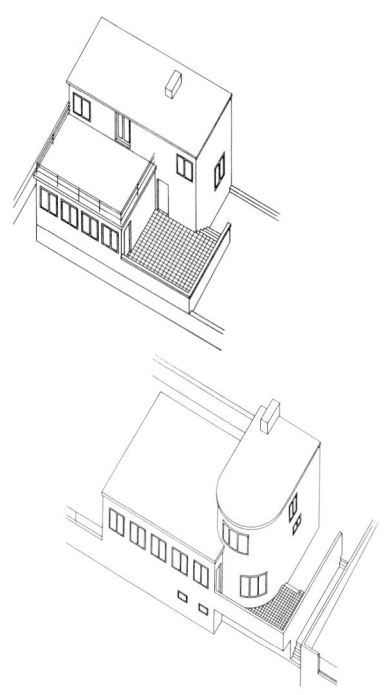

106 Max Taut, Haus 23 und 24, Weißenhofsiedlung Stuttgart, Axonometrie. Die Häuser wurden gegenüber den Plänen mit Änderungen wie etwa einem zusätzlichen Fenster im Obergeschoss des Hauses 23 ausgeführt.

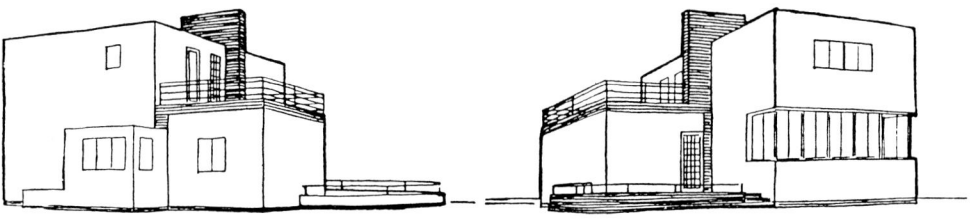

107 Max Taut, Einfamilienhaus *Wohnung und Hausrat*, Entwurf 1925, Perspektive

folgt, fasst die Begebenheiten des Tages in einem gleichermaßen präzisen wie ironischen Bericht zusammen:

Hier in Stuttgart beim offiziellen Diner aber macht sich die Opposition am Tische der Behörden Luft, indem der betagte Vertreter der Universität Tübingen in seiner Eigenschaft als ›Heimatschutzmann‹, wie er sich selbst nennt, erwähnt, dass doch Stuttgart nicht in Holland oder Kalifornien läge, deshalb gehörte auch das flache Dach nicht hierher. ... Zum Schluss wurde dann der Herr Schutzmann auch verhindert, noch mehr Plattheiten über das platte Dach hervorzubringen, weil doch diese platte Diskussion nicht auf der Tagesordnung stand, indem die meisten Mitesser so laut redeten, dass ihn niemand mehr verstehen konnte.[180]

Der Heimatschutz-Verband plädiert für die Anwendung heimischer Bauweisen und lehnt daher die neuartigen, als fremd empfundenen Baukörper in der schwäbischen Stadt ab. Handelt es sich hier um eine einzelne Stellungnahme, so versuchen die traditionalistischen Architekten bald darauf ihrer Position gegen die neuen Bauformen der Weißenhof-Bauten mehr Gewicht zu verleihen. Sie gründen im Frühjahr 1928 den so genannten *Block*, dem neben den Stuttgartern Paul Bonatz und Paul Schmitthenner auch Paul Schultze-

Naumburg und Erich Blunck angehören. Unterstützung erhalten sie von Werner Hegemann, der in *Wasmuths Monatsheften für Baukunst* mit einem spöttisch-polemischen Artikel die Werkbund-Siedlung kommentiert: »Es ist drollig anzusehen, wie eine Provinzstadt, die sich gerne einmal international gebärden möchte, verständige Maßstäbe vergessen und ins Närrische verfallen kann.«[181]

Wenige Jahre später wird in einer Kampagne der nationalsozialistischen Machthaber der Abbruch der Werkbund-Siedlung angekündigt. Ehe man den modernen »Schandfleck« beseitigen kann, gewinnen allerdings angesichts der politischen Entwicklung andere Ziele Priorität. Im Zweiten Weltkrieg wird das max-tautsche Haus 24 an der Rathenaustraße wie viele andere Bauten zerstört. Das Gebäude am Bruckmannweg übersteht zwar ohne großen Schaden die Kriegszeit, doch in den Jahren 1956–1957 fällt es einer Abrissmentalität zum Opfer, die in der Weißenhofsiedlung nicht weniger Zerstörung unter der Architektur anrichtet als das Bombardement des Kriegs.

108 Weißenhofsiedlung Stuttgart, Gesamtansicht mit dem Haus 24 Max Tauts im Vordergrund

Bauen in Beton, Eisen und Glas 1928–1932

*Bei Schulen, Krankenhäusern und im Fabrikbau, auch bei den Geschäftshäusern
der Städte treten zu den neuen Aufgaben die neuen Materialien,
so Beton, Eisen, Glas. Früher wusste man damit wenig anzufangen, fast schämte
man sich ihrer und kaschierte sie.[182]*
Max Taut, Neues Bauen in Deutschland

Mit seinen Wohnhäusern in der Weißenhofsiedlung wendet Max Taut sich 1927 erstmals
dem Eisen als Konstruktionsmaterial zu. Mitte
der zwanziger Jahre erreicht die Produktion
der Stahlindustrie ein Niveau, das nach den
Einschränkungen der Nachkriegsjahre eine
breite Verfügbarkeit des Materials gewährleistet. Der Einsatz von Eisen gewinnt im Bauwesen zugleich durch neue Techniken an Effizi-
enz, so dass seine Verwendung in größerem
Umfang möglich wird. Ein Jahr nach der
Werkbundausstellung in Stuttgart findet Max
Taut mit dem Bau für die Reichsknappschaft
Gelegenheit, den Rahmenbau auf einen großstädtischen Typus aus Eisen zu übertragen.
Daneben entstehen weiterhin Bürobauten in
Beton, deren Fassaden großzügig verglast
werden.

Verwandlung von Konstruktion in Architektur

*Das Knappschaftsgebäude am Breitenbachplatz
ist wohl der schönste Stahlskelettbau in Deutschland.[183]*
Julius Posener

Nach dem Zusammenschluss der regionalen
Knappschaftsvereine entsteht 1926 die Reichsknappschaft als Vereinigung der Sozialverbände des Bergbaus. Ihren neuen Verwaltungssitz
in Berlin lässt sie nach einem Wettbewerb
1928 durch Max Taut und Franz Hoffmann
ausführen. Als die Baugerüste fallen, bleiben
Passanten angesichts des neuen Kunstwerks
der Sachlichkeit stehen und Autos verlangsa-

109 Max Taut, Verwaltungsgebäude der
Reichsknappschaft in Berlin-
Wilmersdorf, 1928–1930, Aufnahme
2002

110 Max Taut, Treppenhaus des
Reichsknappschaftsgebäudes,
Innenansicht, Aufnahme 1999

111 Max Taut, Verwaltungsgebäude der Reichsknappschaft, Mittelbau mit Eingang und großem Sitzungssaal im Obergeschoss

112 Max Taut, Verwaltungsgebäude der Reichsknappschaft

men ihr Tempo – so zumindest berichten die Zeitungen des Jahres 1930.

Eine dreigliedrige Baugruppe mit einem exponierten Mittelbau, aus dem zwei Büroflügel abzweigen, ist auf einer Insel am Breitenbachplatz entstanden. Elegant folgt der längere Flügel dem leicht gekrümmten Straßenverlauf, während der kürzere mit einem halbrunden Abschluss zur offenen Bebauung vermittelt. Mit dieser Fügung gelingt es Max Taut, sowohl die städtebauliche Situation als auch die inneren Funktionen des Verwaltungsbaus klar zu ordnen.

Die keramische Haut des Gebäudes besteht aus violetten Siegersdorfer Tonplatten und Eisenklinkern, die zwischen rötlichen und bläulichen Tönen changieren. Mancher Kritiker sieht hier eine »düster anmutende Strenge«, auch wenn es gewiss ins Spekulative führt, darin eine symbolhafte Farbigkeit angesichts des Bergarbeiter-Sujets zu vermuten.[184] Aber das Außergewöhnliche dieser Fassade liegt darin, dass sie dem Betrachter durch die differenzierte und gliedernde Verwendung des Materials etwas über die innere Konstruktion mitteilt. Anders als beim Massivbau der Dorotheen-Schule, wo die Siegersdorfer Keramik eine homogene Fläche bildet, dient sie beim Reichsknappschaftsgebäude der Verdeutlichung der Rahmenstruktur. Das aus brandschutztechnischen Gründen innen liegende Eisenskelett wird mit violetten Platten linear nachgezeichnet, während die Rahmenfelder mit hochkant gestellten Klinkern ausgefacht sind. Dieses Prinzip der Sichtbarmachung

lässt die Konstruktion im Unterschied zu früheren Betonrahmen als subtile Illustration erscheinen, da anstelle plastischer Pfeiler und Balken ein feinmoduliertes Fassadenrelief tritt.

Die Identität von Konstruktion und Form sei unerlässliche Voraussetzung der Architektur, schreibt Ludwig Hilberseimer 1927. »Zunächst scheinen beide entgegengesetzt, aber gerade auf ihrer Verbindung, ihrer Einheit beruht Architektur. Konstruktion und Material sind die materiellen Voraussetzungen der architektonischen Gestaltung, stehen zu dieser in steter Wechselbeziehung.«[185] Die Konstruktion prägt die Form des Reichsknappschaftsgebäudes, doch bestimmt nicht sie allein die architektonische Gestalt. Max Taut gruppiert die Rahmenfelder der Fassade, indem er lediglich jede zweite Stützenachse als durchgehende Vertikale nachzeichnet und damit jeweils zwei Fenster zusammenfasst (Abb. 112 und 146). Bereits von der Dorotheen-Schule ist das Motiv des Zusammenfassens von Fenstern bekannt, die zur dahinter liegenden Einheit eines Klassenraums gehören. Beim Reichsknappschaftshaus findet sich eine vergleichbare Organisation, doch ergibt sich aus der räumlichen Funktion keine hinreichende Erklärung für das Gliederungsprinzip der Fassade, da ihr Zweier-Metrum auch bei größeren Raumfügungen und beim Sitzungssaal beibehalten wird. Die leicht horizontale Proportionierung ist als gestalterischer Ausdruck intendiert und erweist sich als architektonische Interpretation des Rahmenbaus. Max Taut betont die Schichtung der Etagen und verleiht dem Bau so eine nichtstrebende, ruhigere Gestalt. Zum Verhältnis von Form und innerer Struktur beim Reichsknappschaftsgebäude hält Julius Posener fest, dass in den zwanziger Jahren kein anderer Architekt so konsequent und fantasievoll Konstruktion in Architektur verwandelt habe.[186]

Sinnfällige Organik

Max Taut zeigt, dass architektonische Großzügigkeit und weiträumige Wirkung sich auch in einem schlichten Bau verwirklichen lassen. So kann der Eintretende von den verglasten Eingangstüren durch den hellen Mittelbau hindurch bis in die Gartenanlage sehen. Blickfang ist gleichwohl die im lichtdurchfluteten Raum aufragende Treppe aus schwarzem Kunststein, die als geschmeidig-straffe Skulptur ihre Schwingung an den Baukörper weiterzugeben scheint. Alfred Kuhn nennt den halbzylindrischen Treppenturm eine »typisch Max Tautsche Schöpfung«. Tatsächlich gehört das Treppenhaus als Außen- und Innenaufnahme zu den immer wieder gezeigten Motiven der Architektur Max Tauts (Abb. 113 und 290). Der junge Posener beurteilt 1931 dieses Treppenhaus als eine »schwierige Stelle«, offensichtlich skeptisch gegenüber der Zylinderform, die für einen rationalen Eisenrahmenbau nicht selbstverständlich erscheint. Doch kommt er zu dem Schluss, dass die Vorteile für den Innenraum damit nicht zu hoch bezahlt seien.[187]

Das Typische der »Max Tautschen Schöpfung« entwickelte sich in einem längeren Prozess, auch im Falle des Treppenhauses für die Reichsknappschaft, das im Wettbewerbsmodell noch nicht mit einem Halbzylinder abschloss. Kompositionen von geraden und gebogenen Formen setzen in den sachlichen Bauten Tauts erst Ende 1926 beim kleinen stählernen Wohnhaus an der Rathenaustraße auf der Werkbundausstellung ein. Sie werden im Treppenhaus der Dorotheen-Schule, im Reichsknappschaftsgebäude, aber auch in Entwürfen des Spätwerks fortgesetzt.

Max Taut wendet sich damit von der Strenge der rein kubischen Gestaltung ab, wie sie besonders ausgeprägt beim Chicago-Tribune-Hochhaus, dem Gesolei-Pavillon oder dem Sportforum zu finden ist. So führt ein im hegelschen Sinn dialektischer Prozess in der Architektur Tauts vom expressionistischen Bogen des Grabmals Wissinger über die rationale Komposition des Tribune-Towers zur sinnfälligen Organik, die mit Kreisgeometrien den Bauten Plastizität und Bewegtheit verleiht.[188]

Trotz dieser Tendenz bleibt Max Taut ein sachlicher Baumeister, der einer organisch-freien Beschwingtheit im Sinne Scharouns fern steht und sich nicht in diesem Sinne als *Tänzer* versteht.

Gewerkschaften und Neues Bauen

Zur Errichtung neuer Verwaltungs- und Versammlungsbauten loben die Gewerkschaften Ende der zwanziger Jahre mehrere Wettbewerbe aus. Hierzu lädt man überwiegend Vertreter des *Neuen Bauens* ein, namentlich Hannes Meyer, Erich Mendelsohn, Hugo Häring und Max Taut oder auch, im Wettbewerb um den Moskauer Zentrosojus-Sitz, Le Corbusier. Damit ergeben sich richtungsentscheidende Begegnungen Tauts mit anderen Protagonisten der Moderne.

Ideale Geometrie: Hannes Meyer – Max Taut

Im Unterschied zur Mehrzahl der Gewerkschaftsbauten steht die Bundesschule des ADGB nicht im Kontext großstädtischer Bebauung. Sie liegt in einem Kiefernwald nahe Bernau und dient als Schule zur Weiterbildung von monatlich 120 Arbeitern, die in den gewerkschaftlichen Organisationen tätig sind. Der Schulbau soll nach Vorstellungen des Bauherrn durch seine Raumgestaltung das Gemeinschaftsgefühl stärken und auf die Lebensführung der Besucher erzieherisch wirken. Nach den ersten Berliner Gewerkschaftsbauten von Max Taut erwartet der Gewerkschaftsbund auch hier ein Musterbeispiel moderner Baukultur. Zu den Architekten, die 1928 zum engeren Wettbewerb eingeladen werden, gehören Erich Mendelsohn, Max Berg, Max Taut und die Arbeitsgemeinschaft Hannes Meyer und Hans Wittwer, deren Entwurf den ersten Preis erhält und ausgeführt wird.

Max Taut, mit dem dritten Platz ausgezeichnet, konzipiert einen *Baukristall* in Gestalt eines Dreiflügelbaus, wobei der Gemeinschaftsbereich im Zentrum eine starke Akzentuierung erfährt (Abb. 114).[189] Der sechseckige Kern der symbolischen Figur, deren ideal-geometrische Form singulär im tautschen Werk ist, schafft schöne Räume für die große Empfangshalle, den Vortragssaal und den Speisesaal. Vom Zentralbau strahlen in klarer funktionaler Trennung drei Flügel aus: zwei Wohnflügel mit Ausrichtung zu einem kleinen See und ein Klassenflügel mit Orientierung zum Wald. Die Einbindung in die Kiefernlandschaft mit ihrer Geländemodulation scheint jedoch aufgrund der eindeutigen Baukörpergeometrie weniger überzeugend als beim Vorschlag von Meyer und Wittwer (Abb. 115). Deren Entwurf zeigt eine dem unregelmäßigen Terrain folgende Figur, die durch Wiederholung kleiner Raumgruppen zugleich eine klare und spannungsvolle Schulanlage bildet. Während Max Taut den Gemeinschaftsbereich in den Mittelpunkt rückt, entwickeln Meyer und Wittwer eine komplex gestaffelte Komposition mit dem Hauptbaukörper im Schnittpunkt der Achsen, so dass insgesamt eine durch den Ort bedingte Gestalt entsteht. Hannes Meyer, der kurze Zeit zuvor das Amt des Bauhausdirektors übernommen hat, kann den Entwurf als erstes Bauhausprojekt gemeinsam mit Hans Wittwer und Studenten des Bauhauses ausführen.

GROSSSTADTARCHITEKTUR: ERICH MENDELSOHN – MAX TAUT

Der Deutsche Metallarbeiterverband beschließt 1928, seinen Hauptsitz von Stuttgart nach Berlin zu verlegen, und lobt einen Wettbewerb zur Planung eines neuen Verwaltungsbaus in der Hauptstadt aus. Neben Max Taut und Erich Mendelsohn werden der Stuttgarter Architekt Paul Bonatz und der weniger bekannte Rudolf W. Reichel eingeladen, der sich, für viele überraschend, mit seinem Beitrag durchsetzen kann. Ihm wird gemeinsam mit Erich Mendelsohn die Ausarbeitung des Projekts übertragen, doch lässt der 1930 vollendete Bau unzweifelhaft die Handschrift Mendelsohns erkennen. Werner Hegemann geht so weit zu behaupten, Reichel müsse Mendelsohn dankbar sein, da er ihn vor der Ausführung seines preisgekrönten gotisierenden Entwurfs im Teutonenstil bewahrt habe.[190] Bereits in seinem ursprünglichen Vorschlag präsentiert Mendelsohn eine konkave Front des Kopfbaus, bezieht jedoch den gegenüberliegenden Block ein, um eine charakteristische Großstadtsituation mit geschwungener Fassadenlinie zu schaffen. Max Taut konzentriert sich auf das ausgeschriebene dreiecksförmige Areal und betont mit einem zylinderförmigen Kopfbau die Grundstücksspitze (Abb. 116). Der sich optisch in den Straßenraum schiebende Baukörper nimmt die zentralen Gemeinschaftsbereiche auf. An der Alten Jakobstraße schließen sich die Büros als Blockrandbebau-

113 Max Taut, Verwaltungsgebäude der Reichsknappschaft in Berlin-Wilmersdorf 1928–1930, Treppenhaus

114 Max Taut, Entwurf zur Bundesschule des ADGB in Bernau, Modell 1928

115 Hannes Meyer, Bundesschule des ADGB in Bernau, 1928–1930

116 Max Taut, Entwurf zum Haus des Metallarbeiterverbandes, Perspektive 1928

117 Erich Mendelsohn und Rudolf Reichel, Haus des Metallarbeiter-verbandes, Fertigstellung 1930

ung an, während Taut zur Lindenstraße einen Vorplatzbereich ausbildet.

Der Wettbewerb zeigt in direktem Gegenüber die Konzepte beider Architekten, die mit ihren Bauten die Berliner Großstadtarchitektur prägen: Bei Erich Mendelsohn fällt die Variationsbreite im Entwurf auf, die von einer Schichtung der Etagen mit Bandfassaden bis zur stärkeren Einzelbetonung der Fenster reicht. Max Taut thematisiert die aus dem Rahmenbau entwickelte ausgleichende Gliederung und verleiht der Gebäudegestalt durch Elemente einer sinnfälligen Organik ihre starke Plastizität.

NEUES BAUEN IN MOSKAU: LE CORBUSIER – MAX TAUT

Mit seinem Beitrag zur Ersten Deutschen Kunstausstellung in Moskau und Leningrad ist Max Taut bereits 1924 in der Sowjetunion als Vertreter des *Neuen Bauens* vorgestellt worden.[191] Im Juli 1928 erfolgt die Auslobung eines Wettbewerbs für das Gebäude der Union der russischen Konsumgenossenschaften Zentrosojus. Während bei einem Wettbewerbsverfahren im Januar des Jahres lediglich russische Architekten eingeladen wurden, zieht man nun auch einige ausgewählte Architekten aus dem Ausland hinzu. Neben Max Taut gehört Le Corbusier hierzu, dessen Entwurf prämiert und zur Ausführung bestimmt wird. Das Programm fordert für 2500 Angestellte Büros nach dem neuesten Stand der Technik und Gemeinschaftseinrichtungen vom großen Versammlungssaal über eine Bibliothek bis zum Theater, um Arbeit und Freizeit an einem Ort zusammenzuführen.

Zum Entwurf Max Tauts schreibt Alfred Kuhn, es handle sich um eine Vorwegnahme von Prinzipien, die erst später beim ADGB-Haus in Frankfurt verwirklicht werden können (Abb. 118). »Hier ist schon der prachtvoll klare Grundriss, die Kubik von der Überzeugungskraft eines orientalischen Hauses, die Auflockerung der Baumasse durch Fenster, jedoch nicht hervorgegangen aus ästhetischen Überlegungen, sondern aus der Sache der Bauaufgabe selbst.«[192] Charakteristisch ist die Baukörperstaffelung: An das zentrale Turmgebäude schließen drei unterschiedlich hohe Gebäudeflügel an, denen die verschiedenen Nutzungen zugeordnet sind. Auch hier entscheidet sich Max Taut für einen Rahmenbau, der aus einer äußerst schlanken Tragstruktur besteht und dessen Fassadenfelder gemäß der Forderung nach dem neuestem Stand der Technik großflächig verglast sind.

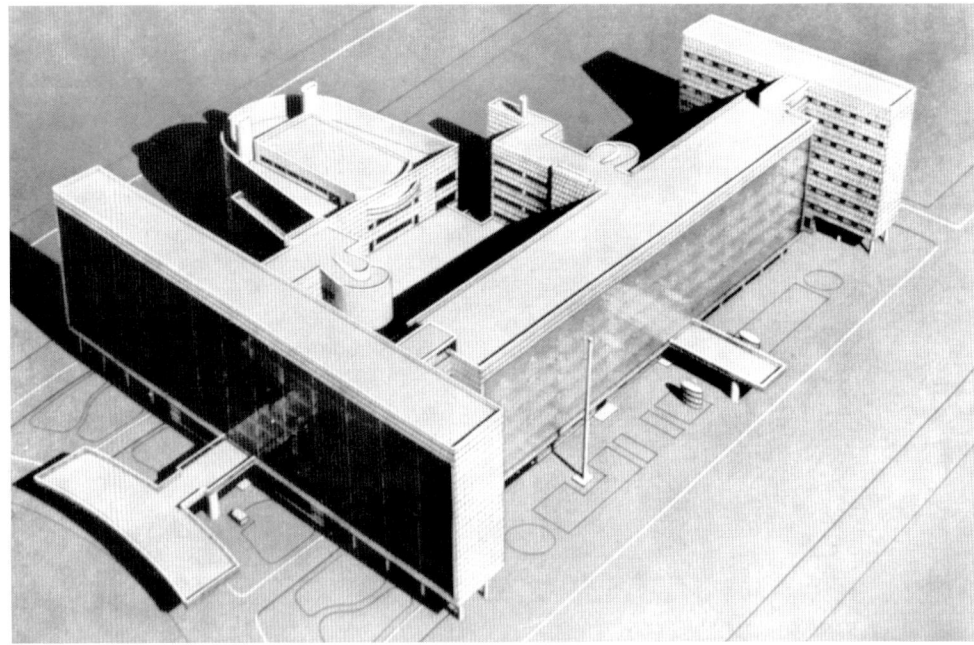

Bruno Taut stellt in seiner Publikation *Neue Baukunst in Europa und Amerika* den Entwurf seines Bruders vor und schreibt zu der Entwicklung in der Sowjetunion und den dort tätigen Architekten: »Für sie wird der Beton, das Glas und das Eisen selbst zum Symbol des Kollektivismus, sie geben ihm durch die Art der Verwendung eine immanente Ideenkraft und gelangen so zu einem Idealismus, der über die sachliche Grundlage zuweilen hinausschießt. Doch hat diese Auffassung bisher wenig Gelegenheit zur Verwirklichung erhalten.«[193] Den zur Ausführung bestimmten Zen-

118 Max Taut, Entwurf zum Verwaltungsgebäude der Konsumgenossenschaften der UdSSR (Zentrosojus), Modell 1928

119 Le Corbusier, Entwurf zum Verwaltungsgebäude der Konsumgenossenschaften der UdSSR (Zentrosojus), Modell 1928

120 Max Taut, Entwurf zum Bank- und Bürohaus des ADGB in Berlin, Modell 1929

121 Hannes Meyer, Entwurf zum Bank- und Bürohaus des ADGB in Berlin, Axonometrie 1929

zeit eine konstante Temperatur von 18 Grad erlaubt.[195] Zwei Jahre nach Baubeginn berichtet der inzwischen in Moskau arbeitende Hannes Meyer vom Stillstand der Bauarbeiten am Zentrosojus-Komplex und erklärt dies mit dem Materialmangel: »Das angefangene Werk lassen wir liegen wie einen begonnenen Kuchen, damit wir unser täglich Brot haben.«[196]

NICHT GENEHM: HANNES MEYER – MAX TAUT

Die Bebauung des ADGB-Areals an der Wall- und Inselstraße in Berlin soll Ende der zwanziger Jahre mit einem Neubau für Büros und einer Bank für Arbeiter, Angestellte und Beamte komplettiert werden. Bereits 1924 hat Max Taut einen Vorschlag hierzu unterbreitet, auf den der Gewerkschaftsbund jedoch nicht zurückgreift.[197] Stattdessen lobt er fünf Jahre später einen Wettbewerb aus, zu dem, neben Max Taut, Richard Döcker, Fred Forbat, Hugo Häring, Paul Mebes, Hannes Meyer und Walter Würzbach geladen werden.

Max Tauts Entwurf berücksichtigt den Wunsch des Bauherrn nach einer etappenweisen Bebauung und weicht deutlich vom früheren Konzept ab (Abb. 120). Die Ecksituation zur Spree wird durch einen schlanken Turm markiert, der eine spannungsvolle Zäsur innerhalb der dichten Blockbebauung bewirkt. Im Vergleich zu den kleineren Standardfenstern im Bestandsbau, die ein Zugeständnis an die damaligen finanziellen Einschränkungen sind, gewinnt das Erscheinungsbild der Erweiterung durch die großzügige Verglasung der Rahmenfelder. »Die Architektur ist hervorragend gut«, schreibt die Jury zum Entwurf, der den ersten Preis erhält, »besonders auch insofern als sie nicht nur die Architektur des vorhandenen Altbaues in hervorragender Weise ergänzen würde, sondern diese in sich noch zu einer bedeutenden Steigerung bringt.«[198] Auch einer der Wettbewerbsteilnehmer, Hannes Meyer, vertritt die Auffassung, dass allein Max Taut als Architekt des bestehenden Hauses die Ehre für die Ausführung des Erweiterungsbaus gebühre. »wenn der ADGB einen wettbewerb ausschreibt, für den neubau der arbeiterbank, so kann es nicht in seiner absicht liegen, das durch max taut während der schwierigsten inflationszeit hochwertig erstellte gebäude durch einen anbau zu vergrößern, ein solcher auftrag gebührt nur einem: max taut.«[199] Entsprechend setzt Hannes Meyer sich über die Wettbewerbsvorgaben hinweg und formuliert die Aufgabe für sich neu, so dass er ein radikales Konzept für das gesamte

trosojus-Entwurf von Le Corbusier kritisiert Bruno Taut als ein Beispiel pseudorationaler Artistik und bedauert, dass man in Moskau einem »blendenden Talent« unterlegen sei.[194]

Le Corbusier hat dominante Büroscheiben in rechtwinkliger Anordnung entworfen, denen freiere Baukörper angegliedert sind (Abb. 119). Die Hauptbauten zeigen Fassaden mit einer Glashaut, die einer maximalen Belichtung der Büros dienen soll. Hierbei sieht Le Corbusier modernste technische Gebäudeinstallationen vor und plant ein System aus Heizung und Ventilation, das zu jeder Jahres-

Areal entwickelt. Seine Idee stellt einen programmatischen Ansatz für den großstädtischen Bürobau dar, ohne dass die Absicht der
Realisierung im konkreten Fall im Vordergrund steht (Abb. 121).

Zur Ausführung bestimmt der Vorstand
des ADGB überraschend den Beitrag von Walter Würzbach, dessen Entwurf mit dem von
Mebes und Emmerich auf die nächsten Plätze
gesetzt war. Die Gründe für diese Entscheidung sind schwer nachvollziehbar, und so
äußert Adolf Behne, der selbst Jurymitglied
war, im *Neuen Frankfurt* sein Unverständnis
hierüber. Er erklärt das Haus an der Wallstraße zur Wende in der Baugeschichte des
ADGB:

Max Taut, ein Künstler von Rang, ein auf-
rechter unabhängiger Mensch, war dem Bauherrn
nicht genehm, nicht bequem. Der ADGB lehnt
ihn für die Zukunft ab. Zwar gewinnt Max Taut
den ersten Preis im Wettbewerb für die Erweite-
rung seines Baus in der Inselstraße, und zwar
nach einstimmigem Urteil der Preisrichter, aber
den Bau erhält er nicht. Statt Max Taut wird also
Walter Würzbach, von dem bisher nur mondäne
Arbeiten bekannt wurden, den Bau Max Tauts
weiterführen.[200]

Bis ins Jahr 1998, da eine ahistorische
Sanierung die Fassadenstutzung des tautschen
Baus an der Wallstraße besiegelt, setzt sich die
mangelnde Wertschätzung Max Tauts durch
einzelne Gewerkschaftsverbände fort.

EIN VOLKSHAUS
FÜR FRANKFURT AM MAIN

Der Bau wirkt wie das formgewordene Programm
der Neuen Sachlichkeit.[201]
Julius Posener über Max Tauts Frankfurter
Gewerkschaftshaus

Noch vor der umstrittenen Entscheidung in
Berlin wendet sich Max Taut 1929 einem Ge-
werkschaftsprojekt außerhalb der Hauptstadt
zu – dem ADGB-Haus in Frankfurt. Zum
Wettbewerb sind vorwiegend ortsansässige Architekten geladen, unter ihnen der Frankfurter
Ernst Balser, der ebenso wie Max Taut in einer
zweiten Stufe zur Überarbeitung seines Beitrags aufgefordert wird. Für die modifizierte
Entwurfslösung erhält Max Taut den Zuschlag
und wird mit der Realisierung des Projekts betraut. Wie schon in Berlin gilt es auch in der
Main-Metropole, ideell an die ersten modernen Gewerkschaftsbauten anzuknüpfen und
die einstige Wendung in der Baugeschichte
des Gewerkschaftsbundes in eine konsequente
Haltung überzuleiten. Fast selbstverständlich
erscheint es mithin, dass Max Taut die aus
dem Fabrikbau hergeleitete Rahmenkonstruktion wählt. Im Falle Frankfurts jedoch besteht
die Aufgabe nicht in der Komplettierung eines
vorhandenen Bürokomplexes, sondern in der
Errichtung eines neuen Volkshauses als
»Wahrzeichen der Arbeiterschaft und der neu-
en Zeit«. In den zwanziger Jahren ist die Mit-
gliederzahl des ADGB in Hessen rasch ange-
stiegen, so dass ein um die Jahrhundertwende
entstandenes Gewerkschaftsgebäude trotz
mehrfacher Erweiterung den Erfordernissen
nicht mehr genügt. Diese Situation wünscht
man mit der Verwirklichung eines gut durch-
dachten Neubaus zu beheben, der ohne Luxus
unterschiedliche Funktionen erfüllen soll: Ver-
sammeln, Verwalten und Beherbergen.

Die neue Anlage erstreckt sich unmittelbar am Mainufer auf dem Gelände eines
früheren Barockgartens (Abb. 123 und 124).
Dabei besteht das Volkshaus aus mehreren
Baukörpern, die so gruppiert sind, dass der alte Baumbestand des Gartens weitgehend erhalten bleibt. Zur Mainseite ist ein Hotel für
die Gäste der Gewerkschaften vorgesehen, vis-
à-vis an der heutigen Wilhelm-Leuschner-
Straße erhebt sich das Bürohaus und zwischen
beiden Teilen liegt vermittelnd der Saalbau.
Realisiert werden kann aus diesem Ensemble
lediglich das Bürohochhaus; dieser Verzicht ist
nicht, wie bei anderen Projekten der Zeit, mit
der einsetzenden Rezession zu erklären, son-

122 Max Taut, Bürohaus des
Allgemeinen Deutschten
Gewerkschaftsbundes in Frankfurt,
1929–1931

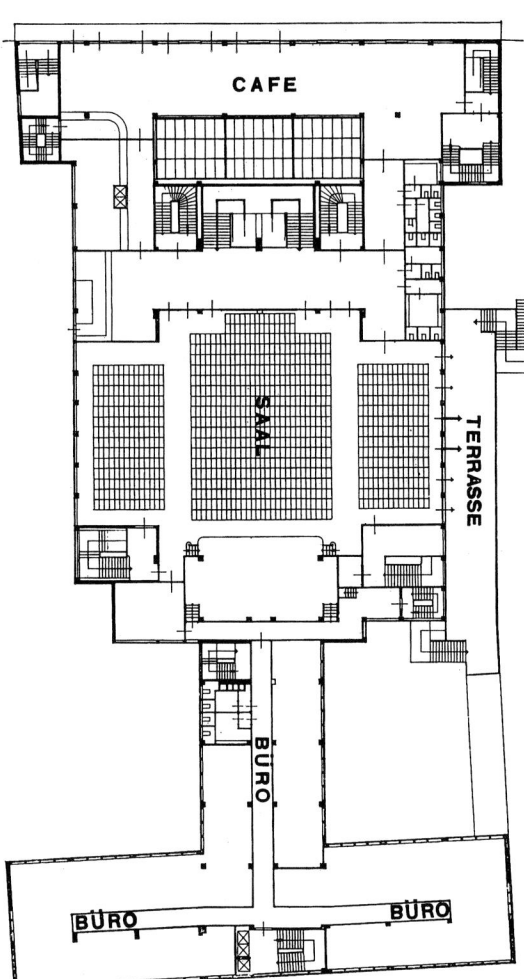

123 Max Taut, Bürohaus des ADGB in Frankfurt, Blick vom Main mit ursprünglicher Hotelplanung

124 Max Taut, Bürohaus des ADGB in Frankfurt, Grundriss der ursprünglichen Gesamtplanung mit nicht realisiertem Hotel und Saalbau

migung für das Bürohochhaus erteilt, setzen sich die Kläger gegen die Ausführung der anderen beiden Bauten durch.

Das Turmhaus: Ein glücklich gewählter Auftakt

Adolf Behne sieht in dem neuen Frankfurter Gewerkschaftshaus für das Turmpanorama der Stadt einen Auftakt, der kaum glücklicher gewählt sein könne.[202] Tatsächlich wirkt das Bürohaus als Turm, was allerdings bei neun Geschossen nicht allein auf die tatsächliche Höhe von rund dreißig Metern zurückzuführen ist, sondern auf die elegant-schlanke Proportionierung und die Positionierung der Schmalseite zum Straßenraum. Die Durchdringung des Hochhauses mit einem dreigeschossigen Flachbau an der Straße verstärkt diesen Eindruck, so dass aus Passanten-Perspektive der dreimal höhere Bürotrakt effektvoll in die Höhe wächst. Seine Vertikalität wird durch das Treppenhaus akzentuiert, das mit einer durchgehenden Verglasung den modernen Turmcharakter unterstreicht. Wie beim Reichsknappschaftshaus kommt der Treppe gestalterisch größte Bedeutung zu, denn sie ist Ausgangspunkt für die Organisation und Bewegung des Baus, während die strenge Reihung der Büroräume allein kein übergeordnetes Motiv zur Gliederung bietet.[203] Den horizontalen Brüstungs- und Fenstergruppen

dern mit einer Beschwerde der Anwohner. Sie empfinden ein Volkshaus als stilfremdes Element im gutbürgerlichen Villenviertel und reichen Klage bei Gericht ein. Während auf Weisung des Regierungspräsidenten Ehrler, vormals Sekretär des Metallarbeiter-Verbandes, der Frankfurter Magistrat die Baugeneh-

der Längsseiten steht damit die Treppenvertikale gegenüber, so dass der strenge Baukörper seine Spannung aus dem Kontrapunkt von Horinzontale und Vertikale bezieht.

Das ADGB-Haus sei von allen deutschen Hochhäusern dasjenige, das am wenigsten den Wolkenkratzer markiere, konstatiert Adolf Behne und ergänzt, dass es seine Wirkung »ohne jeden monumentalen Krampf« erziele.[204] Diese Charakterisierung erinnert an den 1922 entstandenen Entwurf des Tribune-Towers als frühes Beispiel einer rationalen Architektur unter Verzicht auf jede willkürliche Zutat. Damals hat man jedoch – nicht nur in Chicago – die gotisch dekorierte Monumentalität gegenüber der ablesbaren Konstruktion vorgezogen, so dass Max Taut erst im Jahr 1931 einen Turm mit gleicher Konsequenz, wenn auch in kleinerem Maßstab baulich umsetzen kann.

»Bauen heißt die Unendlichkeit des Raumes für sich begrenzen, heißt einen Ausschnitt aus ihm machen, der dem gewollten Zweck entspricht.« Mit dieser Einleitung zu Max Tauts Bauten beschreibt Alfred Kuhn 1932 eine Architektur, die das Wesen des Gebäudes von innen heraus, also vom Grundriss, entwickelt. Unter diesem Aspekt betrachtet, erscheint der Frankfurter Bau als Ergebnis eines kontinuierlichen Prozesses vom Tribune-Tower über den Zentrosojus-Entwurf bis in die frühen dreißiger Jahre.

Ludwig Mies van der Rohe hat die Prinzipien des Bürobaus 1923 in seinen *Arbeitsthesen* formuliert und mit seinem prototypischen Entwurf verdeutlicht. Er definiert das Bürohaus als ein Haus der Arbeit, in dem sich Organisation, Klarheit und Ökonomie verbinden. Helle weite Arbeitsräume sollen analog zum Organismus des Betriebs gestaltet sein.[205] Das Frankfurter Haus ist ein solches Haus der Arbeit, das diesen radikalen Anspruch innen wie außen darstellt und seinen Zweck beispielhaft artikuliert – lange bevor Mies selbst einen ersten Bürobau errichten kann. Der Konstruktionsraster ist aus der Funktion abgeleitet und erklärt sich aus der Größe der Arbeitsplätze, wobei als Norm der Schreibtisch mit seiner festen Beziehung zu seiner Lichtquelle dient. Kleinste Einheit ist das zweifenstrige Büromodul von zwölf Quadratmetern mit einem Schreibtisch. Es kann um einen oder zwei Schreibtische mit jeweils einem weiteren Fenster ergänzt werden, da im Inneren nur leichte Trennwände eingesetzt sind. Mit seiner Breite von 6,25 Meter fasst der Konstruktionsrahmen jeweils vier Fensterachsen zusammen und zeichnet sich als tragende Struktur in der Fassade auch farblich gegenüber den dunkleren Fensterpfosten ab.

Wie beim älteren ADGB-Haus in Berlin verwendet Max Taut für die Konstruktion Eisenbeton, ein Material, das ihm erlaubt, die Tragstruktur unverhüllt zu lassen und den Rahmen zum wesentlichen Ausdruckselement des Bauwerks zu machen. Der Beton bleibt hierbei nicht roh, sondern wird, ähnlich den scharrierten Flächen des Buchdruckerhauses, steinmetzartig nachbehandelt, so dass die Bearbeitung dem Sichtbeton seine Nuanciertheit gibt. Im Unterschied zu früheren Gewerkschaftsbauten wird der Betonraster jedoch nicht mehr plastisch moduliert, sondern bildet eine ruhige, fast zurückhaltende Struktur, bei der vertikale und horizontale Glieder in einer Ebene liegen. Max Taut schafft so einen großstädtischen Bürohaustyp, der in seiner klaren Kontur kubisch betont wirkt und durch die präzise Proportionierung des Rahmens und die sorgfältige Materialwahl seine individuelle Prägung erhält.

Von den Mitteln der Gegenwart und der Koketterie mit dem Unzeitgemässen

Max Tauts Frankfurter Gewerkschaftshaus ist Anfang der dreißiger Jahre eine singuläre Erscheinung im deutschen Hochhausbau. Die wenigen verwirklichten Hochhäuser der Zeit stammen oftmals von Architekten aus traditio-

125 Max Taut, Bürohaus des ADGB in Frankfurt, Blick von der Wilhelm-Leuschner-Straße, vormals Bürgerstraße

nellen Kreisen und orientieren sich an gotischen Türmen oder blockhaften Campanilevorbildern. Beispiele hierfür sind das Düsseldorfer Stumm-Haus von Paul Bonatz oder das Leipziger Krochhochhaus von German Bestelmeyer. Neue funktionale und sachliche Lösungen tauchen vor allem in den Großstadtwettbewerben auf: So erhalten Erich Mendelsohn sowie das Atelier Mebes und Emmerich mit dem jungen Mitarbeiter Paul Baumgarten 1929 jeweils einen ersten Preis für ein Hochhaus an der Berliner Friedrichstraße, ohne dass diese Vorschläge jedoch realisiert werden. Am mendelsohnschen Entwurf erscheint die unterschiedliche Gestaltung der Baukörper bemerkenswert: Während der lang gestreckte Körper eine Bandfassade zeigt, wird das 18-geschossige Hochhaus durch eine Lochfassade in der Lotrechten betont. Das Fassadenbild wird stärker aus der Form der Baukörper abgeleitet und lässt sich nicht allein aus der Funktion erklären. Demgegenüber gestaltet Max Taut die Fassaden in Frankfurt als reine Artikulation des Zwecks und verwendet für alle Verwaltungsbereiche vom zeilenartigen Flachbau bis zum Hochhaus den gleichen, am Büromodul orientierten Rahmen.

Angesichts der sich in Frankfurt zuspitzenden Situation zwischen Traditionalisten und Vertretern einer neuen Architektur Anfang der dreißiger Jahre kommentiert Adolf Behne den Bau nach der Fertigstellung unter dem Aspekt der Modernität, die sich hier ohne modische Attitüde darstelle.

Wenn wir konstatieren, wie vollkommen dieses Haus, das ein in Ostpreußen geborener, in Berlin wirkender Architekt in der alten Mainstadt baute, mit dem Besten dieser Stadt künstlerisch zusammengeht, so müssen wir hinzufügen, dass es dieses leistet ohne jede mimikryhafte Anpassung an ein formales Milieu – und entgegen gewissen Tendenzen, die immer wieder auftauchen, möchten wir diese gesunde und natürliche Haltung des Taut'schen Baues ganz entschieden unterstreichen. ... Solches Koketterien mit dem ›Unzeitgemäßen‹ halten wir für eine recht lahme Akademikergeste. Auf solche und auf jede andere Geste verzichteten Max Taut und sein Gewerkschaftsbau in Frankfurt. Der hält sich genau so fern von markierter, gespielter Moderne wie von gemimter Biederkeit. Er ist genau so wenig gewollt ›international‹ wie gesucht ›deutsch‹. Er ist mit den besten Mitteln, die die Gegenwart bietet, ehrlich und vernünftig geformt, gesund gedacht, sicher gebaut und mit Takt und Noblesse geformt ...[206]

Dem Gewerkschaftsbund bleiben nach der Einweihung des Hauses im Juli 1931 keine zwei Jahre, die neue Stätte zu nutzen, da das Gebäude im Mai 1933 durch die Nationalsozialisten beschlagnahmt wird. Nach der Verhaftung von Gewerkschaftsmitgliedern zieht die Deutsche Arbeitsfront in das Haus. 1946 wird das Gebäude an den Gewerkschaftsbund rückübertragen und einige Jahre später kann Max Taut das unvollendet gebliebene Volkshaus ergänzen, zwar nicht mit Hotel und Saalbau der ursprünglichen Planung, doch errichtet er 1949 an der Mainseite ein zweites Bürohaus mit einer vergleichbaren inneren Organisation.

BAUEN FÜR DIE KONSUMGENOSSENSCHAFT I: EINE GROSSBÄCKEREI

Am hemmungslosesten hat sich die Verwirklichung neuer Baugedanken im Industriebau vollzogen.
Ludwig Hilberseimer, Großstadtarchitektur 1927

Mit der Berliner Konsumgenossenschaft gewinnt Max Taut einen Auftraggeber, der, wie die Gewerkschaften, sozialreformerische Absichten verfolgt. Die organisierten Verbraucher der genossenschaftlichen Vereinigungen sind nicht nur Kunden, sondern Träger ihres Unternehmens, so dass die Kosten des privatwirtschaftlichen Zwischenhandels eingespart werden können. Als Ziel wird die Ausweitung des unternehmerischen Betätigungsfeldes gesehen, wozu die Errichtung von Fabriken

127 Max Taut, Großbäckerei der Konsumgenossenschaft in Berlin-Spandau, 1928–1930

gehört, so dass nach und nach an die Stelle der kapitalistischen Wirtschaftsordnung ein organisiertes genossenschaftliches System tritt, in dem der Konsument zugleich Eigentümer und Produzent ist. So fordert man, auf eine Kurzformel gebracht, die Eroberung der Wirtschaft durch den Verbraucher.[207] Bereits in der Siedlung Eichkamp und im Verbandshaus der Buchdrucker hat Max Taut kleinere Konsumläden geplant. Ende der zwanziger Jahre kann er zwei Großprojekte für die prosperierende Konsumgenossenschaft in Berlin verwirklichen: eine Großbäckerei in Spandau und ein Warenhaus am Oranienplatz in Kreuzberg.

EIN MODERNER ZWECKBAU

Der Blick ist in die Weite des Raums gerichtet, der Himmel darüber wird durch ein Vordach angeschnitten und im Hintergrund erscheint ein lang gestreckter Baukörper – die Großbäckerei (Abb. 127). Mit diesem Bild eines programmatischen Baus illustriert Alfred Kuhn sein Vorwort zur Publikation über Max Taut. Die Konsumgroßbäckerei in Spandau ist nach der Tuchfabrik in Finsterwalde und dem Druckereigebäude in der Dudenstraße der dritte Industriebau im tautschen Œuvre. »Was auch dem nur flüchtigen Besucher auffällt, ist die Sicherheit, ja ist die Schönheit in der Massenverteilung beim Bäckereigebäude, dessen wahrhaft edle Verhältnisse nicht den Vergleich mit den berühmten Bauten der Vergangenheit zu scheuen haben«, rühmt Kuhn den Ende 1930 fertig gestellten Bau.

128 Max Taut, Expeditionshalle der Großbäckerei. Die Auslieferungshalle hat eine Länge von 175 Metern.

Mit der Konsumbäckerei kann Max Taut eine Großanlage verwirklichen, die durch ihre Klarheit und einfache Ordnung überzeugt. Die Aufgabe bestand in der Organisation einer komplexen Ablauffolge für eine möglichst rationelle Produktion von Backwaren. Entstanden ist ein über 230 Meter langer Baukörper, dem eine Reihe von Einzelgebäuden zugeordnet wird. Die Komposition der Anlage resultiert aus einem präzise angelegten Gegenüber von Produktionsstätte und bedienenden Bauten wie Lager, Kesselhaus und technischer Zentrale (Abb. 129 und 295).

Der Fluss der Güter verläuft quer zur linearen Baustruktur: Über den Schienenweg wird die Fabrik an der nördlichen Seite mit Rohstoffen beliefert, während die produzierten Waren an den Rampen der Südseite mit Lastwagen abtransportiert werden. Im Inneren der Bäckerei herrscht eine exakt synchronisierte Abfolge der Prozesse vor: Die Rohstoffe durchlaufen von oben nach unten verschiedene Stationen mittels Aufzügen, Transportbändern und Hängebahnen, bis die Verarbeitung so weit abgeschlossen ist, dass im Erdgeschoss fertig verpackte Produkte zur Auslieferung bereitliegen. Dieser vertikale Produktionsweg führt zu einer hohen Ökonomie im Betriebsablauf und damit zur Einsparung von Arbeitskräften, was allerdings angesichts der Rezession auch als kontrapunktiver Effekt gesehen wird. Die Vergrößerung des Produktionsvolumens und die daraus resultierende preisgünstigere Herstellung geht auf jenes damals oft zitierte Prinzip Henry Fords nach äußerster Rationalisierung zurück – in der Spandauer Großbäckerei ist es modellhaft umgesetzt.

Die Baukörper sind entsprechend den Erfordernissen des komplexen Fertigungsprozesses differenziert gestaltet. Entstanden ist eine Kombination aus Hallen- und Geschossbau, der eine optimale Organisation der Arbeits- und Produktionsbereiche ermöglicht, zu denen das hochgelegene Rohstofflager, Teig- und Kneträume sowie Mammutöfen und Packstellen gehören. Ebenerdig schließt sich das Auslieferungsareal mit der in ihrer Klarheit beeindruckenden Expeditionshalle an (Abb. 128). Während der Hochbau durch Fenster belichtet wird, sind im Hallenbereich Satteloberlichter und Deckenfelder aus Glasbausteinen eingesetzt, so dass sich ein wechselvolles Spiel zwischen offenen und geschlossenen Fassadenabschnitten ergibt.

Vergleichbar erscheint dieser Entwurf mit dem der Norma Werkzeugmaschinenfabrik von 1923, deren Disposition ebenso auf der Idee einer ökonomischen Wegfolge von der Anlieferung des Rohmaterials bis zur Verladung der fertigen Produkte basiert. Wenngleich die Funktionalität dieser Fabrikationsstätten im Vordergrund steht, orientiert sich Max Taut nicht an der Maschinenästhetik der Konstruktivisten, sondern gestaltet den Fabrikbau aus der Verbindung von Tektonik und Leistungsform.

129 Max Taut, Großbäckerei der Konsumgenossenschaft, Luftbild der Gesamtanlage

Von den Möglichkeiten des Eisenbaues

Der Entschluss, die Großbäckerei als Eisenbau auszuführen, geht nicht zuletzt auf die angestrebte Optimierung der Bauzeit zurück, die kaum mehr als fünfzehn Monate in Anspruch nimmt. In der Zeitschrift *Der Stahlbau* – die Bezeichnung setzt sich erst gegen Ende der zwanziger Jahre gegenüber dem Begriff Eisenbau durch – wird der Bau als einer der größten zeitgemäßen Berliner Stahlskelettbauten en détail vorgestellt. Er ist zugleich Ergebnis einer produktiven Zusammenarbeit mit dem erfahrenen Ingenieur Salomonsen, der auch mit Erich Mendelsohn verschiedene Projekte ausführt.

Die Konstruktion zeichnet sich entsprechend den inneren Funktionen auf unterschiedliche Weise an der Fassade ab: Im obersten Geschoss erscheint sie als feines Relief von Linie und Fläche, wobei die Eisenprofile gegenüber dem dünnen Mauerwerk sichtbar hervortreten. In den darunter liegenden Etagen ergibt sich ein schönes Wechselspiel von Pfeilern aus Buntklinkersteinen und großzügigen Glasflächen. Die Eisenkonstruktion ist hier im kräftigeren Mauerwerk integriert und zeigt sich lediglich im Innenraum. Dem Fabriktrakt vorgelagert ist die Expeditionshalle mit der sachlichen Ästhetik ihrer stählernen Dreigelenkrahmen, die 15 Meter weit spannen.

Im Vergleich zum früheren Eisenbau von Max Taut, dem Reichsknappschaftsgebäude, fällt auf, dass der Einsatz desselben Materials eine sehr unterschiedliche architektonische Interpretation erfährt. Beim Haus der Knappschaft findet die Reihung der Bürozellen ihr Äquivalent in der feinen Nachzeichnung des Konstruktionsrasters an der Fassade, während der Fabrikbau mit seiner stärker flächigen Fassadenausbildung auf die ungeteilten Räume verweist, in denen die Produktion der Backwaren erfolgt. Die architektonische Interpretation des Rahmenbaus ist nicht allein durch das verwendete Material bedingt, sondern durch den Zweck des Gebäudes.

In der Zeitschrift *Der Stahlbau* wird aus bautechnischer Sicht das Berliner Kraftwerk Klingenberg, das 1927 ans Netz geht, in Beziehung zur Großbäckerei gesetzt. Die rückwärtigen Bauteile des Kraftwerks sind funktional-konstruktiv gestaltet und belassen den Eisenbau sichtbar, hingegen zeigen die Fassaden zu den öffentlichen Bereichen ungeachtet des gleichen Konstruktionsprinzips einen repräsentativen Ausdruck mit starker Vertikalbetonung. Damit steht einer Kaschierung der Konstruktion beim Kraftwerk die Interpretation der Struktur bei der tautschen Großbäckerei gegenüber. Alfred Kuhn stellt Tauts Fabrik folgerichtig als eines der wenigen Beispiele heraus, die sich der Mode in jeder Richtung

131 Max Taut, Großbäckerei, Blick auf die technische Zentrale. Das gläserne Vordach kragt über acht Meter frei aus und zeigt dank der Montage unterhalb der Träger eine flächig-ruhige Untersicht.

131 Max Taut, Warenhaus der Konsumgenossenschaft in Berlin-Kreuzberg, 1929–1932, heute Max-Taut-Haus, Aufnahme 2002

versagen, während andernorts »Zwingburgen der Industrie« entständen, deren moderne Romantik beim naiven Betrachten Entzücken hervorrufen mag.[208]

KURZE EXISTENZ EINES GROSSBETRIEBS

Zur Deutschen Bauausstellung Berlin 1931 wird die Großbäckerei in der Abteilung *Das Bauwerk unserer Zeit* präsentiert. Auch hier hält man fest, dass die Ideen der neuen Architektur sich nirgends klarer, schöner und müheloser aussprechen als im Industriebau.[209] In einem der wenigen zeitgenössischen Berichte, die zur Großbäckerei noch erscheinen können, äußert Walter Curt Behrendt Anfang 1933, dass der Neubau geeignet sei, die geläufigen Vorstellungen vom Fabrikbau ins Wanken zu bringen. Dabei erwähnt er die Integration der Anlage in die Havellandschaft, die klare Strukturierung der Bauten und die in den ausgedehnten Räumen herrschende Menschenleere, die auf die Rationalisierung aller Prozesse zurückzuführen ist.

In ihrer architektonischen Erscheinung bietet die Anlage ein sehr anziehendes und reizvolles Bild. Der aus den Bedürfnissen entspringende Wechsel der Gebäudehöhen ergibt vielfach gestaffelte Baugruppen, die durch die klare Gliederung der einzelnen Baukörper und durch die ruhige Behandlung aller Dachflächen zu großer einheitlicher Wirkung zusammengeschlossen sind. Der starken Plastik der Baumassen, die ein lebhaftes Spiel von Licht und Schatten hervorruft, steht die betont flächige Behandlung aller Außenwände gegenüber...[210]

Dieser letzte Artikel, den der renommierte Kritiker kurz vor der nationalsozialistischen Machtergreifung verfasst, hebt die Bedeutung der außergewöhnlichen Fabrikanlage noch einmal hervor. Während hier angesichts menschenleerer Hallen und der Perfektionierung des Produktionsapparats ein ursächlicher Zusammenhang zur Erwerbslosigkeit der Zeit hergestellt wird, vollzieht Alfred Kuhn die Wende ins Transzendentale und sucht den Vergleich mit einem Sakralbau. Dies mag durch die schiere Dimension der Anlage begründet sein, doch offenbart sich darin im Grunde der neue Stellenwert rationellen Produzierens. 1933 besetzen die Nationalsozialisten die Leitungsgremien der Konsumgenossenschaft und gliedern die Produktionsbetriebe dem Gemeinschaftswerk der Deutschen Arbeitsfront an. So endet nicht nur der Versuch, ein Stück sozialistischer Zukunft zu verwirklichen, auch von der Fabrik als genuinem Modell einer modernen Arbeitsstätte bleibt

nach NS-Diktatur und Krieg nur eine Ruine, was den größten Verlust im gebauten Werk Max Tauts bedeutet.

BAUEN FÜR DIE KONSUMGENOSSEN-SCHAFT II: EIN WARENHAUS

Die Konsumgenossenschaften sind vorwärtsstrebende, auf ein großes Ziel gerichtete Einrichtungen, die nichts Geringeres bezwecken, als die schrittweise Verdrängung des kapitalistischen Wirtschaftssystems.[211]
Die Konsum-Genossenschaft 1930

Die Berliner Konsumgenossenschaft wächst Anfang der dreißiger Jahre auf 200 000 Mitglieder an und eröffnet aufgrund der ansteigenden Nachfrage zahlreiche neue Einzelläden in den Berliner Bezirken. Am Kreuzberger Oranienplatz erwirbt man das bestehende Damenkonfektionshaus Maassen, um es als Konsumwarenhaus einzurichten. Doch bietet das 1904 von den Architekten Breslauer & Salinger zum Kaufhaus umgestaltete Gebäude bald schon nicht mehr ausreichend Platz und muss durch einen Neubau erweitert werden. Mit der Planung für dieses Projekt beauftragt die Konsumgenossenschaft 1929 Max Taut und Franz Hoffmann, deren Spandauer Großbäckerei sich zur selben Zeit im Bau befindet.

Mit dem Kreuzberger Warenhaus bildet Max Taut am Oranienplatz eine Dominante aus und sucht zugleich die Integration in die

132 Max Taut, Warenhaus der Konsumgenossenschaft, Modell der ursprünglichen Gesamtplanung mit nicht realisierter Aufstockung des Maassen-Altbaus rechts im Bild

133 Max Taut, Warenhaus der
Konsumgenossenschaft, Maassen-Altbau
rechts im Bild

vorhandene städtebauliche Situation (Abb. 132). Das zu bebauende Grundstück weist unterschiedlichste räumliche Bedingungen auf, so dass Taut mit dem Haus sehr differenziert reagiert. Vom neungeschossigen Turm als Platzdominante leitet ein L-förmiger Bauteil zum bestehenden Warenhaus über, während rückseitig zur Prinzessinnenstraße die Höhe auf vier Geschosse reduziert wird, um den Anschluss an den angrenzenden Häuserblock herzustellen (Abb. 134). Ähnlich wie beim Frankfurter ADGB-Ensemble gestaltet Max Taut auch hier eine Treppen-Turm-Dominante und vermittelt zwischen neuem Ensemble und Bestand durch eine Baukörperstaffelung. In der Umsetzung des Gesamtentwurfs wäre die *correspondance* zwischen Alt und Neu noch prägnanter zum Ausdruck gelangt, denn das Kaufhaus Maassen sollte anstelle seines Walmdaches eine zweigeschossige Aufstockung erhalten und an die Höhe des Neubaus angeglichen werden.

DER AUSDRUCK DES NEUEN WARENHAUSES

In der *Großstadtarchitektur* betont Hilberseimer die Bedeutung des Warenhauses für die neue architektonische Gestaltung. Anhand dieser Bauaufgabe seien die beiden Typen Vertikalismus und Horizontalismus entwickelt, also die Auflösung der massiven Fassadenmauern in eine Pfeilerfront beziehungsweise in eine Bandfassade. Max Taut zeigt auch für diese Bauaufgabe mit einer Interpretation des Rahmenbaus in Eisen einen dritten Typus auf, wobei sein Neubau in enger Beziehung zum ehemaligen Damenkonfektionshaus Maassen entsteht. Dieses Kaufhaus ist deutlich an dem vom Alfred Messel um die Jahrhundertwende entwickelten Berliner Warenhaus orientiert, das der Bruder Bruno 1902 in seinen Briefen an Max begeistert beschreibt.[212] Die messelsche Vertikalgliederung der Fassaden erscheint besonders charakteristisch und hält sich in traditionellen Architektenkreisen bis in die zwanziger Jahre als Vorbild. Auch der Maassen-Altbau am Oranienplatz zeigt die typische Frontreihung von Pfeilern, die sich vom verglasten Erdgeschoss bis zur obersten Etage erstrecken und in einem hohen Walmdach ihren Abschluss finden.

In einer frühen Entwurfsfassung hat Max Taut zunächst das Thema der Pfeiler aufgegriffen und beim Neubau reliefartig angedeutet, doch findet sich bei der Ausführung die Betonung der Horizontalproportion. Dabei setzt Taut helle Granitplatten als verwandtes Fassadenmaterial zur Angleichung an den Altbau

ein. Wie beim Fabrikbau der Konsumgenossenschaften lässt der Rahmenbau sich eher indirekt als ein Spiel von weiten Öffnungen und äußerst schlanken Pfeilern ablesen und stellt sich mit einer flächig-ruhigen, von horizontalen Fenstern bestimmten Fassade dar.

Für den Warenhaustyp hatte der Horizontalismus mit Bauten wie dem Kaufhaus Carson, Pirie & Scott von Louis Sullivan an Bedeutung gewonnen. Durch die Herausbildung einer kubischen Körperhaftigkeit wird hier die Betonung der Vertikalen vermieden, die von Hilberseimer als eine »Zerfaserung des Körperlichen ins Lineare« kritisiert wird.[213] Neben diesem ästhetischen Aspekt kommt die Horizontalgliederung auch der Funktion entgegen, da im Inneren eine bessere Aufstellung der Waren ermöglicht wird. So hatte Erich Mendelsohn als Architekt für die Schocken-Bauten bei seinen Warenhäusern Regale hinter hohen Fensterbrüstungen angeordnet und die Räume über Glasbänder belichtet.

Zu einem wichtigen Element in der Warenhausgestaltung entwickelt sich in den zwanziger Jahren mit dem Thema großstädtischer Lichtarchitektur die Leuchtreklame-

134 Max Taut, Warenhaus der Konsumgenossenschaft, rückwärtige Fassade

135 Max Taut, Mein Warenhaus am Oranienplatz, Aquarell 1947, gewidmet Karl Hofer

schrift. Erich Mendelsohn kritisierte bereits früh willkürlich auf Bauten applizierte Lichtreklamen als »Tölpelei des Weltjahrmarktes« und gestaltet eigene Licht-Schriftzüge, die, auf seine Fassaden abgestimmt, im Zusammenspiel mit der nächtlichen Gebäudebeleuchtung die Aufmerksamkeit der Passanten wecken.[214] Auch Max Taut kommt mit dem neuen Warenhaus am Oranienplatz den Anforderungen des Handels nach und widmet sich dem Thema der leuchtenden Reklameschrift in mehreren Modellstudien. Es entstehen Schriftzüge in einer sehr klaren Form, abgestimmt auf den Rhythmus der Fassade. Die großen Lettern *Konsumgenossenschaft* setzt er als Gebäudeabschluss vor das zurückgestaffelte Dachgeschoss und plant einen temporären Schriftzug über dem Erdgeschoss, wo der Saisonverkauf zu Weihnachten oder zum Sommer angekündigt wird.

METAMORPHOSE: VOM WARENHAUS ZUM BÜROHAUS

Für die Typenbildung von Waren- und Bürohaus des *Neuen Bauens* ist die Gegenüberstellung des tautschen Projekts am Oranienplatz und des Columbushauses von Erich Mendelsohn aufschlussreich. Während Mendelsohn seinen am Warenhaus entwickelten Typus unmittelbar auf ein Bürogebäude überträgt, erfolgt bei Max Taut die Anpassung des Rahmenbaus vom Büro- an das Warenhaus. Im konkreten Fall greift Mendelsohn auf seinen 1928 erstellten Entwurf für die Warenhauskette Galéries Lafayette am Potsdamer Platz zurück und führt ihn an derselben Stelle als Bürokomplex aus. Dabei modifiziert er die ersten Pläne für die Eisenkonstruktion und das Fassadenbild des Columbushauses nur unwesentlich, was sich bis zu einem gewissen Grad aus der Situation und der Identität des Ortes erklären mag. Max Taut unterscheidet grundsätzlich stärker zwischen der Nutzung seiner Stahlbauten und kommt zu entsprechend unterschiedlichen Interpretationen des Fassadenbildes. Sein Bürobau der Reichsknappschaft gibt mit dem reliefartig nachgezeichneten Rahmen die Struktur der Büroeinheiten wieder, während das Konsumwarenhaus in der

136 Max Taut, Warenhaus der Konsumgenossenschaft, Innenhof mit Treppenhaus und Glasaufzug

Fassadenausbildung flächig-horizontal erscheint in Analogie zur ungeteilten Weitläufigkeit der Verkaufsetagen. Auch bei konsequenter Anwendung des Rahmenbaus für die großstädtischen Bauten entsteht jeweils eine individuelle, funktionsspezifische Lösung.

Mendelsohns Bandfassade und Tauts Rahmenbau setzen sich nach Ende der NS-Herrschaft in Deutschland als Ausdruck des modernen Büro- oder Warenhauses durch – mehrmals werden die Modelle des *Neuen Bauens* in den fünfziger Jahren von jüngeren Architekten weiterentwickelt, oft jedoch nur vereinfacht adaptiert.

Im April 1933, einige Monate nach der Fertigstellung des Hauses, erscheint in der *Deutschen Bauhütte* ein Artikel im Sinne der NS-Ideologie, der sich gegen das Konsumwarenhaus und dessen Architekten richtet: »Dieses wahrhaft ungeheure Gebäude sollte im Sinne der Berliner Genossen den aufreizenden Moskauer Baucharakter erhalten«, heißt es darin. Max Taut habe als Revolutionsarchitekt geholfen, einen honorarträchtigen Riesenbau für die nunmehr zersprengte Vetternwirtschaft durchzuführen. Abgesehen von Diffamierungen erlauben die Zensurmaßnahmen der Nationalsozialisten keine Publikationen zum tautschen Warenhaus mehr und so muss auch die *Bauwelt* 1933 einen geplanten Bericht zurückziehen.[215]

Im Gegensatz zur Konsumbäckerei übersteht der Bau am Oranienplatz die Bombardierungen und kann nach dem Krieg wieder instand gesetzt werden. Eine Zeichnung, die Max Taut 1947 anfertigt, zeigt eine Ansicht des Warenhauses, das bastionsartig aus den Ruinen Berlins ragt. Schlicht und nicht ohne Anteilnahme nennt Taut das Bild: Mein Warenhaus am Oranienplatz. In das Gebäude ziehen bald Einzelbüros, was am Ende als eine passable Entwicklung erscheint, zumal die neuen Nutzer die offene Situation der Warenhausarchitektur schätzen. So schreibt die *Berliner Zeitung* im Juli 2000, dass am Oranienplatz die Architektur von Morgen entstehe, und spielt damit auf das Büro Max Dudlers an, das sich im vierten Stockwerk eingerichtet hat und unter anderem mit der Sanierung und Modernisierung der großen Lichtenberger Aula Tauts beauftragt ist. Laut Dudler erweist sich das Haus, das heute den Namen seines Erbauers Max Taut trägt, als idealer Ort kreativen Schaffens.

AUSSTELLUNGEN ZEITGENÖSSISCHER ARCHITEKTUR

Das Werk Max Tauts erfüllt in vielem jene Forderungen, die in dem oben Gesagten an Architektur zu stellen sind. Es ist zeitgemäß, doch nicht ›modern‹; es ist sachlich, doch nicht geschlechtslos; es ist persönlich, doch ohne Selbstgefälligkeit.[216]
Alfred Kuhn 1932

Anfang der dreißiger Jahre widmet sich Max Taut der Organisation von Ausstellungen zur zeitgenössischen Architektur. Er steht, sechsundvierzigjährig, im Zenit seines Schaffens, doch kommt es mit der allgemeinen Rezession auch zu einer Stagnation der Bautätigkeit. Gemeinsam mit dem Kunstkritiker Alfred Kuhn übernimmt er 1931 die Konzeption der Ausstellung *Zeitgenössische deutsche bildende Kunst und Architektur* in Belgrad und Zagreb. Dem Beirat gehört neben Max Taut auch der expressionistische Maler Erich Heckel an. Im Mittelpunkt der Ausstellung, die von der Deutschen Kunstgesellschaft veranstaltet wird, stehen Arbeiten von Mitgliedern des *Rings* und Vertretern der Lehrergeneration wie Theodor Fischer, Bruno Paul und Fritz Schumacher.[217] Für den deutsch-serbokroatischen Katalog verfasst Max Taut den Artikel *Neues Bauen in Deutschland*, in dem er rückblickend die Entwicklung der neuen Architektur in Deutschland skizziert und als ihren Ausgangspunkt die Reaktion auf die Unwahrhaftigkeit des eklektizistischen Bauens sieht. Der Konstrukteur Taut verweist auch auf die Bedeutung der Materialien Beton, Eisen und Glas, die unabdingbar für die neuen Bauaufgaben seien. Beim zentralen Thema Siedlungsbau stellt er den sozialen Gedanken als Leitmotiv heraus.

Eine vergleichbare Ausstellung unter dem Titel *Deutsche Architektur der Gegenwart* wird im Rahmen der Reichenberger Sommerhochschulwoche im August 1931 präsentiert.[218] Alfred Kuhn und Max Taut sind für die Auswahl zuständig und geben den Begleitkatalog heraus, der auch den tautschen Artikel über das neue Bauen enthält, den einzigen Beitrag, in dem Taut ausführlicher seine Sicht auf die Architektur der zwanziger Jahren darlegt.

Max Taut: Neues Bauen in Deutschland

Das neue Bauen in Deutschland entstand aus einer idealen Bewegung der Zeit. Ein puritanischer Idealismus leitete seine Führer. Von einem Fanatismus waren sie besessen, die neue Aufgabe, das neue Material, die neuen sozialen Bedingungen als Werte im Bauwerk selbst zu zeigen und durch ihre Verwendung und Anordnung eine geistige Struktur zu schaffen.

Formal gesehen war es, wie bei jeder Umwälzung, eine Reaktion auf den Missstand, in diesem Falle eine Reaktion auf die Unwahrhaftigkeit des Bauens in alten Stilen, auf den barocken Eklektizismus und die sinnlose Ornamentik der vorangegangenen Stilepochen.

Diese Gedankenwelt wurde durch die Armut in Deutschland nach dem Kriege und durch die Rationalisierungsbestrebungen, die eine erzwungene Sparsamkeit geschaffen hatten, unterstützt. Siedlungen, Schulen, Fabriken, kurz alle Bauwerke kamen unter ihren Einfluss. Was also in dem Ausschnitt der vorliegenden Ausstellungen gezeigt wird, sind keine Ausnahmen oder problematische Lösungen, sondern es sind tatsächlich die Ergebnisse der letzten Jahre deutschen Bauens. Es wird eine Haltung gezeigt, die in Deutschland zum großen Teil Regel geworden ist. Das Ornament und die Requisiten der alten Zeit sind verschwunden. An ihre Stelle sind reinliche, luftige und vernünftige Bauwerke getreten, die lediglich den Wunsch haben, licht und praktisch in der Verwendung, materialgerecht und preiswert zu sein.

Eine besondere Aufgabe wurde das Gebiet der Siedlungen, also die Massenherstellung von Wohnungen in gleicher Art und Größe.

Innerhalb der Städte mussten einheitliche Wohnquartiere, Mietwohnungen und Eigenhäuser geschaffen werden, die den neuen Bedingungen der Lebensführung entsprachen. Für diese neuen Aufgaben wurden in der Planung die hygienischen Forderungen und die Beachtung der Himmelsrichtungen maßgebend. Im Grundriss und in der Gestalt des Hauses macht sich das bemerkbar. Die einzelnen Bauelemente sind eine Angelegenheit der Überlegung und der Benutzbarkeit geworden, nicht mehr wie früher eine Sache der dekorativen Architektur und der formalen Tradition.

Die Wirtschaftlichkeit des Bauens ist eng verknüpft mit der Hygiene. Die glatten Formen entsprechen diesen Forderungen. Die Fortschritte der industriellen Technik und der neuen Materialien sind dafür benutzt worden.

Vor allem aber war maßgebend der soziale Gedanke. Nicht für eine abgegrenzte Oberschicht, sondern für alle Schichten des Volkes sollten, wenn auch bescheidene und finanziell erschwingliche, jedenfalls gesunde und menschenwürdige Wohnungen geschaffen werden. Dieses Leitmotiv gibt den neuen deutschen Siedlungen das Gepräge. Im Übrigen sind im deutschen Siedlungsbau meist die gewohnten Materialien sichtbar und rationell verwandt. Versuche mit neuartigen Konstruktionen sind durchgeführt und auf ihre Wirtschaftlichkeit praktisch geprüft worden.

Bei Schulen, Krankenhäusern und im Fabrikbau, auch bei den Geschäftshäusern der Städte treten zu den neuen Aufgaben die neuen Materialien, so Beton, Eisen, Glas. Früher wusste man wenig damit anzufangen, fast schämte man sich ihrer und kaschierte sie. Das neue Bauen in Deutschland arbeitet mit Beton und Eisen, ohne sie zu verkleiden. Durch klare, sachliche Selbstverständlichkeit erreichen die Baumeister Ordnung und Charakter. Das Material als solches ist an die Stelle der Kulisse, der Säule und des Ornaments getreten. So hat das Bauen anstelle der alten Maske ein modernes Gesicht bekommen, das Technik und Organisation als Grundprinzipien des modernen Lebens zeigt. Es formt die Wirtschaftsführung und ist ihr klares Spiegelbild. Nüchternheit oder Schwung, elegante Linie, Intensität des Ausdrucks entsprechen dem Sinn der Bauwerke oder dem Temperament der Architekten.

Auch die Bauwerke mit repräsentativen Zwecken sind von dieser einheitlichen Baugestaltung Deutschlands nicht ausgenommen, Kirche, Parlament, Theater, Verwaltungsgebäude. Die meist unverhüllten, ja oft betonten Ausmaße geben ihnen ihre Monumentalität, die neuen Materialien, den neuen sachlichen Charakter. Ohne in Konkurrenz zu treten oder abzulenken, wollen sie zunächst nichts sein als baulicher Rahmen für Massenveranstaltungen, Demonstrationen, Feste, Weihen.

So ist das neue deutsche Bauen klar und vernünftig im Kleinen und im Großen. Nur das eine Gefühl hat in ihm Ausdruck gefunden, der Allgemeinheit zu nützen, dem Leben zu dienen und ihm eine menschliche, gesunde und wirtschaftliche Führung zu geben. Seine Schönheit liegt einzig in der Struktur und ihrem logischen Aufbau. Wo es sich schmückt, ist auch der Schmuck nur ein Element einfacher Klarheit und blanker natürlicher Schönheit.

MOSKAUER ERFAHRUNGEN

Zur Jahreswende 1931/1932 reist Max Taut mit seinem Bruder und dessen Lebensgefährtin Erica Wittich nach Russland, um sich ein Bild von den Verhältnissen im »gelobten Land« zu machen. Bruno erwägt eine Mitarbeit bei Mosprojekt, einem für große Bauvorhaben zuständigen Entwurfsatelier in Moskau, und möchte die Meinung des Bruders zu seinen Übersiedlungsplänen hören.[219] In einem knappen, analytischen Reisebericht hält Max Taut seine Eindrücke fest. Nach der Anreise durch endlose Schneeflächen, vorbei an Kiefern- und Tannenwäldern und primitiven Hütten, sucht man in der Hauptstadt zunächst nach Ansprechpartnern. In den ersten Tagen erscheint das Leben planlos, bis man mit Hilfe des für das Mosprojekt verantwortlichen Leiters Tscherkasski mehrere Projekte von Schulen über Fabriken bis zu Entwürfen für das Sowjethaus besichtigen kann.[220] Bei allem Wohlwollen bedauert Max Taut die unglaublich schlechte Bauausführung und die mangelhaften hygienischen Verhältnisse. Abgesehen von einem Flughafen, der ihn beeindruckt, wird an vielen neuen Projekten Formalismus und Dilettantismus beklagt. So sieht man Versuche von Arbeitern, die sich in ihrer freien Zeit ohne künstlerische und technische Ausbildung mit baulichen Aufgaben befassen – eine hemmungslose Freude am Technischen gepaart mit Arbeitsfanatismus sei hier anzutreffen. Wenngleich Max Tauts Sympathie den

engagierten Laien gilt, hält er unmissverständlich fest, dass an dieser Stelle das Naive vertreten sei.

An den Abenden besucht er Moskauer Künstlertheater und ist von den Vorführungen begeistert, selbst wenn manches Stück literarisch wenig neu erscheint und wie ein Ibsen mit russischer Tendenz anmutet. Dennoch lässt er sich von den Theateraufführungen gefangen nehmen und spricht vom wundervollen Niveau der Schauspielerensembles. Überall ist der Wunsch zu spüren, das Zukunftsweisende in Kunst, Architektur und Wirtschaft des kommunistischen Landes zu entdecken, wo unter Stalin die planwirtschaftlichen Aufbaubemühungen begonnen haben. Doch unter dem kritischen Blick Max Tauts zerbricht das idealistische Propagandabild. Zum Lenin-Museum merkt er lakonisch an, dass es historisch zweifellos interessant sei, aber angesichts Wladimir Lenins Gummigaloschen in einer versiegelten Glasvitrine fällt ihm nur ein: Schlimmster Kitsch.

Bei der Besichtigung des Mosprojekt-Büros setzt sich die Skepsis endgültig durch: Die Arbeitsmethode macht auf Max Taut einen vernichtenden Eindruck, schon da bis zu 60 Techniker in einem Raum von nur 120 Quadratmetern arbeiten. Unter sechshundert Beschäftigten befinden sich allenfalls ein gutes Dutzend Architekten, während die übrigen Mitarbeiter »Pauser« seien, die man in Abendkursen zu Ingenieuren ausgebildet habe. Insgesamt stellt er ein unrationelles Arbeiten im Büro des Mosprojekts fest, das bis auf 1200 Mitarbeiter anwachsen soll.

Es mag verwundern, dass Bruno Taut sich dennoch für Moskau entscheidet, wo er im März 1932 seine Arbeit aufnimmt. Während er nachfolgend in leitender Funktion am Mosprojekt mitwirkt, findet im Herbst des Jahres unter Leitung Alfred Kuhns in Moskau die Ausstellung zeitgenössischer Architektur aus Deutschland statt, auf der Projekte des jüngeren Bruders zu sehen sind.[221] Für Max Taut ist es die zweite Präsentation in der russischen Hauptstadt, denn bereits 1924 war er – als einer der wenigen Architekten unter bildenden Künstlern – auf der Ersten Deutschen Kunstausstellung in Moskau und Leningrad vertreten.[222] Die 1931 veranstaltete Architekturschau zeigt Arbeiten aus allen Sparten vom Fabrikbau bis zur städtischen Siedlung: Max Taut ist mit so bedeutenden Entwürfen wie dem Buchdruckerhaus, der Großbäckerei und dem Frankfurter Volkshaus präsent.

Die Entwicklung in der Union der Sozialistischen Sowjetrepubliken lässt gleichwohl

137 Max Taut im Kreis der Kollegen. Von links nach rechts sitzend: Walter Gropius, Hans Poelzig, Erich Mendelsohn, Max Taut

Alfred Kuhn 1885–1940

Der in Mannheim geborene Alfred Kuhn promoviert 1910 in Freiburg mit einer kunsthistorischen Schrift über *Die Illustration des Rosenromans*.[223] In den Mittelpunkt seiner Arbeit rückt die moderne Bildhauerei, deren Entwicklung er in seinem Buch *Die neuere Plastik von 1800 bis zur Gegenwart* zusammenfasst. Er schreibt über die Künstlerinnen Käthe Kollwitz und Emy Roeder, über Aristide Maillol und Hermann Haller. Eine Monographie über Lovis Corinth erscheint 1925 – kurz nach dem Tod des Malers.

Die Beziehung zu Max Taut entwickelt sich Anfang der dreißiger Jahre mit gemeinsam organisierten Ausstellungen im Auftrag der Deutschen Kunstgesellschaft. In seiner Schrift über den Architekten, 1932, sieht Alfred Kuhn die Qualitäten dort, wo das Bauen sich dem Duktus der Sachlichkeit nähert. Mit der Übung ähnlicher Monographien brechend, so Kuhn, findet in seinem Taut-Buch auch die Kritik ihren Platz, die den Werken der expressionistischen Phase gilt. Max Taut habe »dem Zeitgeschmack seinen Zoll entrichten müssen«, behauptet der Kunstwissenschaftler und irrt an dieser Stelle. Expressionistische Elemente in Tauts Gebäuden sind aus der spezifischen Konstruktion abgeleitet und keine formalistischen Konzessionen an einen allgemeinen Zeitgeschmack. Mit seinem »prachtvoll klaren« Grundriss erscheint das Zentrosojus-Projekt Kuhn als wegweisender Entwurf, dessen Idee später im Frankfurter Gewerkschaftshaus umgesetzt wird.

»Bisher hatte Taut sein Können an zwei typischen Bauaufgaben erprobt und entwickelt: am Bürohaus und am Schulgebäude«, erläutert Kuhn die architektonische Entwicklung: »Wir beobachteten, wie es von Bau zu Bau wuchs, und wie sich ohne Zwang und Bewusstheit einfach durch Vertiefung in den jeweiligen Zweck ein charakteristisch tautscher Stil ergab.«

Unter den Nationalsozialisten erfährt Alfred Kuhn, der einer jüdischen Familie entstammt, zunehmende Restriktionen, die schließlich in einem Schreibverbot münden. Ungeachtet seiner national gefärbten Haltung, der Konvertierung zum Katholizismus und des Bemühens, sein Engagement für die fortschrittlichen Kunstrichtungen im Nachhinein zu marginalisieren, wird er seiner beruflichen Grundlage beraubt und stirbt 1940 mit 55 Jahren nahe Freiburg.

darauf schließen, dass die Ausstellung zeitgenössischen Bauens aus Deutschland zu diesem Zeitpunkt nicht mehr auf nachhaltiges Interesse bei den Verantwortlichen trifft. Die russische Architektur beginnt sich aufgrund der politischen Vorgaben wieder an traditionellen Vorbildern zu orientieren und rückt damit von der Idee sachlichen Bauens ab. Auch Bruno Taut verbringt nur ein knappes Jahr in Moskau, ehe er, enttäuscht über die geringen Einfluss- und Realisierungsmöglichkeiten, im Februar 1933 das Land verlässt.

DAS WACHSENDE HAUS

Wachsende Häuser habe ich erfunden – Hausbaupflanzen. Wir brauchen nicht mehr mit toten Materialien zu bauen – wir können mit lebendigen Baumaterialien bauen.[224]
Der Botaniker Constantin aus Paul Scheerbarts Erzählung *Hausbaupflanzen*

Der Stadtbaurat Martin Wagner initiiert 1932 die Berliner Sommerschau unter dem Motto »Sonne, Luft und Haus für alle« und stellt das wachsende Haus in den Mittelpunkt der Ausstellung. Mitglieder der Architektenvereinigung *Der Ring*, unter ihnen Max Taut, und einige jüngere Architekten wie Egon Eiermann und Klaus Müller-Rehm werden aufgefordert, ausstellungstaugliche Vorschläge zu erarbeiten.[225] In einer Zeit der Rat- und Tatenlosigkeit soll diese Arbeitsgemeinschaft die »schöpferische Pause« nutzen, die den Architekten aufgrund der Rezession aufgezwungen wird. Ergänzt werden die Beiträge der Arbeitsgemeinschaft durch die prämierten Arbeiten eines themengleichen Wettbewerbs, an dem sich über tausend Architekten beteiligen. Diese außergewöhnlich große Teilnehmerzahl wird mit der Aufgabenstellung erklärt, in der sich die drückende Not der Zeit widerspiegle.

Die Sommerschau soll die erste Deutsche Bauausstellung in Berlin vom Vorjahr fortsetzen und Auftakt für einen jährlichen Baumonat sein. Das Motto »Sonne, Luft und Haus für alle« erscheint angesichts der wirtschaftlichen Situation aktuell, denn mit der brüningschen Notverordnung im Herbst 1931 kommt der öffentliche Wohnungsbau zum Stillstand. Solange noch der letzte Rest von Optimismus nicht zerstört sei, so Adolf Behne, widmen sich Architekten der Idee des wachsenden Hauses: »Äußerste Einschränkung der Ansprüche für die Zeit der Misere, aber fester Wille, sich nicht für die Ewigkeit zu ducken, sondern Raum zu gewinnen, sich wieder freier und glücklicher auszubreiten, sobald nur die Verhältnisse es gestatten ...«[226]

VORLÄUFER DES WACHSENDEN HAUSES

Das Prinzip des wachsenden Hauses basiert auf einem bescheidenen Grundmodul, der Kernzelle, die bei verbesserten Möglichkeiten oder ansteigenden Bedürfnissen sukzessive erweitert werden kann. Der Kleinhausgedanke wird dabei von temporär genutzten Bauten wie Wochenendhäusern und Gartenlauben auf den Wohnungsbau übertragen. Vielversprechende Ansätze hierzu finden sich bereits Anfang der zwanziger Jahre in Entwürfen Max Tauts für Wohnlauben, die zunächst von den Bewoh-

nern als behelfsmäßige Bauten zur Minderung der Wohnungsnot errichtet werden sollen (Abb. 244). In einer sich später ändernden Situation können die 30 bis 45 Quadratmeter großen Lauben erweitert und zu Kleinhäusern ausgebaut werden.

Mitte der zwanziger Jahre beschäftigt sich Max Taut mit dem Typ des präfabrizierten Kleinhauses und erstellt Bauten aus Holz, die in der Musterausstellung *Das Wochenende* auf dem Berliner Messegelände 1927 präsentiert werden. Dieses temporär genutzte Wochenendhaus im Grünen erscheint in seiner komprimierten Ausstattung mit allem Notwendigen als Vorbild für den Kern des wachsenden Hauses (Abb. 275). Mit dem Rostocker Bauunternehmen Fonitram entwickelt Max Taut eine Montagebauweise, die auf einer vorgefertigten Holzkonstruktion mit feuerfesten Wandplatten basiert und eine schnelle Errichtung des Kleinhauses ermöglicht. Die Wirkung sei famos, urteilt Adolf Behne und sieht eine klare, frische Form im Äußeren und eine Behaglichkeit im Inneren dank einer höchst anständigen Möblierung.[227] Max Taut orientiert sich mit seinem Modell am unteren finanziellen Niveau, was seine Intention erkennen lässt,

138 Sommerschau »Sonne, Luft und Haus für alle« mit Entwürfen zum wachsenden Haus unter dem Berliner Funkturm, Montage 1932, links Ganzstahllaube und Ganzstahlhaus von Max Taut, rechts Hans Poelzigs Vorschlag für das wachsende Haus

nicht für den bürgerlichen Wochenendausflug
zu planen, sondern für das einfache Wohnen.
In der Musterausstellung 1927 heben sich die
sachlichen Entwürfe von Max Taut, Hans Poelzig und Fred Forbat deutlich vom Großteil der
Wochenendhäuser ab, die sibirischen Block-
häusern oder Bauernstuben nachempfunden
sind und weniger die Ökonomie des Wohnens
in den Vordergrund stellen.

Sonne, Luft und Haus für alle

Die Berliner Sommerschau des Jahres 1932
gliedert sich in die drei Abteilungen Kleingar-
tenhaus, Wochenendhaus und wachsendes
Haus. Max Taut ist mit drei Objekten vertreten: einer kleinen Ganzstahlwohnlaube, einem
Ganzstahlwohnhaus und dem wachsenden
Haus. Die Wohnlaube dient während der Mes-
sezeit als Beratungsstelle der Stahlverwer-
tungsgesellschaft, die mit diesem Projekt de-
monstrieren kann, wie sich innerhalb von
zwei Tagen ein passables Kleinsthaus errichten lässt. Das größere Ganzstahlhaus setzt
konsequent auf die Vorfabrikation von Stahl-
elementen bis hin zur Einrichtung mit Möbeln aus Stahl. Indem man Erfahrungen aus
dem Schiffsbau für den rationellen Wohnungsbau nutzbar macht, kann das Haus innerhalb einer Woche im Trockenbauverfahren
montiert werden.

Max Tauts Entwurf für das wachsende
Haus basiert auf einem Grundmodell von 35

Quadratmetern, wobei ein kombinierter
Wohn- und Schlafraum den Funktionen Eingang, Küche und Bad gegenübersteht (Abb.
139). Die Anlage des Grundrisses erlaubt die
Ausstattungen mit Normmöbeln und üblicher
Handelsware, so dass keinerlei Sonderanferti-
gungen erforderlich sind. In der Ausbauetappe
kann die Grundfläche des Hauses durch einen
ebenerdigen Anbau verdoppelt werden, doch
geht es Max Taut nicht allein um ein räumli-
ches Erweitern des Hauses, sondern auch um
eine Steigerung des Wohnkomforts.[228] Das
Kernhaus wird als eine aus materiellen Gründen erzwungene Form verstanden, für die aufwendige technische Einrichtungen nicht angemessen wären, da sie in keinem Verhältnis zur
geforderten Ökonomie der Bauaufgabe stehen.

Anders als bei den Spandauer Wohnlauben ist beim wachsenden Haus keine Eigen-
leistung der Bewohner bei der Montage vorgesehen – eine Minimierung der Kosten wird
aufgrund der vollständigen Präfabrikation erreicht. Die Konstruktion besteht aus einem
Stahlskelett, das mit Bimsbetonplatten ausgefacht ist, wobei sichtbar belassene Stahlprofile
den schlichten Baukörper gliedern. An der
Entwicklung des Haustyps ist das Bauunternehmen Philipp Holzmann beteiligt, das seit
Mitte der zwanziger Jahre gemeinsam mit Architekten den Einsatz von Stahl im Wohnungsbau erprobt.

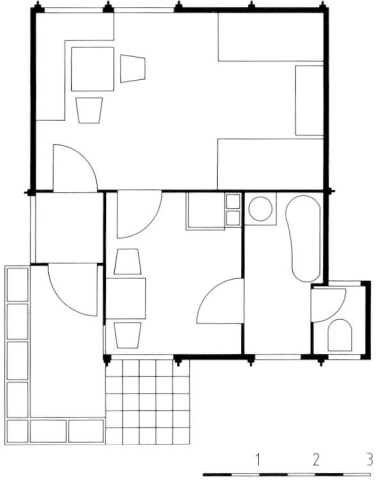

139 Max Taut, Das wachsende Haus,
Grundriss des Grundmodells. Der vorspringende Bauteil ist Eingangsbereich
und dient zugleich als verglaste
Terrasse.

140 Max Taut, Das wachsende Haus,
Perspektive des Grundmodells 1931

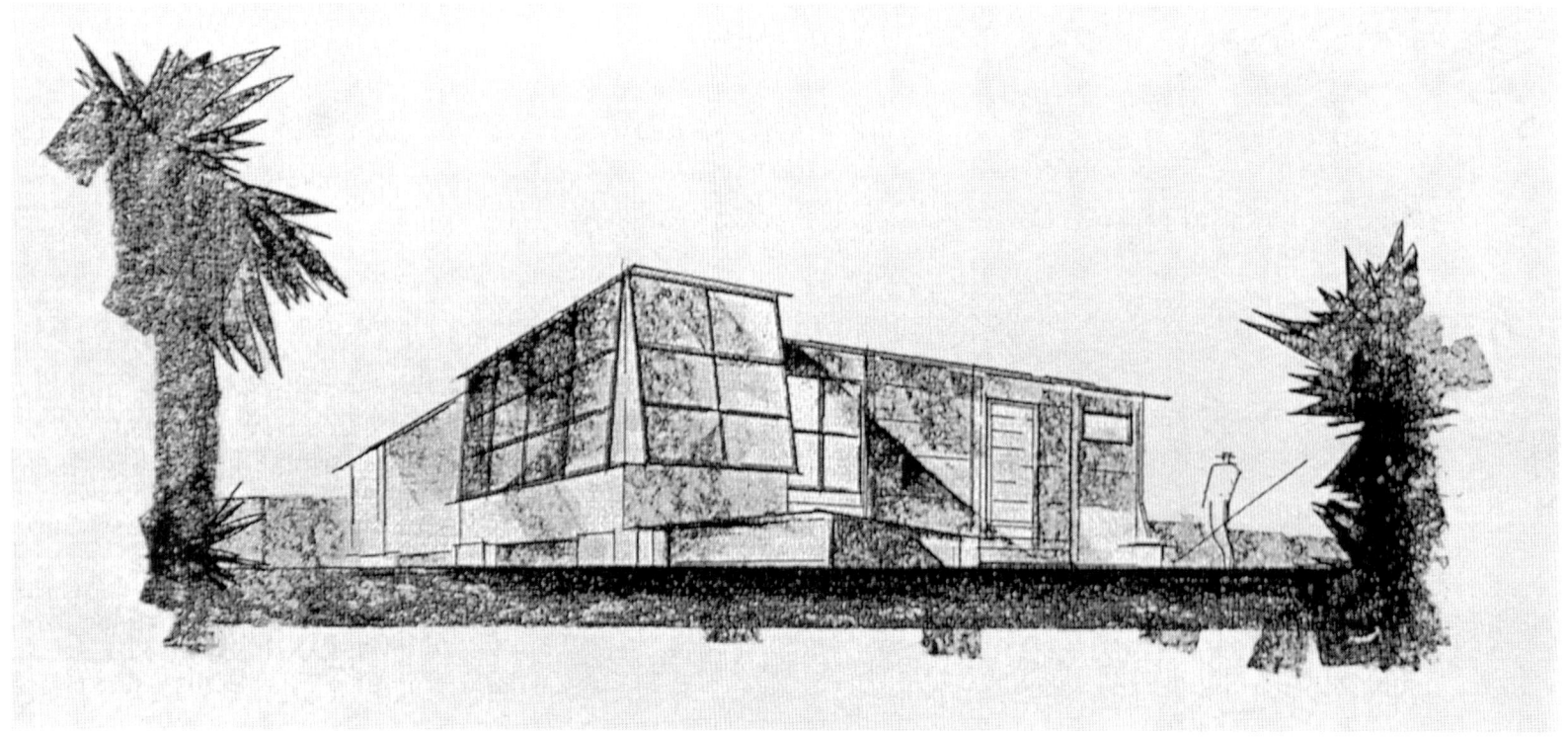

141 Hans Poelzig, Das wachsende Haus,
1931

142 Ludwig Hilberseimer, Das wachsende Haus als Siedlungsmodell, 1931

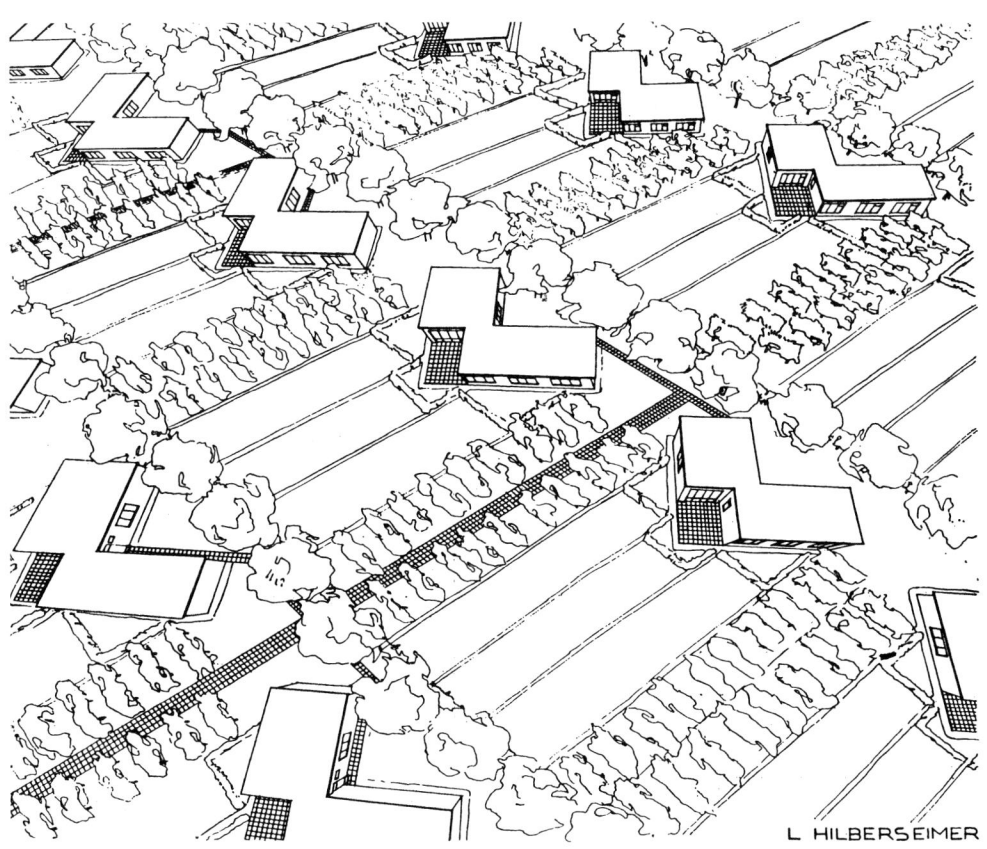

GRUNDRISS-STRATEGEN UND KONSTRUKTEURE

Das wachsende Haus stellt, so klein es sein mag, nicht geringe Anforderungen an das Können und das soziale Einfühlungsvermögen des Architekten, schreibt Adolf Behne.[229] Neben dem genauen Einblick in die Wohnbedürfnisse verlangt die Aufgabe ein straffes Konzept für Grundriss und Konstruktion. Die Projekte der Ausstellung sind daher nicht als Massivbau, sondern durchweg als Montagesystem in Beton, Stahl, Holz oder Kunststoff ausgeführt, was den zügigen Aufbau und die sofortige Nutzung der Wohnungen erlaubt. Die Erweiterung des Kernhauses kann ebenerdig erfolgen, wie Max Taut es vorsieht, oder als Aufstockung, wie der Bruder Bruno es vorschlägt.

Ein schönes Beispiel zeigt Hans Poelzig und stellt ein bildhaft-markantes Holzhaus vor, das einem umgekehrten Schiffskörper gleicht (Abb. 141). Auch Otto Bartning steht dem Schiffsthema nahe, indem er ein *Werfthaus* erarbeitet, das, vergleichbar dem stählernen Wohnhaus von Max Taut, auf einer kompletten Präfabrikation von Stahlskelett und Fassadenelementen basiert. Hans Scharoun bezieht bei seinem Entwurf im Baukaro-System im frühen Stadium die Bewohner mit ein, die Wünsche zum Haus äußern können, wobei die Kosten über das Karosystem leicht zu ermitteln sind. Ludwig Hilberseimer entwirft ein Winkelhaus, das sich als Siedlungstyp eignet, wenngleich die strenge Reihung die Gefahr des Schematismus birgt (Abb. 142). Alles in allem verdeutlicht die Arbeitsgemeinschaft mit ihrer systematischen und fantasievollen Annäherung ans Thema, dass die Architekten das wachsende Haus als bauwirtschaftliches Problem und bautechnische Aufgabe von hohem Rang begreifen. Dabei soll die Planung des erweiterbaren Hauses vom »Tummelplatz des unsachverständigen Laien« verschoben und der Bauwirtschaft ein neues Arbeitsfeld erschlossen werden.[230]

FORDISMUS IM WOHNUNGSBAU

Die Präfabrikation unter Einbeziehung der Industrie als Ausweg aus der Wohnungsmisere wird von traditionellen Kräften bereits im Vorfeld der Ausstellung kritisiert. Martin Wagner hat das Thema des wachsenden Hauses mit Bedacht auf die Industrialisierung zugeschnitten. Von allen politischen Anschauungen losgelöst, sieht er darin eine Frage, deren Klärung die erhöhte Kraftanstrengung des Technikers erfordert. Die Industrialisierung des Hauses wird als angemessene Antwort auf die Stagnation im Wohnungsbau begriffen, da nach dem Kapitalschwund in den Rezessionsjahren nur auf diesem Weg die so wichtige Senkung der Preise für das Bauen zu erzielen sei.

Das Argument, das deutsche Handwerk werde so zerstört, pariert Wagner mit dem Verweis auf Henry Ford, dessen preisgünstigere Autos erst eine verstärkte Nachfrage ausgelöst hätten. Da auch das Stellmacherhandwerk wohl kaum zugunsten von Fords Entwicklung zurückgegangen sei, fordert er, das Handwerk fortzubilden und dem Zeitbedarf anzupassen. »Die Idee des ›wachsenden Hauses‹ ruht noch stark im Handwerklichen und bietet jedem Bauunternehmer, der den Mut hat, ein neues Arbeitsfeld zu bearbeiten, die Möglichkeit, ein kleiner Ford des Wohnungsbaus zu werden.«[231] Bereits Jahre zuvor ist der Vergleich von Automobilbau und neuem Wohnungsbau hergestellt worden, denn seinerzeit begeisterte sich Paul Scheerbart für das leichte Material, das für Autos verwendet werde und das nun auch im Wohnungsbau einsetzbar sei – drei Lastwagen und dreihundert Autos entsprächen etwa einer Stadt von hundert Häusern.[232]

Innerhalb des max-tautschen Werkes bedeutet der Entwurf für das wachsende Haus eines der letzten ausgeführten Projekte vor der Machtübernahme durch die Nationalsozialisten. Zwar kann Max Taut noch die Fertigstellung zweier so bedeutender Projekte wie der Großbäckerei und des Warenhauses erleben, doch in der Zeit wirtschaftlicher Stagnation erfolgen kaum neue Aufträge. Der in Moskau weilende Bruno Taut wünscht seinem Bruder in diesem schwierigen Jahr 1932 zum Geburtstag, dass er in seiner Arbeit den furchtbaren Stillstand in Deutschland überwinde und sich ihm bald neue Tätigkeitsfelder eröffnen.[233] Die Hoffnungen Bruno Tauts erfüllen sich nicht, im Gegenteil, die politischen Verwerfungen und die Diktatur der nationalsozialistischen Machthaber ändern das Leben der Brüder grundlegend, auch wenn die persönlichen Wege durch die erzwungene äußere und innere Emigration unterschiedlich sind. Wenn Max Taut das Thema des wachsenden Hauses vierzehn Jahre später noch einmal aufgreift, so aus der größten Nachkriegsnotlage heraus, in der es gilt, durch die rasche Erstellung einfachster Unterkünfte den betroffenen Menschen unmittelbar zu helfen.

DER TAUTSCHE RAHMENBAU: KOHÄRENZ VON AUSDRUCK UND KONSTRUKTION

Max Taut ist in Deutschland der Meister des Eisenbeton-Rahmenbaues.[234]
Julius Posener 1964

Funktionalismus heute, prototypisch in der Architektur, hätte die Konstruktion soweit zu treiben, dass sie Espressionswert gewinnt durch ihre Absage an traditionale und halbtraditionale Formen.[235]
Theodor W. Adorno, Ästhetische Theorie

Der tautsche Rahmenbau ist ein singuläres Phänomen in der Architektur der zwanziger Jahre. Im Allgemeinen verbindet sich mit dem *Neuen Bauen* der Ausdruck funktioneller Dynamik, die ihr bauliches Äquivalent in der horizontal geschichteten Fassade mit Fensterbändern findet. Erich Mendelsohn hat sie bereits beim Entwurf für den Kemperplatz entwickelt und in einem Aufsatz 1923 erläutert: Während der religiöse Mensch des Mittelalters die Domvertikale benötigte, können die Zeitgenossen aus der Aufgeregtheit des schnellen Lebens nur in der spannungslosen Horizontalen einen Ausgleich finden. Auch Mies van der Rohe entwirft im selben Jahr den Bürobau aus Eisenbeton als tragende Binderkonstruktion mit nichttragender, horizontal gegliederter Außenwand. Die Vertikalstruktur ist ins Gebäudeinnere gerückt und in der Fassade erscheint der Wechsel von durchlaufenden Fenster- und Brüstungsbändern, die eine schwebende Erscheinung als Ausdruck der neuen Statik des Haut- und Knochenbaus erzielen. In den Großstadtwettbewerben der zwanziger Jahre erscheint die Dynamik der Horizontalen als charakteristische Ausdrucksform moderner Entwürfe, während bei den traditionalistischen Architekten der Vertikalismus dominiert. Max Tauts Bauten unterscheiden sich hiervon, indem er die Rahmenstruktur entwickelt, ohne dass er den Rahmen theoretisch herleitet oder propagiert. Führende Architekturkritiker der Zeit sehen in ihm gleichwohl das Zukunftsweisende, da sich in ihm ein offenes, additives Prinzip ausdrückt.

143 Der frühe Rahmen in Eisenbeton – Tuchfabrik Finsterwalde 1913.

Die Tuchfabrik steht am Anfang einer Entwicklung, in deren Verlauf sich ein unverwechselbarer tautscher Stil durch die architektonische Interpretation des Rahmens herausbildet. Die Konstruktion des hallenartigen Dachgeschosses basiert auf einem Eisenbetonrahmen, dessen Ecken mit Vouten ausgesteift sind. Die tragende Struktur setzt sich vom dünnen Mauerwerk ab, während die unteren Geschosswände der Fabrik massiv gemauert sind. Der Konstruktionswechsel lässt sich auch an den Fensterformen ablesen. Da das Dachgeschoss mit großzügigen Oberlichtern ausgestattet ist, sind die Fensteröffnungen im Bereich der Fassade kleiner gehalten. Adolf Behne würdigt die neue Konstruktionsweise, indem er die Finsterwalder Fabrik mit ihrer »ungewöhnlich kühnen Betonkonstruktion« zu den besten Industriebauten ihrer Zeit zählt.

144 Der expressive Rahmenbau – ADGB-Bürohaus Berlin 1921–1923.

Für den Allgemeinen Deutschen Gewerkschaftsbund entwirft Max Taut den ersten Verwaltungsbau, der vollständig auf dem Prinzip des Eisenbetonrahmens gründet. In den Vorentwürfen lassen sich noch aussteifende Rahmenvouten erkennen, auf die jedoch in der Ausführung verzichtet wird. An die Stelle eines regelmäßigen Rahmenrasters tritt die Akzentuierung der Vertikalglieder, die expressiv moduliert sind und die aufstrebende Wirkung der Front betonen. Die heute nicht mehr vorhandene kristalline Formung der einzelnen Stützen erinnert an die expressionistische Linienführung des Erbbegräbnisses Wissinger. Max Taut verdeutlicht Idee und Funktion des Verwaltungsbaus, indem er die »wabenförmigen Zellen« der Einzelbüros in der Fassade des Rahmenbaus artikuliert. Dieser streng additiven Reihung wird die gotisch-expressive Geste der Versammlungssäle gegenübergestellt.

145 Die monumentale Vertikalität – Verbandshaus der Deutschen Buchdrucker 1924–1926.

Beim Druckereigebäude sind die kräftig ausgebildeten Vertikalglieder des Eisenbetonrahmens dominierend und erzielen durch ihre dichte Reihung eine expressive Monumentalität. Begründet ist die Dominanz der Stützen durch die großen Spannweiten im Inneren – die Decken sind zwischen 13,50 Meter weit spannenden Stockwerksrahmen eingehängt, so dass stützenfreie Innenräume für die Fabrik entstehen. Der im obersten Geschoss gelegene Versammlungssaal tritt nach außen nur durch seine großzügigen Fensterflächen in Erscheinung. Im Inneren lässt die bewegte Deckenkonstruktion expressionistische Tendenzen erkennen.

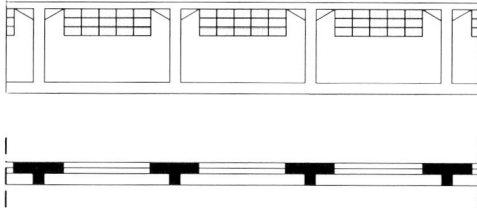

146 Die Verwandlung von Konstruktion in Architektur – Reichsknappschaftsgebäude 1928–1930.

Beim Verwaltungsgebäude der Reichsknappschaft, Max Tauts erstem komplexem Rahmenbau in Eisen, wird das ummantelte Traggerüst nachgezeichnet. Taut entscheidet sich für dunkelviolette Siegersdorfer Keramikplatten, die sich als reliefartige Struktur von den helleren ausfachenden Klinkern absetzen. Julius Posener sieht durch diese fantasievolle Lesbarmachung die Konstruktion in Architektur verwandelt. In den zwanziger Jahren arbeite kein anderer Architekt vergleichbar und erst in Amerika gelange Mies van der Rohe zu einer ähnlichen Konsequenz in der Konstruktion. Das Fassadenbild zeichnet nicht jede Stütze nach, sondern fasst jeweils zwei Konstruktionsfelder zusammen. Bemerkenswert erscheint, dass Max Taut die Orthogonalität eines Rahmenbaus, zumal beim Einsatz des Eisens, durchbricht und Bauteile bogenförmig und als Halbzylinder ausbildet. Die sinnfällige Organik verleiht dem rationalen Rahmenbau eine reizvolle Beschwingtheit.

147 Der Schritt über Perret hinaus – Gewerkschaftshaus in Frankfurt 1929–1931.

Der Abstand von acht Jahren zwischen dem Berliner und dem Frankfurter Bürobau für die Gewerkschaften wird in der unterschiedlichen Interpretation des Eisenbetonrahmens sichtbar. In Frankfurt entfallen expressive Formung und Tiefenstaffelung, so dass zwischen vertikalen und horizontalen Rahmengliedern eine Gleichbehandlung besteht. Der Rahmen erscheint als harmonisches Liniennetz, dessen Glieder sich aus der Konstruktion ergeben – und nicht aus einem abstrakten Formwillen. Darin sieht Julius Posener einen »Schritt über Perret hinaus«, denn Tauts Rahmen zeige weder klassische Züge noch formalistisch-moderne wie die Bauten der italienischen Rationalisten der dreißiger Jahre.

148 Rahmenbau und funktionelle Dynamik – Warenhaus der Konsumgenossenschaft 1929–1932.

Das Warenhaus der Konsumgenossenschaft stellt den Eisenrahmen nicht explizit heraus. Max Taut gestaltet die Fassade flächig und verzichtet auf ein Nachzeichnen oder plastisches Hervorheben der Konstruktionselemente. Die schlanken Fassadenstützen sind ebenso wie die Brüstungen einheitlich mit Granitplatten bekleidet. Dicht gereihte Horizontalfenster und Brüstungen nähern sich dem Bild einer Bandfassade. Doch bleiben die tragenden Stützen und stählernen Fensterpfosten so weit erkennbar, dass hinter der Fassade das Prinzip des Rahmenbaus hervorscheint. Funktional findet die Horizontalbetonung ihre Entsprechung in der Weiträumigkeit der ehemaligen Verkaufsetagen.

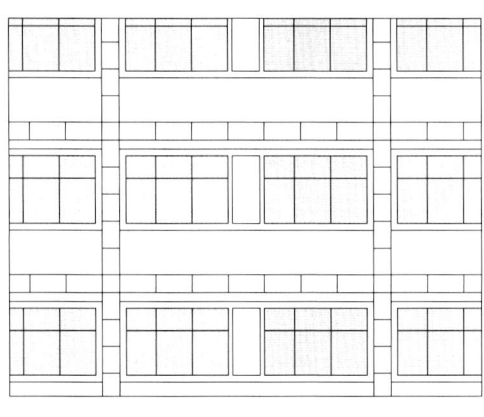

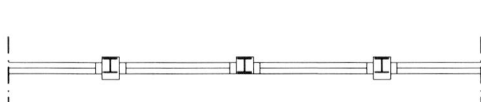

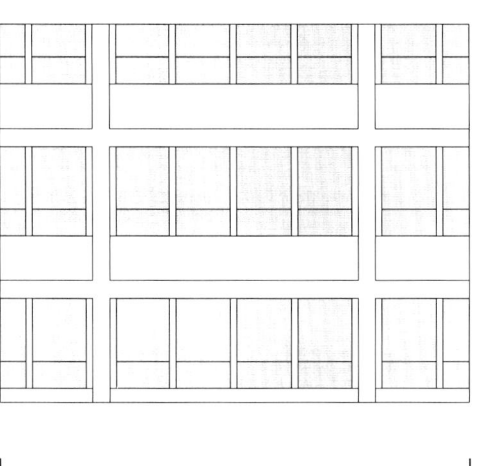

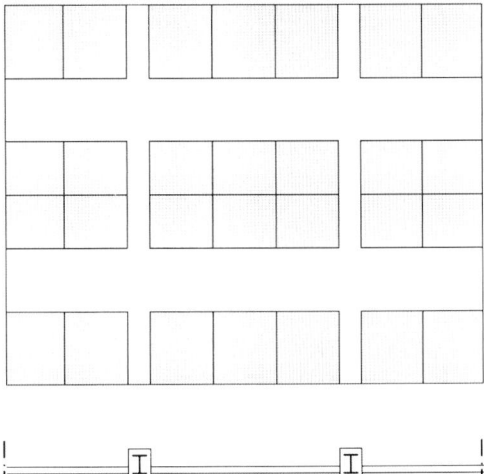

149 **Der Rahmen als Ausdruck der Rationalisierung –
Ludwig-Georgs-Gymnasium** 1951–1955.
Beim Darmstädter Meisterbau wählt Max Taut nicht
nur für die Turnhalle, sondern auch für die Klassenflügel einen Eisenbetonrahmen. Die Erwartungen an
einen modernen Schulbau mögen ihn bewogen haben,
auf sein signifikantes Rahmenprinzip der zwanziger Jahre zurückzugreifen. Doch ebenso wichtig ist
der Gedanken der Rationalisierung: Klassenräume
können als Einheiten normiert werden, wobei sich
dank der Rahmenkonstruktionen eine Flexibilität in
der Organisation ergibt. Ähnlich wie beim Frankfurter Bürobau werden die Vertikal- und Horizon-
taltragglieder gleichwertig behandelt, so dass ein
regelmäßiger Raster entsteht. Die feinen Rahmen-
glieder sind in ihrer Schlankheit optisch durch eine
mittige Profilierung noch gesteigert – damit scheint
Taut sich dem leichten und filigranen Bauen der
fünfziger Jahre anzunähern.

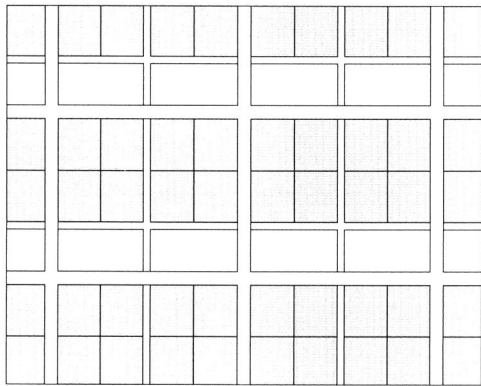

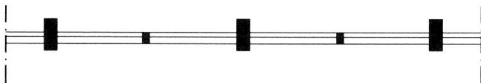

»Wir Studenten nannten ihn den deutschen
Perret«, erinnert sich Julius Posener in seiner
Laudatio pro Maximiliano zum achtzigsten Geburtstag Max Tauts. Der Vergleich zeigt im
Grunde, dass es kaum Vergleichbares gibt –
schon gar nicht innerhalb Deutschlands, so
dass man nach Frankreich zum zehn Jahre älteren Auguste Perret blickt. Die Brüder
Auguste und Gustave Perret haben den sichtbar belassenen Betonrahmen bereits 1906 bei
einer Garage in der Rue de Ponthieu in Paris
als architektonischen Ausdruck eingeführt.
Während seiner akademischen Ausbildung an
der École des Beaux-Arts beschäftigt Auguste
Perret sich mit dem Klassizismus und übernimmt die Gliederungsprinzipen für seine
eigenen Bauten. Gilt Perret auch als einer der
ersten, die dem Betonrahmen eine ästhetische
Gestalt verleihen, so besteht der Unterschied
zwischen den beiden Baumeistern in ihrem
Verständnis der Durchdringung von Form,
Funktion und Konstruktion. Zur Ponthieu-
Garage schreibt Reyner Banham, man könne
nicht behaupten, dass die Fassadengestalt von
der Materialität oder der Funktion des Gebäudes bestimmt worden sei.[236] Stattdessen greift
Auguste Perret auf das klassische Vokabular
zurück, wie es sich im attikaähnlichen Obergeschoss oder auch in der Betonung der pilaster-
artigen Stützen gegenüber den Querbalken
zeigt.

Max Taut orientiert sich nicht an der
Formgebung eines Perret, sondern sucht aus
der inneren Logik des Bauwerks heraus die
Kongruenz von funktionalen und konstruktiven Erfordernissen. Zweck und Material prägen den Rahmen bis hin zur Fassade, die nicht
in Anlehnung an einen bestimmten, historischen Stil ihre Gestalt erhält. Dabei kommt es
zu Variationen des Rahmenbaus in Abhängig-
keit von der jeweiligen Nutzung wie Bürohaus,
Warenhaus oder Fabrikbau. Seit Mitte der
zwanziger Jahre entstehen überdies Rahmenbauten, die Bogen- und Kreisformen einbeziehen, so dass eine stärkere Bewegtheit der
Baukörper erzielt wird. Eine dogmatische oder
gar schematische Anwendung des Rahmens
ist in der tautschen Architektur nicht zu finden und so verzichtet Max Taut im Allgemeinen bei Schul- und Wohnbauten auf den Rahmen zugunsten einer einfachen Massiv- oder
Schottenbauweise. Die Sinnfälligkeit einer
Rahmenkonstruktion ist dort unmittelbar gegeben, wo größere Spannweiten von Hallen,

Sälen oder Variabilität im Bürobau erforderlich sind.

Dass Max Taut einen Schritt über Perret hinausgegangen ist, wird für Julius Posener am Frankfurter ADGB-Bürohaus deutlich. Hier beginnt die Konstruktion zu sprechen und gewinnt aus sich heraus einen Expressionswert. Adolf Behne stellt das Frankfurter Bauwerk dem Reichsknappschaftsgebäude in *Wasmuths Monatsheften* 1931 gegenüber, um zu zeigen, wie Max Taut zwei Gebäuden aus einer Zeit einen jeweils spezifischen Ausdruck verleiht, der sich aus den Unterschieden des Materials und der fantasievollen Umsetzung aller Aspekte in die Rahmenkonstruktion ergibt.[237] Die Kunst und Konsequenz, mit der Max Taut den Rahmen variiert, erscheinen als Leitmotiv, an dem sich der Wandel des Bauens in Beton, Eisen und Glas beobachten lässt. Zeitlebens, so bestätigt Posener, habe Taut mit dem Rahmen experimentiert.[238] Diese Entwicklung wird nicht zuletzt durch Fortschritte in der Bautechnik begünstigt, die neue Verfahren für konstruktive Fügungen bereithält. Abgesehen von der zerstörten Großbäckerei und den temporären Ausstellungsbauten aus Holz sind die gebauten Beispiele des tautschen Rahmens erhalten und können bis heute durch ihre stimmige Gestaltung überzeugen, selbst dort, wo eine unverständige Sanierung manche Feinheit geschliffen hat. Nirgends, schreibt Behne in seinem Artikel zum hoch gelobten Frankfurter Volkshaus, gebe es hier ein Ausrutschen in hohle Repräsentation. Besseres lässt sich über die Arbeit eines sachlichen Architekten kaum sagen.

Was beim Eisenbetonrahmenbau der tautschen Architektur Anfang der dreißiger Jahre authentisch anmutet, gleitet bei vielen Architekten in der Nachkriegszeit in Formalismus ab. Inzwischen sind Typisierung und Normierung etabliert und durch Schriften wie die Bauentwurfslehre des speerschen Beauftragten für Normungsfragen Ernst Neufert geradezu populär geworden. So zeigen sich in der Nachkriegsarchitektur die Folgen vor allem in Geschäfts- und Verwaltungsbauten, die in unreflektierter Kombination Elemente einer traditionell-repräsentativen und einer modernen Formensprache verbinden. Kleinteilige Rasterfassaden entstehen, die auf dem engen Abstand der genormten Einzelbüros basieren und in ihrer banalen Addition kaum Variationen hervorbringen, so dass diese stereotype Anwendung des Skelettbaus ironisch als Rasteritis bezeichnet wurde. Im Unterschied zum Nachkriegsschematismus steht die individuelle Interpretation des tautschen Rahmenbaus

mit seiner spannungsvollen Proportionierung, seiner vielfältigen Farb- und Materialwahl und seiner Kohärenz von Funktion, Konstruktion und Ausdruck.

In den fünfziger und sechziger Jahren, da sich der Schwerpunkt auf den Wohnungsbau verlagert, führt Max Taut nur wenige Rahmenbauten aus: Hierzu gehören ein Altersheim in Duisburg-Walsum, ein Kinderheim in Berlin-Kreuzberg und als prägnantestes Beispiel das Ludwig-Georgs-Gymnasium in Darmstadt, dessen Aula eine eindrucksvolle Neuinterpretation zeigt. Hier lässt Max Taut den Rahmen mit seinen flachen, kreuzweise verlaufenden Betonrippen schwingen und scheint, so frisch das Innere der Halle wirkt, an Ursprünge seiner Architekturerfahrungen anzuknüpfen und mit den Möglichkeiten des Betons zu experimentieren (Abb. 177). Die sich zum Fußpunkt verjüngenden Stützen, die Eleganz der flachen Kreuzrippen, der Materialkontrast von Beton und Holzlamellen lassen ein vertrautes und zugleich völlig neues Bild entstehen.

Jüngere Architekten wie Paul Baumgarten und Fritz Bornemann vermochten – entgegen der allgemeinen Nivellierung – an die Idee des konstruktiv verstandenen Rahmenbaus anzuknüpfen. Eine andere Entwicklungslinie hat ihren Ursprung weniger im Tektonischen als in der ikonischen Qualität des Rahmenbaus, die sich im harmonischen Ausgleich von Horizontale und Vertikale artikuliert. Diese elementare Geometrie des Fassadenbildes avanciert zu einem Merkmal neuen rationalen Bauens, wie es sich, ausgehend vom italienischen Rationalismus bei Giuseppe Terragni, im Werk von Oswald Mathias Ungers, Josef Paul Kleihues und Max Dudler manifestiert. In dieser Hinsicht mag, was öfter beobachtet wurde, nicht verwundern, dass Passanten in Berlin manchen frühen Bürobau Max Tauts auf den ersten Blick den achtziger oder neunziger Jahren des 20. Jahrhunderts zuordnen. So sehr gehört der gestalterische Ansatz Max Tauts der neuen Zeit an.

Zwischen 1933 und 1945 – Überlebensversuche

*Dann kamen die Nazis. Von meinem 50. bis zu meinem 62. Lebensjahr
wurde ich kalt gestellt. Vielleicht ist es ein Glück, dass ein paar
Leute sich zurückziehen mussten, um im Stillen zu arbeiten.*[239]
Max Taut 1959

Weggefährten und Architekturhistoriker bescheinigen Max Taut eine unbestechliche Haltung und eine strikte Distanz zum Nationalsozialismus. »Seit 1933 waren ihm größere Bauten verwehrt«, schreibt Kurt Junghanns. »Er lehnte es ab, für den Faschismus zu bauen, und zog sich nach Chorin zurück.«[240] »Mit dem Anbrechen des Tausendjährigen Reiches«, erklärt Günther Kühne, »war für Max Taut Arbeitspause. Zwölf Jahre. Er blieb unbestechlich, er ließ sich nicht korrumpieren.«[241]

Max Taut hat für die Gewerkschaften gebaut und ist wesentlich durch den idealistischen Aufbruch nach 1918 geprägt. Im *Arbeitsrat für Kunst* formuliert er seine sozialistischen und revolutionären Überzeugungen. Er ist ein Sozialist, einer der Sozialisten von 1920, wie Julius Posener es in Anwesenheit Max Tauts zu dessen achtzigstem Geburtstag ausspricht. Die Gestaltdoktrin der Nationalsozialisten bedeutet die Missachtung all dessen, was Max Taut mit einer Architektur als sozialer Kunst und mit der Ehrlichkeit der Konstruktion anstrebt.

Ausgeschaltet, übersehen, kaltgestellt

Mit der Machtübernahme der Nationalsozialisten bricht ein Großteil von Bauvorhaben des Büros Taut und Hoffmann weg, zum einen weil Folgeaufträge der Gewerkschaften ausbleiben, zum anderen weil Max Taut, als Architekt der Weimarer Gewerkschaftsverbände bekannt, als Planer für öffentliche Bauten und Projekte von Institutionen nicht mehr in Frage kommt. Der Maler Franz Mutzenbecher, Freund beider Taut-Brüder, berichtet im Januar 1934 seiner Schwester, dass Max seit über einem Jahr in Berlin ohne Aufträge sei.[242] Allenfalls bieten wenige private Bauprojekte eine Nische – und so muss die Situation von Max

Taut zu Recht als Kaltstellung empfunden werden. Kaum ein Jahrzehnt hat das *Neue Bauen* in Deutschland sich entfalten können, berücksichtigt man die Spanne der Realisierungen bis zu Beginn der nationalsozialistischen Herrschaft.

Im März 1933 wird das als Brutstätte des Kulturbolschewismus gebrandmarkte Bauhaus in Berlin-Steglitz durchsucht. Kurz darauf sehen sich das Kollegium und der Direktor Ludwig Mies van der Rohe zur Auflösung des Bauhauses gezwungen. Im selben Monat unterstellt die Zeitschrift *Deutsche Bauhütte* Max Taut Vorteilsnahme aus politischen Moti-

150 Bruno Taut, Aufnahme 1933

ven und schreibt zum Warenhaus der Konsumgenossenschaft am Oranienplatz: »Dieses wahrhaft ungeheure Gebäude sollte im Sinne der Berliner Genossen den aufreizenden Moskauer Baucharakter erhalten.«[243] Das Amt des Direktors der Baugewerkschule Berlin, in das Max Taut Ende 1932 durch den sozialdemokratischen Stadtschulrat Jens Nydahl berufen worden ist, kann er nach der Machtergreifung Hitlers nicht antreten.[244]

Der Bruder Bruno ist bereits 1932 nach Moskau übergesiedelt. Im Februar 1933 kehrt er kurz nach Deutschland zurück, muss aber noch im März des Jahres, als Kulturbolschewist angefeindet, fliehen, um einer Verhaftung zu entgehen. Nach drei Jahren in Japan ohne Bautätigkeit bietet sich ihm die Türkei als Asyl an, wo er neben seiner Lehrtätigkeit an der Istanbuler Akademie der Schönen Künste eine beachtliche Aufgabe als Chef des Architekturbüros des Türkischen Unterrichtsministeriums findet. Während der Exilzeit bleibt die Korrespondenz zwischen den Brüdern bestehen: So sendet Bruno Taut aus Kyoto die *Japa-*

nischen Notizen an den Bruder Max und an Franz Hoffmann. Als Bruno unerwartet am 24. Dezember 1938 stirbt – das Staatsbegräbnis erfolgt bereits am ersten Weihnachtstag –, findet der Bruder Max nur nachträglich die Möglichkeit, nach Istanbul zu reisen. Hier trifft er Anfang des Jahres 1939 auch den befreundeten Bildhauer Rudolf Belling, der Brunos Kollege an der Istanbuler Akademie war. Belling hatte Max Taut zahlreiche Aufträge für die Gewerkschaften zu verdanken und führte mit ihm auch 1936 an der Genthiner Sparkasse sein mutmaßlich letztes Werk in Deutschland aus.

Der Grabstein, den Max Taut für Bruno entwirft, zeugt von der starken Anteilnahme, die er für den im Exil verstorbenen Bruder empfindet. Der schlichte dreiteilige Stein zeigt einen abstrahierten Fußabdruck in Anlehnung an Bruno Tauts persönliches Stempelzeichen (Abb. 151). Gefasst wird das Symbol von einem Sternkristall, der wie eine Reminiszenz an die expressiv-kristalline Welt der *Gläsernen Kette* erscheint.

151 Max Taut, Grabstein für Brunos Grab in Istanbul, Skizze eines unausgeführten Entwurfs, Bleistift und Buntstifte auf Transparent 1939

Rudolf Belling über Max Taut: Schilderung eines Vorfalls

In einem Brief aus Istanbul vom Januar 1947 an die Brüder Luckhardt äußert sich Belling über die Umstände der Bestattung Bruno Tauts und über sein Verhältnis zu Max Taut.

Bei dieser Gelegenheit möchte ich Ihnen den Vorfall schildern, der die Veranlassung zu dem bedauerlichen Verhältnis zwischen mir und Max Taut war. … Zunächst einmal: Vom Tode Brunos erhielt ich erst eine (!) Stunde vor seinem Begräbnis Kenntnis, wofür ich Zeugen habe! Nur durch Zufall kam ich an dem Begräbnistage (es war der erste Weihnachtsfeiertag) mittags in die Akademie, weil ich dort etwas für die Wohnung besorgen wollte. Ich hatte an diesem Tag einige Ausländer zum Mittagessen eingeladen und wollte sofort zurückgehen. In der Akademie erfuhr ich erst von dem plötzlichen Tode Brunos und hörte gleichzeitig, dass Frau Taut [Erica Wittich] auf dem Wege zur Akademie wäre, um dann gleich weiter zur Beerdigung weiterzufahren. Hierbei muss ich bemerken, dass in der Türkei laut Gesetz die Beerdigung innerhalb von 24 Stunden stattfinden hat. Ich war äußerst bestürzt und drückte dies auch Frau Taut gegenüber mit aufrichtigen Beileidsworten aus. Bruno war zwar schon seit längerem leidend (Asthma), aber keinesfalls so besorgniserregend, ich war ja häufiger zu Gast bei ihm und hätte dies wohl merken müssen. Unser Verhältnis hatte sich im ganzen Gegensatz zu früher nicht nur collegial, sondern auch freundschaftlich vertieft. – Und jetzt kommt der Fehler, den ich gemacht habe: In meiner ersten Bestürzung erklärte ich Frau Taut, ich könne leider nicht an der Beerdigung teilnehmen, da ich Gäste zu Hause hätte und diese nicht mehr abbestellen könne. Der wahre Grund war jedoch folgender: Ich habe eine mir selbst unerklärliche Abneigung gegenüber einer Teilnahme an Begräbnissen mir nahestehender Personen, und dies seit dem Begräbnis meines Vaters. Sogar an der Einäscherung meiner Mutter habe ich nicht teilgenommen, und meine Geschwister haben diese meine Einstellung verstanden und gewürdigt. Ich sehe ein, dass für Frau Taut und auch für Max Taut mein damals angegebener Grund etwas unverständlich geklungen haben mag und ich gestehe offen ein, dass ich ihn selbst schon damals als geschmacklos empfunden habe, aber ich war wie schon erwähnt durch die kurz zuvor erhaltene Todesnachricht vollkommen konsterniert, so dass ich gar nicht vernünftig mit Frau Taut sprechen konnte, die im Auto saß und sofort weiterfahren musste. Dies ist der wahre Sachverhalt. Als Max Taut später nach Istanbul kam, habe ich mich ihm gegenüber nicht so klar ausgesprochen, wie es nötig gewesen wäre. Immerhin hatte ich den Eindruck, dass er mir nichts nachtrug. In dieser Annahme wurde ich noch bestärkt, als wir verschiedentlich zusammen waren und ich ihn sogar in meiner Wohnung als Gast zu begrüßen die Freude hatte. Sein Benehmen hat sich erst sehr viel später, vielleicht unter gewissen Einflüssen, geändert und im Laufe der Jahre zu seiner jetzigen Einstellung zu mir gegenüber herausgebildet! – Ich bin inzwischen 60 Jahre alt geworden und etwas versöhnlicher gestimmt als dazumal. In meinem Alter schätzt man alte Freundschaften besonders, ist daher auch besonders traurig, solche zu verlieren. Aber vielleicht empfand ich zu einseitig.[245]

Die Brüder Luckhardt vermitteln zwischen Rudolf Belling und Max Taut und können bald mitteilen, dass Taut eine Professur Bellings an der Hochschule für bildende Künste unterstützt. Belling hatte sich aus Istanbul über die Situation im Nachkriegsberlin informiert und sich nach beruflichen Möglichkeiten im Umfeld von Hochschule und Akademie erkundigt.

Erica Wittich, die Lebensgefährtin Bruno Tauts, schreibt, dass Bruno die Vollendung seiner Arbeiten durch den Bruder Max gewünscht habe.[246] Nur Max könne im Sinne des Bruders die Bauten zu Ende führen, wird von ihr und Heinrich Taut überliefert. Letztlich kommt es nicht zu einem Abschluss der Arbeiten durch den Bruder.

Gegenüber Barbara Miller Lane äußert Max Taut, dass er 1938 die Emigration geplant habe. Es gibt Hinweise auf Bestrebungen von seiner Seite, die Stelle Brunos nach dessen Tod zu übernehmen.[247] Doch zieht er letztlich trotz seiner Gegnerschaft zum Nationalsozialismus nicht die gleiche Konsequenz wie der Bruder. Nach 1933 setzt er unter erschwerten Bedingungen die Arbeit im Büro gemeinsam mit Franz Hoffmann fort, der als Sozialdemokrat und überzeugter Quäker das totalitäre System ebenso entschieden ablehnt. Man ist bemüht, die Situation vor Ort durchzustehen:

Auch wenn öffentliche Aufträge ausbleiben, kann das Büro manches, was an Planungen vor 1933 privat vergeben war, weiterführen. Franz Hoffmann wird im April des Jahres 1934 in die Reichskammer der bildenden Künste aufgenommen und erfüllt damit die formalen Voraussetzungen zur weiteren Berufsausübung. Max Taut, der zunächst stärkeren Anfeindungen ausgesetzt ist, wird aus der Liste des Bundes Deutscher Architekten gestrichen, aber bereits im Oktober 1933 erfolgt durch den Vorsitzenden des BDA und späteren Präsidenten der Reichskammer Eugen Hönig der Widerruf seiner Löschung.[248]

Architekten, die zunächst nicht die Emigration planen, wie Hans Poelzig oder Richard Döcker, stehen in klarer Opposition zu den neuen Machthabern, doch harrt man in der vagen Hoffnung auf Änderung der Lage aus. Dabei erwägt man kurzzeitig, sich als *Ring* neu zu organisieren, um Einfluss auf Architektur und Politik zu nehmen.[249] Döcker bleibt auch im Austausch mit Erich Mendelsohn, der als jüdischer Architekt bereits 1933 in klarer Einschätzung der menschen- und kulturverachtenden Hitler-Diktatur emigriert.

Max Tauts Versuch, die architektonische Arbeit trotz zunehmender Gestaltkontrolle fortzusetzen, mag nicht zuletzt in einem Pflichtgefühl gegenüber der Familie begründet sein, für die er sorgt. Schon während des Ersten Weltkriegs hat seine Frau Margarete zeitweilig die Pflege des Neffen Heinrich übernommen und ihn, so Heinrich Tauts Darstellung, quasi an Mutter statt angenommen, da Brunos Frau Hedwig schwer erkrankt war. Max Taut, dessen Ehe kinderlos bleibt, scheint finanziell für die gesamte Familie bis hin zu Neffen und Nichten Sorge zu tragen. Angehörige wie die Großnichte Christine Schily beschreiben ihn als ausgesprochen fürsorglich. 1935 besuchen Max Taut und Franz Hoffmann gemeinsam den expressionisti-

schen Maler Max Pechstein, der 1933 Berufsverbot erhalten und seine Stellung an der Akademie der Künste verloren hat, und unterstützen ihn durch den Erwerb zweier Bilder, die als entartet gelten.

Ein singuläres Urteil über Max Taut fällt Ernst Reuter, der als Emigrant in Ankara Kommunalwissenschaften unterrichtet und dessen Gast Max Taut bei seinem Türkeiaufenthalt nach dem Tod des Bruders ist. In einem Brief an Martin Wagner entwirft Reuter 1946 auf Basis dieser Begegnung eine regelrechte Karikatur des Architekten Max Taut.[250] Schon der Ton Reuters lässt Ressentiments ahnen, wenn er zunächst der Lebensgefährtin Bruno Tauts attestiert, dass sie von einer »entwaffnenden Dummheit« sein könne und Max Taut als »Maxe« verspottet, was letztlich dem ernsten Anliegen nicht dient. Nachfolgend wird Max Taut eine unkritische Haltung zum Geschehen im nationalsozialistischen Deutschland unterstellt, wo, laut Taut, Beachtliches geleistet wür-

152 Max Taut, Haus Grimme, erbaut 1934 für den sozialdemokratischen Reichsminister Adolf Grimme

de. »... und wenn der große Führer auf den Knopf drückt, dann wird eben wupp Dich enteignet und schon geht die größenwahnsinnige Bauerei los«, zitiert Ernst Reuter seinen Gast Max Taut, den er mal als sächsischen Schullehrer, mal als karikierte Miniaturausgabe seines Bruders bezeichnet. Abgesehen davon, dass Max Taut von der »größenwahnsinnigen Bauerei« bis zuletzt ausgeschlossen bleibt, belegen Aussagen anderer Politiker der Zeit das Gegenteil. So ist der sozialdemokratische Staatsminister Adolf Grimme Max Taut in Freundschaft »herzlichst verbunden« und erklärt, dass beide in ihren Gesprächen nach 1933 stets in der absoluten Ablehnung des NS-Regimes einig gewesen seien. Man sei schon damals zu der Überzeugung gelangt, dass nur ein militärisches Eingreifen von außen den Deutschen die Freiheit wiedergeben könne.[251] Adolf Grimme wurde 1942 wegen seiner Nähe zur Widerstandsorganisation der *Roten Kapelle* von den Nationalsozialisten inhaftiert.

Die Herabwürdigung der Person Tauts findet im Zusammenspiel mit Martin Wagner statt, der in den zwanziger Jahren eng mit dem Stadtrat für Verkehr, Ernst Reuter, zusammenarbeitete und sich nach 1945 mit einer anmaßend-moralisierenden Haltung isoliert. »Wagner erwartete im Grunde seines Herzens, im Triumphzug nach Berlin zurückgeführt zu werden. Als dies nicht eintraf, verweigerte er sich fast trotzig der Debatte«, schreibt Bernd Nicolai in *Moderne und Exil*.[252] In der Korrespondenz zwischen Reuter und Wagner wird in pauschaler Weise den Mitstreitern der zwanziger Jahre die Kompetenz abgesprochen: Hans Scharoun gilt als hoffungsloser Dilettant, Max Taut als kleiner Bruno, Bruno Taut als Zyniker des Nichts und auch Walter Gropius bleibt nicht von Anwürfen verschont. Die Hasstiraden, die Wagner gegen Gropius richtet, scheinen in der Korrespondenz zwischen Reuter und Wagner in Bezug auf Max Taut gleichsam vorweggenommen.[253]

Ernst Reuter verspielt vollends seine Glaubwürdigkeit im Falle Tauts, da er seine Einschätzung nur an den »pathologischen Fall« Wagner adressiert und nicht öffentlich darlegt. Die Beschuldigung erfolgt ohne Wissen Tauts und so ist ihm die Chance einer Verteidigung und Klarstellung genommen – immerhin zählt Max Taut in Berlin neben Hans Scharoun zu den bedeutendsten Architekten des Aufbaus und übernimmt Bauvorhaben für die Sozialdemokraten, während Reuter für die SPD erneut als Stadtrat für Verkehr und später als Regierender Bürgermeister des westlichen Berlins tätig ist. Noch in den sechziger Jahren

würdigt Max Taut offenherzig die großen Verdienste Martin Wagners und das architektonische Engagement Ernst Reuters, der das Jagdschloss Glienicke vor dem gänzlichen Verfall bewahrt habe.

Zwischen Verweigerung und Kompromiss

1933 wurden wir dann boykottiert und diffamiert. Ich habe in der Zeit von 1933–1945 nichts gebaut und hatte die Absicht, ähnlich wie es meine Kollegen taten, auszuwandern.[254]
Max Taut an Barbara Miller Lane, 15.1.1960

Dass Max Taut als Architekt abseits gestanden habe, wie es in vielen Kommentaren heißt, ist interpretierbar. Betrachtet man die Liste der Bauten, die bereits im Katalog der Akademie der Künste 1984 für die Zeit zwischen 1933 und 1945 aufgeführt sind, einschließlich zwei weiterer nachweisbarer Planungen, erstaunt deren Zahl. Neben privaten Wohnhäusern werden eine Reihe ansehnlicher Projekte realisiert, von denen viele bis heute erhalten sind, wie die Kreissparkasse Genthin oder die großen Wohnblöcke mit weit über hundert Wohneinheiten in den Berliner Bezirken Tempelhof und Wilmersdorf oder in Freital.

Max Tauts Einkünfte als Architekt aus dem Jahr 1936 betragen 7430 Reichsmark, was immerhin ein leidliches Auskommen bedeutet, wenn man im Vergleich hierzu etwa das Jahresgehalt eines Direktors einer Baugewerkschule heranzieht, das bei knapp 6300 Reichsmark liegt.[255] Wassili Luckhardt, der gemeinsam mit seinem Bruder am 1. Mai 1933 der NSDAP beitritt, beziffert sein durchschnittliches Jahresgehalt zwischen 1933 und 1944 auf fünftausend Reichsmark, was dreimal so hoch ist wie das eines Facharbeiters. Mies van der Rohe, der in den ersten Jahren des Hitlerregimes noch vergleichsweise gut mit Aufträgen versorgt ist, gibt für 1936 sein zu versteuerndes Einkommen mit 3600 Reichsmark an. Die genannten Architekten sind mithin in einer Zeit, in der viele um ihre nackte Existenz kämpfen, in überraschendem Ausmaß finanziell privilegiert. In diese Stimmung passt Bruno Tauts Brief vom Frühjahr 1938, in dem es nach einigen Ausführungen zur Architektur heißt: »Wie Fränzchen [Franz Hoffmann] schrieb, fängt es so langsam bei Euch wieder an.«[256] In der Tat hat sich die Auftragslage 1938 gegenüber den ersten beiden Jahren unter der NS-Diktatur erheblich verbessert.

Ein erhellendes Licht fällt auf die Bautätigkeit des Büros Taut und Hoffmann, wenn man eine bislang kaum berücksichtigte Liste Franz Hoffmanns aus dem ehemaligen *Berlin Document Center* hinzunimmt.[257] In dem Bemühen, Ende 1942 einer Einberufung zu entgehen, zählt Hoffmann die gemeinsamen Projekte des Büros auf, deren Ausführungen teils Dringlichkeitsstufe I haben. Diese Liste und die darin dokumentierte Auftragslage retten offenbar Hoffmann und Taut vor einem Einsatz zu kriegswichtigen Tätigkeiten in der späten Kriegsphase. Es ist sicherlich wichtig, den Anlass jener Aufzählung von Projekten des Jahres 1942 zu berücksichtigen – je bedeutender und dringender sich die Projekte darstellen, umso größer die Chance, nicht herangezogen zu werden. Die leichte Überprüfbarkeit der Aufträge, die mit Projektnamen, Ort und Bauherrn angeführt sind, schließt allerdings grundsätzliche Falschangaben gegenüber der speerschen Behörde und der Reichskulturkammer aus. Einzelne Vorhaben wie die Siedlung Magdeburg und städtebauliche Planungen sind durch weitere Dokumente belegt, für andere Projekte, etwa ein Bürohaus für den Volksgerichtshof, gibt es keinerlei Nachweise. Laut Hoffmanns Liste ist das Büro 1942 in folgende Bauvorhaben involviert:

1. Bürohaus für den Volksgerichtshof, Berlin. Bauherr: Berliner Wohn- und Geschäftshaus G.m.b.H.
2. Umbau Margarine-Fabrik Berlin, Auguststraße 69. Bauherr: Herr Wiesner
3. Siedlung Magdeburg für die Junkerswerke, Bauteil III b, 86 Wohnungen, Bausumme 690.000,-- RM. Dringlichkeitsstufe I, im Bau begriffen. Das Bauvorhaben wird durchgeführt. Bauherr: Awog, Berlin, für die Junkerswerke Dessau
4. Siedlung Bau & Grund, Dresden, III.Bauteil. Bauherr: Bau & Grund, Dresden
5. Bebauungsplan für die Stadt Pirna. Bauherr: Stadt Pirna
6. Städtebauarbeiten und Vorbereitung für die Führerwohnungen im Kreis Pirna, Annaberg, Schwarzenberg. Bauherr: Neue Heimat, Dresden

Am 23. November 1943 wird das Büro Max Tauts und Franz Hoffmanns durch eine Brandbombe vollständig zerstört. Im Antrag auf Entschädigung vom Oktober 1944 heißt es, dass sich in einem Schrank die Zeichnungen über Städtebaupläne von 15 Gemeinden des Erzgebirges und der Umgebung von Dresden befanden, die im Auftrage der Neuen Heimat in Dresden ausgeführt worden seien. »Die Zeichnungen stellen die Arbeit von ca. 2 $\frac{1}{2}$ Jahren dar, wofür wir allein ein Honorar von RM. 24.000.-- erhalten haben.« Hierbei handelt es sich um Einnahmen aus dem unter Punkt 6 aufgeführten Projekt der Städtebauarbeiten und Vorbereitungen für die Führerwohnungen im Kreis Pirna, also der Umgebung von Dresden, und den Kreisen Annaberg und Schwarzenberg im Erzgebirge.

Die im Bau begriffene Siedlung Magdeburg mit einer Bausumme von 690 000 Reichsmark ist gleichfalls ein Auftrag von beachtlicher Größenordnung. Addiert man sämtliche Aufträge und Planungen, so zeigt sich, dass die Architekten des Büros Taut und Hoffmann zeitweilig in einem auskömmlichen Umfang an den Bauaktivitäten der dreißiger und vierziger Jahre beteiligt sind. Insgesamt ist das Auftragsvolumen in den Jahren 1941 und 1942 höher als 1923 oder 1924.

Dass man jahrelang fast zur Untätigkeit gezwungen gewesen sei, wie Franz Hoffmann 1948 nach Frankfurt an die Gewerkschaftsleitung schreibt, kann vor diesem Hintergrund allenfalls als Aussage in Relation zu den einstigen Großprojekten verstanden werden.[258] Schon die großzügigen Räumlichkeiten des Büros in Schöneberg wären kaum durch bloße *Untätigkeit* zu finanzieren gewesen. Bis zur Zerstörung des Gebäudes im November 1943 verfügt die Firma Taut und Hoffmann in der Bayreuther Straße 27–28 über je ein Zimmer für Max Taut und Franz Hoffmann, ein Buchhaltungs- und Schreibzimmer, zwei Atelierräume, ein Empfangszimmer, zwei Kammern und eine Küche. Mit dem Verlust des Büros gehen neben dem Nachlass Bruno Tauts wertvolle Dokumente zur Arbeit Max Tauts verloren, nahezu alles Originalzeichnungen und -pläne, sowie zahlreiche Fotografien von Objekten.

Ehe sämtliche Bauaktivitäten aufgrund der eskalierenden Kriegssituation zum Erliegen kommen, gelingt es Franz Hoffmann, ein Büro zur Beseitigung von Fliegerschäden am Kurfürstendamm 201 einzurichten.[259] Nachdem er das »Filetstück« in Charlottenburg zugewiesen bekommen hat, betreibt man bis 1946 das größte Baubüro in Charlottenburg. Die Fliegerschadenbeseitigung wird als dringliche Aufgabe eingestuft, so dass die Mitarbeiter im Januar 1945 als unabkömmlich gelten und nicht zu anderweitigen kriegswichtigen Einsätzen – gar zum Volkssturm – abkommandiert werden.[260] Max Taut selbst wirkt nicht mehr unmittelbar im Büro am Kurfürstendamm mit, zumal die organisatorische und technische Verantwortung ohnehin in Franz Hoffmanns Aufgabenbereich fällt. Seit das tautsche Wohnhaus im Eichkamp 1943 durch Bomben zerstört ist, lebt Max Taut mit seiner Frau Margarete in Chorin.

Die geschilderte Faktenlage schließt nicht aus, dass Taut und Hoffmann mit außerordentlichen Schwierigkeiten unter den Nationalsozialisten zu kämpfen hatten. Im Vergleich zu anderen Gegnern des Nazi-Regimes, wie etwa dem befreundeten Maler Otto Freundlich, der 1943 im Konzentrationslager Lublin-Maidanek stirbt, lässt sich Max Taut gleichwohl kaum zur Gruppe der Nazi-Opfer rechnen. Opfer war er insofern, als er wie alle Vertreter einer engagierten Moderne jeder Möglichkeit beraubt wurde, sich der eigenen künstlerischen Sprache zu bedienen. Hans Luckhardt führt in seiner Erklärung vor der Spruchkammer im Entnazifizierungsverfahren 1947 an, dass Künstler wie Walter Gropius und Mies van der Rohe mit ihrer Emigration womöglich einen leichteren Weg gegangen seien als jene, die im Land geblieben seien wie Max Taut und Hans Scharoun.[261] Max Taut setzt sich als Zeuge im Entnazifizierungsverfahren für die Brüder Luckhardt ein, die der NSDAP angehört haben, und unterstützt späterhin Hans Luckhardts Berufung als Honorarprofessor an die Hochschule für Bildende Künste in Berlin.

Im Vergleich zum Bemühen vieler Bauhausarchitekten im *Dritten Reich* darf man Max Tauts Haltung in der Tat als regimegegnerisch und distanziert einstufen. Winfried Nerdinger verweist darauf, dass nicht wenige Künstler der Moderne bis 1935 glaubten, einen Platz innerhalb des NS-Staats totz seiner antisemitischen und antidemokratischen Prägung finden zu können.[262] Walter Gropius vorübergehende Anbiederung an das faschistische Regime ist dokumentiert, denkt man an seinen gemeinsam mit Rudolf Hillebrecht erstellten Beitrag zum Wettbewerb *Haus der Arbeit*. Es ist kaum vorstellbar, dass Max Taut in ähnlicher Weise architektonische Darstellungen mit Nazi-Emblemen versehen hätte. Dagegen entscheidet sich Bruno aus dem japanischen Exil, in Verkennung der Lage, zur Teilnahme am Wettbewerb der nationalsozialistischen Deutschen Arbeitsfront – zum Preisgericht gehören Paul Bonatz, Heinrich Tessenow und Albert Speer – und behilft sich dabei mit »klitzekleinen« Hakenkreuzen.[263] Walter Gropius ist Mitglied in der Reichskammer für bildende Künste und wird als Architekt von dessen Prä-

sidenten Eugen Hönig geschätzt. Er wirkt an der NS-Propagandaschau für »deutsche Rasse« und »deutsche Arbeit« mit und lobt 1936 nachdrücklich Albert Speers Beauftragten für Normungsfragen Ernst Neufert für seine Ideen der Bauentwurfslehre. Nerdinger schreibt hierzu: »Bis 1939 hoffte Gropius ganz offensichtlich auf eine Rückkehr nach Deutschland und bemühte sich deshalb intensiv darum, jede politische Komplikation von seiner Person fernzuhalten.«[264] Mies van der Rohe, ebenfalls Mitglied der Reichskulturkammer, unterschreibt nicht nur den der NS-Ideologie entsprechenden Aufruf der Kulturschaffenden, sondern wird neben weiteren fünf Architekten zum Wettbewerb für den Pavillon der Weltausstellung in Brüssel 1935 eingeladen – auch er verzichtet nicht darauf, seinen Entwurf mit Hakenkreuzen zu dekorieren. Von Max Taut ist keine Teilnahme an NS-Wettbewerben bekannt und sicher hätte er als vormaliger Gewerkschaftsarchitekt wenig Aussichten auf Erfolg bei solchen Verfahren gehabt.

Idealisiertes Alter Ego

Im Nachlass Max Tauts ist unter dem Titel *Der gute Fang* ein Text erhalten, der, offenkundig von Bruno Tauts Schwiegertochter Marga verfasst, die Situation Max Tauts gegen Ende der NS-Zeit in Form einer symbolischen Geschichte einfängt. »Gewidmet Professor Max Taut, dem Mann, der standhaft blieb«, heißt es unter dem unveröffentlichten Dokument von Oktober 1945. Hinter der Figur Matthias Cramer verbirgt sich, kaum verhohlen, Max Taut.

Er war Matthias Cramer, neunundfünfzig Jahre alt, ehemals Architekt, weit über die Grenzen seines Vaterlandes bekannt und angesehen. Und jetzt? Seine Brauen zogen sich zusammen, wenn er sich daran erinnerte, jetzt war er, seit mehr als zwölf Jahren, ein unbekannter Privatmann, der angelte, wanderte und Aquarellbilder malte, und dessen Name nicht mehr genannt wurde – jedenfalls innerhalb Deutschlands nicht. Er war so gut wie tot. ... Die neuen Machthaber wussten nur zu gut, wie gefährlich dieser Geist für sie war. Cramer wurde nicht verhaftet, vielleicht weil er persönlich anspruchslos war, bescheiden gelebt hatte und wenig Feinde und Neider besaß, außer solchen, denen seine unbestechliche Künstlerschaft und sein europäischer Ruf ein Dorn im Auge waren. Nach ein, zwei Jahren fortgesetzter Angriffe, Nörgeleien und Schikanen ließ man ihn in Ruhe. Er wurde ausgeschaltet, übersehen, kaltgestellt.

153 Max Taut, Kreissparkasse Genthin,
1934–1936

Ein Todesurteil, dachte Cramer damals, und dachte er noch heute. Er war auf der Höhe seines Schaffens und seiner schöpferischen Kräfte gewesen.

Es folgt ein hypothetischer Gedankengang, in dem Matthias Cramer sich mit der Möglichkeit beschäftigt, die Planung einer kleinen Schule oder eines Gemeindehauses unter den gegebenen Umständen durchzuführen. Voraussetzung dafür wäre, dass er sich für manches, was er früher gesagt habe, bei den Machthabern entschuldige. Die spekulativen Betrachtungen münden in der klaren Erkenntnis, dass am Ende seine Entwürfe so oder so keine Akzeptanz fänden:

Ja dann würden sie ihm in seine Pläne hereinreden und ihn zuletzt zwingen wollen, densel-ben Schund zu bauen wie sie: Blut und Boden – oder »klassische« Säulenreihen als Feigenblatt vor der widerwärtigen Nacktheit geistloser Fassaden. Und das sollte er dann mit seinem guten Namen decken? Nie! Lieber sterben, lieber bei lebendigem Leibe begraben sein, lieber stumm in die ewige Tatenlosigkeit, in die Vergessenheit versinken, als gegen das künstlerische Gewissen handeln!

Der Protagonist Matthias Cramer ist, was Alter, Beruf und Lebensumstände angeht, bis in Einzelheiten hinein kongruent mit der Person Max Taut. Die Darstellung unternimmt den Versuch, seine Lebensumstände und in wesentlichen Ansätzen sein Empfinden wiederzugeben. Dass die hier von Marga Taut präsentierte heroische Haltung, das innere Exil, nicht ganz mit der Realität übereinstimmt, sondern Elemente der Stilisierung trägt, ist evident. Der Umfang der Tätigkeit des Büros Taut und Hoffmann ist, bei allen Einschränkungen und Erschwernissen, viel zu umfangreich, auch wenn das Büro offensichtlich keine öffentlichen Bauten ausführt. Andererseits wird der Begriff der »Emigration nach innen« selbst auf Künstler wie Gottfried Benn angewandt, die sich anfangs zum Nationalsozialismus bekannten, ehe die ebenso eindeutige Abkehr erfolgt, damit auch der Ausschluss aus der Reichsschrifttumskammer.[265] Sieht man das Verhalten nicht auf die Polarität von Mitläufertum und Widerstand reduziert, so darf man Max Taut in diesem Spektrum als von Anfang an standhaft bezeichnen, ohne dass er sich zu einer offenen Gegnerschaft bekennt, die zum Ausschluss aus der Reichskulturkammer und zu weiteren Repressionen führen würde.

Aber Max Taut bleibt im Sog der Gestaltdoktrin zeitweilig hinter seinen eigenen Ansprüchen als Architekt und Künstler zurück, wenn man die Erweiterung der Villa Schaefer in Finsterwalde von 1933 betrachtet (Abb. 307). Hier schafft er, im Stil des bestehenden Gebäudes, ohne architektonische Distanz eine klassizistische Kopie. Bis zu einem gewissen Grad mag man diesen künstlerischen Kompromiss mit dem Auftragsmangel in den Jahren 1933 und 1934 erklären. Wohlweislich wird dieser kleine Anbau nicht im Werkverzeichnis von ihm angeführt und auch sonst nirgends dokumentiert – einzig im Bauamt von Finsterwalde findet sich der Bauantrag.

Weniger leicht ist die Genthiner Kreissparkasse von 1936 zu übersehen (Abb. 153). Max Taut muss sich hier bei aller Qualität des Projekts den nationalsozialistischen Gestaltvorstellungen in einigen Punkten anpassen. Dass er in der Einweihungsschrift nicht als

154 Max Taut, Kreissparkasse Genthin, Eingang mit Reliefdetail von Rudolf Belling, Aufnahme 2000

Architekt genannt wird, mag beides sein: ein Zeichen, dass man ihn als Architekten der Gewerkschaften immer noch totgeschwiegen wissen will, und der Wunsch Max Tauts, selbst für dieses Bauwerk nicht als Architekt herausgestellt zu werden. Im Text zur Einweihung wird das Gebäude im Sinne der Machthaber gedeutet: »In ihrer baulichen Ausstattung musste sich die neue Sparkasse den schlichten, meist einstöckigen Häuserzeilen der Brandenburger Straße einfügen, dabei wollte sie sich aber gleichzeitig als wichtiges öffentliches Gebäude und als Bauwerk des Dritten Reiches herausheben und Ausdruck unseres Zeitgeistes sein.«[266]

Im Gesamthabitus wie im Detail lässt die Kreissparkasse Genthin in der Tat Merkmale der auferlegten traditionellen Sprache erkennen. Das zweigeschossige Bankgebäude ist im Sinne eines ländlichen Bauwerks mit hohem Walmdach ausgestattet und in ausgeprägter Symmetrie angelegt. Die keramischen Fenstergewände sind ebenso typisch wie die strenge Fensterreihe der oberen Etage bei weitgehend geschlossener Eckausbildung. Gerade das Übereckfenster, die Auflösung der klassischen Gebäudekubatur, gehört in den zwanziger Jahren zu den Markenzeichen der tautschen Modernität. Ansprechend erscheint

manches Detail wie die Geländer und Türgriffe oder die von Rudolf Belling entworfenen Reliefs beiderseits des Eingangs, obgleich auch ihrem heroischen Realismus der Entstehungshintergrund anzumerken ist (Abb. 154). Bei aller Anpassung bewahrt das Gebäude eine gewisse Sachlichkeit – doch waren Sachlichkeit und Funktionalität der nationalsozialistischen Gestaltideologie nicht fremd, betrachtet man die Industrie- und manche Ausstellungsbauten. Ein bemerkenswertes Beispiel in dieser Hinsicht ist die Müllverladeanlage in Berlin-Charlottenburg des späterhin von Max Taut protegierten Akademiekollegen Paul Baumgarten von 1936 oder dessen gläserner Pavillon zur Olympiade in Berlin.

Ohne Zweifel gelingt es Max Taut, in Genthin eine qualitätvolle Architektur zu schaffen, aber es ist nicht die Sprache, die er in den zwanziger Jahren mit Stringenz entwickelte und die zum Ausdruck fortschrittlicher Haltung und sozialer Verantwortung avancierte. Bestenfalls lässt sich sagen, dass Max Taut in Vermeidung einer nationalsozialistischen Bauweise, die im Genthiner Fall ans Kleinstädtisch-Idyllische anknüpft, auf Formen seiner frühen Schulbauten in Finsterwalde und Nauen zurückgreift. Die Entwicklung der zwanziger Jahre bleibt ohne Antwort.

CHORIN II: AUSGELEERTE STÄTTE

Während der Zeit der NS-Herrschaft wird Chorin nach und nach zum Rückzugsort für Max Taut. In den letzten Kriegsjahren, da das Wohnhaus in Berlin-Eichkamp zerstört ist, zieht er sich mit seiner Frau Margarete vollständig hierher zurück. Bereits ins siebte Lebensjahrzehnt eintretend, skizziert er abseits der Ereignisse die Choriner Landschaft und die Klosterruine. In dieser Phase wird er zum Zeichner, wie er später erklärt. Auch unmittelbar nach dem Krieg bleibt Chorin Anziehungspunkt, und so kehrt Max Taut häufig mit Zeichnungen, darunter ersten Plänen zum Neuaufbau, nach Berlin zurück. Seinem Kollegen und Freund Heinrich Tessenow schreibt er im September 1948: »Jetzt, solange die Schule nicht im Gange ist, gebe ich hier in Berlin nur Gastrollen und arbeite auf dem Lande in Chorin, wo sich auch meine Frau aufhält.«[267]

Theodor Fontane schildert Chorin als Architekturbild und gibt einen Einblick ins Innere der Klosterruine:

Von den alten Baulichkeiten, wenn dieselben auch Umwandlungen unterworfen wurden, ist noch vieles erhalten; lange einstöckige Fronten, die den Mönchen als Wohnung und Arbeitsstätten dienen mochten, dazu Abthaus, Refektorium, Küche, Speisesaal, ein Teil des Kreuzganges, vor allem die Kirche. Diese, wennschon eine Ruine, richtiger eine ausgeleerte Stätte, gibt doch ein volles Bild von dem, was diese reiche Klosteranlage einst war. Schon die Maße, die Dimensionen deuten darauf hin; das Schiff ist vierundvierzig Fuß länger als die Berliner Nikolaikirche und bei verhältnismäßiger Breite um siebzehn Fuß höher. ...

Leider geht dieser baulich schönen Ruine, wie gesagt, das eigentlich Malerische ab. Ruinen, wenn sie nicht bloß, als nähme man ein Inventarium auf, nach Pfeiler- und Fensterzahl beschrieben werden sollen, müssen zugleich ein Landschafts- oder auch ein Genrebild sein. In einem oder im andern, am besten in der Zusammenwirkung beider wurzelt ihre Poesie. Chorin aber hat wenig oder nichts von dem allen; es gibt sich fast ausschließlich als Architekturbild. Alles fehlt, selbst das eigentlich Ruinenhafte der Erscheinung, so dass, von gewisser Entfernung her gesehen, das Ganze nicht anders wirkt wie jede andere gotische Kirche, die sich auf irgendeinem Marktplatz irgendeiner mittelalterlichen Stadt erhebt. Nur fehlt leider der Marktplatz und die Stadt. Und treten wir nun in die öden und doch wiederum nicht malerisch zerfallenen Innenräume ein, so fehlt uns eines mehr als alles andere. Wer immer auch unser Führer sein mag, und wäre er der beste, wir vermissen die stille Führerschaft von Sage und Geschichte. Alles lässt uns im Stich, und wir schreiten auf dem harten Schuttboden hin wie auf einer Tenne, über die der Wind fegte. Alles leer.[268]

155 Innere Ansicht der Klosterkirche Chorin, Skizze von Karl Friedrich Schinkel 1817

156 Max Taut, Wintertag in Chorin, Aquarell 1940. Text auf der Rückseite: »Zur Erinnerung an einen kalten Wintertag in Chorin. Brodowin mit dem weißen See am Abend, tief verschneit.«

157 Max Taut, Chorin – Brodowin, Aquarell 1944

158 Max Taut, Kiefernzweig, Aquarell 1942

159 Max Taut, Mistelzweig, Aquarell 1945

Planungen für den Aufbau 1945–1951

*Das zerstörte Erbe darf nicht historisch rekonstruiert werden,
es kann nur für neue Aufgaben in neuer Form erstehen.*[269]
Aufruf des Werkbundes 1947, unterzeichnet von Max Taut,
Egon Eiermann, Richard Döcker, Max Pechstein, Lilly Reich,
Heinrich Tessenow u. a.

Berlin im Aufbau

*Es soll ein anderes Berlin entstehen, nicht mehr ei-
ne Stadt der Mietskasernen, Hinterhäuser, Keller-
wohnungen.*[270]
Max Taut

Bereits zweieinhalb Monate nach der deutschen Kapitulation wird Max Taut zur Mitarbeit in Berlin aufgerufen, wo an der Hochschule für Bildende Künste eine neue
Architekturabteilung eingerichtet werden soll.
Im Sommer 1945 beginnt Max Tauts Arbeit an
ersten Konzepten für ein neues Lehrprogramm. Franz Hoffmann, der zunächst unter
dem Firmennamen Taut und Hoffmann das
Büro zur Beseitigung von Fliegerschäden geleitet hat, organisiert die Neugründung des
Ateliers und findet nach einem Provisorium
am Kurfürstendamm eine Unterkunft in der
Knesebeckstraße 30.[271] Auch nach dem Krieg
ist man zunächst als Baubüro 8 für die Beseitigung von Kriegsschäden in Charlottenburg zuständig.

Da das Haus der Tauts in Eichkamp zerstört ist, mietet Max Taut 1946 das Nachbar-
haus der Familie Hoffmann, die wenige
Straßen entfernt am Zikadenweg wohnt. Das
eigene Haus im Lärchenweg wird erst Anfang
der fünfziger Jahre aufgebaut. Für Max Taut
scheint es selbstverständlich, dass er in jenen
Teil Eichkamps zurückkehrt, der, was die Anlage der Häuser und Gärten betrifft, eher bescheiden wirkt. Die kleinen Räume seines
Hauses sind mit Zeichnungen und Plänen
überhäuft, die er von seinen Ferien- und Wo-
chenendaufenthalten aus Chorin mitbringt.
Tauts Wohnstil wird von dem späteren Kollegen Konrad Sage als kultivierte Einfachheit
charakterisiert.[272] Gleichzeitig hält der Tesse-
now-Schüler Sage fest, dass viele den »großartigen Baumeister« Taut nicht so recht kennen
oder gar mit seinem Bruder Bruno verwech-

seln. Der Kompagnon Franz Hoffmann wohnt
im so genannten intellektuellen Teil Eichkamps, der mit seinen etwas großzügiger zu-
geschnittenen Grundstücken auf Planungen
von Bruno Taut und Martin Wagner zurückgeht.

Max Tauts Entscheidung für Eichkamp ist
bezeichnend, denn er baut nicht nur für Gewerkschaftsmitglieder, Post- und Bahnbedien-
stete, er wohnt auch dort, wo sie wohnen. Bis
zum Lebensende, über 46 Jahre, behält er seinen Wohnsitz in der Eichkamp-Siedlung. Es
mag daraus Bescheidenheit sprechen und ein
Bekenntnis zu dem, was er selbst ohne
Allüren in bewusster Einfachheit entwarf.
Aber es lässt sich auch ein Festhalten am Er-
probten sehen bis hin zum zeitweiligen künstlerischen Verharren: Die Gartenstadt und das
Konzept des Einfamilienhauses mit oftmals
handtuchschmalen Vorgärten, wie Horst Krüger es beschreibt, bleibt in den frühen Nachkriegsjahren sein Programm. Bei aller Rationalisierung der Bauweise ähneln sich die
Wohnhauskonzepte der frühen zwanziger Jahre und die der Nachkriegszeit. So stehen kaum
ästhetische Theorien und neue Wohnformen
im Vordergrund, sondern Themen der Praxis
wie die schnelle Montage von Unterkünften
zur Linderung der immensen Wohnungsnot.

Bald nach dem Krieg frischt Max Taut
Kontakte zu früheren Kollegen und Mitstreitern der neuen Baukunst auf. Adolf Behne, der
sich während der nationalsozialistischen Ära
unverfänglichen historischen Themen zuge-
wandt hat, steht hier an erster Stelle, aber
auch die Brüder Luckhardt, für deren Entnazifizierung sich Max Taut einsetzt, gehören dazu. Der Kontakt zu Hans Scharoun ist eng,
wenn auch nicht so vertraut wie der zu Heinrich Tessenow, Mies van der Rohe oder Max
Pechstein. Die Wiederbelebung des Werkbundes wird bereits 1945 eingeleitet: Neben Scharoun zählen zu den Initiatoren Max Taut, der

160 Max Taut, Berlin im Aufbau, Die unterirdische Stadt. Ein
Verkehrsknotenpunkt mit den erhaltenen Unterpflasterbauten und
den neu zu erstellenden Geschäftshäusern.

161 Max Taut, Berlin im Aufbau, Geschäftsstraße im Aufbau

162 Max Taut, Berlin im Aufbau, Titelblatt
1946

später den 2. Vorsitz übernimmt, und Lilly Reich, die schon zur Weimarer Zeit dem Vorstand angehörte. Jüngere Kollegen wie Paul Baumgarten und Fritz Bornemann kommen zum Kreis befreundeter Architekten hinzu. Politische und gewerkschaftliche Beziehungen werden geknüpft, so zu Adolf Grimme, dem ehemaligen Staatsminister und niedersächsischen Kultusminister, für den Max Taut 1934 ein Wohnhaus entworfen hat, oder zu Willy Brandt, der wiederholt bei den Tauts in Eichkamp zu Gast ist. Mies van der Rohe sendet aus Chicago Care-Pakete an die Tauts und zeigt sich um seinen Kollegen, mit dem er im vertrauten Du korrespondiert, besorgt. »Mein lieber Mies«, schreibt Max Taut zurück, »mit sehr schlechtem Gewissen schreibe ich Dir erst heute. Ich hatte mir schon seit langem vorgenommen, Dir für Dein Paket zu danken, aber ich zog es immer hinaus, weil ich glaubte, Dir etwas besonders mitteilen zu können … Mit der Theorie ist hier nichts zu machen, es ist heute für uns wichtiger, die Dinge so zu sehen, wie sie wirklich sind und praktisch sofort zu beginnen, irgend etwas, und wenn es die bescheidenste Hütte wäre.« In diesem Brief klingt bereits die Polarität an, die das Klima in den frühen Nachkriegsjahren mitbestimmt: Auf der einen Seite stehen jene, die das Elend der Bevölkerung und die katastrophale Wohnungsnot vor Ort erleben, und auf der anderen Seite jene, die, oftmals aus der Distanz, über neue städtebauliche Konzepte reflektieren. Dabei ist unterscheidend anzumerken, dass Max Taut trotz des Wunsches, die Not durch sofortige praktische Baumaßnahmen zu lindern, im klaren Gegensatz zur Gruppe jener nüchtern-konservativen Pragmatiker steht, die einen weitgehend unveränderten Wiederaufbau anstreben.

Hat der Krieg Max Taut und Franz Hoffmann eng zusammengeführt – gemeinsam hört man hinter verschlossenen Fensterläden englische Sender –, so entwickelt sich die Bürogemeinschaft nach dem Krieg offensichtlich nicht mehr zu jener früheren harmonischen Zusammenarbeit mit bewährter Aufgabenteilung. Es kommt zeitweilig zu Irritationen aufgrund einer eigenständigen Auftragsannahme durch Max Taut 1949 – die Akquisition ist ein Feld, das Hoffmann zuvor erfolgreich abgedeckt hatte.[273] In den Briefen jener Zeit bleibt der Ton zwischen beiden Partner gleichwohl ausgesprochen freundschaftlich. Am 15. Juli 1951 verstirbt der langjährige Kompagnon, der die Architektur beider Taut-Brüder geschätzt hat und auch in seiner sozialen Verantwortung den Brüdern nahe stand.

Als Organisator und Akquisiteur, aber auch als urteilender Architekt und kritischer Berater in allen baulichen Fragen, leistete er einen außerordentlichen Beitrag zur Architektur der Brüder Taut.

BERLIN IM AUFBAU: DIE UNTERIRDISCHE STADT

Mit seinen *Betrachtungen und Bildern* zum Wiederaufbau unternimmt Max Taut den Versuch, Ideen und Visionen mit dem faktisch Gegebenen und Realisierbaren zu verbinden und für die betroffenen Menschen anschaulich darzustellen.[274] Schon in seinen visionären Zeichnungen nach dem Ersten Weltkrieg behielt Taut die architektonische Logik im Auge. Die 1946 erscheinende Mappe *Berlin im Aufbau* analysiert die Situation und bewertet das Ausmaß der Kriegszerstörung in Berlin, um auf dieser Basis Möglichkeiten neuer Stadtraumkonzepte aufzuzeigen. Konsequent wird in die Aufbauplanung einbezogen, was an über- und unterirdischen Werten noch vorhanden ist. Während Taut von einer nahezu vollständigen Zerstörung des Berliner Zentrums ausgeht und strikt die Wiederherstellung bisheriger Mietshausstrukturen ablehnt, weist er auf den erhaltenswerten Zustand der unterirdischen Bauten hin, von Untergrundbahnen bis zur Kanalisation. Die weitgehend intakte Struktur dürfe nicht ignoriert werden, weil sonst der Rahmen des Finanzierbaren und baulich Möglichen gesprengt würde – wie wären hunderte Kilometer U-Bahn-Tunnel an ein völlig verändertes Stadtgefüge anzupassen? Diese technischen Bedingungen koinzidieren mit dem Wunsch, die gewachsenen Strukturen einer Stadt zu berücksichtigen und damit indirekt auch einen Teil ihrer Identität zu bewahren. Die Rigorosität der speerschen Planung, die Berlin zu einem megalomanen Germania aufrüsten wollte, zeugt von einer Totalität, die in manchen Plänen der Nachkriegszeit mit umgekehrten Vorzeichen wieder erscheint. Es wird Tabula rasa gemacht in der Hoffnung auf einen gänzlichen Neuanfang. So geht die viel beachtete Ausstellung *Berlin plant – Erster Bericht* unter Hans Scharoun von einem radikalen Umbau der Stadt aus, der bekanntermaßen nur einige museale Fragmente im Zentrum belässt und die City als einen lang gestreckten Arbeitsstreifen zwischen Spree und Landwehrkanal gestaltet.

Berlin im Aufbau: Die Sternstadt

Licht, Luft, Sonne – das sind auch für Max Taut die Prämissen städtischen Planens. Er führt dem Leser als negatives Beispiel die Mietskasernen vor Augen und verweist auf die unverantwortliche Verdichtung der einstmals grünen Höfe ohne Rücksicht auf Lichteinfall und Durchlüftung. Die Ansprüche an neuzeitliches Wohnen schließen in dieser Hinsicht einen *Wiederaufbau* aus. Ähnlich wie Franz Hoffmann, der 1950 seine Thesen zum Städtebau vorträgt, sieht Max Taut die besten Chancen für eine Steigerung der Wohnqualität in der Idee der Gartenstadt.[275] In den Wohnbezirken sieht er überwiegend ein- bis zweigeschossige Reihenhäuser und frei stehende Häuser mit Zier- und Nutzgärten vor. Dem hierbei entstehenden Problem mangelnder Verdichtung mit entsprechend starken Verkehrsströmen ins Stadtzentrum begegnet er mit der Bildung bezirklicher Stadtkerne und Unterzentren, die jeweils alle Aufgaben eines historischen Stadtkerns übernehmen. Daher der Name *Sternstadt* im Sinne vieler aus dem Meer der niedrigen Bebauung hervorscheinender Zentren. Für diese Kerne, in denen sich Geschäfte, Kinos, Restaurants, Kulturstätten und Verwaltungsgebäude konzentrieren, ist eine höhere Bebauung von bis zu acht Geschossen vorgesehen. Dabei fällt die Höhe von den jeweiligen Stadtkernen allmählich zu den Wohnregionen ab bis hin zu den durchgrünten Siedlungen.

Zweifellos ist Max Tauts *Berlin im Aufbau* eine Antwort auf die Misere der Mietskasernenstadt. Inwieweit die Idee der Gartenstadt sich für eine Metropole mit mehreren Millionen Einwohnern eignet, muss gleichwohl hinterfragt werden. In einem Kommentar der *Neuen Bauwelt*, der insgesamt zustimmend ausfällt, wird darauf hingewiesen, dass die Aneinanderreihung sparsam gestalteter Giebelhäuser mit Gärten dem Bild der Großstadt nicht gemäß sei.[276] Die abschließenden Zeichnungen Tauts scheinen mit ihrer lebensvollen Idylle vor allem geeignet, sich gegen eine resignative Stimmung zu wenden, und richten sich nicht allein an Stadtplaner und Architekten. Martin Wagner kritisiert aus der Ferne pauschal seine Kollegen in Berlin: Man sei gedanklich und konzeptionell in den zwanziger Jahren stecken geblieben.

Während Max Taut den sozialen Aspekt in den Vordergrund stellt und konsequent mit den geringsten Mitteln plant, greift er auf vertraute Wohnhausmodelle mit Satteldach zurück, entwickelt jedoch auch neue Reihenhaustypen mit Flachdach. Dieses Nebeneinander verweist auf eine durchaus undogmatische Haltung im Wohnungsbau. Siedlungen, die Max Taut in den fünfziger Jahren realisieren kann, folgen gleichwohl nicht dem kleinteiligen Prinzip – stattdessen entstehen Anlagen mit mehrgeschossigen Zeilen, Laubengang- und Wohnhochhäusern von zehn und mehr Stockwerken.

Berlin im Aufbau: Landschaft und Stadtbild

Richtungweisend und konsequent erscheint Max Tauts Vorschlag, die landschaftliche Eigenart Berlins stärker zur Geltung zu bringen. Hier verweist er auf die Spree, die ihrem natürlichen Ursprungszustand angepasst werden soll, so dass die Wohnqualität durch auenartige Grünanlagen des nicht länger eingezwängten Flusses gesteigert wird. Max Tauts Planung setzt hier die gleichen Prämissen wie Scharouns radikale Neugestaltung, die Landschaft und Flusslauf der Spree als prägende Elemente einbezieht. »Es ist vielleicht mit eine der dankbarsten Aufgaben der planenden Architekten, nunmehr auch Wasser, Wald und Freifläche mit Verständnis in die Planung einzuordnen«, lautet der Schlusssatz der tautschen Betrachtungen.

Später greift Max Taut manche Idee seiner Schrift auf und entwickelt sie für die Bonner Reutersiedlung und Wohngebiete im Ruhrgebiet weiter, wobei er in fragmentarischen Stadträumen auch größere Verdichtungen anstrebt. Grundsätzlich sind seine Betrachtungen, die er in den Nachkriegsmonaten anstellt, als eine erste Anregung für die Praxis zu verstehen, doch scheint in ihnen auch die Vision einer urbanen Neuordnung auf.

Zwischen Pragmatismus und Neubesinnung 1946–1949

Berlin ist gewesen! Ein zerfallener Leichnam! Unmöglich zu beschreiben. Die Menschen niedergebeugt, verbittert, hoffnungslos. Am Abend Treffen mit Scharoun, Max Taut, Redslob, Lilly Reich - - - alle so alt aussehend, dass ich sie kaum wieder erkannte.[277]
Walter Gropius, 1947

Bis Ende der vierziger Jahre wird die Arbeit des Büros Taut und Hoffmann in starkem Maß durch Reparaturarbeiten und Wiederaufbaumaßnahmen bestimmt. Die finanziell schwierige Lage in der frühen Nachkriegszeit lässt es selbstverständlich erscheinen, dass auch einfachste Aufgaben durch das Büro ausgeführt werden: Dazu gehört eine Arbeit am Wohnblock Danckelmannstraße, die in einer Instandsetzung der beschädigten Dachdeckung besteht. Unter welch schwierigen Umständen derartige Baumaßnahmen stattfinden, belegt die *Bescheinigung zur Freigabe von Materialien und Arbeitskräften* für Bauarbeiten. Selbst für kleinste zivile Bauvorhaben ist in dieser Zeit eine Genehmigung der Militärregierung des betreffenden Sektors erforderlich.

Max Tauts intensive Auseinandersetzung mit der Aufbausituation fällt durchaus in die Kompetenz des Praktikers. Es bleibt, wenngleich konzeptionelle Überlegungen angestellt werden, wenig Raum für Visionen, vergleichbar denen nach dem Ersten Weltkrieg. Angesichts des Trümmerfeldes werden keine Architekturfantasien und Blütenhäuser zu Papier gebracht. Entwürfe, die einen über die Aufbauarbeit hinausgehenden Aufbruch versprechen, finden sich seltener, da dem Architekten Taut die Beseitigung der unmittelbaren Not und die Bewältigung dringendster baulicher Maßnahmen als vorrangige Anliegen erscheinen. Das schließt nicht aus, dass Max Taut wie Hans Scharoun oder Hans Schwippert, der bereits 1944 in der von den Alliierten besetzten Stadt Aachen den Aufbau organisiert, weitreichende Ideen zur Neuordnung als notwendig empfindet. Hans Schwippert stellt klar, dass die wesentliche Aufgabe die »schlichteste Ordnung des nackten Lebens« sei, was für ihn jedoch nicht bedeutet, dass die praktischen Angelegenheiten zuerst und die »höheren Dinge« später anstehen, vielmehr müssen architektonische Praxis und Idealismus zusammengehen.[278]

Einen konkreten Vorschlag zur Behebung des Wohnungsmangels unterbreitet Max Taut

163 Max Taut, Das wachsende Haus, 1946, Grundmodul und Ausbaustufen 2 bis 5

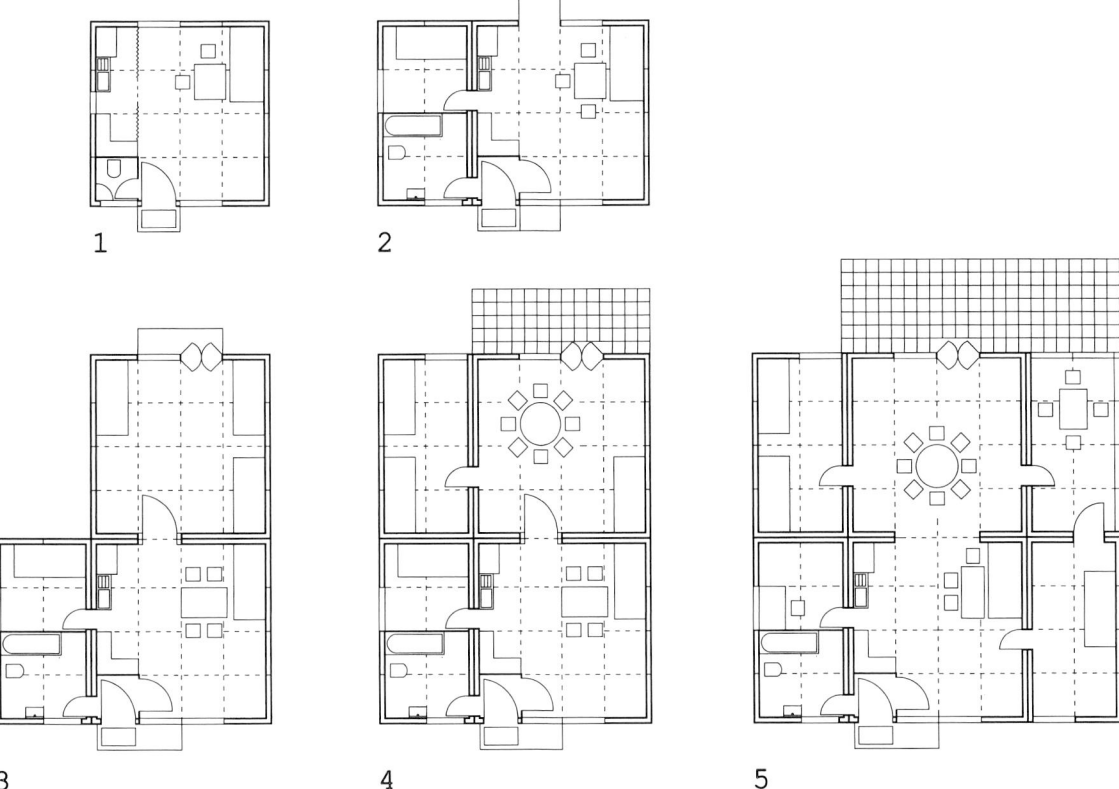

1946 mit der Idee des wachsenden Hauses,
die schon Anfang der dreißiger Jahre auf Anregung Martin Wagners die Riege moderner
Architekten von Hans Scharoun über Ludwig
Hilberseimer bis zu Bruno Taut beschäftigt
hat (Abb. 139 bis 142). An Experimente mit
vorgefertigten Bauteilen anknüpfend, gehen
Max Tauts Gedanken dahin, ganze Bauzellen
vorzufertigen und als Grundeinheiten eines
Hauses aufzustellen, wobei er auf innovative
Konstruktionsweisen zurückgreifen kann, die
er selbst entwickelt und als Patent angemeldet
hat. Nach und nach können dem Kern des
Hauses weitere Zellen folgen, so dass die kom-
pakte einräumige Anlage sich zum vollwerti-
gen Wohnhaus mit variablen Räumen entfaltet
(Abb. 163). Durch die Addition der Module, die
mal Schlaf-, Wohn- oder Kinderzimmer sind,
passt sich das wachsende Haus den Bedürfnissen der Bewohner in wirtschaftlicher und fa-
miliärer Entwicklung an. Mit technischen und
wirtschaftlichen Aspekten des Wohnungsbaus
beschäftigt Max Taut sich nachfolgend auch im
Institut für Bauwesen der Akademie der Wis-
senschaften, wo er mit seinem Hochschulkol-
legen Theo Effenberg die Leitung des Ressorts
Wohnungswesen übernimmt.[279]

Bei aller Hinwendung zur Praxis gehört
Max Taut zu den Unterzeichnern des von idea-
listischem Pathos zeugenden Nachkriegsauf-
rufs, der von Alfons Leitl in der Zeitschrift
Baukunst und Werkform veröffentlicht wird und
Unterstützung bei Künstlern und Architekten
findet, die sich der Moderne verpflichtet
fühlen.[280] Die Kernaussage des Appells vom
März 1947 besteht in der Ablehnung einer reinen Rekonstruktion des historischen Erbes.

NEUE ENTWÜRFE

Neben Konzepten für den Aufbau legt der inzwischen 64-jährige Max Taut in der ersten
Phase der Nachkriegszeit einige herausragende Entwürfe vor. Seine Ideen zum Neuaufbau
des Schillertheaters in Berlin und zum Bau
des Funkhauses in Hannover 1948 gehören
zweifellos zu den interessantesten Beiträgen
der damaligen Wettbewerbe. Dass Max Tauts
Entwürfe in die engste Wahl kommen, dennoch nicht zur Ausführung gelangen, wird
vielfach bedauert. Seine Planung für den
Nordwestdeutschen Rundfunk findet renom-

164 Max Taut, Funkhaus für den
Nordwestdeutschen Rundfunk in
Hannover, Entwurf 1948

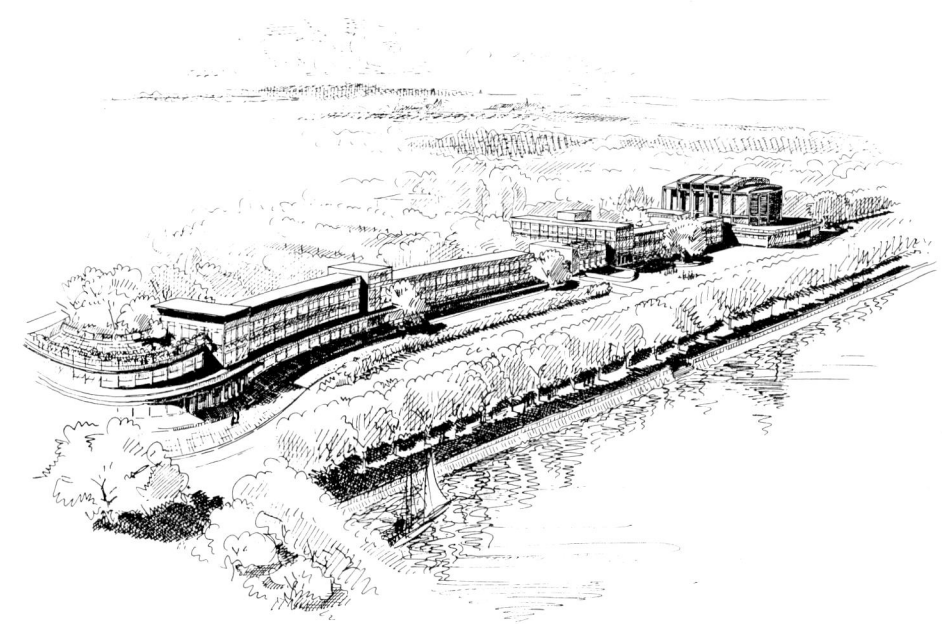

neue **bauwelt**

ZEITSCHRIFT FUR DAS GESAMTE BAUWESEN

165 Max Taut, Schillertheater Berlin, Perspektive des Entwurfs als Titel der Neuen Bauwelt vom 18.10.1948

Umgebung ist für Taut stets ein wichtiger Aspekt des Entwurfs. Hubert Hoffmann hebt die organische Gesamtanlage als qualitativ beste Leistung des Wettbewerbs hervor. Einzelne Formen des Komplexes, vor allem die schwungvolle Eckausbildung, erinnern an jene sinnfällige Organik, die für manches Projekt Max Tauts der späten zwanziger Jahre typisch ist. Der Sendesaal des Rundfunkhauses zeigt außen wie innen sichtbare Betonrahmen, was Hoffmann als gotische Herbheit charakterisiert. Der Bauhaustheoretiker und Schlemmer-Biograf Hans Hildebrandt hält 1949 in *Architektur und Wohnform* resümierend fest: »Wäre der Entwurf Max Tauts ausgeführt worden, so wäre die moderne Architektur um ein funktionstechnisch und künstlerisches Vorbild für eine der wichtigsten Zeitaufgaben reicher.«[282]

Der zur gleichen Zeit erfolgende Aufbau des Schillertheaters in Berlin wird zu einem Beispiel unreflektierter Restauration mit dem Ziel einer raschen Re-Etablierung des öffentlich-kulturellen Lebens. Die Chance wegweisender Gestaltung wird unter dem neuen Stadtrat, dem Jurymitglied Karl Bonatz, vertan.[283] Max Taut bezieht konsequent die größtenteils kriegszerstörte Umgebung in sein Konzept ein und lässt entlang der Bismarckstraße Büro- und Geschäftshäuser unterschiedlicher Höhe und großzügige Grünflächen entstehen. Auffallend ist die konvexe Glasfront des Gebäudes und ihre Gliederung durch grazile Stützen. Diese sich zum Stadtraum öffnende Fassade wird von der Jury mit der Begründung abgelehnt, dass ein Theater Ort der Sammlung sei und Tauts Motiv eher zu einem Palmenhaus passe.

Max Taut sucht als einziger Wettbewerbsteilnehmer die enge Verbindung zwischen Zuschauerraum und Bühne, um so den Vorstellungen einer modernen Spielstätte nahe zu kommen. Doch kritisiert die Jury lediglich, dass der kuppelartige Zuschauerraum akustisch sehr bedenklich sei. Bezeichnend ist Karl Bonatz' Wortwahl bei der Vorstellung des letztlich zur Realisierung vorgeschlagenen Beitrags von Heinz Völker. Hier fallen dem Architekten Bonatz, dessen Wirken als Bunkeroberbaurat unter den Nationalsozialisten nicht lange zurückliegt, die »kultivierten Formen« und die »große Ausgeglichenheit« sowie die »repräsentativ« wirkende Hauptfront auf. Die Maßstäbe, mit denen hier geurteilt wird, offenbaren, dass Bonatz, in Kategorien der Vergangenheit denkend, jeder Neubesinnung fern steht und selbstredend einer Auseinandersetzung mit der NS-Hinterlassenschaft aus dem

mierte Befürworter: So melden sich Hubert Hoffmann und der Kunstkritiker Hans Hildebrandt zu Wort, um ihr Bedauern über die unzureichende Berücksichtigung des tautschen Entwurfs zu äußeren, dessen Qualität die der anderen Beiträge übertreffe.[281] Das Ergebnis des Wettbewerbs wertet man als typischen Kompromiss, der das Mittelmäßige fördere und sich nicht im Widerstreit der Stimmen für das Herausragende entscheiden könne.

Mit der Gestaltung eines modernen Funkhauses liegt eine relativ neue architektonische Aufgabe vor, für die es 1948 nur wenige Vorbilder gibt. Vorgegeben ist eine Bebauung längs des Maschsees in Hannover mit Verwaltungsräumen, Kantine und großem Sendesaal. Max Taut entwickelt eine lineare Anlage, die sich dank der niedrigen Höhe und der vielgliedrigen Form vorbildlich in den Umraum der Uferpromenade einpasst (Abb. 164). Die starke Einbeziehung der landschaftlichen

Wege geht. Das Schillertheater ist erst 15 Jahre vorher vom »Theaterarchitekten des Führers« Paul August Otto Baumgarten (1873–1946) im verordneten Stil eines versachlichten Klassizismus mit Travertinfassade umgebaut worden.

Karl Bonatz steht beispielhaft für viele Fälle personeller Kontinuität, die von der Weimarer Moderne über die nationalsozialistische Ära bis zur Nachkriegszeit reicht. Dabei scheint er als Person eher schillernd und nicht eindeutig in die Riege jener Architekten einzuordnen, die überzeugte Planer im *Dritten Reich* waren.[284] Karl Bonatz und sein durch den Bau des Stuttgarter Bahnhofs bekannt gewordener Bruder Paul pflegen trotz unterschiedlicher Auffassungen ein freundschaftliches Verhältnis zu beiden Taut-Brüdern. Durch die zwanziger Jahre hindurch halten sich die Kontakte, vor allem da Karl Bonatz als Magistratsoberbaurat in Berlin-Neukölln tätig ist, wo Bruno Taut seine Schule am Dammweg plant, während Karl Bonatz in der Sprache des *Neuen Bauens* hier das Asyl für Obdachlose entwirft.

Zur Zeit der nationalsozialistischen Herrschaft ist Karl Bonatz mit Hans Stephan beruflich eng verbunden, steigt 1940 zum Abteilungsleiter innerhalb der Generalbauleitung des Generalbauinspektors auf und fungiert als so genannter Oberbunkerbaurat.[285] Von der SPD nominiert, übernimmt er im Januar 1947 die Nachfolge Hans Scharouns als Stadtbaurat und wird 1949 zum ersten Stadtbaudirektor West-Berlins.

Für Max Taut ergibt sich hieraus eine beruflich und persönlich prekäre Situation. Karl Bonatz, der an der Ablehnung des tautschen Entwurfs für das Schillertheater maßgeblich beteiligt ist, trifft schon ein Jahr später erneut als Jurymitglied mit Max Taut zusammen. Diesmal geht es um den nur wenige hundert Meter entfernt gelegenen Konzertsaal der heutigen Universität der Künste. Gemeinsam mit dem Vorsitzenden Heinrich Tessenow gelingt es Taut, den wegweisenden Entwurf Paul Baumgartens (1900–1984) durchzusetzen.[286] Max Taut mag trotz des künstlerischen und politischen Gegensatzes stets im Gedächtnis haben, dass die Freundschaft zwischen beiden Brüderpaaren bis zur Machtübernahme der Nationalsozialisten eine wichtige Rolle spielte, vor allem im Jahr 1933, als der Bruder Bruno vorübergehend bei Paul Bonatz in Stuttgart Station machte, ehe er aus Deutschland floh.

ARCHITEKTURLEHRE

Die Aufgaben, die den Architekten in Zukunft erwarten, sind zum Teil so anders und so neuartig, dass nur Aufgeschlossenheit imstande ist, sie zu bewältigen. Dazu kann ihm außer Verstand, künstlerischer Begabung und technischem Wissen nur ein lebensnahes Menschentum verhelfen. [287]
Max Taut

Neben Planungen zum Wiederaufbau und Beiträgen zu Wettbewerben wird Max Taut im Nachkriegsberlin mit einer für ihn neuen, einflussreichen Aufgabe betraut – der architektonischen Lehre. Zwar war er bereits vor 1933 als Direktor der Baugewerkschule in Berlin-Neukölln im Gespräch, doch schloss die Machtergreifung der Nationalsozialisten eine Übernahme des Direktorenpostens aus. Nun – gerade zwei Monate nach der Kapitulation Deutschlands – beginnt der Aufbau einer Architekturschule in Berlin, die als Abteilung innerhalb der Hochschule für Bildende Künste angesiedelt ist.[288]

»SUCH DIR DIE LEUTE ZUSAMMEN!«

Chorin, Juli 1945: Max Taut, 61 Jahre, skizziert die Landschaft der Uckermark und Details des zerfallenen Klosters Chorin. Sein letzter bedeutender Auftrag liegt mehr als zwölf Jahre zurück. Aus Berlin, das bislang noch Trümmerfeld ist, erreicht ihn in dieser Situation die Nachricht, dass eine neue Architekturschule entstehen soll. Für den Aufbau wünscht man sich einen erfahrenen Architekten der Moderne – Max Taut.

Kurz zuvor hat der von den Nationalsozialisten diffamierte Maler Karl Hofer seine Bereitschaft erklärt, die Leitung der Hochschule zu übernehmen. Doch Taut, zunächst skeptisch, stellt Forderungen: Er verlangt eine profunde Ausbildung und möchte als Lehrer Architekten der Praxis berufen. Über die Zulassung der Studenten darf nur die Begabung und nicht der Schulabschluss entscheiden. »Taut, fang an, such' dir die Leute zusammen!«, antwortet Karl Hofer und setzt offenkundig auf die Erfahrungen und die Organisationskunst Tauts.[289] Innerhalb von drei Monaten gelingt es Max Taut, unter schwierigsten Bedingungen der neuen Ausbildungsstätte Konturen zu geben. Die Kriterien, nach denen die Dozenten ausgewählt werden, gehen auf seine Vorgaben zurück und so muss jeder Lehrende seine Tätigkeit während der zurückliegenden zwölf Jahre offen legen. Neben erfahrenen Professoren ruft er eine Reihe jüngerer Architekten wie den 34-jährigen Konrad Sage oder Willi Claus zur Mitarbeit auf. Bis in den Herbst finden Beratungen mit den zukünftigen Mitarbeitern und Erörterungen zum Lehrprogramm statt.

Am 10. Oktober 1945 nimmt die Hochschule offiziell ihren Unterrichtsbetrieb mit 450 Studenten auf und Max Taut legt den ersten Studienplan der neuen Bau- und Architekturschule vor. Während der nächsten beiden Jahre stehen Überlegungen zur endgültigen Strukturierung des Studiengangs auf der Tagesordnung, aber auch Fragen nach der Anerkennung des neuen Diploms bis hin zur Amtsbezeichnung der Lehrenden. Im März 1947 ist der Aufbau der Abteilung unter dem Dekan Max Taut weitgehend abgeschlossen, auch wenn über die Jahre eine weitere Ausarbeitung des Studienprogramms erfolgt.

Von Anfang an steht Wilhelm Büning als einer der älteren Professoren aus der Zeit vor 1933 dem Dekan Taut zur Seite. Als ein Lehrender der ersten Stunde ist der Bauhäusler Joost Schmidt für die Grundlehre zuständig und führt in die Vorstellungswelt des Architekten ein. Sein Nachfolger wird 1948 Georg Neidenberger, der als Anhänger der Unterrichtsmethodik Johannes Ittens gilt. Seminare leiten Klaus Müller-Rehm und Konrad Sage, während Scharoun und Tessenow zwar im ers-

ten Studienplan als Leiter von Meisterklassen auftauchen, doch letztlich nicht an der neuen Abteilung mitwirken. Max Tauts langjähriger Wegbegleiter Adolf Behne, der als Kunstwissenschaftler an die Hochschule berufen wird, hält bis zu seinem Tod im August 1948 baugeschichtliche Seminare und stellt Betrachtungen zur Kulturgeschichte an. Zum Wintersemester 1952 vermittelt Hans Luckhardt als Honorarprofessor den Studenten eine »lebendige Anschauung baugeschichtlicher Tradition im Verhältnis zur heutigen Zeit«.[290]

Die Forderungen, die Max Taut an die Erziehung des Architekturnachwuchses stellt, erläutert er im Dezember 1945 in der *Berliner Zeitung*: »Wir wollen Baumeister heranbilden, die den Mut zu eigenem Wollen und Schaffen haben. Nach zwölf Jahren der Bevormundung soll die Architektur wieder eine Kunst werden, die von selbständigen Persönlichkeiten und Menschen mit künstlerischer Fantasie ausgeübt wird. Die Erziehung solcher Architekten wird die erste und schwierigste Aufgabe der Hochschule sein.«[291] Dabei sieht er die Chance, die Vorteile bisheriger Ausbildungsstätten – Baugewerkschulen auf der einen Seite und Technische Universitäten auf der anderen – in der neuen Architekturschule zu verbinden. Er kritisiert die mangelnde Praxisnähe der Technischen Hochschulen und die fehlende Förde-

166 Hochschule für Bildende Künste in Berlin, heute Universität der Künste, erbaut von Heinrich Kayser und Karl von Großheim. Das kriegsbeschädigte Haus am Steinplatz konnte zum Wintersemester 1950 bezogen werden. Willi Claus, der 1947 auf Initiative Max Tauts und Karl Hofers ein Baubüro zur Sanierung des Stammhauses einrichtete, berichtet: »Das Gebäude am Steinplatz war teilweise zerstört, einer der beiden Eckrisalite war total weg, und in der Mitte war reingeschossen worden.«

rung der Allgemeinbildung an Baugewerkschulen. So heißt es im ersten Lehrkonzept, dass die Arbeit des Architekten eine Synthese aus künstlerisch-intuitiver Betätigung und Verwertung technisch-wissenschaftlicher Kenntnisse sei.[292] Die Lehre an der Hochschule für Bildende Künste soll somit zu einer Einheit führen, wie sie letztlich auch charakteristisch für das spätere Wirken des Architekten als Künstler und Ingenieur ist. Ausgehend von der Voraussetzung, dass die auf Begabung beruhende Intuition im Unterschied zum technischen Verständnis nur in begrenztem Maß lehrbar ist, wird die künstlerische Befähigung durch eine Aufnahmeprüfung festgestellt.

Das ursprüngliche Lehrprogramm wird kontinuierlich weiterentwickelt und als überarbeitete Fassung im Februar 1948 vorgestellt. Es erweist sich als anspruchsvolle Neuerung innerhalb des Spektrums der Architektenausbildung. Unverkennbar gehen Anregungen vom Bauhaus aus, aber auch von den Ideen der Bauhütten und Meisterateliers. Die angehenden Architekten durchlaufen nach den Vorstellungen Tauts vier Ausbildungsstufen, an deren Anfang ein umfangreiches Baupraktikum und die Grundlehre stehen. Das eigentliche Architekturstudium gliedert sich in Unter- und Oberstufe mit überwiegend seminaristischer Arbeit und vermittelt die Grundlagen praktischen Bauens.

Von der Grundlehre zum Meisteratelier

Die Bau- und Architekturschule der Hochschule für Bildenden Künste will versuchen, dem Architekten die Möglichkeit zu geben, sein Ziel frei von jedem Akademikertum zu erreichen.[293]
Max Taut

Es liegt nahe, dass Max Taut, der als Zimmermann früh die Nähe zur Praxis fand, Wert auf bauliche Handfertigkeit und praktische Anschauung legt. Dies verbindet ihn mit Heinrich Tessenow, der gleichfalls eine Lehre als Zimmermann absolvierte und die Entwicklung an der neu gegründeten Architekturschule aufmerksam mitverfolgt. Im November 1945 erörtert er im Rahmen einer Vortragsreihe an der Kunsthochschule Fragen des Bauens. Beide Architekten sind sich einig darin, dass ohne enge Verbindung zum Handwerk die Architektur eine tote Wissenschaft zu werden drohe. Max Taut wünscht, dass die Studenten auch später während des Hauptstudiums Erfahrungen in Büros sammeln, so dass insgesamt eine vorbildliche Verzahnung von Baupraxis und Seminararbeit gegeben ist.

Ein starker Bezug zum Bauhaus ist mit der Grundlehre gegeben, deren Analogie zum zweisemestrigen Bauhaus-Propädeutikum unverkennbar ist und die gleichsam als Vorstufe der künstlerischen Selbstfindung des Studierenden dient. Auch personell ist die unmittelbare Beziehung durch Joost Schmidt gegeben, der am Bauhaus seine Gesellenprüfung als Bildhauer ablegte und als Jungmeister mit der Leitung der Plastischen Werkstatt betraut war. Innerhalb des Bauhaus-Propädeutikums entwickelte er eine elementare Gestaltungslehre mit dem Ziel, die gestalterischen Kräfte zu fördern und das Raum-, Farb-, Form- und Materialgefühl auszubilden. Die neue Grundlehre an der Hochschule für Bildende Künste sieht die Weckung des künstlerisch-technischen Gefühls und die Ausbildung der Darstellungsfähigkeit vor, ohne hiermit eine endgültige Spezialisierung auf den künftigen Beruf vorzunehmen. Ebenso wichtig ist in diesem Stadium die Vermittlung allgemeinen Wissens, entsprechend der Vielseitigkeit der an den Architekten herangetragenen Aufgaben.

Das Architekturstudium mit der entsprechenden Zuwendung zu rein architektonischen Themen beginnt nach der Grundlehre in der Seminarstufe, wie dieser Studienabschnitt vom 3. bis zum 5. Semester zunächst heißt. Hier werden die Baudisziplinen gelehrt, daneben beginnt der Unterricht in Gestaltungs- und Entwurfsseminaren mit einer möglichst engen Beziehung zwischen Schüler und Lehrer. Die Arbeit in den Seminaren entspricht der in Ateliers oder Werkstätten, wobei der Leiter gleichsam als Meister die Studenten lenken und schöpferische Impulse auslösen soll. Am Ende dieses Studienabschnitts steht die Prüfung zum Werkarchitekten, die dem Abschlussexamen einer Baugewerkschule oder Staatsbauschule entspricht.

Die Oberstufe, quasi das Hauptstudium, gibt den zugelassenen Studenten die Möglichkeit, verstärkt in kleinen Entwurfsseminaren zu arbeiten. Es herrscht Lehr- und Lernfreiheit, doch sollen die Aufgaben der Praxis entstammen. Zu den ersten Leitern dieser Meisterateliers gehören, neben Max Taut, Wilhelm Büning, Klaus Müller-Rehm und Theo Effenberger. Nicht eine einzelne Abschlussprüfung ist für den Studienabschluss relevant, sondern die kontinuierliche Seminararbeit und die gesamte Leistung während des Studiums. Das Diplom entspricht der Qualifizierung von Ingenieuren an Technischen Hochschulen, doch heißt es im Lehrkonzept von 1948: »Es ist ein Irrtum anzunehmen, nach bestandener Prüfung ›Architekt‹ zu sein. Der junge Architekt

167 Max Taut, Der Bau, Organisationsschema zur Architekturlehre, Skizze vom 6.9.1945. Stil der Zeichnung und der symbolträchtige Titel *Der Bau* erinnern an die Ära des *Arbeitsrates* und der *Gläsernen Kette*. Tatsächlich mochte Max Taut ein ähnlich geistig-revolutionärer Neuanfang vorschweben wie 1918. Die drei Stränge repräsentieren die drei Richtungen der Architektenausbildung und ihre Verknüpfungen: Technischen Hochschule, Baugewerkschule und Hochschule für Bildende Künste.

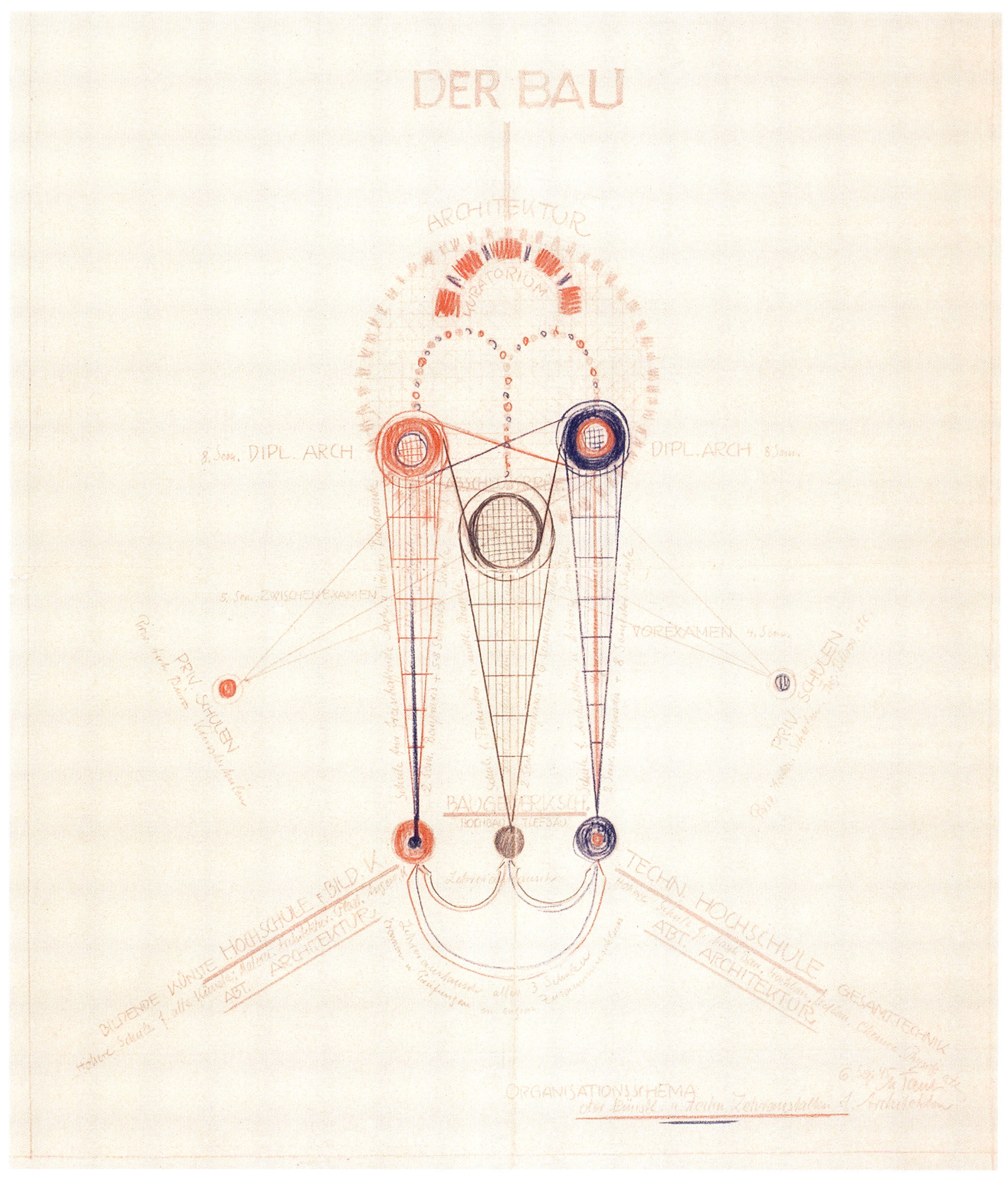

darf nur annehmen, dass er das notwendige Rüstzeug für seinen Beruf auf der Hochschule bekommen hat; die eigentliche Lehre beginnt im praktischen Leben.«[294]

In der Tradition des Neuen Bauens

Max Taut leistet mit seinen Vorstellungen zur Lehre und deren Umsetzung in der von Pragmatismus geprägten Situation nach 1945 einen außerordentlichen Beitrag zur Ausbildung des Architekten. Dabei muss die Neugründung der Architekturschule durchaus als Komplementärentwurf zur bestehenden Architekturabteilung an der benachbarten Technischen Universität gesehen werden. In der schwierigen Aufbauphase der frühen Nachkriegsjahre greift Taut bewusst auf erprobte Ausbildungsmodelle zurück, wenngleich man sich, laut Klaus Müller-Rehm, nicht offen zum Bauhaus bekennen möchte, da die restriktive Politik in Bonn gegen den Fortschrittsgeist des Bauhauses eingestellt sei. Auch Willi Claus bestätigt: »Wir wollten das Erbe des Bauhauses fortsetzen.«[295] Viele Topoi des Bauhausunterrichts, nicht nur die exemplarische Grundlehre, werden bei der Neugründung der Architekturabteilung an der Hochschule für Bildende Künste sichtbar. Hierzu gehören die Vermeidung des bloß Akademischen, die Hochschätzung des Handwerks, der Bezug zur Bauhütte mit dem besonderen Meister-Schüler-Verhältnis und die Verbindung der Künste, mithin die Integration der Architekturlehre in eine Kunsthochschule.

Neben Joost Schmidt und dessen Nachfolger Georg Neidenberger haben eine Reihe weiterer Dozenten der Anfangsphase Bauhauserfahrung. Der Bauhausschüler Eduard Ludwig, der Entwurf lehrt, hat schon an Mies van der Rohes einzigem Dessauer Bau, der Trinkhalle, mitgewirkt und die Bauleitung innegehabt. 1951 entsteht nach seinem Entwurf das Luftbrückendenkmal in Berlin-Tempelhof. Das Lehrgebiet Stadtplanung wird durch Wils Ebert vertreten, dem früheren Gropius-Mitarbeiter. Zuvor hat Ebert das Hauptamt für Planung beim Berliner Magistrat geleitet und mit Unterstützung Hans Scharouns ehemalige Bauhäusler um sich gesammelt. Wils Ebert, der sein Diplom am Bauhaus erwarb, gilt als einer der Architekten und Stadtplaner, die Bauhaus-Ideen mit Nachdruck in die gestalterische Praxis und akademische Lehre umsetzen und nach dem Krieg weiterführen.[296]

Es ist verständlich, dass die Architekturabteilung in vielfacher Hinsicht an die Tradition der Weimarer Jahre anknüpft und Vorstellungen des *Neuen Bauens* und der Bauhauslehre nach der NS-Herrschaft als Bezugspunkte begreift. Vor allem mit Max Taut selbst steht der Architekturabteilung eine Persönlichkeit vor, die das großstädtische Bild des modernen Berlins mitgeprägt hat und wie keine andere das sachliche Bauen verkörpert. Die Gefahr bloßer Nachahmung lässt sich in der ersten Schülergeneration nicht verleugnen, so dass Max Taut in einem Gespräch scherzhaft bekennt, dass man um Gottes willen keine kleinen Tauts heranbilden wolle.[297] Es gelte lehrend das Bewusstsein zu fördern, dass die zukünftigen Architekten in Freiheit und nach eigenen Ideen bauten.

Der Versuch, mit der Lehre an die Architektur-Avantgarde anzuknüpfen, kann gleichwohl nur ein Auftakt sein, der jedoch mit dem Risiko behaftet ist, Sachlichkeit und Funktionalität der zwanziger Jahre zu konservieren. Die Zerstörung durch Krieg und NS-Diktatur sind so weit gegangen, dass eine Regeneration des künstlerisch-geistigen Potentials nicht annähernd so schnell gelingen kann wie nach dem Ersten Weltkrieg. Cornelius Hertling, der in den fünfziger Jahren Mitarbeiter im tautschen Büro wird, sieht bei aller Achtung vor dem alternden Baumeister den Zenit seiner Schaffenskraft überschritten und glaubt Anzeichen von Resignation nach dem Durchstehen zweier Weltkriege zu erkennen. Der gleichermaßen prominente wie scheue Architekt habe sich, so Hertling, als Fossil bezeichnet, seine äußere Erscheinung sei der mannschen Gestalt Minheer Peeperkorn aus dem Zauberberg vergleichbar. Als robust und spärlich wird die Figur Peeperkorn in ironischer Paradoxie von Thomas Mann charakterisiert und einmal heißt es: ein eigentümlicher, persönlich gewichtiger, wenn auch undeutlicher Mann.[298] Konrad Sage, der als einer der Jüngeren zum Kollegium stößt, hält hingegen fest: »Wir jungen Leute an der Hochschule für Bildende Künste hatten ihm alles zu verdanken.«[299] Was die Jüngeren bauen, wird von Taut kritischfreundschaftlich begutachtet. Die Schüler rühmen das außerordentliche Zeichentalent ihres Lehrers, der sie wiederum gern auf die Logik des Gefühls verweist. Am 31. März 1953, kurz vor seinem 69. Geburtstag, erfolgt die Emeritierung Tauts und Günther Gottwald übernimmt die Nachfolge.

Julius Posener lässt in seinen fragmentarischen Erinnerungen Bewunderung durchklingen, wenn er berichtet, dass Max Taut bis zuletzt vom Aufbruchswillen beseelt gewesen sei. Als die tautsche Architekturschule fünfzehn Jahre alt wird, gibt man für den Gründer

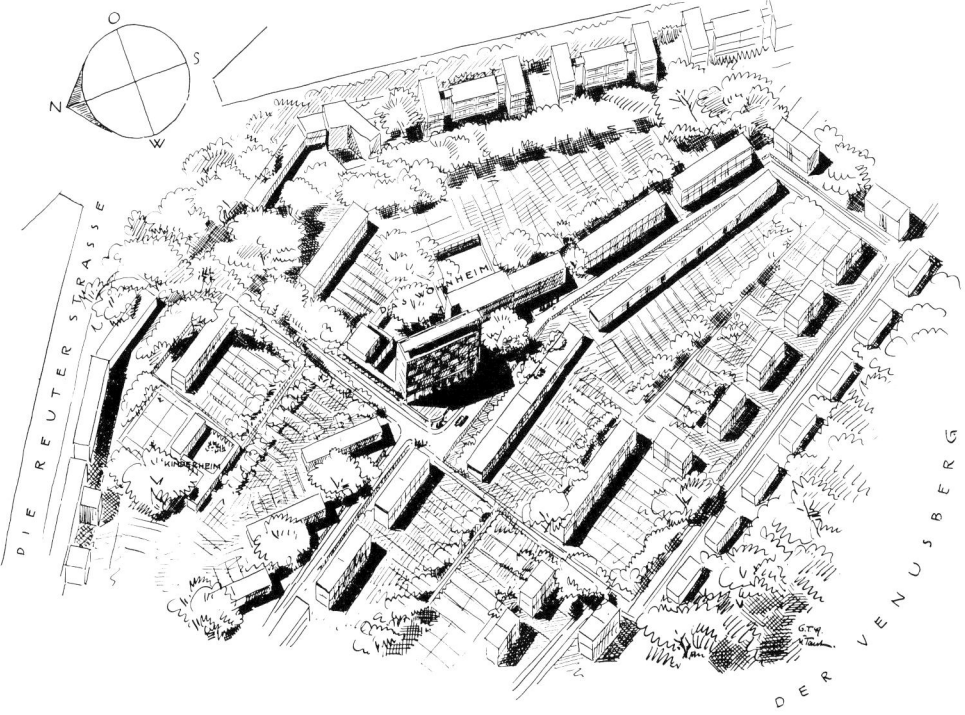

168 Max Taut, Reutersiedlung
1948–1952, Blick auf das Ledigenheim

169 Max Taut, Reutersiedlung, dreigeschossiges Ledigenheim kurz nach der Fertigstellung

ein Festessen. Nach vielen schönen Reden, so Julius Posener, habe Max Taut das Wort ergriffen und trocken erklärt, wenn eine Schule fünfzehn Jahre alt sei und sich in dieser Zeit nicht grundlegend geändert habe, sei sie schon halb tot. Julius Posener schließt: »Das fand ich, bei dieser Gelegenheit, wahrhaft großartig.«[300]

EINE MODERNE GARTENSTADT FÜR BONN 1948–1952

Nicht in seiner Heimatstadt Berlin, sondern am zukünftigen Regierungssitz Bonn plant Max Taut 1948 die erste Wohnsiedlung nach dem Krieg. Anlass ist die frühzeitige Schaffung von Wohnraum für Bundesbedienstete und Politiker, die in der neuen Hauptstadt die Regierungsarbeit aufnehmen. Max Taut selbst überwacht den Bauverlauf und wohnt nach Fertigstellung des ersten Bauabschnitts zeitweilig selbst in der Siedlung in der Heinrich-Körner-Straße. Aus Berlin wird er brieflich von Franz Hoffmann über die wichtigsten Abläufe im gemeinsamen Büro auf dem Laufenden gehalten.

BONN WIRD REGIERUNGSSITZ

Die beschauliche Universitätsstadt Bonn und die Wirtschaftsmetropole Frankfurt am Main stehen in den ersten Nachkriegsjahren in Konkurrenz um den provisorischen Sitz der Bundesregierung. Die Vorzüge Bonns ergeben sich aus der geographischen Lage und dem landschaftlichen Umfeld, doch fehlt der Stadt die Magnetwirkung einer Regierungsmetropole. Das größte Handicap ist der Mangel an verfügbarem Wohnraum, der nur ein Achtel des Frankfurter Angebots umfasst. Aus diesem Grund beginnt die nordrhein-westfälische Regierung bereits vor der Hauptstadtentscheidung mit einem groß angelegten Wohnungsbauprogramm, das den Bundesbediensteten ausreichend Unterkunft bieten soll. Anfang 1949 geht man von zweitausend Bediensteten aus und Ende des Jahres bereits von fünftausend, für die in kürzester Zeit Wohnungen erstellt werden müssen.

In dem Bemühen, die junge Bundesregierung rasch handlungsfähig zu machen, wird auf Junggesellenbasis geplant: Die Abgeordneten sollen zunächst ohne Familienangehörige nach Bonn übersiedeln, bis ausreichend Kapazitäten für den Familiennachzug geschaffen sind. Bei der städtebaulichen Planung geht man insgesamt von gartenstadtähnlichen Trabanten aus, im Sinne der aufgelockerten Stadt. Da diese Pläne zügig verwirklicht werden sollen, besteht keine Realisierungs-Chance für visionäre Konzepte wie Ernst Otto Schweizers Stadt der Freiräume, die sich gegen eine kleinteilige Aufsplitterung wendet.

Zur Verwirklichung der jeweiligen Wohn- und Siedlungsprojekte werden unterschiedlichste Privatarchitekten herangezogen. Hierbei ist die Kontinuität von Planungen aus der NS-Zeit konzeptionell wie personell unverkennbar. Hermann Giesler, 1938 zum Generalbaurat von München ernannt und 1945 als Kriegsverbrecher zunächst zu lebenslanger Haft verurteilt, erstellt die Einfamilienhaussiedlung *Auf dem Hügel* in Endenich. An der Planung der knapp dreihundert Einheiten umfassenden Wohnsiedlung Lotharstraße in Poppelsdorf ist der NS-Normungsspezialist Hans Spiegel beteiligt und greift im Wesentlichen auf Modelle der Architekturwerkstätten der nationalsozialistischen Deutschen Arbeitsfront zurück. Steile Satteldächer und pseudohandwerkliche Ausführungen von Details bestimmen das Bild und sind Garanten einer »an Gemütswerte appellierenden Wohnumgebung«.[301] Die Einladung von Vertretern einer demokratischen Architektur wie Werner Hebebrandt, Sep Ruf und Max Taut geht zum Teil auf den Regierungsbaudirektor Fritz Jaspert zurück. Eine Konfrontation mit vormaligen Ideologen findet aber aufgrund der zeitlichen und räumlichen Trennung der Projekte nicht statt.

DIE REUTERSIEDLUNG

Noch ehe der Parlamentarische Rat sich am 10. Mai 1949 für Bonn als Sitz entscheidet, wird im Oktober 1948 über die Errichtung einer Wohnsiedlung an der Reuterstraße verhandelt. Während die endgültige Bestätigung für Bonn durch den Bundestag am 3. November des Jahres aussteht, beginnt der Bau der Reutersiedlung bereits im Mai 1949 in der Hoffnung auf den endgültigen Zuschlag. Die nordrhein-westfälische Regierung unterstützt das Vorhaben mit einer Summe von 500 000 D-Mark, um frühzeitig Vorzeigewohnungen am Fuße des Venusberges präsentieren zu können. Das erste Bundesbauwohnungsprojekt ist allerdings keine Luxusangelegenheit – diese Haltung erinnert an die Zeit des *Arbeitsrates für Kunst* und die tautsche Aussage, Siedlungen seien eine politische Angelegenheit. Taut rechnet mit einer provisorischen Nutzung durch die Bundesangestellten und einer späteren Übergabe der Siedlung an die Stadt.

Daher möchte er ein vielfältiges Angebot schaffen, das unterschiedlichsten Bevölkerungsgruppen vom Bundesbediensteten bis hin zu Studenten und »vaterlosen Familien« dienen soll.[302]

Nachdem die Stadt offiziell als Regierungssitz bestätigt ist, suchen auch einige prominente Politiker im ersten Bauabschnitt der Reutersiedlung eine Unterkunft. Max Taut richtet insgesamt vier Ministerwohnungen ein, die komplett möbliert vermietet werden. Zu den Mietern gehören neben dem SPD-Vorsitzenden Erich Ollenhauer die Minister Erhard, Storch und Wildermuth. Im Gegensatz zu ihnen lehnt der Innenminister und spätere Bundespräsident Gustav Heinemann eine für ihn vorgesehene Wohnung ab, da sie ihm für seine Bedürfnisse nicht passend erscheint.

Die Reutersiedlung ist die erste und mit ursprünglich 487 Wohnungen neben dem Siedlungskomplex Venusberg die größte neu gestaltete Wohnsiedlung im Bonn der Nachkriegszeit. Max Taut entwickelt die Anlage in lockerer Anordnung entlang zwei Hauptachsen, die sich im Siedlungszentrum kreuzen und eine kleine Platzanlage bilden. Es entstehen anstelle perspektivischer Straßenschluchten weitläufige Vorgärten und Freiflächen in einem offenen Arrangement, die das Bild einer Gartenstadt vermitteln, wobei hier, anders als in Berlin-Eichkamp, das Reihenhaus in ein- und zweigeschossiger Ausführung vorherrscht. Max Taut gelingt mit dem Gartenarchitekten Walter Rossow ein als prachtvoll gelobtes Beispiel der Zusammenführung von Architektur, Garten, Park und Landschaft.[303] Baulich erhält die Siedlung eine Dominante durch ein drei- und sechsstöckiges Junggesellenheim, dem Wohnhotel im Zentrum der Anlage mit Apartments von 25 Quadratmetern (Abb. 168 und 169). Dieser Bau dient der Orientierung und wird mit dem Mittelpunkt dörflicher Anlagen verglichen, eine Bedeutung, die sich aus der anfänglichen Konzeption erklärt, die Regierung auf Junggesellenbasis aufzubauen. In unmittelbarer Nähe des Wohnhotels konzentrieren sich Versorgungseinrichtungen wie Läden, ein Café, ein Waschhaus und eine Garagenanlage. Die angrenzenden Wohnhäuser sind in ihrer Höhe noch einmal gestaffelt, während an der Siedlungsperipherie ein- bis zweigeschossige Bauten vorherrschen, in denen Familienwohnungen angelegt sind. Diese Höhenmodulation der Gebäude antwortet auf die Topographie des muldenartigen Geländes am Fuß des Venusberges. Obgleich die Wohnungen sich auf wenige Typen zurückführen lassen, erzeugt Max Taut mit seinem Entwurf unter Einbeziehung der Farbe eine Vielfalt, die die Siedlung zu einem viel gelobten Vorzeigeobjekt macht. Es finden sich neben Doppelhäusern geradlinige Zeilenhäuser, sägezahnartig versetzte Bauten und zurückgestaffelte Reihen, die das Siedlungsbild beleben, wobei schwach geneigte Satteldächer und Fensterläden an eine eher moderate, unspektakuläre

Moderne denken lassen (Abb. 171). Unverkennbar fließen hier Ideen ein, die Max Taut in seiner Schrift *Berlin im Aufbau* vorgestellt hat, wenngleich die Reutersiedlung durch die Anpassung an die spezifische Bonner Situation ihre Unverwechselbarkeit erhält.

Fritz Jaspert, der als Regierungsbaudirektor für die Koordination der Privatarchitekten mit den örtlichen Behörden verantwortlich ist, warnt bei verschiedenen Bonner Siedlungen vor der stereotypen Wiederholung gleicher Bautypen und hebt die Anlage Max Tauts in seinem *Handbuch moderner Architektur* als ein gelungenes Beispiel für eine vielfältige Variation von Wohnhaustypen hervor. Der Kunstkritiker Hans Hildebrandt lobt in *Architektur und Wohnform* den heiter-freundlichen Gesamteindruck der Bonner Gartenstadt.[304] Mit dem Baubeginn im Jahr 1949 erhält Max Taut weitere Aufträge in der neuen Hauptstadt, zu denen das Haus der Arbeiterwohlfahrt gehört, das ab 1950/1951 von den Sozialdemokraten als Partei- und Redaktionssitz genutzt und als so

170 Max Taut, Reutersiedlung, zweigeschossige Wohnhauszeile, Aufnahme 2000

171 Max Taut, Reutersiedlung, sägezahnartig versetzte Reihenhäuser, Aufnahme 2000

genannte SPD-Baracke bekannt wird. Es ist ein bewusst als Provisorium gestaltetes Verwaltungsgebäude, ein Montagebau, der gleichwohl im Detail und als Gesamtkomposition mit seinen Flügelbauten und Laubengängen vorbildlich durchgeführt ist.

DARMSTÄDTER GESPRÄCH

Zur gleichen Zeit, im Jahr 1950, entsteht die Idee, den Aufbau des kriegszerstörten Darmstadt mit einer Architekturausstellung zu verbinden. Damit geht der Wunsch einher, als Kompensation für den Verlust des hessischen Regierungssitzes den Nimbus als Kulturstadt zu fördern. Für den Aufbau der städtischen Einrichtungen sollen ausgewählte *Meisterarchitekten* – unter ihnen Max Taut – Entwürfe erstellen, die zum fünfzigsten Jubiläum der großen Ausstellung der Künstlerkolonie auf der Mathildenhöhe vorgestellt werden. Taut sieht in der historischen Ausstellung mit dem von ihm hochgeschätzten Joseph Maria Olbrich die Geburt des Jugendstils und einen entscheidenden Anstoß gegen »falschen Klassizismus und verlogene Romantik«.[305] Anders als zu Beginn des Jahrhunderts gelingt es allerdings 1951 in der Kürze der Zeit und angesichts der Dimension der Projekte nicht, ge-

baute Beispiele zu präsentieren, so dass die Möglichkeiten einer breiten und nachhaltigen Wirkung eingeschränkt sind.

Eingeleitet durch das 2. Darmstädter Gespräch, findet von August bis September 1951 unter dem Titel *Mensch und Raum* die Ausstellung von elf Meisterentwürfen statt, von denen letztlich nur fünf – deutlich verändert – umgesetzt werden. Die Positionen sind konträr, da ehemalige Vertreter des *Neuen Bauens* wie Bartning, Scharoun und Schwippert mit Traditionalisten wie Paul Bonatz und dem Stadtbaudirektor Peter Grund mit nationalsozialistischer Vita zusammentreffen. Max Taut legt den Entwurf einer Schule vor, die er trotz aller Erschwernisse von behördlicher Seite mit Veränderungen verwirklichen kann. Blickt man auf die Schulbauten des Frühwerks und die bedeutenden Reformschulen der Weimarer Republik, vermag Max Taut wie kaum ein anderer Architekt der Nachkriegsjahre auf vielfältigste Erfahrungen im Schulbau zu verweisen.

EIN PLATZ BLEIBT FREI

In dem dreitägigen Gespräch, das aus blockhaft vorgetragenen Referaten von Philosophen und Meisterarchitekten besteht, kommen unterschiedlichste, teils unvereinbare Positionen zum Ausdruck. Paul Bonatz greift den komple-

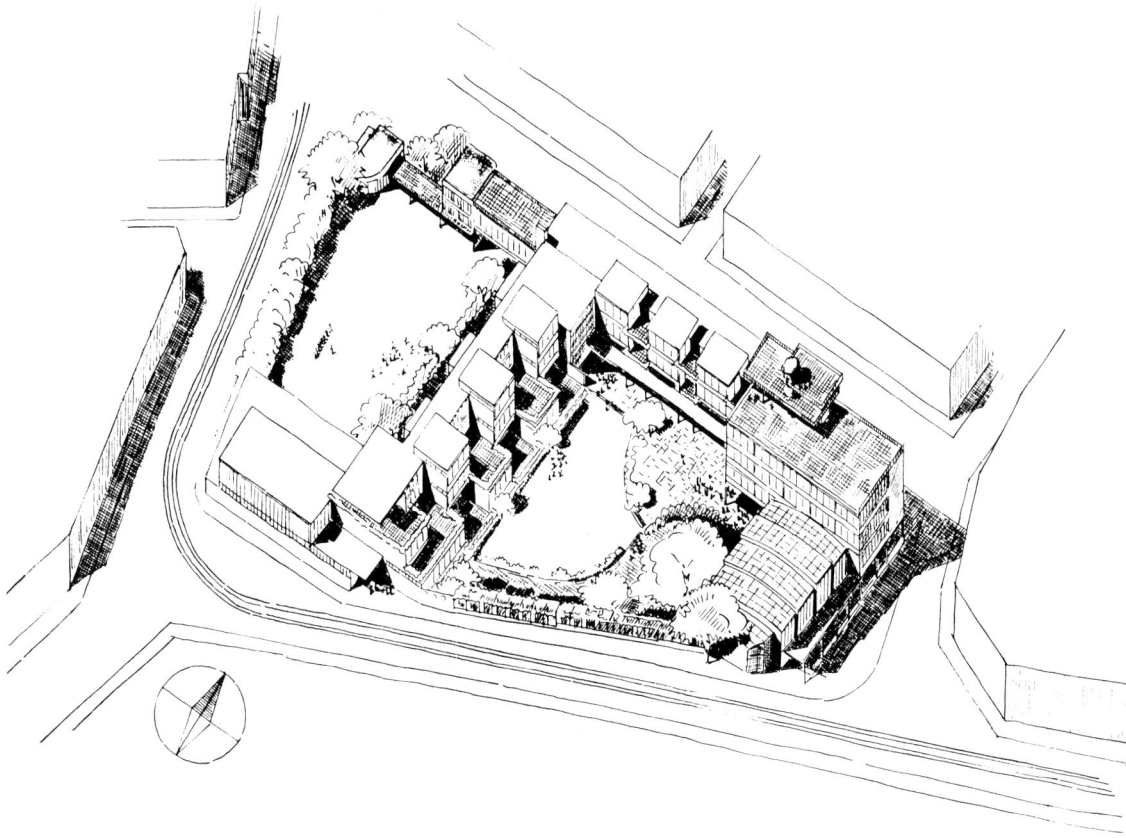

172 Max Taut, Ludwig-Georgs-Gymnasium in Darmstadt, Axonometrie des ersten Entwurfs 1951

xen scharounschen Schulentwurf als Beispiel des »Zerdenkens« an und kritisiert Schwipperts Schule als Siemens-Industrie-Bau mit uniform gereihten Klassen. Der liebe Gott benötige den Zerdenker, damit die anderen Tiere nicht fortwährend in den Schlaf verfallen, entgegnet der spanische Essayist und Philosoph José Ortega y Gasset und verteidigt Scharouns Volksschule, die zu den fantasievollsten Leistungen der Ausstellung gehört.[306] Damit stehen sich Scharouns offen-struktives Prinzip und Paul Bonatz' klassisches Verfahren gegenüber. Das bonatzsche Bekenntnis zu einer weihevollen Klassik angesichts des hohen Ranges seiner Aufgabe – ihm obliegt die Planung einer Tonhalle an zentraler Stelle – pariert Hans Scharoun mit dem humorvollen Kommentar, dass solches Wirken zu einem Tintenfass mit Deckel führe, den man aufklappen kann. Es wird hier ein Dissens erkennbar, dessen Ursprünge bis in die zwanziger Jahre zurückreichen, als Paul Bonatz zu den vehementesten Kritikern der international erfolgreichen Weißenhofsiedlung gehörte und *Ring* und *Block* sich mit den gleichen Protagonisten gegenüberstanden.[307]

Max Taut ist selbstredend zur Vorstellung seines Entwurfs eingeladen, doch sein Platz bleibt leer. Das Fernbleiben Tauts könnte durch den plötzlichen Tod seines langjährigen Büropartners und Freundes Franz Hoffmann einige Tage zuvor am 15. Juli begründet sein. Gewiss: Max Taut ist kein eloquenter Redner und gilt als publikumsscheu. So verzichtet er auf die Teilnahme an der Veranstaltung, auf der philosophische Beiträge und Meisterprojekte letztlich relativ beziehungslos nebeneinander stehen und Martin Heidegger im ideologisch belasteten Jargon der Eigentlichkeit das altvertraute Bild des Schwarzwaldhofes beschwört.

Das Fehlen einer einheitlichen gestalterischen Linie und die Halbherzigkeit, mit der in Darmstadt der Moderne Raum gegeben wird,

lassen es illusorisch erscheinen, an das berühmte Vorbild in der eigenen Stadt oder an das Beispiel Weißenhof anzuknüpfen. Mies van der Rohe hatte für die Werkbundausstellung 1927 ein klares Ziel vor Augen und wollte sein Vorhaben durchaus am Erfolg auf der Mathildenhöhe von 1901 gemessen sehen: »Ich habe die verwegene Idee, alle auf dem linken Flügel stehenden Architekten heranzuziehen, das würde ausstellungstechnisch glaube ich unerhört erfolgreich sein. Hierdurch könnte diese Siedlung eine Bedeutung erreichen, wie etwa die Mathilden-Höhe in Darmstadt sie seinerzeit erreicht hat.«[308] Dagegen setzt man in Darmstadt der fünfziger Jahre auf Altbewährtes und sträubt sich gegen innovative Ansätze mit dem leichtfertigen Verdikt der Unbaubarkeit. Geht vom scharounschen Entwurf die stärkste Faszination aus, so gilt unter den ausgeführten Bauten das Ludwig-Georgs-Gymnasium Max Tauts als die souveränste Leistung.[309]

GRÜNDLICHE ENTZAUBERUNG

Nach dem Ausstellungsende im September wird es zunächst still um die Meisterbauten. In der Folge setzt sich der Pragmatismus von Ministerien, Staatsbauamt und Stadtkämmerer durch und mehrere Entwürfe werden als nicht baubar oder finanzierbar bewertet, andere erklärt man nur vorbehaltlich erheblicher Änderung für ausführbar. Scharouns Schulentwurf wird früh ad acta gelegt, Hans Schwippert ist zu Änderungen gezwungen und auch Max Taut sieht sich zu erheblichen Kompromissen genötigt. Zwischenzeitlich unterbreitet das Staatsbauamt sogar den Vorschlag, das kriegszerstörte *Alte Waisenhaus*, in dem das Ludwig-Georgs-Gymnasium seit Mitte des 19. Jahrhunderts untergebracht war, zu rekonstruieren. Damit hätten sich Meisterplanung und Neubau erübrigt – doch allen Erschwernissen zum Trotz erhält Max Taut im

Max Taut: Der Neubau des Ludwig-Georgs-Gymnasiums

Beitrag in der Festschrift *325 Jahre Ludwig-Georgs-Gymnasium Darmstadt*

Wohl bei keinem Bau ist die Aufgabe des Architekten so groß wie beim Schulbau. Er kann nicht allein das Werk eines rechnenden Baumeisters

sein. Die Wirklichkeit ist der Lehrmeister für ihn und nur durch sie kann dem Bau der Ausdruck und die Form gegeben werden. Auch die Regeln der akademischen Ästhetik oder die rationale Verstandesarbeit können hierbei nicht bestimmend sein. Wie das Kind heute nicht mehr Objekt des Pädagogen ist, darf es auch nicht mehr Objekt des Architekten sein. Der Baumeister muss sich bemühen, den Wünschen des Kindes nachzukommen und die Psyche des

Kindes zu verstehen. Das Kind ist beim Bau eines Schulhauses nicht Mittel zum Zweck, sein Wesen mit seiner Heiterkeit und Unbekümmertheit ist ein wesentlicher Bestandteil des Programms.

Die bisherige Auffassung vom Schulbau mit dem dunklen Korridor und der Flucht von Klassen zu beiden Seiten ist antiquiert, auch wenn das Haus mit noch so viel ästhetischem Kram geschmückt wird.[310]

174 Max Taut, Ludwig-Georgs-
Gymnasium, Fassadenausschnitt,
Zustand 1997

173 Max Taut, Ludwig-Georgs-
Gymnasium, Entwurf 1951, Fertigstellung
1955, Zustand 1997

Sommer 1952 den Auftrag zur Weiterplanung der traditionsreichen Schule, an der schon Georg Büchner und Alfred Messel Schüler waren.

Der ursprüngliche Entwurf basiert auf dem Prinzip der Freiluftschule, in der Max Taut nicht zuletzt ein Gegenmodell zur Abgeschlossenheit des Landes in der Zeit nationalsozialistischer Kontrolle sieht.[311] Damit stellt er in seinem Beitrag als einer der wenigen Meisterarchitekten explizit einen kritischen Bezug zur jüngsten Vergangenheit her. Die Offenheit des Baus soll Spiegelbild der geistigen Haltung sein, in der die Schüler sich innerhalb der jungen Demokratie frei entfalten können. An diesem Punkt setzt die Stadt Darmstadt

mit ihren Beanstandungen ein und verlangt eine finanzier- und baubare Lösung und damit die Reduktion der großzügigen Glasflächen. Bereits die Wahl des Standortes muss als Kompromiss für die Freiluftschule gelten: Das Gelände ist für die bauliche Umsetzung des Schulkonzepts zu klein und liegt ungünstig auf einem von innerstädtischem Verkehr umgebenen Areal. Doch ist die Bindung an den ursprünglichen Ort für die Stadt ausschlaggebend. Anstelle des gewünschten Flachbaus tritt aufgrund des Platzmangels ein Geschossbau. Durch die wabenförmige Versetzung der Klassenräume erzielt Max Taut trotz dreier Stockwerke einen der Freischule nahe kommenden Effekt an Offenheit.

175 Max Taut, Ludwig-Georgs-Gymnasium, Pausenhalle. Ein schönes Motiv sind die Glasbausteine im Prismendach der offenen Pausenhalle, die jedoch nicht im Originalzustand erhalten ist. Im Hintergrund Klasseneinheiten mit Loggien.

176 Max Taut, Ludwig-Georgs-Gymnasium, Pausenhalle mit Treppe

Die Klasse ist die Zelle und das zentrale Thema des Schulbaus: Max Taut zitiert Johann Heinrich Pestalozzi, nach dessen Auffassung der Klassenraum eine Wohnstube ist, in der sich die Schüler heimisch und geborgen fühlen sollen.[312] Diese *Wohnstube* interpretiert Max Taut als einen offenen, hellen Raum, der ringsum durch Fenster, Oberlichter und Fenstertüren Licht erhält und mit Freiklasse und Gruppenraum eine Einheit bildet. Themen, wie sie schon in seinen Weimarer Schulen verwirklicht wurden – vom Platoon-Modell über Lichthöfe bis hin zu Dachterrassen –, sind hier akzentuiert dargeboten. Neu ist die stärker organische Aufgliederung mit dem pavillonartigen, raffiniert gestaffelten Stockwerksystem, während in Lichtenberg und Köpenick oder auch in der Ypsilon-Gestalt des Bernauer Schulentwurfs die lineare Anlage mit gereihten Klassenräumen das Bild bestimmen. So steht in den Entwürfen der Weimarer Zeit die funktionale Geste mit klarer Baukörperkomposition im Vordergrund, in Darmstadt hingegen ist der Bau von innen nach außen, vom Elementaren zum Komplexen entwickelt.

Vom Ausstellungsentwurf bis zum ausgeführten Bau des Jahres 1955 wird das ursprüngliche Konzept allerdings so weit ge-

schliffen, dass die Vorteile der Freiluftschule und die organische Gesamtstruktur zum Teil verloren gehen: Anstelle der Dachterrassen für den Freiluftunterricht, die in direkter Verbindung zu den Klassenräumen stehen, treten nach Vorgabe des Bauherrn Loggien. Einige Jahre später werden auch die Loggien aufgrund des Verkehrslärms und des erhöhten Raumbedarfs geschlossen.[313]

Als Ausgleich für die ursprünglich projektierte Aula plant Max Taut eine Turnhalle, die, wie beim Finsterwalder Schulbau, auch als Festsaal genutzt werden kann. Diese Turnhalle mit flach gewölbtem Dach zeigt ihre Betonrippenkonstruktion in gotisch-expressiver Geste und lässt die organische Fortentwicklung jener Rahmengestalt im Inneren erkennen, die Max Taut seit seinen ersten Gewerkschaftsbauten souverän anwendet.

Im Verlauf des Planungsprozesses kommt es 1952 zu einer weiteren Änderung der Gebäudeanlage, da sich die Gelegenheit ergibt, die Grenzen des Bauplatzes zu durchbrechen und für den Pausenhof eine Verbindung zu einer Grünfläche herzustellen. In dieser Phase wird allerdings zugleich die Umdeutung vom organischen Ensemble mit elementarer Gliederung zu einem strafferen Komplex mit einer dominanten Hauptfront fortgesetzt. Das ohnehin eingeschränkte Freiluftkonzept für die Oberstufe entfällt und die Räume der höheren Klassen werden mit der Verwaltung in einem viergeschossigen Hauptbau zusammengefasst. Wenn der Taut-Schüler Cornelius Hertling sich wünscht, den jungen Taut der Weimarer Zeit gekannt zu haben, so stellt sich beim Darmstädter Meisterbau die Frage, ob jener Taut der zwanziger Jahre mit Adolf Behne, Martin Wagner und dem verhandlungsversierten Kompagnon Franz Hoffmann an der Seite eine solche architektonische Entzauberung akzeptiert hätte. Sicher fehlen Max Taut im restaurativen Klima der Nachkriegszeit engagierte Wegbegleiter, die an geeigneter Stelle Breschen für seine Architektur schlagen und vor allzu weit reichenden Kompromissen warnen würden.

Die heutige Front an der Mühlstraße zeigt dennoch einen typischen Taut mit der Verzahnung der Gebäudekörper und dem an der Schnittstelle eingepassten Treppenhaus. Der sichtbare Eisenbetonrahmen ist mit großen Glasflächen und gelben Keramikplatten in Form eines prüßschen Verbandes ausgefüllt (Abb. 149 und 174). Farblich greift Max Taut auf die bewährte Kombination kräftiger Farbtöne zurück und schafft mit den Fensterprofilen einen rot-weiß-schwarzen Farbklang.

Ein typischer Max Taut, aber kein wirklich neuartiger Taut, obgleich der Ausstellungsentwurf von 1951 die Kraft des Neuen belegt hat.

Kunstdiskussion mit Kalkfarbe

Max Taut, der zu den Gründungsmitgliedern der Akademie der Künste in Berlin gehört, sucht auch in den fünfziger Jahren bei seinen Projekten das enge Zusammenwirken mit Bildhauern und Malern. Mit der Auswahl von Künstlern, die sich an der Gestaltung des Ludwig-Georgs-Gymnasiums beteiligen, möchte er eine Präsentation zeitgemäßen Kunstgeschehens verbinden.[314] Es werden Plastiken in gegenständlicher und abstrakter Form, Mosaike und Wandbilder für die Schule geschaffen, unter Vermeidung einer bloß applizierten Architekturplastik: Eindrucksvollstes Beispiel ist Bernhard Heiligers Skulpturenpaar *Zwei Figuren in Beziehung* (Abb. 178), das einen glücklichen Aufstellungsort nahe der Turnhallenwand findet und sich in seiner fließend amorphen Gestalt gegenüber der Tektonik des Gebäudes behauptet. Karl Hartung gestaltet für den Pausenhof einen Brunnen, aus dessen Schalenbasis vier Bronzestäbe zu einem raumbildenden Ast- und Flechtwerk emporwachsen. Neben den renommierten Berliner Bildhauern werden regionale Künstler hinzugezogen wie Helmut Lander, Hans Leistikow, Heinz-Otto Müller-Erbach und Helmut Brinckmann, der die Skulptur *Großer Sitzender* im Eingangsbereich zum Hof entwirft (Abb. 179).

Mit der Übergabe des Gebäudes im Frühjahr 1955 entflammt ein Streit um die moderne Kunst und in der Lokalpresse wird einer ressentimentgeladenen Kunstdebatte auf breiter Ebene Raum gegeben. Der Dissens entzündet sich zunächst an Kostenfragen, auch wenn er inhaltlicher Natur ist. Zu den Skulpturen von Heiliger und Brinckmann wird im Hessischen Landtag eine Große Anfrage eingebracht. Ein FDP-Plakat zeigt den *Großen Sitzenden* mit dem Slogan: »Schulen bauen ja – aber zweckmäßig, solide und ohne Verschwendung fordert die FDP.«[315] Mit Bezeichnungen wie »kranke Neger« und »Kunstprodukte Geistesgestörter« bemüht man geradezu ungeniert nationalsozialistisches Vokabular zur Charakterisierung von Kunst und Künstlern. In der regionalen Presse erscheinen Leserbriefe mit Kommentaren über »in Stein gehauene Verkörperung des Stumpfsinns, der Dummheit, des Hässlichen«.[316] Es wird der Befürchtung Ausdruck verliehen, dass das natürliche Schönheitsempfinden der Jugendlichen durch die Plastiken systematisch vergiftet werde.

Max Taut antwortet auf die Diffamierungen und die Frage nach den Kosten der modernen Plastiken im Mai 1955. Zunächst stellt er sachlich den rechtmäßigen Anteil von zwei Prozent der Bausumme für die *Kunst am Bau* fest, ehe er sich den inhaltlichen Aspekten widmet: »Diskussionen über Kunst hat es zu allen Zeiten gegeben. ... Mit dem ›Gefallen‹ eines Kunstwerkes ist es bekanntlich nicht getan. Selbst die Größten ihrer Zeit mussten die Bitterkeit des Missverstehens erleben. Leonardo da Vinci, Kaspar David Friedrich, van Gogh, Lehmbruck und noch andere bis zu den Künstlern der ›Rinnsteinkunst der Sezession‹ waren von Zeitgenossen umstritten, und ihnen allen blieb die Ablehnung nicht erspart.«[317] Taut mahnt zu geistiger Duldsamkeit und zitiert den großen Baumeister des 19. Jahrhunderts, Karl Friedrich Schinkel, mit einigen Bemerkungen über Kunst und Publikum. »Neues, Großartiges, Ungewöhnliches spricht selten den großen Haufen an und wird nach obiger Ansicht, insofern es nicht mit ihrem Comfortable zusammenstimmt, immer großen Tadel und viele Gegner finden.«

Die Situation eskaliert gleichwohl nach der tautschen Stellungnahme in der Tagespresse am 8. Mai 1955. Die Figur des Sitzenden wird nachts von Unbekannten »beschmiert und entstellt«. Daraufhin empfiehlt der Schuldirektor dem Magistrat in einem dia-

lektischen Winkelzug die Entfernung der Plastiken vom Schulgelände – nicht weil sie künstlerisch zu beanstanden wären, sondern weil das Beschmieren der Objekte zur Nachahmung animiere und ein negativer Einfluss auf die Gymnasiasten zu befürchten sei.[318] Max Taut mobilisiert nun Kunstinteressierte und Studentenvertretungen mehrerer Hochschulen, wodurch der Kunststreit über die Grenzen Darmstadts hinaus bekannt wird. Künstler der Region von Otto Bartning über Mia Seeger bis Ernst Kreuder und eine Reihe von Wissenschaftlern und Politikern setzen sich für den Verbleib der Skulpturen ein.[319] Während der Elternbeirat erklärt, dass eine Atmosphäre der Ruhe und Ordnung innerhalb der Bildungsstätte nur gewahrt werden könne, wenn die Skulpturen entfernt würden, fassen die Schüler den Beschluss zum Erhalt der Kunstwerke an ihrer Schule.

Ein Trost mögen die Worte Richard Döckers gewesen sein, der nach einem zufälligen Besuch in Darmstadt an Max Taut über das Schulprojekt schreibt: »Ich beglückwünsche Sie sehr zu dieser Arbeit und was die Plastiken anbetrifft, so finde ich dieselben ausgezeichnet und es liegt kein Grund vor, darüber Aufhebens zu machen.«[320]

177 Max Taut, Ludwig-Georgs-Gymnasium in Darmstadt, Turnhalle Zustand 1997

178 *Zwei Figuren in Beziehung* von Bernhard Heiliger auf der Terrasse am Ludwig-Georgs-Gymnasium

179 *Großer Sitzender* von Helmut Brinckmann vor der Pausenhalle des Ludwig-Georgs-Gymnasiums

Unfertige Welt 1952–1967

*Zielten die Reformbestrebungen des 19. Jahrhunderts darauf hin,
die schweren Schäden, die der menschlichen Gesundheit durch die Zusammenpferchung
von Wohnungen in den Häusermeeren der Industriestädte zugefügt wurden,
zu beseitigen, so strebt der moderne Wohnungsbau danach, die wohnungsmäßigen
und im weiteren Sinne städtebaulichen Voraussetzungen für eine körperliche
und seelische Gesundung der gehetzten Menschheit zu schaffen.*[321]
Ernst May 1957

»Schöpfer eines Werkes können ihre Arbeit meistens nur schlecht erklären und reden auch nicht gern darüber«, leitet Max Taut einige Gedanken zu seinem Spätwerk ein. »Wenn ich es heute trotzdem tue, so deshalb weil ich es für richtig halte, dass ein alter Mann von seinen Erfahrungen etwas weitergibt.«[322] Max Taut blickt in einem Beitrag zum Münchener Diskussionsforum *Schöner wohnen* auf eine Reihe von Projekten und Bauten aus den fünfziger Jahren zurück – vorwiegend Planungen für den Sozialen Wohnungsbau in Berlin und im nördlichen Ruhrgebiet.

Nachdem mit der Währungsreform und der Gründung der Bundesrepublik die wesentlichen Grundlagen für die Entwicklung des Landes geschaffen sind, wird mit dem Beschluss des Wohnungsbaugesetzes Anfang der fünfziger Jahre der Wiederaufbau der Städte vorangetrieben. Im Wohnungsbau erweisen sich angesichts der schieren Quantität die Ergebnisse allerdings als weitgehend unberührt von echter architektonischer Gestaltungskraft, wie Hubert Hoffmann kritisiert: »400 000 neue Wohnungen im Jahr brauchen noch lange keine kulturelle Leistung zu sein.«[323] In dieser Zeit ergeben sich auch für die persönliche Situation Max Tauts tief greifende Veränderungen. Mit dem Tod Franz Hoffmanns am 15. Juli 1951 endet die Bürogemeinschaft, die 38 Jahre bestanden hatte. Nach der Auflösung des Büros in der Knesebeckstraße richtet Max Taut Mitte der fünfziger Jahre nahe seinem Wohnhaus ein Atelier im Eichkamper Zikadenweg ein, das er mit fünf bis sechs Mitarbeitern bis zu seinem Lebensende führt.[324]

Da Geschäftsleitung und Akquisition nicht länger in den Händen eines erfahrenen Partners liegen, zieht Max Taut es offenbar vor, mit wenigen Auftraggebern zusammenzuarbeiten, zu denen oftmals eine persönliche Beziehung besteht. Eine wichtige Rolle nimmt der sozial engagierte Neffe Walter Cordes ein,

der 1951 in den Vorstand der August Thyssen-Hütte berufen wird und später im Vorsitz des gemeinnützigen Wohnungsbauunternehmens Rheinische Wohnstätten AG in Duisburg wirkt.[325] Er kann Max Taut für die Soziales und Architektonisches vereinende Aufgabe gewinnen, im Duisburger Raum Werkwohnungen für die August Thyssen-Hütte zu konzipieren. Der erste Auftrag besteht gleichwohl im Entwurf des Wohnhauses für die Familie Cordes in Dinslaken. Während sich die Architektur des International Style etabliert hat, lässt die Gestaltung des Hauses Cordes mit Satteldach an eine moderate Moderne denken, doch liegt die gestalterische Konsequenz in der klaren Funktionalität einer dreiflügligen Anlage, die sich in ihrem Habitus bewusst schlicht gibt (Abb. 341). Max Taut bekennt in einem Beitrag zum schöneren Wohnen, dass er sich in luxuriösen Häusern unwohl fühle, mehr noch: »Ich bin fremd darin.«

Wohnklima im Ruhrgebiet: Wohnungen für Bergleute und Stahlarbeiter

Duisburg zeigt sich nach dem Zweiten Weltkrieg als eine Stadt aus Trümmerbergen: Ein Drittel der Wohnungen ist vollkommen zerstört und ein weiteres Drittel stark beschädigt. Das frühere Städtchen Duisburg ist seit Mitte des 19. Jahrhunderts aufgrund der günstigen Lage an der Rheinachse in kurzer Zeit zum Zentrum der Montanindustrie aufgestiegen. Die Entwicklung der Stadt ist im Wesentlichen durch die Standorte der Bergwerke und Stahlindustrien bestimmt. Parallel dazu entstehen die Wohnhäuser der Bergleute und Stahlarbeiter in unmittelbarer Nähe zur Arbeitsstätte, oftmals auf freiem Feld- und Wiesenland. Sie entwickeln sich mit Eigendynamik und Planlosigkeit zu einer dichten Besiedlung.[326] So

180 Walsum, Radierung um 1955. In den Duisburger Bezirken Walsum und Hamborn plant Max Taut mehrere Großsiedlungen für die August Thyssen-Hütte.

181 Max Taut, ATH-Siedlung Eickelkamp in Duisburg-Hamborn, Planung ab 1952. Die Luftaufnahme des 1. Bauabschnitts zeigt die weiträumige Anordnung mit zweigeschossigen Reihenhäusern.

Die August Thyssen-Hütte AG in Duisburg

Mit der Reichsgründung 1871 geht auch die Gründung der Firma Thyssen & Co im damals selbstständigen Dorf Styrum bei Mühlheim einher. Aus einem einzelnen Walzwerk entsteht in vier Jahrzehnten durch weitere Inbetriebnahmen und Zukäufe ein bedeutender Montankonzern. Mit dem Erwerb der Zeche *Gewerkschaft deutscher Kaiser* in Hamborn 1891 ist der Grundstein für die Thyssen-Gruppe gelegt. Nach dem Ersten Weltkrieg gründet sie mit mehreren deutschen Stahlunternehmen die Vereinigten Stahlwerke AG, um als leistungsfähiges Ganzes gegenüber der verschärften Konkurrenz wirken zu können.

Dieser größte europäische Montankonzern wird als Kern der deutschen Kriegsindustrie zum Hauptangriffsziel im Bombenkrieg.

Bereits der Morgenthau-Plan sieht 1944 die industrielle Abrüstung vor, die mit einer vollständigen Demontage der Industrieanlagen verbunden ist. Im Oktober 1947 legt die North German Iron and Steel Company als Kontrollorgan eine Demontageliste vor, in der auch die August Thyssen-Hütte in Hamborn mit ihren Hochöfen und Stahlwerken aufgeführt ist. Als im August 1948 die ersten Demontagen erfolgen, protestieren Stadtrat, Hamborner Bürger und die Belegschaften. Mit dem Beschluss des Petersberg-Abkommens im November 1949 kommt es zur Revision des Besatzungsstatus und damit zum Stopp der Demontage im Ruhrgebiet.

Im Mai 1950 beginnt der Wiederaufbau der nach der Entflechtung neu gegründeten August Thyssen-Hütte AG mit Hauptsitz in Duisburg. Walter Cordes folgt 1951 einem Ruf in den Vorstand der da-

maligen August Thyssen-Hütte. Die Entwicklung der ATH in der folgenden Dekade ist von kontinuierlichem Wachstum geprägt, so dass bereits Mitte der fünfziger Jahre die Konzentration der Stahlgesellschaften zu Interessengemeinschaften wieder einsetzt. In Deutschland begannen die Jahre des Wirtschaftswunders, in denen die ATH zum weltweit viertgrößten Stahlkonzern aufsteigt. 1997 bildet sich durch die Zusammenlegung von Produktionsbereichen der Konzerne Krupp und Thyssen die Thyssen Krupp Stahl AG mit weltweit 650 Tochter- und Beteiligungsgesellschaften.

Max Tauts Projekte im Umfeld der August Thyssen-Hütte umfassen Entwürfe und Realisierungen von Großsiedlungen in den Duisburger Bezirken Walsum und Hamborn und in Dinslaken einschließlich weiterer Einrichtungen wie Lehrlings- und Altenheimen.

---

wächst das Konglomerat Hamborn im Umkreis der Thyssen-Hütte zum größten deutschen Dorf mit 100 000 Einwohnern heran und wird Ende der zwanziger Jahre der Stadt Duisburg eingemeindet. Auch der nahe Ort Walsum im Norden Duisburgs nimmt durch Kohleförderung und Ansiedlung von Bergarbeitern einen rapiden Aufschwung. Dieses Industriezentrum einschließlich der Siedlungen wird im Krieg vorrangiges Ziel der alliierten Luftangriffe – und ist 1945 in weiten Teilen zerstört.

Mit dem Wiederaufbau der Thyssen-Hütte setzt auch die Schaffung des dringend erforderlichen Wohnraums für die Belegschaft ein. Die Rheinische Wohnstätten AG errichtet Siedlungen im Norden Duisburgs, in Hamborn und Walsum, nahe den jeweiligen Arbeitsstätten. Max Taut führt hier in beträchtlichem Umfang Wohnbauten und Wohnsiedlungen aus und widmet sich in seinem Spätwerk intensiv Bauaufgaben, auf die in der Weimarer Zeit sein Bruder Bruno spezialisiert war. »Er hat immer für die kleinen Leute gebaut«, schreibt Julius Posener: »Ortschaften, Wohnungen, Schulen, Bauten der Gewerkschaften.«[327] Das tautsche Verständnis einer Architektur als sozialer Kunst manifestiert sich gerade in dem Unterfangen, am Rande unwirtlicher Industrieareale mit den gegebenen bescheidenen Mitteln ein Wohnklima für

Bergleute und Stahlarbeiter zu schaffen – es ist zugleich ein von der Fachwelt kaum beachteter Kampf gegen Kleinmut und behördliche Verkrustungen im nördlichen Revier.

Von der Gartenstadt zur Grosssiedlung: Von Eickelkamp zum Zinkhüttenplatz

Kurz nach der Fertigstellung der Bonner Reutersiedlung entwirft Max Taut in den Jahren 1952 bis 1953 die erste Wohnanlage für die Belegschaft der August Thyssen-Hütte in Duisburg-Hamborn. Im Rahmen des Stahlarbeiter-Programms des Wiederaufbauministers entstehen in mehreren Bauabschnitten über sechshundert Wohnungen, von denen mehr als die Hälfte als Eigenheime geplant werden. »Es ist selbstverständlich, dass im Städtebau auf die Landschaft, auf Licht und Luft, auch auf den Verkehr in weitestem Maße Rücksicht genommen werden muss«, leitet Max Taut die Frage des Standortes ein: »Im Ruhrgebiet aber sind diese notwendigen Voraussetzungen im Allgemeinen nicht zu erfüllen. Eine Landschaft, zum Beispiel wie in der hiesigen Gegend, gibt es dort nicht. Es sind kahlgebrannte Orte, die infolge von Qualm und verpesteter Luft im Grunde genommen zum Wohnen nicht geeignet sind. Sie mussten jedoch gewählt werden, weil die Belegschaft, wenn nicht

182 Max Taut, Siedlung Zinkhüttenplatz,
Punkthochhaus

183 Max Taut, Siedlung Zinkhüttenplatz,
perspektivische Ansicht 1963

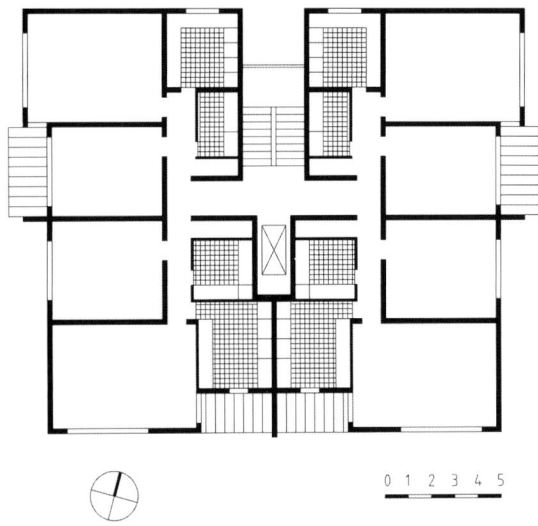

184 Max Taut, Punkthochhaus, Grundriss

in unmittelbarer Nähe, so doch in Nähe des Werkes wohnen musste.«[328]

Ein geschlossenes Erscheinungsbild der Siedlung Eickelkamp erreicht Max Taut, indem er durchgängig eine zweigeschossige Bebauung wählt, unabhängig vom Nutzungstyp als Eigenheim oder Miethaus. Damit weicht er vom herkömmlichen eingeschossigen Siedlungstyp ab und setzt in den Werkssiedlungen die zweigeschossige Bauweise mit einem flacheren Satteldach durch. Eigenheime werden zu Doppelhäusern zusammengefasst oder zu Gruppen von Reihenhäusern konzentriert. Einige Wohnhaustypen erhalten eingeschossige Stallgebäude, so dass eine Selbstversorgung auf der jeweiligen Gartenparzelle ermöglicht wird, wie es einst Adolf Loos für den Siedlungsbau des einfachen Mannes vorgeschlagen hat. Bei einheitlicher zweigeschossiger Höhe entwickelt Max Taut auch für die Mietwohnungen mehrere Varianten und schafft ein vielfältiges Wohnangebot bei präziser Rhythmisierung der Baukörper. Es werden zugleich Freiflächen angelegt, die als weitläufige Gartenräume gedacht sind und den gemeinschaftlichen Charakter innerhalb der Siedlung aus Miet- und Eigentumswohnungen betonen. Dank der behutsamen baulichen Konzentration durch Reihenhäuser vermittelt die Anlage insgesamt das Bild einer gartenstadtähnlichen Weite.

Für nachfolgende Thyssen-Siedlungen halten die Rheinischen Wohnstätten an diesem städtebaulichen Modell fest, doch plädiert Max Taut ab Mitte der fünfziger Jahre für eine stärkere Verdichtung angesichts der voranschreitenden Zersiedlung der Stadträume mit der drohenden Verödung der Zentren. Während auf der Interbau in Berlin namhafte Architekten das Konzept der aufgelockerten und durchgrünten Stadt präsentieren, plant Taut im Ruhrgebiet mit weitaus bescheideneren Mitteln Wohnanlagen, die einem vergleichbaren städtebaulichen Ansatz folgen. Gleichsam als Gegenentwurf zu den monotonen Massenquartieren der ersten Aufbaujahre nutzt er 1958 am Zinkhüttenplatz in Duisburg-Hamborn die Möglichkeit, eine Großsiedlung mit einem differenzierten Angebot an Wohnformen zu organisieren, und entwirft spannungsvolle Baukörperensembles innerhalb eines Areals wechselnder Bebauungsdichte. »Unter Urbanität sollte man etwas anderes als eintönige Anhäufung von Wohnklötzen im Zeilenbau verstehen«, schreibt Max Taut an die Rheinischen Wohnstätten und fordert eine Architektur der Vielfalt für den Siedlungsbau.[329] Im Unterschied zur Eickelkamp-Siedlung überwiegt am Zinkhüttenplatz der Mietwohnungsanteil, so dass den Gemeinschaftsanlagen besondere Aufmerksamkeit zukommt und das Bauvolumen zugunsten weitläufiger Freiräume und Grünflächen konzentriert wird. Der Charakter wandelt sich von der gartenstadtähnlichen niedrigen Bebauung zur städtischen Großsiedlung.

Die Mischsiedlung am Zinkhüttenplatz vereint eine Palette von Gebäudetypen, zu denen zwei- und dreigeschossige Staffelzeilen, fünfgeschossige Wohnzeilen, achtgeschossige Scheibenhochhäuser und ein Punkthochhaus gehören. Diese Gebäudetypen, die von Max Taut bereits zuvor in Berlin ausgeführt wurden, haben eine hohe Zustimmung bei den jeweiligen Mietern gefunden. Lediglich das Punkthochhaus ist ein neuer Typus, für den Taut verschiedene Studien erstellt. Durch die Platzierung von drei höheren Wohnhäusern entsteht eine stadträumliche Spannung mit einer Konzentration der Baumasse bis hin zum Punkthochhaus als Abschlussakzent (Abb. 182 bis 184). Bei großer Klarheit der Siedlung vermeidet Taut alles Starre und verleiht der Anlage eine feine Bewegtheit, die in leichten Versprüngen, Höhenstaffelungen und überraschenden Raumkanten besteht. Allen Bauten gemeinsam ist eine kräftige Farbigkeit, die Max Taut zur harmonischen Belebung der Architektur einsetzt. Auch hier, in der Belegschaftssiedlung, ergreift er die Initiative zur Beteiligung von Künstlern und kann Objekte aus Stahl, der aus werkseigener Produktion stammt, in sein Siedlungskonzept einbeziehen. Ein Blick in die Korrespondenz zwischen Bauherrn und Architekt beweist gleichwohl, dass Max Taut außerordentliche Überzeugungsarbeit zu leisten hat, um auch nur einen Teil seiner Idealplanung umzusetzen. Selbst Balkone und Loggien halten die Auftraggeber für überflüssig und bescheiden dem auswärtigen Taut frühzeitig, dass die Bevölkerung im Ruhrgebiet den Gebrauchswert von Balkonen grundsätzlich anzweifle. Darauf antwortet Max Taut, dass mit einer solchen Argumentation auch Gärten eingespart werden könnten, die man bereits projektiert habe und »die doch auch – trotz der schlechten Luft – benutzt werden sollen«.

FARBWELTEN

Neben der spannungsreichen Disposition mit unterschiedlichen Wohnhaustypen trägt vor allem die Farbe zur Bereicherung des Siedlungsbildes bei. Während in der frühen Eickelkamp-Siedlung vorwiegend farbiger Putz zu finden ist, bezieht Max Taut am Zinkhüttenplatz stärker original farbiges Material ein. Insbesondere Klinker in verschiedenen Farbnuancen von

Gelb über Rot und Rotbraun bis zu Rotblau gehören hierzu. Zwischenbereiche werden mit hellen oder anthrazitfarbenen Putzflächen ausgefüllt, so dass sich vielfach Kontraste ergeben. Gleichsam als Gegenentwurf zur Konturlosigkeit des Stahl- und Kohlereviers, das zur Bauzeit der Wohnanlagen mit seinen aktiven Zechen und Hochöfen oft in diffusem Grau erscheint, greift Max Taut beim Zinkhüttenplatz auf eine intensive Farbpalette zurück. Die originale Farbgestaltung ist allerdings mit den Jahren auf teils karikierende Weise entstellt worden, betrachtet man am Zinkhüttenplatz das Punkthochhaus, dessen roter Spaltklinker rosa übertüncht wurde. An anderen Stellen blieb das sorgfältig gewählte Farbspektrum erhalten und verleiht den Bauten auch heute noch ihren Reiz. Dabei erscheint keines der Häuser bunt. Farbe wird streng strukturell eingesetzt: Jeder Wechsel ist von einem plastischen Gebäudeversatz eingeleitet, der wiederum aus dem Inneren entwickelt ist.

Während der gleichzeitigen Ausführung der Vierlinden-Siedlung in Walsum kommt es

185 Max Taut, Siedlung Zinkhüttenplatz, Panorama

186 Max Taut, Siedlung Zinkhüttenplatz, Skizze mit Scheibenhochhaus

187 Max Taut, Siedlung Zinkhüttenplatz, Zeilenhaus im Vordergrund, Aufnahme 2000

zu einem Dissens aufgrund der Farbgebung. Die Rheinischen Wohnstätten AG hat ohne Rücksprache mit dem Architekten einen externen Farbgestalter hinzugezogen. Dessen Vorschläge weichen erheblich vom heiteren und farbenfreudigen Konzept Max Tauts ab, der sich weigert, allein mit zarten Tönen zu arbeiten, wie sie für die fünfziger Jahre typisch sind. Kontraste und kräftige, satte Farben seien ihm nicht nur im Hinblick auf den Standort inmitten der trist anmutenden Industrieregion wichtig.[330] Ausführlich erläutert er in diesem Zusammenhang seine Auffassung zur Farbe, die in der Architektur naturgemäß einen anderen Zweck erfülle als bei einem Bild:

Denn bei einem Bau handelt es sich um einen dreidimensionalen Körper, der von allen Seiten verschiedenfarbiges Licht empfangen kann, während ein Bild im Allgemeinen an einer Stelle hängt – und was seine verhältnismäßig kleine Fläche betrifft – gleichmäßigem Licht ausgesetzt ist.

Diese Verschiedenheit von Bau und Bild (Körper und Fläche) erfordert natürlich, wie Sie auch zugaben, eine sinngemäße Farbenwahl und -anordnung. Beim Bau spielt außerdem noch die Landschaft, in der er steht, eine Rolle. ... Zum anderen ist für mich als Architekten das zur Verfügung stehende Material bei der Wahl der Farben entscheidend. Ich neige sehr stark dazu, mit echtem Material, also Material, das selbst Farbe hat, die Form eines Baues zu betonen und einen Farb-

anstrich nur dort hinzuzuziehen, wo die Form belebt oder ein Teil des Baues besonders betont werden muss, ohne dafür echtes Material zur Verfügung zu haben.

Auch die Bestimmung eines Bauwerkes ist bei der Farbgestaltung nicht unwichtig. Ein Wohnkomplex wird farblich anders zu gestalten sein als beispielsweise ein Bürohaus. ... Für mich ist es also wichtig auszudrücken – den Zweck eines Gebäudes – in seiner Umgebung (Landschaft in regionalem Sinn) – durch das Material. Und ich bin der Meinung, dass die Vorstellung von der Einheit, dem Ganzen, nur der Architekt haben kann. Form und Farbe sind in der Architektur eine untrennbare Einheit.[331]

Parallel zu den neu entstehenden Siedlungen, die erhebliche Konzessionen erzwingen und teils verändert ausgeführt werden – Max Taut spricht offen von Verschandelungen –, skizziert er ohne konkrete Bauaufgabe Wohnbezirke in einer idealen Landschaft. Indem er sich wie in frühen Jahren aufs Zeichnen verlegt, sucht er offensichtlich einen Ausgleich angesichts der allzu pragmatischen Auffassung von Baugesellschaften und Behörden. Er kritisiert offen, dass den großen Siedlungen häufig das Wohnklima fehle: Man habe, wenn man sie besucht, nicht immer das Gefühl, in einen Bezirk zu kommen, in dem Menschen wohnen.[332]

188 Max Taut, Randstadt, Aquarell mit
Feder und Bleistift 1966

189 Max Taut, Siedlung Berlin-Neukölln Britz, Parchimer Allee, 1953–1955

Das Zeichnen ist ein architektonisches Tasten und der Versuch, über das Aufgreifen bekannter Konzepte hinaus neue städtebauliche Vorstellungen zu entwickeln. Julius Posener äußert die Vermutung, dass manche Skizze als Komplement zum Bauen in der Praxis zu verstehen sei. Es entstehen Mitte der sechziger Jahre *Randstädte* mit 1200 bis 1500 Wohnungen, die aus weiter landschaftlicher Umgebung empor wachsen, visionäre Zeichnungen mit utopischen Stadtlandschaften unterschiedlichen Charakters (Abb. 188). Max Taut setzt die Umgebung in unmittelbare Beziehung zur Wohnung und sieht die Harmonie des Äußeren mit dem Inneren als unabdingbar für die Atmosphäre und das Wohnklima an. Aus seiner Sicht erübrigt sich die Frage nach der Schönheit, wenn die Einheit des Äußeren mit dem Inneren erzielt werde.[333] Damit stellt er die Architektur in Beziehung zum Leben und zu einer Umwelt, die es gleichwohl erst noch zu erkennen gelte. Eine Idealwohnung könne es im eigentlichen Sinne nie geben, bestenfalls gedacht als Paradies, mithin an einem Ort, wo der Mensch im Einklang mit sich und den Dingen und der Natur stehe gemäß seinem Wesen als Kreatur.

WIEDERBEGEGNUNG MIT DEM NEUEN BAUEN

Max Taut empfand sein Werk als Kontinuum, in dem es eine Entwicklung, aber keine Perioden gibt. Er vertritt diese Auffassung gegenüber einer Gruppe von Kritikern, die er in späten Jahren noch einmal durch das Haus seiner großen Stunde an der Dudenstraße führt. Während Günther Kühne den tautschen Gedanken aufgreift und von einem Werk aus einem Guss spricht, meldet Julius Posener Zweifel an.[334] Ihm scheint es fraglich, ob Max Tauts Werk so kontinuierlich gewesen sei, wenngleich es keine bewusste künstlerische Zäsur gibt, sondern fließende Übergänge. Eine andere Tatsache habe jedoch eine Änderung bewirkt: Nach den Erfahrungen des Nationalsozialismus habe man nicht so weiterbauen können wie vor 1933. Posener ist überzeugt, dass Max Taut dies gewusst und gespürt habe. Doch gerade das Anknüpfen an die Moderne der zwanziger Jahre wird als eine Antwort auf megalomane Planungen und steinerne NS-Monumentalität verstanden, der man ein soziales und offen-demokratisches Bauen entgegenstellt.

Die Hufeisensiedlung von Bruno Taut und Martin Wagner zählt zu den bekanntesten Wohnanlagen der zwanziger Jahre und gilt als Wahrzeichen des modernen Wohnungsbaus. Max Taut führt hier in den frühen fünfziger Jahren eine Erweiterung aus, die an den letzten Bauabschnitt anschließt, der um 1930 fertig gestellten Bebauung an der Parchimer Allee. Dieses von Bruno Taut geplante Quartier wird im Osten und Westen von dreigeschossigen Zeilen begrenzt, zwischen denen niedrige Reihen von Einfamilienhäusern mit Gärten liegen. Vis-à-vis, an der Paster-Behrens-Straße, plant Max Taut drei viergeschossige Wohnzeilen mit 270 Wohnungen im Auftrag der Gehag.

Max Taut antwortet auf die Wohnzeilen des Bruders, indem er seine Wohnhäuser so orientiert, dass eine Schließung des Straßenraums vermieden wird. Die Plastizität der Wohnzeilen ist stärker ausgebildet, wobei die Vorteile der Zeilenbauweise bewahrt werden, ohne sie mit der Maßstabslosigkeit langer Fronten zu verknüpfen. Die Rhythmisierung der Zeilen wird durch einen charakteristischen Wechsel von hellem Kubus und zurückgesetzter Balkonzone erreicht, die jeweils mit einem großfenstrigen Wohnraum verbunden ist (Abb. 189). So deutlich hier die Unterschiede zu den Bauten des Bruders auch sind, das Thema der Kopfbauten als akzentuierten Zeilenabschluss greift Max Taut auf. Auch das Farbkonzept antwortet auf die nahe Bebauung, indem ein Wechsel von weißen Längskörpern

zu den farbigen Kopfbauten in hellem und rötlichem Braun und Türkis erfolgt. Während Bruno Taut im Sinne des Außenwohnraums definierte Mietergärten anlegt, gestaltet Max Taut gemeinschaftliche Freiräume. Weniger die Formen als die Ideen des Siedlungsbaus der zwanziger Jahre finden sich bei Siedlungsentwürfen Max Tauts nach 1945. Zur atmosphärischen Bildung eines Nachbarschaftsverbandes gehört für ihn neben den Gruppierungsmerkmalen von Straßenzug, Wohnbezirk und Wohnzeilen stets die Beseelung des Quartiers durch die gärtnerische Gestaltung und eine mit Sorgfalt abgestimmte Farbigkeit.

Max Tauts Beitrag zur Britzer Großsiedlung ist weder Fortschreibung im bekannten Duktus noch eine kontrastierende Neugestaltung, sondern eine stimmige Ergänzung, die sich an den Anforderungen der frühen fünfziger Jahre orientiert. Martin Wagner hält zur gleichen Zeit nicht ohne Nostalgie fest, dass die Hufeisensiedlung ein ökonomisches Glanzstück sei, doch angesichts der Entwicklung im Städtebau der Vergangenheit angehöre.[335] Aus heutiger Sicht hat die Großsiedlung in ihrer Urbanität und ihrem umfassenden sozialen Anspruch auch gegenüber späteren Stadtmodellen ein unverändert hohes Maß an Aktualität bewahrt.

BEGEGNUNG MIT DEM HAUS DER GROSSEN STUNDE

Max Tauts bekanntestes Projekt der Weimarer Zeit, das Verbandshaus der Buchdrucker, rückt Anfang der fünfziger Jahre noch einmal ins Blickfeld der architektonischen Planung. Das kriegsbeschädigte Haus ist bereits durch das Büro instand gesetzt worden und soll 1953 durch eine Wohnbebauung wesentlich ergänzt werden. Es stellt sich die Frage, wie Max Taut auf seinen von der Kritik der zwanziger Jahre gefeierten Bau antwortet, der als Inkunabel der Sachlichkeit gesehen wird. Stärker als in der Britzer Siedlung sucht er die Distanz und stellt dem Verbandshaus ein Wohnhochhaus als zehnstöckigen Solitär an der Methfesselstraße gegenüber. Zum Bestand an der Dudenstraße vermittelt er mit einer Zeilenbebauung, die in ihrer Höhenstaffelung an das Buchdruckerhaus anschließt. Während die rhythmische Gliederung aufgegriffen wird, schaffen Materialität und Farbigkeit einen Kontrast: An die gelbe Steinfassade fügt Max Taut eine helle, leicht anmutende Zeile, deren Erdgeschoss weitgehend verglast ist, so dass die Wohnetagen darüber schwebend erscheinen.

In seiner Nachkriegsschrift *Berlin im Aufbau* hat Max Taut die Gartenstadt propagiert und nur in den von Verwaltungs- und Kultur-bauten dominierten Zentren eine Bebauung mit bis zu acht Geschossen vorgesehen. Mit seinem zehngeschossigen Scheibenhochhaus an der Methfesselstraße weicht er von diesem Modell ab und scheint Walter Gropius zu folgen, der in seinem CIAM-Vortrag 1930 das Wohnhochhaus als vorteilhaften Typ herausgestellt hat. Realisiert werden die ersten Wohnhochhäuser in Deutschland allerdings erst Anfang der fünfziger Jahre. Mit dem Hochhaus an der Weberwiese von Hermann Henselmann und dem Hochhaus der Brüder Luckhardt am Kottbusser Tor gehört der Bau von Max Taut zu den ersten Wohnhochhäusern in der Stadt.

Eine starke Beziehung zum Außenraum erhält das Wohnhochhaus durch die vorgehängte Balkonstruktur im Westen, die von zwei vertikalen Erkerzonen gefasst wird. Diese Kombination von loggienartig offenen und geschlossenen Fassadenelementen erweist sich als tautsches Merkmal und steht in Analogie zur Straßenfassade des Buchdruckerhauses. Die Eingangsseite des Hochhauses zeigt einen Wechsel von weißen und leuchtend roten Putzflächen und gewinnt durch die beiden vorspringenden gläsernen Treppenhäuser Plastizität. Während Taut hier eine konventionelle Dreispänner-Anlage ausführt, erprobt er bei seinem zweiten Wohnhochhaus, das Ende

190 Max Taut, Buchdruckerhaus mit Erweiterung an der Duden- und Methfesselstraße, Modell 1953

der fünfziger Jahre in Steglitz entsteht, die Form des Laubengangs. Aus einer Befragung der Mieter verschiedener Wohnhochhäuser in den fünfziger Jahren geht eine hohe Befürwortung dieses neuen Typs in der Stadt hervor: Das freie Panorama und die Entrückung von der Lärm- und Abgaszone bedeuten für viele Nutzer eine Steigerung der Wohnqualität.[336] Aufgrund dieser Erfahrungen plädiert Max Taut auch bei den Duisburger Thyssen-Siedlungen wiederholt für die Einbeziehung von Wohnhochhäusern. Dabei gilt, dass eine bloße Kopie eines erbauten Punkt- oder Scheibenhochhauses an anderer Stelle, wie von den Rheinischen Wohnstätten gewünscht, architektonisch fragwürdig ist. Max Taut besteht selbstredend darauf, Wohnhochhäuser trotz gleicher Größe und Nutzung durch einen neuen Entwurf auf den Charakter der jeweiligen Umgebung und Bebauung abzustimmen.[337]

191 Max Taut, Wohnzeile von 1953–1955 an der Dudenstraße mit Anschluss an das Buchdruckerhaus von 1924–1926

INDIVIDUELLES WOHNEN UND INTER-
NATIONALE BAUAUSSTELLUNG

*Ich denke an das Berliner Hansa-Viertel mit sei-
nen vielen Schwächen, aber es hat doch Charakter. Nur: Seine Bewohner verstehen es zum Teil
nicht, die Wohnungen zu bewohnen.*[338]
Max Taut, 1961

Rund zehn Jahre nach den Betrachtungen Max
Tauts zu *Berlin im Aufbau* wird der Neuaufbau
des zerstörten Hansaviertels zur programmatischen Darstellung des neuen Städtebaus genutzt. Es soll der weltoffene, internationale
Charakter West-Berlins herausgestellt werden,
wobei das Konzept eines vielschichtigen Por-
träts moderner Formensprache von Bausenator Karl Mahler als Gegenentwurf zum
»falschen Prunk« der kurz zuvor entstandenen
Stalinallee im Ostteil der Stadt gesehen wird.
Zugleich möchte man mit der Internationalen
Bauausstellung 1957 an eine Ära anknüpfen,
in der von Berlin entscheidende Impulse für
die neue Architektur ausgingen. So vereint die
Einladungsliste namhafte Architekten des In-
und Auslandes, unter ihnen Le Corbusier und
Alvar Aalto sowie die Protagonisten des *Neuen
Bauens* Walter Gropius, Mies van der Rohe,
Hans Scharoun, Wassili Luckhardt und Max
Taut. Otto Bartning, inzwischen Präsident des
Bundes Deutscher Architekten und Mitinitia-
tor des 2. Darmstädter Gesprächs, leitet den
koordinierenden Ausschuss für die Auswahl
von 44 Architekten.

Nach der Überführung des von Willy
Kreuer und Gerhard Jobst entworfenen städtebaulichen Plans von einer frei-rhythmischen
Bebauung in eine orthogonale Ordnung sind
die ursprünglich für Taut angedachten Bauten
– zwei Wohnhäuser und eine Tankstelle im
Nordbereich – im Dezember 1954 nicht mehr
Bestandteil der Ausstellung. Hans Scharoun
setzt sich für die Berücksichtigung von Flachbauten auf der Interbau ein und schlägt vor:
»Vielleicht ließe sich mit Max Taut etwas organisieren – Taut sollte doch wohl auf irgendeine Weise wieder eingeschaltet werden.«[339]
Nach verschiedenen Vorschlägen von Seiten
des *Rings*, der sich im Jahr 1955 unter anderem mit Hugo Häring, Hans Scharoun, Wassili Luckhardt und Max Taut noch einmal zu-
sammenfindet, erfolgt im August 1955 der
Beschluss des Senats, in der Nord- und Süd-
hälfte des Hansaviertels flachere Bauten zu in-
tegrieren. Max Taut wird kurz darauf eingeladen, eine Wohnzeile im nördlichen Bereich zu
planen.

Die Frage nach dem Menschen in der
modernen Großstadt der Zukunft beantwortet
Max Taut mit der Thematisierung des individuellen Wohnens in der Gemeinschaft. Sein
Objekt 26 definiert er als Typus: »Das Gebäude ist als Block oder als Teil einer Zeile innerhalb einer Wohnsiedlung gedacht. Es soll ganz
grundsätzlich dazu beitragen, auch im Verband einer Großsiedlung ein individuelles
Wohnen zu ermöglichen.«[340] Sein Anliegen ist
mithin die Entwicklung von Wohnhaustypen,
die eine Balance zwischen der Gemeinschaft
und der Sphäre des Individuums mit seinem
Anspruch auf Privatheit sucht.

Die klare Gliederung des tautschen
Wohnblocks ergibt sich vor allem durch die
Einschnitte der verglasten Treppenhäuser, die
drei kubische Bauteile hervortreten lassen
(Abb. 193). In Höhe, Positionierung und
Grundfläche variiert, bilden diese eine harmonische Gruppe, die ursprünglich zwischen den
Punkthochhäusern im Norden und der projektierten flacheren Bebauung im Südwesten vermitteln sollte. Mit der Auflockerung wird der
Eindruck einer bloßen Wohnungsballung vermieden und die Voraussetzung für ein persönliches Wohnklima geschaffen. Auch die Zu-
gangssituationen im Inneren erfahren eine
raffinierte Abstufung durch den halbgeschos-
sigen Versatz der Wohnungen. Das Grundriss-
gefüge als Kombination von durchgesteckten
und einseitig ausgerichteten Wohnungen lässt
im Zusammenspiel mit den Loggien im Westen und Osten zwei gleichwertige Gebäude-
fronten der gegliederten Zeile entstehen. Kon-
sequenterweise ist auch das Treppenhaus von

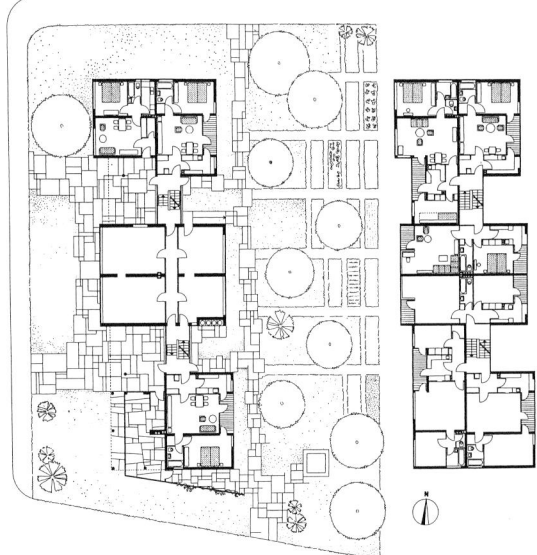

192 Max Taut, Objekt 26, Grundrisse

beiden Seiten durch gegenüberliegende Eingänge zugänglich.

Bei vorherrschender Ost-West-Orientierung sieht Taut für einige Wohnungen eine reine Ostlage vor. Gewiss ist dies ein überlegter Regelbruch eines Architekten mit fünfzig Jahren Bauerfahrung zugunsten des individuellen Wohnens. Eine Kompensation für die einseitige Lage bieten Hausgärten und eine gemeinsame Dachterrasse über dem südlichen Gebäudeteil – so zumindest steht es in den Plänen, die aufgrund der finanziellen Einschränkungen nicht in allen Teilen verwirklicht werden können.

Da der Wohnblock nicht als Reihung separierter Wohnungen sondern als Ort einer Gemeinschaft begriffen wird, entwirft Max Taut entsprechende Räumlichkeiten, zu denen ein Versammlungszimmer im Souterrain, ein verglaster Aufenthaltsbereich für Kinder sowie Bastel- und Abstellräume gehören. In der faktenreichen Projekterläuterung wird betont, dass es Absicht des Architekten sei, »eine Wohngemeinschaft in dem Wohnblock zu fördern. Kleine Hausgärten in nächster Nachbarschaft sollen den Mietern die Möglichkeit bieten, sich hier in ihrer Freizeit zu betätigen.«[341] Mit der letzten Aussage scheint Max Taut sich gedanklich in Richtung des von ihm geschätzten Gartenstadtmodells zu bewegen.

Bereits mit den plastisch ausgebildeten Wohnzeilen an der Paster-Behrens-Straße in Britz finden sich Vorbilder für das Interbauprojekt. Eine Weiterentwicklung zeigt sich in den Duisburger Wohnanlagen, wo zwei- und dreigeschossige Zeilenbauten mit Scheiben- und Punkthochhäusern kombiniert werden. Doch stärker als in Hamborn und Walsum kann Max Taut im Hansaviertel der einst von seinem Bruder geforderten »Logik des Gefühls« folgen und sich von starren Regeln bloßer Reißbrettrichtigkeit lösen. Seine gegliederte Zeile im Hansaviertel ist als Bestandteil einer Flach-Mittel-Hoch-Siedlung zu verstehen und demonstriert folglich Tauts klare Präferenz für die Mischsiedlung, wie sie auch der Städtebauer Ernst May im *Handbuch moderner Architektur* im Jahr der Interbau fordert.[342]

DIE AKADEMIE MUSS EINFLUSS NEHMEN!

Mit dem Aufbau der zerstörten Stadt geht die Wiederbelebung des kulturellen Lebens Berlins einher, wozu die Neukonstituierung der ehemals Preußischen Akademie der Künste gehört. Max Taut begleitet und fördert diesen Prozess von Beginn an. Zwischen Kunsthochschule und Kunstakademie besteht ein natürlicher Konnex, was sich anfangs auch in der Nutzung von Raumkapazitäten für die Akademie unter dem Dach der Hochschule am Steinplatz zeigt. Der Gründungsausschuss, dem unter anderem Max Pechstein, Gottfried Benn und Max Taut angehören, erörtert seit 1949 die Modalitäten der Wiedergründung, was die Frage nach dem Umgang mit der NS-Vergangenheit einschließt. So wird darüber beraten, wie jene Neuberufungen zu bewerten seien, die nach der nationalsozialistischen Regierungsübernahme erfolgten, und ob eine vormalige Mitgliedschaft in der NSDAP prinzipiell ein Ausschlussgrund sei.[343] Max Taut hat bereits 1947 gefordert, dass die Akademie keine Vereinigung von Repräsentanten einer Künstlerschicht sein dürfe, sondern dass ihre Mitglieder sich aktiv ins kulturelle Leben und in erzieherische Fragen einmischen sollten. Noch deutlicher heißt es in einem späteren Protokoll: »Hierzu äußert Prof. Taut, dass die Akademie unbedingt Stellung und Einfluss nehmen müsse, da sie sonst nichts anderes als ein Verein sei.«[344]

Per Gesetzesbeschluss des Abgeordnetenhauses erfolgt 1954 die offizielle Gründung der Akademie, zu deren erklärten Zielen die Förderung der Kunst und deren Repräsentation in der Öffentlichkeit zählen. Diese Anliegen unterstützt Max Taut unmittelbar durch seine Projekte, an denen er kontinuierlich bildende Künstler beteiligt. »An dem Bau des Objekts 26 im Hansaviertel habe ich die Absicht, Werke der Bildenden Kunst ausführen zu lassen«, schreibt er 1958 an den Bausenator Schwedler. In diesem Fall allerdings ohne Erfolg, denn der Senator sieht keinen finanziellen Spielraum zur Förderung der Kunst.[345] Der jüngere Kollege Paul Baumgarten folgt dem tautschen Beispiel und zieht Künstler wie Hans Uhlmann und Bernhard Heiliger beim Konzertsaalneubau oder beim Umbau des Reichstags hinzu.

1956 übernimmt Max Taut die Direktion der Abteilung Baukunst – Hans Scharoun wird erster Präsident der neuen Akademie – und behält die Funktion bis zu seinem Lebensende bei. In der Sektion Baukunst finden sich nach und nach die Protagonisten des *Neuen Bauens* und die noch lebenden Ring-Mitglieder zusammen, unter ihnen Otto Bartning, Richard Döcker, Hugo Häring, Ernst May, und als Ehrenmitglieder werden Ludwig Mies van der Rohe und Walter Gropius gewählt. Max Taut pflegt als Direktor der Baukunst-Abteilung auch den Kontakt zur Akademie in Ost-Berlin und bittet deren Präsidenten Otto Nagel

nachdrücklich, für den Erhalt der abrissbe-
drohten schinkelschen Bauakademie im Zentrum Berlins einzutreten. Im Juni 1960 kann
die Akademie der Künste ihr neues Haus von
Werner Düttmann im Hansaviertel beziehen,
wo drei Jahre später eine von Oswald Mathias
Ungers initiierte Ausstellung an die *Gläserne
Kette* erinnert.[346] Max Taut schreibt im Vorwort
des Ausstellungskatalogs, dass damals eine
neue Architektur im Begriff gewesen sei, sich
durchzusetzen, und die *Gläserne Kette* einen
Schritt auf diesem Weg bedeutet habe.

Neben verschiedenen Auszeichnungen
vom Berliner Kunstpreis bis zur Unesco-Mit-
gliedschaft wird Max Taut 1958 eine besondere
Ehrung zuteil durch die Verleihung der Würde
eines Doktor-Ingenieurs ehrenhalber der Technischen Hochschule Fridericiana zu Karlsruhe. In diesem Zusammenhang entbehrt es
nicht der Ironie, dass Max Taut zeit seines Lebens dem Akademischen fern steht und sich
selbst als ausgesprochen schlechten Schüler
sieht, der nur mit Mühe seinen Abschluss geschafft habe. Die Verleihung findet im Februar
1959 im Beisein des Freundes und Kollegen
Richard Döcker statt, der in gleicher Weise ge-
ehrt wird. Egon Eiermann hält die Laudatio
auf Taut und sieht eine Pioniertat in seinen

193 Max Taut, Objekt 26 für die Interbau 1957,
Fertigstellung 1958, Ostfassade Aufnahme 1998

194 Karl Friedrich Schinkels
Bauakademie, gegen deren Abriss Max
Taut 1961 protestierte

Max Taut bittet in einem Brief vom 26.2.1961 den Präsidenten der Ost-Akademie Otto Nagel, sich für den Erhalt der schinkelschen Bauakademie einzusetzen:

Lieber Herr Nagel,
bei unserer letzten Unterhaltung hatte ich den Eindruck, dass es gut ist, wenn wir uns von Zeit zu Zeit [über] unsere gemeinsamen Sorgen in persönlicher Form austauschen. Deshalb möchte ich heute meiner Besorgnis wegen der schinkelschen Bauakademie Ausdruck geben, einer Besorgnis, die von allen meinen Freunden geteilt wird. Wir sind der Ansicht, dass dieses baugeschichtlich so hochinteressante und unersetzliche Gebäude in seiner äußeren Form unbedingt erhalten bleiben müsste, da es ein Alterswerks von Schinkel ist und überraschenderweise eine Abkehrung vom Neoklassizismus bedeutet und in seiner großartigen Einfachheit wegweisend unsere heutige Entwicklung vorausgeahnt hat. Es scheint mir außerdem sehr reizvoll, diesen Außenbau mit einem den heutigen Bedürfnissen und Erkenntnissen entsprechenden, zeitgenössischen Innengebäude zu versehen.
Ich wäre Ihnen aufrichtig dankbar, wenn Sie diese Gesichtspunkte überdächten und versuchten, das Menschenmögliche zu tun, dass die wenigen in Berlin noch vorhandenen historischen Bauten erhalten bleiben.
Herzliche Grüße
Ihr Max Taut
Auch die Ost-Akademie spricht sich gegen den Abriss aus, doch wird die Bauakademie trotz aller Proteste am 13.3.1961 zum Abriss freigegeben. Jonas Geist, der die Bauakademie als Fluchtpunkt einer Reihe programmatischer Bauten definiert, beschließt seine Vergegenwärtigung der Bauakademie Karl Friedrich Schinkels mit dem Zitat des Max-Taut-Briefs von Akademie zu Akademie.[347]

Werken, von denen er das Buchdruckerhaus und das Frankfurter Gewerkschaftshaus anführt. »Der Wert dieser überaus schlichten Bauten ist aufgrund ihrer Bescheidenheit, ihrer Zurückhaltung und ihrer Vermeidung aller lauten Töne wohl seinerzeit kaum erkannt worden. Umso mehr wird heute ihre große Bedeutung, die im Menschlichen liegt, offenbar. Max Taut schöpfte aus der stillen und sicheren Erkenntnis der in Veränderung begriffenen Lebensformen aus sozialer Verpflichtung heraus.«[348] Günther Kühne merkt später an, dass alle Ehrungen Max Taut nicht berührten, ja, ihm nichts bedeuteten, denn viel wichtiger sei für ihn gewesen, zu wissen, ob ein Architekt »überhaupt einen Bleistift halten könne«.[349]

Zum achtzigsten Geburtstag veranstaltet die Akademie der Künste eine erste Max-Taut-Einzelausstellung mit einer *Laudatio pro Maximiliano* von Julius Posener. Er beschreibt den Achtzigjährigen als nach wie vor am Reißbrett arbeitenden Architekten, der seine Pläne bis ins Detail selbst ausarbeitet.[350] In den folgenden Jahren wird der Austausch zwischen Julius Posener und Max Taut reger, wenngleich wohl Julius Posener nie an die Stelle Adolf Behnes tritt, dessen frühen Tod Max Taut gegenüber Posener bedauert. Julius Posener wird auch den Nachruf und die Rede zum hundertsten Geburtstag Tauts verfassen. Da Taut die Achtzig überschreitet, steht im Mittelpunkt der Beiträge nun das Resümee und die Betrachtung der an Etappen reichen künstlerischen Entwicklung mit den wegweisenden Projekten der Weimarer Zeit. Auch Hans Scharoun nimmt den achtzigsten Geburtstag Max Tauts zum Anlass für einen Rückblick: »Als ich dann Sie und Ihren Bruder Bruno Taut kennen lernte, erlebte ich neu die Bindung an Werk und Zeit. Wie grundsätzlich verschieden boten sich mir Ihrer beiden Intentionen dar – die Zuwendung des jeweiligen Bewusstseins zum Gegenstande: Brunos im Kunstwerk ausgedrücktes radikales Meinen und Ihr künstlerisch und technisch fundiertes pragmatisches Handeln – Bruno durch die Theorie, Sie durch die Praxis glänzend.«[351]

Ein Haus für Kinder

Ich habe Max Taut bis in die letzten Tage seines Lebens gekannt und verehrt.[352]
Julius Posener, 1984

»Im Augenblick ist Max Taut mit einem großen Auftrag beschäftigt, dem er sich mit einer Energie und Frische widmet, die einem erheblich jüngeren Mann Ehre machen würde«, leitet Julius Posener 1964 den Katalog zur ersten Max-Taut-Ausstellung ein. »Man kann ihn jeden Tag an den 1:100 Plänen für ein großes Kinderheim arbeiten sehen, denn er zeichnet solche Pläne immer selbst, und seine Hand hat nichts von ihrer alten Geschicklichkeit verloren.« Nachdem Max Taut den Umbau des Jagdschlosses Glienicke zu einer Jugendbegegnungsstätte abgeschlossen hat, erteilt die Berliner Senatsverwaltung ihm einen weiteren Auftrag: Ein Haus für Kinder, eine Aufgabe, mit der Max Taut inhaltlich an sein Frühwerk und einen seiner ersten Entwürfe anknüpft, das fünfzig Jahre zuvor entstandene Kinderheim in Finsterwalde.

Als Ort für das Berliner Hauptkinderheim ist die südliche Friedrichstadt in Kreuzberg vorgesehen, ein Areal, das im Krieg fast vollkommen zerstört wurde. Ende der fünfziger Jahre errichtet man hier in mehreren Bauabschnitten die Otto-Suhr-Siedlung und die Spring-Siedlung nach dem Vorbild der aufgelockerten Stadt in Abkehr von der historischen Baustruktur. In der nahen Kürassierstraße, die bei diesen Maßnahmen zur Grünfläche eingezogen wird, errichtete bereits Stadtbaurat Ludwig Hoffmann 1896 das so genannte Kinderasyl, das er später durch das Städtische Waisenhaus an der Alten Jakobstraße ergänzte. In diesem komplex-disparaten Umfeld, das mit dem Mauerbau in eine stadträumliche Randlage rückt, plant Max Taut 1963 das zentrale Kinderheim, das der Aufnahme und Betreuung körperlich und psychisch vernachlässigter und geschädigter Kinder dient (Abb. 196).

Auf dem dreieckförmigen Grundstück entwickelt Max Taut eine stark aufgelockerte Anlage, die er an zwei Seiten mit einer dichteren Bepflanzung vom Straßenverkehr abschirmt, während das dreigeschossige Hauptgebäude die Ritterstraße flankiert. Max Taut wünscht ein Heim zu schaffen, das mit seiner Aufgliederung in kleine Gebäudegruppen und Einrichtungen vom Spielplatz bis zur Gymnastikhalle vierhundert Kindern ein wohnliches Umfeld bieten soll – fernab vom Bild einer Kinderklinik, deren Funktionen teilweise mit

Quarantänestationen und medizinischen Abteilungen zu erfüllen sind. Vom Kopfbau an der Ritterstraße entwickelt sich ein Rückgrat, an dem zweigeschossige Pavillons als Wohneinheiten gereiht liegen. Die Erschließungsachse ist – charakteristisch für das tautsche Entwurfsprinzip – immer wieder gebrochen und leicht versetzt weitergeführt. Während das Empfangs- und Verwaltungsgebäude an der Ritterstraße die Blockkante unterstützt, sind die Pavillons mit Gartenanlagen und Spielhöfen kombiniert, die auch vom oberen Geschoss durch frei stehende Treppenhäuser direkt erreichbar sind. In Analogie zum übersichtlichen Wohnheim verbindet Max Taut mit den Wohnpavillons der Kinder das Bild einer von Gärten umgebenen Familienhaussiedlung. »In seinem letzten Bau«, resümiert Julius Posener, »dem Bau, über dem er gestorben ist, dem Hauptkinderheim, sieht man ihn auf dem Wege zu neuen Dingen.«[353]

Als Max Taut im Februar 1967 stirbt, befindet sich das Kinderheim in der Rohbauphase. Die architektonische Gestalt ist mithin vorgegeben, doch steht die Detaillierung des Projekts aus. Max Taut hatte einen Architekten benannt, einen Berliner Kollegen der jüngeren Generation, dem er das Vertrauen schenkt, seine Arbeiten zu Ende zu führen: Fritz Bornemann. Bereits zum achtzigsten Geburtstag Tauts hat Fritz Bornemann als Vorsitzender

195 Max Taut mit seinen Mitarbeitern vor dem Atelier in Berlin-Eichkamp

des Bundes Deutscher Architekten in Berlin in der Akademie der Künste gesprochen. Er hält keine lange Laudatio, sondern sagt in seiner pointierten Art, was ihm wichtig ist: »Uns junger Generation ist die gestochen formulierte Kritik nicht so wertvoll gewesen wie das Zucken der Schulter von Max Taut und er zuckte immer so, wenn ihm etwas nicht passte.«[354]

Max Taut ist auf den 1912 geborenen Fritz Bornemann Anfang der fünfziger Jahre bei Wettbewerben für das Rathaus Kreuzberg und für die Amerika Gedenkbibliothek aufmerksam geworden. Bald folgen die Ausführungen der Universitätsbibliothek in Bonn mit Pierre Vago, der Deutschen Oper Berlin und der Freien Volksbühne. Max Taut ist überzeugt, dass der jüngere Kollege nach vorne kommen müsse, da er begabt sei, und empfiehlt ihn für die Weiterführung des Völkerkunde-Museums in Dahlem. Dabei mag Taut

bei Fritz Bornemann, wie sonst nur bei Paul Baumgarten, eine Geistesverwandtschaft empfunden haben, trotz aller Unterschiede, die zwischen den Generationen bestehen. Das Understatement im Habitus, die gewählte Einfachheit im Ausdruck und die Stellung des Menschen im Mittelpunkt der Architektur gelten für beide.

Der Rechtsanwalt Otto Schily tritt 1967 als Beauftragter der Taut-Erben an Fritz Bornemann mit der Bitte heran, das Kinderheim zu Ende zu führen. Hat Bornemann als junger Architekt Max Taut neben Hans Scharoun als Olympier betrachtet, so vollendet er nun dessen letztes Projekt und übernimmt zugleich die Abwicklung des tautschen Büros. Der Senat als Bauherr ist mit dieser Regelung im Sinne des Verstorbenen einverstanden. »Das Hauptkinderheim war im Entwurf fertig«, erinnert sich Fritz Bornemann im Jahr 2002, »natürlich hätte ich es anders gemacht. Die

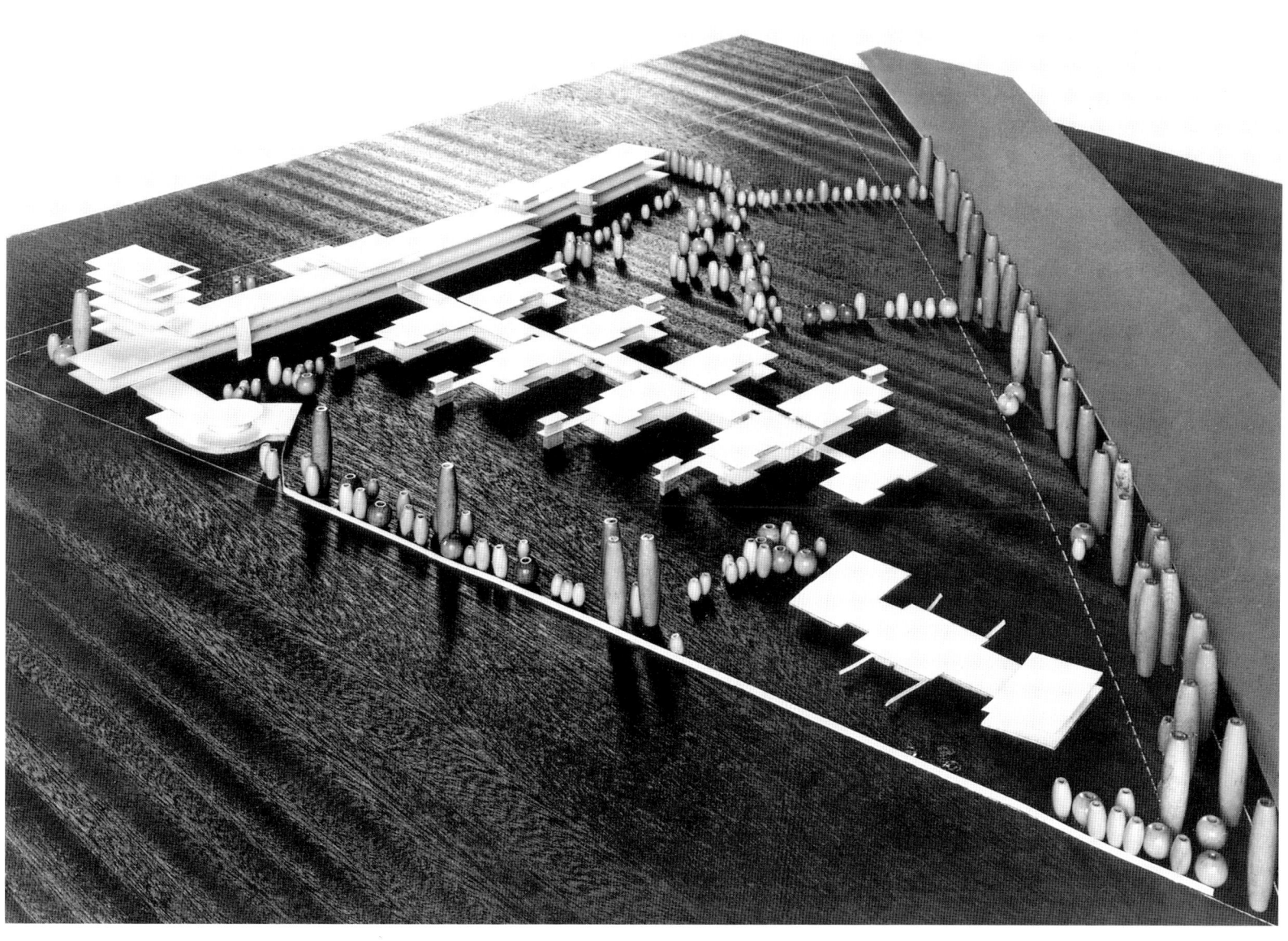

196 Max Taut, Hauptkinderheim in Berlin-Kreuzberg, Opus ultimum 1964–1967, Fertigstellung durch Fritz Bornemann 1968

Übernahme des Projekts war jedoch für mich eine Ehrensache, weil ich an Max Taut gehangen habe. Er war zwar etwas schwierig in seiner Art, aber er war mir sehr, sehr zugetan. Ich habe den alten Herrn sehr geschätzt.«[355]

Ungeachtet der Frage, ob Max Tauts Werk als Kontinuum zu verstehen ist, gleicht es dem beharrlichen Versuch, Architektur und soziale Anliegen unter Einbeziehung der technischen Möglichkeiten in der Kunst zu vereinen. Die letzte Arbeit zeigt Max Taut auf diesem Weg mit neuen Lösungsansätzen. Wenn die Wurzel der Geschichte nach Ernst Bloch der arbeiten-

de, schaffende und die Gegebenheiten umbildende Mensch ist, so trifft dies in vielem auf den Architekten Max Taut zu. Was allen in die Kindheit scheint und worin noch niemand war – daran wirkt Max Taut bis zuletzt in seiner Zeit mit, ganz konkret und nicht allein im Sinne eines Prinzips Hoffnung, sondern mit der Kraft desjenigen, der das Mögliche und damit einen kleinen Teil des Zukünftigen realisiert.

197 Max Taut, Hauptkinderheim, Aquarell mit Feder und Bleistift 1967

Max Taut stirbt am 26. Februar 1967 im Alter von 82 Jahren in Berlin und wird im Anschluss an eine Bestattungsfeier auf dem Dahlemer Waldfriedhof auf dem Choriner Friedhof im Schatten der Klosterkirche beigesetzt. Der Grabstein, der heute die Namen Margarete Taut und Max Taut zeigt, geht mutmaßlich auf einen eigenen Entwurf zurück (Abb. 199). Max Taut hat sich im Laufe seines Lebens wiederholt mit dem Thema Grabstein beschäftigt, meist auf kristalline Formen zurückgreifend wie den Stern oder den gedrehten Kubus. Hierher gehören der Grabstein Reibedanz als Stele mit plastischem Sternhaupt, die Begräbnisstätte Wissinger einschließlich des kubischen Grabsteins der

Tochter Ingrid, der Grabsteinentwurf für den Bruder Bruno und freie Zeichnungen mit Titeln wie *Der Sarg* oder *Dunkler Stern*.

Aus dem heiteren Himmel eines sonnigen Vorfrühlingstages, den er in Freude über die ersten Schneeglöckchen, Krokusse und Märzenbecher in seinem Garten und in bedächtiger Sonntagswanderung am Rande des Berliner Grunewaldes genossen hatte, wurde unser Ehrenmitglied Max Taut, unerwartet für seine Angehörigen, Freunde und Mitarbeiter – und wohl auch für ihn selbst – von seinem Werk und Arbeitsplatz abberufen. Ein plötzlicher, nicht zu stillender Husten machte ärztliche Hilfe und rasche Einweisung ins Krankenhaus nötig, wo er, kaum aufgenommen, noch

198 Querhaus und Chor der Klosterkirche Chorin, Skizze von Karl Friedrich Schinkel 1817

199 Grabstein Max Tauts auf dem Klosterfriedhof Chorin, Aufnahme 2000

im Untersuchungsraum an einer Lungenembolie verschied.
Nachruf des Bundes Deutscher Architekten, 1967

Zum hundertsten Geburtstag Max Tauts beschreibt Julius Posener noch einmal charakteristische Züge des Architekten und fügt eine überraschende Einschätzung der Empfindungen Tauts angesichts des Todes hinzu.

Max Taut war ein Überlebender: nicht nur der überlebende Bruder Taut, – und der Schatten des großen Bruders hat immer über seinem Werk gehangen: er war ein Überlebender der Zwanziger

Jahre, der neu beginnen musste; und der Begriff seines persönlichen Werkes hat ihm Sorgen gemacht. Ich bin in der Lage, darüber zu sprechen. Als ich ihm den Text gab, den ich für den Katalog zu seinem achtzigsten Geburtstag vorbereitet hatte, seufzte er: »Sehr vernünftig, sehr vernünftig ...« und dann: »Schade, dass Behne nicht mehr lebt ...« Er ist von dieser Skepsis zurückgekommen, als er hörte, was ich dann in der Akademie sagte; aber die Skepsis war da. Sie war immer da, er fühlte sich im Schatten, zuerst des großen Bruders, dann auch des Neuen, was sich am Ende der Fünfziger Jahre zeigte: um es mit einem Namen zu nennen: Scharoun. Diese Sorge hat sogar auf sein Werk eingewirkt: er hat zuweilen zu tanzen versucht, und es war ein etwas schwerer Tanz. Er war ja kein Tänzer, er war ein Konstrukteur, er war ein Architekt. Er konnte eben das, woran sein Bruder Bruno versagte, und ich habe den Eindruck, dass er das ganz zuletzt, wenige Tage vor seinem Tode, ganz gesehen hat, dass er, so hoffe ich wenigstens, im Genuss seines Werkes gestorben ist.[356]

So wie die Reise nach Chorin mit Theodor Fontanes *Wanderungen* begann, endet sie mit einer Beschreibung jener Ruine des Ortes, der für Max Taut über sechs Lebensjahrzehnte bis zum Tod zur zweiten – oder vielleicht zur eigentlichen – Heimat geworden war.

Kloster Chorin ist keine jener lieblichen Ruinen, darin sich's träumt wie auf einem Frühlingskirchhof, wenn die Gräber in Blumen stehen; es gestattet kein Verweilen in ihm, und es wirkt am besten, wenn es wie ein Schattenbild flüchtig an uns vorüberzieht. Wer hier in der Dämmerstunde des Weges kommt und plötzlich zwischen den Pappeln hindurch diesen still einsamen Prachtbau halb märchenhaft, halb gespenstisch auftauchen sieht, dem ist das Beste zuteil geworden, das diese Trümmer, die kaum Trümmer sind, ihm bieten können. Die Poesie dieser Stätte ist dann wie ein Traum, wie ein romantisches Bild an ihm vorübergezogen, und die sang- und klanglose Öde des Innern hat nicht Zeit gehabt, den Zauber wieder zu zerstören, den die flüchtige Begegnung schuf.[357]

200 Max Taut, Chorin Klosterkirche, Feder und Bleistift 1966

208 CHORIN III

201 Max Taut, Choriner
Friedhof, Aquarell 1957

202 Max Taut, Dunkler
Stern, Chorin-Vision,
Aquarell 1966

ANMERKUNGEN

1 Positionen: Zwischen Vision und Sachlichkeit. Vortragsreihe der HTWK Leipzig, Studiengang Architektur, Tondokumente 2001.

2 Julius Posener: Max Taut ist vor hundert Jahren geboren. Unveröffentlichtes Redemanuskript 5 Seiten, 1984, MTA.

3 Ein Teil der Originalunterlagen zum frühen Werk Max Tauts sind bei einem Bombenangriff im Jahr 1943 zerstört worden. Im Werkbundarchiv sind für die Zeit nach 1945 Dokumente zur Werkbund-Neugründung vorhanden, an der Max Taut wesentlich beteiligt war. Die Lehre Tauts findet sich ausführlich im Archiv der Universität der Künste dokumentiert.

4 Das Haus mit der Glasmaske. In: Deutsche Bauhütte, 37 (1933), H. 8, S. 103.

5 Akademie der Künste (Hrsg.): Max Taut. Berlin 1964.

6 Manfred Sack: Die Schönheit des Gebrauchs. Der Architekt Max Taut – Eine Ausstellung zum Hundertsten in der Akademie der Künste Berlin. In: Die Zeit (20. 7. 1984).

7 Die Einsichten zu Heinrich Taut – seine propagandistische Haltung zur DDR und seine persönliche Geringschätzung Max Tauts – basieren auf unabhängigen Gesprächen, die 2001 mit Zeitzeugen und Verwandten (Christine Schily, Sabine und Armin Wolter) geführt wurden.

8 Tilmann Buddensieg: Schinkel wird nicht erwähnt: Bruno Taut zum ersten Mal in Berlin. Ein Brief an seinen Bruder Max Taut vom 2. 3. 1902. In: Neue Heimat, Jg. 27 (1980), H. 5, S. 14–19.

9 Theodor Adorno: Ästhetische Theorie. Frankfurt am Main 1970.

10 Bruno Taut gratuliert in einem Brief vom 29. 9. 1904 zum bestandenen Examen. Max Taut ist von April bis Oktober 1903 und von April 1904 bis Januar 1906 im Atelier Heitmann beschäftigt.

11 Baldur Köster: Königsberg – Architektur aus Deutscher Zeit. Husum: Husum Druck- und Verlagsgesellschaft 2000, S. 67.

12 Wolfgang Mommsen spricht vom Historismus als der »zur stein-gewordenen Statussicherung des zu Wohlstand und gesellschaftlichen Ansehen aufgestiegenen Bürgertums«. Siehe: Der Historismus als Weltanschauung des aufsteigenden Bürgertums. In: Bürgerliche Kultur und politische Ordnung. Frankfurt am Main 2000, S. 17.

13 Bruno wählt die Bezeichnung »Dein brüderlicher Freund« in einem Brief vom 13. 5. 1904. »Dein Freund Bruno« oder »Dein lieber College Bruno« sind Varianten, die in Briefen desselben Zeitraums zu finden sind.

14 Tillmann Buddensieg: Schinkel wird nicht erwähnt. In: Neue Heimat, Jg. 27 (1980), H. 5, S. 14–19.

15 Brief von Bruno an Max Taut vom 7. 12. 1904.

16 Brief von Bruno an die Eltern und an Max Taut vom 29. 4. 1902. Nachfolgend: Brief von Bruno an Max Taut vom 21./26. 8. 1903, vom 13. 5. 1904 und vom 20. 7. 1904.

17 Brief von Bruno an Max Taut vom 11. 5. 1902.

18 Brief von Bruno an Max Taut vom 7. 12. 1904.

19 Max Tauts Rede zum 75. Geburtstag. Auszugsweise Mitschrift, 2. 6. 1959, MTA.

20 Brief von Bruno an Max Taut vom 1. 11. 1905.

21 Max Taut traf nach eigenen Angaben mit Mies van der Rohe beim Rathausbau zusammen. Vgl. Brief an Kurt Junghanns vom 20. 10. 1966 und Rede zum 75. Geburtstag. Mies war im Jahr 1905 in Rixdorf tätig, wurde kurzzeitig zum Militär eingezogen und begann Ende 1905, Anfang 1906 seine Tätigkeit bei Bruno Paul. Max Tauts Beschäftigung reichte vom 5. 1. 1906 bis zum 1. 2. 1907 laut Zeugnis des Städt. Hochbau-

amtes, Stadtbauinspektor Jüngerich vom 18. 9. 1908. Begegnungen können sich dennoch ergeben haben, sei es, dass die Daten – vor allem zu Mies van der Rohes Militärzeit – nicht exakt sind, sei es, dass es 1906 nachträglich zum Austausch von Informationen über den Rathausbau kam.

22 Julius Posener: Reinhold Kiehl in seiner Zeit. In: Bezirksamt Neukölln (Hrsg.): Architekt Reinhold Kiehl. Berlin: Verlag Günter Darge 1987, S. 130–131.

23 Im Lebenslauf für die Reichskammer der bildenden Künste vom 16. 4. 1934 heißt es: »vom 1. 10. 1908 bis 31. Juli 1909 bei Professor Lassen, Berlin und bei Professor Kiehl, Neukölln – ab 1. August 1909 selbstständig.«

24 Schuldirektor Denicke über die Vorschule für das Kaiser-Friedrich-Gymnasium. Rixdorfer Zeitung vom 17. 11. 1907. Zitiert nach: Bezirksamt von Neukölln (Hrsg.): Architekt Reinhold Kiehl. Berlin 1987, S. 32–33.

25 Wilhelm Fuchs: Kiehls architektonischer Nachlass in Neukölln. In: Bezirksamt von Neukölln (Hrsg.): Architekt Reinhold Kiehl. Berlin: Verlag Günter Darge 1987, S. 146.

26 Brief von Bruno an Max Taut vom 17. 10. 1905.

27 Adolf Behne: Ostpreußische Architekten in Berlin. In: Königsberger Allgemeine (Hartungsche) Zeitung (1915).

28 Brief von Bruno an Max Taut vom 7. 12. 1904.

29 Karl Scheffler: Vossische Zeitung vom 2. 6. 1912. Zitiert nach: Gerhard Kabierske: Der Architekt Hermann Billing. Karlsruhe 1996, S. 126.

30 Brief von Bruno an Max Taut vom 1. 5. 1906.

31 Valentin Hammerschmidt: Anspruch und Ausdruck in der Architektur des späten Historismus in Deutschland (1860–1914). Frankfurt am Main: Verlag Peter Lang 1985, S. 388.

32 Vgl. Franziska Bollerey, Kristiana Hartmann: Bruno Taut. Vom plastischen Ästheten zum ästhetischen Sozial(ideal)isten. In: Bruno Taut. Berlin 1980, S. 38.

33 Postkarte von Bruno an Max Taut vom 10. 9. 1908.

34 Max Taut schreibt am 26. 9. 1966 an Kurt Junghanns: »Im Jahr 1908/09 siedelte ich nach Berlin über ...« Die in den Max-Taut-Katalogen 1964 und 1984 und analog in der nachfolgenden Max-Taut-Literatur zu findende Angabe, Taut habe das Büro Billings erst 1911 verlassen, ist unzutreffend, wie Briefe Max Tauts an Kurt Junghanns und Margarete Wollgast sowie ein selbstverfasster Lebenslauf vom 15. 10. 1952 belegen.

35 Gerhard Kabierske: Der Architekt Hermann Billing. Karlsruhe 1996. S. 48. Vgl. auch S. 79.

36 Julius Posener: Einleitung. In: Max Taut. Berlin 1964, S. 7.

37 Brief von Max Taut an Kurt Junghanns vom 20. 10. 1966, MTA.

38 Der Neubau der Knabenschule. In: Niederlausitzer Anzeiger (Hch.R.W.), Jg. 68 (16. 10. 1913), Nr. 243.

39 Adolf Behne: Ostpreußische Architekten in Berlin. In: Königsberger Allgemeine (Hartungsche) Zeitung (1915).

40 Der Neubau der Knabenschule. In: Niederlausitzer Anzeiger (Hch.R.W.), Jg. 68 (16. 10. 1913), Nr. 243.

41 Brief von Max Taut an Kurt Junghanns vom 20. 10. 1966, MTA.

42 Brief von Bruno an Max Taut vom 26. 10. 1916. In einem Brief vom 28. 9. 1917 von Bruno an Max Taut heißt es: »Danke für deine Nauener Bilder. Du weißt ja, wie sehr ich den Bau schätze.«

43 Julius Posener: Max Taut ist vor hundert Jahren geboren. Unveröffentlichtes Redemanuskript 1984, MTA.

44 Kurt Junghanns: Max Taut zum Gedenken. In: Deutsche Architektur, 17 (1968), H. 2, S. 109. In einem Brief vom 20. 10. 1966 an

Kurt Junghanns gibt Max Taut als Entwurfszeitpunkt für den Nauener Wasserturm 1912–1913 an.

45 Adolf Behne: Ostpreußische Architekten in Berlin. In: Königsberger Allgemeine (Hartungsche) Zeitung (1915).

46 Brief von Max Taut an Kurt Junghanns vom 20.10.1966, MTA.

47 Adolf Behne: Die deutsche Baukunst seit 1850. In: Soziale Bauwirtschaft (1922), S. 146–231.

48 Adolf Behne: Fabrikbau als Reklame. In: Das Plakat, Jg. 11 (1920), H. 6, S. 274–276.

49 Ebd.

50 Denkschrift zur Erinnerung an das 75-jährige Bestehen der Firma F. F. Koswig Tuchfabriken, Finsterwalde N/L, 1838–1913. Berlin 1913.

51 Matthias Baxmann: Spurensuche: Die industriegeschichtliche und industriekulturelle Bedeutung der Finsterwalder Tuchfabrik F. F. Koswig. In: Der Speicher, H. 5, 2001. Hrsg. vom Kreismuseum Finsterwalde. Verlag Gunter Oettel, Zittau und Görlitz.

52 Siehe: Achim Wendschuh: Brüder Luckhardt und Alfons Anker. In: Brüder Luckhardt und Alfons Anker. Berliner Architekten der Moderne. Schriftenreihe der AdK 21. Berlin: Akademie der Künste 1990, S. 144.

53 Formal bestand der Bund laut Kürschners Literaturlexikon bis 1917. Am 12.11.1917 schreibt Bruno Taut, der bemüht ist, für Max eine Stellung fern der Kriegsfront zu finden: »Vielleicht kann dir auch Seeßelberg dabei helfen.«

54 Aufgaben und Ziele des Werdandibundes. Werbeschrift 1909, S. 2–4.

55 Adolf Behne: Werdandibund und Stahlwerksverband auf der Leipziger Baufachausstellung 1913. Quelle: Auszüge aus Presseerläuterungen über Arbeiten der Architekten Max Taut und Franz Hoffmann, MTA.

56 Die Auslober verstehen unter einem »flachen Dach« im Gegensatz zum Steildach ein mäßig steiles Dach mit einer Neigung von bis zu vierzig Grad.

57 Friedrich Seeßelberg (Hrsg.): Das flache Dach im Heimatbilde. Berlin: Verlag Weise & Co, vermutlich 1912. Hinweis im Buch: »Umschlag von Max Taut«.

58 Zur Verwechslung des Holzskeletts mit einer Eisenbetonkonstruktion siehe: Günther Kühne: Max Taut. Versuch einen Baumeister darzustellen. In: Akademie der Künste (Hrsg.): Max Taut 1884–1967. Zeichnungen, Bauten. Akademie-Katalog 142. Berlin 1984, S. 8.

59 Adolf Behne: Werdandibund und Stahlwerksverband auf der Leipziger Baufachausstellung 1913.

Quelle: Auszüge aus Presseerläuterungen über Arbeiten der Architekten Max Taut & Hoffmann, MTA.

60 Matthias Schirren: Ein »erweiterter« Architekturbegriff. In: Hermann Billing. Karlsruhe 1997, S. 61.

61 Brief von Julius Posener an Rolf Parr vom 14.3.1990. Abgedruckt in: Rolf Parr: Interdiskursive As-Sociation. Tübingen: Max Niemeyer Verlag 2000, S. 314–315. Siehe auch: Julius Posener: Fast so alt wie das Jahrhundert. Erweiterte Neuauflage. Basel, Berlin, Bosten: Birkhäuser 1993, S. 142, 167.

62 Max Taut: Der Einfluss des Materials auf die Baukunst. In: Technische Rundschau (Wochenbeilage zum Berliner Tageblatt), Jg. 19 (6.8.1913), Nr. 32.

63 Bruno und Max Taut tragen sich gemeinsam ins Gästebuch ein. Sturm-Archiv: Gäste-Buch von Herwarth und Nell Walden, Eintrag vom 12.2.1914. Siehe auch: Angelika Thiekötter [u. a.]: Kristallisationen, Splitterungen. Bruno Tauts Glashaus. Basel, Berlin, Bosten: Birkhäuser 1993, S. 155.

64 Paul Westheim: Neue Arbeiten der Architekten Bruno Taut, Max Taut, Franz Hoffmann – Berlin. In: Wohnkunst, Jg. 6, Sonderausgabe 1914. Als Büro für die Finsterwalder Fabrik wird angegeben: Architekten Bruno Taut, Max Taut, Franz Hoffmann, Berlin. Als Entwurfsverfasser: Max Taut und Franz Hoffmann. Vom 4.2.1914 liegt ein Brief vor, den Max Taut auf dem Briefpapier des gemeinsamen Büros Brüder Taut und Hoffmann verfasst.

65 Brief von Max Taut an Kurt Junghanns vom 26.9.1966 und vom 20.10.1966, MTA.

66 Brief von Bruno an Max Taut vom 21.8.1914.
»Taut [Bruno], der den Krieg von Anbeginn verabscheut hatte, suchte verbittert nach einem Ausweg aus der Katastrophe«, schreibt Kurt Junghanns in seiner Bruno-Taut-Monographie, bezogen auf den Ersten Weltkrieg, S. 32. Diese Kriegsabscheu »von Anbeginn« entspricht nicht der Faktenlage der vorliegenden Dokumente. Der Krieg wurde 1914 vielfach metaphysisch-geschichtlich als militärische Variante zu Nietzsches Gott ist tot unter Künstlern und Intellektuellen empfunden. Siehe hierzu auch Peter Sloterdijk: Kritik der zynischen Vernunft, und Wolfgang Mommsen: Die kulturellen Eliten im Ersten Weltkrieg. Auch Manfred Speidel belegt mit Briefbeispielen, dass Bruno Taut zunächst kein

Kriegsgegner war. Manfred Speidel: Nachwort zur Neuausgabe. In: Bruno Taut: Die Stadtkrone. Berlin: Gebr. Mann Verlag 2002.

67 Brief von Bruno an Max Taut vom 19.3.1915.

68 Bauwelt (10.6.1915), Nr. 23.

69 Brief von Franz Mutzenbecher an Max Taut vom 19.7.1915, MTA.

70 Brief von Franz Hoffmann an Max Taut vom 12.10.1915, MTA.

71 Postkarte von Bruno an Max Taut vom 10.1.1917. Die Karte zeigt eine Gruppe Soldaten mit der Bildunterschrift: Bruno Weihnachten 1916. Der Absender unter Bruno Tauts Namenszug lautet: 9. preuss. Armier Batl. 2. Kompanie Feldpost 341 Westen. Nachfolgend: Brief von Bruno an Max Taut vom 21.8.1917.

72 Brief von Franz Hoffmann an Max Taut vom 27.3.1917, MTA.

73 Theodor Fontane: Wanderungen durch die Mark Brandenburg. Band 3. Havelland, 2. Auflage. Berlin: Hertz 1880.

74 Bettina Zöller-Stock: Bruno Taut. Die Innenraumentwürfe des Berliner Architekten. Stuttgart: Deutsche Verlags-Anstalt 1993, S. 12–14.

75 Hans Kaiser: Max Beckmann. Künstler unserer Zeit. Berlin, Wien: Bruno Cassirer 1913.

76 Zitiert nach: Max Beckmann, Briefe, Band 1. Hrsg. von Klaus Gallwitz [u. a.]. München: Piper 1993, Brief Nr. 57 zwischen 7. und 13.9.1912.

77 Brief von Max Taut an Kurt Junghanns vom 26.9.1966, MTA.

78 Rudolf Schmidt: 400 Jahre standen sie am Amboss. Aus der Geschichte einer der ältesten Schmiedefamilien der Mark Brandenburg. Zeitung unbekannter Herkunft (14.8.1942), MTA.

79 Julius Posener: Einleitung. In: Max Taut. Berlin 1964, S. 9.

80 Ein neues künstlerisches Programm. Flugblatt u. a. in: Die Bauwelt (18.12.1918). Nachdruck in: Arbeitsrat für Kunst. Ausstellungskatalog der AdK. Berlin 1980, S. 87.

81 Bruno Taut: Ein Architekturprogramm. Flugschrift des Arbeitsrates für Kunst. Berlin, Weihnachten 1918. Nachdruck in: Arbeitsrat für Kunst. Ausstellungskatalog der AdK. Berlin 1980, S. 86.

82 Adolf Behne: Zur Einführung in die Ausstellung »Für unbekannte Architekten«. In: Sozialistische Monatshefte, Jg. 25 (März 1919), H. 4. Nachdruck in: Arbeitsrat für Kunst. Ausstellungskatalog der AdK. Berlin 1980, S. 92–93; Bruno Taut: Idealisten. In: Freiheit (28.3.1919). Nachdruck in: Arbeitsrat für Kunst. Ausstellungskatalog der AdK.

Berlin 1980, S. 91–92. Ausstellungszeitraum: 25.3. bis 25.4.1919.

83 Paul Westheim: Architektonische Phantasien. In: Frankfurter Zeitung (30.4.1919). Nachdruck in: Arbeitsrat für Kunst. Ausstellungskatalog der AdK. Berlin 1980, S. 93–94.

84 Max Tauts Rede zum 75. Geburtstag. Auszugsweise Mitschrift, 2.6.1959, MTA.

85 Brief von Bruno Taut an Karl Ernst Osthaus vom 14.11.1919. Abgedruckt in: Arbeitsrat für Kunst. Ausstellungskatalog der AdK. Berlin 1980, S. 123.

86 Adolf Behne (Hrsg.): Ruf zum Bauen. Zweite Buchpublikation des Arbeitsrats für Kunst. Berlin: Ernst Wasmuth 1920. Nachdruck in: Arbeitsrat für Kunst. Ausstellungskatalog der AdK. Berlin 1980, S. 78–79.

87 Adolf Behne: Neue Kräfte in unserer Architektur. In: Feuer, Jg. 3 (1921–1922), H. 8, S. 268–276. Nachdruck in: Adolf Behne: Architekturkritik. Hrsg. von Haila Ochs. Basel [u. a.] 1994, S. 61–67.

88 Vgl. Brief von Bruno an Max Taut vom 10.5.1917, MTA. Er schickt dem Bruder auch während des Kriegs Manuskripte und Zeichnungen und fragt: »Wie gefallen dir die Sachen? Bitte um rücksichtslose Meinung.«

89 Brief von Bruno an Max Taut vom 19.3.1915. Bruno Taut zitiert darin den Bauherrn Mendthal.

90 In der Literatur ist das Drehbare Haus wiederholt irrtümlich Wenzel Hablik zugeordnet worden. Vgl. Ulrich Conrads (Hrsg.): Frühlicht 1920–1922. Bauwelt Fundamente. Berlin [u. a.]: Ullstein 1963, S. 17.

91 Adolf Behne: Wiederkehr der Kunst. Leipzig: Kurt Wolff 1919; Adolf Behne: Glasarchitektur. In: Bruno Taut (Hrsg.): Frühlicht. Beilage zur Stadtbaukunst alter und neuer Zeit (1920), H. 1. Nachdruck in: Ulrich Conrads (Hrsg.): Frühlicht 1920–1922. Berlin 1963, S. 12.

92 Hans Scharouns Rede am 2.6.1959 zum 75. Geburtstag Max Tauts in der Akademie, MTA.
»... so traf und beglückte es ihn [Bruno Taut] unmittelbar, als Sie zum Beispiel das Blatt des Drehbaren Hauses in den Dünen auf den Tisch legten.«

93 Hans Luckhardt: Brief der Gläsernen Kette vom 15.7.1920. Abgedruckt in: Iain Boyd Whyte, Romana Schneider (Hrsg.): Die Briefe der Gläsernen Kette. Berlin: Ernst & Sohn 1986, S. 118–133.

94 Erich Mendelsohn: Das Problem einer neuen Baukunst. In: Das Gesamtschaffen des Architekten. Skizzen, Entwürfe, Bauten. Berlin

1930. Nachdruck: Braunschweig, Wiesbaden 1988, S. 10; Auszüge in: Ulrich Conrads (Hrsg.): Programme und Manifeste zur Architektur des 20. Jahrhunderts. Braunschweig, Wiesbaden 1981, S. 51–52.

95 Max Taut: Vorwort. In: Die gläserne Kette. Katalog zur Ausstellung o. J. (Vorwort datiert vom 24.6.1963).

96 Bruno Taut: Brief der Gläsernen Kette vom 5.10.1920. Abgedruckt in: Iain Boyd Whyte, Romana Schneider (Hrsg.): Die Briefe der Gläsernen Kette. Berlin: Ernst & Sohn 1986.

97 Adolf Loos: Architektur (1909). In: Der Sturm (15.12.1910). Nachdruck in: Adolf Loos: Trotzdem 1900–1930. Wien: Prachner Verlag 1931.

98 (Erbbegräbnis Wissinger). In: Berliner Volkszeitung. Zitiert nach: Auszüge aus Presseäußerungen über Arbeiten der Architekten Max Taut & Hoffmann. Buchdruck-werkstätte Leipzig o. J. (1925), MTA.

99 Walter Gropius: Manifest des Staatlichen Bauhauses in Weimar, April 1919. Abdruck in: Hans M. Wingler: Das Bauhaus. 3. Auflage. Bramsche: Rasch & Co und DuMont Schauberg 1975, S. 38–39.

100 Piergiacomo Bucciarelli: Max Taut, un protagonista dimenticato. In: Controspazio, Jg. 31 (Februar 2000), Nr. 1, S. 60–76; Ernst Bloch: Geist der Utopie. 1923. Bearbeitete Neuauflage: Gesamtausgabe Bd. 3, Frankfurt am Main: Suhrkamp 1964, S. 35–40.

101 Brief von Otto Freundlich an Julius Wissinger vom 4.8.1923. Zitiert nach: Christoph Fischer, Volker Welter (Hrsg.): Frühlicht in Beton. Berlin: Gebr. Mann Verlag 1989, S. 45.

102 Otto Freundlich: Absage. In: Die Erde, Jg. 1 (25.12.1919), H. 24, S. 686 f. Nachdruck in: Arbeitsrat für Kunst. Ausstellungskatalog der AdK. Berlin 1980, S. 113.

103 Brief von Adolf Behne an Hans Poelzig vom 4.6.1921, Rückseite. Abgedruckt in: Arbeitsrat für Kunst. Ausstellungskatalog der AdK. Berlin 1980, S. 114.

104 Adolf Behne: Die Zukunft unserer Architektur. In: Sozialistische Monatshefte, Bd. 56 (27.1.1921), S. 90–94. Nachdruck in: Adolf Behne: Architekturkritik. Hrsg. von Haila Ochs. Basel [u. a.] 1994, S. 76.

105 Adolf Behne: Architekten. In: Bruno Taut (Hrsg.): Frühlicht (Winter 1921–1922), H. 2, S. 55–60. Nachdruck in: Ulrich Conrads (Hrsg.): Frühlicht 1920–1922, Berlin 1962, S. 113.

106 Adolf Behne: Neue Kräfte in unserer Architektur. In: Feuer, Jg. 3 (1921–1922), H. 8. Nachdruck in: Adolf Behne: Architekturkritik. Hrsg. von Haila Ochs. Basel [u. a.] 1994, S. 61–67.

107 Adolf Behne: Der moderne Zweckbau. München: Drei Masken 1926, S. 48.

108 Wolfgang Pehnt: Die Architektur des Expressionismus. Ostfildern: Hatje 1998, S. 120.

109 Paul Bommersheim: Das Ewige und das Lebendige. Zur Philosophie der Architektur. In: Frühlicht (Winter 1921–1922), H. 2, S. 42.

110 Paul Scheerbart: Lesabéndio. Ein Asteroidenroman. München: Georg Müller 1913. Neuauflage: Hofheim: Wolke Verlag 1986. Hieraus des Weiteren zitiert S. 14–16, 68, 150–151. Vgl. Brief von Paul Scheerbart an Alfred Kubin vom 6.9.1912. Abgedruckt in: Mechthild Rausch (Hrsg.): Paul Scheerbart. 70 Trillionen Weltgrüße. Berlin: Argon Verlag o. J., S. 443.

111 Die Türme aus Kaddimohnstahl werden auf der fantastischen Ebene der Fiktion von Scheerbart zugleich als Glas- und Lichttürme bezeichnet.

112 Alfred Kuhn: Max Taut – Bauten. Berlin 1932.

113 Fritz Hellwag: Ein Bureauhaus des ADGB. In: Die Glocke (1922), Nr. 14, S. 382–383.

114 Vgl. Auf der Suche nach der phrasenlosen Gestalt. Frühe Sachlichkeit: Die Tuchfabrik Koswig.

115 Brief von Franz Hoffmann an Max Taut vom 12.10.1915, MTA.

116 Isi Fischer-Sperling: Erinnerungen an die Architektengemeinschaft Taut & Hoffmann. Unveröffentlichtes Manuskript 1999. Archiv: Deutschland, Geist, Menting. Vgl. Briefe von Max Taut an Kurt Junghanns vom 29.9. und 20.10.1966, MTA. Hier schildert Max Taut präzise Aufgabenverteilung und Büroorganisation.

117 Adolf Behne: Eine Gelegenheit, die nicht verpasst werden darf. In: Freiheit (12.4.1922), Nr. 174, S. 2.

118 Julius Posener: Einleitung. In: Max Taut. Berlin 1964, S. 8.

119 Fritz Hellwag: Das Bureauhaus des ADGB. In: Fachblatt für Holzarbeiter, Jg. 19 (August 1924), S. 113–117. Max Osborn: Das Haus der Arbeit. In: Vossische Zeitung. Zitiert nach: Das neue Bundeshaus: Jahrbuch des ADGB 1924. Berlin: Verlag des ADGB 1925, 178–180. Vgl. Max Osborn: Ein Musterbeispiel moderner Architektur. In: Berliner Illustrierte Zeitung. Zitiert nach: Auszüge aus Presseäußerungen über Arbeiten der Architekten Max Taut &

Hoffmann. Buchdruckwerkstätte Leipzig o. J. (1925), MTA. Weitere zeitgenössische Berichte verweisen auf den (braun)roten Anstrich der Rahmenfelder. Detailliert ist die Beschreibung von Hans Weigert (Tauts Berliner Gewerkschaftshaus. In: Der Kunstwanderer (1925), H. 1/2): »Die Quadratflächen stehen braunrot zwischen den grauen Betonrahmen, durch schwarze Ziegelleisten von ihnen abgesetzt. ... Nach der Hofseite sind die Quadrate weiß und durch rote Ziegel von den Betonrahmen abgesetzt.«

120 Das neue Haus an der Inselbrücke. In: Vorwärts (17.1.1924).

121 Adolf Behne: Das neue Gewerkschaftshaus. Neubauten und Antiquitäten. In: Die Weltbühne (1924), H. 19, S. 625.

122 Fritz Hellwag: Das Bureauhaus des Allgemeinen Deutschen Gewerkschaftsbundes. In: Fachblatt für Holzarbeiter, Jg. 19 (August 1924), S. 113–117.

123 Max Osborn: Das Haus der Arbeit. In: Vossische Zeitung (29.6.1924), Nr. 306. Zitiert nach: Das neue Bundeshaus. Jahrbuch des ADGB 1924. Berlin: Verlag des ADGB 1925, S. 178–180.

124 Briefe von Franz Mutzenbecher an seine Schwester vom 16.12.1923 bis 2.3.1951, FMA, SAdK.

125 Adolf Behne: Einige Bemerkungen zum Thema: Moderne Baukunst. In: Max Taut: Bauten und Pläne. Berlin [u. a.] 1927, S. 21.

126 Theodor W. Adorno: Eingriffe. In: Neue Rundschau, Jg. 77 (1966), H. 4. Nachdruck in: Theodor W. Adorno: Ohne Leitbild. Frankfurt: Suhrkamp 1967, S. 119.

127 Wolfgang Pehnt: Die Architektur des Expressionismus. Ostfildern: Hatje 1998, S. 296.

128 Werner Möller: Mart Stam 1899–1986. Schriftenreihe zur Plan- und Modellsammlung des Deutschen Architektur-Museums, Bd. 2, hrsg. von Evelyn Hils-Brockhoff. Tübingen, Berlin 1997, S. 22, 34, 130. Mitarbeit von Mart Stam bei Max Taut in der Zeit zwischen Frühjahr 1922 und Herbst 1923. Zum Geschäftshaus Königsberg äußert Stam später, er müsse sich von dem Einfluss Tauts bei diesem Projekt wieder lösen.

129 Walter Gropius: Internationale Architektur. Bauhausbücher. München: Albert Langen 1925. 2. Aufl. 1927, S. 7–8.

130 Adolf Behne: Der moderne Zweckbau. München: Drei Masken 1926. Neuauflage: Berlin: Gebr. Mann Verlag 1998.

131 Adolf Behne: Einige Bemerkungen zum Thema: Moderne Baukunst. In: Max Taut: Bauten und Pläne. Berlin [u. a.] 1927. Die publizierten Texte sind in folgenden Zeitschriften bereits erschienen: I. Neue Ziele, S. 7–12, verändert entnommen aus: Neue Kräfte in unserer Architektur. In: Feuer (1921/22), H. 8, S. 268 f. II. Vom Ornament, S. 13–17, verändert entnommen aus: Mittelalterliches und modernes Bauen. In: Soziale Bauwirtschaft (15. 7. 1921). III. Vom Grundriss, S. 18–19, auszugsweise entnommen aus: Die deutsche Baukunst seit 1850. In: Soziale Bauwirtschaft (1922), S. 146 f.

132 Julius Posener: Max Taut. Unveröffentlichtes Redemanuskript 11 Seiten, 1984, MTA.

133 Brief von Hugo Häring an Heinrich Lauterbach vom 31.3.1952. Zitiert nach: Heinrich Lauterbach, Jürgen Joedicke (Hrsg.): Hugo Häring. Schriften, Entwürfe, Bauten. Stuttgart 1965, S. 10 f. Vgl. Regina Stephan (Hrsg.): Erich Mendelsohn: Gebaute Welten. Ostfildern-Ruit: Hatje 1998. S. 69–71. Hier wird Erich Mendelsohn als Initiator des Rings genannt. Allerdings heißt es im Brief von Häring, dass man »immer bei mies« zusammengekommen sei.

134 Vgl. Brief von der Architektenvereinigung Der Ring an Hans Scharoun vom 5.6.1926. Hier werden die genannten neun Architekten als Mitglieder aufgezählt. Vgl. Brief von Max Taut an Kurt Junghanns vom 20.3 10.1966 und Brief von Max Taut an Jürgen Joedicke vom 13.2.1964, MTA. Max Taut gibt gegenüber Joedicke eine abweichende Aufzählung der ursprünglichen Ring-Mitglieder an, zu denen für ihn auch Scharoun, Hilberseimer und Döcker gehören, während Poelzig und Behrens später hinzukommen. Auch die Zahl der Beteiligten schwankt.

135 Hans Scharoun. Bauten, Entwürfe, Texte. Hrsg. von Peter Pfankuch. Berlin: Gebr. Mann Verlag 1974, S. 58.

136 Eine Flucht in die Öffentlichkeit. In: Bauwelt (1924), H. 20, S. 429–430.

137 Brief von Max Taut an Barbara Lane (Miller Lane) vom 15.1.1960, MTA.

138 Adolf Behne: Der moderne Zweckbau. München: Drei Masken 1926, S. 62.

139 Adolf Behne: Tempelhofer Feld und Wedding. Das Haus der Buchdrucker. In: Die Weltbühne, Jg. 12 (2.3.1926), Nr. 9, S. 326.

140 Fritz Hellwag: Das Haus der Buchdrucker. In: Fachblatt für

140 Holzarbeiter (Sept. 1926), S. 129–132.

141 Max Osborn: Max Tauts neuer Bau. In: Vossische Zeitung (15.5.1926), Nr. 116, Erste Beilage. Auch zitiert in: Der Korrespondent (5.6.1926), S. 2–3.

142 Ebd.

143 Die von Winfried Nerdinger geäußerte Vermutung einer Zusammenarbeit beim Grabmal Wissinger (Rudolf Belling und die Kunstströmungen in Berlin 1918–1923. Berlin: Kunstverlag 1980, S. 58) geht auf eine Anmerkung Mart Stams innerhalb eines Beitrags über El Lissitzky zurück: »Max Taut, ein Bruder von Bruno Taut, baute eine Grabstätte – an welcher zum Teil Bildhauer Belling mitarbeitete. Auch bei der Schaffung dieser Grabstätte waren schon neue Wege eingeschlagen worden.« Zitiert nach: Sophie Lissitzky-Küppers: El Lissitzky. Maler, Architekt, Typograf, Fotograf. Dresden 1967, S. 390. Weitere Recherchen haben keinen Hinweis auf eine Mitarbeit Bellings erbracht. Nachgewiesen ist allein die Mitarbeit des Bildhauers Otto Freundlich.

144 Werner Hegemann: Der Bildhauer als Teufelsbeschwörer der Architektur. Ein Gespräch mit Rudolf Belling. In: Wasmuths Monatshefte für Baukunst (1932), S. 382–388.

145 Julius Posener: Fast so alt wie das Jahrhundert. Basel [u. a.]: Birkhäuser, S. 161–162.

146 Julius Posener: Max Taut. Unveröffentlichtes Redemanuskript 11 Seiten, 1984, MTA.

147 Kurt Junghanns: Erinnerung an den Anfang. In: Winfried Nerdinger [u. a.] (Hrsg.): Bruno Taut 1880–1938. Stuttgart München 2001, S. 301. »In diesem Zusammenhang würdigte Max Taut das große Verdienst Martin Wagners um das Neue Bauen in Berlin. Ihm sei zu verdanken, dass die Stadt in den zwanziger Jahren zu einem international anerkannten Zentrum des Fortschritts in der Architektur und im Städtebau geworden ist. Als er Stadtbaurat wurde, sei er um der Neutralität willen aus dem Zehnerring ausgeschieden. Das Geheimnis der Förderung bestand in der bevorzugten Ausschreibung beschränkter Wettbewerbe, weil er hier die Teilnehmer auswählen konnte. So kombinierte er stets Architekten der Ring-Gruppe mit Traditionalisten, wobei die Ring-Architekten durch bessere Grundrisse und andere Vorzüge die Chancen hatten Preisträger zu werden.«

148 Erich Hylla: Die Schule der Demokratie. 1928. Vgl. Helga Schmidt-Thomson: Schulen der Weimarer Republik. In: Berlin und seine Bauten. Hrsg. vom Architekten- und Ingenieurverein, Teil V, Band C. Berlin 1991, S. 121–174.

149 Brief von Bruno an Max Taut vom 23.3.1916, MTA.

150 Brief von Martin Wagner an Hugo Häring vom 24.11.1953. Zitiert nach: Martin Wagner 1885–1957. Akademie-Katalog 146. Berlin 1985, S. 178.

151 Julius Posener: École Supérieure de Jeunes Filles à Koepenick. M. Max Taut, Architecte. In: L'Architecture d'Aujourd'hui (Novembre 1930), Nr. 1, S. 32–33.

152 Adolf Behne: Einige Bemerkungen zum Thema: Moderne Baukunst. In: Max Taut: Bauten und Pläne. Berlin [u. a.] 1927, S. 18–19.

153 Die geplante Bibliothek, die aufgrund der angespannten Finanzlage nicht ausgeführt werden konnte, hätte die Bauflucht zur Oberspreestraße (vormals Berliner Straße) geschlossen, so dass im Kontext mit der zurückgesetzten Turnhalle eine stärkere U-förmige Umschließung entstanden wäre.

154 A. Weller: Schule und Schulhaus. In: Bauwelt (1930), H. 4, S. 121–122.

155 Ebd.

156 Otto Zucker: Konstruktion und Architektur. In: Wasmuths Monatshefte für Baukunst, 14 (1930), H. S. 474–479.

157 Alfred Kuhn: Max Taut – Bauten. Berlin 1932.

158 Wolfgang Rannow: Alexander-von-Humboldt-Oberschule. Typoskript o. J. (1994).

159 Baukeramik Siegersdorf. In: Baugewerkszeitung (1931), Nr. 11.

160 Max-Taut-Schule Lichtenberg. Pitz & Hoh, Werkstatt für Architektur und Denkmalpflege GmbH, Christine Hoh-Slodczyk. Berlin 1997. Das Hochbauamt bedauert das Hinzuziehen von Privatarchitekten. Jurymitglieder unter anderem: Martin Wagner, Jens Nydahl, Erich Blunck, Otto Bartning, Paul Mebes.

161 Ebd. S. 18–21.

162 Foto der Reliefplastik im Nachlass Max Tauts mit handschriftlicher Notiz: Rudolf Belling 1935.

163 Alfred Kuhn: Max Taut – Bauten. Berlin 1932.

164 Wiederaufbau der Aula der Max-Taut-Schule, Berlin-Lichtenberg. In: Bauwelt (2002), H. 22, S. 18. Sowie: Aufbau der Aula der Max-Taut-Schule. Bericht der Vorprüfung, 2002. Senatsverwaltung für Stadtentwicklung.

165 Mies van der Rohe: Vorwort. In: Bau und Wohnung. Hrsg. vom Deutschen Werkbund. Stuttgart 1927, S. 7.

166 Karin Kirsch: Die Weißenhofsiedlung. 2. Aufl. Stuttgart 1999, S. 163. »Max Taut erfreute sich der großen Wertschätzung Mies van der Rohes, wie sich aus der erhaltenen Korrespondenz ersehen lässt, und war für Mies auch in den Auswahllisten der Architekten für die Weißenhofsiedlung ›der‹ Taut, nicht Bruno – wie sich bei dessen später Hinzuziehung zeigte.«

167 Brief von Mies van der Rohe an Gustaf Stotz vom 30.9.1926. Zitiert nach: Karin Kirsch (Hrsg.): Briefe zur Weißenhofsiedlung. Stuttgart: Deutsche Verlags-Anstalt 1997, S. 109. Vgl. auch S. 118, Brief von Mies van der Rohe an Bruno Taut: »Ich habe mit Ihrem Bruder die Platzfrage überlegt, und wir sind beide der Ansicht, dass dieser Platz Ihren Absichten am besten entspricht. Die angedeutete Hausgröße ist natürlich nicht bindend.«

168 Vorläufiger Plan zur Durchführung der Werkbund-Ausstellung Die Wohnung Stuttgart 1926. Erste Denkschrift vom 27.6.1925. Zitiert nach: Cramer, Gutschow: Bauausstellungen. Stuttgart [u. a.]: Kohlhammer 1984, S. 118.

169 Julius Posener: Was Architektur sein kann. Basel [u. a.]: Birkhäuser 1995, S. 175–181.

170 Tagebuch des Stadterweiterungsamtes vom 15.10.1925. Zitiert nach: Karin Kirsch: Die Weißenhofsiedlung. 2. Aufl. Stuttgart 1999, S. 46.

171 Paul Bonatz im Schwäbischen Merkur vom 5.5.1926. Zitiert nach: Karin Kirsch: Die Weißenhofsiedlung. 2. Aufl. Stuttgart 1999, S. 48.

172 Brief von Mies van der Rohe an Bruno Taut vom 22.10.1926: »Ihr Bruder vermisste bei mir eine präzise Formulierung über den Sinn und Zweck der Ausstellung, deshalb möchte ich ausdrücklich betonen, dass sowohl das Wohnproblem als auch die technische Herstellung des Hauses zur Diskussion gestellt ist. Man soll das Eine tun und das Andere nicht lassen.« Zitiert nach: Karin Kirsch (Hrsg.): Briefe zur Weißenhofsiedlung. Stuttgart: Deutsche Verlags-Anstalt 1997, S. 118.

173 Edgar Wedepohl: Die Weissenhof-Siedlung der Werkbundausstellung. In: Wasmuths Monatshefte für Baukunst (1927), H. 10, S. 400. Da es sich bei den laponisierten Fassadenplatten Max Tauts um Zementplatten und nicht um Tonplatten mit natürlichem Farbton handelt, muss eine Farbänderung, sofern sie einwandfrei durchgeführt ist, nicht als »Unehrlichkeit« gesehen werden.

174 Brief von Max Taut an Mies van der Rohe vom 5.7.1927. Zitiert nach: Karin Kirsch: Die Weißenhofsiedlung. 2. Aufl. Stuttgart 1999, S. 165.

175 Bruno Taut: Arbeiterwohnhaus. In: Bau und Wohnung. Hrsg. vom Deutschen Werkbund. Stuttgart 1927, S. 133.

176 Ein Einfamilienhaus von Max Taut. In: Bauwelt (1926), H. 22, S. 508.

177 Walter Curt Behrendt: Der Sieg des neuen Baustils. Stuttgart: Wedekind & Co. 1927.

178 Max Tauts Rede zum 75. Geburtstag. Auszugsweise Mitschrift, 2.6.1959, MTA.

179 Julius Posener: Was Architektur sein kann. Basel [u. a.]: Birkhäuser 1995, S. 175–181.

180 Kurt Schwitters: Stuttgart, Die Wohnung 1927. In: i 10 Internationale Revue Amsterdam (1927), H. 10. Nachdruck in: Bauwelt (1977), H. 27, S. 916–917.

181 Werner Hegemann: Stuttgarter Schildbürgerstreiche und Berliner Bauausstellung 1920. Wasmuths Monatshefte für Baukunst (1928), S. 8.

182 Max Taut: Neues Bauen in Deutschland. In: Deutsche zeitgenössische bildende Kunst und Architektur. Beograd 1931 Zagreb. Ausstellungskatalog. Berlin 1931. Derselbe Beitrag in: Deutsche Architektur der Gegenwart. Berlin o. J. (1931). Nachdruck in der Neuauflage: Alfred Kuhn: Max Taut – Bauten. Berlin: Gebr. Mann Verlag, S. 21–22.

183 Julius Posener: Max Taut. Unveröffentlichtes Redemanuskript 11 Seiten, 1984, MTA.

184 Gustav Lampmann: Reichsknappschaftsgebäude in Berlin. In: Zentralblatt der Bauverwaltung (11.2.1931), Nr. 6, S. 91.

185 Ludwig Hilberseimer: Groszstadtarchitektur. Stuttgart: Hoffmann 1927, S. 101.

186 Julius Posener: Max Taut. Unveröffentlichtes Redemanuskript 11 Seiten, 1984, MTA.

187 Julius Posener: Das Gebäude der Reichsknappschaft am Breitenbachplatz. In: Die Baugilde (1931), H. 4, S. 281–290.

188 Alfred Kuhn: Max Taut – Bauten. Berlin 1932.

189 Steen Eiler Rasmussen: Hannes Meyer's Gewerkschaftsschule in Bernau bei Berlin. In: Wasmuths Monatshefte für Baukunst und Städtebau (1932), H. 1, S. 18.

190 W[erner] H[egemann]: Verwaltungsgebäude des Metallarbeiterverbandes. In: Wasmuths Monatshefte für

191 Baukunst und Städtebau (1930), S. 467.

191 Bseobschaja germanskaja chudoshestwennaja wystawka. Moskwa, Leningrad 1924, Katalog. Erste Deutsche Kunstausstellung in Moskau und Leningrad.

192 Alfred Kuhn: Max Taut – Bauten. Berlin 1932.

193 Bruno Taut: Die Neue Baukunst in Europa und Amerika. Stuttgart: Hoffmann 1929, S. 47.

194 Bruno Taut: Russlands architektonische Situation (Berlin, 2. November 1929). In: El Lissitzky 1929. Russland: Architektur für eine Weltrevolution. Nachdruck der Neuausgabe von 1965: Bauwelt Fundamente 14. Braunschweig, Wiesbaden: Vieweg 1989, S. 147–153.

195 W. Boesiger und O. Stonorov (Hrsg.): Le Corbusier et Pierre Jeanneret. Oeuvre complète 1910–1929. Les Éditions d'Architecture, S. 206–213.

196 Hannes Meyer: Bauen, Bauarbeiter und Techniker in der Sowjetunion. In: Das neue Russland (1931), H. 8/9. Zitiert nach: EL Lissitzky: Russland: Architektur für eine Weltrevolution 1929. Nachdruck der Neuausgabe von 1965: Bauwelt Fundamente 14. Braunschweig, Wiesbaden: Vieweg 1989, S. 195.

197 Neubau des Bürohauses des Allgemeine Deutschen Gewerkschaftsbundes. In: Wasmuths Monatshefte für Baukunst (1924), H. 5/6, S. 168.

198 Bank der Arbeiter, Angestellten und Beamten AG in Berlin. In: Deutsche Bauzeitung. Wettbewerbe-Monatsheft (November 1929), H. 11, S. 127.

199 Hannes Meyer: Erläuterungsbericht zum Wettbewerbsentwurf »Arbeiterbank des ADGB«, Berlin (1929). Abgedruckt in: hannes meyer 1889–1954. architekt, urbanist, lehrer. Berlin: Ernst & Sohn 1989, S. 218–219.

200 Adolf Behne: Berliner Bericht. Diplomaten an die Front. In: Das Neue Frankfurt (1930), H. 4/5, S. 137. Walter Würzbach hatte 1920 gemeinsam mit Rudolf Belling das Skala-Tanzkasino gestaltet, das Adolf Behne in einem Brief an Walter Gropius vom 9.12.1920 kommentierte: »Wie stellst Du Dich zu der Excentrik-Bluff Architektur Belling-Würzbach-Brass im Scala-Palast? Hast Du es gesehen? Mir selbst ist die Sache sehr unsympathisch, wenn ich auch – wenigstens bei Belling – den Witz und das Temperament nicht verkenne. Doch ist es letzten Endes nicht Architektur, sondern Maskerade ...« Zitiert nach: Arbeitsrat für Kunst. Ausstellungskatalog der AdK. Berlin 1980, S. 123.

201 Julius Posener: Texte. In: Max Taut. Berlin 1964, S. 50.

202 Adolf Behne: Max Tauts Gewerkschaftshaus in Frankfurt am Main. In: Wasmuths Monatshefte für Baukunst und Städtebau (1931), H. 11, S. 481.

203 Vgl. Alfred Kuhn: Max Taut – Bauten. Berlin 1932.

204 Adolf Behne: Max Taut's Gewerkschaftshaus in Frankfurt am Main. In: Wasmuths Monatshefte für Baukunst und Städtebau (1931), H. 11, S. 482.

205 Ludwig Mies van der Rohe: Arbeitsthesen. Zitiert nach: Ulrich Conrads (Hrsg.): Programme und Manifeste, S. 70.

206 Adolf Behne: Max Taut's Gewerkschaftshaus in Frankfurt am Main. In: Wasmuths Monatshefte für Baukunst und Städtebau (1931), H. 11, S. 484.

207 H. Wolff: Die Eroberung der Wirtschaft durch die Verbraucher. In: Die Konsum-Genossenschaft (18.9.1930), H. 18, S. 2.

208 Alfred Kuhn: Max Taut – Bauten. Berlin 1932.

209 Josef Gantner: Deutsche Bauausstellung Berlin 1931, Abteilung »Das Bauwerk unserer Zeit«. In: Zentralblatt der Bauverwaltung (1931), S. 728.

210 Walter Curt Behrendt: Großbäckerei-Anlage in Berlin-Spandau. In: Zentralblatt der Bauverwaltung (1.2.1933), H. 5, S. 49.

211 H. Wolff: Die Eroberung der Wirtschaft durch die Verbraucher. In: Die Konsum-Genossenschaft (18. 9. 1930), H. 18, S. 2.

212 Brief von Bruno Taut an seine Eltern und Max Taut vom 3.3.1902, MTA.

213 Ludwig Hilberseimer: Groszstadtarchitektur. Stuttgart: Hoffmann 1927, S. 56.

214 Erich Mendelsohn: Amerika. Bilderbuch eines Architekten. Berlin 1926. Reprint: Braunschweig, Wiesbaden 1991, S. 45.

215 Die Bauwelt zeigt in einem Artikel zum 65. Geburtstag von Max Taut Bilder einer in den dreißiger Jahren geplanten Veröffentlichung, die aus »nur allzu gut bekannten Gründen« unterbleiben musste.

216 Alfred Kuhn: Max Taut – Bauten. Berlin 1932.

217 Deutsche zeitgenössische bildende Kunst und Architektur. Beograd 1931 Zagreb. Ausstellungskatalog. Berlin 1931. Darin: Max Taut: Neues Bauen in Deutschland. Alfred Kuhn ist Kommissar der Ausstellung. Teilnehmer: Otto Bartning, Peter Behrens, Richard Doecker, Walter Gropius, Ernst May, Erich Mendelsohn, Ludwig Mies van der Rohe, Hans Poelzig, Adolf Rading, Hans Scharoun, Karl Schneider, Bruno und Max Taut, Heinrich Tessenow und Martin Wagner und weiterhin Theodor Fischer, Bruno Paul, Fritz Schumacher.

218 Alfred Kuhn und Max Taut: Deutsche Architektur der Gegenwart. Ausstellungskatalog. Berlin o. J. (1931). Das Erscheinungsjahr wird in der Literatur auch mit 1930 angegeben. Ein Exemplar in der Kunstbibliothek Berlin, das als Geschenk von Alfred Kuhn überreicht wurde, zeigt die handschriftliche Bleistiftnotiz: Ausstellung Reichenberg Böhmen. Vgl. 10. Reichenberger Sommerhochschulwoche »Deutsche Kunst der Gegenwart«. 24. bis 29. August 1931. In: Die Brücke, Jg. 6 (Mai 1931), H. 2, S. 1–4.

219 Bruno Taut: Bericht »im Zuge« nach Berlin vom 15.2.1933, dem Tag seiner Abreise aus Moskau. In diesem Rückblick auf seine Moskauer Erfahrungen schreibt er: »Weihnachten und Neujahr 1931/32 mit Erica und Max dort, mit Max, damit er seine Meinung sagt.« BTA, SAdK. Max Taut: Reisebericht über Moskau. Unveröffentlichtes Manuskript, MTA.

220 Vgl. Brief des Mitarbeiters Otto Bohn an Max Taut vom 11. 9.1931, MTA. »Augenblicklich hat Herr Hoffmann Besuch von Tscherkasski aus Moskau, welcher auf Veranlassung Ihres Bruders die Siedlungen besichtigen soll. Tsch. ist der massgebende Mann bei Mosprojekt. Nach einer eingehenden Besichtigung des Büros am Mittwoch ist Herr Hoffmann heute morgen mit dem Herrn auf der Rundfahrt durch die Siedlungen.«

221 Katalog: Ausstellung deutscher zeitgenössischer Architektur in Moskau 1932, veranstaltet von der WOKS (Gesellschaft für kulturelle Verbindung der Sowjetunion mit dem Ausland), der Wsekochudoschnik (Allrussische kooperative Vereinigung der Arbeiter der Bildenden Künste) und von der Deutschen Kunstgesellschaft e. V. in Verbindung mit der Leipziger Baumesse unter Leitung von Alfred Kuhn. Max Taut ist in der Ausstellung vom 15. 9. bis 6.10.1932 mit sieben Arbeiten unter den einzelnen Themenbereichen vertreten. Bauten der Industrie: Buchdruckerhaus und Großbäckerei; Bauten der Verwaltung: Reichsknappschaftsgebäude, ADGB-Haus Frankfurt; Bauten der Volkserziehung: Dorotheen-Schule; Bauten der städtischen Siedlung: Siedlung Waldowstraße.

222 Bseobschaja germanskaja chudoshestwennaja wystawka. Moskwa, Leningrad 1924, Katalog. Erste Deutsche Kunstausstellung in Moskau und Leningrad.

223 Alfred Kuhn: Die Illustration des Rosenromans. Freiburg 1911. Diss. Phil. erschienen in Jahrbuch der kunsthistorischen Sammlungen des Allerhöchsten Kaiserhauses Bd. XXXI, H. 1.

224 Paul Scheerbart: Hausbaupflanzen. In: Die Gegenwart, 77 (1910), S. 77–79.

225 Es beteiligen sich die Ring-Mitglieder Otto Bartning, Alfred Gellhorn, Walter Gropius, Hugo Häring, Ludwig Hilberseimer, Erich Mendelsohn, Hans Poelzig, Bruno und Max Taut und Martin Wagner selbst. Außerdem wurden eingeladen Paul Mebes, Oberbaurat Erich Heinicke und die jüngeren Architekten Egon Eiermann und Fritz Jaenecke, Klaus Müller-Rehm und von Veltheim, Hans Köhler und Jürgen Schweitzer sowie Max Säume und Günther Hafemann.

226 Adolf Behne: Das wachsende Haus. In: Die Umschau (1932), H. 25, S. 490–494. Nachdruck in: Adolf Behne: Architekturkritik. Hrsg. von Haila Ochs. Basel [u. a.] 1994, S. 164.

227 Adolf Behne: Weekend. Zur Wochenendhaus-Ausstellung. In: Reclams Universum 1926/27, Nr. 33, S. 870–872.

228 Max Taut. In: Martin Wagner (Hrsg.): Das wachsende Haus. 1932, S. 100–103.

229 Adolf Behne: Das wachsende Haus. In: Die Umschau (1932), H. 25, S. 490–494. Nachdruck in: Adolf Behne: Architekturkritik. Hrsg. von Haila Ochs. Basel [u. a.] 1994, S. 167.

230 Martin Wagner: Das »wachsende Haus« der Arbeitsgemeinschaft. In: Deutsche Bauzeitung (13.1.1932), H. 3, S. 44.

231 Ebd.

232 Paul Scheerbart: Transportable Städte. In: Die Gegenwart, 76 (1909), S. 762. Siehe: Rosemarie Haag Bletter: Paul Scheerbarts Architekturphantasie. In: Bruno Taut 1880–1938, Katalog, Berlin 1980, S. 86–94.

233 Brief von Bruno aus Moskau an Max Taut vom 13.5.1932, MTA. »... dass Du in Deiner Arbeit den furchtbaren Stillstand in Deutschland überwindest, und dass sich bald für Dich der Anfang einer neuen Tätigkeit vorbereiten möchte.«

234 Julius Posener: Einleitung. In: Max Taut. Berlin 1964, S. 8.

235 Theodor W. Adorno: Ästhetische Theorie. Frankfurt 1970.

236 Reyner Banham: Theory and Design in the First Machine Age. London: 1960. Deutsche Ausgabe: Die Revolution der Architektur. Theorie und Gestaltung im Ersten Maschinenzeitalter. Braunschweig, Wiesbaden: Vieweg 1990, S. 35.

237 Adolf Behne: Max Taut's Gewerkschaftshaus in Frankfurt am Main. Wasmuths Monatshefte für Baukunst und Städtebau (1931), H. 11/12, S. 481–496.

238 Julius Posener: Einleitung. In: Max Taut. Berlin 1964.

239 Max Tauts Rede zum 75. Geburtstag. Auszugsweise Mitschrift, 2.6.1959, MTA.

240 Kurt Junghanns: Max Taut zum Gedenken. In: Deutsche Architektur, 17 (1968), H. 2. Nachdruck in: Heinz Deutschland, Jonas Geist: Max Taut: Architekt und Lehrer (1884–1967). Berlin: Hochschule der Künste 1999, S. 114–115.

241 Günther Kühne: Max Taut. In: Jahresring 67/68. Hrsg. vom Kulturkreis im Bundesverband der Deutschen Industrie. 1967, S. 333–336. In der Neuen Bauwelt (1949), H. 19, S. 71, heißt es: »Die Nazis brandmarkten Max Taut wie viele andere Architekten als entartet.« Im Max-Taut-Nachruf des Bundes Deutscher Architekten 1967, MTA, liest man: »Das verhinderte nicht, dass er ... mit dem Verbot der Berufsausübung belegt wurde.« Es stimmt, dass Max Taut Aufträge verlor, doch blieb er Mitglied des gleichgeschalteten BDA und fand Aufnahme in die Reichskammer der bildenden Künste, womit die formalen Voraussetzungen zur Ausübung des Berufs erfüllt waren.

242 Brief von Franz Mutzenbecher an seine Schwester Elsbeth vom 17.1.1934, FMA, SAdK.

243 Das Haus mit der Glasmaske. In: Deutsche Bauhütte, 37 (12.4.1933), H. 8, S. 103.

244 Vgl. Dokument zur Prüfung der ruhegehaltspflichtigen Dienstzeit, 13.8.1955, Archiv Universität der Künste Berlin, Best. 16, Nr. 172. Hierin heißt es, dass Max Taut die Berufung als Direktor der Baugewerkschule in Berlin Ende 1932 erhalten habe. Es wird erklärt, dass der damalige Stadtrat für Schul- und Bildungswesen Nydahl die Richtigkeit der Angaben bestätigen kann.

245 Brief von Rudolf Belling an die Brüder Luckhardt vom 24.1.1947, Nachlass Luckhardt, SAdK.

246 Vgl. Bernd Nicolai: Moderne und Exil. Berlin: Verlag für Bauwesen 1998, S. 151–152.

247 Vgl. Briefe von Martin Wagner an Ernst Reuter vom 13.8.1946 und 8.9.1946, Landesarchiv Berlin, Nachlass Ernst Reuter, Nr. 171. Martin Wagner schreibt: »... wie eifrig zum Beispiel Max Taut war, den Posten seines verstorbenen Bruders in Istanbul zu bekommen. Ich sollte mir die Briefe, die er mir dessentwegen hierher schrieb, einmal vorsuchen.«

248 Brief der Hauptverwaltung des Bundes Deutscher Architekten an den Landesbezirk Brandenburg des BDA vom 25.10.1933. »Wir geben Ihnen bekannt, dass die Löschung des Herrn Max T a u t, Berlin, die am 16.d.Mts. durch den Herrn Bundespräsidenten erfolgte, durch Herrn Professor Hönig am 24.d.Mts. persönlich rückgängig gemacht worden ist.« Franz Hoffmanns Aufnahmeantrag (Mitgliedsnummer A 922) für die Reichskammer der bildenden Künste ist vom 16.4.1934 datiert. Das Dokument Max Tauts (Mitgliedsnummer A 2353) zur Aufnahme in die Reichskammer der bildenden Künste trägt kein Datum, so dass sich der Beitrittszeitpunkt nicht exakt benennen lässt. Für das Jahr 1936 gibt Max Taut unter Nennung seiner Mitgliedsnummer bei der Reichskammer der bildenden Künste eine Erklärung zur Beitragsfestsetzung ab. Es ist unter Einbeziehung aller Unterlagen anzunehmen, dass Max Taut deutlich später als Franz Hoffmann, wenn auch vor 1936 in die Reichskammer aufgenommen wurde. Quellen: Berlin Document Center im Bundesarchiv Berlin, RKK 2400, Box 0347, File 01, und Box 0136, File 13.

249 Werner Durth: Deutsche Architekten. Biographische Verflechtungen 1900–1970. Neuauflage. Stuttgart: Karl Krämer 2001, S. 94–95. Darin zitiert: Brief von Hans Poelzig an Richard Döcker vom 8.1.1935.

250 Brief von Ernst Reuter an Martin Wagner vom 29.8.1946, Landesarchiv Berlin, Nachlass Ernst Reuter, Nr. 165. Vgl. Briefe von Martin Wagner an Ernst Reuter vom 13.8.1946 und vom 8.9.1946, Landesarchiv Berlin.

251 Brief von Adolf Grimme an Max Taut vom 30.8.1946, MTA. Adolf Grimme ist es zu verdanken, dass im so genannten Pairs-Schub 1931 Architekten wie Mies van der Rohe, Bruno Taut und Erich Mendelsohn Aufnahme in die Preußische Akademie der Künste fanden, wo eine Pattsituation zwischen modernen und deutschnationalen Kräften den regulären Weg für Zuwahlen blockierte.

252 Bernd Nicolai: Moderne und Exil. Berlin: Verlag für Bauwesen 1998, S. 194.

253 Vgl. Reginald R. Isaacs: Walter Gropius. Der Mensch und sein Werk. Frankfurt [u. a.]: Ullstein 1985, 1986, S. 1075 f. Walter Gropius urteilt über Martin Wagner in seinem Brief an Werner Hebebrand vom 20.9.1956: »Sie haben Recht, die Geschichte mit Martin Wagner ist tragisch. Das ist ein pathologischer Fall, und ich fürchte, niemand kann ihn heilen.«

254 Brief von Max Taut an Barbara Miller Lane vom 15.1.1960, MTA.

255 Max Taut: Erklärung zur Beitragsfestsetzung der Reichskammer der bildenden Künste für das Rechnungsjahr 1937, MTA. Steuerpflichtiges Einkommen im Kalenderjahr 1936 aus selbstständiger Tätigkeit: 7480 Reichsmark, Mitarbeiterzahl 5–6. Zum Vergleich Jahresverdienste zwischen 1933 und 1937: gelernter Arbeiter 1456 Reichsmark, Quelle: Gerd Ueberschär, Winfried Vogel: Dienen und Verdienen. Frankfurt am Main: Fischer Verlag 1999. Nachfolgende Angaben zum Einkommen von Wassili Luckhardt und Mies van der Rohe siehe Werner Durth: Übergänge – Seitenwechsel. Orientierungsprobleme zwischen Kunst und Politik. In: Brüder Luckhardt und Alfons Anker. Schriftenreihe der Akademie der Künste, Bd. 21. Berlin 1990, S. 67; Winfried Nerdinger: Bauhaus-Architekten im ›Dritten Reich‹. In: Bauhaus-Moderne im Nationalsozialismus. München: Prestel 1993, S. 163.

256 Brief von Bruno an Max Taut vom 11.5.1938, MTA. Es gilt zu berücksichtigen, dass keine offene Korrespondenz möglich war und Gefahr bestand, dass staatliche Stellen Briefe kontrollierten.

257 Akte der Reichskammer der bildenden Künste, Franz Hoffmann, Aktenzeichen: RK/III -A- /Ho vom 13.3.1942, Berlin Document Center im Bundesarchiv Berlin. Vgl. Sylvia Claus: Architektur ist die Kunst, gut zu bauen. Bruno Taut und sein(e) Partner. In: Winfried Nerdinger [u. a.] (Hrsg.): Bruno Taut 1880–1938. Stuttgart, München 2001, S. 41–55.

258 Brief von Franz Hoffmann an Georg Hertel vom 8.9.1948, MTA.

259 Mehrere Dokumente im MTA belegen die Tätigkeit als Büro für Fliegerschadenbeseitigung des Charlottenburger Bezirks 8. Weitere Angaben zum FSBB (Fliegerschadenbeseitigungsbüro) und zu den Umzügen des Büros gehen zum Teil auf Ausführungen von Isi Fischer-Sperling zurück. Isi Fischer-Sperling: Erinnerungen an die Bürogemeinschaft Taut & Hoffmann. Unveröffentlichtes Manuskript der Tochter Franz Hoffmanns 1999.

260 Max Taut beantragt am 18.1.1945 eine Unabkömmlichkeitsbescheinigung durch die Reichskulturkammer, MTA. Im parallelen Schreiben von Werry Roth an das Arbeitsamt Berlin vom 18.1.1945 heißt es: »Mein Mitglied, der Architekt Max T a u t, geb. 15.5.1884, leitet in Berlin ein Baubüro zur Beseitigung von Fliegerschäden. Da diese Tätigkeit als kriegswichtig anzusehen ist, bitte ich, Herrn Taut bis auf weiteres vom anderweitigen Arbeitseinsatz freizustellen.«

261 Werner Durth: Übergänge – Seitenwechsel. Orientierungsprobleme zwischen Kunst und Politik. In Brüder Luckhardt und Alfons Anker. Schriftenreihe der Akademie der Künste, Bd. 21. Berlin 1990, S. 67; Briefe der Brüder Luckhardt an Max Taut vom 25.4.1946 und 10.9.1947 in Sachen Rehabilitierung mit Unterstützung Max Tauts, MTA. Auch Hans Scharoun hatte seit 1944 Aufträge zur Beseitigung von Fliegerschäden erhalten können, zuletzt in Berlin Lichterfelde Ost.

262 Winfried Nerdinger: Modernisierung, Bauhaus, Nationalsozialismus. In: Bauhaus-Moderne im Nationalsozialismus. München: Prestel 1993, S. 9–23.

263 Kurt Junghanns: Erinnerungen an den Anfang. In: Winfried Nerdinger [u. a.] (Hrsg.): Bruno Taut. Stuttgart, München 2001, S. 299–305.

264 Winfried Nerdinger: Bauhaus-Architekten im ›Dritten Reich‹. In: Bauhaus-Moderne im Nationalsozialismus. München: Prestel 1993, S. 153–178. Siehe auch: Winfried Nerdinger: Versuchung und Dilemma der Avantgarden im Spiegel der Architekturwettbewerbe 1933–1935. In: Hartmut Frank (Hrsg.): Faschistische Architekturen: Planen und Bauen in Europa 1930–1945. Hamburg 1985, S. 65–87.

265 Vgl. Jürgen Schröder: »Wer über Deutschland reden und richten will, muss hier geblieben sein.« Gottfried Benn als Emigrant nach innen. In: Literatur in der Diktatur. Paderborn [u. a.]: Schöningh 1997, S. 131–144.

266 Regierungsreferendar Klünder: Der Neubau. In: Kreissparkasse Genthin. Zur Einweihung des Neubaus am 25. November 1936. Druck: E. Donath, Genthin (1936).

267 Brief von Max Taut an Heinrich Tessenow vom 10.9.1948, MTA.

268 Theodor Fontane: Wanderungen durch die Mark Brandenburg. Band 3. Havelland, 2. Auflage. Berlin: Hertz 1880.

269 Das Manifest des Hessischen Werkbundes von 1947 wurde veröffentlicht in der von Alfons Leitl herausgegebenen Zeitschrift: Baukunst und Werkform, Jg. 1 (1947), H. 1, S. 29.

270 Max Taut: Berlin im Aufbau. Berlin: Aufbau-Verlag 1946.

271 Die Gewerbegenehmigung für das Büro Taut und Hoffmann, Kurfürstendamm 28, wurde am 8.5.1946 erteilt, Dokument MTA. Bereits Anfang September 1946 findet das Büro seine neue Adresse in der Knesebeckstraße 30. Vgl. auch: Annemarie Lancelle: Wils Ebert. In: Sonja Günther: Wils Ebert. Herausgegeben vom Bauhaus-Archiv. Berlin 1993, S. 17.

272 Konrad Sage: Erinnerungen an Max Taut. In: Max Taut. Berlin 1984, S. 43.

273 Isi Fischer-Sperling: Erinnerungen an die Architektengemeinschaft Taut & Hoffmann. Unveröffentlichtes Manuskript der Tochter Franz Hoffmanns 1999. Archiv: Deutschland, Geist, Menting.

274 Max Taut: Berlin im Aufbau. Berlin: Aufbau-Verlag 1946.

275 Franz Hoffmann: Vortrag über das sozialistische Bauen. Unveröffentlichtes Redemanuskript 1950, Nachlass Franz Hoffmann, SAdK. Darin heißt es: »Wenn ich als junger Architekt aus Idealismus und heute aus meiner Lebenserfahrung heraus mich immer wieder für die Gartenstadt einsetze, so wurde mir oft entgegengehalten, dass das Wohnen im Einfamilienhaus mit Garten in einer Stadt wie Berlin schon wegen der Entfernung und der Verkehrsverhältnisse ganz unmöglich wäre.«

276 Hans Josef Zechlin: Berlin im Aufbau. In: Neue Bauwelt (Juli 1946), H. 9, S. 6–8.

277 Brief von Walter Gropius an Ilse Gropius vom 5.8.1947. Zitiert nach Reginald Isaacs: Walter Gropius, Band 2/II. S. 953–954.

278 Vgl. Christoph Hackelsberger: Die aufgeschobene Moderne. München, Berlin: Deutscher Kunstverlag 1985, S. 18–19.

279 Vgl. Satzung des IfB, 9.9.1947, Organisations- und Arbeitsplan. In: Hans Scharoun. Bauten, Entwürfe, Texte. Hrsg. von Peter Pfankuch. Berlin: Gebr. Mann Verlag 1974.

280 Manifest des Hessischen Werkbundes von 1947. Veröffentlicht in: Baukunst und Werkform, Jg. 1 (1947), H. 1, S. 29. Nachdruck in: Ulrich Conrads (Hrsg.): Programme und Manifeste zur Architektur des

20. Jahrhunderts. Braunschweig, Wiesbaden 1981, S. 141.

281 Hubert Hoffmann: Der Wettbewerb um das Haus des Nordwestdeutschen Rundfunks in Hannover. In: Neue Bauwelt (1949), H. 17, S. 263–266. Hans Hildebrandt: Entwurf für ein Funkhaus in Hannover. In: Architektur und Wohnform (1949), H. 6, S. 119–120.

282 Ebd.

283 Vielfach wird Karl Bonatz mit seinem Bruder Paul Bonatz verwechselt. So findet sich fälschlicherweise im Allgemeinen Lexikon der Bildenden Künste von Hans Vollmer, Leipzig 1953, Paul Bonatz als Mitwirkender beim Berliner Schillertheater.

284 Vgl. Werner Durth: Deutsche Architekten. Biographische Verflechtungen 1900–1970. Neuauflage. Stuttgart: Karl Krämer 2001, S. 111–112.

285 Vgl. Johann Friedrich Geist, Klaus Kürvers: Tatort Berlin, Pariser Platz. In: Krieg, Zerstörung, Aufbau. Akademie der Künste. Berlin: Henschel Verlag 1995, S. 110–111.

286 Vgl. Annette Menting: Paul Baumgarten. Berlin 1998, S. 122–128.

287 Gespräch mit Max Taut über die Ausbildung des Architekten. NWDR, 12.6.1950. Zitiert nach einer Aufzeichnung des Gesprächs, MTA.

288 Im Max-Taut-Katalog der AdK von 1984 widmet sich Miron Mislin dem Thema: Max Taut und die »neue Architekturlehre«, S. 33–41. Eine Ergänzung ergibt sich mit der Schrift von Heinz Deutschland und Johann Friedrich Geist, die schon im Titel ihren Schwerpunkt deutlich macht: Max Taut: Architekt und Lehrer. Berlin: Hochschule der Künste 1999. Christine Fischer-Defoy schreibt in ihrem Buch »Kunst, im Aufbau ein Stein«, herausgegeben 2001 von der Hochschule der Künste, über die Neugründung der HfBK und der Architekturabteilung, S. 127–152, und führt Gespräche zum Thema mit Konrad Sage, S. 19–21, Heiner Moldenschardt, S. 65–69, Willi Claus, S. 153–155, Klaus Müller-Rehm, S. 156–159.

289 Christine Fischer-Defoy: Kunst, im Aufbau ein Stein. Berlin: Hochschule der Künste 2001, S. 130, Gespräch mit Werner Weber vom 8.2.1989.

290 Antrag auf Berufung des Architekten Hans Luckhardt vom 26.2.1951, MTA; Briefwechsel zwischen Hans Luckhardt und Max Taut vom 26.8.1952 und 9.10.1952; Thema Entnazifizierung siehe: Zwischen 1933 und 1945 – Überlebensversuche.

291 G. H.: Baumeister mit Phantasie. Professor Taut über die Erziehung des Architekturnachwuchses. In: Berliner Zeitung (21.12.1945).

292 Max Taut: Über die Ausbildung der Architekten in der Architektur-Abteilung der Hochschule für Bildende Künste, Berlin. In: Der Bauhelfer (1948), Nr. 7, S. 176–178. Max Taut: Beziehung der Bau- und Architekturschule zu den anderen technischen Lehranstalten, 24.9.1945, Manuskript. Archiv der Universität der Künste Berlin.

293 Erläuterung zum Lehrprogramm, gezeichnet Max Taut, Manuskript vom 3.10.1945, MTA.

294 Max Taut: Über die Ausbildung der Architekten in der Architektur-Abteilung der Hochschule für Bildende Künste, Berlin. In: Der Bauhelfer (1948), Nr. 7, S. 176–178.

295 Vgl. Christine Fischer-Defoy: Kunst, im Aufbau ein Stein. Berlin: Hochschule der Künste 2001, S. 154, 157.

296 Sonja Günter: Wils Ebert: Ein Bauhausschüler. Herausgegeben vom Bauhaus-Archiv. Berlin 1993.

297 G. H.: Baumeister mit Phantasie. Professor Taut über die Erziehung des Architekturnachwuchses. Berliner Zeitung (21.12.1945).

298 Cornelius Hertling: Der alte Max Taut. Der Artikel war ursprünglich für den Max-Taut-Katalog 1984 verfasst worden, wurde aber von den Katalog-Herausgebern nicht in die Publikation aufgenommen. Mit einem Zusatz ist er erschienen in: Heinz Deutschland, Jonas Geist: Max Taut. Berlin: Hochschule der Künste 1999. Die Autorin führte am 12.11.2001 ein Interview mit Cornelius Hertling über Max Taut. Thomas Mann: Der Zauberberg. Berlin: Fischer 1924.

299 Konrad Sage: Erinnerungen an Max Taut. In: Max Taut. Berlin 1984, S. 43.

300 Julius Posener: Fast so alt wie das Jahrhundert. Erweiterte Neuausgabe. Basel 1993, S. 296; Julius Posener: Max Taut, Königsberg, 15. Mai 1884, Berlin, 26. Februar 1967. In: Bauwelt (1967), H. 11 (Nachruf); Julius Posener: Max Taut. Unveröffentlichtes Redemanuskript 11 Seiten, 1984, MTA. Die Fassungen weichen geringfügig voneinander ab, wobei die Version des Buches weniger pointiert ist.

301 Gabrielle Wiesemann: Die »Stadt-Landschaft« der Nachkriegszeit. Stadtplanung und Wohnsiedlungen der 50er Jahre in Bonn. In: Manfred van Rey (Hrsg.): Bonn von der Währungsreform zum Wirtschaftswunder. Bonner Geschichtsblätter. Bonn 1998, S. 269. Hans Spiegel war seit 1942 Präsident der Abteilung Normung

und Typung der Deutschen Akademie für Wohnungswesen e. V.

302 E.H.Z.: Max Tauts Bundessiedlung. In: Zeitschrift unbekannter Herkunft (6.9.1949), Nr. 134, S. 3, MTA.

303 Ebd.

304 Hans Hildebrandt: Neue Siedlung für Bonn am Rhein. In: Architektur und Wohnform (1949), H. 6, S. 116–118.

305 Max Taut: Der Neubau des Ludwig-Georgs-Gymnasium. In: 325 Jahre Ludwig-Georgs-Gymnasium Darmstadt, Festschrift. Darmstadt 1954, S.225

306 Otto Bartning (Hrsg.): Mensch und Raum. Darmstadt 1952, S. 95; vgl. Michael Bender, Roland May (Hrsg.): Architektur der fünfziger Jahre. Die Darmstädter Meisterbauten. Stuttgart: Karl Krämer Verlag 1998, S. 32.

307 Vgl. Werner Durth: Deutsche Architekten. Biographische Verflechtungen 1900–1970. Neuauflage. Stuttgart: Karl Krämer 2001, S. 256–270.

308 Brief von Ludwig Mies van der Rohe an Gustaf Stotz vom 11.9.1925. Zitiert nach: Karin Kirsch (Hrsg.): Briefe zur Weißenhofsiedlung. Stuttgart: Deutsche Verlags-Anstalt 1997, S. 24.

309 Vgl. Beate Eckstein: Der schwere Weg zum neuen Bau. Sowie Roland May: Vom Scheitern einer Idee. Beide Beiträge in: Michael Bender, Roland May (Hrsg.): Architektur der fünfziger Jahre. Die Darmstädter Meisterbauten. Stuttgart: Karl Krämer Verlag 1998.

310 Max Taut: Der Neubau des Ludwig-Georgs-Gymnasium in Darmstadt. In: 325 Jahre Ludwig-Georgs-Gymnasium Darmstadt, Festschrift. Darmstadt 1954, S. 225–230.

311 Max Taut: Baubeschreibung zu dem Entwurf des Ludwig-Georgs-Gymnasiums am Kapellplatz in Darmstadt. In: Darmstädter Gespräch: Mensch und Raum. Hrsg. von Otto Bartning. Darmstadt 1952, S. 218–224.

312 Max Taut: Der Neubau des Ludwig-Georgs-Gymnasium Darmstadt. In 325 Jahre Ludwig-Georgs-Gymnasium Darmstadt, Festschrift. Darmstadt 1954, S. 225–230.

313 Nikolaus Heiss: Umgang mit Baudenkmälern der fünfziger Jahre. In: Michael Bender, Roland May (Hrsg.): Architektur der fünfziger Jahre. Die Darmstädter Meisterbauten. Stuttgart: Karl Krämer Verlag 1998, S. 111–112. Bauliche Schließung der Loggien 1962.

314 Max Taut: Was kosten die modernen Plastiken? Architekt Professor Max Taut bittet um Richtigstellung: In: Darmstädter Tagblatt (7./8.5.1955).

315 Roland May: Vom Scheitern einer Idee. In: Michael Bender, Roland May (Hrsg.): Architektur der fünfziger Jahre. Die Darmstädter Meisterbauten. Stuttgart: Karl Krämer Verlag 1998, S. 150–153. Vgl. Was kosten die Gymnasium-Plastiken? Darmstädter Tagblatt (22.4.1955).

316 Leserbrief im Darmstädter Echo (19.4.1955). »So steht nun im Hof unseres Gymnasiums, einer Stätte der Bildung und des ernsten geistigen Strebens, jene in Stein gehauene Verkörperung des Stumpfsinns, der Dummheit, des Hässlichen, für die der Hersteller keinen besseren Namen als ›Der Sitzende‹ fand.« Die auszugsweise zitierten Leserbriefe stammen aus dem Darmstädter Echo vom 22.4., 23.4. und 3.6.1955. Die Diskussion füllt die Leserbriefspalten der Monate April, Mai und Juni 1955.

317 Max Taut: Was kosten die modernen Plastiken? Architekt Professor Max Taut bittet um Richtigstellung: In: Darmstädter Tagblatt (7.5.1955).

318 Die Verunstaltung erfolgte in der Nacht vom 8. auf den 9. Mai, also direkt nach Erscheinen des Artikels von Max Taut. Vgl. Darmstädter Echo (11.5.1955).

319 Mahnung zur Vernunft. Eine Erklärung Darmstädter Bürger zur Kunstdiskussion. In: Darmstädter Echo (21.5.1955).

320 Brief von Richard Döcker an Max Taut vom 6.6.1955, MTA.

321 Ernst May: Wohnungsbau. In: Reinhard Jaspert (Hrsg.): Handbuch moderner Architektur. Berlin: Safari-Verlag 1957, S. 115–221.

322 Schöner wohnen, aber wie? Diskussionsforum: München 24.–25.10.1960. Auszüge aus einem Diskussionsbeitrag. Teilabdruck in: Max Taut. Berlin 1984, S. 104–105.

323 Hubert Hoffmann: Neue deutsche Architektur. Stuttgart: Hatje 1956, Einleitung S. VII.

324 In der Zeit nach der Aufgabe des Büros in der Knesebeckstraße 30 bis zur Einrichtung des Ateliers im Eichkamper Zikadenweg 55 lautete die Anschrift zeitweilig Hardenbergstraße 33 in Berlin-Charlottenburg, was zugleich die Adresse der Hochschule für Bildende Künste ist.

325 Walter Cordes ist der Ehemann der Taut-Nichte Hedwig Schmiele.

326 Vgl. Günther v. Roden: Die Geschichte der Stadt Duisburg.

II. Die Ortsteile von den Anfängen. Die Gesamtstadt seit 1905. Duisburg: Walter Braun Verlag 1979.

327 Julius Posener: Max Taut. Unveröffentlichtes Redemanuskript 11 Seiten, 1984, MTA.

328 Schöner wohnen, aber wie? Diskussionsforum: München 24.–25.10. 1960. Auszüge aus einem Diskussionsbeitrag. Teilabdruck in: Max Taut. Berlin 1984, S. 104–105.

329 Brief von Max Taut an H. W. Distler, Rheinische Wohnstätten AG, vom 14.3.1966, MTA.

330 Aktennotiz über die Reise nach Duisburg vom 9. bis 11. Oktober 1961 von Max Taut; Brief von Max Taut an Oberbaurat Kurt Scheel vom 30.8.1963, MTA.

331 Brief von Max Taut an Johannes Ufer, Raum- und Flächenkunst, vom 16.10.1961, MTA.

332 Schöner wohnen, aber wie? Diskussionsforum: München 24.–25.10.1960. Auszüge aus einem Diskussionsbeitrag. Teilabdruck in: Max Taut. Berlin 1984, S. 104–105.

333 Max Taut: Wir wollen keine Schulmeister sein. Schöner wohnen, aber wie? Möglichkeiten und Grenzen des Architekten. Auszüge in: Aachener Volkszeitung (13.2.1961).

334 Günther Kühne: Max Taut oder Kontinuität im Bauen. In: Der Tagesspiegel (23.7.1964); Julius Posener: Max Taut. Unveröffentlichtes Redemanuskript 11 Seiten, 1984, MTA.

335 Martin Wagner 1885–1957. Akademie-Katalog 146. Berlin 1985, S. 156.

336 A. Ronge: Eine Befragung von Hochhausbewohnern in Westberlin. In: Bauwelt (1957), H. 24, S. 572–574.

337 Brief von Max Taut an Direktor Meyer vom 6.6.1963, MTA.

338 Max Taut: Wir wollen keine Schulmeister sein. Schöner wohnen, aber wie? Möglichkeiten und Grenzen des Architekten. Auszüge in: Aachener Volkszeitung (13.2.1961).

339 Brief von Hans Scharoun an Otto Bartning vom 17.12.1954. Zitiert nach: Johann Friedrich Geist, Klaus Kürvers: Das Berliner Mietshaus 1945–1989. München: Prestel 1989, S. 406.

340 Max Tauts Erläuterung für die Encyclopédie de l'Urbanisme vom 23.5.1961, MTA.

341 Max Taut: Objekt Nr. 26. 3geschossiges Wohnhaus. In: Interbau Berlin 1957. Amtlicher Katalog der Internationalen Bauausstellung. Berlin 1957, S. 106–107.

342 Ernst May: Wohnungsbau. In: Reinhard Jaspert (Hrsg.): Handbuch moderner Architektur. Berlin: Safari-Verlag 1957, S. 115–221.

343 In der Abteilung Baukunst sind später die ehemaligen NSDAP-Mitglieder Wassili Luckhardt und Paul G. R. Baumgarten vertreten.

344 »... und die Vergangenheit sitzt immer mit am Tisch.« Hrsg. von der Stiftung Archiv der Akademie der Künste. Henschel Verlag o. J. (1997), S. 115–116 (Protokoll der Abteilung Volksbildung vom 7.11.1947), S. 144–146 (Protokoll des Gründungsausschusses vom 9.1.1953).

345 Brief von Max Taut an den Senator Schwedler vom 20.3.1958. Brief von Senator Schwedler an Max Taut vom 23.3.1958, MTA.

346 Die gläserne Kette. Katalog zur Ausstellung o. J. (1963). Vorworte von Oswald Mathias Ungers und Max Taut.

347 Jonas Geist: Karl Friedrich Schinkel. Die Bauakademie. Frankfurt am Main: Fischer Taschenbuch 1993.

348 Universitätsarchiv Universität Karlsruhe, Signatur 0.1/812, Pressenotiz. Vgl. Archiv der Universität der Künste Berlin. Aus der vertraulichen Korrespondenz zwischen Egon Eiermann und dem Direktor der Hochschule für Bildende Künste Carl Otto ergibt sich, dass die Anregung zur Ehrenpromotion von Egon Eiermann ausging.

349 Günther Kühne: Max Taut: 15. Mai 1884 in Königsberg – 26. Februar 1967 in Berlin. In: Jahresring 67/68. Hrsg. vom Kulturkreis im Bundesverband der Deutschen Industrie. 1967, S. 333–336. Weitere Ehrungen: 1955 Kunstpreis der Stadt Berlin, 1957 Großes Bundesverdienstkreuz, 1964 Ehrensenator der Hochschule für Bildenden Künste, Mitglied der Unesco.

350 Cornelius Hertling, langjähriger Mitarbeiter bei Taut, bestätigt, dass Max Taut viele Pläne selbst zeichnete. »Max zeichnete ja selbst, er zeichnete Grundrisse, Hundertstel, Ansichten selbst.« Interview mit Cornelius Hertling vom 12.11.2001, Archiv Menting.

351 Hans Scharoun: Rede zum achtzigsten Geburtstag von Max Taut, Redemanuskript 15.5.1964, MTA. Am 3.3.1967 hält Hans Scharoun die Gedenkrede anlässlich des Todes von Max Taut am 26.2.1967.

352 Julius Posener: Max Taut ist vor hundert Jahren geboren. Unveröffentlichtes Redemanuskript 5 Seiten, 1984, MTA.

353 Julius Posener: Max Taut. Unveröffentlichtes Redemanuskript 11 Seiten, 1984, MTA.

354 Fritz Bornemann im Interview mit Annette Menting am 23.1.2002, Archiv Menting.

355 Ebd. Fritz Bornemann bezeichnet Otto Schily als einen Neffen Max Tauts, da Schily mit der Großnichte Max Tauts, Christine Hellwag, verheiratet war. Bornemann führte das tautsche Kinderheim-Projekt ohne Anspruch auf Honorierung zu Ende. Das Max Taut zu Lebzeiten bewilligte Honorar für das Projekt reichte offenbar gerade zur Deckung der Kosten, die durch die letzten Arbeiten entstanden.

356 Julius Posener: Max Taut. Unveröffentlichtes Redemanuskript 11 Seiten, 1984, MTA.

357 Theodor Fontane: Wanderungen durch die Mark Brandenburg. Band 3. Havelland, 2. Auflage. Berlin: Hertz 1880.

WERKVERZEICHNIS

VORBEMERKUNG

Das Werkverzeichnis umfasst sämtliche Bauten und architektonischen Entwürfe Max Tauts, dessen Nachlass von der Stiftung Archiv der Akademie der Künste (SAdK) in Berlin verwaltet wird. Auf der Basis neuerer Forschung konnten eine Reihe bisher unbekannter Projekte ins Verzeichnis eingegliedert und zeitliche Zuordnungen präzisiert werden. In den Quellenangaben wird auf die internen Nummern des Werkverzeichnisses (WV) im Max-Taut-Archiv (MTA) der Stiftung verwiesen. Nicht aufgeführt sind zeichnerische Beiträge Max Tauts zur *Gläsernen Kette* und seine bildnerischen Arbeiten, zu denen zahlreiche Skizzen und Aquarelle aus allen Schaffensphasen gehören.

Frühe Arbeiten 1903–1904

Doppelvilla für Amalienau bei Königsberg

Bleistift auf Papier, aquarelliert, 23.4.1903

Amalienau gehört zu jenen Königsberger Siedlungen, an deren Entwicklung Max Tauts erster Arbeitgeber, der Architekt Friedrich Heitmann, maßgeblich beteiligt ist. Er entwirft Villen und zwei Kirchen für den zu Jahrhundertbeginn erschlossenen Vorort. Max Tauts Doppelvilla lässt einen ländlichen Charakter erkennen, wie er für die Region und Zeit typisch ist.

QUELLE: MTA, Zeichnung.
ALLG. LITERATUR: Baldur Köster: Königsberg – Architektur aus deutscher Zeit. Husum: Husum Druck- und Verlagsgesellschaft 2000, S. 190.

Doppelvilla für die Hufen bei Königsberg

Feder auf Papier, aquarelliert, 13.5.1903

Die Hufen waren einst landwirtschaftliches Gebiet nordwestlich von Königsberg. Zu Jahrhundertbeginn erfolgt eine Bebauung mit Wohnblocks und regionaltypischen Doppelvillen. Auch der Königsberger Architekt Friedrich Heitmann, bei dem Max Taut seine erste Anstellung findet, plant in den Vororten Doppelvillen. Die perspektivische Zeichnung, die zwei Tage vor Max Tauts 19. Geburtstag entsteht, lässt allerdings nicht die übliche Teilung in zwei Haushälften mit separaten Eingängen erkennen. Auffallend ist die klare Gesamtgestalt mit schlichtem Satteldach bei einem gleichzeitigen Verzicht auf dekorative Elemente.

QUELLE: MTA, Zeichnung.
LITERATUR: Max Taut, 1984, S. 56, 126.

203 Doppelvilla für Amalienau 1903

204 Doppelvilla für die Hufen 1903

CREMATORIUM

Aquarell und Kreide auf Tonpapier, 5.7.1903

Das in nuancierten Farbtönen gehaltene Bild setzt den Entwurf des Krematoriums auf einer Anhöhe in Szene. Das Bauwerk zeigt eine klare, tektonische Ausprägung beim Hauptbau in Verbindung mit Jugendstilelementen beim Eingangsgebäude. Aufschlussreich ist der Vergleich mit dem nur wenig früher datierten Entwurf eines Krematoriums des Bruders Bruno. Hier zeigt sich das so unterschiedliche Entwurfsnaturell der Brüder: Während Bruno ein fantastisches, stark ornamentales Architektur-Bild entwickelt, entwirft Max in baubaren Kategorien.

QUELLEN: Archiv Lehnitz, ehemals Heinrich Taut; Archiv Manfred Speidel.

205 Crematorium 1903

KIRCHE ZU NEUHAUSEN

Bleistift auf Papier, Aquarell und Kreide, 2.10.1904

Die kleine Dorfkirche, die Max Taut mit angrenzenden Wohnhäusern als Skizze darstellt, erinnert an neogotische Kirchenbauten in und um Königsberg, wie sein erster Arbeitgeber Friedrich Heitmann sie entwarf.

QUELLEN: Archiv Lehnitz, ehemals Heinrich Taut; Archiv Manfred Speidel.

WOHNHAUS BURGKIRCHENPLATZ

Bleistift auf Papier, Aquarell und Kreide, 23.10.1904

Dieser frühe Entwurf ist zugleich ein Beispiel für Max Tauts zeichnerische Fertigkeiten. Das Blatt, das er offenbar seinem Bruder Bruno zur Korrektur sandte, erhält er kommentiert zurück: »unruhig! gut gezeichnet.«

QUELLE: MTA, Zeichnung.
LITERATUR: Max Taut, 1984, S. 126.

206 Wohnhaus Burgkirchenplatz 1904

1 Hauptbahnhof Karlsruhe 1904–1905

Wettbewerbsentwurf für das Empfangsgebäude mit Bruno Taut, Ausschreibung 15. 11. 1904, Einsendeschluss 1. 3. 1905

Im Dezember 1904 lädt Bruno Taut den jüngeren Bruder zu einer gemeinsamen Teilnahme am Wettbewerb für den Hauptbahnhof Karlsruhe ein. Die Arbeit des zwanzigjährigen Max bezieht sich auf die Gestaltung der Innenräume, die Bruno Tauts auf die Außenarchitektur, wobei die Grundrisse im Wesentlichen vorgegeben sind. Die Konkurrenz ist groß und der Entwurf der Brüder kann sich unter den 79 eingereichten Entwürfen nicht durchsetzen. Zur Jury gehören Friedrich von Thiersch, Hermann Eggert und Theodor Fischer, bei dem Bruno zur Zeit des Wettbewerbs beschäftigt ist. In einem Brief vom 11. Februar des Jahres 1905 betont Bruno Taut, dass er beide Brüder als Verfasser nennt: »Außenarchitektur und Halle – Bruno, Wartesäle und Fürstenraum – Max Taut.«

Die Außenansicht lässt mit ihrem romanischen Einschlag den Einfluss von Theodor Fischers ahnen – auch Bruno Möhring gehört zu den Vorbildern –, wenngleich Bruno Taut die Selbstständigkeit des Entwurfs unterstreicht. Er stellt den sachlich-monumentalen Wettbewerbsbeitrag von Hermann Billing und Wilhelm Vittali über den aller anderen. In der blockhaften Gruppierung der funktionalen Bereiche weist dieser mit dem 1. Preis ausgezeichnete Entwurf große Klarheit auf. Die Kosten der Planung gelten jedoch als zu hoch, so dass der Karlsruher Architekt August Stürzenacker, der einen 3. Preis erhalten hat, mit der Realisierung beauftragt wird.

Der Wettbewerb für den Hauptbahnhof Karlsruhe ist eines der wenigen Beispiele für einen gemeinsamen Entwurf von Max und Bruno Taut.

Quellen: MTA WV 1; MTA, Briefe von Bruno an Max Taut vom 7.12.1904, 18.12.1904, 13.1.1905, 18.1.1905, 28.1.1905, 11.2.1905, 27.2.1905, 6.4.1905 und undatierte Briefe von Januar und Februar 1905, Postkarte vom 23.1.1905; Sammlung Bruno Taut, Tagebuchaufzeichnungen vom 10.1.1905 und 23.2.1905.
Literatur: Bruno Taut 1880–1938. Akademie-Katalog 128. Berlin 1980, S. 166; Max Taut, 1984, S. 48; Klaus E. R. Lindemann, Barbara Steinhof (Hrsg.): 75 Jahre Hauptbahnhof Karlsruhe. Karlsruhe 1988, S. 55; Matthias Schirren: Ein ›erweiterter‹ Architekturbegriff. In: Hermann Billing. Karlsruhe 1997, S. 58–70; Kurt Junghanns: Bruno Taut 1880–1938. Leipzig 1998, S. 16 und Abb. 21; Winfried Nerdinger [u. a.] (Hrsg.): Bruno Taut 1880–1938. Stuttgart, München 2001, S. 314.
Allg. Literatur: Karl Widmer: Die Fassadenkonkurrenz für den Karlsruher Bahnhofsneubau. In: Moderne Bauformen, 4 (1905), H. 5, S. 49–60.

2 Arbeiterwohnhaus 1905

Wettbewerbsentwurf, Motto: Heimatlich, 2. Preis, identisch mit dem Wettbewerbsmotto für ein Sommerhaus 1906

Das Haus verweist in seiner Anlage und seiner Innengestaltung auf das Landarbeiterhaus, das ein Jahr später auf der Dresdener Kunstgewerbe-Ausstellung vorgestellt wird. Über dem niedrigen Erdgeschoss erhebt sich ein hohes ausgebautes Satteldach. Der Grundriss basiert auf einer L-Form, die eine interessante Dachdurchdringung zur Folge hat. Bemerkenswert sind die feine, naturalistische Darstellung der Holzmaserungen am Giebel und die konstruktive Ausarbeitung der Holzstützen an der Eingangsseite. Hier sind die Erfahrungen Max Tauts aus dem wenige Jahre zuvor erlernten Zimmerhandwerk erkennbar. »Nachdem p. Taut als Gesellenstück ... einen nach 4 Seiten abgedachten Mansardenturm für ein Treppenhaus selbstständig, sauber und gut abgebunden und aufgestellt und dadurch seine Fähigkeit nachgewiesen hat, spreche ich den p. Taut hiermit zum Gesellen frei«, heißt es im Lehrbrief vom 11. 10. 1902.

208 Arbeiterwohnhaus 1905

207 Hauptbahnhof Karlsruhe 1904–1905

QUELLE: MTA WV 2; MTA, Baugeschäft für Zimmerhandwerk Königsberg: Lehrbrief für Max Taut vom 11.10.1902.
LITERATUR: Max Taut, 1984, S. 56, 126.

3 MONUMENTALUHR FÜR DEN STADTVERORDNETENSAAL IN KÖNIGSBERG 1905

Wettbewerbsentwurf

Die Monumentaluhr ist für den Königsberger Stadtverordnetensitzungssaal geplant. Adolf Behne erwähnt das Projekt 1915 als künstlerische Monumentaluhr in Königsberg.

QUELLE: MTA WV 3.
LITERATUR: Adolf Behne: Ostpreußische Architekten in Berlin (1915); Max Taut, 1984, S. 48.

4–5 EINFAMILIENHAUS FÜR OSTPREUSSISCHE LANDARBEITER MIT MOBILIAR 1905–1906

Wettbewerbsentwurf 1905, Ausführung 1906 auf der 3. Deutschen Kunstgewerbe-Ausstellung in Dresden, Bauherr: Landesversicherungsanstalt Ostpreußen, Prämierung: Goldene Medaille

Mit dem Projekt des Landarbeiterhauses nimmt Max Taut an der 3. Deutschen Kunstgewerbe-Ausstellung in Dresden teil. Sein Entwurf ist beim Wettbewerb der Landesversicherungsanstalt Ostpreußen prämiert worden und kann 1906 als temporärer Ausstellungsbau verwirklicht werden. Zu den Jurymitgliedern zählen Theodor Fischer, Alfred Messel, Wilhelm Kreis und Peter Behrens. Die Möblierung des Hauses geht gleichfalls auf einen Wettbewerbserfolg zurück und wird von Max Taut im Auftrag der Stiftung für den gemeinnützigen Wohnungsbau erstellt. Adolf Behne schreibt, dass die Arbeit des jungen Taut große Anerkennung sowohl bei den Fachleuten als auch beim Publikum gefunden habe. Kein geringerer als Alfred Messel habe Freude über das Haus geäußert. Es wird mit der Goldenen Medaille ausgezeichnet.

Die Aufgabe besteht in der Erstellung eines kostengünstigen ländlichen Arbeiterhauses für Ostpreußen. Der nutzbare Raum ist mit 55 Quadratmetern den Verhältnissen entsprechend bemessen, wobei die Kosten sich auf 4 200 Mark belaufen. Es kommen regionale Konstruktionsweisen und einfachste Materialien wie verputztes Mauerwerk und Dielen zur Anwendung. Trotz der notwendigen Ein-

209 Einfamilienhaus für ostpreußische Landarbeiter mit Mobiliar 1905–1906

schränkungen gelingt es Taut, ein Haus von hohem Nutzen und ortstypischer Charakteristik zu bauen: Der Dachboden wird für eine weitere beheizbare Kammer und einen Lagerraum genutzt. Durch eine Teilunterkellerung entsteht Raum für Vorräte bei geringen Baukosten. Zum Haus gehören ein Stall und ein großzügiger Garten, um den Bewohnern die Möglichkeit der Selbstversorgung zu geben. In der Innenausstattung herrschen gleichfalls schlichte Materialien vor. Die Möbel sind mit Ölfarbe gestrichen und dabei farblich stark akzentuiert. Mittelpunkt und Schmuckstück des Hauses ist der große, vom Flur bedienbare Kachelofen, der auch zum Kochen genutzt werden kann. Der vor dem Haus angelegte Dorfbrunnen ist ein Entwurf des Architekten R. Kolbe.

Welche Bedeutung Taut diesem frühen Wettbewerbserfolg beimisst, geht aus seiner Rede anlässlich seines 75. Geburtstags hervor: »Ich beteiligte mich damals an einem Wettbewerb der Internationalen Bauausstellung [sic] Dresden. Die Preisrichter waren – man stelle sich vor – Wilhelm Kreis, Peter Behrens, Messel, Theodor Fischer! – Messel ein Pionier der modernen Architektur. Es handelte sich um ein ländliches Arbeiterhaus, eine hundertprozentig romantische, weltferne Angelegenheit,

WERKVERZEICHNIS 1 BIS 5   223

eine rein künstlerische. Die Leute haben es alles nicht von der technischen, sondern von der rein künstlerischen Seite angesehen.«

QUELLEN: MTA WV 4 und 5; MTA, Briefe von Bruno an Max Taut vom 17.10.1905, 26.11.1905, 1.5.1906; Karte von Max Taut an Margarete Wollgast vom 9.7.1906; Professor Taut am 2. Juni 1959 in der AdK (auszugsweise Mitschrift). LITERATUR: Carl Zetzsche: Von der dritten deutschen Kunstgewerbe-Ausstellung in Dresden 1906. In: Architektonische Rundschau (1906), H. 10, Tafel 77; Albert Hofmann: Die Baukunst auf der dritten deutschen Kunstgewerbe-Ausstellung in Dresden 1906. In: Deutsche Bauzeitung (8.12.1906), H. 98, S. 667–671; Wohnhaus für Arbeiterfamilie. In: Das Deutsche Kunstgewerbe (1906), S. 268–273; Berliner Architekturwelt, 9 (1907), S. 468–470, Abb. 551–558; Ein Arbeiterwohnhaus. Architekt Max Taut, Karlsruhe. In: Illustrierte Landwirtschaftliche Zeitung, Jg. 27. (1907), Nr. 71, S. 620–623; Adolf Behne: Ostpreußische Architekten in Berlin (1915); Kurt Junghanns: Der Deutsche Werkbund im ersten Jahrzehnt. Berlin 1982, Abb. 191–192; Max Taut, 1984, S. 57; Johannes Cramer, Niels Gutschow: Bauausstellungen. Eine Architekturgeschichte des 20. Jahrhunderts. Stuttgart: Kohlhammer 1984, S. 40.

6 KURHAUS TRIBERG IM SCHWARZWALD 1906

Wettbewerbsentwurf, Einsendeschluss 1.7.1906, Motto: Pfina, 2. Preis

Zu planen sind ein Kurhaus mit Festhalle und eine Ausstellungszwecken dienende Gewerbehalle im Schwarzwälder Luftkurort Triberg. Zur Jury, die über 41 eingereichte Entwürfe zu entscheiden hat, gehört auch Hermann Bil-

ling, bei dem Max Taut ein halbes Jahr später seine Mitarbeit aufnimmt. In der Begutachtung wird die landschaftliche Einbindung des tautschen Hauses samt seiner Gartenanlage als ansprechend hervorgehoben. »Die Architektur ist eigenartig und geschickt durchgeführt; sie dürfte sich vorzüglich in das Landschaftsbild einfügen.« Als Sieger aus dem Wettbewerb geht das Karlsruher Büro Pfeifer & Grossmann hervor.

Max Taut kommentiert im Rückblick nicht ohne Ironie dieses Projekt seiner Lehrjahre: »Wir zeichneten Schwarzwaldhäuser, bekamen Preise dafür.« Wenige Monate vor seinem Tod, in einem Brief vom 20.10.1966, kommt er noch einmal auf den Entwurf zurück: »Wenn ich an mich selbst denke, erinnere ich mich an einen Wettbewerb für Triberg, in dem ich ein sehr schönes, den Schwarzwaldhäusern ähnliches Haus entwarf und dafür den zweiten Preis erhielt. Aber nicht nur mir und meinem Bruder, sondern auch Mies van der Rohe erging es so, denn wie Sie ja wissen, hat Mies eine sehr hübsche Barockvilla in Berlin entworfen. Leider ist auch dieses entzückende Haus – wie Mies selbst mir sagte – den Bomben zum Opfer gefallen.«

QUELLEN: MTA WV 6; MTA, Professor Taut am 2. Juni 1959 in der AdK (auszugsweise Mitschrift); Brief von Max Taut an den Bürgermeister von Triberg vom 17.10.1966 und Brief von Max Taut an Kurt Junghanns vom 20.10.1966. LITERATUR: Kurhaus für Triberg. In: Deutsche Konkurrenzen, Bd. 21 (1907), H. 243, S. 1–32; Max Taut, 1984, S. 48, 58.

210 Kurhaus Triberg im Schwarzwald 1906

211 Arbeiterhäuser und Schulbauten für das Rieselgut Brusendorf bei Berlin 1906

7 ARBEITERHÄUSER UND SCHULBAUTEN FÜR DAS RIESELGUT BRUSENDORF BEI BERLIN 1906

Entwurf 1906, Ausführung Bauamt Rixdorf 1908–1910

Es liegt nahe, dass es sich um ein Projekt handelt, das Max Taut größtenteils in der Entwurfsabteilung des Bauamtes Rixdorf unter Reinhold Kiehl und John Martens bearbeitet. In seinem Zeugnis wird ausdrücklich die Mitarbeit an der Fassadengestaltung der Schulneubauten für das Rieselgut Brusendorf er-

212 Sommerhaus im Elbtal bei Dresden 1906

wähnt. Zur gesamten Anlage, deren Fertigstellung bis 1910 reicht, gehören: Achtfamilienhaus, Wanderarbeiterhaus, Leutewohnhaus, Schulgebäude, Verwaltungsgebäude und Ställe. In der Zeit des Entwurfs werden im Berliner Umland zahlreiche neue Rieselfeldbezirke in Betrieb genommen, nachdem die Verrieselung der Berliner Abwässer im Jahr 1874 bei Osdorf begonnen hat. Die 1996 endgültig stillgelegten Rieselfelder bei Brusendorf (Boddinsfelde) sollen aus ökologischen Gründen wieder belebt werden. Die zwischen 1908 und 1910 entstandenen Gebäude sind heute teilweise umgebaut oder stark verfallen.

QUELLEN: MTA WV 7; MTA, Jüngerich, Stadtbauinspektor Rixdorf Berlin: Zeugnis für Max Taut über die Tätigkeit in der Entwurfsabteilung des städt. Hochbauamtes vom 18.9.1908.
LITERATUR: Max Taut, 1984, S. 48; Bezirksamt Neukölln von Berlin (Hrsg.): Architekt Reinhold Kiehl. Berlin: Darge 1987, S. 33–34, 88–89.

8 SOMMERHAUS IM ELBTAL BEI DRESDEN 1906

Wettbewerbsentwurf, Motto: Intim

Max Taut beteiligt sich am Wettbewerb der *Woche* für Sommer- und Ferienhäuser. Es sind vier Abstufungen der Baukosten von 5000 bis 20000 Mark vorgegeben. Für die 2. Preiskategorie bis 7500 Mark entwickelt Taut ein weiß geputztes Sommerhaus am Fuß eines Hangs mit Blick über die Elbwiesen. Dank einer hohen Böschungsmauer ist das Grundstück hochwasserfrei.

LITERATUR: Sommer- und Ferienhäuser aus dem Wettbewerb der Woche. Berlin 1907, S. 111–113.
ALLG. LITERATUR: Preissausschreibung Sommer- und Ferienhäuser. In: Woche (1906), H. 36.

213 Sommerhaus an der samländischen Küste bei Danzig 1906

9 Sommerhaus an der samländischen Küste bei Danzig 1906

Wettbewerbsentwurf, Motto: Heimatlich, siehe auch Werk Nummer 2

Auch das Sommerhaus an der samländischen Küste nahe Danzig stammt aus dem Wettbewerb der *Woche* für Sommer- und Ferienhäuser. Es gehört mit 10 000 Mark Baukosten der dritten Preiskategorie an. Gelungen erscheint die Einbindung des Hauses in die Küstenlandschaft, die auf malerischen Zeichnungen dargestellt wird. Mit der Bauweise, der Materialität und Farbigkeit, wird die regionale Anpassung gesucht. Die L-förmige Grundrissdisposition und die Dachform erinnern an das Arbeiterwohnhaus von 1905, allerdings sind die Raumbemessungen hier großzügiger vorgenommen. Der Königsberger Architekt Friedrich Lahrs, mit dem Max Taut bekannt ist, liefert ebenfalls einen Entwurf und wählt die samländische Küste als Standort für ein Sommerhaus.

Literatur: Sommer- und Ferienhäuser aus dem Wettbewerb der Woche. Berlin 1907, S. 117–119 und Tafel 12.
Allg. Literatur: Preissausschreibung Sommer- und Ferienhäuser. In: Woche (1906), H. 36.

Sektkellerei Henkell-Trocken in Wiesbaden 1907

Wettbewerbsentwurf von Hermann Billing, im AdK-Katalog 1984 irrtümlich Max Taut 1913 zugeordnet

Es handelt sich um einen engeren Wettbewerb, zu dem sechs namhafte Architekten eingeladen sind, unter ihnen Alfred Messel und Hermann

Billing, der den 2. Preis erhielt. Es ist möglich, dass Max Taut als Mitarbeiter Billings am Wettbewerb beteiligt ist; eine eigene Wettbewerbsbeteiligung ist auszuschließen. Zudem trägt die Zeichnung, die sich im Max-Taut-Nachlass befindet, das Signet H.B. (Hermann Billing). Als Sieger aus dem Wettbewerb geht Paul Bonatz mit seinem Entwurf *Weiß-Grün* hervor. Die Fertigstellung des »Prachtbaus« der Kellerei erfolgt Ende des Jahres 1909. Hierzu schreibt Fritz von Ostini in einem Sonderheft der *Deutschen Kunst und Dekoration*: »Wer die in einem Festraume des Beamtenkasinos aufgehängten Konkurrenz-Entwürfe gesehen hat, wird sofort erkannt haben, dass der Bonatz'sche Entwurf tatsächlich der sachlichste, originellste und geschmackvollste war, derjenige, der absolut den Eindruck machte: So muss es sein!«

Quelle: MTA WV 28.
Allg. Literatur: Der Prachtbau der Sektkellerei Henkell & Co. erbaut von Professor Paul Bonatz. In: Sonderheft der Deutschen Kunst und Dekoration. Darmstadt: Alexander Koch Verlag 1910, S. 9 f.; Landeshauptstadt Stuttgart (Hrsg.): Paul Bonatz 1877–1956. Stuttgart: Karl Krämer 1977, S. 10, 47; Max Taut, 1984, S. 48; Gerhard Kabierske: Der Architekt Hermann Billing (1867–1946). Leben und Werk. Karlsruhe: Braun 1996, S. 233.

10 Möhnetalsperre im Sauerland 1907

Wettbewerbsentwurf mit Bruno Taut, Zeichnung von September 1907, Motto: Sämann, Jurymitglieder: Joseph Olbrich u. a.

1907 schreibt der Ruhrtalsperrenverein in Essen einen reichsoffenen Wettbewerb für die

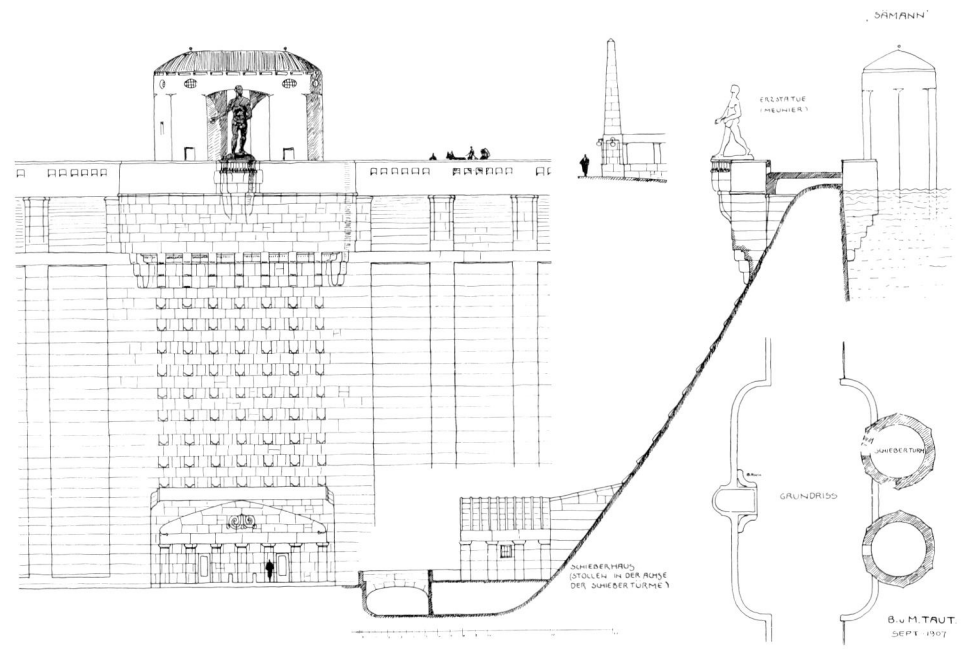

214 Möhnetalsperre im Sauerland 1907

architektonische Ausgestaltung der Möhnetalsperre und des Wärterhauses aus. An der
Mündung der Heve in die Möhne wird die Talsperre zur Wasserversorgung des rheinisch-
westfälischen Industriegebiets errichtet.
Während die Entwurfsidee von Bruno stammt,
ist Max vor allem für die formale Ausgestaltung zuständig – vergleichbar dem Wettbewerb um den Karlsruher Hauptbahnhof. Die
Staumauer ist als Ingenieurbauwerk dekla-
riert, das es durch die architektonische Gestaltung nicht zu verschleiern gilt. Die große ruhige Bewegung des Talsperrenverlaufs erfährt
durch die Gestaltung von zwei Schiebertür-
men und der am Fuß gelegenen Schieberhäu-
ser eine Akzentuierung. Auf vorkragenden
Konsolen ragen Statuen des belgischen Bildhauers Constantin Meunier (1831–1905) auf.
Der Bewegtheit der Erzstatue *Sämann*
entspricht die klassisch-monumentale Formensprache der Anlage, die mit ihren Schie-
berhäusern in Bezug zur Revolutionsarchitektur gestellt ist. Bruno Taut hat sich
bereits in einem Brief vom 3.3.1902
enthusiastisch über die Arbeiten Meuniers
geäußert und bedauert, dass in der National-
galerie Berlin nur das herrliche Relief *Heim-
kehrende Arbeiter* zu finden ist. Gleichermaßen
symbolisch scheinen die Obeliskenpaare, die
den Zugang flankieren. Als Sieger unter den
72 Wettbewerbsteilnehmern geht der Kölner
Architekt Franz Brantzky hervor, dessen
Entwurf massiger und wehrhafter erscheint
als der Vorschlag der Brüder Taut. Die Talsperre wird nach fünfjähriger Bauzeit 1913
eingeweiht und 1943 als strategisch wichtiges
Bauwerk für die Wasserversorgung des Ruhr-
gebietes durch Bomber der Alliierten zerstört.

QUELLEN: MTA WV 8; MTA, Brief von Bruno an Max Taut
vom 2. bis 5.3.1902; Sammlung Bruno Taut,
Tagebuchaufzeichnung vom 30.12.1907.
LITERATUR: Möhnetalsperre. In: Deutsche Konkurrenzen,
Bd. 23 (1908), H. 267, S. 27–29; Franziska Bollerey,
Kristina Hartmann: Bruno Taut. In: Bruno Taut 1880–1938.
Berlin: 1980, S. 36–38, 167; Max Taut, 1984, S. 48;
Hermann Sturm: Behrens, Gropius, Taut. In: Die Idee des
K. E. Osthaus, hrsg. vom Ernst-Osthaus-Archiv Hagen.
Essen 1984, S. 133; Kurt Junghanns: Bruno Taut 1880–1938.
Leipzig: Seemann 1998, S. 273; Winfried Nerdinger [u. a.]
(Hrsg.): Bruno Taut 1880–1938. Stuttgart, München 2001,
S. 319.

11 Weisseritztalsperre bei Klingenberg 1908

Wettbewerbsentwurf

Während Bruno inzwischen nach Berlin um-
gesiedelt ist, nimmt Max Taut an diesem Wettbewerb für eine Talsperre vor den Toren Dres-
dens allein teil. Zwei Varianten zeigen die
landschaftlich-gestalterische Einbindung des
Schieberhauses, einmal als Endpunkt einer ge-
radlinigen Allee und in der Variante als Akzent eines dynamischen Wegverlaufs. Die
Staumauer selbst wird als sachliches Ingenieurbauwerk gesehen. Im Gegensatz hierzu
steht Hans Poelzigs realisierter Talsperren-
Entwurf als ein wuchtiges Beispiel expressiver
Gestaltgebung.

QUELLE: MTA WV 9.
LITERATUR: Max Taut, 1984, S. 48.
ALLG. LITERATUR: Julius Posener: Hans Poelzig, Reflections
on his life. Massachusetts: MIT Press 1992, S. 76–77.

215 Weißeritztalsperre bei Klingenberg
1908

12 BISMARCKSÄULE 1908

Entwurf vom November 1908

Nach dem Tod Otto von Bismarcks 1898 ist man bestrebt, dem ersten Kanzler des Deutschen Reichs anlässlich seines hundertsten Geburtstages 1915 eine angemessene Würdigung zukommen zu lassen. Vergleichbar den Kaiser-Wilhelm-Denkmalen jener Zeit sollen in ganz Deutschland Bismarcktürme und -monumente errichtet werden. Adolf Behne merkt ironisch an, dass es kaum noch einen deutschen Berg gäbe, der nicht von einem Bismarckturm entstellt sei. Hierzu finden sich auch bemerkenswerte Beispiele wie die Entwürfe Poelzigs, Mies van der Rohes und Walter Gropius' für Bingen (1910) oder der Turm bei Burg im Spreewald von Bruno Möhring (1915). Im Nachlass von Max Taut sind zwei Zeichnungen zu einer Bismarcksäule enthalten: Aus dem Kapitell einer monumentalen dorischen Säule erwächst eine steinerne schmucklose Statue als Überhöhung des Säulenmotivs. Anlass und Ort, für den der Entwurf entwickelt ist, sind nicht feststellbar.

QUELLE: MTA WV 10.
ALLG. LITERATUR: Adolf Behne: Die deutsche Baukunst seit 1850. In: Soziale Bauwirtschaft (1922), S. 146–231, nachgedruckt in: Adolf Behne: Architekturkritik in der Zeit und über die Zeit hinaus. Hrsg. von Haila Ochs. Basel, Berlin, Boston: Birkhäuser 1994, S. 97–121.

216 Bismarckturm 1908

13 REFORM-REALGYMNASIUM IN BERLIN-TEMPELHOF 1909

Wettbewerbsentwurf, Jurymitglieder: Reinhold Kiehl u. a.

Im Nachlass von Heinrich Taut ist eine Perspektive zum Reformgymnasium in Tempelhof enthalten. Mittelbau und Schulhof mit symmetrischen Baumreihen sind offen zur Seitenstraße ausgerichtet, während rechts im Bild die Hauptfront sichtbar ist. Ein Portikus mit Tympanongiebel und Säulen in Kolossalordnung verweisen auf den azentrischen Eingang. Die Fassaden sind mit Hilfe von Pilastern vertikal gegliedert. Es bedarf nur eines Blicks auf manche Neuköllner Schulen Reinhold Kiehls, um die Verwandtschaft in der klassischen Gebäudeanlage zu erkennen.

QUELLE: MTA WV 11; Archiv Lehnitz, ehemals Heinrich Taut.
LITERATUR: Max Taut, 1984, S. 48.
ALLG. LITERATUR: Bezirksamt Neukölln von Berlin (Hrsg.): Architekt Reinhold Kiehl. Berlin: Darge 1987, S. 53, 60–61.

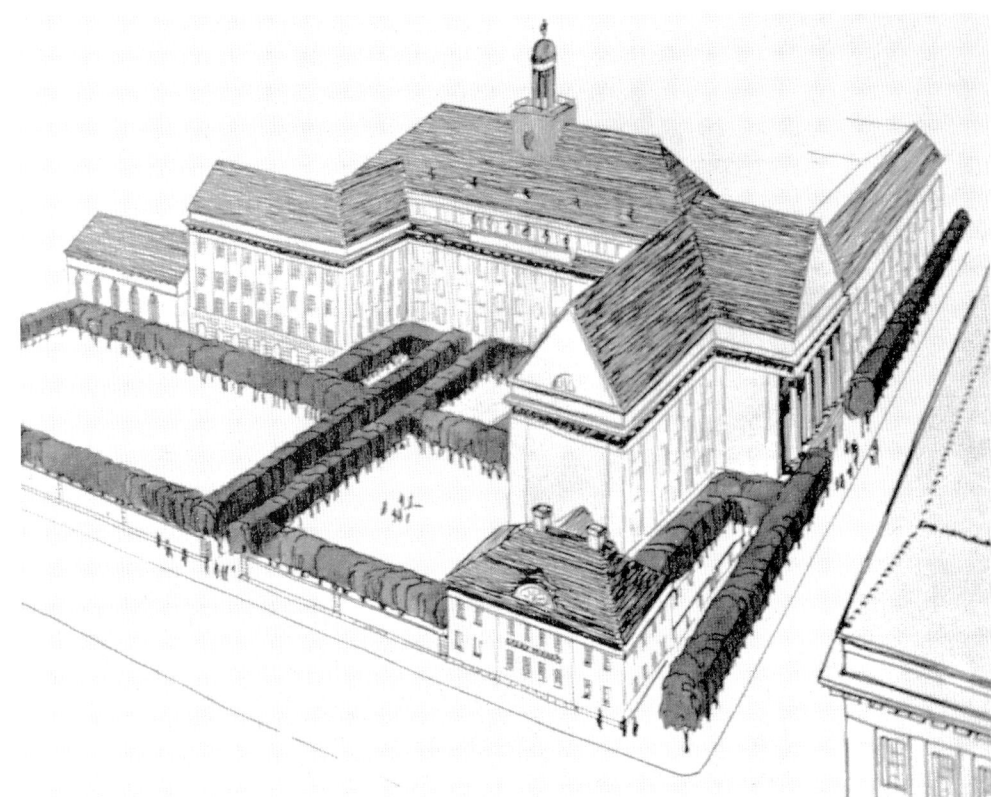

217 Reform-Realgymnasium in Berlin-Tempelhof 1909

14 Kirchliche Gebäude für die St. Jakobi-Gemeinde in Braunschweig 1909

Entwurf

Zwei perspektivische Zeichnungen geben den Entwurf eines Kirchenbaus wieder. Die Außengestalt zeigt sich als kompakter Körper mit vertikal gegliederter Front und seitlichem Kirchturm. Im Innern findet sich ein weites Mittelschiff, dessen Decke als freitragendes Tonnengewölbe zur Steigerung der räumli-chen Wirkung beiträgt. Anstelle von Seiten-schiffen konzipiert Max Taut zu beiden Seiten Arkadengänge mit Galerien. Erst nach dem Zweiten Weltkrieg beschäftigt Max Taut sich wieder mit dem Bau sakraler Gebäude und entwirft Notkirchen.

QUELLE: MTA WV 12.
LITERATUR: Max Taut, 1984, S. 48.

218 Kirchliche Gebäude für die St. Jakobi-Gemeinde in Braunschweig 1909

15 SCHLOSSTEICHBRÜCKE IN KÖNIGSBERG 1909

Wettbewerbsentwurf, technischer Mitarbeiter
H. Forst, Motto: Herbst, Ankauf

Aufgabe ist der Entwurf einer Brücke über den
Königsberger Schlossteich, die für schweren
Lastverkehr geeignet ist und das Landschaftsbild und die Umgebung des Schlossteiches
möglichst wenig beeinträchtigt. Der Königsberger Architekt Friedrich Lahrs, Regierungs-
baumeister und später Professor an der Kunstakademie in Königsberg, betont in der
Neudeutschen Bauzeitung die Notwendigkeit
zweckmäßigen Gestaltens bei einem technischen Bauwerk wie einer Brücke. Architekt
und Ingenieur seien gefordert, aufs Engste zusammenzuarbeiten. Auffallend ist bei aller
Strenge und Klarheit der dreibogigen Brücke
von Max Taut die Ausgestaltung der Brücken-
köpfe mit kleineren Torbauten. Friedrich Lahrs
schreibt zu diesem Entwurf: »Der angekaufte

Entwurf Herbst, nach dem Urteile des Preisgerichts dem III. Preis ebenbürtig, teilt viele Vorzüge mit dem ersten Preise. Die hohe Lage der
Fahrbahn wirkt jedoch ungünstiger als dort.
Die Formgebung ist frisch, aber etwas mager;
sehr gelungen der Anschlussplatz der Weiß-
gerberstraße.« Auch Hans Poelzig nimmt am
Wettbewerb teil und interpretiert das Thema
Brücke im Sinne einer technischen Skulptur.

QUELLE: MTA WV 13.
LITERATUR: Fritz Lahrs: Das Zusammenarbeiten von
Architekt und Ingenieur und der Wettbewerb um die
Schlossteichbrücke in Königsberg. In: Neudeutsche
Bauzeitung, 6 (1910), H. 5, S. 53–58; Adolf Behne:
Ostpreußische Architekten in Berlin (1915); Max Taut,
1984, S. 48.

219 Schlossteichbrücke in Königsberg 1909

16 Bebauungsplan für das Südgelände von Schöneberg bei Berlin 1911

Wettbewerbsentwurf, Motto: Schöne Berg

Die Aufgabe besteht in der Erstellung eines Bebauungsplanes für das umfangreiche Südgelände in Schöneberg, das an drei Seiten von Dämmen der Berliner Ringbahnen eingeschlossen ist. Auf dem 203 Hektar großen Areal sind neben der Wohnbebauung mehrere Schulen, eine Schwimmhalle und eine Kirche zu planen. Der Wettbewerbsentwurf Max Tauts wird von Theodor Goecke in *Der Städtebau* mit Lageplan und Ansichtszeichnung vorgestellt. Hierzu heißt es, dass der »durch viele Schönheiten ausgezeichnete Entwurf ›Schöne Berg‹ des Architekten Max Taut in Berlin« leider nicht zu den prämierten Beiträgen gehört. Er kommt gleichwohl in die engste Wahl von 33 eingereichten Arbeiten. Den ersten Preis erhält Bruno Möhring mit einer klar geordneten städtebaulichen Anlage, die eine deutliche Trennung von Verkehrs- und Wohnstraßen vorsieht.

LITERATUR: Theodor Goecke: Der Wettbewerb um den Entwurf eines Bebauungsplanes für das Südgelände von Schöneberg bei Berlin. In: Der Städtebau, 8 (1911), S. 53–58.

17 Rathaus Allenstein 1911

Entwurf, Mitarbeit Kurt Starck (Grundrissbearbeitung)

Die *Berliner Architekturwelt* stellt im ersten Heft des Jahres 1912 den Entwurf Max Tauts zum Rathaus Allenstein als farbige Tafel vor. Über einem zweigeschossigen Sockel aus bossiertem Naturstein erhebt sich ein roter Ziegelbau, dessen Risalit in drei Renaissancegiebeln mündet. Die aufwärtsstrebende Masse findet ihre Fortführung in einem steilen Walmdach und dem Rathausturm, der sich als Dominante aus der Dachlandschaft entwickelt. Erfahrungen beim Rathausbau in Rixdorf scheinen hier eingeflossen zu sein.

LITERATUR: Berliner Architekturwelt (1912), H. 1, Abb. vor S. 1.

220 Rathaus Allenstein 1911

18 Bebauung städtischen Geländes in Neukölln 1911–1912

Wettbewerbsentwurf mit Bruno Taut (bisher nicht im Werkverzeichnis von Bruno Taut aufgeführt), Auslobung 1.11.1911, Motto: Gemeinsinn, Ankauf, Jurymitglieder: Reinhold Kiehl, Theodor Goecke, Hermann Muthesius u. a.

Vier Entwürfe für die Bebauung städtischen Geländes in Berlin-Neukölln (Rixdorf) werden von den Körperschaften der Stadt angekauft. Darunter ein gemeinsamer Entwurf der Bürogemeinschaft Bruno Taut und Hoffmann und des selbstständigen Architekten Max Taut, der zu diesem Zeitpunkt ein Büro in Schöneberg führt.

QUELLE: MTA WV 14.
LITERATUR: Wettbewerb zur Erlangung von Entwürfen für die Bebauung städtischen Geländes in Neukölln. In: Die Bauwelt (1912), H. 5; Max Taut, 1984, S. 48; Bezirksamt Neukölln von Berlin (Hrsg.): Architekt Reinhold Kiehl. Berlin: Darge 1987, S. 53.

19 Knabenschule in Finsterwalde 1911–1913

Wettbewerb 1911, Motto: Caritas, 2. Preis, Jurymitglieder: Theodor Goecke, Bruno Möhring, Reinhold Kiehl u. a., ab 22.6.1911 öffentliche Ausstellung der Wettbewerbsentwürfe, Baubeginn der Schule 12.6.1912, Einweihung 16.10.1913, Straße der Jugend 1

Unter 86 eingereichten Arbeiten erhält Max Taut für seinen Wettbewerbsbeitrag den 2. Preis, während der 1. Preis an die Baufirma Gebrüder Ratz aus Berlin und der dritte an Otto Rudolf Salvisberg vergeben wird. Die Planung umfasst eine Knabenschule mit einer Turnhalle und im engen baulichen Kontext hierzu ein Kinderheim. Nach eingehender Beratung entscheiden sich Magistrat und Stadtverordnete von Finsterwalde zur Realisation des tautschen Entwurfs. Sowohl die geringeren Kosten als auch die gelungene innere Organisation einschließlich der Zuordnung zum Kinderheim geben hierfür den Ausschlag.

Der Entwurf zeigt den Architekten auf dem Weg von einer noch durch Billing beeinflussten Architektur zur sachlichen Gestaltung, wobei Adolf Behne hier bereits eine starke Tendenz zum Phrasenlos-Natürlichen sieht. Er spricht von einer Probe moderner Architektur, die zu erfreulichsten Hoffnungen berechtige. Dagegen scheint das Eingangsportal noch ganz ein Gebilde der Zeit, ein Nachklang des

Jugendstils, wie Julius Posener im ersten Akademie-Katalog schreibt. Die hier zu findenden Plastiken und Fassadenornamente stammen von dem Berliner Bildhauer, Zeichner und Aquarellisten Wilhelm Repsold, der auch bei späteren Arbeiten Max Tauts mitwirkt.

Max Taut wählt eine einbündige Anlage und richtet die Klassenräume westwärts aus. Damit sind eine gute Belichtung und Belüftung sichergestellt. Parallel zum Flur erstreckt sich ein offener Wandelgang, der den Schülern auch bei schlechter Witterung den Aufenthalt an der Luft erlaubt. Souverän erfüllt Max Taut hier Ansprüche, die oftmals erst in den zwanziger Jahren in aller Klarheit artikuliert werden. Die Fachzeitschrift *Das Schulhaus* schreibt 1914 zum Finsterwalder Entwurf:

Das Schulhaus wird man zu dem Besten rechnen müssen, was im letzten Dezennium geschaffen. Alle die Grundsätze, auf deren Beachtung wir heute besonderes Gewicht legen, freies Westlicht für die Klassen, einseitig angebaute, helle und breite Korridore, einseitig beleuchtete Klassen von geringer Tiefe bei entsprechender Lichthöhe, gute Aborte usw. sind gewahrt und haben selbstverständlich weder einem guten architektonischen Aufbau des Hauses noch seiner zweckmäßigen Stellung auf dem Grundstück Abbruch getan.

Das Schulgebäude beherbergt nach damaligen Angaben 26 Klassen und vier bis sechs Zeichensäle, eine Hausmeisterwohnung und eine Wohnung für den Schulrektor. Die reichhaltiger ausgestattete Turnhalle soll zugleich als Aula dienen. Ausführlich beschreibt Taut selbst die Innenausstattung unter besonderer Erwähnung der fortschrittlichen hygienischen Einrichtungen, gefliester Sanitärräume und linoleumbelegter Böden. Die Schule ist zunächst konfessionelle Knabenschule und bis 1942 weltliche Schule; im Zweiten Weltkrieg dient das Gebäude als Lazarett. In der Nachkriegszeit finden verschiedene pädagogische Einrichtungen zeitweilig Unterbringung in dem Gebäude – von der Grund- und Berufsschule bis zur Musikschule. 1978 wird die Polytechnische Oberschule hier eingerichtet und erhält den Namen des im Konzentrationslager Treblinka ermordeten Kinderarztes und Pädagogen Janusz Korczak. Heute besuchen knapp fünfhundert Schüler das Städtische Gymnasium an der Straße der Jugend 1. Das Schulgebäude ist vorbildlich erhalten und den heutigen Erfordernissen angepasst mit Computer- und Fitnessräumen. Die Turnhalle, die inzwischen modernisiert und teilweise verändert wurde, gehört zu den Meisterleistungen des jungen Taut – hier hat er alles auf den

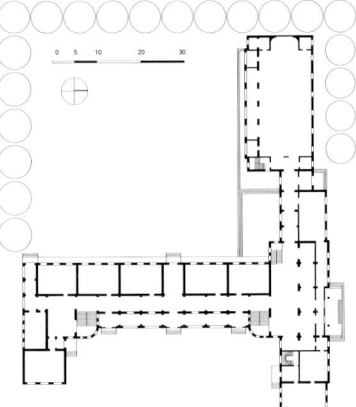

221 Knabenschule in Finsterwalde 1911–1913, Grundriss

222 Knabenschule und Kinderheim in
Finsterwalde 1911–1913

kindlichen Maßstab für die Schüler einer Knabenschule abgestimmt und zugleich eine
neuartige Konstruktion mit unverhüllten
Holzbindern für die Decke gewählt.

Quellen: MTA WV 17; Zeichnungen im Archiv
Kreismuseum Finsterwalde.
Literatur: Knabenvolksschule und Kinderheim für
Finsterwalde N-L. In: Das Schulhaus (1912), S. 132–138;
Volksschule und Kinderheim in Finsterwalde. In: Berliner
Architekturwelt, 15 (1913), H. 9, S. 358–360; Hch. R. W.:
Der Neubau der Knabenschule. In: Niederlausitzer
Anzeiger, Jg. 68 (17.10.1913), Nr. 244, 1. Beiblatt, und
Jg. 68 (16.10.1913), Nr. 243, 1. Beiblatt; D. R.: Knaben-
schule und Kinderheim Finsterwalde. In: Das Schulhaus,
16 (1914), S. 329–336; Neubau einer Knabenschule und ei-
nes Kinderheims in Finsterwalde, Nieder-Lausitz. Architekt
Max Taut. In: Deutsche Bauzeitung, 48 (1914), H. 27,
S. 261–265; Adolf Behne: Ostpreußische Architekten in
Berlin (1915); Ja! Stimmen des Arbeitsrates für Kunst in
Berlin. Berlin: Photographische Verlagsanstalt 1919, Abb.
34; Maximilian Maul: Max Taut und Hoffmann, Berlin. In:
Neue Baukunst (1925), H. 14, S. 12–36; Max Taut, 1964,
S. 7, 17–18; Max Taut, 1984, S. 8, 48, 59; Rainer Ernst:
Ausstellung im Kreismuseum zum Schaffen von Max Taut.
In: Kollektiv vom 3.8.1988; Manfred Woitzik: Die Bauten
von Max Taut: Finsterwalder Heimatkalender 1990,
S. 31–34; Internet: http://home.t-online.de/home/jk-
gym.finsterwalde (Zugriff: 13.9.2002).

20 Kinderheim in Finsterwalde 1911–1913

Im baulichen Kontext mit der Finsterwalder
Knabenschule entworfen, Grundsteinlegung
10.4.1912, Einweihung 18.8.1913, Straße der
Jugend 3

Der Bau des Kinderheims geht auf eine Stiftung des Kommerzienrats und Fabrikbesitzers
Max Koswig und seiner Frau Anna zurück, die
150 000 Mark bereitstellten und verfügten,
dass Kinder aller Konfessionen in dem evange-
lisch geführten Heim unterzubringen seien.
Heim und Schule bilden ein bauliches Ensemble am Rand der Finsterwalder Innenstadt. Die
künstlerische Oberleitung und die architektonische Bearbeitung bis hin zur Inneneinrichtung einschließlich der Möbel liegen in den
Händen Max Tauts. Er beteiligt wiederum den
Bildhauer Wilhelm Repsold, der eine in Terra-
sit angetragene Fassade mit floralen, jugend-
stilhaften Ornamenten für das Kinderheim
schafft. Max Taut äußert in der Festschrift zur
Einweihung den Wunsch, durch zweckmäßige
und schöne Formgebung der Materialien bei
den Kindern erzieherisch zur Wertschätzung
des Einfachen und Geschmackvollen beizutra-
gen. Von Seiten des Stifters Koswig werden
dem Architekten, wie Max Taut dankend hervorhebt, alle Freiheiten bei der künstlerischen
Gestaltung gewährt.

Das Kinderheim besitzt alle notwendigen
Räumlichkeiten zur Unterbringung vom
Kleinkind bis zum Jugendlichen. Im Zentrum
steht die Tageskrippe, in der Kinder von sechs

Wochen bis zum dritten Lebensjahr betreut werden. Es folgt eine Kleinkinderschule für die Drei- bis Sechsjährigen mit zwei Klassen und ein Knaben- und Mädchenhort für Kinder bis zum 14. Lebensjahr, die hier nach der Schule Beschäftigungs- und Spielmöglichkeiten finden. Zum Haus gehört auch eine Lesehalle mit angeschlossener Volksbibliothek und kleiner Teeküche. Das vielfältige Raumprogramm kann von Max Taut funktional überzeugend umgesetzt werden. Vom offenen Wandelgang bis zu Terrasse und Altan ist vor allem die Beziehung zwischen Innen und Außen differenziert angelegt.

Das Kinderheim steht heute leer und wirkt trotz gut erhaltener Substanz desolat. Im Kinderheim war ab 1978 die Innere Abteilung des Kreiskrankenhauses eingerichtet. Inzwischen ist das Gebäude an die evangelische Kirchengemeinde St. Trinitatis rückübertragen worden. Über die zukünftige Nutzung des Gebäudes wird beraten, wobei beabsichtigt ist, die Räume einem Bildungsträger in Erbpacht zu überlassen.

QUELLEN: MTA WV 17; Archiv Kreismuseum Finsterwalde, Zeichnungen.
LITERATUR: Knabenvolksschule und Kinderheim für Finsterwalde N-L. In: Das Schulhaus (1912), S. 132–138; Volksschule und Kinderheim in Finsterwalde. In: Berliner Architekturwelt, 15 (1913), H. 9, S. 358–360; Max Taut, Heller (Superintendent): Beschreibung des Gebäudes. In: Festschrift zur Einweihung des Kinderheims Max- und Anna-Koswig-Stiftung. Finsterwalde 18.8.1913, S. 1–24; D.R.: Knabenschule und Kinderheim Finsterwalde. In: Das Schulhaus, 16 (1914), S. 329–336; Neubau einer Knabenschule und eines Kinderheims in Finsterwalde, Nieder-Lausitz, Architekt Max Taut. In: Deutsche Bauzeitung, 48 (1914), H. 27, S. 261–265; Adolf Behne: Ostpreußische Architekten in Berlin (1915); Kinderheim Finsterwalde. In: Berliner Architekturwelt (1919), S. 175–177; Maximilian Maul: Max Taut und Hoffmann, Berlin. In: Neue Baukunst (1925), H. 14, S. 12–36; Max Taut, 1964, S. 7, 17–18; Max Taut, 1984, S. 48, 59; Rainer Ernst: Ausstellung im Kreismuseum zum Schaffen von Max Taut. In: Kollektiv vom 3.8.1988; Manfred Woitzik: Die Bauten von Max Taut: Finsterwalder Heimatkalender 1990, S. 31–34; Internet: http://www.finsterwalde.de (Innere Abteilung des Krankenhauses) (Zugriff: 13.9.2002).

223 Kinderheim in Finsterwalde, Eingangshalle mit Terrakottasäule

224 Landhaus nahe Berlin 1911–1912

schaftsbau und dem Arbeiterwohnbau. Die Jury setzt sich aus renommierten Architekten wie Peter Behrens, Alfred Grenander und Reinhold Kiehl zusammen. Der *Landhaus III* genannte Beitrag von Max Taut scheidet zwar früh bei der Preisfindung aus, wird aber in dem Buch *Das flache Dach im Heimatbilde* mit Ansicht und Grundriss vorgestellt. Da auch Beiträge mit den Titeln *Landhaus I* und *Landhaus II* in der Liste der Teilnehmer aufgeführt sind, ist anzunehmen, dass Max Taut eine Serie von drei Varianten entwarf.

QUELLE: MTA WV 15.
LITERATUR: Friedrich Seeßelberg (Hrsg.): Das flache Dach im Heimatbilde. Berlin 1912, Bildtafel zwischen S. 48–49; Max Taut, 1984, S. 48.

21 Landhaus nahe Berlin 1911–1912

Wettbewerbsentwurf, Aufgabe 1 zur Werdandi-Bund-Ausschreibung zum flachen Dach, Motto: Landhaus III, Ausschreibung 4.12.1911, Abgabe 10.4.1912

Mit dem Wettbewerb um das flache Dach beabsichtigt der Werdandi-Bund, die bis dahin unübliche Ausführung flach geneigter Dächer im deutschen Landschaftsbild zu etablieren und somit Anregungen zur Wirtschaftlichkeit und zur Ästhetisierung des flachen Daches zu gewinnen. Der Wettbewerb besteht aus drei Aufgaben: dem Landhausbau, dem Landwirt-

22 Arbeitersiedlung 1911–1912

Wettbewerbsentwurf, Aufgabe 3 zur Werdandi-Bund-Ausschreibung zum flachen Dach, Motto: Ernte, Ausschreibung 4.12.1911, Abgabe 10.4.1912, 2. Preis

Dieser frühe Plan einer Arbeiterkolonie steht am Beginn der Siedlungsentwürfe, die Max Taut bis in die sechziger Jahre ausführt. Laut Ausschreibung gehören zur Siedlung ein Gesellschaftshaus mit Versammlungssaal, kleiner Badeanstalt und mehreren Läden. Es sind sechzig Arbeiterwohnungen vorgesehen, zwanzig davon in Einfamilien- und die restlichen in Zweifamilienhäusern angelegt.

In der Erläuterung des Preisgerichts heißt es: »Die Aufteilung in große Blöcke mit wenigen Verkehrsstraßen und Innengärten, welche sich um die Spielplätze gruppieren, ist besonders rationell. Der Verfasser zeigt eine gründliche Kenntnis der einschlägigen Verhältnisse. In dem sicheren architektonischen

225 Arbeitersiedlung 1911–1912

Wurfe dieser Gesamtanlage ... äußert sich ein auf Großzügigkeit gerichteter Sinn. Der ganze Gleichklang dieses vom ausgesprochensten Industriegedanken getragenen Gebäudezusammenhanges wird durch den immerhin stark kurhausartigen Charakter des Gesellschaftshauses kaum gestört.«

QUELLE: MTA WV 16.
LITERATUR: Friedrich Seeßelberg (Hrsg.): Das flache Dach im Heimatbilde. Berlin 1912, Bildtafeln zwischen S. 77–81, S. 100; Max Taut, 1984, S. 48, 58.

23 LEDIGENHEIM IN BERLIN 1912

Entwurf Juli 1912

Max Taut entwirft eine große Wohnanlage als Ledigenheim, die über zwei Innenhöfe belichtet wird. An der Hauptfront sind neben der zentralen Eingangshalle Läden angelegt sowie eine große Restauration, die im Sommer bis in den innen liegenden Garten erweitert werden kann. Über dem hellen Sockelgeschoss erhebt sich ein schlichter Ziegelbau mit regelmäßiger Fensteranordnung, die auf die Einzelwohnungen des Ledigenheims verweist.

LITERATUR: Theodor Goecke: Die bauliche Ausgestaltung Groß-Berlins im Dienste sozialer Fürsorge. In: Neudeutsche Bauzeitung (1913), H. 4, S. 55–73, Abb. S. 59.

226 Ledigenheim in Berlin 1912

227 Landhaus Hupfer in Köpenick-Wilhelmshagen 1912–1913

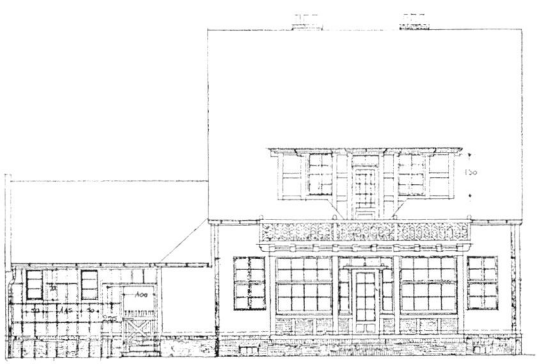

25 REALGYMNASIUM IN ORANIENBURG 1912

Wettbewerbsentwurf, Einsendeschluss
1.10.1912, Motto: Am Bahnhofsplatz, 3. Preis,
Jurymitglieder: Reinhold Kiehl u. a.

Der Entwurf zeigt eine Weiterentwicklung des
Finsterwalder Schulbaus: Die Gesamtform ist
ruhiger und das Dach weniger dominant. Teile
der Fassade, vor allem die Front der Aula, verweisen bereits auf den Schulbau in Nauen von
1913.

QUELLE: MTA WV 18.
LITERATUR: Wettbewerbe, Entwürfe für den Neubau eines
Realgymnasiums in Oranienburg bei Berlin. In: Das
Schulhaus (1912), S. 510; Realgymnasium in Oranienburg.
In: Deutsche Konkurrenzen (1914), H. 2, S. 2, 8–9; Ein
Wettbewerb zur Erlangung von Entwürfen zu einem
Realgymnasium in Oranienburg. In: Das Schulhaus, 14
(1912), S. 369; Max Taut, 1984, S. 48, 58.

24 LANDHAUS HUPFER IN KÖPENICK-WILHELMSHAGEN 1912–1913

Bauantrag 14.9.1912, Ausführung 1912–1913,
Bauherr: Fritz Hupfer, Kaiserstraße in Köpenick

Max Taut entwirft ein großzügiges Landhaus
mit ausgebautem Dach und angegliedertem
Stallgebäude. Nach Fertigstellung erhält der
Bauherr für die Schönheit dieses Hauses eine
Prämie über 300 Mark vom Landrat. Trotz dieser Auszeichnung kommt es später zu Diffe-
renzen zwischen Bauherrn und Architekten,
da das vereinbarte Architektenhonorar nicht
gezahlt wurde.

QUELLEN: MTA, Zeichnungen; Brief von Bruno an Max Taut
vom 19.10.1914 und 25.1.1915; Brief von Bruno in
Vertretung von Max Taut an Rechtsanwalt Halpert vom
17.10.1914.

228 Realgymnasium in Oranienburg 1912

Wettbewerbsentwurf in zwei Fassungen, Entwurfszeitpunkt von Max Taut zunächst mit 1911 angegeben, später auf 1912–1913 korrigiert, Bauweltpublikation 1914

Die *Bauwelt* veröffentlicht 1914 eine Serie moderner Türme, darunter zwei Zeichnungen Max Tauts für einen Wasserturm in Nauen. Der vorgestellte Entwurf basiert auf einer Eisenbetonkonstruktion und ist in zwei Varianten ausgearbeitet – in der ersten Fassung mit Füllmauerwerk und in der zweiten Fassung als reines Stabwerk ohne die Ummantelung aus Ziegeln. Mit dieser Variante setzt er sich konsequent von den anderen Türmen ab und weist als unverhüllte Eisenbetonkonstruktion auf die Möglichkeiten neuen Gestaltens. Die *Bauwelt* schreibt zum Entwurf: »Da nun die Eisenbetonkonstruktion erst seit wenig Jahrzehnten ausgebildet ist, sind uns derartige Lösungen noch fremd.« Sie beurteilt die zweite Variante, bei der der Wasserbehälter sichtbar auf den acht schlanken Eisenbetonpfosten steht, als ausgezeichneten Ausdruck des konstruktiven Gedankens. »Diesen Ausdruck zu finden, ist die künstlerische Aufgabe.« Abschließend wird der 1911 errichtete Wasserturm in Posen von Hans Poelzig gezeigt, als

eine überaus klare, einheitliche Erscheinung des Bauwerks, die aufgrund anderer Voraussetzungen allerdings körperhafter erscheint. 1966 erläutert Max Taut, welche Bedeutung der Wasserturm-Entwurf für seine weitere architektonische Laufbahn hatte: »Damals erfolgte auch scheinbar für mich der Durchbruch. Den Wasserturm entwarf ich als Wettbewerb etwa im Jahre 1912/13 und flog natürlich mit Pauken und Trompeten durch. Außerdem war dieser Entwurf für meinen Bruder und Franz Hoffmann maßgeblich, mich in die damals bestehende Arbeitsgemeinschaft Bruno Taut und Hoffmann aufzunehmen.«

Auch Julius Posener sieht im Nauener Wasserturm den Anfangspunkt einer konsequenten Entwicklung und bescheinigt der zweiten Variante größere Leichtigkeit und Eleganz. Zu den beiden Entwürfen äußert er sich ausführlich:

Er war als Betonskelett gedacht, ein Oktogon, beginnend mit einem breiten Unterbau, dann vier aufgehende Geschosse, die nichts enthielten als die Rohrleitung und darüber hervortretend der Behälter selbst. Die Betonstützen waren sichtbar, standen vor der Wand; aber das Ganze wirkte schwer. In einem zweiten Entwurf ließ Max Taut die Wand der aufgehenden Geschosse fort; das Betonskelett erscheint jetzt in seiner schönen Artiku-

229 Wasserturm für Nauen, 1. Variante 1912–1913

230 Wasserturm für Nauen, 2. Variante 1912–1913

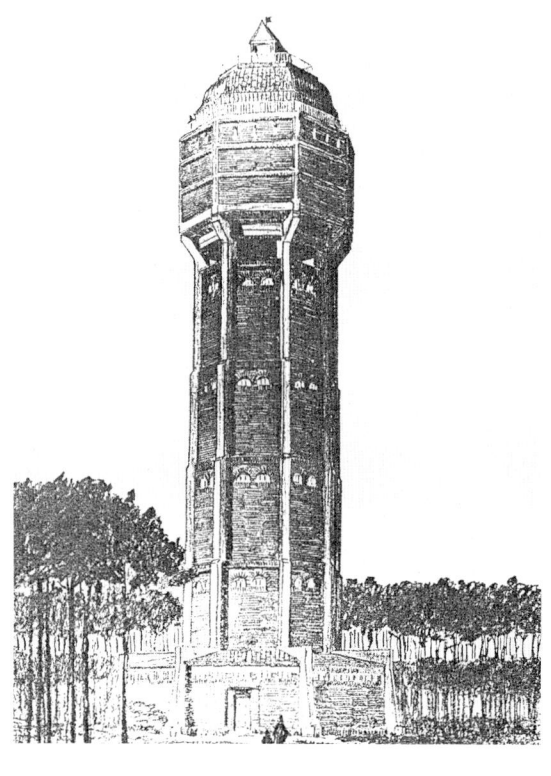

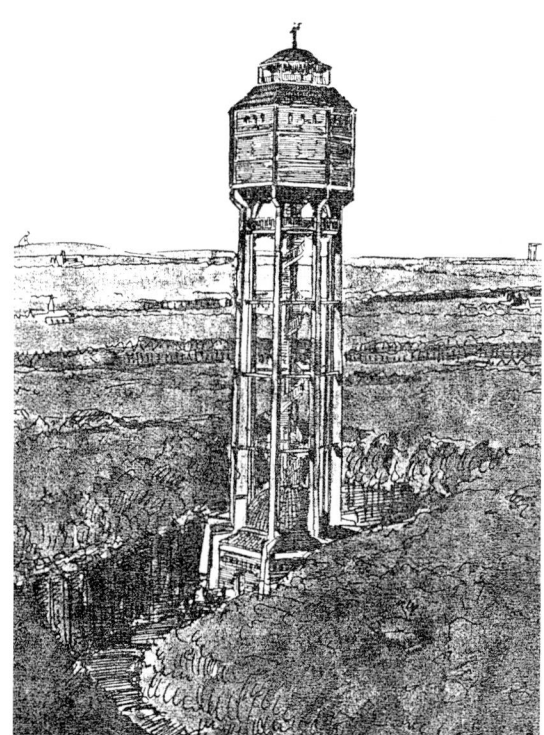

lation, es trägt – und umfängt – den Behälter, der leichter geworden ist. Bis in die Darstellung hinein ist die größere Leichtigkeit und Eleganz des zweiten Entwurfs sichtbar. Der Turm aber ist nicht reine Konstruktion geworden, er bleibt Architektur.

QUELLEN: MTA WV 20; MTA, Brief von Max Taut an Kurt Junghanns vom 3.1.1966 und vom 20.10.66; MTA, Julius Posener: Max Taut ist vor hundert Jahren geboren. Unveröffentlichtes Redemanuskript 1984.
LITERATUR: Moderne Türme. In: Die Bauwelt (1914), H. 31, S. 17–18 und Abb. in: Kunstbeilage, 9 (1914), S. 65–66; Adolf Behne: Ostpreußische Architekten in Berlin (1915); Julius Posener: Berlin auf dem Wege zu einer neuen Architektur: Das Zeitalter Wilhelms II. München: Prestel 1979, S. 493–494; Max Taut, 1984, S. 8, 48, 61; Julius Posener: Hans Poelzig, Reflections on his life. Massachusetts: MIT Press 1992, S. 78–79.

27 TUCHFABRIK KOSWIG IN FINSTERWALDE 1913

Ausführung der Fabrikerweiterung, Bauantrag 30.4.1913, Weberei Hochbau, erste Arbeit Max Tauts unter Mitwirkung Franz Hoffmanns

Für die Fabrikstadt Finsterwalde hat die Tuchproduktion seit dem 19. Jahrhundert entscheidende wirtschaftliche Bedeutung. Sie beeinflusst wesentlich die Entwicklung der Stadt, die um 1800 gerade 1600 Einwohner zählt und um 1900 bereits über 10 000. Das wichtigste Unternehmen der Branche ist die F. F. Koswig Tuchfabrik, in der 1913 über 760 Arbeiter und Angestellte beschäftigt sind.

Zu diesem Zeitpunkt erfolgt die Fabrikerweiterung durch Max Taut. Er kann in Finsterwalde unmittelbar nach Fertigstellung von Knabenschule und Kinderheim als Folgeauftrag seinen ersten Industriebau ausführen. Hier wählt er eine für die damalige Zeit kühne Eisenbetonkonstruktion, die sich im oberen Geschoss als Rahmen in der Fassade abzeichnet. Vor allem die Decke lässt in ihrer »Zeltkonstruktion in Beton« eine neue architektonische Sprache erkennen und veranlasst Adolf Behne, den Erweiterungsbau des 29-jährigen Taut neben Hans Poelzigs Fabrik in Luban zu stellen. Er spricht erstmals in seinem Artikel *Fabrikbau als Reklame* von vollendeter Sach-

231 Tuchfabrik Koswig in Finsterwalde, Bauantrag 1913, Ausschnitt

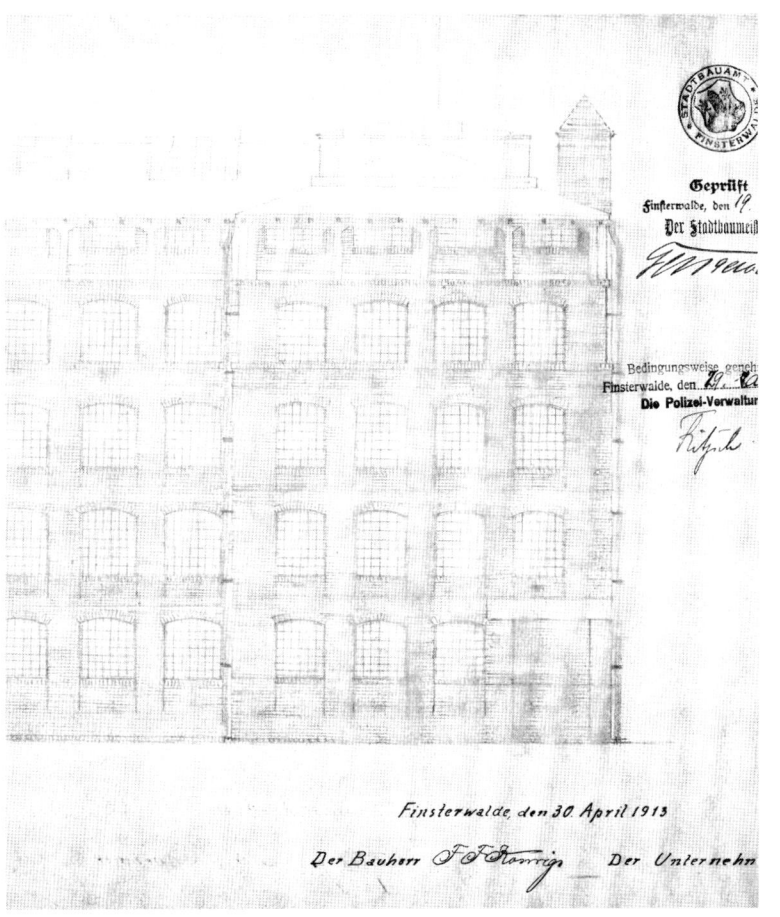

232 Tuchfabrik Koswig, Grundriss und Schnitt des Dachgeschosses

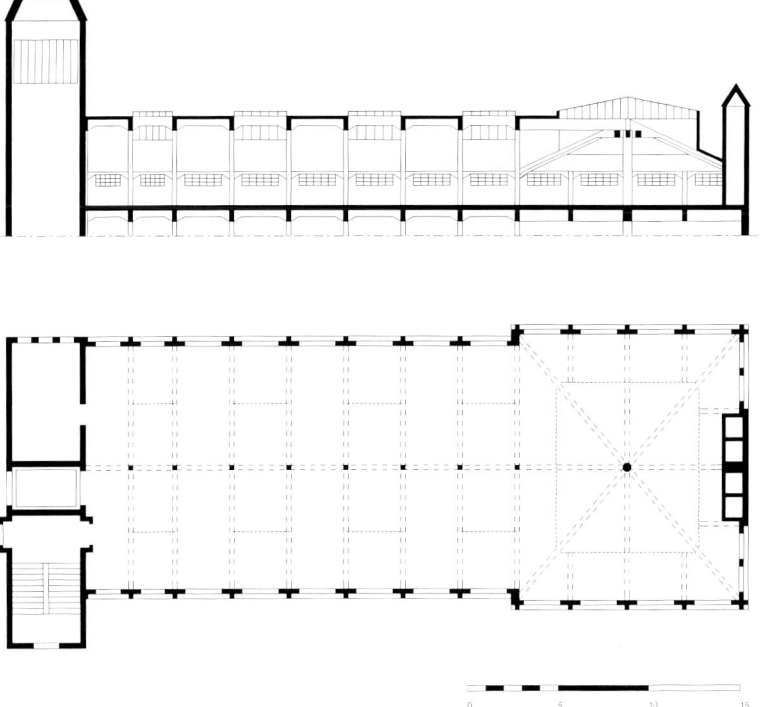

lichkeit: Anstatt mit großer Gebärde eine Stätte moderner Arbeit zu schaffen, habe der Architekt ohne Gerede ein Haus hingestellt, hinter dessen Wänden und Fenstern Lohnarbeit geleistet werde. Taut knüpft mit seinem Erweiterungsbau an den Bestand der Fabrik an, indem er als Material den roten Backstein aufgreift und damit den Eisenbetonrahmen des oberen Geschosses ausfacht. Im Unterschied zur Finsterwalder Schule findet die Fabrikerweiterung nur vergleichsweise geringe Aufmerksamkeit bei der Presse und den Bewohnern.

Nach dem Zweiten Weltkrieg wird die Tuchfabrik in VEB Feintuch unbenannt. Zu Beginn der neunziger Jahre kommt es zur Einstellung der Produktion und nachfolgend zur vollständigen Liquidation der Feintuchwerke. Der gesamte Gebäudekomplex, einschließlich der tautschen Erweiterung, steht seither leer. Mitte der neunziger Jahre entschließt man sich, das Areal unter Denkmalschutz zu stellen. Hierzu heißt es in einem Urteil des Verwaltungsgerichts Cottbus: »Trotz des Vorhandenseins weiterer drei Fabriken kann das öffentliche Interesse an der Erhaltung gerade dieser Tuchfabrik bejaht werden ... Insbesondere hat der Beigeladene vorgetragen, die anderen Tuchfabriken könnten infolge von seinerzeit erfolgten Modernisierungen keinen vergleichbaren Überblick über die Technikentwicklung und -geschichte leisten.« Der schlechte Erhaltungszustand des Objekts berühre grundsätzlich nicht die Denkmaleigenschaft. Die Fassaden werden 1989/90 in ihrem ursprünglichen Erscheinungsbild durch behelfsmäßige Zumauerungen im Sturzbereich der Fenster beeinträchtigt. Die für die Raumwirkung entscheidenden Oberlichter im Dachgeschoss sind mit Platten provisorisch verschlossen. Zurzeit plant die Stadt den Ankauf des Areals: Ein Technologiepark mit einem europäischen Innovationszentrum sind als zukünftige Nutzung im Gespräch.

QUELLEN: MTA WV 21; Archiv des Bauamtes Finsterwalde, Planunterlagen; Archiv Kreismuseum Finsterwalde, Zeichnungen; VG Cottbus im Urteil vom 16.3.1994, Az.: 1 K 17/93.
LITERATUR: Denkschrift zur Erinnerung an das 75-jährige Bestehen der Firma F. F. Koswig Tuchfabriken Finsterwalde N.L. vom 9. Oktober 1913; Paul Westheim: Neue Arbeiten der Architekten Bruno Taut, Max Taut, Franz Hoffmann – Berlin. In: Wohnungskunst – Die Raumkunst, 7 (1914), Sonderausgabe S. 1–20; Adolf Behne: Ostpreußische Architekten in Berlin (1915); Adolf Behne: Fabrikbau als Reklame. In: Das Plakat (1920), H. 6, S. 274–276; Maximilian Maul: Max Taut und Hoffmann, Berlin. In: Neue Baukunst (1925), H. 14, S. 12–36; Max Taut, 1964, S. 19; Julius Posener: Berlin auf dem Wege zu einer neuen Architektur: Das Zeitalter Wilhelms II. München: Prestel

1979, S. 493; Max Taut, 1984, S. 8, 48, 59; Matthias Baxmann: Spurensuche: Die industriegeschichtliche und industriekulturelle Bedeutung der Finsterwalder Tuchfabrik F. F. Koswig. In: Kreismuseum Finsterwalde (Hrsg.): Der Speicher, H. 5. Görlitz, Zittau: Verlag Gunter Oettel 2001.

28 Landsitz von Waldthausen im Park Bassenheim bei Koblenz 1912–1913

Wettbewerbsentwurf, Einsendeschluss 1.4.1913, Ankauf

Der Oberregierungsrat von Waldthausen lässt einen beschränkten Wettbewerb unter den Mitgliedern des Bundes Deutscher Architekten der Berliner Ortsgruppe zur Errichtung eines Schlosses und für den Ausbau seiner Burg im Park Bassenheim bei Koblenz ausschreiben.

QUELLE: MTA WV 19.
LITERATUR: Bauwelt (1912), H. 47, S. 21; Max Taut, 1984, S. 48.

29 Ausstellungshalle des Werdandi-Bundes 1913

Ausführung zur Internationalen Baufach-Ausstellung in Leipzig mit Friedrich Seeßelberg, Eröffnung 3.5.1913, Schlusstag 31.10.1913, temporärer Ausstellungsbau, Goldene Medaille

Bereits 1911 hat Max Taut an Wettbewerben, die vom Werdandi-Bund ausgeschrieben waren, erfolgreich teilgenommen. Der 1907 gegründete Bund sieht seine architektonische Aufgabe in der Propagierung neuer, industriell gefertigter Materialien. Hierbei steht die Überzeugung im Vordergrund, dass der Baugedanke aus dem Zwecklichen und Konstruktiven kommen müsse und zu wirtschaftlichen Lösungen führen solle. Der Bund richtet sich zugleich gegen den historisierenden Stil mit seiner »Tandliebhaberei« und fördert eine Zweckmäßigkeit, die allerdings weder stimmungslos noch nüchtern ausfallen dürfe. Auf der anderen Seite ist der Bund, dem Max Taut selbst nie angehört, nicht frei von nationalen Tendenzen und strebt eine *deutsche* Kunst an. Der Name Werdandi, aus dem Mythos der Edda- und Wikingersagen hergeleitet, bedeutet die *Werdende* und bezeichnet die zweite der drei Nornen.

Der Entwurf der temporären Halle stammt von Max Taut und dem Begründer des Werdandi-Bundes Friedrich Seeßelberg, der als Gotik-Forscher an der Technischen Hochschule Charlottenburg lehrt und durch seine Schriften zur mittelalterlichen Architektur bekannt geworden ist. Die quadratische Ausstellungshalle ist als Holzkonstruktion ausgeführt, wobei hohe, schwertförmige Binder die tragende Rahmenstruktur bilden. Als Ausfachung dienen verblendete prüßsche Patentwände. Um den quadratischen Hallengrundriss sind die Ausstellungskojen organisiert, die optisch als große Sockelstufe vor der eigentlichen Halle wirken. Die Kojen erhalten Oberlicht und sind farblich vom schwarz-gelben Hallenbau abgesetzt. Insgesamt scheint die Farbgebung von besonderem Reiz, wobei der Vorplatz mit seinem Übergang vom Teerbelag über das Muster der Ziegel bis zum Fußboden des Mittelraums ein fein abgestuftes Bild ergibt, für das Seeßelberg den Begriff *Farbsinfonie* prägt. Schon bei seinen Wohnhaus für ostpreußische Landarbeiter hat Max Taut mit seiner Farbgebung Aufmerksamkeit geweckt. So kommt für die Halle der Name *Monument der Farbe* auf. Adolf Behne schreibt 1915, dass der kühne Bau, das »Durchschnittsmaß seiner konventionellen Umgebung weit überragte«. Er zeigt als einziger Bau seine Dachpappendeckung in materialechtem Zustand, während rundum das Material patiniert oder bronziert wird. Die Anwendung ästhetisch bedenklicher, so genannter verpönter Baustoffe wie Dach-

pappe, Verblendziegel, Wellblech und Zementkunststein erscheint dem Kritiker gelungen, so dass er von einer famosen, frischen Wirkung spricht.

Auf der Leipziger Baufach-Ausstellung herrscht als Konstruktionsmaterial das Holz vor, entsprechend der temporären Anlage der Bauten. Dabei ist es Ziel der Ausstellung, einen Überblick über die Leistungsfähigkeit des Baugewerbes und der Bauindustrie zu geben. Bis auf wenige Ausnahmen steht damit weniger die Suche nach neuen architektonischen Formen und Ideen im Vordergrund als die Leistungen der Industrie, die in ihren Pavillons Produkte und Projekte ausstellt.

Innovativster Bau der Ausstellung ist das *Monument des Eisens*, das Bruno Taut als Ausstellungspavillon für den Stahlwerks-Verband und den Verband Deutscher Brücken- und Eisenbaufabriken entwirft. Als Künstler wirkt hier, wie schon bei Max Tauts Finsterwalder Schule, der Bildhauer Wilhelm Repsold mit, der den Silhouetten-Fries im Diaphaniensaal schafft. Im Kontrast hierzu steht die Halle des Deutschen Betonvereins von Wilhelm Kreis, die, wie Max Taut kritisiert, nicht in wünschenswerter Weise das Prinzip des Eisenbetonbaus zum Ausdruck bringe. Die Gesamtanlage geht auf die Leipziger Architekten und Königlich Sächsischen Bauräte Georg Weidenbach und Richard Tschammer zurück, die den ersten Preis des 1912 veranstalteten Wettbewerbs zur Ausstellungskonzeption gewannen. Die Hauptachse, die Straße des 18. Oktober, führt in gerader Linie auf das Völkerschlachtdenkmal von Bruno Schmitz zu. Die Nähe zum alles überragenden Denkmal, einem Beispiel zyklopisch-monumentalen Bauens, wird von der Ausstellungsleitung als eine Kraft verstanden, die auch Künstler und Firmen zu außerordentlichen Leistungen inspirieren soll.

QUELLE: MTA WV 23.
LITERATUR: Friedrich Seeßelberg: Der Werdandibund auf der Baufach-Ausstellung in Leipzig. In: Die Bauwelt (1913), Nr. 23, S. 28–29; Max Taut: Der Einfluss des Materials auf die Baukunst. In: Technische Rundschau, Jg. 19 (6. 8. 1913), Nr. 32; Karl Blanck: Die Baufachausstellung in Leipzig. In: Der Profanbau. Leipzig (1913), Nr. 17, S. 517–521; Die Werdandiunternehmungen. In: Friedrich Seeßelberg (Hrsg.): Werdandi-Jahrbuch 1913. Berlin 1913, S. 130–132; Adolf Behne: Ostpreußische Architekten in Berlin (1915); Friedrich Seeßelberg: Die Halle des Werdandi-Bundes. In: Hans Herzog (Hrsg.): Bericht über die Internationale Baufach-Ausstellung mit Sonderausstellungen Leipzig 1913. Leipzig 1917, S. 328–330; Max Taut, 1964, S. 20; Max Taut, 1984, S. 48, 60; Matthias Schirren: Ein ›erweiterter‹ Architekturbegriff. In: Hermann Billing. Karlsruhe 1997, S. 58–70.

233 Ausstellungshalle des Werdandi-Bundes 1913, Grundriss

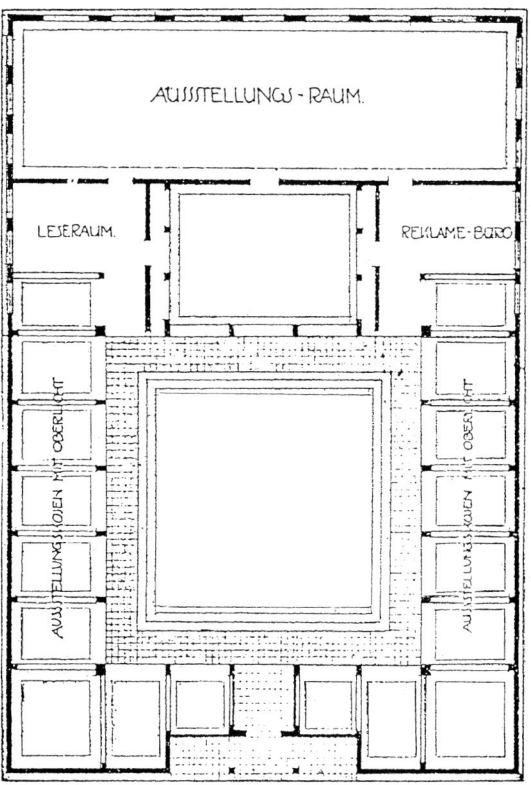

Grundriß der Ausstellungshalle des Werdandi-Bundes

30 Repräsentationsraum für Cadinen
1913

Ausführung zur Internationalen Baufach-Ausstellung in Leipzig mit Friedrich Seeßelberg, Eröffnung 3.5.1913, Schlusstag 31.10.1913

Der Repräsentationsraum für die Manufaktur Cadinen gehört zum Gebäude für Raumkunst von Georg Weidenbach und Richard Tschammer, einem zentralen Bau der Ausstellung. Angelegt ist die niedrige Zwischenhalle in Form eines Ehrenhofes, in dem die Kaiserliche Manufaktur von Cadinen im ehemaligen Ostpreußen ihre Majoliken und Töpferwaren mit Zinnglasur ausstellte. Diese Gestaltung scheint Friedrich Seeßelberg federführend übernommen zu haben, da er allein als Entwurfsverfasser in der Ausstellungsdokumentation genannt wird. Adolf Behne verweist 1915 auf das Projekt als Gemeinschaftsarbeit der Architekten Max Taut und Seeßelberg für die IBA in Leipzig.

QUELLE: MTA WV 24.
LITERATUR: Adolf Behne: Ostpreußische Architekten in Berlin (1915); Richard Graul: Die Raumkunst und der Deutsche Werkbund. In: Hans Herzog (Hrsg.): Bericht über die Internationale Baufach-Ausstellung mit Sonderausstellungen Leipzig 1913. Leipzig 1917, S. 321–324, Abb. S. 19; Max Taut, 1984, S. 48.

31 Deutsche Botschaft in Washington
1913

Wettbewerbsentwurf, Einsendeschluss
1.8.1913

Es handelt sich um eine Wettbewerbsarbeit des Jahres 1913, die von Adolf Behne erwähnt wird. Dem Beitrag von Bruno Möhring wird unter den 272 Einsendungen der 1. Preis zugesprochen.

QUELLE: MTA WV 22.
LITERATUR: Deutsche Botschaft in Washington. In: Deutsche Konkurrenzen, Bd. 30 (1913), H. 355, S. 4–5; Adolf Behne: Ostpreußische Architekten in Berlin (1915); Max Taut, 1984, S. 48.

234 Repräsentationsraum für Cadinen
1913

32 Umbau des Cafés Odeon in Berlin-Charlottenburg 1913

Entwurf und Ausführung mit dem Bildhauer Wilhelm Repsold, Bismarckstraße

Eine frühe Abbildung des Cafés Odeon findet sich in Paul Westheims Artikel über die neuen Arbeiten der Brüder Taut und Hoffmann in einer Sonderausgabe der *Wohnungskunst* von 1914. Dargestellt ist ein Fassadenausschnitt: Raumhohe Öffnungen in feingliedriger Unterteilung und keramische Platten bestimmen

235 Umbau des Cafés Odeon in Berlin-Charlottenburg 1913

das Bild im Parterrebereich. Das erste Geschoss ist durch einen umlaufenden Balkon mit filigranem Eisengeländer akzentuiert. Zwischen den Fenstertüren finden sich runde Fassadenreliefs aus glasierten Terrakotten, die vom Bildhauer Wilhelm Repsold stammen. Adolf Behne beschreibt das Odeoncafé als einen Umbau, der durch die originelle Verwendung von Majoliken auffallend wirke. Sowohl die runden Majoliken als auch die Eisenarbeit des Geländers zeigen die Nähe des Bauwerks zum Jugendstil.

QUELLE: MTA WV 29.
LITERATUR: Paul Westheim: Neue Arbeiten der Architekten Bruno Taut, Max Taut, Franz Hoffmann – Berlin. In: Wohnungskunst – Die Raumkunst, 7 (1914), Sonderausgabe S. 1–20; Adolf Behne: Ostpreußische Architekten in Berlin (1915); Café Odeon. In: Berliner Architekturwelt (1919), S. 175–177; Max Taut, 1984, S. 48.

33 Bebauung des Gemeindegeländes in Berlin-Reinickendorf 1913–1914

Wettbewerbsentwurf, Ankauf, Motto: Aufgehende Sonne

Im städtebaulichen Wettbewerb zur Gestaltung und Aufteilung des Gemeindegeländes hinter dem Reinickendorfer Rathaus erhält Max Taut einen mit 500 Mark dotierten Ankauf. Der 1. Preis geht an die Architekten Theodor Bulling und Max Israel.

QUELLE: MTA WV 26.
LITERATUR: Wettbewerbe, Bebauungsplan für Berlin-Reinickendorf. In: Bauwelt (1914), H. 4, S. 13; Max Taut, 1984, S. 48.

34 Bebauung des Havelgeländes bei Berlin 1913–1914

Wettbewerbsentwurf, Ausschreibung 1913, Abgabe 1914

Adolf Behne erwähnt einen Entwurf für die »Bebauung des Osthavellandes (Wettbewerb 1914)«, das sich westlich Berlins erstreckt. Auch Bruno Taut nimmt am Wettbewerb für die Bebauung des Havelgeländes in Berlin-Kladow teil und erhält den 1. Preis.

QUELLE: MTA WV 25.
LITERATUR: Adolf Behne: Ostpreußische Architekten in Berlin (1915); Max Taut, 1984, S. 48; Winfried Nerdinger [u.a.] (Hrsg.): Bruno Taut 1880–1938. Stuttgart, München 2001, S. 337.

35 Realgymnasium in Nauen 1913–1916

Grundlegender Baubeschluss der Stadtverordneten 24.5.1913, Beauftragung und Baubeginn 1914, Ausführung mit kriegsbedingten Unterbrechungen bis 1916, Parkstraße 7

In der *Bauwelt* vom 16.7.1914 heißt es, dass der Vorentwurf von Max Taut und Franz Hoffmann für das Realgymnasium die Zustimmung des Nauener Magistrats und der Stadtverordneten gefunden habe und den Architekten die weitere Bearbeitung übertragen worden sei. Die Vorbereitungen zum Bau sollten zum allernächsten Zeitpunkt begonnen werden. Doch mit Kriegsbeginn kommen die Vorarbeiten zunächst zum Erliegen, wie Bruno Taut dem bei Küstrin stationierten Bruder Max berichtet. Ende 1914 werden die Arbeiten wieder aufgenommen und Bruno beaufsichtigt in Vertretung von Max die Ausführung auf der Baustelle. Während der seltenen Beurlaubun-

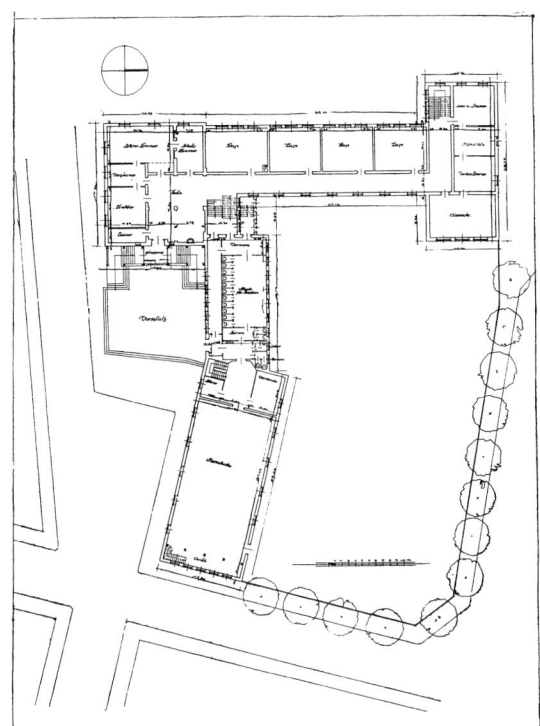

gen reist Max nach Nauen und verhandelt unmittelbar mit den Bauherren. Im Herbst 1916
wird der Bau endgültig fertig gestellt und der
Schulbetrieb kann am 1. Oktober 1916 aufgenommen werden. Bruno, der das Gebäude erneut besichtigt hat, schreibt begeistert über
den Entwurf seines Bruders: »Dein Bau ist
ganz ausgezeichnet geworden!« Die Restzah-
lungen aus Nauen müssen auch 1917 noch
den nötigsten Unterhalt der Brüder sichern.
Obgleich Bruno sich um die Veröffentlichung
kümmern will, findet die Nauener Schule aufgrund der Kriegsereignisse in der Fachpresse
kaum Berücksichtigung.

Zum Programm gehören neben dem
Klassentrakt und den Fachräumen eine Aula,
eine Direktorenwohnung und eine Turnhalle.
Auch hier gelingt es Max Taut, alle wichtigen
Kriterien für den fortschrittlichen Schulbau zu
verwirklichen und die Klassenzimmer in einer
einhüftigen Anlage nach Westen zu orientieren. Die unterschiedlichen Funktionen zeichnen sich in der Baukörpergliederung ab, doch
im Unterschied zur Finsterwalder Schule erscheint die Baugruppe in einer schlichteren,
ornamentlosen Gestalt. Alfred Kuhn erwähnt
in seiner Schrift über Max Taut die Nauener
Schule als erstes wegweisendes Gebäude des
Architekten und erläutert am Beispiel des
Treppenhauses das Bedürfnis nach Klarheit.

Aufschlussreich ist der spätere Vergleich Julius Poseners, der den Finsterwalder Eingang
als Nachklang des Jugendstils dem Nauener
Eingang als konstruktive Form des Betonrah-
mens gegenüberstellt. Zwischen beiden Entwürfen liegen kaum zwei Jahre.

Die Schule kann ab ihrer Einweihung 1916 mit kriegsbedingten Unterbrechungen bis heute als Lehrgebäude genutzt werden. Seit 1949 trägt sie den Namen Goethe-Gymnasium. Die Turnhalle, deren Decke aus einer sichtbar belassenen Holzrahmenkonstruktion besteht, wird 1979 durch einen Brand zerstört. Inzwischen sind Sanierungsmaßnahmen am Gebäude durchgeführt worden. Ein weiterer Um- und Ausbau des Hauptgebäudes ist geplant und eine neue Cafeteria im Bau.

Auf der Homepage des heutigen Goethe-Gymnasiums heißt es: »In dem vom bedeutenden Architekten Max Taut 1914 entworfenen denkmalgeschützten Gebäude stehen 29 Klassen- und Fachräume zur Verfügung, darunter ein modernes Computerkabinett, drei naturwissenschaftliche Fachräume sowie Fachräume für Musik und Kunsterziehung. Zurzeit werden in der Schule 630 Schüler der Klassen 5 bis 13 von 42 Lehrern und 3 Referendaren unterrichtet.«

QUELLEN: MTA WV 27; MTA, Briefe von Bruno an Max Taut vom 21.8.1914, 25.1.1915, 11.6.1915, 12.8.1915, 30.8.1915, 26.10.1916, 6.2.1917, 10.5.1917, 28.9.1917, 11.10.1917; Brief von Franz Hoffmann an Max Taut vom 17.10.1916; Brief des Magistrats von Nauen an Max Taut vom 13.3.1917 und 4.2.1918; Brief des Mitarbeiters Grimm an Max Taut vom 1.10.1917.
LITERATUR: Realgymnasium in Nauen. In: Die Bauwelt, 5 (1914), Nr. 29, S. 11; Nauen, Neubau des Realgymnasiums. In: Osthavelländisches Kreisblatt (14.11.1914); Adolf Behne: Ostpreußische Architekten in Berlin (1915); Maximilian Maul: Max Taut und Hoffmann, Berlin. In: Neue Baukunst (1925), H. 14, S. 12–36; Alfred Kuhn: Max Taut – Bauten. Berlin: 1932; Max Taut, 1964, S. 18; Max Taut, 1984, S. 8, 48, 59; Homepage Goethe-Gymnasium Nauen: http://home.t-online.de/home/Goethe-Gymnasium-Nauen (Zugriff: 13.8.2002).

36 REALGYMNASIUM IN SENFTENBERG 1914

Wettbewerbsentwürfe, Motto: Jugendheim und Schulhaus, 3. Preis beziehungsweise Ankauf laut Gutachten der Provinzial-Bauberatungsstelle vom 29.5.1914

Das Büro der Brüder Taut und Hoffmann beteiligt sich bereits 1914 an einem Wettbewerb zur Errichtung eines Realgymnasiums in Senftenberg. Soweit es sich der Korrespondenz entnehmen lässt, ist Max Taut bei diesem Vorhaben federführend. Das Projekt wird infolge von Krieg und Inflation nicht durchgeführt. Pläne zu diesem Entwurf sind nicht erhalten.

1931 kommt es zu einem neuen, engeren Wettbewerb zur Errichtung eines erweiterten Schulkomplexes. Das Büro Taut und Hoffmann erhält mit einem Entwurf von Bruno Taut den Zuschlag. Hier zeigt Bruno, im praktischen Schulbau unerfahren, einen Beitrag in Anlehnung an Max Tauts wegweisende Schulprojekte in Köpenick und Lichtenberg. Die Ausführung übernimmt späterhin Max Taut, da Bruno sich in Russland aufhält.

QUELLEN: MTA, Brief von Max Taut an Margarete Wollgast vom 13.4.1914; StA Senftenberg, Akte 2344, Bl. 41–67, Brandenburgische Provinzial-Bauberatungsstelle: Gutachten über die Wettbewerbsentwürfe vom 29.5.1914, Brief des Büros Brüder Taut und Hoffmann an den Magistrat vom 25.6.1914.
LITERATUR: Silke Dähmlow: Senftenberg, Stadtplanerische Aspekte von Bildungsbauten zur Zeit der Weimarer Republik. In: Brandenburgisches Landesamt für Denkmalpflege und Archäologisches Landesmuseum (Hrsg.): Brandenburgische Denkmalpflege, Jg. 10 (2001), H. 2, S. 44–46.

37 PALMENHAUS FÜR DIE DEUTSCHE WERKBUNDAUSSTELLUNG IN KÖLN 1914

Entwurf und Modell, Mitarbeit Emil Weinert, Ausstellung von Mai bis Oktober 1914 geplant, Schließung der Kölner Ausstellung zum 5.8.1914 mit Kriegsausbruch

Das Modell eines *Botanischen Museums* nach dem Entwurf von Max Taut wird im Kuppelsaal des Glashauses seines Bruders ausgestellt – neben weiteren Glashausentwürfen von Bruno Taut sowie dem Entwurf eines Glasgartens von Leberecht Migge. Künstler wie Franz Mutzenbecher, Max Pechstein, Adolf Hölzel und Emil Weinert wirken an der künstlerischen Gestaltung vor allem der Glasarbeiten des Gebäudes mit. Adolf Behne schreibt ein Jahr nach der Ausstellung, dass Max Taut sich als einer der Ersten für die Möglichkeiten des Glases in der modernen Baukunst begeistert habe. »Ein großes Modell für einen Glasbau, als Palmenhaus für die Kölner Werkbund-Ausstellung 1914 gedacht, kam leider nicht über den viel versprechenden Entwurf hinaus.« Max Taut lernt Paul Scheerbart, dem Bruno sein Glashaus widmet, bereits im Winter 1913 bei seinem Bruder kennen. Scheerbart bezieht sich in seiner Schrift *Glasarchitektur* auf den botanischen Garten in Dahlem als gebautes Beispiel und weist darauf hin, woran es noch beim Palmenhaus fehle: an Farbe sowie an doppelten Glaswänden, um im Winter den Heizbedarf in Grenzen zu halten. Leider ist keine genauere Entwurfsbeschreibung des tautschen Palmenhauses erhalten, allerdings ist gut vorstellbar, dass Max Taut die Anregungen Scheerbarts aufgriff. Bruno Taut hält fest: »Ein Modell eines botanischen Museums von

Max Taut ... sowie einige Skizzen von mir und ein Glasgarten-Entwurf von Leberecht Migge mögen dartun, dass die dichterisch so wundervolle Anregung Paul Scheerbarts nicht einfach als Utopie abzutun ist.«

QUELLEN: MTA WV 30; MTA, Brief von Max Taut an Margarete Wollgast vom 8.12.1913.
LITERATUR: Adolf Behne: Die Kölner Werkbundausstellung. In: Die Gegenwart, Bd. 86 (1914), S. 501–506; Das Glashaus, Sonderbauten. In: Offizieller Katalog der Deutschen Werkbundausstellung Cöln 1914. Hrsg. von der Ausstellungsleitung, 2. Auflage. Cöln-Berlin 1914, S. 377; Adolf Behne: Ostpreußische Architekten in Berlin (1915); Max Taut, 1984, S. 48; Angelika Thiekötter (Hrsg.): Kristallisationen, Splitterungen. Bruno Tauts Glashaus. Werkbund Archiv Berlin. Basel [u. a.]: Birkhäuser 1993, S. 173; Bruno Taut 1880–1938. Akademie-Katalog 128. Berlin 1980, S. 181.
ALLG. LITERATUR: Paul Scheerbart: Glasarchitektur. Erstausgabe 1914. Berlin: Gebr. Mann Verlag 2000. Darin: Der botanische Garten zu Dahlem, S. 15, sowie: Der Einfluss des farbigen Glases auf die Pflanzenwelt, S. 115.

Glasbild im Kaskadenraum des bruno-tautschen Glashauses schuf.

QUELLE: MTA WV 31.
LITERATUR: Offizieller Katalog der Deutschen Werkbund-Ausstellung Cöln 1914. Hrsg. von der Ausstellungsleitung, 2. Auflage. Cöln-Berlin 1914, S. 301–307 (Ladenstraße); Paul Westheim: Neue Arbeiten der Architekten Bruno Taut, Max Taut, Franz Hoffmann – Berlin. In: Wohnungskunst – Die Raumkunst, 7 (1914), Sonderausgabe S. 1–20; Adolf Behne: Die Kölner Werkbund-Ausstellung. In: Die Gegenwart, Bd. 86 (1914), S. 501–506, nachgedruckt in: Adolf Behne: Architekturkritik. Hrsg. von Haila Ochs. Basel [u. a.] 1994, S. 29–36; Deutsche Form im Kriegsjahr. Die Ausstellung Köln 1914. In: Jahrbuch des Deutschen Werkbundes 1915. München 1915. Darin: Peter Jessen: Die Deutsche Werkbund-Ausstellung Köln 1914, S. 32; Adolf Behne: Ostpreußische Architekten in Berlin (1915); Max Taut, 1984, S. 49; Helga Kerp: Die Ladenstraße. In: Wulf Herzogenrath, Dirk Teuber, Angelika Thiekötter (Hrsg.): Der westdeutsche Impuls 1900–1914. Kunst und Umweltgestaltung im Industriegebiet. Köln 1984, S. 213–215.

238 Laden des Kunstgewerbehauses für die Deutsche Werkbundausstellung in Köln 1914

38 LADEN DES KUNSTGEWERBEHAUSES FÜR DIE DEUTSCHE WERKBUNDAUSSTELLUNG IN KÖLN 1914

Ausführung der Ladeneinrichtung mit Hinterglasdecke von Franz Mutzenbecher, Auftraggeber: Örtling aus Cottbus und Erdmann-Jesnitzer aus Hagen in Westfalen, Kunstgewerbehaus

Die von Oswin Hempel angelegte Ladenstraße auf der Kölner Werkbundausstellung bietet Entwürfe individuell ausgebauter Ladeneinrichtungen mit Schaufenstern. So soll am Beispiel einer lebendigen Einkaufsstraße die Idee einer vorbildlichen Geschäftskultur verwirklicht werden. Karl Ernst Osthaus, Vorsitzender der Abteilung Kunst im Handel, schreibt bereits 1913 im Jahrbuch des Deutschen Werkbundes: »Das Schaufenster wird noch mehr betrachtet als die Fassade. ... Der Ladenbesitzer ist damit zum Volkserzieher geworden oder doch zu einem Mittler, von dem das Schicksal des Geschmacks in weiten Kreisen abhängt.« Letztlich erfüllt die Ladenstraße jedoch nicht die anfänglichen Erwartungen, da wenig Interesse bei nationalen Unternehmen besteht und ausländische Warenangebote nicht zugelassen sind – ein Widerspruch zu Osthaus' Vorstellung einer in alle Weltteile führenden Fantasie. Für Adolf Behne ist der von Max Taut gestaltete Verkaufsraum »fraglos der beste Verkaufsraum der ganzen Kölner Ladenstraße«. Als prächtiger Schmuck findet die hinter Glas gemalte Decke Erwähnung. Sie stammt von Franz Mutzenbecher, der auch ein

39 Das drehbare Haus an der Kurischen Nehrung bei Cranz 1914; 1919

Erster Entwurf 1914, Neufassung 1919, Publikation 1920, Bauherr: Mendthal, Königsberg

Adolf Behne beschreibt das Projekt 1915 als ein originelles Haus, das drehbar ist und dessen Ausführung nur durch den Krieg verhindert worden sei. »Wie hier Max Taut abseits vom ›Feststehenden‹ mutig vorwärts geht, so begeistert er sich sofort als einer der Ersten für die Möglichkeiten des Glases in der modernen Baukunst.« Das kreisrunde Haus aus Glas, als technische Innovation geplant, besteht aus einem fest stehenden Sockelgeschoss und einem drehbaren Obergeschoss, das sich samt Treppe um den Schornstein im Zentrum per Motor oder Hand bewegen lässt. Auf der unteren Ebene liegen Küche und Bad und im

resigniert stellt Bruno Taut fest, dass er sich in dem vermeintlichen Architekturförderer getäuscht hat.

Nach Kriegsende beschäftigt sich Max Taut erneut mit dem Projekt und präsentiert im *Frühlicht* 1920 eine visionär anmutende Version, die auch als Blatt der *Gläsernen Kette* existiert. »Das Haus sollte 1914 in der Nähe von Cranz in den Dünen der Curischen Nehrung für Herrn Mendthal gebaut werden«, lautet die knappe Erläuterung Max Tauts im Kettenbrief.

Quellen: MTA WV 33; Briefe von Bruno an Max Taut vom 19.10.1914, 19.3.1915, 11.6.1915, 23.6.1915, 5.7.1915, MTA; Hans Scharoun: Redemanuskript zum 75. Geburtstag Max Tauts, 2.6.1959, Sammlung Scharoun, SAdK.
Literatur: Adolf Behne: Ostpreußische Architekten in Berlin (1915); Max Taut: Das drehbare Haus (Zeichnung). In: Bruno Taut (Hrsg.): Frühlicht (1920), H. 2; Ulrich Conrads (Hrsg.): Frühlicht 1920–1922 (Nachdruck). Berlin [u. a.]: Ullstein 1963, S. 17 (Im Inhaltsverzeichnis wird irr-

239 Das drehbare Haus an der Kurischen Nehrung bei Cranz

drehbaren Oberbereich Wohn- und Arbeitsraum sowie kojenartige Schlafzimmer. Die Vegetation ringsum besteht aus Strandhafer, Stranddisteln und von Sturm zerzausten niedrigen Bäumen. »Der Rundblick ist ringsherum unbehindert«, notiert Max Taut. »Man hat freien Blick auf die offene See, die Nehrung und das Haff.«

In der Korrespondenz der Brüder findet 1914–1915 der Bauherr Mendthal als Förderer der Architektur Erwähnung. Bruno bemüht sich in diesem Zeitraum um eine Anstellung von Max in Königsberg. Mendthal signalisiert hierbei im März 1915 Unterstützung: »Setzen Sie alles daran, dass Ihr Bruder hier herkommt. Aufträge besorge ich Ihnen schon. Sie werden reich und berühmt.« Im Anschluss folgen jedoch keine weiteren Reaktionen und

tümlich Wenzel Hablik als Verfasser genannt.); Ulrich Conrads: »Man könnte darüber auch lachen ...« Zu Max Tauts »utopischen Skizzen« 1918–1922. In: Max Taut, 1984, S. 28, 49, 65; Iain Boyd Whyte, Romana Schneider (Hrsg.): Die Briefe der Gläsernen Kette. Berlin: Ernst & Sohn 1986, S. 137; Angelika Thiekötter (Hrsg.): Kristallisationen, Splitterungen. Bruno Tauts Glashaus. Basel [u. a.]: Birkhäuser 1993, S. 52 (Hier wird irrtümlich Wenzel Hablik als Verfasser genannt.); Manfred Speidel: Bruno Taut: Natur und Phantasie. Berlin: Ernst & Sohn 1995, S. 141, 185.

40 Portalgestaltung für das 3. Berliner Sezessionsgebäude in Charlottenburg 1915

Als gemeinsamer Entwurf von Bruno und Max Taut überliefert, Kurfürstendamm 232

»Für die Secession soll ich den Eingang machen«, schreibt Bruno an seinen Bruder Max Taut, der an der französischen Westfront stationiert ist, und ergänzt: »Es fällt mir ungeheuer schwer, mich mit sowas abzugeben. Im Grunde empfinde ich das ganze Büro als Ballast, oder ich müsste körperlich stärker sein.« Eine vom 8. 9. 1915 datierte Zeichnung erscheint als weiterer Hinweis darauf, dass Bruno Taut der Entwurfsverfasser für das Portal des Sezessionsgebäudes im Büro der Brüder Taut und Hoffmann ist. Eine Zusammenarbeit der Taut-Brüder lässt sich nicht belegen, doch ist ein Austausch von Skizzen immerhin denkbar.

Quellen: MTA WV 32; Brief von Bruno aus Plauen an Max Taut in Grandpré vom 30. 8. 1915, MTA.
Literatur: Paul Ortwin Rave, Irmgard Wirth: Die Bauwerke und Kunstdenkmäler von Berlin. Stadt und Bezirk Charlottenburg, Teil 2. Berlin: Gebr. Mann Verlag 1961, S. 272 (angeführt als gemeinsamer Entwurf); Max Taut, 1984, S. 49 (angeführt als gemeinsamer Entwurf); Kurt Junghanns: Bruno Taut 1880–1938. Leipzig: Seemann 1998, S. 274 (angeführt als gemeinsamer Entwurf); Winfried Nerdinger [u. a.] (Hrsg.): Bruno Taut 1880–1938. Stuttgart, München 2001, S. 338.

41 Siedlung Eichkamp in Berlin-Charlottenburg 1919–1924

Ausführung des ersten Bauabschnitts 1919–1924, Fertigstellung der ersten 49 Wohnungen Mitte August 1920, Bauherr: Märkische Heimstätten AG, Realisierung durch die Bauhütte Berlin GmbH; Areal des Bauabschnitts: Eichkampstraße (vormals: Königsweg), Eichkatzweg (vormals: Im Eichkamp), Maikäferpfad (vormals: Buchenweg und Im Bucheneck) und Lärchenweg; weitere Bauabschnitte in den Jahren 1927–1928 (Werk 72) und Neuaufbauten nach Kriegszerstörungen 1947–1957 (Werk 123)

Bereits im ersten Nachkriegsjahr beginnt für Max Taut mit dem Entwurf für die Eichkamp-Siedlung die architektonische Arbeit, während sein Bruder in einem Brief an Karl Osthaus klagt, er schwebe als imaginärer Architekt in der Luft. Am Rand des Grunewalds im westlichen Teil Berlins plant Max Taut eine Kleinhaussiedlung für Arbeiter der nahe liegenden Eisenbahnstätten. Auftraggeber ist die Sied-

lungsbank Märkische Heimstätten GmbH, die erst im November 1918 von dem SPD-Minister Otto Braun gegründet worden war und in der Weimarer Republik eine besondere Rolle für den gemeinnützigen Kleinwohnungsbau einnehmen wird.

Der erste Bebauungsplan sieht für rund zehntausend Bewohner eine Siedlung vor, die nach dem Prinzip einer autonomen Gartenstadt mit öffentlichen Einrichtungen wie Gemeindehaus, Kirche, Schulen, Verwaltungsbauten und Kaufhäusern ausgestattet ist. Letztlich wird nur ein bescheidener Teil der ursprünglich geplanten Gesamtanlage realisiert, wobei die Gemeinschaftseinrichtungen zugunsten des dringend erforderlichen Wohnraums zurückgestellt werden und schließlich ganz entfallen. Die Planung einer Arbeitersiedlung im bürgerlichen Bezirk Charlottenburg wird von der Bezirksverwaltung nicht widerspruchslos hingenommen und die Ausführung aufgrund von Eigentumsansprüchen und laufenden Pachtverträgen der Oberförsterei Potsdam behindert. Von der Idealplanung einer Arbeitersiedlung als Gartenstadt existiert heute lediglich ein Fragment, eine marginale Wohnsiedlung am Rand des Grunewalds, durch Avus und Messegelände von den zentralen Stadtbezirken getrennt.

Das städtebauliche Konzept von 1919 setzt eine streng orthogonale Struktur gegen eine freiere diagonale Ordnung, die sich aus

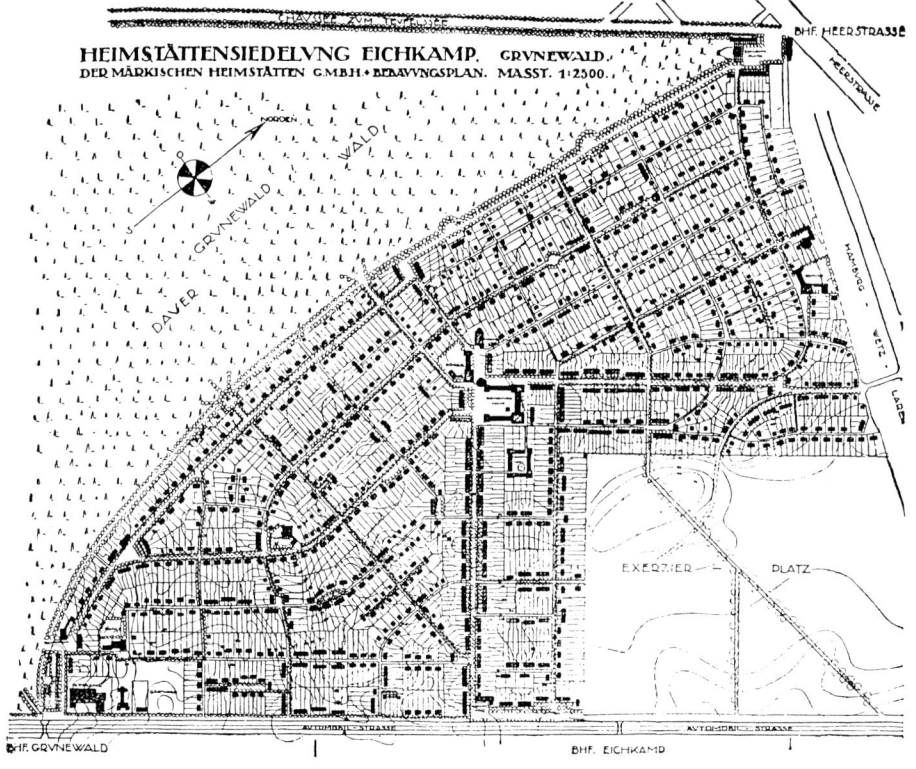

240 Siedlung Eichkamp in Berlin-Charlottenburg, Übersichtsplan der ursprünglichen Planung 1919

dem Terrain des angrenzenden Grunewalds ergibt. Durch die unterschiedliche Gruppierung der Kleinhäuser im Einer-, Zweier- und Viererrhythmus entsteht ein abwechslungsreiches Siedlungsbild, dessen Zentrum im Schnittpunkt der beiden Strukturen liegt. Der Komprimiertheit der Kleinhäuser mit überwiegend 40 bis 59 Quadratmetern Wohnfläche steht die Dimension der bis zu 550 Quadratmeter großen Gärten gegenüber, die auch für die Eigenversorgung gedacht sind. Realisiert wird zunächst nur ein Ausschnitt mit ein- bis zweigeschossigen Wohnbauten entlang der

241 Siedlung Eichkamp, Ladenhaus
Eichkampstraße 1920–1921

Eichkampstraße; einige Jahre später folgen Ergänzungen unter Einbeziehung weiterer Architekten, zu denen Bruno Taut und Martin Wagner gehören.

Während die schlichten Siedlungshäuser konventionell gestaltet erscheinen, ist ihre Bauweise innovativ. Der Vierfamilien-Kleinhaustyp wird nach einem im März 1920 patentierten Verfahren aus Gussbeton errichtet. Bei dieser Konstruktion werden präfabrizierte Schalungstafeln für das Gussverfahren verwendet, so dass sich die Herstellungszeit verkürzt und die Kosten gegenüber dem Mauerwerksbau um vierzig Prozent geringer ausfallen. »Siedlungen sind nicht Angelegenheiten der Kunst, sondern eine rein politische Sache«, äußert Max Taut 1919 in der ersten Publikation des *Arbeitsrates* zum Siedlungsbau. Es zeigt sich, dass er das Zukunftsweisende

seines frühen Siedlungsentwurfs nicht im Experiment mit der Form sieht, sondern in der kostengünstigen Herstellung und der Ausstattung der Gesamtanlage mit sozialen Einrichtungen.

In der vom *Arbeitsrat* organisierten Ausstellung *Für unbekannte Architekten* präsentiert Max Taut 1919 seine Entwürfe für Kleinsiedlungsprojekte. Adolf Behne schlägt den tautschen Entwurf der Eichkamp-Siedlung für die internationale Amsterdamer Ausstellung der Zeitschrift *Wendingen* vor. »Eine besondere Aufgabe wurde das Gebiet der Siedlungen, also der Massenherstellung von Wohnungen in gleicher Art und Größe«, fasst Max Taut 1931 die Entwicklung des *Neuen Bauens* zusammen. »Vor allem aber war maßgebend der soziale Gedanke. Nicht für eine abgegrenzte Oberschicht, sondern für alle Schichten des Volkes sollten, wenn auch bescheidene und finanziell erschwingliche, jedenfalls aber gesunde und menschenwürdige Wohnungen geschaffen werden.«

Bereits kurz nach Fertigstellung der ersten Bauten wünscht Bruno Taut im Mai 1921 Max und seiner Frau Margarete Freude im neuen Haus, das die beiden im Eichkamper Lärchenweg bezogen haben. Wenige Jahre später erwerben sie das Haus im heutigen Lärchenweg 15, in dem sie zeitlebens wohnen werden. Im Haus Zikadenweg 55, das 1927 nach den Plänen Tauts errichtet wird, kommt zunächst der Schwager Hans Kaiser unter. In den fünfziger Jahren richtet Max Taut hier sein Atelier ein. Der Büropartner Franz Hoffmann zieht mit seiner Familie 1929 in den Eichkamper Zikadenweg 70 und eine Straßenecke weiter, in der Waldschulallee, wohnt bis 1933 Stadtbaurat Martin Wagner.

Die Schilderung *Das zerbrochene Haus* des Schriftstellers Horst Krüger aus dem Jahr 1966 gibt einen atmosphärischen Einblick in die Siedlung Eichkamp, wo der Autor von 1923 bis 1944 seine Jugend verbracht hat. »Ich gehe wieder wie damals: Fliederweg, Lärchenweg, Buchenweg, Kiefernweg, Vogelherd, Im Eichkamp – alles schmale, zierliche Straßen, noch heute ohne Bürgersteig, noch heute mit Gaslaternen, winzige Häuschen mit schmalen Vorgärten, grünen Läden an altmodischen Fenstern und dahinter lauter brave, biedere Leute, die ihr Handwerk, ihr Geschäft, ihre Amtsstube gut verwalten.« Neben dem Kleinbürgermilieu schildert Krüger die unterschiedlichen Siedler vom »roten Pack«, das die zuletzt gebauten einfacheren Siedlungshäuschen bewohnt, bis zur Nachbarin Elisabeth Langgässer oder den Eichkampern Ludwig Marcuse und Arnold Zweig, die bis zu ihrer Emigration 1933 hier leben. Einzelne Bauten im Eichkatzweg und Maikäferpfad sind in die Berliner Denkmalliste aufgenommen worden.

QUELLEN: MTA WV 34; Karte von Bruno an Max Taut vom 14.5.1921; Brief von Adolf Behne an Walter Gropius vom 9.12.1920 abgedruckt in: Arbeitsrat für Kunst. AdK-Katalog 129. Berlin 1980, S. 123.
LITERATUR: Die Siedlung Eichkamp-Grunewald. In: Die Bauwelt (1919), H. 15, S. 7–8; Eine neue Gussbetonweise. In: Zentralblatt der Bauverwaltung (23.10.1920), Nr. 85, S. 539–540; Alfred Wiener: Für unbekannte Architekten. In: Die Kunst, Jg. 20 (Mai-Beilage 1919) H. 8. Nachdruck in: Arbeitsrat für Kunst. AdK-Katalog 129. Berlin 1980, S. 95; Fr[itz] E[iselen]: Ausführung von Wohnhäusern in Gussbeton. In: Deutsche Bauzeitung, (20.11.1920), Nr. 18, S. 139–140; Maximilian Maul: Max Taut und Hoffmann, Berlin. In: Neue Baukunst (1925), H. 14, S. 12–36; Paul Ortwin Rave, Irmgard Wirth: Die Bauwerke und Kunstdenkmäler von Berlin. Stadt und Bezirk Charlottenburg, Teil 2. Berlin: Gebr. Mann Verlag 1961, S. 456; Berlin und seine Bauten. Teil IV, Wohnungsbau, Band A. Berlin 1974, S. 146–147, 275–276; Max Taut, 1984, S. 49, 70; Manuela Goos, Brigitte Heyde: Eichkamp. Eine Siedlung am Rande mitten in Berlin. Berlin: Selbstverlag Siedlerverein Eichkamp e.V. 1999.
ALLG. LITERATUR: Max Taut: Neues Bauen in Deutschland. In: Deutsche Architektur der Gegenwart. Berlin 1931, S. 2–4; Horst Krüger: Ein Ort wie Eichkamp. In: Das zerbrochenen Haus. Erweiterte Neuausgabe. Hamburg: Hoffmann und Campe (Erstveröffentlichung 1966) 1976.

Pflanzenbewuchs, der aus einem Rosenstock im Hintergrund und einem Efeuhügel vor dem Grabmal besteht.

Die Stele ist gegenwärtig durch Witterungs- und Umwelteinflüsse geringfügig in Mitleidenschaft gezogen und steht, offenbar aufgrund von Erdsenkungen, erkennbar aus dem Lot.

QUELLE: MTA WV 38.
LITERATUR: Grabstein Reibedanz (Abbildung). In: Bruno Taut (Hrsg.): Frühlicht (Sommer 1922), H. 4. Neuauflage: Berlin: Gebr. Mann Verlag 2000, S. 106; Max Taut, 1984, S. 49; Christoph Fischer, Volker Welter (Hrsg.): Frühlicht in Beton. Berlin: Gebr. Mann Verlag 1989, S. 47; Winfried Nerdinger [u. a.] (Hrsg.): Bruno Taut 1880–1938. Stuttgart, München 2001, Abb. S. 46.

42 GRABSTEIN REIBEDANZ AUF DEM LUISENSTÄDTISCHEN FRIEDHOF IN BERLIN-KREUZBERG 1919

Ausführung, der originale Farbauftrag wurde beseitigt, Bergmannstraße

Erwin Reibedanz, der Schwager von Franz Hoffmann, ist 1919 verstorben. Den in seiner Datierung nicht exakt gesicherten Entwurf zur Grabstele erstellt Max Taut in freier Anlehnung an expressiv-kristalline Motive, wie sie sich in seinen Skizzen für das *Frühlicht* und die *Gläserne Kette* finden. Eine erste Veröffentlichung des ausgeführten Entwurfs erfolgt 1922 im Sommerheft des *Frühlichts* neben dem Weimarer Denkmal für die Märzgefallenen von Walter Gropius. Die Bildunterschrift lautet: »Grabstein Reibedanz auf dem Luisenkirchhof in Berlin von Max Taut (farbig behandelt).« Als Farben wählt Max Taut Blaugrau und Dunkelblau, während der steinbekrönende Stern mit Schweif vergoldet wird, doch muss der Farbauftrag schon bald auf Protest der Friedhofsverwaltung entfernt werden. Das geneigte Kreuzsymbol im Sockelbereich geht auf einen ausdrücklichen Wunsch der Familie Reibedanz zurück. Interessant erscheint das Zusammenspiel von konischer Skulptur und

242 Grabstein Reibedanz auf dem Luisenstädtischen Friedhof in Berlin-Kreuzberg 1919

43 Doppelwohnhaus Brunnenstrasse in Finsterwalde 1920

Bauantrag 31.1.1920, Brunnenstraße 7

Das zweigeschossige Doppelhaus in Finsterwalde wird im Auftrag Max Koswigs für Angestellte des Unternehmens F. F. Koswig errichtet und gleicht in Bauart und Gestalt den
Eichkamp-Häusern. So finden sich die Satteldachform und das Motiv der stufenweise ansteigenden Fenster beim Treppenhaus. Das
Gebäude ist in seiner Substanz gut erhalten
und lediglich durch kleinere Umbauten im
Dachbereich und Modernisierungen bei Fenstern und Türen verändert.

QUELLE: Archiv des Kreismuseums Finsterwalde,
Bauantragsplan vom 31.1.1920.
LITERATUR: Manfred Woitzik: Zeichnungen vom Architekten
Max Taut. In: Lausitzer Rundschau (3.8.1988); Manfred
Woitzik: Max Taut und seine Finsterwalder Bauten. In:
Rainer Ernst, Olaf Weber (Hrsg.): Finsterwalde. Ein
Lesebuch zur Geschichte der Stadt. Berlin 1991, S. 109.

243 Doppelwohnhaus Brunnenstraße in Finsterwalde 1920,
Zustand 2000

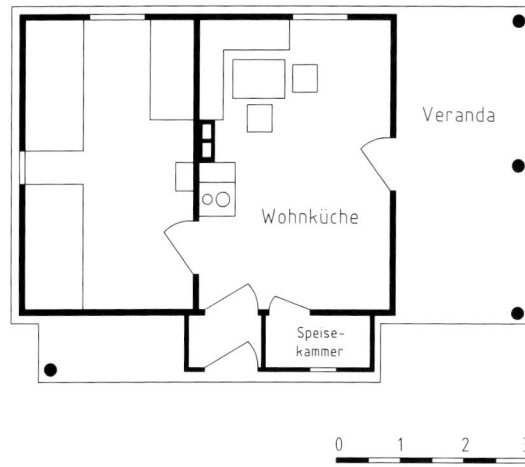

244 Wohnlauben in Berlin-Spandau 1920, Grundriss (30
Quadratmeter)

44 Wohnlauben in Berlin-Spandau 1920

Wettbewerbsentwurf, Einsendeschluss
16.8.1920, Motto: A. A., 2. Preis für Wohnlaube mit 30 Quadratmetern und 3. Preis für
Wohnlaube mit 45 Quadratmetern (kein
1. Preis vergeben), Jurymitglieder: Paul Mebes,
Hermann Jansen, Stadtbaurat Beuster u. a.

Der Magistrat von Spandau lobt im Sommer
1920 einen Wettbewerb für den Entwurf von
Wohnlauben aus. Aufgrund der Wohnungsnot
in der unmittelbaren Nachkriegszeit wird in
Spandau ein Areal erschlossen, das zur Errichtung einer Laubensiedlung vorgesehen ist,
wobei durch Erbpacht eine langfristige Nutzung zu Wohnzwecken garantiert werden soll.
Die Jury verleiht unter den 33 eingereichten
Arbeiten zwei Preise an Max Taut. Als über-
zeugendste Lösung wird sein Konzept einer
30-Quadratmeter-Laube vorgestellt. Im Urteil
des Preisgerichts heißt es: »Der Entwurf zeigt
in einfachster Form die Grundelemente einer
Wohnlaube, Veranda, Wohnküche und Schlafraum in klarer Folge angeordnet ohne Zwi-
schenschaltung unnötigen Nebenraumes. ...
Die geplante Verteilung beim Bau mehrerer
Lauben, die als Vorschlag beigegeben ist, kann
als äußerst gelungen bezeichnet werden.«
   Ziel des Wettbewerbs ist es, Pläne für ge-
nehmigungsfähige Wohnlauben zu gewinnen,
die von den Siedlern selbst als Musterbauten
errichtet werden können. Das Konzept bedingt
somit eine schlichte Konstruktionsweise, für
die Taut ein mit Rabitz bekleidetes Holzfach-
werk vorsieht. Die Wohnlauben-Typen von 30
und 45 Quadratmetern Größe sind so konzipiert, dass sie im Laufe der Zeit zu Kleinhäusern ausgebaut werden können – hierin deutet

sich bereits die Idee des wachsenden Hauses an, das 1932 auf einer Sonderschau der Berliner Messe thematisiert wird.

QUELLE: MTA WV 35.
LITERATUR: Wettbewerbe. In: Deutsche Bauzeitung (1920), Nr. 49, S. 268; Wettbewerbe. In: Deutsche Bauzeitung (1920), Nr. 74, S. 368; Stadtbaurat Elkart: Der Wohnlauben-Wettbewerb der Stadt Spandau. In: Die Volkswohnung (24.10.1920), S. 268–274; Max Taut, 1984, S. 49.

45 ERBBEGRÄBNIS WISSINGER AUF DEM SÜDWESTKIRCHHOF STAHNSDORF BEI BERLIN 1920–1923

Entwurf 1920–1921, Ausführung 1922–1923, Grabplatte für Hermann Wissinger von Otto Freundlich (verschollen)

»Kampf um ein Grabdenkmal«, heißt es im 8-Uhr-Abendblatt vom 9. Juli 1924. »Auf dem Stahnsdorfer Friedhof ist ein harter Kampf ausgebrochen. Ein expressionistisches Grabdenkmal, das der berühmte Architekt Max Taut erbaut hat, ist von der Synode lebhaft beanstandet worden. Es ist sogar seine Entfernung beantragt worden.« Die Gestaltung der Grabstätte hatte das Ehepaar Julius und Helene Wissinger beauftragt, das eine Reihe avantgardistischer Künstler in den zwanziger Jahren förderte. Im Frühjahr 1920 sind das neugeborene Kind Ingrid Wissinger und der 1848 geborene Hermann Otto Julius Wissinger verstorben. Beide wurden am 14. April auf dem Stahnsdorfer Friedhof beigesetzt.

Der Entwurf für das Erbbegräbnis Wissinger wird im Winterheft 1921–1922 des *Frühlichts* anhand von Modellfotos und einer Grundrisszeichnung vorgestellt und zwischen Herbst 1922 und Frühjahr 1923 auf dem Friedhof Stahnsdorf ausgeführt. Sieben Grabstellen – der Entwurf sah in seiner klaren Ordnung sechs vor – werden von kristallin modulierten Eisenbetonrahmen überdacht. Aus einer schollenartigen Basis wachsen feinprofilierte Betonstützen empor und verbinden sich über Spitzbögen zu einem linearen Raumgerüst. Eine luftige Halle aus Stützen und Bögen überspannt somit das Erbbegräbnis. Der Einfluss gotischer Gewölbe, wie Max Taut sie in Chorin skizziert und studiert hat, ist spürbar. Max Taut wählt für die Publikation von Maximilian Maul ein Foto, auf dem der Bewuchs wie die freien vegetabilen Formen seiner utopischen Skizzen als Pendant zur kristallinen Härte erscheint. Entgegen der Planung wird das Grabmal nicht farbig in den Haupttönen Blau, Rot

und Gold ausgeführt, stattdessen bleibt der Beton sichtbar – vermutlich hatte man aufgrund negativer Erfahrungen beim Reibedanz-Grabstein auf die expressive Farbgestaltung verzichtet.

Otto Freundlich, ein Freund von Julius Wissinger, wird als Bildhauer für die Ausführung der Grabplatte für Hermann Wissinger beauftragt. Unter Einbeziehung jüdisch-mystischer Symbolik entwirft er eine markante Golem-Darstellung, die jedoch zu Beanstandungen von Seiten der Kirchensynode führt, so dass man sich veranlasst sieht, die Grabplatte zu entfernen. Dies führt zu einer Auseinandersetzung zwischen den Künstlern: Otto Freundlich beklagt sich gegenüber Julius Wissinger, Max Taut habe sich als Architekt nicht entschieden genug gegen die Beseitigung der Skulptur gewehrt. Dieser Vorwurf überrascht insofern, als letztlich das Ehepaar Wissinger als Auftraggeber und Eigentümer in der Verantwortung steht. Ein zweiter Grabstein für die kleine Ingrid befindet sich heute noch am Ort. Unverkennbar ist die motivische Verwandtschaft zu Max Tauts Grabstein in

245 Erbbegräbnis Wissinger in Stahnsdorf bei Berlin 1920–1923, Zustand 2001

Chorin mit dem Thema der Verdrehung eines Würfels über einer kubischen Basis. Der achtzackige Stern, der schon in der tautschen Grundrisszeichnung des Frühlicht-Hefts angedeutet ist, ist dem Kristall verwandt, den Max Taut später für Brunos Grab in der Türkei entwirft (Abb. 151). Es liegt nahe, dass auch der Grabstein für Ingrid Wissinger auf einen Entwurf von Max Taut zurückgeht, so wie er nach dem letzten Stand der Recherche auch seinen Choriner Grabstein gezeichnet hat.

Die *Berliner Volkszeitung* urteilt nach der Fertigstellung: »Dieses Grabmal ist wie das Gerüst einer gotischen Kirche, es ist die vergeistigte Idee gotischer Gottessehnsucht himmelsfroh und naturdurchtränkt, von Stein und Erdenschwere befreit. Sein leichtes Grau steht wunderbar im Grün der märkischen Kiefer. Uns will es scheinen, als hätte man in diesem Kunstwerk die wertvollsten Anregungen für ein allgemeines Denkmal des Waldfriedhofes finden können.«

In den Jahren 1987 und 1988 wird die stark baufällige Stätte vor dem Zerfall gerettet und durch das Architekturbüro Christoph

Knobelsdorff-Schule in Zusammenarbeit mit der Denkmalbehörde durchgeführt werden soll. Die Maßnahme ist umso dringender geraten, als das Grabmal durch einen umgestürzten Baum im Juli 2002 stark beschädigt worden ist.

QUELLEN: MTA WV 37; Brief von Otto Freundlich an Julius Wissinger vom 4.8.1923, abgedruckt in: Christoph Fischer, Volker Welter (Hrsg.): Frühlicht in Beton. Berlin 1989, S. 45.
LITERATUR: Erbbegräbnis Wissinger (Grundriss und Modell). In: Bruno Taut (Hrsg.): Frühlicht (Winter 1921–1922), H. 2. S. 38, 44; Fritz Hellwag: Ein Bürohaus des ADGB. Die Glocke (1922), Nr. 14, S. 382–383 (Hier wird im Futurum vom Bau des Erbbegräbnisses Wissinger gesprochen); Erbbegräbnis Wissinger (Foto und Kommentar). In: Illustrierte Zeitung (1924), Nr. 4140, S. 87; 8-Uhr-Abendblatt (Hauptausgabe der National-zeitung) (9.7.1924), 3. Beiblatt, Nr. 159; Berliner Börsen Courier (9.7.1924), Beilage zu Nr. 318; Maximilian Maul: Max Taut und Hoffmann, Berlin. In: Neue Baukunst (1925), H. 14, S. 12–36 (Die hier zu findende Jahresangabe 1921 ist nicht Datum der Ausführung, die 1922–1923 erfolgte.); Erbbegräbnis Wissinger. In: Berliner Volkszeitung, zitiert nach: Auszüge aus Presseäußerungen über Arbeiten der Architekten Max Taut & Hoffmann (1925), MTA; Alfred Kuhn: Max Taut – Bauten. Berlin 1932; Ulrich Conrads: »Frühlicht«-Architektur 1920. In: Bauwelt (1962), H. 50, S. 1412–1413; Max Taut, 1964, S. 29; Julius Posener: Berlin auf dem Wege zu einer neuen Architektur. München: Prestel 1979, S. 573; Julius Posener: Max Taut, Otto Bartning, Expressionistische Architektur, 13. Vorlesung zur Geschichte der Neuen Architektur. In: Arch+ (1980), H. 53, S. 69–76; Winfried Nerdinger: Rudolf Belling. Berlin 1981 (Für die vermutete Zusammenarbeit von Max Taut und Rudolf Belling beim Grabmal Wissinger gibt es bis auf eine Äußerung Mart Stams keine weiteren Belege.); Max Taut, 1984, S. 49, 67 (Blütenhaus), 68; Christoph Fischer, Volker Welter (Hrsg.): Frühlicht in Beton. Berlin: Gebr. Mann Verlag 1989 (Darin auszugsweise der Briefwechsel zwischen Otto Freundlich und Julius Wissinger und zeitgenössische Zeitungsberichte. Auch der Zeitraum der Ausführung 1922–1923 wird hier belegt.); Wolfgang Pehnt: Die Architektur des Expressionismus. Ostfildern: Hatje 1998, S. 117, 119; Erbbegräbnis Wissinger von Max Taut auf dem Südwestkirchhof Stahnsdorf. In: Tag des offenen Denkmals 2002 in Berlin. Hrsg. von Landesdenkmalamt Berlin, Berlin (2002); Max Taut. Baldachingrab für die Familie Wissinger (Abbildung und Notiz). In: Brockhaus: Die Enzyklopädie in 24 Bänden, 20. Auflage. Leipzig 2001, Bd. 21, S. 590; Internet: http://www.knobelsdorff-schule.de (Zugriff: 6.11.2002); http://www.suedwestkirchhof.de (Zugriff: 6.11.2002).

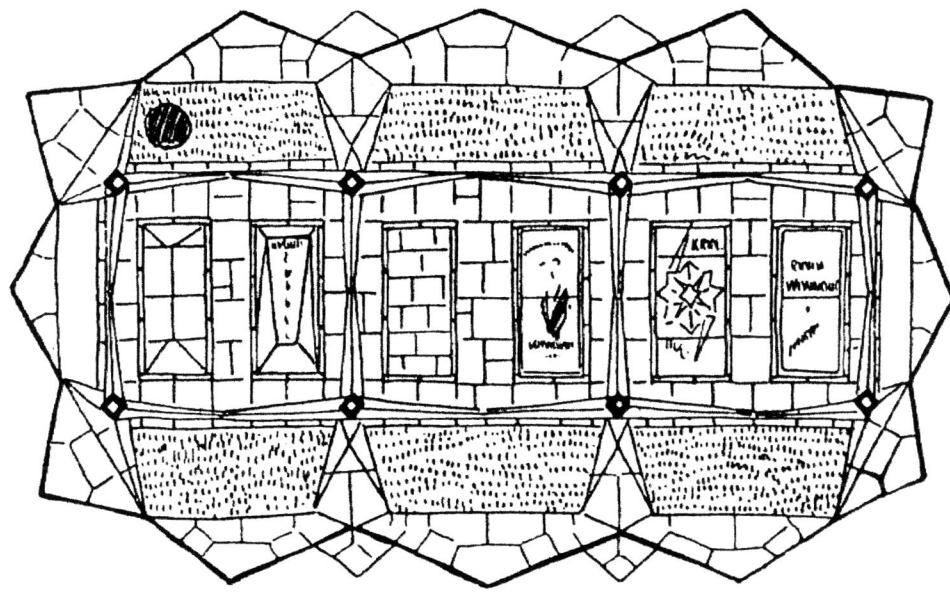

246 Erbbegräbnis Wissinger, Grundriss
Das zweite Grab von rechts für die Tochter Ingrid zeigt eine Sternform, vergleichbar dem Motiv auf der Grabplatte, die Max Taut 1939 für seinen Bruder Bruno entwarf.

Fischer saniert, worüber eine gemeinsam mit Volker Welter herausgegebene Dokumentation Auskunft gibt. Das Grabmal steht als Inkunabel expressionistischer Architektur unter Denkmalschutz und wird von der Brandenburgischen Denkmalbehörde in Verbindung mit einer Partnerschaft des Berliner Ehepaars Heike und Ludger Pieper betreut. Inzwischen ist eine erneute Restaurierung projektiert, die mit Hilfe des Oberstufenzentrums Bautechnik der

46 Ausstellungsraum Heinrichshofen in Magdeburg 1921–1922

Ausführung mit Franz Mutzenbecher

Die Ladengestaltung der Musikalienhandlung Heinrichshofen wird in der *Neuen Baukunst* auf 1921 datiert. Die Verglasung des Ladens erscheint als expressiv-kristalline Glasfront, über der dreieckige Oberlichter zusätzlich Licht ins Innere bringen. Das große Glasbild von Franz Mutzenbecher, das im Glashaus von Bruno Taut auf der Kölner Werkbundausstellung 1914 gezeigt wurde, kann als Deckenbild im Heinrichshofener Ausstellungsraum integriert werden. Es wird am 30.5.1922 nach Magdeburg geliefert und montiert.

QUELLE: MTA WV 36.
LITERATUR: Maximilian Maul: Max Taut und Hoffmann, Berlin. In: Neue Baukunst (1925), H. 14, S. 12–36; Manfred Speidel: Bruno Taut: Natur und Phantasie. Berlin: Ernst & Sohn 1995, S. 98, 144–145; Max Taut, 1984, S. 49, 68.

247 Ausstellungsraum Heinrichshofen in Magdeburg 1921–1922

248 Reklamebau für einen Rummel,
Entwurf 1919, Aquarell

47 REKLAMEBAUTEN DES WERBEDIENSTES FÜR DIE LEIPZIGER MESSE 1921

Entwurf (Abb. 60)

Im Winterheft 1921–1922 des *Frühlichts* werden von Max Taut fantastisch anmutende Reklamebauten für die Leipziger Messe vorgestellt. Ein stoffbespanntes Gerüst entfaltet sich in Etappen blütenartig zu farbenprächtigen Formen. Die werbewirksame Kinetik entwirft Max Taut in drei Varianten, die jeweils auf einem 18 Meter hohen Bau aus Eisen, Holz und Reklameflächen aus farbigen Stoff basieren. Zwei der Abwandlungen sind überdies drehbar, so dass die Reklame allseitig wirken kann. Bereits 1919 hat Max Taut zum selben Thema ein Aquarell zu einem Reklamebau für einen Rummel erstellt: Hier dominiert ein reizvolles Farbspiel und eine überbordend-fantastische Formenmannigfaltigkeit, die unverkennbar der Sphäre utopischer Skizzen entstammt (Abb. 248).

Die Leipziger Messe weist in der Nachkriegszeit stark wachsende Messeaktivitäten auf. Peter Behrens berät die Messegesellschaft bei der Erstellung ihrer Werbeflächen und entwirft zur Herbstmesse 1921 eine Reklameburg. In diesem Zusammenhang entwickelt auch Max Taut für die dem Werkbund nahe stehende Werbedienst GmbH seine Reklamebauten. Anfang der zwanziger Jahre widmen sich verschiedene Vertreter des *Neuen Bauens* wie die Brüder Luckhardt, Erich Mendelsohn und Bruno Taut dem Thema Reklame.

QUELLE: Zeichnung 1919, MTA.
LITERATUR: Reklamebauten für die Leipziger Messe (Abbildungen und Notiz). In: Bruno Taut (Hrsg.): Frühlicht (Winter 1921–1922), H. 2, S. 45; Hubertus Adam: Die Leipziger »Reklameburg« von Peter Behrens. In: Hartmut Zwahr [u. a.] (Hrsg.): Leipziger Messen 1497–1997, Teilband 2, S. 505–525.

48 Bürohaus Kemperplatz in Berlin-Tiergarten 1921

Wettbewerbsentwurf, Abgabe 30.9.1921, ehemals Ecke Viktoriastraße, Bellevuestraße

Im Auftrag der Wiederaufbau-Gesellschaft wird im Herbst 1921 ein Wettbewerb zur Bebauung eines Grundstücks in bevorzugter Lage Berlins am Kemperplatz ausgeschrieben. Die Prämierungen unter den 76 Teilnehmern gehen ausschließlich an Beiträge in traditioneller Formensprache. Dies sei ein trauriger Ausgang, lautet Adolf Behnes Resümee, der den bestimmenden Einfluss des konservativen Stadtbaurats Ludwig Hoffmann hierfür verantwortlich macht. Unberücksichtigt bleibt der Kreis der modernen Architekten, obwohl Peter Behrens, Erich Mendelsohn, die Brüder Luckhardt und die Brüder Taut zu Sonderentwürfen aufgefordert worden sind.

Max Taut konzipiert an der Kreuzung des Kemperplatzes einen Turmbau, der sich im Block als Dominante behauptet. Vermittelnd fügt er eine zurückgesetzte Bebauung ein, die Anschluss an die vorhandene niedrigere Bau-

substanz sucht. Die Zeichnungen zeigen eine konsequente Rahmenkonstruktion, die das Fassadenbild prägt und sich von den konventionellen Lochfassaden in der Umgebung absetzt. Der Bürohausentwurf veranschaulicht prototypisch bereits die Fassadengliederung des wenig später entworfenen ADGB-Hauses und lebt wie dieses von der expressionistischen Modellierung des Rahmens bis hin zu kristallinen Formen wie der sternförmigen Bekrönung im Dachbereich.

QUELLE: MTA WV 39.
LITERATUR: Wettbewerbe: Deutsche Bauzeitung (1921), H. 61, S. 272, und H. 85, S. 376; Adolf Behne: Kunstgewerbe (Städteverunstaltung). In: Sozialistische Monatshefte (1921), S. 1078 f.; Architektonische Lösung Ecke Bellevue- und Victoriastraße am Kemperplatz in Berlin. In: Bruno Taut (Hrsg.): Frühlicht (Frühling 1922), H. 3, S. 80–85; Adolf Behne: Kunstgewerbe (Hochhausproblem). In: Sozialistische Monatshefte (1922), S. 326–327, nachgedruckt in: Adolf Behne: Architekturkritik. Hrsg. von Haila Ochs. Basel [u. a.] 1994, S. 135.

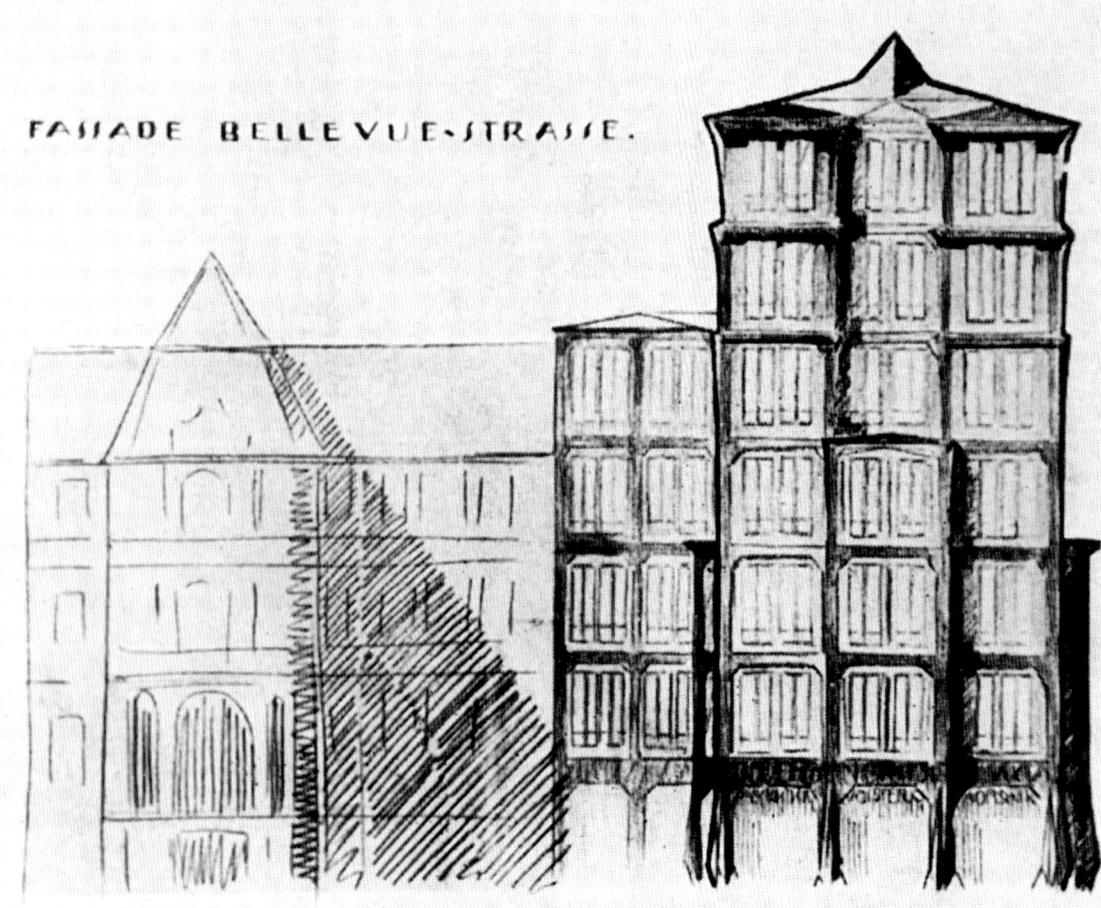

249 Bürohaus Kemperplatz in Berlin-Tiergarten 1921

FASSADE BELLEVUE-STRASSE.

49 Bürohaus des ADGB in Berlin-Mitte 1921–1923

Ausführung 1922–1923, Tragwerk Karl Bernhard, Ausmalung Franz Mutzenbecher, nicht realisiertes Vorprojekt in Treptow 1921–1922, Baubeginn an der Wallstraße April 1922, Fertigstellung Dezember 1923, nicht realisierter Entwurf zur Erweiterung 1924; Wallstraße 61–65, Inselstraße 6

Seit 1921 beschäftigt sich Max Taut mit der Planung eines neuen Bürohauses für den Allgemeinen Deutschen Gewerkschaftsbund, dessen altes Gewerkschaftshaus am Berliner Engelufer von 1903 den Erfordernissen der rasch gewachsenen Gewerkschaft nicht mehr genügt. Erster Kontakt zum ADGB ist bereits durch die gewerkschaftsnahen Märkischen Heimstätten entstanden, dem Bauherrn der Siedlung Eichkamp.

Zunächst entwickelt Max Taut als Vorprojekt einen Gebäudekomplex für ein weitläufi-

ges Areal im äußeren Bezirk Treptow. Der Baukörper, gleichfalls ein Rahmenbau, ist mit drei Geschossen deutlich niedriger angelegt und findet seinen Abschluss in einem hohen, pyramidal gegliederten Dach, das Bezug auf die villenartige Bebauung in der Umgebung nimmt. Nachdem die Gewerkschaft in Berlin-Mitte ein verkehrstechnisch günstiger gelegenes Grundstück erworben hat, ist ein grundlegend neues Konzept erforderlich.

Die von Wilhelm Repsold gezeichneten Perspektiven des neuen Entwurfs für den Standort Wallstraße sind Anfang 1922 bereits so präzise und verbindlich, dass sich nur geringfügige Abweichungen – wie der Wegfall der Rahmenvouten – im Vergleich zum realisierten Bau Ende 1923 ergeben. Die zeichnerische Präsentation hat ihren Grund in den rigiden Auflagen der Baubehörden. Max Taut erläutert hierzu im *Frühlicht* 1922: »Der Bau steht im alten Berlin in der Nähe des Märkischen Museums und der Messelschen Versicherungsanstalt. Von einzelnen Behörden

250 ADGB-Bürohaus in Berlin-Mitte 1921–1923, Wallstraße

wurden Bedenken geäußert, ob sich der Bau in das vorhandene alte Stadtbild einfügen wird. Besonders das Fehlen des üblichen hohen Daches und das Zeigen der klaren Konstruktion sollte fast verhängnisvoll für die baupolizeiliche Genehmigung des Gebäudes werden.« In den Darstellungen ist das Projekt geschickt in die städtebauliche Kulisse eingegliedert, so dass es bei aller Eigenart die Situation an der Ecke Wall- und Inselstraße nicht sprengt – und damit letztlich genehmigt wird. Für die Ausführung wird wie beim Bau der Eichkamp-Siedlung der soziale Baubetrieb Berliner Bauhütte beauftragt.

Nach ersten Veröffentlichungen des Entwurfs im *Frühlicht* und in Fachzeitschriften erfolgt mit der Fertigstellung eine Publikationswelle zum neuen ADGB-Haus. Der renommierte Bauingenieur Karl Bernhard berichtet ausführlich über die Konstruktion und die bautechnischen Problematiken, die sich aufgrund der U-Bahnführung unterhalb des Areals ergeben. Wegen der statischen Gegebenheiten muss Max Taut auf eine Eckdominante verzichten und akzentuiert den Abschluss im dritten Geschoss mit dem Sitzungssaal, dessen expressiv-gotische Form sich deutlich zur Inselstraße abzeichnet. Mit einer dreigeschossigen Staffelung erreicht er zur Wallstraße die zulässige Gebäudehöhe.

Im *Frühlicht* äußert sich Max Taut zum konstruktiven Konzept: »Der Rahmenbau wird im Äußeren wie im Inneren konsequent durchgeführt und auch gezeigt. Im Innern sollen die Binder für den Sitzungssaal, die Stützen in den Korridoren, die Betonbalken der Decken auch als solche sichtbar bleiben. Im Äußeren wird klar ohne unnötige ›Verzierung‹ das quadratische System des Betonbaus gezeigt.« Die neue Physiognomie des Rahmens im Bürobau sprengt den althergebrachten Gebäudebegriff, der von vier das Haus bis zum Dach tragenden Wänden ausgeht. Die Analogie zum modernen Fabrikbau liegt nahe und tatsächlich bietet Max Tauts eigenes Projekt in Finsterwalde von 1913 die Ansätze für die formbestimmende Konstruktion des ADGB-Hauses. Der sachliche Bau verbinde sich in seiner Zweckmäßigkeit und seinem Dekorationsverzicht mit dem Bild eines Hauses der Arbeit, hält Max Osborn fest. Alfred Kuhn sieht das Projekt als Ausgangspunkt einer konsequenten Entwicklung im tautschen Werk. Die stärksten und besten Eigenschaften seien solide Nüchternheit und bedächtige Zweckgebundenheit und eine Klarheit, wie sie erstmals die Fassade des ADGB-Bürohauses aufweise. Dabei ist nicht zu übersehen, dass die Insel-

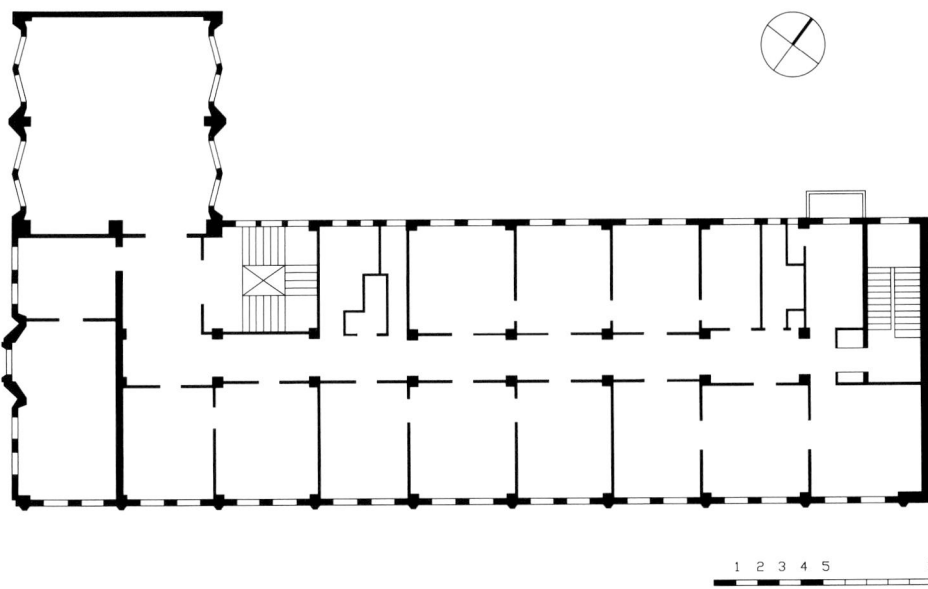

251 ADGB-Bürohaus, Grundriss 3. Obergeschoss

straßenseite mit ihren Sitzungssälen noch ganz aus dem Geist der gotisch-expressiven Architektur stammt. Aber auch der Rahmen an der Wallstraße ist expressionistisch moduliert und die Stützen der Front sind mit ihrer ursprünglichen kielförmigen Profilierung denen des Wissinger-Grabmals nicht fremd.

Der ADGB hat das gesamte Grundstück des Blocks erworben, um sich für wirtschaftlich bessere Zeiten die Möglichkeit einer Erweiterung offen zu halten. 1929 wird zur Ergänzung des Bürobaus ein Wettbewerb ausgeschrieben, an dem auch Max Taut teilnimmt (Werk 83). Statt seines mit dem 1. Preis prämierten Entwurfs wird allerdings der nächst platzierte Vorschlag von Walter Würz-

252 ADGB-Bürohaus, Ansicht Inselstraße mit Sitzungssälen 1922

bach realisiert. Im Zuge dieser Baumaßnahmen an der Wallstraße und dem Märkischen Ufer Anfang der dreißiger Jahre wird offenbar das Originalrot des tautschen Baus durch einen weniger auffälligen hellgelben Grundton ersetzt, der auch beim würzbachschen Erweiterungsbau Verwendung findet.

Im Mai 1933 besetzen die Nationalsozialisten die Einrichtungen des ADGB, wobei auch das Haus an der Wallstraße okkupiert wird. In der Nachkriegszeit erhalten das Atelier Max Taut und Hoffmann sowie der Maler Franz Mutzenbecher den Auftrag zur Wiederherstellung des kriegsbeschädigten Gebäudes, in dem der Freie Deutsche Gewerkschaftsbund seinen Sitz bis 1990 hat. Franz Mutzenbecher, der zwei Wandbilder erstellt und die Deckenmalerei restaurieren soll, teilt am 12.2.1947 seiner Schwester Elsbeth Richter mit: »Schrieb ich dir schon, dass ich für den allgemeinen deutschen Gewerkschaftsbund im Centrum ein Wandbild machen soll (ca. 60 Quadratmeter)? Erbauer war Max Taut. Ich habe damals schon eine Deckenmalerei für den gleichen Raum geschaffen. Alles wurde von den Nazis hübsch mit Lackfarbe überstrichen und brannte dann im Krieg aus.«

Nach der Wende erfolgt im Auftrag des neuen Eigentümers, des Landesbezirkes der Industriegewerkschaft BCE, eine umfassende Sanierung. Dabei fällt die Entscheidung, den gelben Farbton für die Front aufzugreifen, während die von Max Taut bestimmte und in der Literatur überlieferte Originalfarbe der Straßenfront ein Rot ist. Die fein profilierten, frei übers Obergeschoss reichenden Stützen, von denen Muster noch vorhanden sind, werden nicht rekonstruiert, so dass sich die Ausführung hier kurzerhand am vorgefundenen Erhaltungs- oder genauer Verfallszustand orientiert. Problematisch stellt sich die willkürliche innere Teilung des Gebäudes dar, die sich aus neuen Eigentumsaspekten ergibt, so dass ein Teil des Taut-Baus inzwischen dem Würzbach-Komplex zugeordnet ist. Im Inneren werden Details wie die Leuchtkörper aufwendig wiederhergestellt, während substanzielle Elemente wie das expressiv gestaltete Oberlicht des Betonsterns einer Kunstlichtimitation weichen müssen. Bei der Sanierung wird so eine Reflexion der eigenen fortschrittlichen Bautradition versäumt und die wertvolle Originalarchitektur, die einst künstlerisches Fanal gewerkschaftlichen Aufbruchs war, simplifiziert anstatt beherzt zur Geltung gebracht.

QUELLEN: MTA WV 42; Brief von Max Taut an Barbara (Miller) Lane vom 15.1.1960, MTA; Briefe von Franz Mutzenbecher an seine Schwester Elsbeth Richter vom 12.2.1947 und 6.9.1947, Nachlass Franz Mutzenbecher, SAdK; Allplan, Planunterlagen zur Sanierung.
LITERATUR: Adolf Behne: Eine Gelegenheit, die nicht verpasst werden darf. In: Freiheit (12.4.1922); Das Berliner Gewerkschaftshaus. Künstlerische Forderungen. In: Die Bauwelt (1922), H. 17, S. 293 (Reaktion auf Adolf Behnes Artikel in der Freiheit vom 12.4.1922); Adolf Behne: Baukultur. In: Sozialistische Monatshefte (1.5.1922), H. 10, S. 431; Adolf Behne: Allerlei Bauten. In: Freiheit (4.5.1922); Max Taut: Das Bürohaus des Allgemeinen Deutschen Gewerkschaftsbundes in Berlin. In: Bruno Taut (Hrsg.): Frühlicht (Sommer 1922), H. 4, S. 108–112; P.: Das Haus des Gewerkschaftsbundes. In: Bauwelt (1922), H. 34, S. 584–585; Fritz Hellwag: Ein Bureauhaus des ADGB. In: Die Glocke (3.7.1922), Nr. 14, S. 382–383; Bürohaus des Allgemeinen Deutschen Gewerkschaftsbundes in Berlin. In: Bauhüttenarbeit, hrsg. vom Verband Sozialer Baubetriebe Berlin, 1923, S. 17; Bundeshaus des ADGB. In: Jahrbuch des ADGB 1922. Verlag des ADGB 1923, S. 226–227; Bürohaus des Allgemeinen Deutschen Gewerkschaftsbundes. In: Soziale Bauwirtschaft (20.5.1923), Nr. 10/11, S. 134; Im eigenen Heim. Mitteilung des Bundesvorstandes des ADGB über sein neuerbautes Bürohaus. In: Gewerkschafts-Zeitung (1924), Nr. 1, S. 4; Das neue Haus an der Inselbrücke. In: Vorwärts (17.1.1924), Nr. 27, Beilage S. 2; Von der Eierkiste zum Bundeshaus. In: Dachdecker-Zeitung (26.1.1924), Nr. 2, S. 2–3; Das Bundeshaus des Allgemeinen Deutschen Gewerkschaftsbundes. In: Soziale Bauwirtschaft (15.3.1924), Nr. 6, S. 56; Das Haus des Allgemeinen Deutschen Gewerkschaftsbundes. In: Die Bauwelt (1924), H. 9, S. 145–147; Neubau des Bürohauses des Allgemeine Deutschen Gewerkschaftsbundes. In: Wasmuths Monatshefte für Baukunst (1924), H. 5/6, S. 163–174; Adolf Behne: Baukultur. In: Sozialistische Monatshefte (1924), H. 6, S. 408, nachgedruckt in: Adolf Behne: Architekturkritik. Hrsg. von Haila Ochs. Basel [u. a.] 1994, S. 133; Adolf Behne: Neubauten und Antiquitäten. Das neue Gewerkschaftshaus. In: Die Weltbühne (1924),

253 ADGB-Bürohaus, Großer Sitzungssaal mit Deckenbild von Franz Mutzenbecher

H. 19, S. 625; Karl Bernhard: Vom Bürohaus des Allgemeinen Deutschen Gewerkschaftsbundes. In: Deutsche Bauzeitung (1924), S. 17–21, 49–54; Walter Curt Behrendt: Die Architektur auf der Großen Berliner Kunstausstellung 1924. In: Kunst und Künstler 1923/24, S. 349–352; Fritz Hellwag: Das Bureauhaus des Allgemeinen Deutschen Gewerkschaftsbundes. In: Fachblatt für Holzarbeiter (August 1924), S. 113–117; Max Osborn: Das Haus der Arbeit. In: Vossische Zeitung (29.6.1924), Nr. 306, 1. Beilage, S. 1; Max Osborn: Ein Musterbeispiel moderner Architektur. In: Berliner Illustrierte Zeitung (27.7.1924), Nr. 30, S. 824–825; Max Osborn: Moderne Berliner Architektur. In: Vossische Zeitung, zitiert in: Auszüge aus Presseäußerungen über Arbeiten der Architekten Max Taut & Hoffmann (1925), MTA; Hans Soeder: Architektur auf der Großen Berliner Kunstausstellung. In: Der Neubau (1924), H. 13, S. 154; Bruno Taut: Die Architektur der Arbeiterbewegung. In: Soziale Bauwirtschaft (1924), H. 17, S. 179–182; Das neue Bundeshaus. In: Jahrbuch des ADGB 1924. Verlag des ADGB 1925, S. 178–180; Adolf Behne: Berlin wird doch noch die hässlichste Stadt der Welt. In: 8-Uhr-Abendblatt, zitiert in: Auszüge aus Presseäußerungen über Arbeiten der Architekten Max Taut & Hoffmann (1925), MTA; Adolf Behne: Der moderne Zweckbau. München: Drei Masken 1926, S. 31 (Tresorraum); Maximilian Maul: Max Taut und Hoffmann, Berlin. In: Neue Baukunst (1925), H. 14, S. 12–36; Walter Müller-Wulkow: Bauten der Arbeit und des Verkehrs aus deutscher Gegenwart. Königstein, Leipzig 1925, S. 68; Hans Weigert: Tauts Berliner Gewerkschaftshaus. In: Der Kunstwanderer. Berlin (1925), 1./2. Januarheft, S. 154 (Verwechslung mit Bruno Taut); Ludwig Hilberseimer: Architekturausstellung der Novembergruppe in der großen Berliner Kunstausstellung. In: Sozialistische Monatshefte 1926, S. 666; Max Taut: Bauten und Pläne. Berlin 1927, S. 72–73; Berlin in der Bauhüttenbewegung. In: Soziale Bauwirtschaft (1927), S. 25–28; Gustav Adolf Platz: Die Baukunst der neuesten Zeit. Berlin 1927, S. 397, 418; Hans Bernoulli: Zwischen Kunst und Technik. In: Werk (1928), H. 1, S. 2; Walter Müller-Wulkow: Bauten der Gemeinschaft. Königstein, Leipzig 1928, S. 6, 10; D.G.L.: Zwischenbemerkung der Schriftleitung zu »Ethos und Raum von Paul Klopfer«. In: Zentralblatt der Bauverwaltung (1928), S. 318; Elisabeth Hajos, Leopold Zahn: Berliner Architektur der Nachkriegszeit. Berlin: Albertus 1928; Paul Linder: El Arquitecto Max Taut Berlin. In: Arquitectura (1929), Nr. 127, S. 422–430; H. W. Schüssler: Zehn Jahre Bauhütte Berlin GmbH. In: Soziale Bauwirtschaft (1929), S. 436–437; Bruno Taut: Die Neue Baukunst in Europa und Amerika. Stuttgart: Hoffmann 1929, S. 73, 122; Heinz Johannes: neues bauen in berlin. Berlin: Deutscher Kunstverlag 1931, S. 12; Alfred Kuhn: Max Taut – Bauten. Berlin 1932; Max Taut, 1964, S. 8–9, 32–34; Berlin und seine Bauten. Teil IX, Industriebauten, Bürohäuser. Berlin 1971, S. 143–145, 193; Max Taut, 1984, S. 49, 69; John Zukowsky (Hrsg.): Architektur in Deutschland 1919–1939. München: Prestel, 1994, S. 29; Marlies Emmerich: DGB-Umzug. Die neue Zentrale wird hergerichtet. Sanierung kostet 80 bis 90 Millionen Mark. In: Berliner Zeitung (9.11.1995); Bernd Nicolai: Der weiße Kristall: Der berlinische Weg vom Expressionismus zum Neuen Bauen. In: Stadt der Architektur, Architektur der Stadt. Berlin: Nicolaische Verlagsbuchhandlung 2000, S. 131–141; Gert Kähler: Ein Jahrhundert Bauen in Deutschland. Stuttgart, München: Deutsche Verlags-Anstalt 2000, S. 58–59.

50 Verwaltungsgebäude der Chicago Tribune 1922

Wettbewerbsentwurf, Ausschreibung 10.6.1922, Abgabe 3.12.1922, Michigan Avenue in Chicago

Die Zeitungsgesellschaft der *Chicago Tribune*, der damals größten Zeitung der USA, schreibt am 10.6.1922 den Wettbewerb für einen neuen Tower an der Michigan Avenue aus. Hierzu werden weltweit Architekten zur Teilnahme aufgefordert und ein Preisgeld von 100 000 Dollar zur Verfügung gestellt. Während die amerikanischen Architekten auf eine etwa vierzigjährige Hochhauspraxis zurückblicken, stecken die europäischen Ansätze noch in den Anfängen, was beim Wettbewerb für das Hochhaus an der Berliner Friedrichstraße ein Jahr zuvor erkennbar geworden ist. Für die europäischen Architekten ist es erforderlich, sich grundlegend mit den amerikanischen Erfahrungen und aktuellen Bedingungen für diesen Großstadt-Bautyp auseinander zu setzen. Über das *zoning law,* das die Staffelung des Gebäudevolumens ab einer bestimmten Höhe vorsieht, soll der Einfluss von Licht und Luft in amerikanischen Städten geregelt werden. Die Höhe des Turmhauses ist durch die städtebaulichen Vorgaben auf 120 Meter begrenzt und die Rückstaffelung ist bei 80 Meter Höhe vorzusehen.

Unter den 263 Beiträgen gibt es knapp 40 Vorschläge deutscher Teilnehmer, von denen allerdings die Mehrzahl nicht zugelassen werden kann, da eine Sammelsendung des Bundes Deutscher Architekten erst nach Einsendeschluss eintrifft. Von den Mitgliedern des *Arbeitsrates für Kunst* beteiligen sich unter anderem Walter Gropius und Adolf Meyer, die Brüder Luckhardt und die Brüder Taut. Max Taut wählt ein klares kubisches Volumen, das sich treppenartig aus dem Stadtgrund entwickelt und oberhalb der Achtzig-Meter-Grenze zu einem schlanken Turm emporwächst. Für ihn erscheint das *zoning law* als vorteilhafte Voraussetzung, einen spannungsvoll gestaffelten Körper zu entwickeln, dessen Turm sich nicht an die Straße drängt, sondern selbstverständlich aus der Kubatur emporwächst. Das bestehende Druckereigebäude der Tribune wird adäquat in die Gesamtkomposition einbezogen.

Den 1. Preis erhalten die New Yorker Architekten John Howells und Raymond Hood für ihren neogotischen Entwurf mit Strebepfeilern. Der Kontrast zu den funktionalen und rationalen Entwürfen mancher Europäer ist bezeichnend. »Die Entwürfe von Gropius und Max Taut zeigen den Wechsel vom Phantastischen zum Rationalen«, schreibt Ludwig Hilberseimer in seinem Rückblick auf die Architektur der zwanziger Jahre, »während in dem Entwurf von Bruno Taut immer noch das Extravagante vorherrscht.« Nach dem Wettbewerb entwickelt Hilberseimer einen weiteren Hochhausvorschlag, der im Vergleich zu dem von Max Taut entworfenen Rahmenbau in seiner Abstraktion noch gesteigert erscheint. Hilberseimer bewertet sein eigenes Projekt als »extremen Puritanismus« und begreift es als Protest gegen die Formen der Expressionisten. Auch Alfred Kuhn sieht in dem Entwurf zur *Chicago Tribune* einen wesentlichen Schritt zur Sachlichkeit: »Taut gab ein Stahlskelett mit betontem Vertikalismus, sichtbarer Funktion, gab viel Fenster, wie der Zweck es forderte,

klare Kuben, aber keine modellierten, sondern eben jene, die Begrenzung von Lufträumen waren, wie sie dem Architekten gemäß sind. ... Dass also Taut gleichzeitig neben jenen expressionistischen Dingen ein Werk wie die Chicago Tribune konzipieren konnte, das beweist uns wiederum, dass es eine gesetzmäßige Architektur gibt, die unabhängig vom Zeitgeschmack möglich ist.«

Für Max Tauts weitere Entwicklung großstädtischer Architektur erweist sich die Beschäftigung mit der frühen Moderne in Chicago, wie etwa Sullivans Hochhausbauten, von Bedeutung. Dies zeigt sich nicht zuletzt im Hochhaus für die Gewerkschaft in Frankfurt von 1929, mit dem er sich dem Konzept für Chicago in seiner Reduktion auf Rahmen und Glasfelder am deutlichsten annähern. Die *Deutsche Bauzeitung* stellt 1924 die Entwürfe von Walter Gropius und Max Taut als einander verwandt vor und sieht in beiden Fällen die konstruktive Idee als maßgebendes Gestaltungsprinzip an. Gustav Adolf Platz präsentiert in seinem Standardwerk zur Baukunst der neuesten Zeit gleichfalls die Entwürfe von Max Taut und Walter Gropius als unmittelbare Gegenüberstellung.

254 Verwaltungsgebäude der Chicago Tribune 1922

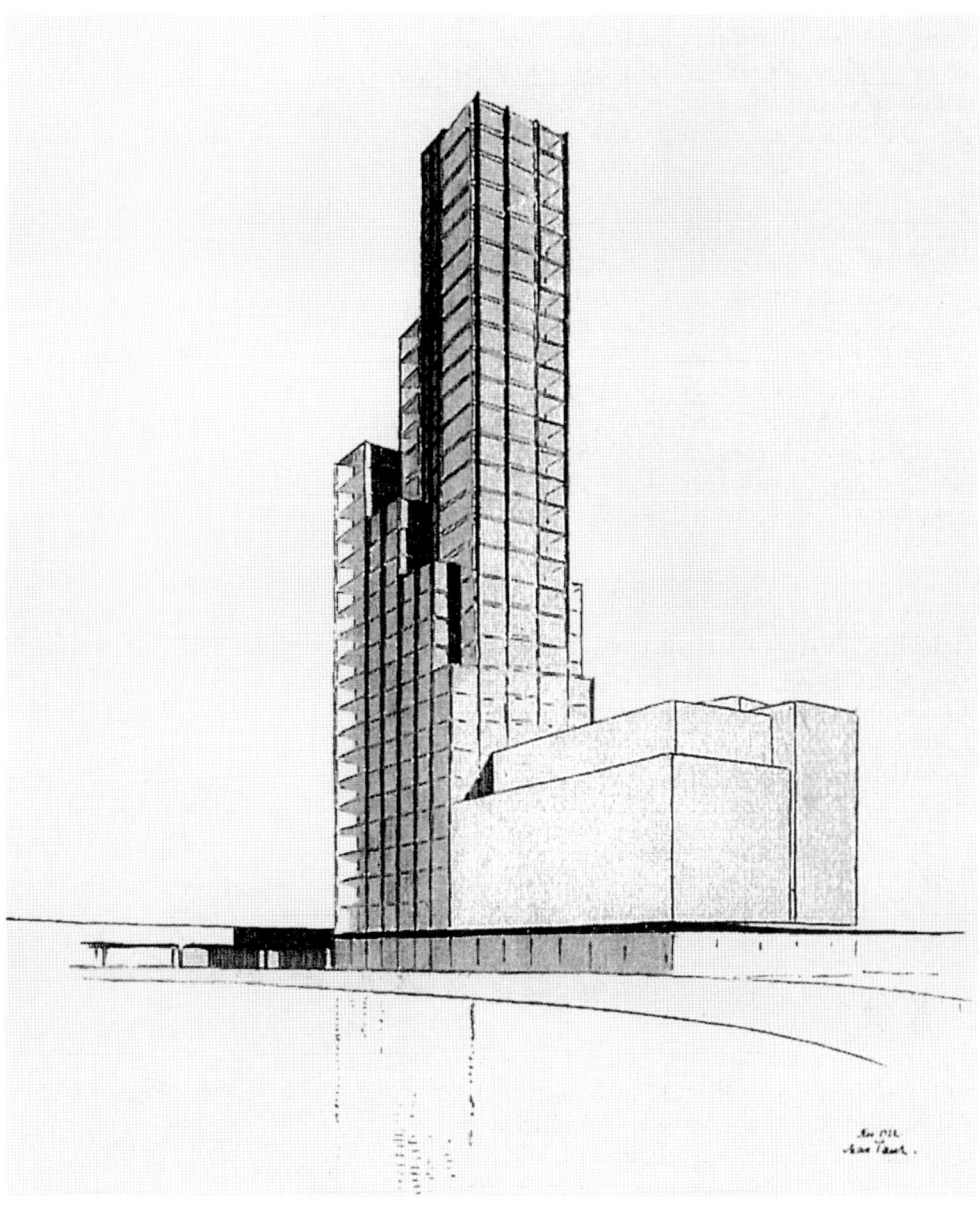

QUELLE: MTA WV 40.
LITERATUR: Adolf Behne: Ein Wolkenkratzer Wettbewerb für alle Architekten der Welt. Kritik der Ergebnisse. In: Berliner Illustrierte Zeitung (28.1.1923), Nr. 4, S. 63–64; Werner Hegemann: Das Hochhaus als Verkehrsstörer und der Wettbewerb der Chicago Tribune. In: Wasmuths Monatshefte für Baukunst (1924), H. 9/10, S. 296, 308; Gerhard Wohler: Das Hochhaus im Wettbewerb der Chicago Tribune. In: Deutsche Bauzeitung, 58 (Juni 1924), Nr. 57, S. 345–347; Maximilian Maul: Max Taut und Hoffmann, Berlin. In: Neue Baukunst (1925), H. 14, S. 12–36; Max Osborn: Wolkenkratzer und moderne Baukunst. In: Vossische Zeitung, zitiert nach: Auszüge aus Presseäußerungen über Arbeiten der Architekten Max Taut & Hoffmann (1925), MTA; Walter Gropius: Internationale Architektur. Bauhausbücher Bd. 1. München 1925. 2. Aufl. 1927, S. 50; Gustav Adolf Platz: Die Baukunst der neuesten Zeit. Berlin 1927, S. 406; Alfred Kuhn: Max Taut – Bauten. Berlin 1932; Chicago Tribune. In: Bauwelt (1949), H. 19, S. 71; Max Taut, 1964, S. 31; Ludwig Hilberseimer: Berliner Architektur der 20er Jahre. Mainz: Kupferberg 1967. Reprint: Berlin 1992, S. 50–51; Max Taut, 1984, S. 49, 73; Robert Bruegmann: Als Welten aufeinanderprallten. In: John Zukowsky (Hrsg.): Chicago-Architektur 1872–1922. München: Prestel 1987, S. 304–321; Wolfgang Pehnt: Die Architektur des Expressionismus. Ostfildern: Hatje 1998, S. 119–120.

51 Beamtenhaus der Zuckerfabrik in Salzwedel 1922

Ausführung

In der Zeit zwischen 1922 und 1924 entwirft Max Taut verschiedene Bauten für die Zuckerfabrik und das Bank- und Getreidegeschäft in Salzwedel. Das Beamtenhaus ist ein zweigeschossiger Wohnbau mit ausgebautem Dach. Charakteristisch ist die Gliederung der Fassade, deren hell geputzte Flächen durch schmale Ziegelbänder gerahmt werden. Auch Fenster, Türen und Außentreppen des lang gestreckten Baukörpers erhalten durch gemauerte Zonen eine besondere Betonung. Der gestalterische Einsatz von Ziegeln und mannigfaltigen Ton- und Keramikelementen ist für Max Tauts Arbeit typisch und findet sich im Frühwerk vor allem beim Nauener Schulbau.

QUELLE: MTA WV 41.
LITERATUR: Maximilian Maul: Max Taut und Hoffmann, Berlin. In: Neue Baukunst (1925), H. 14, S. 12–36; Max Taut, 1984, S. 49.

255 Beamtenhaus der Zuckerfabrik in Salzwedel 1922

52 Sommerhaus Müller auf Hiddensee 1922, Karussell

Ausführung, Ferienhaus Asta Nielsens, Vitte auf Hiddensee, Zum Seglerhafen 7

Max Taut führt in den Jahren 1922 bis 1925 vier Sommerhäuser auf der Insel Hiddensee aus. Die ehemalige Fischerinsel bei Rügen hat sich seit Anfang des Jahrhunderts zu einer beliebten Ferieninsel entwickelt. Hier verbringen Künstler und Wissenschaftler die Sommermonate: Zu ihnen gehören Gerhard Hauptmann, Albert Einstein, Thomas Mann und die dänische Schauspielerin Asta Nielsen, die Ende der zwanziger Jahre das von Max Taut 1922 errichtete Haus Müller als Feriendomizil wählt (Abb. 57). Die beiden frühen Sommerhäuser stehen in enger Nachbarschaft nördlich des Ortes Vitte, die später erbauten im Ort Kloster – alle Gebäude fügen sich bewusst in die Bautradition der Insel ein. An den im Jahresabstand entstandenen Häusern lässt sich der allmähliche Übergang vom expressionistischen Baugedanken zum sachlichen Bauen in der tautschen Architektur ablesen.

> *Fischerhütten, schöne Villen*
> *Grüßen sich vernünftig freundlich.*
> *Steht ein Häuschen in der Mitte,*
> *Rund und rührend zum Verlieben.*
> *»Karusel« steht angeschrieben*
> *Dieses Häuschen zählt zu Vitte.*

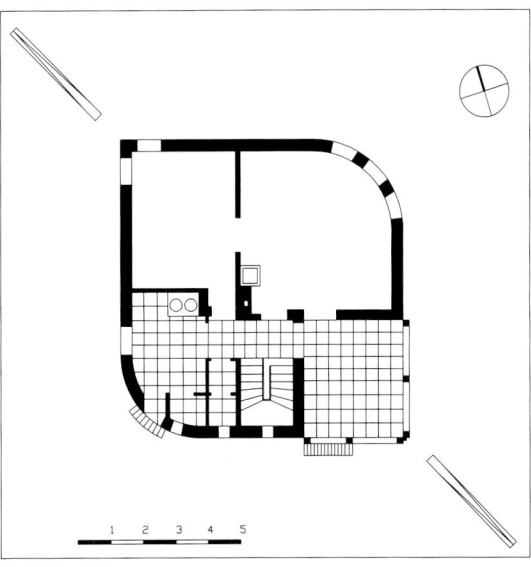

256 Sommerhaus Müller auf Hiddensee, Asta Nielsens
Karussell 1922, Grundriss Erdgeschoss

In seinem Gedicht *Insel Hiddensee* schildert Joachim Ringelnatz das Sommerhaus, das Asta Nielsen seit Ende der zwanziger Jahre auf Hiddensee bewohnt und in dem der Dichter oft zu Gast ist. »Auf Hiddensee, einer Insel westlich von Rügen, schaffte ich mir ein kleines Landhaus an, in dem ich – oft vier Monate lang – herrliche Ferien genoss. Schon die Reise dorthin erschien mir wie ein Märchen«, schreibt Asta Nielsen über das Ferienhäuschen in ihren Erinnerungen. »Eine halbe Stunde bevor wir anlegten, konnte ich bereits mein rundes Paradies entdecken, das ›Karusel‹ [sic], das auf seine Gäste wartete. ... Das Dorf, in dessen Nähe ich wohnte, ist die ›Hauptstadt‹. Strohgedeckte Fischerhäuser wechseln ab mit übermodernen Architektureinfällen. Die kräftige, einfache Natur ist imstande, alles in sich aufzunehmen und alle Gegensätze in wunderbarer Harmonie zu vereinen.«

In der Benennung des Hauses *Karussell* spiegelt sich das Entwurfsmotiv bildhaft wider. Den Eindruck einer Drehung vermittelt ein quadratischer Grundriss, der an zwei Seiten abgerundet ist. Diese Rundungen werden in der Dachform aufgenommen, so dass eine Kombination von Walm- und Kegeldach entsteht und der Baukörper eine plastisch-bewegte Durchbildung erfährt. Das pfannengedeckte Dach bestimmt die Erscheinung des Sommerhäuschens: Kleine Dreiecksgauben belichten die Schlafzimmer im Dachgeschoss und eine große Nordgaube bietet die Möglichkeit, auf einen Balkon mit Blick zum Bodden zu treten. Die maritim-farbige Fassadengestaltung mit kräftig blauen und weißen Streifen unterstreicht den freundlichen Charakter des Sommerhauses. An der Ost- und Westseite entwickeln sich sockelhohe, dreiecksförmige Mauern aus dem Erdreich und scheinen das Häuschen so in seiner Umgebung zu verankern.

Asta Nielsen, die zahlreiche Künstler in ihrem Haus empfing, verlässt das Häuschen und die Insel Mitte der dreißiger Jahre: »Aber ach, wir hatten 1933, und die Stimmung verwandelte sich. Die dunkelhaarigen, intellektuellen Künstlertypen wurden von kräftigen blonden Männern und breithüftigen Frauen mit Gretchenfrisur abgelöst. ... Die neue Zeit hatte von der Insel Besitz ergriffen. Ich hatte dort nichts mehr zu suchen.«

Seit etwa 1960 wird das Haus vom Ehepaar Ehmer ganzjährig bewohnt. Die Umgebung hat sich durch eine neue Bebauung und durch die Anlandung im südlichen Bereich verändert, so dass der Vitter Bodden nicht mehr bis knapp vor die Haustür reicht. Das Haus ist zwar sanierungsbedürftig, doch weitgehend erhalten und steht heute unter Denkmalschutz.

QUELLEN: MTA WV 43; Gespräch mit der Eigentümerin des Hauses, Frau Ehmer, am 13.7.2000.
LITERATUR: Maximilian Maul: Max Taut und Hoffmann, Berlin. In: Neue Baukunst (1925), H. 14, S. 12–36; Max Taut, 1984, S. 49, 71; Renate Seydel (Hrsg.): Hiddensee. Ein Lesebuch. 2. Aufl. Berlin: Ullstein 1997, S. 165–179, 181.
ALLG. LITERATUR: Asta Nielsen: Die schweigende Muse. Berlin: Henschel 1977; Joachim Ringelnatz: Insel Hiddensee. In: Walter Pape (Hrsg.): Das Gesamtwerk. Berlin: Karl Henssel Verlag 1982.

257 Sommerhaus Weidermann auf
Hiddensee 1923

53 SOMMERHAUS WEIDERMANN AUF HIDDENSEE 1923

Ausführung, Vitte auf Hiddensee, Zum Seglerhafen 13

In unmittelbarer Nachbarschaft des *Karussells*
steht das ein Jahr später erbaute Haus Weidermann. Das kleine Wohnhaus erinnert mit seiner ausgeprägten Dachform an ein kieloben
am Strand liegendes Fischerboot. Der lang gestreckte Grundriss mündet an der Ostseite in
einen Halbkreis, der großzügig verglasten Veranda des Hauses, von der ein schöner Rundblick über den Bodden möglich ist. Auf der
Westseite läuft der Grundriss rautenförmig zu,
wobei markante Dreieckserker entstehen. Die
Farbigkeit des Gebäudes wird von einer kräf-
tig-gelben Fassade und zweifarbig gestrichenen Fensterrahmen und der roten Dachpfan-
nendeckung bestimmt. Auch dieses Haus
zeugt mit seiner eigenwillig bewegten Form
noch von einem Nachklingen expressionistischer Gestaltung, geht hierbei gleichwohl
stark auf das Thema Inselhaus ein.

 Nach dem Verkauf durch den ursprünglichen Besitzer Weidermann wird das Haus seit
1939 von der Familie Delius als Feriendomizil
bewohnt. Zur Zeit der Bombardierung Berlins

dient es der Familie mit sechs Kindern als
dauerhafte Unterkunft. Seit den fünfziger Jahren ist das Inselhäuschen der Delius-Tochter
Veronika und ihrem Mann überlassen, die es
bis heute als Ferienunterkunft nutzen. Das
Sommerhaus ist in seinem ursprünglichen
Charakter erhalten, wenngleich Details wie
Fensterteilungen und Farben bei Sanierungsmaßnahmen verändert worden sind.

QUELLEN: MTA WV 43; Gespräch mit der Eigentümerin des
Hauses, Veronika Möbus, am 13.7.2000.
LITERATUR: Maximilian Maul: Max Taut und Hoffmann,
Berlin. In: Neue Baukunst (1925), H. 14, S. 12–36; Alfred
Kuhn: Max Taut – Bauten. Berlin 1932; Max Taut, 1984,
S. 49, 71.

54 WERKZEUGMASCHINENFABRIK NORMA IN BERLIN-NEUKÖLLN 1923

Wettbewerbsentwurf (Abb. 79), Ankauf; weitere Teilnehmer: Brüder Luckhardt u. a.

Im Juli 1923 wird von der S.K.F. Norma
GmbH ein Wettbewerb für eine neue Werkzeugmaschinenfabrik ausgeschrieben. Im
Neuköllner Industrieviertel, am Kreuzungs-
punkt von Köllnischer Allee und Neuköllner

Schifffahrtskanal, soll ein Areal unter wirtschaftlicher Ausnutzung der Fläche beplant werden. Neben Produktionsräumen sind eine Gießerei, Lagerräume, ein Kesselhaus, Verwaltungsgebäude, Wohnungen und Garagen vorzusehen. Wesentliches Kriterium für die Fabrikanlage ist die Anbindung an die vorhandene Infrastruktur mit einem Hafen auf der Kanalseite und einem Anschluss für die Eisenbahn.

Max Tauts Entwurf basiert auf der Idee des geschlossenen Produktgangs von der ersten Bearbeitung des Rohmaterials bis zur Verladung der fertig gestellten Produkte innerhalb des Fabrikkomplexes. Bemerkenswert sind die geschwungenen Baukörperformen, die sich unter anderem aus der Führung der Anschlussgleise ergeben. Adolf Behne hebt in seinem Artikel *Die moderne Fabrik* den Entwurf als beispielhafte Anlage für einen neuen imponierenden Fabriktypus hervor, der durch die konsequente Annäherung an den besonderen Zweck, an Leistung und Funktion, erreicht werde. »Formale Ambitionen treten völlig zurück in der Überzeugung, dass der gesund funktionierende Körper auch ästhetisch überzeugen wird.«

QUELLE: MTA WV 44.
LITERATUR: Walter Köppen: Ideenwettbewerb für eine Werkzeugfabrik der Firma S.K.F. Norma in Neukölln. Zentralblatt der Bauverwaltung, Jg. 44 (Januar 1924), Nr. 3, S. 20–22; Maximilian Maul: Max Taut und Hoffmann, Berlin. In: Neue Baukunst (1925), H. 14, S. 12–36; Adolf Behne: Der moderne Zweckbau. München 1926, S. 32; Adolf Behne: Die moderne Fabrik. In: Der Schünemann-Monat. Deutsche Blätter für Kunst und Leben (1927), Nr. 2, S. 160–167; Max Taut, 1964, S. 35; Max Taut, 1984, S. 49.
ALLG. LITERATUR: Günther Stamm: J. J. P. Oud. Bauten und Projekte 1906 bis 1963. Mainz, Berlin: Kupferberg 1984, S. 85; Brüder Luckhardt und Alfons Anker. Publikation zur Ausstellung. Schriftenreihe der Akademie der Künste, Bd. 21, Berlin 1990, S. 195.

55 SOMMERHAUS PINGEL AUF HIDDENSEE 1924

Ausführung, Kloster auf Hiddensee

»Kein nachgeahmtes Bauernhaus, auch keine Miniaturvilla«, so charakterisiert Adolf Behne das 1924 errichtete Haus Pingel in seinem Buch *Neues Wohnen – Neues Bauen*, »sondern die natürliche Erfüllung der Ansprüche: Küche, Wohnraum, Schlafkabinen. Der Landschaft angepasst, mit ortsüblichen Mitteln ehrlich gebaut.« Hans Scharoun greift vierzig Jahre später in seiner Gedenkrede auf Max Taut dieses Thema auf und führt als Beispiele des Handelns mit Plan und Zweck die Häuser auf Hiddensee an: »Sie sind viel mehr als nur ›ehrlich gebaut‹, sie sind echte Hüllen um einen guten Wohnvorgang.«

258 Sommerhaus Pingel auf Hiddensee 1924

Das Haus Pingel zeigt gegenüber den Hiddenseehäusern aus den Vorjahren eine deutlich sachlichere Gestaltung: Über einem rechteckigen Baukörper erhebt sich ein reetgedecktes Walmdach, mit dem das Haus an die örtliche Bautradition anknüpft. Der Baukörper erhält durch zwei betonte Über-Eck-Fenster eine Offenheit, die seiner Funktion als Sommerhaus entspricht. Die Fassade besteht aus weiß geputztem Mauerwerk und setzt sich damit von der kräftigen Farbigkeit der früheren Häuser ab.

Vermutlich erfolgen bereits in den sechziger Jahren willkürliche Umbauten, wobei das Dach grundlegend verändert und die charakteristischen Über-Eck-Fenster entfernt werden. Die Umgebung des einst frei stehenden Hauses ist baulich verdichtet, so dass auch die ursprüngliche Einbettung des Hauses in den landschaftlichen Umraum verloren gegangen ist.

QUELLE: MTA WV 43.
LITERATUR: Maximilian Maul: Max Taut und Hoffmann, Berlin. In: Neue Baukunst (1925), H. 14, S. 12–36; Adolf Behne: Neues Wohnen – Neues Bauen. Leipzig 1927; Alfred Kuhn: Max Taut – Bauten. Berlin 1932; Max Taut, 1964, S. 40; Hans Scharoun: Gedenkrede auf Max Taut am 3.3.1967. In: Hans Scharoun. Bauten, Entwürfe, Texte. Hrsg. von Peter Pfankuch. Berlin: Gebr. Mann Verlag 1974, S. 142–144; Max Taut, 1984, S. 43, 49, 71.

56 PFÖRTNERHAUS DER ZUCKERFABRIK IN SALZWEDEL 1924

Ausführung

Nach dem Salzwedler Beamtenwohnhaus errichtet Max Taut ein Pförtnerhäuschen für die Zuckerfabrik. Dieser kleine Bau erhält als Entree einen besonderen Ausdruck durch die kontrastreiche Verwendung von rotem Mauerwerk in Verbindung mit einem schachbrettartigen Fliesenornament. Zur Seite des Pförtnerausblicks wird der kubische Körper abgerundet, so dass ein entsprechend weiter Blickwinkel gegeben ist. Das auskragende Betondach bietet Wetterschutz und verleiht dem Pförtnerhäuschen und damit dem Zugang zum Fabrikgelände einen dynamischen Akzent.

QUELLE: MTA WV 45.
LITERATUR: Maximilian Maul: Max Taut und Hoffmann, Berlin. In: Neue Baukunst (1925), H. 14, S. 12–36; Max Taut, 1984, S. 49.

57 BANK- UND GETREIDEGESCHÄFT M. NELKE WWE. IN SALZWEDEL 1924

Ausführung, weitere Umbauten bis nach 1928

Das *Salzwedler Wochenblatt* schreibt zur Fassadengestaltung und zum Umbau des Bankinstituts, dass es durch lebhafte Farben ein sehr vorteilhaftes Aussehen erhalten habe. Die In-

259 Pförtnerhaus der Zuckerfabrik in Salzwedel 1924

nenräume entsprechen den Anforderungen eines modernen Bankbetriebs. Etwas außerordentlich Harmonisches sei von den Architekten Taut und Hoffmann geschaffen worden,
die »seit 20 Jahren das Vertrauen der Firma
besitzen und alle deren Baulichkeiten entworfen« haben.

QUELLE: MTA WV 46.
LITERATUR: Salzwedler Wochenblatt, zitiert in: Auszüge aus
Presseäußerungen über Arbeiten der Architekten Max Taut
& Hoffmann (1925), MTA; Max Taut, 1984, S. 49.

260 Verbandshaus der Buchdrucker in
Berlin-Kreuzberg 1924–1926

58 Verbandshaus der Deutschen Buchdrucker in Berlin-Kreuzberg 1924–1926

Bauantrag 23. 8. 1924, Grundsteinlegung
8. 11. 1924, Fertigstellung des Wohnhauses mit
18 Wohnungen Dezember 1925, Fertigstellung
des Druckereigebäudes mit Sitzungssaal Juni
1926, Tragwerksplanung: Karl Bernhard,
Skulpturen: Rudolf Belling; Dudenstraße 10

Der Deutsche Buchdruckerverband wird am
1. 7. 1866 in Leipzig gegründet. Offizieller Sitz
der Zentrale ist Berlin, doch erst 1888 kommt
es zur Verlegung der Verbandszentrale in die
Hauptstadt, wobei dem Vorstand zunächst nur
eine Mietshausetage im Bezirk Kreuzberg nahe
dem Zeitungsviertel zur Verfügung steht. Eigene Verbandszeitschriften wie *Der Korrespondent*
und *Der Jungbuchdrucker* erscheinen aus organisatorischen Gründen weiterhin in Leipzig.
Nach mehreren Umzügen innerhalb des Bezirks Kreuzberg wendet man sich erstmals
1920 der Idee eines Neubaus zu, in dem sämtliche Aktivitäten des Buchdruckerverbandes
zusammengefasst werden können. Zwei Jahre
später werden die Pläne zum Neubau bekräftigt und erste Initiativen zur Finanzierung eines eigenen Hauses in Berlin ergriffen. Im Juni 1924 erwirbt der Vorstand ein Grundstück
von rund siebentausend Quadratmetern an der
Dreibundstraße 5 in Kreuzberg, der heutigen
Dudenstraße, und entscheidet sich, die Architekten Max Taut und Franz Hoffmann mit der
Planung des neuen Verbandshauses zu beauftragen. »Wir haben die Architekten Taut und
Hoffmann, die einen gewissen Ruf genießen,
mit dem Bau beauftragt«, heißt es im Protokoll
des zwölften Verbandstages im September
1924. »Diese Architekten haben auch das neue
Gebäude des ADGB in der Wallstraße (Ecke Inselstraße) in Berlin gebaut, das von der Kritik
allgemein als das schönste neuzeitliche Gebäude Berlins bezeichnet wird.« Die Bereitschaft
zur Realisierung des Entwurfs wird nicht zuletzt daran deutlich, dass man zur Finanzierung eine Beitragserhöhung für die Mitglieder
in Kauf nimmt.

Auf dem Grundstück entstehen zwei Gebäude: ein Wohnhaus mit 18 Wohnungen an
der Straßenfront für die Verbandsmitglieder,
die von Leipzig nach Berlin umsiedeln, und
ein Verwaltungs- und Druckereigebäude im
Hof für den Gesamtverband. Adolf Behne
äußert sich in der *Weltbühne* zu den ersten
tautschen Entwurfszeichnungen: Sie seien
entgegen den üblichen pittoresken Darstellungen sehr nüchtern, doch im ausgeführten Bau
spüre man das unmittelbare, spannungsreiche

Leben. Besondere Aufmerksamkeit kommt in den zahlreichen Artikeln dem hofseitigen Verwaltungsgebäude zu. Bereits 1924 rühmt das Vorstandsmitglied Schweinitz auf dem zwölften Verbandstag den Entwurf, der durch die hochstrebenden Pfeiler eine wunderbare Wirkung erziele. Die innenräumliche Qualität ergibt sich durch die stützenfreien Druckereiräume mit einer Tiefe von dreizehneinhalb Metern. Die Etagen sind zwischen den außen stehenden Rahmenstützen als Plattenbalkendecken eingespannt, wobei ein Stockwerksrahmen entsteht, der in seiner Vertikalität die Fassade gliedert. Wie beim ADGB-Haus an der Wallstraße greifen die vertikalen Elemente frei über das zurückspringende Obergeschoss hinaus, so dass sich eine Art Loggia ergibt, die als begehbare Plattform dem Sitzungssaal vorgelagert ist. Entscheidenden Anteil an der ausgefeilten Konstruktion hat wie schon beim ADGB-Haus der Tragwerksplaner Karl Bernhard. Dazu heißt es im Protokoll des Verbandstages vom Juni 1926: »Als der Statiker, eine anerkannte Autorität, seine Berechnungen fertig hatte, und sie der Baupolizei einreichte, machte ihm diese die Auflage, die doppelte Menge Eisen in die Unterzüge und aufstrebende Pfeiler hineinzubauen. Sie begründete das damit, dass Bauten mit einer Spannweite von 13,50 Metern und mit solchen Belastungen in Berlin noch nicht vorhanden seien. Der Baurat Bernhard hat dann in sehr schwierigen Verhandlungen mit der Baupolizei diese Forderung auf das notwendigste Maß herabgedrückt.«

Der große Sitzungssaal steht konstruktiv als sichtbar belassener Rahmenbau in einer Linie mit den Sitzungssälen des ADGB-Hauses und den Aulen und Turnhallen der Schulbauten in den zwanziger Jahren. Zweifellos weist der Saal expressionistische Elemente auf, die Alfred Kuhn als strikter Verfechter der Sachlichkeit kritisch beurteilt. Die in ihrer Struktur klar hervortretenden Eisenbetonrippen der Decke sieht er als übertrieben an und wertet die Beleuchtungskörper über den Sitzungstischen als allzu kompliziert und spielerisch. So wiederholt sich in abgemilderter Form, was bereits zum kleinen ADGB-Sitzungssaal gesagt worden ist, doch auch für das Buchdruckerhaus gilt Poseners Wort, dass uns heute gerade das als gelungen und typisch erscheint, was Alfred Kuhn als expressionistische Manier abtut. Die Ursprünge der Saaldecke gehen bereits auf die Tuchfabrik Koswig in Finsterwalde von 1913 zurück, wo die Betonbalken im Dachgeschoss ausdrucksvoll zu einer zeltförmigen Deckengestalt zusammenlaufen.

Das Buchdruckerhaus ist zugleich erstes wichtiges Beispiel für die Zusammenarbeit Max Tauts mit Rudolf Belling. Der Bildhauer entwirft eine streng stilisierte metallische Büste des Verbandsgründers Richard Härtel für den großen Sitzungssaal mit dem Schriftzug: »Fassen wir keine zwecklosen Resolutionen mehr, nur praktische Arbeit führt zum sicheren Ziel.« Belling erstellt außerdem einen Trinkbrunnen sowie ein Relief im Eingangsbereich – eine Reihe weiterer Arbeiten in Kooperation mit Max Taut folgen bis 1936.

Nach der Einweihung besuchen »Tausende von Mitgliedern, Hunderte von Behördenvertretern, Verbandsvertretern, Unternehmern und Sachverständigen« das Verbandshaus, heißt es im Jahresbericht des Buchdruckerverbands 1927. Fritz Hellwag schließt in *Der Holzarbeiter* seine Besprechung des Buchdruckerhauses mit einem Verweis auf Karl Friedrich Schinkel, dessen Nationaldenkmal unweit auf dem Kreuzberg steht. Es übermittle einen »Gruß des letzten großen Architekten an die von allen Schlacken befreite Baukunst unserer Zeit«. Neben den umfangreichen Be-

261 Verbandshaus der Buchdrucker, Hoffassade

zählt zu den bedeutendsten Zeugnissen des *Neuen Bauens* in Berlin. Zwei Bücher aus neuerer Zeit beschäftigen sich mit dem Haus: Zum fünfundsiebzigjährigen Bestehen des Verbandshauses veröffentlicht die Industriegewerkschaft Medien Druck und Papier eine Schrift, die unter anderem die Geschichte des Hauses bis heute darstellt. Ein im Jahr 2002 erschienenes Buch über das Buchdruckerhaus sucht einen Zusammenhang zwischen dem tautschen Projekt und der Lehre des Konfuzius. Forschungen zur vorliegenden Monographie mit einer vollständigen Auswertung der Dokumente und der Sichtung der tautschen Bibliothek erbrachten keinen Beleg für eine solche Bezugnahme. Kenner des Taut-Werkes wie Adolf Behne, Julius Posener oder Günther Kühne haben ihrerseits keine Brücke zwischen seinen Bauten und der chinesischen Kunst gesehen, sondern die konstruktiven und gesellschaftlichen Faktoren als Leitmotiv in seinem Œuvre erkannt.

262 Verbandshaus der Buchdrucker, Halle der Druckmaschinen

263 Verbandshaus der Buchdrucker, Schnitt

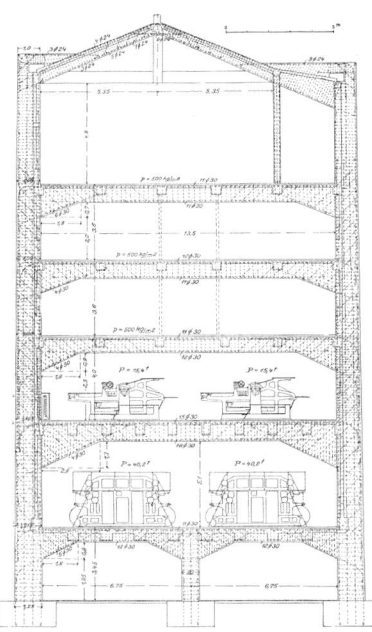

sprechungen in deutschen Fachblättern wird das Buchdruckerhaus auch international rezipiert und in Zeitschriften wie *L'Architecture vivante, Cahier d'Arts* oder *Arquitectura* vorgestellt.

1930 plant Max Taut die Aufstockung der Seitenflügel im zweiten Hof, doch steht die finanzielle Situation des Verbandes der Ausführung entgegen. Am 2. Mai 1933 besetzen SA-Truppen das Gebäude und nehmen die Vorstandsmitglieder des Verbands und die Redakteure in Haft. In der nationalsozialistischen Zeit werden das Buchdruckerwappen der Eingangshalle und die Brunnenplastik Bellings entfernt und vermutlich zerstört, gerettet werden kann später lediglich die Härtel-Büste. Nachdem im November 1949 die Rückübertragung des Hauses an die Gewerkschaft erfolgt ist, beginnt die bis 1954 andauernde Instandsetzung der kriegsbeschädigten Gebäude durch Max Taut und Franz Hoffmann. 1955 werden im Auftrag der Industriegewerkschaft Druck und Papier nach dem Entwurf von Max Taut auf dem Nachbargrundstück zwei Wohnungsbauten fertig gestellt, eine Wohnzeile und eines der ersten Berliner Wohnhochhäuser (Werk 151). In den Jahren 1987 bis 1999 kann das Haus etappenweise von den Architekturbüros Winfried Brenne und Helge Pitz, Georg Wasmuth und Albrecht Rau instand gesetzt werden. Das Verbandshaus der Buchdrucker, das nach wie vor von der Industriegewerkschaft Medien genutzt wird, ist in die Berliner Denkmalliste aufgenommen und

QUELLE: MTA WV 47.
LITERATUR: Die Grundsteinlegung zum Haus der Deutschen Buchdrucker. In: Korrespondent (1924), Nr. 96, S. 700–701 (mit dem Text der Urkunde zur Grundsteinlegung vom 8.11.1924); Maximilian Maul: Max Taut und Hoffmann, Berlin. In: Neue Baukunst (1925), H. 14, S. 12–36; Verband Deutscher Buchdrucker: Bericht über das Jahr 1924. Berlin: Selbstverlag des Verbandes Deutscher Buchdrucker 1925, S. 9–10, 81; Vom Werden des Verbandshauses. In: Korrespondent (1925), Nr. 89, S. 710; Wolfgang Herrmann: Moderne Baukunst und Wohnkultur. In: Kunst und Künstler (1925/26), S. 474–475; Die neue Heimstätte des Verbandes der Deutschen Buchdrucker. In: Korrespondent (6.1.1926), Nr. 1, S. 1; Adolf Behne: Tempelhofer Feld und Wedding. Das Haus der Buchdrucker. In: Die Weltbühne (22.1.1926), H. 9, S. 346; Die Zentrale des Bildungs-Verbandes jetzt in Berlin. In: Korrespondent (20.3.1926), Nr. 22, S. 106; Das Buchdruckerhaus. In: Vorwärts (15.5.1926), Nr. 226, S. 3; Max Osborn: Max Tauts neuer Bau. In: Vossische Zeitung Berlin (15.5.1926), Beilage S. 1; Verbandshaus der Buchdrucker. In: Zeitschrift. Organ des Deutschen Buchdrucker-Vereins (18.5.1926); Ernst Collin: Das Haus der Buchdrucker – eine Kulturtat. In: Berliner Volkszeitung (18.5.1926), Morgenausgabe S. 2; Das Verbandshaus der Buchdrucker. In: Rote Fahne (18.5.1926), Nr. 113, S. 3–4; Die Besichtigung des Verbandshauses. In: Korrespondent (22.5.1926), Nr. 40, S. 206–207; Kl.: Der asketische Bau. Eine Arbeitsstätte der modernen Sachlichkeit. In: Welt am Abend (27.5.1926), Nr. 120; Jubiläum des Verbandes und Verbandshaus im Urteil der Presse. In: Korrespondent (5.6.1926), Nr. 44 sowie (9.6.1926), Nr. 45, S. 240–241; Protokoll des 13. Verbandstages im Gewerkschaftshause zu Berlin. Verband der Deutschen Buchdrucker. Selbstverlag, Berlin 1926 (Kostenfrage und auf Seite 46 Hinweise zur Arbeit Karl Bernhards); Die Verhandlungen des 13. Ordentlichen Verbandstages des Verbandes der Deutschen Buchdrucker. In: Korrespondent (23.6.1926), Nr. 49, S. 274; Fritz Hellwag: Das Haus der Buchdrucker. In: Fachblatt für Holzarbeiter (21.9.1926), S. 129–132; Verband der Deutschen Buchdrucker: Bericht über das Jahr 1925. Berlin: Selbstverlag des Verbandes der Deutschen Buchdrucker 1926; Rudolf Bernhard: Haus des Verbandes der Deutschen Buchdrucker. In: Deutsche Bauzeitung (1926), H. 39, S. 73–79; Das Haus der Buchdrucker. In: Kunstblatt (1926),

S. 250–253; Ein Denkmal intensiver Gewerkschaftsarbeit. In: Der Bergarbeiter (1926), Nr. 22, Beilage, S. 3; Adolf Behne: Verbandshaus der Deutschen Buchdrucker in Berlin. In: Kulturwille, 3 (1926), Nr. 11, S. 223; Verbandshaus der Deutschen Buchdrucker. In: Bauwelt. Der Neue Bau (1926), H. 31, S. 725–732; Neue Baukunst. In: Ostdeutsche Monatshefte (1926/27), H. 11, S. 1005; Das neue Heim des Verbandes. In: Buchdruckerkalender 1927, S. 76–80; Adolf Behne: Neues Wohnen – Neues Bauen. Leipzig 1927, S. 126–127; Ellinger: Bauhüttenbewegung und Baugewerksbund. In: Soziale Bauwirtschaft 1927, S. 261–266; Ludwig Hilberseimer: Groszstadtarchitektur. Stuttgart: Hoffmann 1927, S. 59; La maison du livre à Berlin. In: L'Architecture vivante (Eté 1927), S. 36–44; Gustav Adolf Platz: Die Baukunst der neuesten Zeit. Berlin 1927, S. 419–420, Abb. Tafel 19; Bruno Taut: Bauen – Der neue Wohnbau. Hrsg. von der Architektenvereinigung »Der Ring«. Leipzig, Berlin 1927, S. 61; Verband der Deutschen Buchdrucker: Bericht über das Jahr 1926. Berlin: Selbstverlag des Verbandes Deutscher Buchdrucker 1927, S. 13; Hans Josef Zechlin: Bruno Taut – Ein Wohnhaus. In: Wasmuths Monatshefte für Baukunst (1927), H. 9, S. 381 (Abb. Buchdruckerhaus); Max Taut: Bauten und Pläne. Berlin 1927; Friedrich Schmidt, Martin Ebel (Hrsg.): Wohnungsbau der Nachkriegszeit in Deutschland. Berlin: Eulen-Verlag 1928, S. 196; Elisabeth Hajos, Leopold Zahn: Berliner Architektur der Nachkriegszeit. Berlin: Albertus 1928, S. 77, 103–105; Walter Müller-Wulkow: Wohnbauten und Siedlungen aus deutscher Gegenwart. Königstein, Leipzig 1928, S. 82; Christian Zervos: Un grand édifice de Max Taut. In: Cahier d'Art (1928), Nr. 3, S. 135–139; Verband sozialer Baubetriebe (Hrsg.): Bauhüttenarbeit. Berlin: Verlag des ADGB 1928, S. 130–132; Siedler (Hrsg.): Jahrbuch der Baukunst. 1928/1929, S. 176–178; Hans Spiegel: Über die Gestaltung der Arbeitsstätten. In: Industriebau (15.2.1929), H. 2, S. 67–81; Glas, der moderne Baustoff. In: Die Bauzeitung (1929), S. 86; Paul Linder: El Arquitecto Max Taut Berlin. In: Arquitectura (Dezember 1929), Nr. 127, S. 422–430; Bruno Taut: Die Neue Baukunst in Europa und Amerika. Stuttgart 1929, S. 139; Heinz Johannes: neues bauen in berlin. Berlin: Deutscher Kunstverlag 1931, S. 13; Alfred Kuhn: Max Taut – Bauten. Berlin 1932; Ausstellung deutscher zeitgenössischer Architektur, Moskau 1932, Katalog 1932; Werner Hegemann: Der Bildhauer als Teufelsbeschwörer der Architektur. Ein Gespräch mit Rudolf Belling. In: Wasmuths Monatshefte für Baukunst und Städtebau (1932), H. 8, S. 382; Jürgen Joedicke: Geschichte der modernen Architektur. Stuttgart 1958, S. 210–214; Max Taut, 1964, S. 4, 36–37; Hermann Kreidt: Industriebauten. In: Berlin und seine Bauten. Teil IX, Industriebauten, Bürohäuser. Berlin 1971, S. 65–66; Berlin und seine Bauten. Teil IV, Wohnungsbau, Band B. Berlin 1974, S. 69, 384; Tendenzen der zwanziger Jahre. 15. Europäische Kunstausstellung, Ausstellungskatalog. Berlin 1977; Julius Posener: Max Taut, Otto Bartning, Expressionistische Architektur. In: Arch+ (1980), H. 53, S. 69–76; Max Taut, 1984, S. 49, 74–75; Karl-Heinz Hüter: Architektur in Berlin 1900–1933. Leipzig: Verlag der Kunst 1987; Eva Börsch-Supan [u. a.]: Kunstführer Berlin. Stuttgart: Reclam 1991, S. 179; Julius Posener: Fast so alt wie das Jahrhundert. Basel [u. a.]: Birkhäuser 1993, S. 161–163; Isabel Herzfeld: »Nur praktische Arbeit führt zum sicheren Ziel«. 75 Jahre Verbandshaus der deutschen Buchdrucker. In: Kunst & Kultur (2000), H. 2, S. 14–15; Industriegewerkschaft Medien (Hrsg.): Gearbeitet, Gewerkschaftet, Gewohnt. 75 Jahre Verbandshaus der Deutschen Buchdrucker von Max Taut. Berlin 2000 (darin: Protokoll des 12. Verbandstages, S. 12); Robin Rehm: Max Taut. Das Verbandshaus der Deutschen Buchdrucker. Berlin: Gebr. Mann Verlag 2002; Wolfgang Nagel, Vittorio Magnago Lampugnani (Hrsg.): Deutsche Architektur im 20. Jahrhundert. Berlin: Jovis 2002, S. 75–76, 78; Internet: http://www.mediengalerie.org (Mediengalerie im Haus der Buchdrucker, Zugriff: 31.1.2003).

59 SOMMERHAUS GEHLEN AUF HIDDENSEE 1925

Ausführung, Kloster auf Hiddensee

Nahe dem Haus Pingel steht das Haus Gehlen im Ort Kloster. Es ist vom Grundkonzept mit seinem kubischen Baukörper dem Haus von 1924 verwandt. Das Walmdach ist allerdings mit Dachziegeln gedeckt. An den Graten sitzen Dreiecksgauben zur Über-Eck-Belichtung der bewohnbaren Dachräume. An der weit geöffneten Ostfassade schließen sich die einzelnen Fenster zu einem Band, das auch hier über Eck geführt wird. Der rote Ziegel der Fassade ist stellenweise plastisch gemauert, so dass sich eine bandartige Horizontalstruktur ergibt, mit der die Reihung der Fenster unterstrichen wird. So sachlich das Haus in seiner Anlage anmutet, finden sich doch subtile expressive Elemente beim Dach und beim Mauerwerk. Das Wohnhaus dient heute als Doktorandenhaus der Biologischen Station der Universität Greifswald und ist weitgehend im Originalzustand erhalten.

QUELLE: MTA WV 43.
LITERATUR: Maximilian Maul: Max Taut und Hoffmann, Berlin. In: Neue Baukunst (1925), H. 14, S. 12–36; Max Taut, 1984, S. 49, 71.

264 Sommerhaus Gehlen auf Hiddensee 1925

265 Landarbeiterhaus in Treplin 1925

und Bauernhäusern und sieht es in seiner Schlichtheit konsequent aus der Tradition entwickelt – einschließlich des Flachdaches: »Man findet sogar neben älteren schlichten Bauten bei Gütern manchmal Landarbeiterhäuser mit flachen Pappdächern aus den 90er Jahren, die Schultze-Naumburg wahrscheinlich als ›Gegenbeispiele‹ photographiert hätte, die für uns aber ein unbefangenes und, wenn auch trockenes, so doch im Kern gesundes Bauen bedeuten.« Das Arbeiterhaus wird bis heute bewohnt und ist zur Eintragung als Einzeldenkmal in die Denkmalliste vorgesehen.

QUELLEN: MTA WV 48; Bauamt Straußberg und Kreisarchiv Seelow, Planunterlagen und Schriftwechsel.
LITERATUR: Bruno Taut: Bauen: Der neue Wohnbau. Hrsg. von der Architektenvereinigung »Der Ring«. Leipzig, Berlin 1927, S. 35; Max Taut, 1984, S. 49, 78.
ALLG. LITERATUR: Paul Schultze-Naumburg: ABC des Bauens. Stuttgart 1926; Barbara Miller Lane: Architektur und Politik in Deutschland 1918–1945. Cambridge Mass. 1968, Braunschweig 1986, S. 130–131.

60 LANDARBEITERHAUS IN TREPLIN 1925

Ausführung, Frankfurter Straße

Max Taut gestaltet das Haus für die Grubenarbeiter der Zeche Treplin mit wenigen kräftigen Elementen und entscheidet sich für einen Baukörper mit flachem Dach. Die hell geputzte Fassade wird durch den kräftig roten Mauerwerkssockel und durch Bänder in Höhe der Geschossdecke und unterhalb des Daches gegliedert. Die beiden dunkel abgesetzten Treppenhäuser unterteilen den länglichen Baukörper. Von einfachster Ausführung zeugt auch die Verwendung der Standardfenster. Max Taut interpretiert hier ein Thema neu, das er zwanzig Jahre zuvor bereits in Form eines Arbeiterhauses für ostpreußische Landarbeiter bearbeitet hat.

Bruno Taut stellt das Trepliner Wohnhaus in der Ring-Veröffentlichung *Bauen – Der neue Wohnbau* in eine Reihe mit früheren Arbeiter-

61 EINFAMILIENHAUS *WOHNUNG UND HAUSRAT* 1925

Entwurf, 1. Preis der Weihnachtslotterie, Auslober: Deutsches Rotes Kreuz und Arbeitsgemeinschaft Deutsche Handwerkskultur

»Das hier abgebildete, von dem Architekten Max Taut entworfene Einfamilienhaus war der 1. Preis der Weihnachtslotterie Wohnung und Hausrat«, heißt es in der *Bauwelt* 1926. Der Baukörper erscheint als kubische Plastik in seiner Staffelung von leicht erhöhter Terrasse, einstöckigem Eingangs- und Küchenbereich und zweigeschossigem Hauptkörper (Abb. 107). Unverkennbar ist die Verwandtschaft zu den wenig später entstehenden Häusern für

266 Einfamilienhaus *Wohnung und Hausrat* 1925, Grundrisse

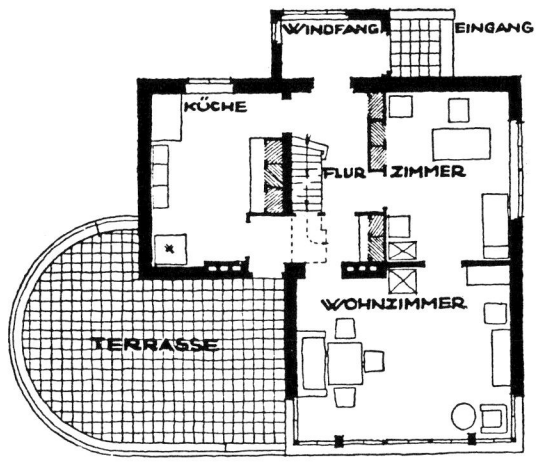

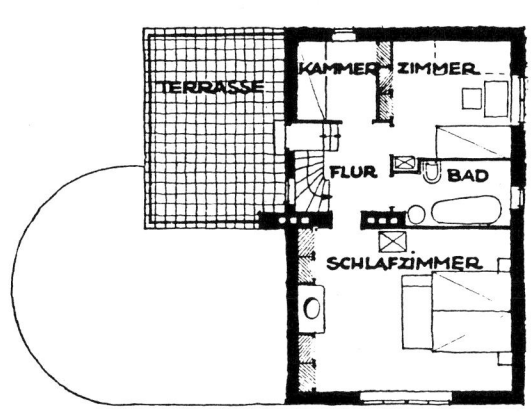

die Weißenhofsiedlung in Stuttgart. Der markante Kamin ist gestalterisch in die Staffelung der Elemente einbezogen und wächst aus dem Zentrum hervor. Während der Baukörper zur Eingangsseite nur sparsame Öffnungen aufweist, wirkt das über Eck geführte Fensterband des Wohnraums umso prägnanter. Die strenge Form wird durch den Einsatz von Farbe architektonisch gegliedert. Die Räume sollen praktisch eingerichtet werden: Max Taut wählt raumhohe, platzsparende Wandschränke und formstrenge Möbel von Bruno Taut. Die *Bauwelt* urteilt abschließend über das Einfamilienhaus, dass Max Taut zu den Architekten des jungen Deutschlands gehöre, die eine weltbürgerliche Bauform gefunden haben.

QUELLE: MTA WV 49.
LITERATUR: Ein Einfamilienhaus von Max Taut. In: Bauwelt (1926), H. 22, S. 508; Max Taut, 1984, S. 49, 78.

62 DEUTSCHES SPORTFORUM IN BERLIN-CHARLOTTENBURG 1925–1926

Entwurf für einen engeren Wettbewerb, Ausschreibung Ende 1925, Abgabe der Entwürfe 1.2.1926, Entscheidung am 5.2.1926, Jurymitglieder: German Bestelmeyer, Paul Bonatz, Ludwig Hoffmann, Edwin Redslob u. a.

Zu Beginn der Weimarer Republik wird mit der Deutschen Hochschule für Leibesübung eine spezielle Ausbildungsstätte eingerichtet. Der schnell anwachsenden Institution fehlen allerdings entsprechende Bauten und Sportanlagen, so dass man 1925 einen engeren Ideenwettbewerb auf Grundlage eines von Carl Diem erstellten Bedarfsprogramms ausschreibt. Die neue Hochschulanlage soll das Deutsche Stadion in Berlin-Charlottenburg ergänzen und als Deutsches Sportforum zum geistigen Mittelpunkt für das Turn- und Sportwesen werden. Auf Vorschlag des ehemaligen Stadtbaurats Ludwig Hoffmann werden die Architekten Hermann Dernburg und die Brüder March eingeladen, während die Teilnahme Hans Poelzigs und Max Tauts mutmaßlich auf die Einladung des Reichskunstwarts Edwin Redslob zurückgeht.

Max Tauts Entwurf zeigt eine klare rationale Anlage, die eine weiträumige Gliederung durch ein Ensemble unterschiedlich dimensionierter kubischer Baukörper erfährt. Als Dominante erscheint das Gebäude der Hochschule, das von einem gläsernen Winterstadion und der Turn- und Schwimmhalle gefasst wird. Flachere Bauten mit Gemeinschaftseinrichtungen und Wohnungen für Sportstudenten begrenzen das weitläufige Areal. Max Taut verzichtet auf eine rein repräsentative Anlage mit axialer Orientierung und stellt die Organisation der einzelnen Abläufe in den Mittelpunkt. Durch die differenzierte Höhenstaffelung wird zugleich eine enge Verbindung des Sportareals mit der Landschaft erreicht.

Bereits in der Teilnehmerauswahl zeigt sich die Polarität zwischen fortschrittlichen und traditionellen Kräften. Zwar kommen die Entwürfe von Max Taut und Hans Poelzig in die engere Wahl, doch wird den Brüdern March für eine betont repräsentative Anlage der 1. Preis zugesprochen. Die vereinfachte klassizistische Architektursprache der March-Brüder lebt im Grunde von der vergangenen Epoche. Von konservativer Seite wird den Entwürfen Tauts und Poelzigs angelastet, sie glichen eher Fabrik- als Sportanlagen.

QUELLE: MTA WV 50.
LITERATUR: Wolfgang Herrmann: Ausstellungen und Vorträge über moderne Baukunst. In: Kunst und Künstler, 24 (1925/26), S. 365–366; Fritz Eiselen: Der engere Wettbewerb um das Deutsche Sportforum. In: Deutsche Bauzeitung (21.4.1926), H. 32, Beilage Wettbewerbe, S. 57–60, sowie (19.5.1926), H. 40, S. 73–79; Das Deutsche Sportforum. In: Bauwelt (1926), H. 7, S. 146 f.; Max Taut: Bauten und Pläne. Berlin 1927, S. 7, 18; Paul Ortwin Rave: Die Bauwerke und Kunstdenkmäler von Berlin. Stadt und Bezirk Charlottenburg. Berlin. 1961, S. 222–223; Max Taut, 1984, S. 49, 76; Volker Kluge: Olympiastadion Berlin: Steine beginnen zu reden. Berlin: Parthas-Verlag 1999, S. 44–45; Wolfgang Schäche, Norbert Szymanski: Das Reichssportfeld. Berlin: be.bra Verlag 2001, S. 37–38.

267 Deutsches Sportforum in Berlin-Charlottenburg 1925–1926, Schaubild von Süden

268 ADGB-Ausstellungshalle auf der Gesolei in Düsseldorf 1926, Front

63 AUSSTELLUNGSHALLE DES ADGB AUF DER GESOLEI 1926

Ausführung zur Ausstellung in Düsseldorf von Mai bis Oktober 1926, demontiert, Brunnenskulptur von Rudolf Belling

In der *Weltbühne* fordert Adolf Behne im März 1926, dass kein Bau der Gewerkschaften hinter dem Vorbild des Verbandshauses der Buchdrucker zurückfallen dürfe. Bereits im Mai desselben Jahres – das Buchdruckerhaus ist soeben fertig gestellt – entsteht ein weiteres Projekt für den Allgemeinen Deutschen Gewerkschaftsbund, das Max Taut anlässlich der Düsseldorfer Ausstellung für Gesundheitspflege, Soziale Fürsorge und Leibesübung (Gesolei) plant. Die zentrale Glashalle, die von zwei niedrigeren geschlossenen Baukörpern durchdrungen wird, erinnerte in ihrer kubisch strengen Form an die elementaristische Ästhetik der niederländischen De-Stijl-Gruppe. Max Taut zeigt allerdings die konstruktive Struktur im Wechsel von rotem prüßschem Mauerwerk und schwarzem Rahmen. Wie beim Leipziger Ausstellungsbau für den Werdandi-Bund von 1913 entscheidet Max Taut sich für einen demontablen Rahmenbau aus Holz, der sich in eleganter Schlankheit präsentiert, so dass er auf den ersten Blick für eine Eisenkonstruktion gehalten werden könnte. Julius Posener berichtet, dass die Halle zu den von ihm am meisten bewunderten Gewerkschaftshäusern gehöre, vor allem wegen des Holzrahmens mit seinen leichten Profilen, denen Max Taut außergewöhnliche Spannweiten zumutet.

Die Polarität von *Neuem Bauen* und zyklopischem Stil wird in der Gegenüberstellung der tautschen ADGB-Halle und der baulichen Dominante des Gesolei-Areals deutlich, der Rheinhalle von Wilhelm Kreis. Bei Taut bleibt der Skelettbau auch in den geschlossenen Wandbereichen ablesbar, da der dunkle Holzrahmen den gesamten Körper regelmäßig gliedert. Konstruktion und architektonischer Ausdruck einer leichten Gebäudehülle sind kongruent. Hingegen strebt Kreis, wie schon bei seiner Betonhalle auf der Leipziger Baufach-Ausstellung 1913, das architektonische Pathos an. Sein Düsseldorfer Rundbau mit dichter Pfeilerstellung erweckt den Anschein eines massiven Mauerwerks – allerdings verbirgt sich hinter der monumentalen Fassade die eigentliche Konstruktion aus wenigen Betonscheiben.

Max Tauts Gesolei-Halle – sein vielleicht rationalstes Projekt – ist innerhalb der Gewerkschaft nicht ganz unumstritten. Zwar finden sich vorwiegend Stimmen, die den Ausstellungsbau für mustergültig ansehen, weil er dem Geist des industriellen Zeitalters entspreche, aber mancher Betrachter empfindet das Äußere als allzu bescheiden. Rudolf Belling kommt zu dem Schluss, dass im Grunde die Mitglieder der Gewerkschaften noch nicht für die neue Kunst reif seien. Er hat für die gläserne Eingangshalle eine Brunnenskulptur entworfen: »Jede Gewerkschaft wird durch eine

269 ADGB-Ausstellungshalle, Innenraum mit Brunnenskulptur von Rudolf Belling

Kugel versinnbildlicht und ist durch einen
Stab mit der Spitzenkugel des ADGB verbunden – ein Symbol seines Organisationsauf-
baus«, erläutert Gerth Schreiner das belling-
sche Werk in der Zeitschrift *Die Arbeit*.

QUELLE: MTA WV 51.
LITERATUR: Die Gewerkschaften auf der »Gesolei«. In:
Gewerkschafts-Zeitung (8.5.1926), Nr. 19, S. 267;
Alexander Knoll: Das Haus des ADGB auf der »Gesolei«.
In: Gewerkschafts-Zeitung (22.5.1926), Nr. 21, S. 297–298;
O. H.: Die freien Gewerkschaften auf der Gesolei. In:
Korrespondent (22.5.1926), Nr. 40, S. 5–6; Die Gewerk-
schaften auf der Gesolei. In: Holzarbeiter-Zeitung
(5.6.1926), Nr. 23, S. 91; Das Gewerkschaftshaus auf der
Gesolei. In: Der Bergarbeiter (26.6.1926), H. 26, S. 2; Die
freien Gewerkschaften auf der Gesolei. In: Jungbuch-
drucker (1.7.1926), Nr. 13, S. 98; Die Gesolei. In: Grund-
stein (10.7.1926), Nr. 28, S. 210; Rundgang durch die
Gesolei. In: Gewerkschafts-Zeitung (21.8.1926), Nr. 34,
S. 487; Arthur Grams: Kritische Erinnerungen an die
Gesolei. In: Korrespondent (4.9.1926), Nr. 70, S. 2; Gerth
Schreiner: Industrielle und gewerkschaftliche Menschen-
führung im Rahmen der Gesolei. In: Die Arbeit (1926),
S. 582–588; 30 Jahre Aufgaben und Leistungen des
Verbandes der Gemeinde- und Staatsarbeiter, dargestellt
auf der Großen Ausstellung Düsseldorf 1926.
Verbandsvorstand, Berlin 1926; Ausstellungshalle des
ADGB auf der Gesolei. In: Jahrbuch des ADGB 1926.
Berlin: Verlag des ADGB 1927, S. 119–120;
Gewerkschaftspavillon auf der Gesolei. In: Moderne
Bauformen (1927), H. 9, S. 344; Max Taut: Bauten und
Pläne. Berlin 1927; Siedler (Hrsg.): Jahrbuch der Baukunst
1928/1929, S. 176–178; Paul Linder: El Arquitecto Max Taut
Berlin. In: Arquitectura (1929), Nr. 127, S. 422–430; Bruno
Taut: Die Neue Baukunst in Europa und Amerika.
Stuttgart: Hoffmann 1929, S. 212; Alfred Kuhn: Max Taut –
Bauten. Berlin 1932; Max Taut, 1964, S. 9, 42–43; Max
Taut, 1984, S. 49, 77.

64 WOHN- UND GARAGENHAUS DER KONSUMGENOSSENSCHAFT IN BERLIN-TEMPELHOF 1926

Ausführung, Germaniastraße

Für die Konsumgenossenschaft entwirft Max
Taut in Tempelhof ein kombiniertes Wohn-
und Garagenhaus. Über der Stützenkonstruk-
tion der Garagenanlage erheben sich zwei
Etagen mit sechs Wohnungen. Großzügige
Loggien bestimmen das Bild der plastisch ausgebildeten Ziegelfassade. Im Dachgeschoss
sind gemeinschaftlich nutzbare Räume wie
Waschküche, Trockenboden und Kammern angelegt.

QUELLE: MTA WV 52.
LITERATUR: Max Taut: Bauten und Pläne. Berlin 1927; Die
sozialen Baubetriebe Berlins. In: Soziale Bauwirtschaft
(1927), S. 18-25; Bauhüttenarbeit. Hrsg. von Verband sozialer Baubetriebe. Berlin: Verlag des ADGB 1928, S. 128;
Wohnungs- und Garagengebäude der Konsumgenossenschaft. In: Moderne Bauformen (1929), S. 90; H. W.
Schüssler: Zehn Jahre Bauhütte Berlin GmbH. In: Soziale
Bauwirtschaft (1929), S. 428; Max Taut, 1984, S. 49.

270 Wohn- und Garagenhaus der
Konsumgenossenschaft in Berlin-
Tempelhof 1926

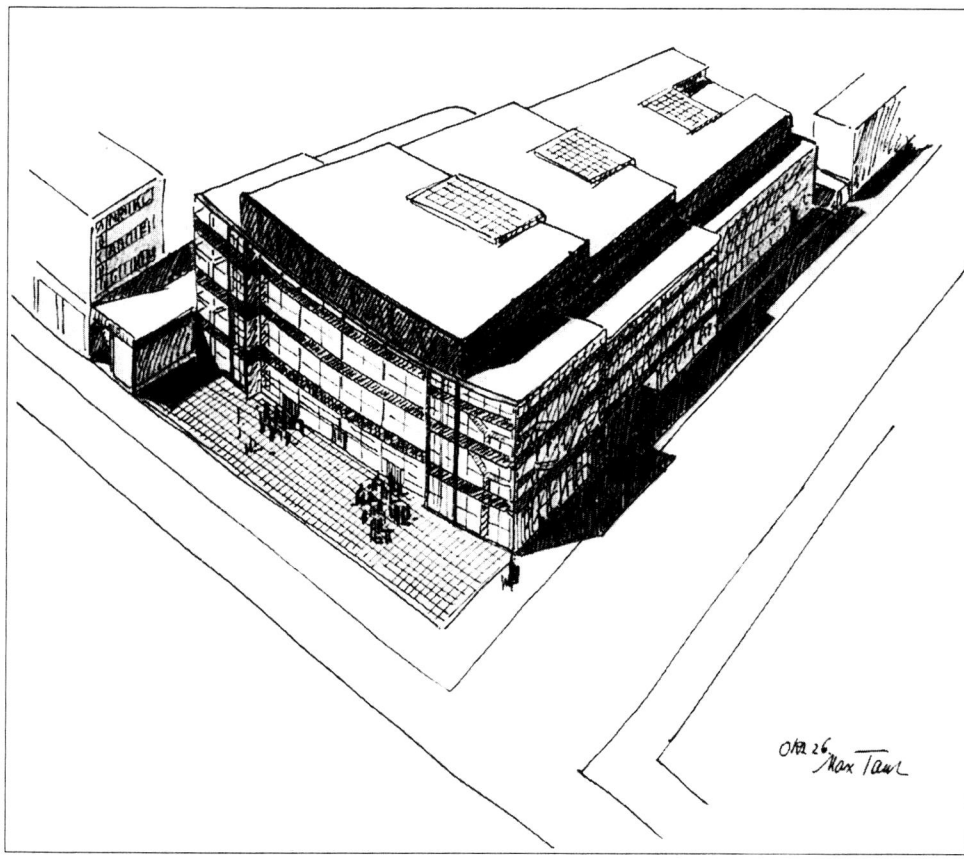

271 Kino 1926, Vogelperspektive

65 KINO 1926

Entwurf

In der Publikation *Bauten und Pläne* veröffentlicht Max Taut einen Entwurf zu einem Lichtspielhaus. Von der Straßenflucht zurückgesetzt, belässt der Baukörper einen Vorplatz,
der als städtisches Entree für die Kinobesu-
cher dient. Die dreifache Staffelung des Volu-
mens bei gleichzeitiger Verjüngung des
Grundrisses lässt die Reihung unterschiedlich
großer Kinosäle erkennen. Hinter den Glasfas-
saden sind Umgänge für das Publikum und
Treppenanlagen ablesbar. 1951 wird Max Taut
aufgrund dieses Entwurfs, auf den ein Geschäftsmann aus St. Gallen aufmerksam wurde, zu einer neuen Kinoplanung am Tauentzien in Berlin eingeladen (Werk 141).

QUELLEN: MTA WV 53; Hinweise des Taut-Mitarbeiters
Mette, MTA.
LITERATUR: Max Taut: Bauten und Pläne. Berlin 1927,
S. 79–80; Max Taut, 1984, S. 49, 84.

66 ZWEI EINFAMILIENHÄUSER FÜR DIE WEISSENHOFSIEDLUNG 1926–1927

Haus 23 Bruckmannweg 12, Haus 24 Rathenaustraße 11, Typ C für eine mehrköpfige
Familie (vier Zimmer) mit Hausangestellter,
Entwurf November 1926, Baubeginn 1. 3. 1927,
Ausführung zur Ausstellung *Die Wohnung*
vom 23. 7. bis 9. 10. 1927 in Stuttgart, Innenausstattung des Hauses 24 von Richard Herre,
beide Häuser zerstört

Über die Einladung der Taut-Brüder zur Werkbundausstellung *Die Wohnung* in Stuttgart besteht in den ersten Auswahllisten aufgrund
des fehlenden Vornamens keine Eindeutigkeit.
Nach mehreren Änderungen der Listen, die
wiederholt nur den Familiennamen Taut anführen, wird am 1. Oktober 1926 eindeutig
Max Taut benannt, den Ludwig Mies van der
Rohe als Verantwortlicher für die Ausstellungsvorbereitungen von Anfang an gemeint
hat. Bis zum 12. November erfolgen weitere
Änderungen der Teilnehmerliste, wobei auch
der Bruder Bruno einbezogen wird, nachdem
Max Taut sich mit Nachdruck für ihn bei Mies
van der Rohe eingesetzt hat. »Ich habe mit
Ihrem Bruder die Platzfrage überlegt, und wir
sind beide der Ansicht, dass dieser Platz Ihren
Absichten am Besten entspricht«, schreibt
Mies van der Rohe am 22. Oktober 1926 an
Bruno Taut, der sein Projekt zum »Proletarier« unter den Ausstellungsbauten erklärt. »Ihr
Bruder vermisste bei mir eine präzise Formulierung über den Sinn und Zweck der Ausstellung, deshalb möchte ich ausdrücklich betonen, dass sowohl das Wohnproblem als auch
die technische Herstellung des Hauses zur
Diskussion gestellt ist.«

Max Taut beschreibt unter dem Titel *Meine Stuttgarter Häuser* seine Vorstellungen zum
Thema des neuen Wohnens in gewohnt knapper Diktion – und im Gegensatz zu vielen anderen Architekten eher undogmatisch. Er leitet die Planung seiner Häuser von einfachsten
Grundsätzen wie Himmelsrichtung, Lichtqua-
lität und einer unkomplizierten Bewirtschaf-
tung ab. Bei der Erstellung des Prototyps gilt
zu berücksichtigen, dass er teurer ausfällt als
das spätere Modell aus einer Serienprodukti-
on. Normausführungen bei einzelnen Bauteilen wie Fenstern, Türen und Beschlägen und
neue Konstruktionen erlauben die schnelle Er-
stellbarkeit und Benutzbarkeit des Wohnhauses, was vor allem angesichts der herrschen-
den Wohnungsnot ein wichtiger sozialer
Faktor ist. Daher entscheidet sich Max Taut bei
beiden Häusern für einen Montagebau als

Eisenskelettkonstruktion, die mit Thermosplatten System Pohlmann bekleidet ist.

Erwartungsgemäß geht Max Taut nicht auf die formale Gestaltung seiner Bauten ein, denn sie wird als selbstverständliches Ergebnis gesehen, das für sich spricht. Bei seinen Stuttgarter Häusern arbeitet er zum ersten Mal mit einer Eisenkonstruktion im Wohnungsbau. Obgleich die Konstruktion aus Feuerschutzgründen ummantelt ist, wird das skelettartige Gerüst in der Fassade sichtbar, da die Fassadenbekleidung aus japonisierten Zementplatten die Struktur farblich nachzeichnet (Abb. 104). Dieses Prinzip des Sichtbarmachens der Eisenkonstruktion entwickelt Max Taut 1928 beim Reichsknappschaftsgebäude weiter. Das Blau der Kaltglasurplatten wird in Absprache mit Mies van der Rohe noch vor Ausstellungsbeginn in ein Grau umgewandelt, so dass eine Anpassung an die zurückhaltende Farbgebung der anderen Objekte gegeben ist. Bemerkenswert erscheint beim Weißenhof-Haus 24 der halbzylindrische Bauteil, mit dem von der strengen Orthogonalität eines Skelettbaus abgewichen wird – hier zeigt sich eine Verwandtschaft zum Haus Hans Scharouns. Beide Häuser Max Tauts werden aufgrund erzwungener Sparmaßnahmen nicht in der Originalfassung ausgeführt: Die Quadratmeterzahl muss verringert werden und an die Stelle großzügiger Fensterflächen treten Standardausführungen.

Der Vorschlag, im oberen Taut-Haus am Bruckmannweg ein Weinrestaurant für die Ausstellungsbesucher einzurichten, lässt sich nicht verwirklichen. Für die Planung einer zweiten Werkbundausstellung, die im Jahr 1928 stattfinden sollte, wird das Objekt ausdrücklich zur Möblierung und Innenausstattung vorgeschlagen. Das an der Rathenaustraße gelegene Haus 24 hingegen wird in beispielhafter Weise von Richard Herre eingerichtet, der zunächst selbst als Planer für die Siedlung vorgesehen war. Der Stuttgarter Architekt Herre entwirft in einer klaren, zeitgemäßen Sprache ohne modische Attitüde Möbel, Stoffe, Teppiche und Beleuchtungskörper. Seine Vorstellungen einer kräftigen Farbigkeit im Innenraum entsprechen der Intention, die sich bei früheren tautschen Bauten zeigt. Diese Farbgebung wird in einer Zusammenfassung der Mieterurteile als positiv hervorgehoben. Karin Kirsch schreibt in ihrem Buch zur Weißenhofsiedlung über die Möblierung im Taut-Haus: »Herres Weißenhof-Möbel sind einfallsreich, einfach, elegant und doch kein bisschen ›salonhaft‹, wie es Mies in seiner Aufgabenstellung formulierte.«

Die Werkbundausstellung führt 1927 und in den Folgejahren zu einer beachtlichen Zahl an Publikationen. Der Deutsche Werkbund veröffentlicht die Objekte unter dem Titel *Bau und Wohnung* und die Brüder Rasch berichten in *Wie bauen?* ausführlich über die Konstruktionen der einzelnen Häuser. In seinem Bericht über die technisch-konstruktiven Ausführungen in der *Bauwelt* 1928 verweist Richard Döcker bereits auf Ressentiments und traditionalistische Gegentendenzen zu den Ideen der Weißenhof-Bauten. 1933 beginnen im *Stuttgarter Amtsblatt* von offizieller Seite die Diffamierungen, und Staatskommissar Strölin erklärt die Weißenhofsiedlung zum deutlichsten Beweis für den Niedergang der deutschen

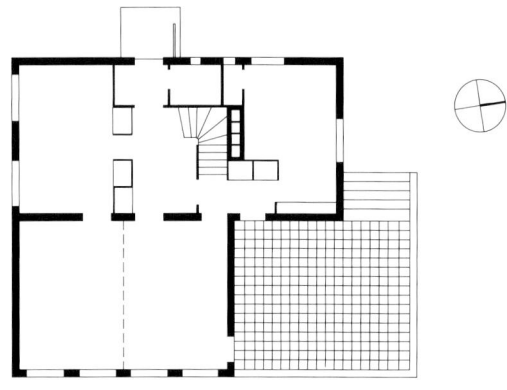

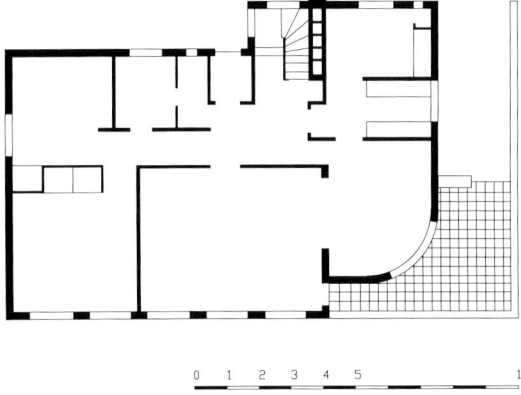

272 Einfamilienhäuser 23 und 24 für die Weißenhofsiedlung, Grundrisse Erdgeschoss

273 Haus 24 in der Rathenaustraße, Weißenhofsiedlung, Originalentwurf 1926 (Rekonstruktion) mit vollständiger keramischer Fassadenbekleidung, Dachterrasse und Fensterbändern

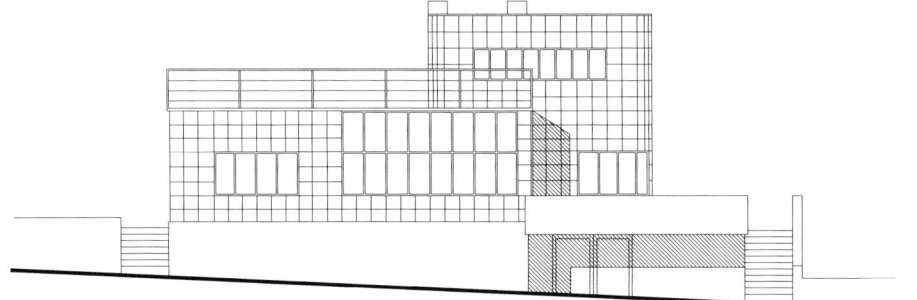

Baugesinnung. »Es besteht ein öffentliches Interesse aller Deutschgesinnten, solche weltbürgerlichen Versuche zu verhindern. Unsere schöne Stadt Stuttgart muss vor einer weiteren Verschandelung bewahrt werden.«

Bei Luftangriffen auf die Stadt wird die Weißenhofsiedlung im Zweiten Weltkrieg stark in Mitleidenschaft gezogen. 1944 zerstört die Druckwelle einer Bombe das tautsche Haus an der Rathenaustraße. Das Pendant am Bruckmannweg übersteht zwar den Krieg, wird jedoch Mitte der fünfziger Jahre abgerissen und durch ein Zweifamilienhaus ersetzt. *Der Tagesspiegel* schreibt unter dem Titel *Eine quadratische Affäre* in einer Mischung aus Sarkasmus und Bedauern: »Bei Bombenangriffen traf es die Nachbarn des großen Le Corbusier, Gropius und Hilberseimer, und in den fünfziger Jahren machten die Stuttgarter dort weiter, wo der Krieg aufgehört hatte. Die Bruno- und Max-Taut-Häuser wurden abgerissen, dann stand man vor dem kleinen Le Corbusier, als im letzten Augenblick die Entscheidung fiel: Denkmalschutz.«

274 Lageplan Werkbund-Ausstellung in Stuttgart 1927: Häuser 23 und 24 von Max Taut

1–4 Ludwig Mies van der Rohe, 5–9 Jacobus Johannes Pieter Oud, 10 Victor Bourgeois, 11–12 Adolf Gustav Schneck, 13–15 Le Corbusier und Pierre Jeanneret, 16–17 Walter Gropius, 18 Ludwig Hilberseimer, 19 Bruno Taut, 20 Hans Poelzig, 21–22 Richard Döcker, 25 Adolf Rading, 26–27 Josef Frank, 28–30 Mart Stam, 31–32 Peter Behrens, 33 Hans Scharoun

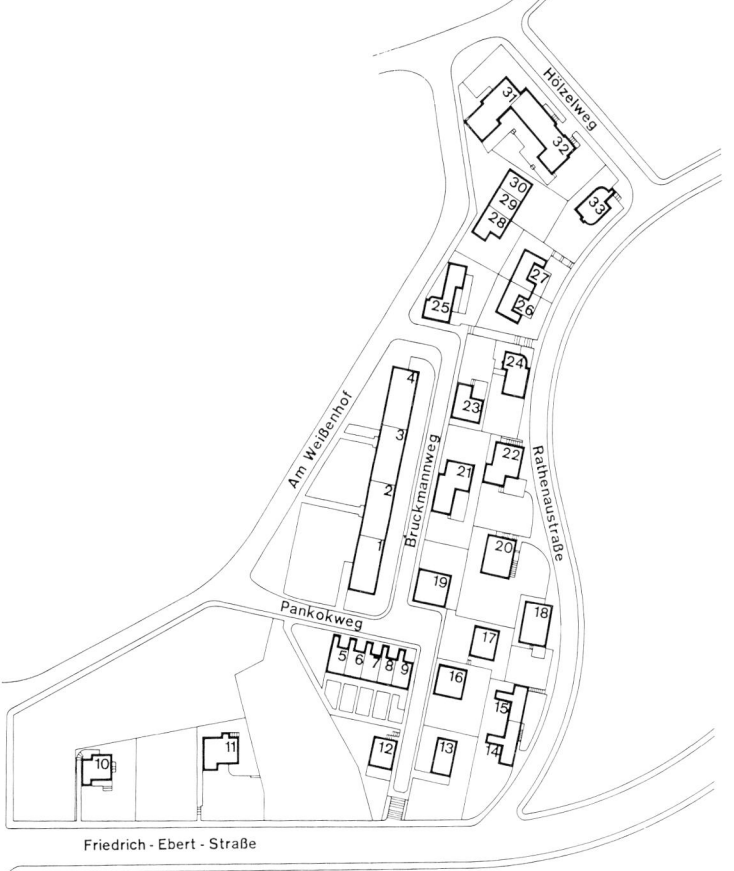

QUELLE: MTA WV 56.
LITERATUR: Max Taut: Meine Stuttgarter Häuser. In: Bau und Wohnung. Die Bauten der Weißenhofsiedlung. Deutscher Werkbund (Hrsg.). Stuttgart 1927, S. 138–143; Karl Konrad Düssel: Die Stuttgarter Weißenhof-Siedlung. Werkbundausstellung »Die Wohnung«. In: Deutsche Kunst und Dekoration (1927), H. 1, S. 91–98; Willi P. Fuchs-Röll: Neues Wohnen. Werkbundausstellung im September 1927. In: Der Neubau (1927), H. 17, 18, S. 197–205, 235–239; Haus Max Taut. In: Die Form (1927), H. 9, S. 286 (Sonderheft zur Werkbundausstellung); Friedrich Paulsen: Die Stuttgarter Ausstellung. In: Bauwelt (1927), H. 30, S. 735–738; Ernst Völter: Die Wohnung. Bemerkungen zur Werkbundausstellung. In: Die Baugilde (1927), Nr. 15, S. 834–836; Edgar Wedepohl: Die Weißenhof-Siedlung der Werkbundausstellung »Die Wohnung«, Stuttgart 1927. In: Wasmuths Monatshefte für Baukunst und Städtebau (1927), H. 10, S. 391–402; Werkbundausstellung »Die Wohnung«, Stuttgart 1927. Stuttgart: Katalog 1927; Werkbundausstellung »Die Wohnung«, Stuttgart vom 23. Juli bis 9. Oktober 1927. In: Die Form (1927), H. 7, S. 213; Oskar Wolfer: Die Werkbundausstellung »Die Wohnung« in Stuttgart. In: Die Kunst (1927), Teil II, S. 57–68; Kurt Schwitters: Stuttgart, Die Wohnung 1927. In: i 10 Internationale Revue Amsterdam (1927), H. 10. Nachdruck in: Bauwelt (1977), H. 27, S. 916–917; Heinz und Bodo Rasch: Wie bauen? Bau und Einrichtung der Werkbundsiedlung am Weißenhof in Stuttgart 1927. Mit einem Vorwort von Adolf Behne. Stuttgart 1928, S. 131–133; Richard Döcker: Werkbundausstellung »Die Wohnung«. Stuttgart 1927. In: Bauwelt (1928), H. 11, S. 269–276; Bruno Taut: Die Neue Baukunst in Europa und Amerika. Stuttgart: Hoffmann 1929; Alfred Kuhn: Max Taut –Bauten. Berlin 1932; Anordnungen des Staatskommissars Dr. Strölin. In: Amtsblatt der Stadt Stuttgart, 33 (4.4.1933), Nr. 39, zitiert in: Karin Kirsch: Die Weißenhofsiedlung. 2. Aufl. Stuttgart: Deutsche Verlags-Anstalt 1999, S. 213; Max Taut, 1964, S. 44; Max Taut, 1984, S. 49, 78; Johannes Cramer, Niels Gutschow: Bauausstellungen. Eine Architekturgeschichte des 20. Jahrhunderts. Stuttgart: Kohlhammer 1984; Karin Kirsch: Die Weißenhofsiedlung. Stuttgart: Deutsche Verlags-Anstalt 1987, 2. Aufl. 1999; Briefe zur Weißenhofsiedlung. Hrsg. von Karin Kirsch. Stuttgart: Deutsche Verlags-Anstalt 1997, darin: Brief von Mies van der Rohe an Gustaf Stotz vom 30.9.1926, S. 109, und an Bruno Taut vom 22.10.1926, S. 118–119; Jürgen Holwein: Fata Morgana über deutschen Dächern. 75 Jahre Weißenhofsiedlung in Stuttgart – Fast ein Wunder, dass dieses Kunstdenkmal noch steht. In: Stuttgarter Nachrichten (13.7.2002); Kerstin Decker: Eine quadratische Affäre. In: Der Tagesspiegel (3.11.2002); Internet: www.weissenhof.de (Zugriff: 31.1.2003).

Wettbewerbsentwurf für zwei Wochenendhäuser zu 2500 Reichsmark und 3300 Reichsmark, Abgabe 8.4.1927, Ausführung zur Ausstellung *Das Wochenende* vom 16.4. bis 12.6.1927

Anfang des Jahres 1927 wird vom Berliner Messeamt in Zusammenarbeit mit dem Bund Deutscher Architekten ein Wettbewerb für den Entwurf von Wochenendhäusern ausgeschrieben, die als Musterhäuser auf der Ausstellung *Das Wochenende* gezeigt werden sollen. Der Jury gehört neben Albert Geßner und Bruno Paul auch der erst kurz zuvor ernannte Stadtbaurat Martin Wagner an. Von den 324 eingereichten Entwürfen werden rund fünfzig ausgewählt und im Frühjahr ausgestellt.

Max Taut entwickelt mit der Fonitram-Gesellschaft aus Rostock zwei Kleinhaus-Typen, die sich vor allem hinsichtlich der Zahl ihrer Schlafräume unterscheiden. Im Zentrum des geräumigeren Modells steht ein zwanzig Quadratmeter großer Wohnraum, der sich zu einer Veranda öffnet und großzügig verglast ist. Zu beiden Seiten des Wohnbereichs sind die drei kojenartigen Schlafräume sowie die Serviceräume von der Küche bis zum Waschraum angeordnet. Die farbig gestalteten Wände bestehen aus einer leichten Holzkonstruktion, die mit vier Zentimeter starken feuerfesten Wandplatten bekleidet ist.

Adolf Behne fasst in dem Artikel *Weekend* die Ausstellung auf dem Messegelände zusammen: Bunt wie ein Rudel mondäner Wintersportler ständen die Wochenendhäuschen um den Funkturm. Die Spanne der Bauten reicht von Lauben für 900 bis zu kleinen Landhäusern für 9000 Reichsmark. »Max Tauts [größeres] Haus für 3300 RM ist für seinen erheblich größeren Raum gewiss nicht teuer. Es wirkt famos ... außen durch seine klare, einfache und frische Form, innen durch die warme Behaglichkeit seiner Sperrholztäfelung und seiner höchst anständigen Möblierung (durch Haus und Hausrat – Gildenhall).« Neben Max Taut erwähnt Behne als erfreuliche architektonische Lösungen die Entwürfe von Fred Forbat und Hans Poelzig, der hier mit der Firma Christoph & Unmack aus Niesky zusammenarbeitet. Dagegen lehnt er sibirische Blockhäuser, Bauernstuben und expressionistische Beiträge, die in der Überzahl sind, als »Modesache« ab, auch wenn sie von der Jury prämiert seien.

Die *Deutsche Bauzeitung* erinnert anlässlich der Ausstellung an den zwanzig Jahre zu-

275 Wochenendhaus 1927, Fonitram-Verkaufsprospekt

vor durchgeführten Wettbewerb zum Thema Sommer- und Ferienhäuser, den Hermann Muthesius initiiert hatte und an dem Max Taut mit zwei Entwürfen teilnahm: den Sommerhäusern im Elbtal und an der samländischen Küste 1906 (Werk 8 und 9). Stellte seinerzeit selbst der kleinste Typ eine Miniaturvilla dar, so werden 1927 die aktuellen Möglichkeiten der fortgeschrittenen Bautechnik durch Typisierung und Normierung in den Vordergrund gestellt.

Quellen: MTA WV 54; Wochenendhaus: Gebaut nach Fonitram-Bauweise. In: Fonitram-Gesellschaft Rostock, Verkaufsprospekt, MTA.
Literatur: Wochenendhäuser für die Ausstellung »Das Wochenende«, Berlin. In: Bauwelt (1927), H. 10, S. 286; Wochenendhäuser-Wettbewerb des Berliner Messeamtes. In: Bauwelt (1927), H. 16, S. 417; Georg Stein: Wochenendhäuser auf der Ausstellung »Das Wochenende«. In: Der Neubau (10.5.1927), H. 9, S. 101–109; Johannes Bartschat: Wochenendhäuser. In: Deutsche Bauzeitung (14.5.1927), Nr. 39, S. 334, 336; I[smar] L[achmann]: Sparbaumethoden beim Wochenendhaus (II). In: Die Baugilde (15.6.1927), Nr. 6, S. 598–606; Wochenendhäuser. In: Bau-Rundschau (10.7.1927), H. 13, S. 194–195; Adolf Behne: Weekend. Zur Wochenendhaus-Ausstellung. In: Reclams Universum, 43 (1926/27), Nr. 33, S. 870–872; A. Lion: Das Wochenendhaus auf der Berliner Ausstellung »Das Wochenende«. In: Der Baumeister (1927), H. 6/7, S. 172; P. M.: Ferienhäuser und »Wochenend«-Häuschen. In: Schweizer-Baumeister-Zeitung (1927), S. 139–141; Wolfgang Wieckberg: Das Wochenendhaus. In: Wasmuths Monatshefte für Baukunst und Städtebau (1927), H. 7, S. 289–291; Max Taut, 1984, S. 49; Kurt Junghanns: Das Haus für alle. Zur Geschichte der Vorfertigung in Deutschland. Berlin: Ernst & Sohn 1994, S. 183–191.

276 Fach- und Berufsschulen in Berlin-Charlottenburg 1927, Gesamtansicht von der Spree

68 FACH- UND BERUFSSCHULEN IN BERLIN-CHARLOTTENBURG 1927

Wettbewerbsentwurf, Berufsschule für Knaben mit einer Gewerbeschule für Metallarbeiter, Handelsschule für Knaben und Mädchen, Fach- und Berufsschule für Mädchen; Abgabe 25.7.1927; Jurymitglieder: Otto Bartning, Stadtschulrat Jens Nydahl, Martin Wagner u. a.; Kaiserin-Augusta-Allee, Königin-Luisen-Straße, Sömmeringstraße

Mit der Ausweitung der Berufsschulpflicht auf Jugendliche bis zum 18. Lebensjahr wird seit 1926 die Einrichtung weiterer Schulen erforderlich. Zum engeren Wettbewerb für den Entwurf dreier Fach- und Berufsschulen in Charlottenburg werden, neben Max Taut, Hans Poelzig, Heinrich Tessenow, Albert Geßner, Bruno Paul und die Brüder Krüger eingeladen. Martin Wagner hofft mit der Schulreform in der Weimarer Republik zugleich sparsame und rationelle Bauweisen durchzusetzen und durch eine differenzierte Nutzung den zeitweiligen Leerstand von Schulräumen zu vermeiden. Hierzu empfiehlt er die Gruppierung verschiedener Schultypen an einem Standort, so dass die neuen Gemeinschaften zentrale Räume wie Aula, Fachklassen und Sporthallen im Wechsel nutzen können.

Der tautsche Entwurf zeigt eine Staffelung, die aus der Anbindung an die vorhandene Blockstruktur und dem Übergang zur freien Baukörperpositionierung resultiert. Die Klassentrakte sind als drei unterschiedlich hohe Zeilen Ost-West ausgerichtet und durch flachere Gemeinschaftsbauten miteinander verbunden. Die Beziehung zum Spreeufer und zum Sporthafen stellt Taut mittels aufgeständerter Baukörper her. Hans Poelzig entwirft eine sich parabelförmig zur Spree öffnende Anlage, die, dem klassischen Prinzip der Symmetrie folgend, innerhalb des städtischen Gefüges als autonome Figur erscheint. Zur Ausführung empfohlen wird der Beitrag von Heinrich Tessenow, der die Schulgruppe streng am Blockrand ausrichtet und den weitläufigen Sportplatz zur Spree öffnet. Gebaut wird der Entwurf allerdings nicht, da die Ausführung zunächst verschoben wird und später der brüningschen Notverordnung zum Opfer fällt.

QUELLE: MTA WV 55.
LITERATUR: Wettbewerbsausschreibung: Bauwelt (1927), H. 29, S. 725; Entwurf zum Neubau von drei Berufsschulen in Charlottenburg. In: Die Baugilde (1928), H. 4, S. 253; Entwurf für drei Berufsschulen in Charlottenburg. In: Sächsische Schulzeitung (1928), Beilage Nr. 3, S. 22–24; Adolf Behne: Berlin, Bilderbericht. In: Das neue Frankfurt (Februar 1928), H. 2, S. 37; Martin Wagner: Schulbau in Gemeinschaftsanlagen. In: Zeitschrift für Bauwesen, 78 (1928), H. 5; Max Taut, 1984, S. 49.

69 MALERHÜTTE IN BERLIN-MITTE 1927

Umbau, Landsberger Allee

Im Nachlass Max Taut findet sich eine Fotografie zur Fassadengestaltung eines Altbaus, in dem die Malerhütte Berlin ihren Sitz hatte.

QUELLE: MTA WV 57.
LITERATUR: Max Taut, 1984, S. 49.

277 Malerhütte in Berlin-Mitte 1927

70 WOHNBLOCK BERLIN-MARIENDORF
1927–1928

Bauherr: Märkische Scholle; Schützenstraße, Königstraße

Die Märkische Scholle, kurz nach dem Ersten Weltkrieg gegründet, sieht zunächst ihre Aufgabe in der Schaffung von Landsiedlungen und der Errichtung von Eigenheimen für ihre Mitglieder. Im Laufe der Jahrzehnte ändert sich die Zielsetzung und ab den späten zwanziger Jahren baut die Genossenschaft vor allem Kleinwohnungen, wobei auch der Wohnblock in Berlin-Mariendorf entsteht. Die Anlage weist mit ihren Loggien, ihren großzügigen Fenstern und der Kombination von drei- und viergeschossigen Flachdach-Zeilen typische Merkmale des tautschen Wohnungsbaus auf. Nach starken Zerstörungen im Krieg werden die Bauten teilweise von Max Taut und Hoffmann wieder aufgebaut. Durch spätere Sanierungs- und Modernisierungsmaßnahmen ist das ursprüngliche Erscheinungsbild verändert.

QUELLEN: MTA WV 58; Archiv der Märkischen Scholle in Berlin.
LITERATUR: Berlin und seine Bauten. Teil IV, Wohnungsbau, Band A. Berlin 1974, S. 348, Max Taut, 1984, S. 49.

278 Wohnblock in Berlin-Mariendorf
1927–1928

71 WOHNHÄUSER IN BERLIN-RUHLEBEN
1927–1928

Ausführung, drei Doppel- und sechs Vierfamilienhäuser, eine Doppelhaushälfte im Krieg zerstört und später abgerissen; Brombeerweg, Stendelweg

Nahe dem Sportforum gelegen, folgen die doppelgeschossigen Häuser in offener Reihung dem leicht geschwungenen Wegverlauf. Die Bauten sind mit einem Satteldach von etwa 45 Grad ohne Dachüberstand ausgeführt, so dass der Baukörper des typischen Siedlungshauses klar hervortritt.

QUELLE: MTA WV 59.
LITERATUR: Berlin und seine Bauten. Teil IV, Wohnungsbau, Band A. Berlin 1974, S. 281; Max Taut, 1984, S. 49, 79.

279 Wohnhäuser in Berlin-Ruhleben
1927–1928

280 Wohnhäuser in Berlin-Eichkamp
1927–1928

72 WOHNHÄUSER IN BERLIN-EICHKAMP
1927–1928

Ausführung mit der Berliner Bauhütte GmbH, Bauherr: Dewog und private Auftraggeber; Lärchenweg, Maikäferpfad (vormals: Buchenweg und Im Bucheneck), Zikadenweg und Am Vogelherd; erster Bauabschnitt 1919–1924 (Werk 41), Neuaufbauten 1947–1957 (Werk 123)

1927 plant Max Taut 34 weitere Häuser in Berlin-Eichkamp, die in unmittelbarer Nähe des ersten Siedlungsabschnitts entstehen. Bauherr ist die Deutsche Wohnungsfürsorge AG für Beamte, Angestellte und Arbeiter, kurz Dewog, die von den drei großen Gewerkschaften und der Bank der Arbeiter, Angestellten und Beamten sowie dem Verband der sozialen Baubetriebe im März 1924 gegründet wurde. Bis Oktober 1926 fungiert Martin Wagner als Geschäftsführer der Dewog, deren Gründung als ein sozialistisches Experiment gilt mit dem Ziel, innerhalb des bestehenden Systems eine Gemeinwirtschaft zu entwickeln. Die Förderung des rationellen und damit kostengünstigeren Bauens durch die Ausarbeitung von typisierten Bauplänen und genormten Bauteilen gehört zur zentralen Aufgabe der Gesellschaft.

Max Taut entwirft zweigeschossige Doppelhäuser und Reihenhäuser mit Satteldach und ausgebautem Dachgeschoss. Im Vergleich zu den 1919 entworfenen Häusern ist ein Wandel in der Ausdrucksform vom schlicht Ländlichen zum sachlich Einfachen zu beobachten – obgleich Max Taut auch im ersten Bauabschnitt neue Bauverfahren zur Anwendung brachte. Die Beziehung der Häuser zum Umraum ist vielfältig mit halbrunden Stahlbalkonen, Wintergärten und Dachterrassen gelöst. Von der farbigen Wirkung, die heute nicht mehr vorhanden ist, vermittelt die Beschreibung der Tochter des Psychologen Julius Spier einen Eindruck: »Dieses schöne neue Haus – es war außen gelb angestrichen. Innen waren alle Zimmer verschieden tapeziert. Mein Zimmer hatte eine rote, eine blaue, eine gelbe Wand und eine grüne Decke, also richtig schön abgestimmt. Das war von Max Taut fabelhaft gemacht.« Die bereits länger in der Siedlung lebenden Bewohner in den angrenzenden Häusern äußern jedoch die Befürchtung, dass die Neubauten ihre Gärten verschatten und den Ausblick beeinträchtigen.

Eines der neuen Häuser bezieht der Schwager Hans Kaiser, der mit der Wollgast-Tochter Johanna verheiratet ist. Nach der Zerstörung des Gebäudes im Zweiten Weltkrieg erwirbt Max Taut das Grundstück des nach Meersburg verzogenen Schwagers und baut das Haus im Zikadenweg 55 wieder auf. Ab Mitte der fünfziger Jahre nutzt er es als Atelier, das somit unweit von seinem Wohnhaus im Lärchenweg liegt.

Der benachbarte Block im Eichkamp ist ein Jahr zuvor von Bruno Taut für die Gehag geplant worden. Dort, im Zikadenweg 70, wohnt Franz Hoffmann ab 1929. Sein Nachbar ist der stellvertretende Dewog-Vorsitzende Siegfried Aufhäuser, der 1933 als SPD-Reichstagsabgeordneter jüdischer Herkunft zur Emigration gezwungen wird. Max Taut mietet nach der Rückkehr aus Chorin dieses Haus vorübergehend als Unterkunft, bis 1951 das eigene Haus im Lärchenweg wieder hergestellt ist.

QUELLE: MTA WV 60.
LITERATUR: Elisabeth Hajos, Leopold Zahn: Berliner Architektur der Nachkriegszeit. Berlin: Albertus 1928; Werner Hegemann: Kunst oder Kitsch – zu Ehren unserer Sechzigjährigen. In: Wasmuths Monatshefte für Baukunst und Städtebau (1929), S. 266, 273 (Verwechslung mit Bruno Taut); Fritz Hellwag: Aufgaben für den Siedlungsarchitekten. Zur Eichkamp-Siedlung von Max Taut. In: Das schöne Heim (April 1929/1930), H. 7, S. 261–264, und derselbe Beitrag in: Die Kunst (1929/1930), Teil II, S. 181–183; Dewog-Bauten in Berlin. Siedlung Eichkamp. In: Wohnungswirtschaft (1930), H. 12; Jacob Schallenberger, Erwin Gutkind: Berliner Wohnbauten der letzten Jahre. Berlin 1931, S. 58–59; Heinz Johannes: neues bauen in berlin. Berlin: Deutscher Kunstverlag 1931, S. 37; Die Berliner Wohnungsbauten der letzten Jahre. In: Die Bauzeitung (1931), S. 272; Alfred Kuhn: Max Taut – Bauten. Berlin 1932; Paul Ortwin Rave: Die Bauwerke und Kunstdenkmäler von Berlin. Stadt und Bezirk

Charlottenburg, Teil 1 und 2. Berlin: Gebr. Mann Verlag 1961, S. 456; Rolf Rave, Hans-Joachim Knöfel: Bauen seit 1900 in Berlin. Berlin: Kiepert 1968, Objekt 171; Max Taut, 1984, S. 49; Manuela Goos, Brigitte Heyde: Eichkamp. Eine Siedlung am Rande mitten in Berlin. Berlin: Selbstverlag Siedlerverein Eichkamp e. V. 1999, insbesondere S. 112–113.

73 Dorotheen-Oberlyzeum in Berlin-Köpenick 1927–1929

Wettbewerb 1927, Bauzeit von März 1928 bis September 1929 mit dem Hochbauamt Köpenick, Oberbaurat Schultes und Rosenberg, Skulptur von Rudolf Belling, Einweihung am 30. 11. 1929, heute Alexander-von-Humboldt-Oberschule, Oberspreestraße 173–181

1927 wird ein engerer Wettbewerb zur Errichtung eines Neubaus für die höhere Mädchenschule in Köpenick ausgeschrieben. Erst 1908 hat sich diese Schulform mit der preußischen Reform etabliert und wird 1923 zum Oberlyzeum erweitert, so dass auch ein Abiturabschluss für junge Frauen möglich ist.

Anders als beim Wettbewerb für die Charlottenburger Berufsschulen, die Max Taut als freie Baukörperkomposition anlegt, fasst er die städtische Situation an der Ecke Oberspreestraße und Berliner Straße mit einer Blockrandbebauung, die gleichwohl durch die Betonung der einzelnen Baukörper und des viertelrunden Treppenhauses eine starke Differenzierung erfährt. Während Aula und Verwaltung zur Hauptverkehrsstraße ausgerichtet sind, liegt der Klassentrakt nach Westen orientiert an der ruhigen Nebenstraße. Leicht zurückgesetzt schließt sich hier die Doppelturnhalle an und bewirkt eine räumliche Begrenzung des Schulhofs gegenüber den Nachbargrundstücken.

Das Dorotheen-Oberlyzeum wird für gut fünfhundert Schülerinnen geplant, wobei jüngste Erkenntnisse aus dem innovativen Schulbau Amerikas und der dortigen Schulpädagogik einfließen. Hierzu gehört das Platoon-Modell, das dem Fachklassenprinzip entspricht. Ideen zum Reformschulbau werden zur Weimarer Zeit zwar häufig formuliert, doch ist das Dorotheen-Lyzeum in den zwanziger Jahren eine der seltenen Umsetzungen. Die *Bauwelt* dokumentiert 1930 die Schule folgerichtig nicht nur als ästhetisches Objekt, sondern in ihrem Gebrauchswert: Gezeigt werden Turnübungen auf den Dachterrassen, Inszenierungen in der Aula und experimentierende Schülerinnen im Chemie- und Physiksaal. Eine Fotoserie illustriert die Möglichkeiten der freien Klassenmöblierung und gibt Einblick in das vielfältige Angebot zur sportlichen Betätigung, von der Turngalerie zum Ruderkasten, einschließlich hygienischer Neuerungen wie Fußwaschbecken.

281 Dorotheen-Oberlyzeum in Berlin-Köpenick 1927–1929, Entwurfszeichnung Hofansicht

282 Dorotheen-Oberlyzeum, Keramik-Fassade mit Relief von Rudolf Belling

der Klassenflügel trotz seiner Zweibündigkeit die Vorteile einer einbündigen Anlage – allerdings wird das Lichthofkonzept im Verlauf der Nutzungsgeschichte aufgegeben.

Die leicht geschwungene Form der schlichten Baukörper erfährt durch die flächige Fassadenbehandlung eine prägnante Steigerung. Die Ausführung des Baus in konventioneller Massivbauweise geht mit der durchgängig glatten Bekleidung aus Siegersdorfer Keramikplatten einher, so dass die Klarheit des konstruktiven Aufbaus der äußeren Homogenität entspricht. Mit der Fensteranordnung als wesentlichem Element der Fassadengliederung wird die Horizontale betont, indem jeweils zwei bis drei Fenster zu einer Gruppe zusammengefasst werden. Beim viertelrunden Treppenhaus findet sich diese Horizontalproportion optisch zum schmalen Fensterband gesteigert. Für den Eingang der Schule hat Rudolf Belling eine Skulptur entworfen, die als Tonrelief in die Fassade eingepasst ist und in künstlerischer Betonung von Senkrechten und Winkeln die helfende Gestalt Dorothea darstellt, die Brot an Kinder austeilt.

Das Gebäude dient bis in die Gegenwart als Schule, wenn auch Schulformen und -namen bis zur heutigen Alexander-von-Humboldt-Oberschule wechseln. Im Krieg wird das Gebäude als Behelfskrankenhaus genutzt und gewinnt erst im September 1950 seine ursprüngliche Funktion zurück. Eine bedauerliche Beeinträchtigung des Erscheinungsbildes erfolgt 1973 mit dem Abschlagen der teilweise beschädigten Fassadenplatten aus Siegersdorfer Keramik. Die Oberfläche verlieh mit ihren changierenden Gelbtönen dem sachlichen Kubus Lebendigkeit und Freundlichkeit, die ihm heute aufgrund des grauen Grobputzes weitgehend genommen ist.

Auch der Zustand des Pausenhofs ist aus pragmatischen Gründen, etwa der zeitweiligen Kohlelagerung, so stark verändert, dass von der ursprünglichen Gartengestaltung nichts erhalten ist und sich ein trostloser Anblick bietet, was Fassaden und Außenanlagen angeht. 1991 werden von der engagierten Schulleitung erste Maßnahmen zur Sanierung im Inneren ergriffen und störende Einbauten entfernt, doch steht eine gründliche Instandsetzung aus, die dem denkmalgeschützten Haus als einem der bedeutendsten Schulbauten der Weimarer Republik gemäß wäre.

Der durch seine Berliner Schilderungen bekannt gewordene Dieter Huhn schreibt zum Erscheinungsbild der Schule: »Während ich an diesen ... schön gepflegten Häusern vorüber gehe, sehe ich schon die Humboldt-Schule vor

Das sich in Köpenick andeutende Thema der Freiluftschule verfolgt Max Taut konsequent bis in die fünfziger Jahre, wenn er in seinem Entwurf für das Darmstädter Ludwig-Georgs-Gymnasium für jede Klasseneinheit einen Freilichtunterrichtsraum vorsieht. Andere räumliche Situationen in Köpenick erinnern an die 16 Jahre zuvor errichtete Schule in Finsterwalde: So finden sich in der Dorotheen-Schule großzügige Treppenhäuser und weite Flure mit hellen Wandelhallen, die dem Pausenaufenthalt dienen oder zu Ausstellungszwecken genutzt werden können. Dank der Lichthöfe auf der Ostseite der Gänge erzielt

283 Dorotheen-Oberlyzeum, Modell,
nicht realisierte Entwurfvariante mit
sichtbarer Rahmenkonstruktion der Aula

mir: Ein baugeschichtliches Zeugnis der Moderne, ein bauliches Meisterstück von Max Taut; so was kriegen die Postmodernisten nicht hin, die jetzt an den zentralsten Stellen Berlins, etwa neben dem Brandenburger Tor, ihre Schularbeiten machen dürfen und zeigen dass sie keine Meister sind ... im Gegensatz zu diesem hier, der auch noch unter dem verdreckenden DDR-Putz die Qualität seines Entwurfs beweist. ... Der Direktor dieser Schule hatte mich mal eingeladen, die Restbestände der Siegersdorfer Keramikplatten zu betrachten, mit denen einst das ganze Gebäude verkleidet war.«

In der Tat wirkt die Schule, vergegenwärtigt man sich ihren Originalzustand, unvermindert frisch und meisterlich modern und es ließe sich unschwer aufzeigen, wo tautsche Bauformen bis in die Gegenwart fortleben. Vor allem die feinquadratische Struktur der Hoffassade nimmt eine Ästhetik vorweg, die für manchen poetischen Rationalisten der Gegenwart Vorbild ist.

QUELLE: MTA WV 61.
LITERATUR: Hugo Häring. Neues Bauen. In: Moderne Bauformen (1928), S. 329–330, 352–353; Elisabeth Hajos, Leopold Zahn: Berliner Architektur der Nachkriegszeit. Berlin: Albertus 1928; Dorotheenlyzeum Berlin-Neukölln [sic]. In: Bauwelt (1929), H. 49, S. 1213; Architecture vivante (1929) II, Tafel 16; Oberlyzeum Dorotheenschule in Berlin-Cöpenick. In: Bau- und Werkkunst (1929/1930), H. 1, S. 211–214; Das Schuljahr 1929/1930. Dorotheenschule Berlin-Cöpenick. Jahresbericht Oberstudiendirektor Schulz (Berlin 1930); Adolf Behne: Neues Wohnen – Neues Bauen. Leipzig 1930, S. 148; Dorotheenlyzeum. In: Zentralblatt der Bauverwaltung (1930), S. 296; Herbert Hoffmann: Die neue Raumkunst in Europa und Amerika.

Stuttgart 1930, S. 180 (Aula); Ausstellung deutscher zeitgenössischer Bildender Kunst und Architektur in Belgrad und Zagreb. Berlin Katalog 1931; Alfred Kuhn, Max Taut: Deutsche Architektur der Gegenwart. Berlin 1931; Emanuel Josef Margold: Bauten der Volkserziehung und Volksgesundheit. Berlin 1930, S. 101–104; Oberlyzeum Dorotheenschule in Berlin Cöpenick. In: Bauwelt, 21 (1930), S. 105–120 und als Sonderdruck H. 4, S. 1–16; A. Weller: Schule und Schulhaus. Bauwelt (1930), H. 4, S. 121–122; Otto Zucker: Konstruktion und Architektur. In: Wasmuths Monatshefte für Baukunst (1930), S. 474–479; Julius Posener: École Supérieure de Jeunes Filles à Koepenick. In: L'Architecture d'Aujourd'hui (Novembre 1930), Nr. 1, S. 32–33; Baukeramik Siegersdorf. In: Baugewerkszeitung (1931), Nr. 11; Deutsche Bauausstellung Berlin 1931. Amtlicher Katalog Berlin 1931, S. 152; Heinz Johannes: neues bauen in berlin. Berlin: Deutscher Kunstverlag 1931, S. 75; Oberlyzeum Dorotheenschule. In: Ostdeutsche Bauzeitung (26.3.1931), Nr. 13, S. 98–99; Werner Hegemann: Der Bildhauer als Teufelsbeschwörer der Architektur. Ein Gespräch mit Rudolf Belling. In: Wasmuths Monatshefte für Baukunst und Städtebau (1932), H. 8, S. 382–388; Alfred Kuhn: Max Taut – Bauten. Berlin 1932; Max Taut, 1964, S. 45; Rolf Rave, Hans-Joachim Knöfel: Bauen seit 1900 in Berlin. Berlin: Kiepert 1968, Objekt 59; Max Taut, 1984, S. 17, 49, 80; Wolfgang Rannow: Alexander-von-Humboldt-Oberschule Berlin-Köpenick. Rückblick auf die Geschichte des Schulstandortes der jetzigen Alexander-von-Humboldt-Oberschule in Berlin-Köpenick (Berlin 1994); Helga Schmidt-Thomsen: Schulen der Weimarer Republik. In: Berlin und seine Bauten. Teil V, Band C. Berlin 1991, S. 121–174; Internet: http://www.avh-schule.de (Zugriff: 31.1.2003).
ALLG. LITERATUR: Dieter Huhn: Vom Wedding nach Gethsemane und andere Spaziergänge in Berlin. München, Berlin: Koehler & Amelang 1999; Dieter Huhn: Von Kreuzberg nach Pergamon und andere Spaziergänge in Berlin. München, Berlin: Koehler & Amelang 1999.

74 SCHULGRUPPE IN BERLIN-LICHTENBERG, MAX-TAUT-SCHULE 1927–1931, 1933–1935

Eingeladener Wettbewerb, Abgabetermin 20. 9. 1927, Mittelschule, Berufsschule und Oberlyzeum für zunächst 2800 Schüler, Ausführung mit Oberbaurat Nerlich und Baurat Weis (Bauleitung), Skulptur von Rudolf Belling, Jurymitglieder: Otto Bartning, Paul Mebes, Jens Nydahl, Martin Wagner u. a.; Fischerstraße 32–36, Schlichtallee 24

Nachdem die Planung der Schulgruppe in Lichtenberg zunächst beim bezirklichen Hochbauamt gelegen hat, wird im August 1927 ein engerer Wettbewerb ausgeschrieben, an dem die Architekten Hans Scharoun, Peter Jürgensen, Heinz Stoffregen und Max Taut teilnehmen. Max Tauts städtebaulich überzeugender Entwurf erhält den 1. Preis und nach einer Phase der Überarbeitung kann im Sommer 1929 mit den Bauarbeiten begonnen werden. Bereits 1931 wird der Hauptteil mit Berufs- und Mittelschule vorzeitig eröffnet. Die dritte Schule, das Oberlyzeum, ist zu diesem Zeitraum im Rohbau- und Fassadenbereich fertig gestellt, doch werden aufgrund der Notverordnung die noch ausstehenden Arbeiten ausgesetzt. Vollendet wird das Oberlyzeum durch die Köpenicker Bauräte Nerlich und Weis im Jahr 1935 – ohne Mitwirken Max Tauts, der mit Beginn der nationalsozialistischen Diktatur von öffentlichen Aufträgen ausgeschlossen ist.

284 Schulgruppe in Berlin-Lichtenberg 1927–1931; 1933-1935, Max-Taut-Schule, Grundriss

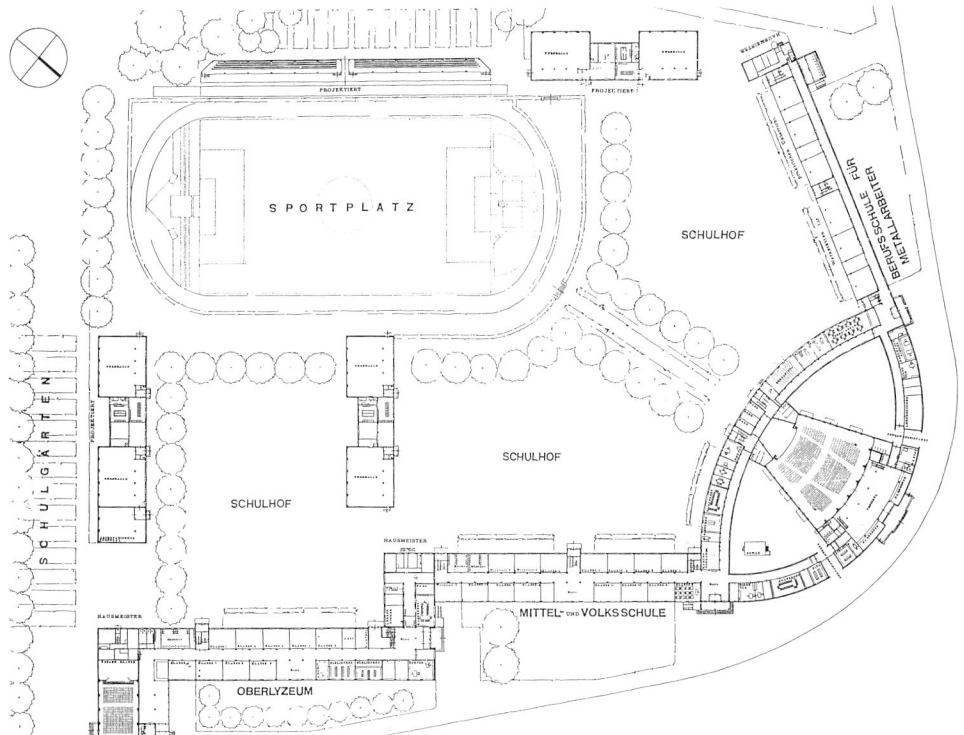

Nicht alle Bauten des ursprünglichen Konzepts werden realisiert, so entstehen von mehreren geplanten Turnhallen nur zwei und die vorgesehenen Direktorenhäuser entfallen ganz. Dessen ungeachtet ist die Lichtenberger Schulgruppe eine der größten deutschen Schulstätten, die, zunächst für 2800 Schüler geplant, im Jahr 1935 mehr als 5500 Schüler aufnimmt.

Als bei einem Sturm Ende Mai 1931 Schäden am Dach des Oberlyzeums entstehen, wird der Vorfall in den Zeitungen zum Anlass genommen, die moderne Bauweise, insbesondere das Flachdach, infrage zu stellen. Die weitere Rezeption dieser Schulanlage ist auffällig gering: Während der frühzeitigen Inbetriebnahme der ersten Schule 1931 ist die Gesamtanlage noch im Bau und bei ihrer Vollendung herrscht die Doktrin der Nationalsozialisten, so dass die Anlage als Zeugnis fortschrittlichen Bauens in der Weimarer Republik keine angemessene Berücksichtigung erfährt. Julius Posener allerdings würdigt 1934 als Redakteur von *L'Architecture d'Aujourd'hui* in Paris das Lichtenberger Schulprojekt in dem Artikel *Écoles allemandes*.

In den letzten Kriegstagen entstehen erhebliche Schäden an den Bauten, insbesondere durch einen großen Brand in der zentralen Aula – sie wird in der Nachkriegszeit nicht instand gesetzt und ist der Witterung und dem Zerfall preisgegeben. Zwar bleiben die anderen Bauten in ihrer wesentlichen Substanz erhalten und können weiter genutzt werden, doch führt der Austausch der großflächigen Holzkastenfenster durch Sprossenfenster in der Nachkriegszeit zur erheblichen Veränderung des Erscheinungsbildes. In den neunziger Jahren wird eine umfangreiche bautechnische und -historische Bestandsaufnahme der Lichtenberger Schule durch das Büro für Denkmalpflege und Architektur Pitz & Hohlslodzyk erstellt. Zur Sanierung der denkmalgeschützten Anlage erfolgen erste Maßnahmen, die allerdings aus haushaltstechnischen Gründen wieder unterbrochen werden müssen. Am 29. 8. 1997 wird die Lichtenberger Schulgruppe in Max-Taut-Schule umbenannt.

Siebzig Jahre nach Fertigstellung der Schulen wird nach einem vom Berliner Senat durchgeführten Verhandlungsverfahren zum Wiederaufbau der Aula ein Entwurf von Max Dudler zur Ausführung bestimmt. »Aus dem im Moment als Ruine leerstehenden Aulagebäude von Max Taut wird ein neuer, für alle zugänglicher multifunktionaler Ort in der als Stadtanlage konzipierten Schule geschaffen.« Das Konzept sieht eine denkmalgerechte Re-

285 Schulgruppe in Berlin-Lichtenberg, Max-Taut-Schule, Hofansicht

konstruktion wesentlicher Elemente der Aula einschließlich der Tragkonstruktion und der Farbgebung vor. Eine zeitgemäße Technik und eine neue Schicht von Materialien und Installationen ergänzen die historische Substanz. So erhält das denkmalgeschützte Ensemble sein zentrales Gebäude zurück, das, in seiner Modernität der sachlichen Tradition verpflichtet, als kultureller Veranstaltungsort zur Belebung des Bezirks entscheidend beitragen kann.

QUELLEN: MTA WV 62; Max Dudler: Verhandlungsverfahren Wiederaufbau der Aula der Max-Taut-Schule, Projektbeschreibung; Senatsverwaltung für Stadtentwicklung Berlin: Aufbau der Aula der Max-Taut-Schule. Bericht der Vorprüfung zur Sitzung des Auswahlgremiums am 6.5.2002.
LITERATUR: Paul Linder: El Arquitecto Max Taut Berlin. In: Arquitectura (Dezember 1929), Nr. 127, S. 422–430; Schulanlagen in Berlin-Lichtenberg. In: Bauwelt (1931), S. 1116; Ludwig Damm: Das Steildach als Retter in der Not. In: Bauamt und Gemeindebau, 13 (1931), S. 288; Teuer erkaufte Erfahrung beim sogenannten modernen Dach. In: Deutsche Bauhütte (2.9.1931), H. 18, S. 289; »... und der Wind wehte den Häusern die Dächer vom Haupt«. In: Ostdeutsche Bauzeitung (15.10.1931), H. 42, S. 317; Alfred Kuhn: Max Taut – Bauten. Berlin 1932; Wilhelm Kellner: Die Lichtenberger Schulen. Max Taut. In: Wasmuths Monatshefte für Baukunst und Städtebau (1932), H. 6, S. 257–269, 305–307 (auch als Sonderdruck erschienen); Julius Posener: Écoles allemandes. In: L'Architecture d'Aujourd'hui (1933/34), H. 2, S. 3–6, 42–44; Max Taut, 1964, S. 46–47; Rolf Rave, Hans-Joachim Knöfel: Bauen seit 1900 in Berlin. Berlin: Kiepert 1968, Objekt 57; Max Taut, 1984, S. 49, 81; Helga Schmidt-Thomsen: Schulen der Weimarer Republik. In: Berlin und seine Bauten. Teil V, Band C. Berlin 1991, S. 121–174; Pitz & Hoh, Christine Hoh-Slodczyk, Bezirksamt Lichtenberg von Berlin (Hrsg.): Max-Taut-Schule Lichtenberg. Berlin: Nicolaische Verlagsbuchhandlung 1997; Schulgruppe am Nöldnerplatz. In: Architektur im 20. Jahrhundert. Deutschland. Hrsg. von Romana Schneider [u. a.] München 2000, S. 330–331; Wiederaufbau der Aula der Max-Taut-Schule, Berlin-Lichtenberg. In: Bauwelt (2002), H. 22, S. 18; Internet: http://www.max-taut-schule.de (Zugriff: 13.3.2003).

75 BAUERNBANK IN BERLIN 1927

Umbau, Ausführungszeitraum nicht exakt belegt

QUELLE: MTA WV 63, Foto.
LITERATUR: Max Taut, 1984, S. 49.

286 Bauernbank in Berlin 1927

76 HAUS DES DEUTSCHEN VERKEHRSBUNDES IN BERLIN-MITTE VON BRUNO TAUT 1927–1932

Entwurf und Ausführung Bruno Taut, letzte Bauphase Max Taut

»Erst im Jahr 1926 wurde die Frage der Errichtung eines Verwaltungsgebäudes erneut erwogen und die Berliner Architekten Bruno Taut & Hoffmann mit der Ausarbeitung eines neuen Projektes beauftragt«, lautet der Bericht zur Grundsteinlegung des Verbandshauses in der *Gewerkschaft*. Nach Billigung des Projekts erhält das Büro den Auftrag zur Realisierung des Gebäudes, doch erfolgt die Grundsteinlegung erst im September 1929, da sich der Bau aufgrund der langwierigen Konstituierungsphase des Verbandes verzögert. Eine Verbindung des Namens Max Taut mit dem Haus wird 1932 in einem Artikel in *Wasmuths Monatsheften* zum bildhauerischen Werk Rudolf Bellings hergestellt, der die Reliefs des Sitzungssaals entwor-

fen hat. Unter den Abbildungen des Verwaltungshauses wird Max Taut als Architekt angeführt, was sich daraus erklären mag, dass Belling üblicherweise bei Gewerkschaftsprojekten des jüngeren Bruders mitwirkt. Offensichtlich handelt es sich um eine der häufiger in der Literatur zu findenden Verwechslungen der Brüder. Doch schon die traditionelle Andeutung eines Mittelrisalits entspricht nicht der klaren Baukörperbehandlung eines Max Taut Ende der zwanziger Jahre. Bruno Taut hält sich in der Abschlussphase der Ausführung 1932 bereits in Moskau auf und Max betreut die letzten Fertigstellungsarbeiten. Kurt Junghanns schreibt in einer Bildlegende zum Gebäude: »Von Max Taut vertretungsweise fertig gestellter Bau.« Max Taut selbst führt das Projekt in seinen Werkübersichten nicht an, dennoch wird es in die Werkliste des Max-Taut-Katalogs von 1984 als eine von Bruno entworfene und von Max Taut vollendete Arbeit aufgenommen.

QUELLE: MTA WV 70.
LITERATUR: Bericht zur Grundsteinlegung am 19.9.1929. In: Gewerkschaft. Organ des Gesamtverbandes (1929), Nr. 39, S. 1021; Werner Hegemann: Der Bildhauer als Teufelsbeschwörer der Architektur. Ein Gespräch mit Rudolf Belling. In: Wasmuths Monatshefte für Baukunst und Städtebau (1932), H. 8, S. 382; Bruno Taut 1880–1938. Katalog zur Ausstellung in der Akademie der Künste. Berlin 1980; Max Taut, 1984, S. 50; Manfred Speidel: Bruno Taut: Natur und Phantasie. Berlin: Ernst & Sohn 1995, S. 242–243; Kurt Junghanns: Bruno Taut 1880–1938. 3. überarb. und erg. Auflage. Leipzig 1998, Bildunterschrift zu Abb. 305; Manfred Speidel: Haus des Deutschen Verkehrsverbundes (Verzeichnis der Werke 129). In: Winfried Nerdinger [u. a.] (Hrsg.): Bruno Taut 1880–1938. Stuttgart, München: Deutsche Verlags-Anstalt 2001, S. 375–376.

77 ADGB-BUNDESSCHULE IN BERNAU 1928

Wettbewerbsentwurf, Entwurfsabgabe 4.4.1928, Jurymitglieder: Heinrich Tessenow, Adolf Behne, Martin Wagner, Theodor Leipart, Otto Heßler, 3. Preis

Die neue Bundesschule des ADGB ist als Elementarschule für Gewerkschaftsmitglieder geplant. Die Ausbildung von jährlich mehr als 1000 Schülern verbindet sich zugleich mit der Möglichkeit der Erholung, so dass für den Standort ein großstadtfernes Waldgebiet bei Bernau gewählt worden ist. Ziel des ADGB ist es, auch mit der neuen Bundesschule ein Musterbeispiel moderner Baukultur entstehen zu lassen – wie es bei den vorherigen Gewerkschaftshäusern von Max Taut der Fall gewesen ist. Zum Wettbewerb werden 1928 namhafte Vertreter des *Neuen Bauens* eingeladen, unter

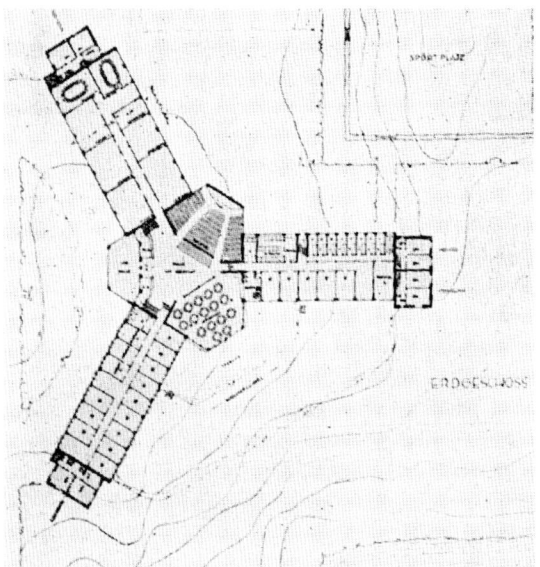

287 ADGB-Bundesschule in Bernau 1928, Grundriss

QUELLE: MTA WV 65.
LITERATUR: Die erste Bundesschule entsteht. In: Gewerkschaftszeitung 1928, H. 19, S. 295; Adolf Behne: Die Gewerkschaftsschule in Bernau bei Berlin. In: Zentralblatt der Bauverwaltung (1928), H. 35, S. 397–402; Adolf Behne: Die Bundesschule des Allgemeinen Deutschen Gewerkschaftsbundes in Bernau. In: Soziale Bauwirtschaft (1928), S. 198–199; Adolf Behne: Bundesschule des Allgemeinen Deutschen Gewerkschaftsbundes in Bernau. In: Bauwettbewerbe (1928), H. 33, S. 1–32; Steen Eiler Rasmussen: Hannes Meyer's Gewerkschaftsschule in Bernau bei Berlin. In: Wasmuths Monatshefte für Baukunst und Städtebau (1932), H. 1, S. 15–24; Klaus-Jürgen Winkler: Der Architekt Hannes Meyer. Anschauungen und Werk. Berlin: VEB Verlag für Bauwesen 1989; Jonas Geist, Dieter Rausch: Hannes Meyer und Hans Wittwer: Die Bundesschule des ADGB in Bernau bei Berlin, 1930–1993. Hrsg. vom Brandenburgischen Landesamt für Denkmalpflege. Potsdam: Verlagsbuchhandlung 1993.

ihnen Max Berg, Aloys Klement, Willy Lude-wig, Erich Mendelsohn, Hannes Meyer und Max Taut. Mit deutlicher Mehrheit entscheidet die Jury sich am 18. April 1928 für den Ent-wurf von Hannes Meyer und Hans Wittwer. Der zweite Preis wird Aloys Klement und der dritte Max Taut zugesprochen.

Der tautsche Entwurf zeigt einen Dreiflü-gelbau, einen »Baukristall«, mit einem ausge-prägten Gemeinschaftsbereich im Zentrum. Hier ist der Empfangsbereich mit einer großen Halle angelegt, der sich die Aula und der Speisesaal anschließen. Die innere Orga-nisation erlaubt in ihrer Folgerichtigkeit und Konsequenz eine gute Orientierung. Während zwei Wohnflügel mit den Zimmern der Schüler zum See orientiert sind, ist der Schul-flügel zum Wald und Sportplatz ausgerichtet. Von der Jury wird bemängelt, dass mit dem strengen geometrischen Prinzip der Forde-rung nach unterschiedlich großen Räumen nicht hinreichend nachgekommen werde. Zu-dem ist der Baukörper vor allem durch die in-nere Idee geformt, so dass eine Einbettung in das leicht hügelige Waldterrain schwierig er-scheint.

Hannes Meyer, der zum Entwurfszeit-punkt das Amt des Bauhausdirektors über-nommen hat, führt seinen prämierten Entwurf gemeinsam mit Bauhaus-Studenten aus und realisiert so das erste Bauhaus-Projekt in sei-ner Amtszeit. Die Schule kann am 5. Mai 1930, zwei Jahre nach dem Wettbewerbsent-scheid, eröffnet werden.

78 Bürohaus des Zentrosojus in Moskau 1928

Wettbewerbsentwurf, Juli 1928

Den Entwurf für das Zentrosojus-Gebäude be-wertet Alfred Kuhn als den Auftakt einer Reihe von Bauten solider Einfachheit nach den letz-ten expressionistischen Momenten des Buch-druckerhauses. In seiner Publikation entspre-chen allerdings die Datierungen in der Bildunterschrift sowie im Text mit 1925 oder 1927 nicht dem Entwurfsjahr, denn im Som-mer 1928 erst wird der Wettbewerb endgültig ausgelobt. Für den Zentrosojus, den Zentral-verband der Konsumgenossenschaft der UdSSR, soll ein moderner Bürobau mit ver-

288 Bürohaus des Zentrosojus in Moskau 1928

schiedensten Gemeinschaftseinrichtungen entstehen. Die Zentrale der Konsumvereine der Sowjetunion ist für 2500 Angestellte bestimmt und beherbergt fünf Abteilungen: 1. Verwaltung und Direktion; 2. Arbeitsamt mit zugehörigen Dienststellen; 3. Versammlungssaal für die Delegationen; 4. Bildungs- und Freizeiteinrichtungen wie einen Klub, eine Bibliothek mit Lesesaal, Theater und Sporthalle; 5. Wohnungen für das Personal. Zum Wettbewerb werden neben den russischen Teilnehmern nur wenige ausgewählte westeuropäische Architekten eingeladen. Le Corbusier erhält für seinen Entwurf den 1. Preis und kann nach einigen Planänderungen den Bau beginnen – allerdings stagnieren die Arbeiten ab Anfang der dreißiger Jahre und werden später nicht nach dem Originalentwurf abgeschlossen.

QUELLE: MTA WV 64.
LITERATUR: Nachrichten, Moskau. (Zentrosojus). In: Bauwelt (1928), H. 23, S. 545; Paul Linder: El Arquitecto Max Taut Berlin. In: Arquitectura (1929), Nr. 127, S. 422–430; Das Projekt von Le Corbusier für den Sitz der Union der russischen Konsumgenossenschaften («Centrosojus») in Moskau. In: Das neue Frankfurt (1929), H. 2, S. 35; Bruno Taut: Die Neue Baukunst in Europa und Amerika. Stuttgart: Hoffmann 1929, S. 119; Alfred Kuhn: Max Taut – Bauten. Berlin 1932; W. Boesiger, O. Stonorov (Hrsg.): Le Corbusier et Pierre Jeanneret. Oeuvre complète 1910–1929. Zürich 1964; Max Taut, 1984, S. 50, 77.

79 WARENHAUS WILHELM JOSEPH IN BERLIN-SCHÖNEBERG 1928

Entwurf

Im Nachlass von Max Taut befindet sich eine Perspektivzeichnung zum Entwurf eines Warenhauses für die Firma Wilhelm Joseph in Schöneberg. Bereits im Juli 1914, kurz vor Ausbruch des Ersten Weltkriegs, wird in der *Bauwelt* die Errichtung eines Warenhauses für die Firma Joseph angekündigt. Der Entwurf für das Grundstück in Berlin-Schöneberg auf dem Areal des alten Botanischen Gartens stammt von Paul Craemer. Während des Kriegs und der nachfolgenden Inflationszeit wird das Projekt zurückgestellt und 1928 offensichtlich an Max Taut übergeben, ohne dass die Arbeit daran jedoch über das Entwurfsstadium hinausgeht.

QUELLE: MTA WV 66.
LITERATUR: Neuer Warenhausbau in Berlin. In: Bauwelt (1914), Nr. 27, S. 10; Max Taut, 1984, S. 50, 84.

289 Warenhaus Wilhelm Joseph in Berlin-Schöneberg 1928, Perspektivzeichnung

80 Verwaltungsgebäude des Metallarbeiterverbandes in Berlin-Kreuzberg 1928–1929

Wettbewerbsentwurf (Abb. 116)

Bald nach dem Entschluss des Deutschen Metallarbeiterverbandes vom August 1928, seinen Hauptsitz von Stuttgart nach Berlin zu verlegen, entstehen Entwürfe für ein neues Verwaltungsgebäude. Für den Neubau steht ein dreiecksförmiges Grundstück an der Alten Jakobstraße zur Verfügung. Zum engeren Wettbewerb werden Paul Bonatz, Erich Mendelsohn, Rudolf W. Reichel und Max Taut eingeladen. Mit der Vergabe des ersten Preises an Reichel wählt man nicht einen Entwurf des *Neuen Bauens*, sondern ein von Monumentalstil und traditioneller Überhöhung geprägtes Projekt. Durch die erwünschte Zusammenarbeit mit Erich Mendelsohn erfährt der Entwurf Reichels jedoch eine so weitgehende Umformung, dass am Ende ein mendelsohnscher Bau entsteht. Der Metallarbeiterverband entscheidet sich für eine repräsentative Fassadengestaltung und lässt, im Bereich des Kopfbaus, Muschelkalk verwenden. Im Vergleich zu den einfachen Materialien, die im Allgemeinen von Architekten wie Max Taut und Hannes Meyer gewählt werden, erscheint die Veredelung der Fassaden auffallend.

QUELLE: MTA WV 68.
LITERATUR: Max Taut, 1984, S. 50, 84.
ALLG. LITERATUR: Werner Hegemann (W. H.): Verwaltungsgebäude des Metallarbeiterverbandes. In: Wasmuths Monatshefte für Baukunst (1930), S. 467; Fünfzig Jahre Metallarbeiterhaus. Eine Dokumentation, zusammengestellt von Karl-Heinz Volck. Berlin 1980; Regina Stephan (Hrsg.): Erich Mendelsohn. Architekt 1887–1953. Ostfildern-Ruit: Hatje 1998, S. 144–152.

81 Verwaltungsgebäude der Reichsknappschaft in Berlin-Wilmersdorf 1928–1930

Wettbewerb 1928, Ausführung Frühjahr 1929 bis 1930, erste Knappschaftstagung am 9.9.1930, Skulptur von Rudolf Belling; Rüdesheimer Straße

In der Reichsknappschaft sind seit Mitte der zwanziger Jahre die Spitzenorganisationen der Sozialverbände des Bergbaus vereint. Für sie soll ein Sitz in Berlin-Wilmersdorf entstehen, so dass man 1928 einen engeren Wettbewerb ausschreibt, auf dessen Basis der Entwurf von Max Taut zur Ausführung bestimmt wird. Neben einem Verwaltungsgebäude ist für den

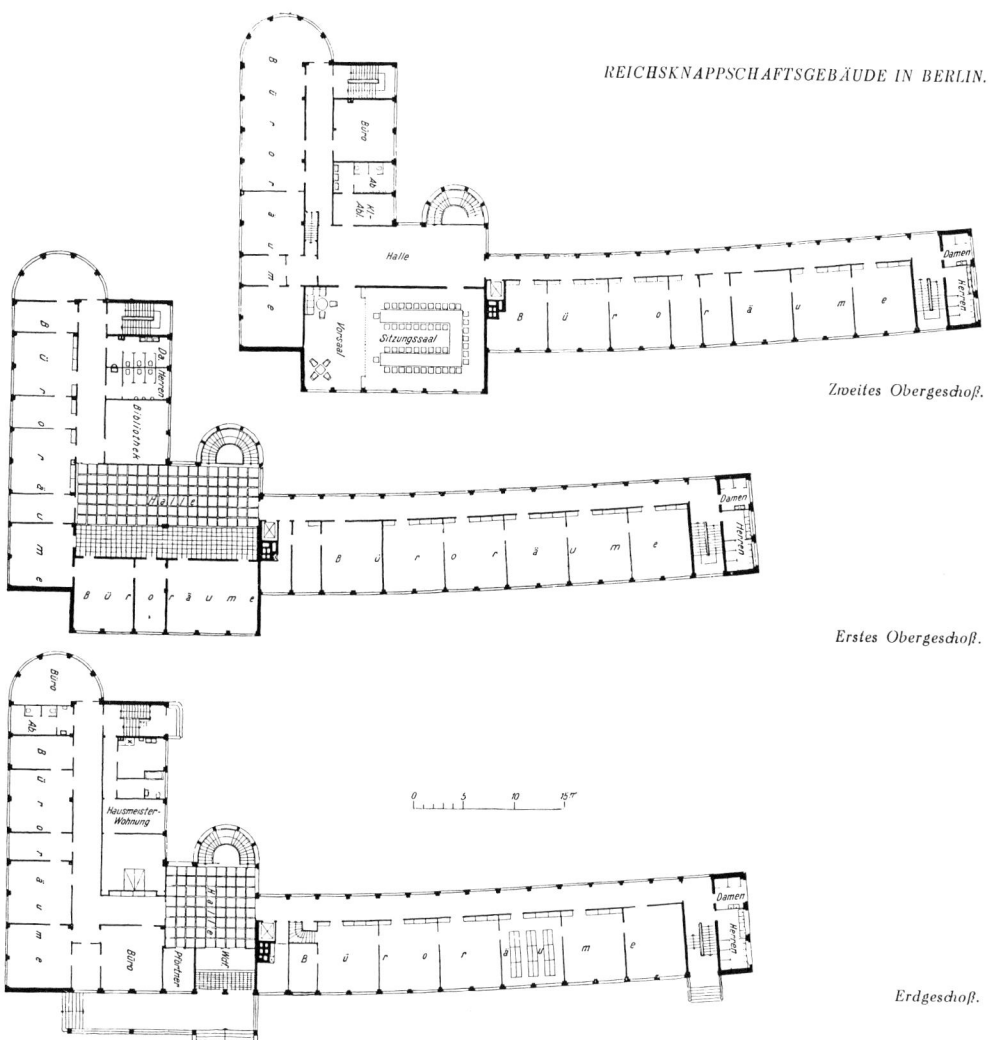

REICHSKNAPPSCHAFTSGEBÄUDE IN BERLIN.

Zweites Obergeschoß.

Erstes Obergeschoß.

Erdgeschoß.

291 Verwaltungsgebäude der
Reichsknappschaft, Grundrisse

290 Treppenhaus des
Reichsknappschaftsgebäudes,
Außenansicht

Generaldirektor ein Wohnungsbau vorgesehen, ein Projekt, das später jedoch nicht ausgeführt wird. Max Taut entwirft einen Stahlbau und interpretiert den ummantelten Stahlrahmen, indem er mit Siegersdorfer Keramik als Fassadenmaterial die Struktur nachzeichnet. Zum rationalen Ausdruck wirkt die geschwungene Grundrissfigur als Kontrapunkt, wobei der sanfte Bogen des Büroflügels durch den Straßenverlauf bedingt ist. Auch beim zylindrischen Treppenturm auf der Rückseite weicht Max Taut zugunsten der Raumqualität von der Orthogonalität ab und bringt Sonderfassadenelemente zum Einsatz. Bei prägnanter städtebaulicher Großform und sorgfältig strukturierten Baukörpern wird durch die Einflüsse der Organik im Zusammenspiel mit der individuellen Komposition eine »typisch Max Taut'sche Schöpfung« erreicht, die sich durch Klarheit bei Vermeidung alles Schematisch-Starren auszeichnet. Im Inneren ist die zentrale Treppe charakteristisch, die aus einer mit

schwarzem Kunststein bezogen Betonkonstruktion besteht. Sie schwingt freitragend, einer Skulptur ähnlich, ins obere Geschoss und verleiht der Eingangshalle dynamische Eleganz.

Kurz nach Abschluss seines Studiums verfasst der junge Julius Posener zum Reichsknappschaftsgebäude in der *Baugilde* einen ausführlichen Artikel, der mit hervorragenden Fotos von den Ateliers Stone, Köster und Weber illustriert ist. Er lobt die »prachtvolle Ausführung« und den Eindruck des »weiträumig-Reinlichen« und sieht im hellen, gut gegliederten Flur des einhüftigen Büroflügels eine Leistung, für die es in der Architektur nur wenig Vergleichbares gebe. Zum Relief, das Rudolf Belling für das Reichsknappschaftsgebäude gestaltet, äußert er: »Ein interessantes Relief von Belling in der obersten Halle trägt, so schön die Arbeit ist, einen etwas fremden Maßstab in den Raum.« Vor dem Gebäude selbst stand eine lebensgroße Bergarbeiterplastik Bellings.

Die präzise Detaillierung des Baus macht sich auch bei den Instandsetzungsarbeiten Jahrzehnte später bemerkbar: So weisen die horizontalen Rahmenteile eine Fase auf und verhindern Wasseransammlungen und das Eindringen von Feuchtigkeit hinter die Fassadenbekleidung. Der Bau ist in seiner äußeren Gestalt gut erhalten, wenngleich die Verkehrsführung mit einer Autobahnbrücke am Breitenbachplatz die ursprüngliche städtebauliche Eingliederung beeinträchtigt. Veränderungen gegenüber dem Originalentwurf erfolgen im Zuge eines Nutzungswandels durch das Zentralinstitut für Lateinamerika der Freien Universität, das hier untergebracht wird. Es benötigt mehrere kleinere Räume und lässt die ursprünglich großzügige einhüftige Anlage als zweihüftige umgestalten. Bei der Instandsetzung durch das Architekturbüro Helge Pitz und Winfried Brenne in den achtziger Jahren werden aus wärmetechnischen Gründen Kastenfenster eingebaut, was allerdings äußerst behutsam unter Beibehaltung der äußeren Stahlfenster geschieht. An der Rückfront wird für die behindertengerechte Erschließung ein außen liegender Aufzug nötig. Das ehemalige Verwaltungsgebäude der Reichsknappschaft ist als einer der bedeutendsten Stahlskelettbauten Deutschlands in die Berliner Denkmalliste aufgenommen.

QUELLE: MTA WV 67.
LITERATUR: Engerer Wettbewerb um das Reichsknappschaftsgebäude in Berlin-Wilmersdorf. In: Bauwelt (1928), H. 23, S. 545; Elisabeth Hajos, Leopold Zahn: Berliner Architektur der Nachkriegszeit. Berlin:

292 Verwaltungsgebäude der
Reichsknappschaft, Treppenhaus

293 Verwaltungsgebäude der
Reichsknappschaft, Büroräume

Albertus 1928; Das neue Verwaltungsgebäude der Reichsknappschaft in Berlin-Wilmersdorf. In: Die Knappschaft (September 1930), Nr. 9, Titelblatt; G. St.: Kohle und Kali unter einem Dach. Sachlichkeit als Repräsentation im Reichsknappschafts-Haus: In: Berliner Stadtblatt (30.10.1930), S. 1; Reichsknappschaftsgebäude. Bildnachrichten. In: Zentralblatt der Bauverwaltung (1930), H. 38, S. 676; Reichsknappschaft, Berlin-Wilmersdorf. In: Deutsche Bauzeitung (1930), S. 656 (irrtümlich verweist die Bildunterschrift auf Bruno Taut); Verwaltungsgebäude der Reichsknappschaft. In: Soziale Bauwirtschaft (1930), S. 419–420; Berliner Groß-Bauten des Jahres 1930. In: Bauwelt (1931), S. 639–640 (H. 19 Beilage S. 8–9); Fr. Huth: Das Reichsknappschaftsgebäude in Berlin. In: Deutsche Bauhütte (7.1.1931), H. 1, S. 26–27; Heinz Johannes: neues bauen in berlin. Berlin: Deutscher Kunstverlag (1931), S. 39–40; Gustav Lampmann (Dr. G. L.): Reichsknappschaftsgebäude in Berlin. In: Zentralblatt der Bauverwaltung (11.2.1931), Nr. 6, S. 85–91, 130; Reichsknappschaftsgebäude Breitenbachplatz. In: Ostdeutsche Zeitung (12.2.1931), S. 53 (irrtümlich wird Bruno Taut als Architekt genannt); Wilhelm Lotz: Architektur-Reportage. In: Kunstblatt (1931), S. 181–182; Julius Posener: Das Gebäude der Reichsknappschaft am Breitenbachplatz. In: Die Baugilde (1931), H. 4, S. 281–290; Reichsknappschaftshaus, Berlin-Wilmersdorf. In: Wasmuths Monatshefte für Baukunst und Städtebau (1931), S. 492–494; Alfred Kuhn: Max Taut – Bauten. Berlin 1932; Max Taut, 1964, S. 48–49; Hans Joachim Stark: Bürohäuser der Privatwirtschaft. In: Berlin und seine Bauten. Teil IX, Industriebauten, Bürohäuser. Berlin 1971, S. 146–147, Abb. 201–203; Günther Kühne: Das Haus der Reichsknappschaft. Aus dem Verzeichnis der Berliner Baudenkmale (33). In: Der Tagesspiegel (14.5.1972); Max Taut, 1984, S. 13–14, 50, 82–83; Helge Pitz, Winfried Brenne: Das Reichsknappschaftsgebäude. Baudenkmal in Berlin-Wilmersdorf (Berlin 1986).

82 GROSSBÄCKEREI DER KONSUMGENOSSEN-SCHAFT IN BERLIN-SPANDAU 1928–1930

Ausführung, Bauleitung mit Fritz Wetstein, Architekt der Konsumgenossenschaft, Baubeginn Juli 1929, Fertigstellung Ende 1930, Kriegszerstörung und Abtragung, Telegrafenweg

»Die Großbäckerei zeichnet sich durch hervorragend klare Organisation und überlegene Gestaltung aus und gehört zu den besten Industrieanlagen in Berlin«, heißt es im Standardwerk *Berlin und seine Bauten*. Im Jahr 1928 plant Max Taut mit der Großbäckerei für die Konsumgenossenschaften seinen dritten Industriebau, der innerhalb von rund 15 Monaten in Zusammenarbeit mit der Bauhütte fertig gestellt wird. Während das Lagergebäude auf einer Eisenbetonkonstruktion basiert, ist das Hauptgebäude der Bäckerei vis-à-vis als Stahlskelettbau konzipiert und gemeinsam mit dem renommierten Tragwerksplaner Salomonsen entwickelt. Für die ruhige, klare Gestaltung der Halle gilt, dass die Rahmenkonstruktion des Stahlbaus nicht mehr nach außen über die Funktion hinaus betont wird. Die 175 Meter lange Expeditionshalle lebt im Inneren gleichwohl vom Bild der sich reihenden Eisenrahmen, die durch die Ausbildung eines Satteloberlichtes im Deckenverlauf frei liegen (Abb. 128). Die Stützenweite beträgt 15,2 Meter und der Stützenabstand 5,5 Meter.

Die Anlage erfährt als reiner Industriebau abseits des städtischen Zentrums, aber

294 Großbäckerei der Konsumgenossenschaft in Berlin-Spandau 1928–1930, Skizze

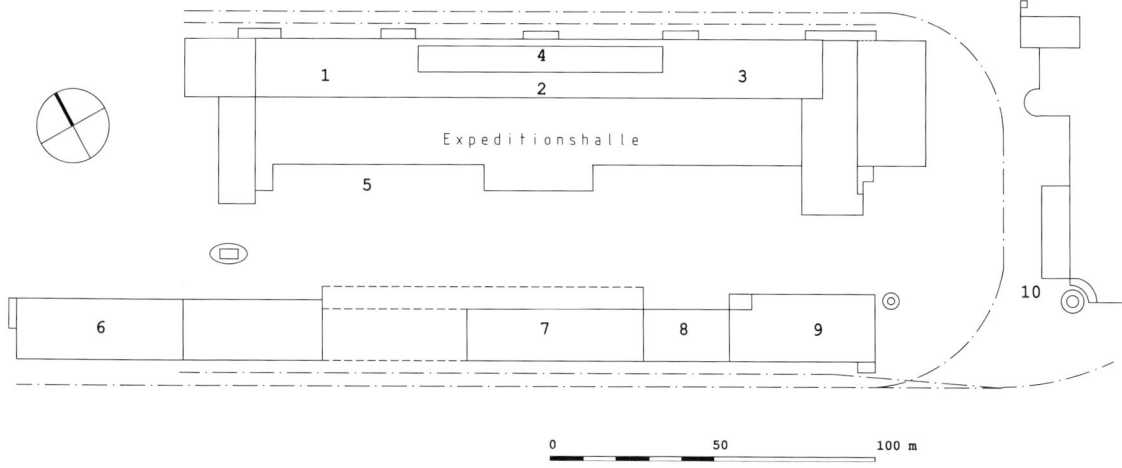

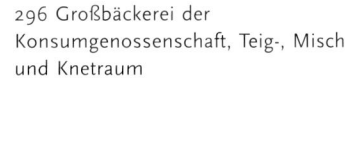

295 Großbäckerei der Konsumgenossenschaft, Lageplan
1 Kuchenbäckerei, 2 Brotbäckerei,
3 Mammutöfen, 4 Silos, 5 Laderampen,
6 Garagen, 7 Zentrallager, 8 Technische Zentrale, 9 Kesselhaus, 10 Pförtner

auch angesichts des veränderten Klimas am Ende der Weimarer Ära vergleichsweise geringe Aufmerksamkeit, obgleich sie 1931 auf der Deutschen Kunstausstellung Berlin gezeigt wird. Josef Gantner resümiert, dass die Ideen der neuen Architektur, des Bauwerks der Zeit, nirgends klarer, schöner und zugleich müheloser ausgesprochen werden als im Industriebau. Einen ausführlichen Artikel verfasst Walter Curt Behrendt und kann ihn noch am 1. Februar 1933 im *Zentralblatt der Bauverwaltung* veröffentlichen, bevor die Nationalsozialisten an die Macht gelangen. Zwei Jahre später wird die Großbäckerei in *The Studio* unter dem Titel *Industrial Architecture* vorgestellt. Die im Krieg stark zerstörte Anlage, die den Industriebau der um 1900 Geborenen wie Paul Baumgarten nachhaltig beeinflusst, wird nach 1945 abgetragen.

QUELLE: MTA WV 73.
LITERATUR: Elisabeth Hajos, Leopold Zahn: Berliner Architektur der Nachkriegszeit. Berlin: Albertus 1928, S. 122 (Hier wird bereits auf den Planungsbeginn der Großbäckerei im Jahr 1928 verwiesen); Konsum-Genossenschaft Berlin und Umgebung eGmbH. Berlin: Vorwärts Buchdruckerei 1930, S. 16; Konsum-Großbäckerei in Spandau-Haselhorst. In: Konsumgenossenschaft Berlin und Umgebung 1931; Friedrich Herbst: Über den Stahlbau der Großbäckerei der Berliner Konsum-Genossenschaft in

296 Großbäckerei der Konsumgenossenschaft, Teig-, Misch- und Knetraum

Spandau-Haselhorst. In: Die Bautechnik. Der Stahlbau
(26.6.1931), H. 13, S. 145–150; Josef Gantner: Deutsche
Bauausstellung Berlin 1931. In: Zentralblatt der
Bauverwaltung (15.11.1931), S. 725–733; Alfred Kuhn: Max
Taut – Bauten. Berlin 1932; Walter Curt Behrendt:
Großbäckerei-Anlage in Berlin-Spandau. In: Zentralblatt der
Bauverwaltung (1.2.1933), H. 5, S. 49–58; C. George
Holme (Ed.): Industrial Architecture. London: The Studio
(1935), S. 32–33; Max Taut, 1964, S. 54–56; Hermann
Kreidt: Industriebauten. In: Berlin und seine Bauten. Teil
IX, Industriebauten, Bürohäuser. Berlin 1971, S. 66–67;
Max Taut, 1984, S. 50, 86.

83 Bank der Arbeiter, Angestellten und Beamten in Berlin-Mitte 1929

Wettbewerbsentwurf (Abb. 120), Erweiterung
des ADGB-Hauses Wallstraße (Werk 49), Abgabe 15.9.1929, Entscheidung 23.9.1929,
Jurymitglieder: Adolf Behne, Theodor Leipart,
Heinrich Tessenow, Martin Wagner u. a.,
1. Preis, nicht realisiert

1929 entschließt sich der Allgemeine Deutsche Gewerkschaftsbund zur Erweiterung seines Hauptsitzes an der Wallstraße, den Max
Taut in den Jahren 1921–1923 entworfen hat.
Zwar liegt ein Konzept aus dem Jahr 1924 von
Max Taut für den Erweiterungsbau vor, doch
wird auf der Basis eines neuen Bedarfsprogramms ein engerer Wettbewerb ausgeschrieben, zu dem, neben Max Taut, Richard Döcker,
Fred Forbat, Mebes und Emmerich, Hannes
Meyer, Hugo Häring und Walter Würzbach
eingeladen werden.

Der prämierte Vorschlag Tauts zeigt eine
sorgsame gestalterische Weiterentwicklung,
die sich an das vorhandene Verwaltungsgebäude als Eisenbetonrahmenbau anlehnt. Der bestehende Sitzungssaal wird entsprechend der
ursprünglichen Grundrissplanung unter Wahrung seiner expressiven Gestalt um zwei Achsen erweitert. Der neue Bürotrakt an der
Spreeseite weist im Unterschied zum Bestand
eine großzügige Verglasung der Rahmenfelder
auf und verzichtet auf die expressive Stützen-
profilierung. Den drei Hauptbereichen –
Bank, Verwaltung und Versammlung – ordnet
Taut jeweils zentrale Eingänge zu. Die Bank ist
von der Wallstraße zu erreichen, der ADGB-
Sitz mit den Versammlungsräumen von der
Inselstraße und der neue Büroteil vom Märkischen Ufer. Max Taut sieht eine Blockrandbebauung mit drei kleineren Lichthöfen vor und
reagiert an der Inselstraße auf die gotisch-expressive Front der Sitzungssäle mit einem
schlanken, deutlich zurückgesetzten Eckturm.

Hannes Meyer, der von allen Teilnehmern das radikalste Konzept vorlegt, führt in
seinem Erläuterungsbericht an, dass allein
Max Taut als Erbauer des bestehenden Hauses
die Ehre für die Ausführung des geplanten
Erweiterungsbaus gebühre. Er selbst schlägt
eine programmatische Neubebauung für das
Grundstück vor, dem auch das erst fünf Jahre
alte tautsche Gebäude zum Opfer fallen
würde.

Die Beiträge von Walter Würzbach und
Paul Mebes werden von der Jury an zweite und
dritte Stelle gesetzt. Dass der Entwurf von
Würzbach vom ADGB zur Realisierung bestimmt wird, führt zu kritischen Anmerkungen von Seiten der Jury. So äußert vor allem
Adolf Behne in *Das neue Frankfurt* sein Unverständnis über den ADGB-Beschluss. Walter
Würzbach passt sich mit dem Erweiterungsbau an der Wallstraße dem tautschen Rahmenbau an und fügt zwischen Alt und Neu einen
Treppenturm ein, der durch seine eigen anmutende Vertikalbetonung überrascht.

QUELLE: MTA WV 69.
LITERATUR: Bank der Arbeiter, Angestellten und Beamten
AG in Berlin. In: Deutsche Bauzeitung (1929), Nr. 11,
S. 121–127; Allgemeiner Deutscher Gewerkschaftsbund
Erweiterungsbau. In: Bauwelt (1929), H. 43, S. 1041;
Hannes Meyer: Erläuterungsbericht zum
Wettbewerbsentwurf »Arbeiterbank des ADGB«, Berlin
(1929). Abgedruckt in: hannes meyer 1889–1954. architekt,
urbanist, lehrer. Berlin 1989, S. 218–219; Adolf Behne:
Berliner Bericht. Diplomaten an die Front. In: Das Neue
Frankfurt (1930) H. 4/5, S. 137; Wettbewerb für den
Neubau der Bank der Arbeiter, Angestellten und Beamten
AG in Berlin. In: Bau-Rundschau (1930), H. 1, S. 1–7; Karl
Bernhard: Erweiterungsbau des Allgemeinen Deutschen
Gewerkschaftsbundes in Berlin. In: Deutsche Bauzeitung
(1932), S. 113–120; Max Taut, 1984, S. 50, 84.

84 Wohnanlage Waldowstrasse in Berlin-Reinickendorf 1929

Ausführung für die Gemeinnützige AG Ein-
tracht, Waldowstraße 1–32, Humboldtstraße
30–31

Die Wohnanlage, von der insgesamt drei
Wohnzeilen ausgeführt sind, präsentiert Max
Taut auf der Ausstellung deutscher zeitgenössischer Architektur 1932 in Moskau. Die drei-
stöckigen Flachbauzeilen zeigen zur Garten-
seite hin eine regelmäßige Gliederung durch
Loggien, die der Fassade eine an das Prinzip
des Außenwohnraums erinnernde Raumhal-
tigkeit verleihen. Zu den geputzten Fronten
der Zeilen kontrastiert der höhere, dunkel ge-
klinkerte Kopfbau. Nach Zerstörungen im
Krieg wird die Anlage von Willi Zimmermann
verändert wieder aufgebaut; sie ist inzwischen
in die Berliner Denkmalliste aufgenommen.

297 Wohnanlage Waldowstraße in Berlin-Reinickendorf

QUELLE: MTA WV 71.
LITERATUR: Jacob Schallenberger, Erwin Gutkind: Berliner Wohnbauten der letzten Jahre. Berlin 1931, S. 101; Kurt Rohloff: Baufinanzierung und Miete der Berliner Wohnungen. In: Die Baugilde (1931), H. 10, S. 830–855; Max Taut, 1964, S. 41; Berlin und seine Bauten. Teil IV, Wohnungsbau, Band A. Berlin 1970, S. 383–384; Max Taut, 1984, S. 50, 79.

85 ADGB-Bürohaus in Frankfurt am Main 1929–1931

Wettbewerb in zwei Phasen 1929, Auftraggeber: ADGB und Volkshaus-Gesellschaft, Baubeginn am 2.6.1930, Einweihung am 12.7.1931, Bürgerstraße, heute Wilhelm-Leuschner-Straße

Die Wettbewerbsentscheidung für den Entwurf des neuen Gewerkschaftshauses in Frankfurt wird am 19.9.1929 in der *Bauwelt* bekannt gegeben: Aus einer Auswahl von sechs Vorschlägen, die überwiegend von Frankfurter Architekten stammen, entscheidet die Jury sich für Max Tauts Entwurf und empfiehlt ihn zur Ausführung. Die Bilder des tautschen Modells zeigen jedoch noch nicht die endgültige T-förmige Baukörpergestalt. Im ersten Entwurf ist straßenseitig eine von vier auf sieben Geschosse ansteigende Bebauung vorgesehen, die nach der Überarbeitung akzentuierter und spannungsvoller erscheint, da sich nun quer zur flacheren Randbebauung ein neungeschossiger Turm in einer insgesamt

lebhaften Gruppierung erhebt. Der Eisenbetonrahmen tritt klar mit großflächig verglasten Feldern hervor, ohne dass die Konstruktion eine zusätzlich gestalterische Betonung erfährt.

Bereits im Februar 1927 hat Georg Hertel die Geschäftsführung der Arbeiter-Herberge GmbH, der späteren Volkshaus GmbH, übernommen und sich um einen geeigneten Bauplatz für einen ADGB-Neubau bemüht. Ein ehemaliger Barockgarten mit schönem Baumbestand kann unmittelbar am Main im Frankfurter Zentrum erworben werden. Die Anwohner des Villenviertels versuchen jedoch, das Vorhaben des Allgemeinen Deutschen Gewerkschaftsbundes zu unterbinden, da sie den Charakter des Wohnquartiers durch die konzentrierte Bürobebauung beeinträchtigt sehen.

Die *Volksstimme* berichtet am Tag nach der Einweihung am 13.7.1931: »Stolz reckt sich das Haus der Frankfurter Gewerkschaften in der Bürgerstraße in die Höhe. Symbol der Kraft der organisierten Arbeiterschaft steht es da! Der kleinliche Kampf spießbürgerlicher Reaktionäre gegen die aufstrebende Arbeiterschaft hat nicht verhindern können, dass deren Gebäude nun turmhoch über seine Nachbarn hinausragt.« Es wird des Weiteren daran erinnert, wie hart in der Öffentlichkeit und im Gerichtssaal um den Bau gekämpft worden sei. Zwei der projektierten Bauten erhalten allerdings aufgrund der Anwohnerklagen keine Genehmigung: der Hotelbau am Mainufer und der Versammlungssaal, so dass vom ge-

298 ADGB-Bürohaus in Frankfurt am Main 1929–1931, Titelbild der Gewerkschaftsschrift

planten Dreier-Ensemble letztlich nur der Verwaltungsbau realisiert wird.

In seiner Max-Taut-Schrift vergleicht Alfred Kuhn den ADGB-Bau mit dem acht Jahre zuvor für Berlin entstandenen Gebäude an der Wallstraße und resümiert, dass in Frankfurt der Eindruck einer ruhigen Zweckbejahung vorherrsche, die dem Bau von 1923 noch fehle. Adolf Behne präsentiert in einem Artikel über das Gewerkschaftshaus eine Serie von Fotografien, die nicht nur den fertig gestellten Bau, sondern auch die Etappen des Bauprozesses illustrieren. Damit wird an die kurze Rohbauphase von 81 Tagen erinnert, doch ergibt sich zugleich eine Verbindung zu den Bildsequenzen des Buchdruckerhauses in der 1927 erschienenen Schrift *Bauten und Pläne*. Man spüre überall ein geschärftes Gefühl für Verantwortung, schreibt Behne und bescheinigt Max Taut hohes Taktgefühl, da er ein unzweifelhaft modernes Bauwerk geschaffen habe, das das wertvolle Kulturgut der Stadt nicht beeinträchtige, sondern künstlerisch weiterführe. Er verweist auf die unterschiedlichen Antworten, die das *Neue Bauen* auf einen Gebäudetyp wie das Bürohaus geben könne und erläutert die Unterschiede anhand des Reichsknappschaftsgebäude in Berlin und des neuen Volkshauses in Frankfurt. Als frühes Vorbild für das Frankfurter Haus wird der Entwurf des Chicago-Tribune-Towers angeführt, der, als Rahmenbau gedacht, in seiner geschickten Höhenstaffelung und seiner klaren rationalen Ausbildung der kubischen Form über seine Zeit hinausweist.

Knapp zwei Jahre nach der Einweihung wird das ADGB-Haus am 2. Mai 1933 durch die Deutsche Arbeitsfront okkupiert und in »Haus der Arbeit« umbenannt. »Sämtliche Räume und Geschäftsstellen des ADGB und des AfA wurden um 10 Uhr besetzt. Die Leiter der Arbeiterbank, Filiale Frankfurt, und der Gewerkschaftssekretär Otto Misbach wurden in Schutzhaft genommen«, berichtet der *Frankfurter General-Anzeiger* am folgenden Tag. Ein Jahr nach der Beschlagnahmung des Hauses legen Karl und Stefan Blattner dem DAF-Führer Robert Ley einen Plan zur Erweiterung vor, wobei eine Uferbebauung in verschlichtetem Klassizismus vorgesehen ist. Aufgrund eingeschränkter Finanzierungsmöglichkeiten kommt es jedoch nicht zur Ausführung des Projektes.

Im Juli 1945 wird Georg Hertel vom Frankfurter Oberbürgermeister als Treuhänder des Gewerkschaftshauses eingesetzt. 1946 übergibt die Militärregierung das Gewerkschaftshaus an die Eigentümer und per Kon-trollratsdirektive werden die Wiedergutmachungsansprüche des ADGB geregelt, so dass der Betrieb bald nach dem Krieg wieder aufgenommen werden kann. Im September 1948 wendet sich das Atelier Taut und Hoffmann an Georg Hertel und erkundigt sich nach den Aussichten auf neue Bauvorhaben im Zusammenhang mit dem Bürokomplex. Tatsächlich beabsichtigt die Gewerkschaft eine Erweiterung der Anlage, jedoch nicht um das ursprünglich geplante Hotel, sondern um einen neuen Bürobau für den Metallarbeiterverband an der Mainfront (Werk 133). John Zukowsky hält in dem Buch über die Architektur in Deutschland der Jahre 1919 bis 1939 fest, dass die beiden berühmtesten Frankfurter Bürobauten von Berlinern stammen – von Max Taut und Hans Poelzig, dessen Bürokomplex für die I. G. Farben er dem Gewerkschaftshaus gegenüberstellt. Das heute unter Denkmalschutz stehende Bauwerk hat trotz seines guten Erhaltungszustands im Detail gelitten. So fehlt das originale Vordach, und stellenweise wurden Glasflächen der Fassade durch geschlossene Felder ersetzt.

QUELLEN: MTA WV 72; Schreiben von Max Taut und Franz Hoffmann an Georg Hertel vom 8. 9. 1948.

299 ADGB-Bürohaus in Frankfurt, Treppenhaus

LITERATUR: Preisverteilungen. In: Bauwelt (19.9.1929),
H. 38, S. 909; Wettbewerb für ein Gewerkschaftshaus in
Frankfurt a. M. In: Bauwelt (1929), H. 41, S. 977 (Abb. der
Entwurfsfassung); Josef Gantner (Gtr): Das neue
Gewerkschaftshaus des ADGB in Frankfurt am Main. In:
Das neue Frankfurt (1930), H. 1, S. 21; Der Neubau des
Gewerkschaftshauses. Das erste Hotel am Mainufer. In:
Frankfurter Nachrichten (30.3.1930); 14.
Gewerkschaftskongress des ADGB in Frankfurt am Main
im August 1931. In: Volksstimme (1931), Sondernummer
vom 31. Juli; Adolf Behne: Max Taut's Gewerkschaftshaus in
Frankfurt am Main. In: Wasmuths Monatshefte für
Baukunst und Städtebau (1931), H. 11/12, S. 481–496;
Einweihung des neuen Gewerkschaftshauses. In:
Frankfurter Zeitung (13.7.1931); Weihe des neuen
Gewerkschaftshauses. In: Volksstimme Frankfurt am Main
(13.7.1931); Das Frankfurter Gewerkschaftshaus. In:
Das neue Frankfurt (1931), H. 8, S. 138 und H. 9,
S. 153–157, Titelbild; Das Bürohaus des Allgemeinen
Deutschen Gewerkschaftsbundes in Frankfurt a. M. In:
Deutsche Bauzeitung (9.9.1931), H. 11, S. 49–51; Alfred
Kuhn: Max Taut – Bauten. Berlin 1932; Max Taut, 1964,
S. 50–51. Vermögens- und Treuhandgesellschaft des
Deutschen Gewerkschaftsbundes (Hrsg.): Das Haus der
Besitzlosen. 90 Jahre Gewerkschaftskartell, 80 Jahre
Gewerkschaftshäuser, 50 Jahre Neues Gewerkschaftshaus
in Frankfurt am Main, 2. Auflage. Frankfurt 1982; Max Taut,
1984, S. 50, 85; John Zukowsky: Das Neue Frankfurt. In:
Architektur in Deutschland 1919–1939. München 1994,
S. 64–65.

86 Warenhaus der Konsumgenossenschaft in Berlin-Kreuzberg 1929–1932

Ausführung mit der Berliner Bauhütte, Baubeginn 1930, Fertigstellung 1932, Oranienplatz 4–10

In der Zeitschrift *Die Konsum-Genossenschaften* wird das Projekt von Max Taut 1930 anhand eines Modellfotos erstmals vorgestellt. In der Bildunterschrift heißt es, dass ein vor wenigen Jahren erworbenes Damenkonfektionshaus Maassen nicht mehr den gewachsenen Ansprüchen genüge und daher eine Erweiterung notwendig sei. Acht aneinander grenzende Grundstücke werden aufgekauft, um einen großzügigen Neubau zu ermöglichen. Das Mitte der zwanziger Jahre erworbene Damenkonfektionshaus Maassen am Oranienplatz wurde ursprünglich als Mietshaus errichtet und 1904 von den Architekten Breslauer und Salinger zum Warenhaus umgebaut. Die Fassade zum Platz präsentiert sich mit Pfeilern in hellgrauem Granit, während die Hoffront einen weißglasierten Verblender aufweist. In der ersten Modellstudie sucht Max Taut den Bezug zur vertikalgegliederten Fassade und strebt damit ein feinabgestimmtes Fassadenbild zum Oranienplatz an. Für einen späteren Bauabschnitt ist die Aufstockung des Bestandes vorgesehen.

Der Beginn der Bauarbeiten verzögert sich, da die Mieter, denen Ersatzwohnungen angeboten werden, ihre angestammten Wohnhäuser auf dem neu erworbenen Areal zunächst nicht verlassen wollen. Erst im Frühjahr 1930 kann mit den Abbrucharbeiten begonnen werden. Die Vor- und Nachteile einer Konstruktion aus Stahl oder Stahlbeton werden sorgfältig erwogen – zwar erweist sich Beton als kostengünstiger, doch erleichtert Stahl eine sukzessive Erstellung, die durch den etappenweisen Abbruch der vorhandenen Bebauung erforderlich ist. Auch gilt der Stahlskelettbau, was mögliche Änderungen betrifft, als flexibler und weist ein günstigeres Verhältnis in Bezug auf Abstand und Dimensionierung von Stützen und Unterzügen auf, so dass die Entscheidung zugunsten einer Stahlkonstruktion fällt. Es entsteht ein Stockwerksrahmen, der für den Typ des Warenhauses weite, stützenfreie Räume ermöglicht. Im Äußeren zeigt sich der Stahlrahmen nicht durch das Nachzeichnen seiner horizontalen und vertikalen Glieder wie beim Reichsknappschaftsgebäude, sondern spiegelt sich in großen Fensteröffnungen und schlanken Fassadenpfeilern wider, ist so indirekt als Struktur lesbar. Die Platzfassade ist mit Granitplatten verkleidet und stellt damit gestalterisch eine Verbindung zu den granitenen Pfeilern des alten Warenhauses Maassen her.

Max Taut trägt den Tendenzen der Zeit Rechnung und schafft im zurückgestaffelten Dachgeschoss ein Restaurant: Man genießt in

300 Warenhaus der
Konsumgenossenschaft in Berlin-
Kreuzberg 1929–1932

301 Warenhaus der Konsumgenossenschaft mit Maassen-Altbau rechts im Bild

302 Warenhaus der Konsumgenossenschaft, Dachterrasse mit Wendeltreppe

jener Zeit den Aufenthalt auf Dachgärten, wie sie auch bei Karstadt am Hermannplatz oder in den Plänen des Lafayette-Warenhauses zu finden sind. Für den Dachbereich entwirft Max Taut eine filigrane Spindeltreppe aus Stahl, die als Fluchtweg erforderlich ist und mit einer stufenfolgenden Wange eine minimierte Konstruktion darstellt. Ihre Berechnung als doppelt gekrümmter Freiträger erfolgt durch den Tragwerksplaner Salomonsen nach den neuesten Theorien zur Stahlbauweise. Salomonsen verfasst auch im Frühjahr 1932, noch während der letzten Bauphase, einen der wenigen zeitgenössischen Artikel zum Projekt.

In dem Standardwerk *Berlin und seine Bauten* erweisen Karl Konrad Weber und Peter Güttler dem Warenhaus ihre Reverenz: »Stilrein im Sinne der Neuen Sachlichkeit ist bis ins letzte das 1930–1932 am Oranienplatz im Bezirk Kreuzberg von Max Taut errichtete Warenhaus der Konsumgenossenschaft. ... Max Tauts Warenhaus, bisher durchaus beachtet, ist eine Spitzenleistung der Berliner Architektur – städtebaulich, gestalterisch, funktionell und konstruktiv. Wollte man es mit einem Wort kennzeichnen, so müsste man es als einfach bezeichnen; einfach nicht im Sinne von simpel, sondern in dem Sinne, in welchem die größten Schöpfungen, entstanden aus genialem Impuls und sorgfältigem Durchdenken der Aufgabe, immer einfach sind, gleichsam natürlich, anders nicht vorstellbar.«

Mit der nationalsozialistischen Machtübernahme wird das Gebäude von der Deutschen Arbeitsfront übernommen, die nachfolgend das zweite und dritte Geschoss als Büroetage umbaut. Nach dem Zweiten Weltkrieg wendet sich Max Taut dem Gebäude zunächst zeichnerisch zu und fertigt für Karl Hofer ein Aquarell, das sein Warenhaus leicht beschädigt vor der Ruinenkulisse Berlins zeigt. Bedauerlich erscheint, dass im Zuge der Nachkriegsreparatur der ursprünglich an der Front und an der Platzseite verglaste Treppenturm seitlich geschlossen wird. Ende der achtziger Jahre kann das Haus grundlegend saniert werden, wobei allerdings auch ein Austausch des Fassadenmaterials erfolgt – an die Stelle des dezent-grauen Granits tritt eine gelbliche Granitart. Das ehemalige Warenhaus wird heute überwiegend von Einzelbüros genutzt und ist inzwischen in Max-Taut-Haus umbenannt. Im Erdgeschoss hat sich ein Lebensmitteldiscounter eingerichtet, und das führt zu einem Erscheinungsbild, das dem tautschen Baudenkmal nicht gerecht wird.

Quelle: MTA WV 74.
Literatur: Wolff, H.: Die Eroberung der Wirtschaft durch die Verbraucher. Konsumgenossenschaftliches Warenhausprojekt in Berlin. In: Die Konsum-Genossenschaft 1930 (16.9.1930), H. 18, S. 2; Konsum-Genossenschaft Berlin und Umgebung eGmbH. Berlin: Vorwärts Buchdruckerei 1930, S. 18; M. Salomonsen: Erweiterungsbau des Warenhauses I der Konsumgenossenschaft für Berlin und Umgebung. In: Die Bautechnik. Der Stahlbau (19.2.1932), H. 4, S. 25–28; Der Treffpunkt. Erfrischungsraum des Konsumwarenhauses I, Berlin Oranienstraße 164/165. In: Die Konsum-Genossenschaft (1931), H. 21, S. 14 (Erfrischungsraum im Altbau des Maassen-Kaufhauses); Das Haus mit der Glasmaske. In: Deutsche Bauhütte (12.4.1933), H. 8, S. 103; Max Taut, 1964, S. 54–56; Rolf Rave, Hans-Joachim Knöfel: Bauen seit 1900 in Berlin. Berlin: Kiepert 1968, Objekt 66; Klaus Konrad Weber, Peter Güttler: Die Architektur der Warenhäuser. In: Berlin und seine Bauten. Teil VIII, Bauten für Handel und Gewerbe, Band A. Berlin: Berlin 1978, S. 62–63, 82; Max Taut, 1984, S. 50, 87; Ulrich Paul: Im alten Warenhaus entsteht die Architektur von morgen. In: Berliner Zeitung (7.7.2000), S. 22.

87 Wohnanlage an der Karl-Elsasser-Strasse in Berlin-Neukölln 1930

Ausführung, Bauherr: Heimbau eGmbH

Die Wohnanlage wurde 1930 als Blockrandbebauung an der Karl-Elsasser-Straße, Braunlager Straße, Treseburger Ufer und Lauterberger Straße in der Nähe des Teltowkanals erstellt.

Quelle: MTA WV 75.
Literatur: Berlin und seine Bauten. Teil IV, Wohnungsbau, Band A. Berlin 1970, S. 358; Max Taut, 1984, S. 50.

88 Gewerkschaftshaus in Stuttgart 1930–1931

Wettbewerbsentwurf

Zum engeren Wettbewerb für die Errichtung des Stuttgarter Gewerkschaftshauses sind im Gewerkschaftsbau erfahrene Architekten wie Max Taut und Hoffmann, Otto Rudolf Salvisberg, Carl Krayl und Rudolf Reichel eingeladen. Hinzu kommen die Stuttgarter Richard Döcker und der weniger bekannte Karl Beer, dessen Entwurf letztlich zur Ausführung bestimmt wird. In einem Bericht der *Bauwelt* wird Max Tauts Teilnahme erwähnt, doch sein Projekt nicht vorgestellt. Die Originalpläne des Büros Taut und Hoffmann sind im Krieg verschollen.

Quellen: MTA WV 76.
Literatur: Wettbewerb für ein Gewerkschaftshaus in Stuttgart. In: Bauwelt (1931), H. 16, S. 536; Max Taut, 1984, S. 50.

89 Gymnasium und Lyzeum in Senftenberg 1931–1932

Entwurf und Ausführung Bruno Taut mit Ausführungsdetails von Max Taut, Walter-Rathenau-Schule, heute 1. Grundschule

Das Gymnasium in Senftenberg führt Max Taut in zwei eigenen Werklisten vom 18.9.1945 und 18.2.1964 als Projekt an, was darauf verweist, dass er einen nennenswerten Eigenanteil an dem Projekt sieht. Die Aufnahme ins Werkverzeichnis des Max-Taut-Katalogs von 1984 mit der Anmerkung »Entwurf Bruno Taut 1925, Ausführung Max Taut 1930–1931« bedarf allerdings der Differenzierung. Max Taut hat 1914 einen Wettbewerbsentwurf für ein Senftenberger Gymnasium erstellt, doch wird das Vorhaben nicht weiter verfolgt (Werk 36). Erst Ende 1930 wendet die Stadt sich dem Projekt erneut zu und lässt im Februar 1931 ein Bauprogramm erstellen, das in seiner fortschrittlichen Gestaltung die neuen architektonischen Entwicklungen einbezieht. Franz Hoffmann bewirbt sich für das Büro Brüder Taut und Hoffmann zur Teilnahme und verweist in seiner Referenzliste auf die fertig gestellte Dorotheen-Schule in Köpenick und das im Bau befindliche Schulforum in Lichtenberg, das mit seiner Kombination unterschiedlicher Schulen den Senftenberger Vorstellungen nahe kommt. Bruno Taut reicht im März 1931 einen Wettbewerbsbeitrag für die Schulkombination aus Lyzeum und Gymnasium ein und erhält den Zuschlag für seinen Entwurf, der bis Ende Mai 1931 ausgearbeitet wird und sich bereits einen Monat später im Bau befindet. Die im Januar 1932 erstellten Ausführungspläne für die Turnhalle sind von Max Taut unterzeichnet, nachdem sich die Brüder angesichts der für 1932 geplanten Moskau-Übersiedlung Brunos zur Zusammenarbeit entschlossen haben.

Die Behandlung der kubischen Bauvolumen und ihrer Fassaden mit einfachem gelben Klinker und großflächigen Fenstern weisen deutliche Anleihen bei den Lichtenberger Schulen des Bruders Max auf. Irritierend erscheint ein in der neueren Literatur zu findender Ansatz, einen Unterschied zwischen den Schulbauentwürfen von Max und Bruno Taut dahin gehend herzustellen, dass sich beim Senftenberger Bau nichts Starres in der Durchführung und in den Details fände. Vergleicht man die Dorotheen-Schule in Köpenick von Max Taut – sie wird als Referenzprojekt bei der Bewerbung genannt – mit der Bruno Tauts in Senftenberg von 1931, ist festzustellen, dass die legere Eleganz des Dorotheen-Lyzeums mit seiner viertelrunden Eingangshalle und der leicht konvexen Front einschließlich des originellen Materialeinsatzes ein Vorbild bietet, an das Bruno Taut mit seiner streng orthogonalen Anlage nicht heranreicht. Bruno Tauts Fassadensprache erscheint eher traditionell, stellt man sein Projekt beispielsweise neben die von Max Taut 1932 erbaute Senftenberger Volksschule, deren Fassade mit einer gestalterisch souveränen Komposition von offenen und geschlossenen Fassadenflächen arbeitet, die kühn gegeneinander gesetzt werden. Generell wäre in einer kontextuell betriebenen Taut-Forschung die wechselseitige Beeinflussung – also auch die von Max auf Bruno Taut – stärker zu berücksichtigen. Von den Brüdern ist Max Taut im Schulbau nicht nur mit zahlreichen realisierten Schulen der weitaus erfolgreichere, sondern auch der stärker in architektonischen Strukturen arbeitende Künstler.

Am 20. April 1932 wird die Doppelschule nach äußerst kurzer Bauzeit eingeweiht. Da Bruno Taut sich in Moskau befindet, nehmen der Bruder Max und Franz Hoffmann an der Einweihung des Schulbaus teil.

Quellen: MTA WV 77; Werklisten Max Tauts vom 18.9.1945 und 18.2.1964.
Literatur: Bruno Taut 1880–1938, Katalog zur Ausstellung in der Akademie der Künste. Berlin 1980; Max Taut 1984, S. 50, 81; Kurt Junghanns: Bruno Taut 1880–1938, Architektur und sozialer Gedanke, 3. überarb. und erg.
Auflage, Leipzig: Seemann 1998; Manfred Speidel: Bruno Taut: Natur und Phantasie. Berlin: Ernst & Sohn 1995, S. 246–248; Manfred Speidel (Verzeichnis der Werke). In: Winfried Nerdinger [u. a.] (Hrsg.): Bruno Taut 1880–1938. Stuttgart, München: Deutsche Verlags-Anstalt 2001, S. 382–383; Silke Dähmlow: Senftenberg. Stadtplanerische Aspekte von Bildungsbauten zur Zeit der Weimarer Republik. In: Brandenburgische Denkmalpflege, 10 (2001), H. 2, S. 44–57; Ute Jochinke: Senftenberg. Die Schulbauten der Brüder Bruno und Max Taut und ihre Stellung in deren Werk. In: Brandenburgische Denkmalpflege, 10 (2001), H. 2, S. 58–76.

90 Das wachsende Haus für die Berliner Sommerschau 1931–1932

Drei temporäre Bauten für die Berliner Sommerschau »Sonne, Luft und Haus für alle« vom 14.5. bis 7.8.1932, 1. Das wachsende Haus, 2. Ganzstahl-Wohnlaube 3. Wochenend-Ganzstahlhaus

Max Taut ist auf der Berliner Sommerschau »Sonne, Luft und Haus für alle« mit drei Bauten vertreten: dem wachsenden Haus, einer Wohnlaube und einem Wochenendhaus aus Stahl. Die Entwürfe verstehen sich als Antwort des Wohnungsbaus auf eine Phase wirtschaftlicher Depression und streben mit den Mitteln einer rationellen und industriellen Fertigung eine Verbesserung der allgemeinen Wohnsituation an. Vergleichbar dem Konzept für die Wohnlauben in Spandau von 1920 soll außerhalb der Stadtgrenze bebaubares Land angeboten werden, so dass hier Kleinhäuser errichtet werden können, die sich in besseren Zeiten den neuen wirtschaftlichen und familiären Bedürfnissen anpassen und entsprechend wachsen können. Im Programm der Ausstellung heißt es: »Das wachsende Haus sollte ein vorstädtisches Gartenhaus sein, das aus einer Grundzelle oder einem Kernhaus besteht, an das je nach Bedarf und Vermögen des Besitzers andere Wohneinheiten so anwachsen können, dass das Haus in jedem Stadium seiner Ausbildung stets ein abgeschlossenes Ganzes bilden kann. Es sollte den Bedarf decken, der zwischen einer Wohnlaube und einem ortsüblichen, fertig ausgebauten Einfamilienhaus liegt.«

Max Tauts wachsendes Haus wird, im Unterschied zu den beiden stählernen Kleinhausmodellen, als Haus aus Stein und Eisen bezeichnet. Es besteht aus einem sichtbaren Stahlgerippe mit einer genormten Bimsplattenbekleidung, wobei alle Teile werkstattmäßig vorbereitet und vor Ort montiert werden können. Das rund 35 Quadratmeter große Kern-

303 Das wachsende Haus für die Berliner Sommerschau 1931–1932, Prototyp der ersten Ausbaustufe

haus, das 2500 Reichsmark kosten soll, kann bis auf 70 Quadratmeter erweitert werden, indem es in seiner Grundform gespiegelt wird. Damit gehört es zu den Typen des Längsanbauprinzips im Gegensatz zu den winkelförmigen Häusern und den Zentralanlagen. Die Konstruktionsweise des Montagesystems nach der Müller-Holzmannschen Methode erlaubt ein hohes Maß an Flexibilität bei Veränderungen. Max Taut wendet sich auch den Detailfragen der Wärmedämmung und Belüftung, des Feuchtigkeitsschutzes und der Lärmbelästigung zu und bietet hier kostengünstige, ausgefeilte Lösungen. Alle vorfabrizierten Bauteile sind in ihrer Größe so angelegt, dass der Transport mühelos möglich ist und die Arbeiten auf der Baustelle minimiert werden.

Neben dem zentralen Thema des wachsenden Hauses erprobt Max Taut mit der Wohnlaube und dem Wochenendhaus die Möglichkeiten einer Kosten sparenden Bauweise in Stahl. Das neuartige Bausystem als so genanntes Montage-Trocken-Schnellbau-Verfahren verzichtet auf Anlehnungen an konventionelle Bauweisen. Die Stahlwohnbauten erinnern in ihrer Herstellungsweise eher an den Schiffsbau und bestehen in sämtlichen Teilen aus Stahl – von den Stahllamellen-Außenwänden, den Tragteilen, der Dacheindeckung, den Türen und Fenstern bis zur Inneneinrichtung. Die *Bauwelt* schreibt hierzu: »Das Bemerkenswerte an diesem Hause ist, dass hier – wie es scheint, zum ersten Male öffentlich – Stahl-Möbel eingebaut worden sind.« Lediglich zur Isolierung kommen weitere Materialien, vor allem Kork, zum Einsatz. Innerhalb einer Woche kann der komplette Aufbau des 47 Qua-

dratmeter großen Wochenendhauses erfolgen bei Gesamtkosten von 4700 Reichsmark. Die in zwei Tagen montierbare Wohnlaube diente während der Ausstellung als Beratungsstelle der Gesellschaft für Stahlverwertung.

QUELLE: MTA WV 78.
LITERATUR: Max Taut: Entwurfserläuterung. In: Martin Wagner (Hrsg.): Das wachsende Haus. Berlin, Leipzig 1932, S. 100–103; Bauen und Wohnen erleichtern und verbilligen! In: Die Bauzeitung (1932), S. 271–273, 275; Adolf Behne: Das wachsende Haus. In: Die Umschau (1932), H. 25, S. 490–494. Nachdruck in: Adolf Behne: Architekturkritik. Hrsg. von Haila Ochs. Basel [u. a.] 1994, S. 163–167; »Sonne, Luft und Haus für alle«, Ausstellung für Anbauhaus, Kleingarten und Wochenende vom 14.5. bis 7.8.1932. Katalog 1932, S. 35 (Das Anbauhaus); Walter Genzmer: Wohnbauten der Berliner Sommerschau 1932. In: Zentralblatt der Bauverwaltung (1932), S. 380–381; Häuser mit eingebauten Stahlmöbeln. In: Bauwelt (1932), H. 25, S. 622 (Zwei Abbildungen des Max-Taut-Stahlwohnhauses ohne Namensnennung); Erich Heinicke: Zum Thema »Wachsendes Haus«. In: Deutsche Bauzeitung (15.6.1932), H. 25, S. 503–510; Alexander Klein: Um die Frage »Das wachsende Haus«. In: Die Baugilde (25.3.1932), H. 6, S. 281–304; Alfred Gellhorn: Der Grundriss des »Wachsenden Hauses« in Wettbewerb und Arbeitsgemeinschaft. In : Die Baugilde (25.3.1932), H. 6, S. 308; Kr.: Siedlung und Wochenende. In: Ostdeutsche Bauzeitung (1932), S. 406; Ernst Neufert: Wohnbauten auf der Berliner Sommerschau. In: Zentralblatt der Bauverwaltung (1932), H. 32, S. 379; Edith Nowak-Rischoswki: Das Anbauhaus Berlin (1932). In: Innendekoration (1932), S. 315–338; Sonne, Luft und Haus für alle (II). In: Deutsche Bauhütte (22.6.1932), H. 13, S. 163; Wagner Martin: Das »Wachsende Haus« der Arbeitsgemeinschaft. In: Deutsche Bauzeitung (13.1.1932), Nr. 3, S. 41–55; A. Wedemeyer: Kleinhäuser, Sommer- und Wochenend-Häuser. In: Deutsche Bauzeitung (15.6.1932), S. 511–516; E. H. Zilch: Das wachsende Haus. Ein Querschnitt durch die Berliner Sommerschau »Sonne, Luft und Licht für alle«. In: Das Werk, VII 35–37 (1932), S. 323–325; Max Taut, 1984, S. 50, 78; Kurt Junghanns: Das Haus für alle. Zur Geschichte der Vorfertigung in Deutschland. Berlin: Ernst & Sohn 1994, S. 290–306.

91 KATHOLISCHE VOLKSSCHULE IN SENFTENBERG 1932–1933

Beschluss zum Bau der Schule 15.2.1932, Grundsteinlegung 20.4.1932, Einweihung 19.1.1933; Calauer Straße; Planung eines Gemeindehauses im Zusammenhang mit der Volksschule nicht ausgeführt

304 Katholische Volksschule, Grundriss Obergeschoss

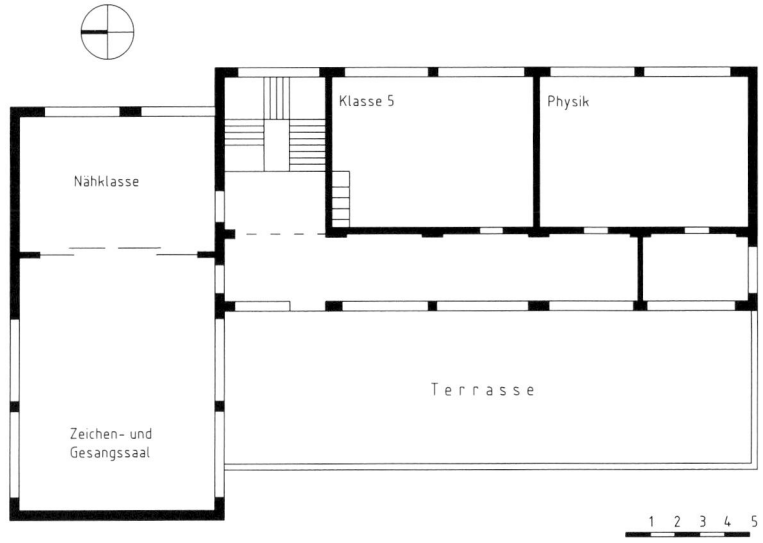

305 Katholische Volksschule in Senftenberg 1932–1933, Entwurfsskizze

Die Angabe zum Bau einer Volksschule in Senftenberg findet sich in verschiedenen Werklisten Max Tauts, dennoch blieb das Projekt bis vor kurzem unberücksichtigt. Erstmals wird es 2001 von Silke Dähmlow im Heft 2 der Brandenburgischen Denkmalpflege in angemessener Weise dargestellt, mit einem Verweis auf die bestechende Materialästhetik, die auch für frühere Schulbauten Max Tauts charakteristisch ist.

Nachdem Max Taut die letzten Arbeiten zur Doppelschule seines Bruders betreut hat, erhält er den Auftrag, eine katholische Volksschule zu errichten. Bereits im März 1931 ist vom Frankfurter Architekten Otto Peter ein Vorentwurf angefertigt worden, der den Abbruch der alten Schule und einen axialsymmetrischen Neubau vorsieht. Max Taut entwirft demgegenüber ein neues Ensemble aus Schule und Gemeindehaus, das, von der Calauer Straße zurückgesetzt, zwischen der bereits bestehenden Schule und der Kirche vermittelt. Das Gemeindehaus gelangt allerdings nicht über das Projektierungsstadium hinaus.

Im Vergleich zu anderen realisierten Schulprojekten Max Tauts erweist sich die Schule als kleines Bauvorhaben, dessen Durchführung allerdings angesichts der geltenden Notverordnung überrascht und auf den dringenden Bedarf an der Schulstätte in Senftenberg hinweist. Max Taut entwirft einen kompakten Bau aus zwei elementaren Baukörpern, die als spannungsreiche Komplemente

zueinander stehen. Die klare Zuordnung der Funktionen ist von außen ablesbar: Während der Querflügel größere Räumlichkeiten wie Konferenzzimmer und Zeichensaal beherbergt, nimmt der Längsflügel die Klassenräume auf. Als meisterhaftes Beispiel der Entwurfskunst erweist sich die plastisch-tektonische Behandlung der schlichten Fügung: Durch die sorgsam eingesetzten Mittel der Aussparung und Staffelung erfährt der Bau eine Belebung, mit der selbstverständlich die Betonung des Eingangs und die Anlage einer Dachterrasse einhergehen. Großzügige Fensterausschnitte erlauben die West- oder Ostbelichtung der Klassen und bilden einen schönen Kontrast zur geschlossenen Fassadenfläche, hinter der ein von Norden belichteter Zeichensaal liegt. Dieser Raum kann mit einem weiteren Fachraum durch Öffnung einer Schiebewand verbunden werden, so dass eine kleine Aula entsteht. Die subtile Abstimmung von Proportion, Farbe und Material schafft einen überzeugenden Bau, dessen klare Organisation und souveräne Detaillierung den Schul-Baumeister spüren lässt.

In den Kriegsjahren wird die Schule als Lazarett genutzt und dient nach 1945 als Berufsschule, während heute ein Oberstufenzentrum in dem unter Denkmalschutz stehenden Gebäude eingerichtet ist. Bis auf einige architektonisch unsensible Eingriffe, etwa am Geländer der Dachterrasse oder an den Fenstern, deren ehemals dunkle Sprossen mit Laibungen in weißer Keramik kontrastierten, ist der Bau in seiner Substanz erhalten.

QUELLEN: Werklisten Max Taut 18.9.1945, 28.4.1959 und 18.2.1964, MTA.
LITERATUR: Silke Dähmlow: Senftenberg. Stadtplanerische Aspekte von Bildungsbauten zur Zeit der Weimarer Republik. In: Brandenburgische Denkmalpflege, 10 (2001), H. 2, S. 44–57; Ute Jochinke: Senftenberg. Die Schulbauten der Brüder Bruno und Max Taut und ihre Stellung in deren Werk. In: Brandenburgische Denkmalpflege, 10 (2001), H. 2, S: 58–76.

92 WOHNUNGSBAU FÜR DIE KLEINWOHNUNGSBAU-GESELLSCHAFT IN FREITAL 1932–1933

Ausführung, Bauherr: Gesellschaft für Kleinwohnungsbau und Siedlung GmbH; Burgkerstraße und Albert-Schweitzer-Straße (vormals: Obere Dresdner Straße), Freital bei Dresden

Für die Kleinwohnungsbau-Gesellschaft entwirft Max Taut eine umfangreiche Siedlung mit mehreren zwei-, drei- und fünfgeschossigen Zeilen. Ziegelgedeckte Walmdächer und regelmäßige Lochfassaden bestimmen das Bild. Die Gestalt der Häuser lässt auch auf Bauabschnitte nach 1933 schließen – auf den Fotos im Max-Taut-Archiv reichen die handschriftlichen Jahresangaben bis 1937.

QUELLE: MTA WV 80.
LITERATUR: Max Taut, 1984, S. 50; Heinz Deutschland, Jonas Geist: Max Taut: Architekt und Lehrer (1884–1967). Berlin: Hochschule der Künste 1999, nach S. 119.

306 Wohnungsbau für die Kleinwohnungsbau-Gesellschaft in Freital 1932–1933

93 Erweiterung der Villa Curt Schaefer in Finsterwalde 1933

Ausführung 1933, Erweiterung einer 1866 erbauten Villa, Bauantragsplanung 18. 1. 1933 und 3. 3. 1933, Geschwister-Scholl-Straße (vormals: Kurzer Damm 1)

Im Auftrag Max Koswigs, des Inhabers der Fabrik F. F. Koswig, erfolgt die Erweiterung der Villa in Finsterwalde. Die Baumaßnahmen stehen im Zusammenhang mit der Übernahme des Hauses durch die Tochter Max Koswigs und deren Ehemann Curt Schaefer. Max Taut ergänzt die L-Form des neoklassizistischen Baus vis-à-vis dem Finsterwalder Schloss so, dass sich ein klarer Grundriss in Rechteckform ergibt. Der Ausbau der Villa erfolgt unter Verwendung des gegebenen Formenrepertoires, ohne dass eine zeitgemäße künstlerische Bezugnahme zum Bestand erkennbar wird. Das Grundstück ist mit einer Mauer eingefriedet, die wie die Einfriedung der Finsterwalder Schule charakteristische Bullaugen-Öffnungen aufweist.

Nach dem Krieg kommt es zur Enteignung und in den Räumen der Villa wird zwischenzeitlich die Berufsschule untergebracht. Mit der Wende erfolgt der Verkauf des stark vernachlässigten Gebäudes. Es wird heute wieder als Wohnhaus genutzt und befindet sich nach der Sanierung in einem sehr guten Zustand.

QUELLEN: Bauakte 1933, Bauamt Finsterwalde; Gespräch mit den heutigen Eigentümern, Familie Brandt, am 9. 9. 2001; Planunterlagen der Eigentümer; Brandenburgisches Landesamt für Denkmalpflege. Inventarisierungsliste: Eingetragene Denkmale im Land Brandenburg.

307 Erweiterung der Villa Curt Schaefer in Finsterwalde 1933, Ansicht

WEST-ANSICHT, MASSSTAB 1:50

94 Kinderheim Hirschberg (Doksy) in Böhmen (Tschechien) 1933

Ausführung

Das Kinderheim wird von Max Taut in Werkverzeichnissen vom 18.9.1945 und 18.2.1964 als realisiertes Projekt angeführt.

Quellen: MTA WV 79; Lebenslauf vom 18.9.1945, Archiv der Universität der Künste Berlin; Werkliste vom 18.2.1964, MTA.
Literatur: Max Taut, 1984, S. 50.

95 Wohnhäuser in Dresden, vermutlich 1933

Ausführung, Käthe-Kollwitz-Ufer (vormals: Hindenburgufer)

Die Bebauung weist Verwandtschaft mit den Wohnhäusern in Freital auf und scheint im gleichen Zeitraum zu entstehen, doch ist die exakte Bauzeit nicht feststellbar, da die Dokumente im Büro Taut und Hoffmann im Krieg zerstört wurden und die Bauakten in Dresden als verschollen gelten.

Quellen: MTA WV 80, Fotos im Max-Taut-Archiv.
Literatur: Max Taut, 1984, S. 50.

96 Wohnhaus Bödecker auf Kienwerder 1934

Ausführung, Bauherr: Bödecker; Insel Kienwerder bei Brandenburg

Über das Bauvorhaben Bödecker schreibt die Tochter Franz Hoffmanns, Isi Fischer-Sperling, aus der Erinnerung: »Frau Bödecker war persönlich mit Max Taut befreundet. Er war häufig auf Kienwerder in ihrem Haus zu Gast. Es bestand der Plan, die Insel in Parzellen aufzuteilen und mit kleinen Häusern zu bebauen. Franz Hoffmann war jahrelang mit den juristischen Grundstücksfragen dieses Projektes beschäftigt.« Das kleine Wohnhaus, das Max Taut für Kienwerder entwirft, erinnert mit seinem reetgedeckten Dach an das Hiddensee-Haus Pingel von 1924. Die schmale Insel, die in der Havel-Seen-Kette bei Brandenburg liegt, war vormals mit dem Boot vom nahen Uferort Kirchmöser aus zu erreichen.

Quellen: MTA WV 81; Isi Fischer-Sperling: Erinnerungen an die Architektengemeinschaft Taut & Hoffmann. Unveröffentlichtes Manuskript der Tochter Franz Hoffmanns (Braunschweig 1999); Gespräch mit Isi Fischer-Sperling 2002.
Literatur: Max Taut, 1984, S. 50, 94.

308 Wohnhaus Bödecker auf Kienwerder 1934

309 Jagdhaus Koswig am Köthener See
1934–1936

97 Wohnhaus Grimme 1934

Ausführung (Abb. 152)

Der Bauherr des Hauses ist der ehemalige preußische Minister für Wissenschaft, Kunst und Volksbildung Adolf Grimme, ein Sozialdemokrat, der unter dem nationalsozialistischen Regime von 1942–1945 mehrere Jahre inhaftiert ist. In den Jahren 1946–1948 übernimmt er das Kultusministerium des Landes Niedersachsen und wird nachfolgend Generaldirektor des Nordwestdeutschen Rundfunks in Hamburg und Köln – nach ihm benannt ist der Preis für einen Fernsehwettbewerb.

Max Taut und Adolf Grimme haben in der Zeit nach 1933 häufiger Kontakt und tauschen sich über die politische Lage aus, wie Grimme sich in der frühen Nachkriegszeit erinnert. Das Haus wirkt mit seinen großzügigen Fensteröffnungen und seinem mäßig geneigten Dach durchaus modern und frei von nationalsozialistischen Gestaltvorgaben. In der geschäftigen Aufbauzeit um 1946 schreibt Adolf Grimme an Max Taut, dass er sich danach sehne, sich sammeln zu können »in dem Heim, das Sie mir geschaffen haben, und an dem ich hänge, das ich liebe, wie ein lebendes Wesen«.

Quellen: MTA WV 82; Brief von Adolf Grimme an Max Taut vom 30. 8. 1946.
Literatur: Max Taut, 1984, S. 50, 94.

98 Jagdhaus Koswig am Köthener See 1934–1936

Ausführung, Märkisch Buchholz in Brandenburg

Obgleich das Haus Koswig unter anderem durch den Fotografen Otto Hagemann ausführlich dokumentiert worden ist, scheint über den Bau kaum etwas bekannt zu sein. Die Datierungen auf den Fotos, die das fertig gestellte Objekt zeigen, reichen von 1935 bis 1938.

Bei dem Gebäude für den Finsterwalder Tuchfabrikanten scheint es sich um eine Erweiterung eines bestehenden Fachwerkhauses zu handeln. Die tautsche Ergänzung stellt sich im Äußeren als ländlicher Bau dar und ist im Inneren gediegen und traditionell ausgestattet. Erwähnenswert erscheint ein aufwendig gestalteter Kachelofen mit zahlreichen Jagdmotiven.

Offenbar lässt der Tuchfabrikant Koswig das Jagdhaus für seine Tochter bauen. In der DDR-Zeit wird das Gebäude als FDGB-Heim genutzt und findet nach der Wende 1989 einen privaten Käufer, der das Haus am See umzubauen beabsichtigt – bis heute stellt sich das Gebäude allerdings als Baustelle dar, ein denkmalpflegerischer Ansatz ist nicht erkennbar.

Quellen: MTA WV 83; Gespräch mit dem derzeitigen Eigentümer Karl-Heinz Hauke am 8. 8. 2002.
Literatur: Max Taut, 1984, S. 50, 94.

310 Kreissparkasse in Genthin 1934-1936, Kassenraum

99 Kreissparkasse in Genthin 1934–1936

Ausführung, Beschluss für den Neubau
23. II. 1934, Bauzeit 1935–1936, Einweihung
25. II. 1936, Reliefs von Rudolf Belling, Wand-
gemälde im Sitzungszimmer von Fritz Scheibe

Das Künstlerlexikon von Thieme und Becker
aus dem Jahr 1938 führt unter Max Tauts Namen die Kreissparkasse als jüngstes Werk an.
In einer Festschrift, die anlässlich der Einweihung des Gebäudes 1936 erscheint, ist der Name Max Tauts allerdings nicht erwähnt. Das
Projekt wird hier als Arbeitsstätte in Gestalt
eines »Zweckbaus von schlichter Schönheit«
und als wichtiges städtisches Bauwerk interpretiert, das Ausdruck des Zeitgeistes im
Dritten Reich sei. Mit der Kassenhalle gelingt
es Taut, ungeachtet der nationalsozialistischen
Gestaltkontrolle einen funktionalen Raum in
Skelettkonstruktion mit einer schönen Lichtdecke zu schaffen. Hierzu heißt es in der Festschrift: »Sie ist geräumig, hell und freundlich
gehalten. Die günstige Lage des Baugeländes
gewährleistet besonders glückliche Beleuch-
tungsverhältnisse: das große Oberlicht und die
Lichtzufuhr von drei Seiten sorgen für eine
gleichmäßige ausgedehnte und einwandfreie
Tagesbeleuchtung.« Besonderen Wert misst
man der Gestaltung des Haupteingangs bei,

der mit Keramikplatten eingefasst ist und sich
so von der Putzfassade absetzt. Beiderseits des
Eingangs finden sich Reliefs aus Keramik von
Rudolf Belling, die die Namen *Saat* und *Ernte*
tragen. Die symbolischen Reliefs erinnern an
jene Vorstellungen der NS-Kunst, in denen das
vorindustrielle Kleinbauerntum idealisiert
wurde. Ein heroisch in Szene gesetzter Mann
dominiert die Reliefdarstellung als Säender
und Erntender, während die weiblichen Figuren ihre erdverbundene Arbeit zu seinen
Füßen verrichten.

Das Gebäude ist gut erhalten, wenn auch
durch unsensible Änderungen in seiner Erscheinung beeinträchtigt. Störend wirkt der
Ausbau des Dachs und die damit verbundene
Anordnung von Dachgauben. Unverändert findet sich über dem Eingang der Schriftzug der
Kreissparkasse Genthin, die das Gebäude nach
wie vor nutzt.

QUELLE: MTA WV 84.
LITERATUR: Regierungsreferendar Klünder: Der Neubau. In:
Kreissparkasse Genthin. Zur Einweihung des Neubaus am
25. November 1936. Druck: E. Donath, Genthin (1936);
Thieme, Becker: Allgemeines Lexikon der Bildenden
Künstler. 32. Band. Leipzig 1938; Max Taut, 1984, S. 50, 95.

Ausführung

Trotz seiner konventionellen Gestalt mit steilem Satteldach zeugt das Haus von einer Großzügigkeit, die für das Jahr 1938 alles andere als selbstverständlich ist. Zwischen hohen Kiefern stehend, zeichnet sich das Haus Falk an der Süd-West-Grenze Berlins durch seine offene Gartenfront aus, die durch einen kleinen verglasten Wintergarten einen Akzent erhält. Die Einbettung in die landschaftliche Umgebung ist mit Sorgfalt gelöst.

QUELLE: MTA WV 86.
LITERATUR: Max Taut, 1984, S. 50, 94.

311 Baublock in der Wohnanlage
Attilahöhe in Berlin-Tempelhof
1936–1937

100 BAUBLOCK IN DER WOHNANLAGE ATTILAHÖHE IN BERLIN-TEMPELHOF 1936–1937

Bauherr: Berliner Bau- und Sparverein (heute: Berliner Bau- und Wohnungsgenossenschaft von 1892); Attilastraße, Paul-Schmidt-Straße (vormals: Alboinstraße)

Der Berliner Bau- und Sparverein beauftragt das Büro Brüder Taut und Hoffmann mit dem Bau der Wohnanlage, deren erster Abschnitt von Bruno Taut entworfen und in den Jahren 1929 bis 1930 fertig gestellt wird. *Berlin und seine Bauten* nennt für den bis 1937 ergänzten Bauabschnitt Franz Hoffmann als Architekten, doch ist Max Taut für den Entwurf im Büro zuständig, das nach Bruno Tauts Emigration 1933 von den beiden zurückbleibenden Partnern mit der bewährten Aufgabenteilung weitergeführt wird. Es handelt sich um eine drei- bis viergeschossige Blockrandbebauung, die durch offene Erker und Loggien stark gegliedert ist. Die Ausführung erfolgt als einfacher verputzter Mauerwerksbau mit Walmdach.

QUELLE: MTA WV 85.
LITERATUR: Berlin und seine Bauten. Teil IV, Wohnungsbau, Band A. Berlin 1970, S. 345 sowie Band B. Berlin 1974, S. 499–500; Max Taut, 1984, S. 50, 95; Bettina Zöller-Stock: Bruno Taut. Die Innenraumentwürfe des Berliner Architekten. Stuttgart: Deutsche Verlags-Anstalt 1993, S. 111–112; Winfried Nerdinger [u. a.] (Hrsg.): Bruno Taut 1880–1938. Stuttgart, München 2001, S. 378–379.

312 Wohnhaus Falk in Klein-Machnow bei Berlin 1938

102 Wohnblöcke Mansfelder Strasse in Berlin-Wilmersdorf 1939

Ausführung, Bauherr: Herzogliche Sachsen-Coburg und Gotha'sche Hauptverwaltung

Der Wohnungsbau an der Mansfelder Straße mit etwa 130 Wohnungen besteht aus zwei einander gegenüberliegenden leicht gekrümmten Zeilen mit kurzen Seitenflügeln. Die viergeschossigen Häuserzeilen weisen das zeittypische Walmdach als Abschluss auf. Die strengen Lochfassaden sind allein durch den Rhythmus der Loggien gegliedert. Im Grundriss ist die Reihung des Dreizimmer-Typs mit 72 Quadratmetern Grundfläche ablesbar.

QUELLE: MTA WV 87.
LITERATUR: Berlin und seine Bauten. Teil IV, Wohnungsbau, Band B. Berlin 1974, S. 416; Max Taut, 1984, S. 50

313 Wohnblöcke Mansfelder Straße in Berlin-Wilmersdorf 1939

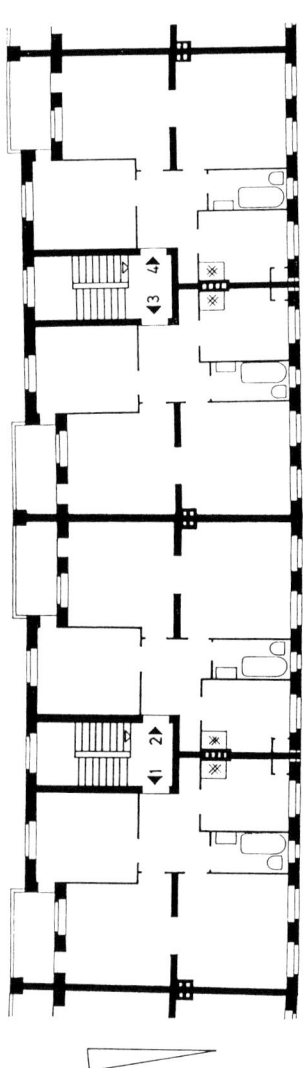

103 Grabstein für Bruno Taut 1939

Entwurf vom 2.4.1939 (Abb. 151)

Kurz nach dem Tod Bruno Tauts am 24. Dezember 1938 in Istanbul reist Max Taut in die Türkei. Mutmaßlich nach einem Besuch auf dem Friedhof, dessen Atmosphäre er in seine Skizzen einbezieht, erstellt Max Taut den Grabsteinentwurf für den Bruder. Der Grabstein besteht aus zwei Platten, die sich fünfzig Zentimeter über den Erdboden erheben. Als Materialien sind ein heller Leske- und ein dunkler Ankarastein vorgesehen. Ein Fußstapfen aus rotem Glas in einem Kristall symbolisiert Brunos Welt zwischen Glasarchitektur und japanischer Kultur. In einem umschreibenden Kreis sind in Bronzelettern der Name und die Lebensdaten festgehalten. Ausgeführt wird der Grabstein allerdings nicht – stattdessen findet sich auf dem Friedhof Edirne Kapi eine Grabplatte, die lediglich einen einfachen Schriftzug mit Bruno Tauts Namen und Geburts- und Sterbedaten zeigt.

QUELLEN: Plan von Max Taut, MTA; Briefe von Rudolf Belling an die Brüder Luckhardt vom 24.1.1947.
LITERATUR: Matthias Schirren: Weltbild, Kosmos, Proportion. Der Theoretiker Bruno Taut. In: Winfried Nerdinger [u. a.] (Hrsg.): Bruno Taut 1880–1938. Stuttgart, München: Deutsche Verlags-Anstalt 2001, S. 108, 110.

104–109 Vorliegende Aufträge 1942

Liste der am 13.3.1942 vorliegenden Aufträge der Firma Taut & Hoffmann laut Erklärung Franz Hoffmanns an die Reichskammer der bildenden Künste.

104

1. Bürohaus für den Volksgerichtshof, Berlin
Bauherr: Berliner Wohn- und Geschäftshaus G.m.b.H. – Bewoge lautet der heutige Name der 1938 gegründeten Berliner Wohn- und Geschäftshaus G.m.b.H.
Zum Bürobau für den Volksgerichtshof sind bislang keine weiteren Unterlagen aufgefunden worden. Nach Informationen der Gesellschaft Bewoge wurden interne Unterlagen im Krieg zerstört. Ungesichert ist, ob das Projekt über das Stadium der Beauftragung hinaus gelangt und inwieweit Max Taut in das von Hoffmann angeführte Vorhaben einbezogen ist.

105

2. Umbau Margarine-Fabrik Berlin, Auguststraße 69
Bauherr: Herr Wiesner
Ob der Umbau das ältere Frontgebäude oder
das später errichtete viergeschossige Gebäude
im Hinterhof betrifft und inwieweit neue Bauteile hinzukommen, ist ungeklärt. Das gesamte Ensemble wird im Krieg stark zerstört.
1996 erfolgt eine Sanierung der ehemaligen
Margarinefabrik durch das Architekturbüro
Nalbach + Nalbach. Sämtliche Akten des Be-
zirksamtes Berlin Mitte sind im Krieg vernich-
tet worden.

106

3. Siedlung Magdeburg für die Junkerswerke,
Bauteil III b, 86 Wohnungen, Bausumme
690 000,--RM. Dringlichkeitsstufe I, im Bau
begriffen. Das Bauvorhaben wird durchgeführt.
Bauherr: Awog Berlin für die Junkerswerke
Dessau

107

4. Siedlung Bau & Grund, Dresden,
III. Bauteil
Bauherr: Bau & Grund Dresden

108

5. Bebauungsplan für die Stadt Pirna
Bauherr: Stadt Pirna

109

6. Städtebauarbeiten und Vorbereitungen für
die Führerwohnungen im Kreis Pirna, Annaberg, Schwarzenberg
Bauherr: Neue Heimat Dresden
Die Pläne werden fertig gestellt, wie weitere
Quellen belegen. Das Büro Taut & Hoffmann
erhält für die Planung 24 000 Reichsmark.

QUELLEN: Akte der Reichskammer der bildenden Künste,
Franz Hoffmann, Aktenzeichen: RK/III -A- /Ho vom
13.3.1942, Berlin Document Center im Bundesarchiv
Berlin; Antrag auf Entschädigung vom 25.10.1944 nach der
Kriegssachschädenverordnung (Zusammenstellung des
Inventars), MTA; Gespräch mit Vertretern der Bewoge über
das nicht nachweisbare Projekt »Bürohaus für den
Volksgerichtshof« im Juni 2001.
LITERATUR: Sylvia Claus: Architektur ist die Kunst, gut zu
bauen. In: Winfried Nerdinger [u. a.] (Hrsg.): Bruno Taut
1880–1938. Stuttgart, München: Deutsche Verlags-Anstalt
2001, S. 41–55; Gudrun und Jürgen Ehnert: Junos und
Kaninchenställe. Die Entstehung der Junkerssiedlung
Magdeburg und ein Abriss ihrer Entwicklung in drei
Abschnitten deutscher Geschichte. BK-Verlag 1996 (Das
Projekt 106, Siedlung Magdeburg, ist hier nicht nach-
gewiesen.)

110 MONTAGEHÄUSER AUS BETONFERTIG-
TEILEN 1942–1943

Entwürfe vom 16.2.1942 und 6.7.1943 für ein
Zweietagenhaus, ein Ein-, Vierfamilien- und
Sechsfamilienwohnhaus und Planungen für
Erprobungsbauten; Bewehrungspläne: Ingeni-
eur Neubauer; Patent T 58 821 und T 59 354,
siehe Werk 116, 117 und 124

Für die Montagehäuser entwickelt Max Taut
aus Beton und Wandfüllkörpern einen speziellen Wandaufbau, den er am 11.4.1943 als Patent anmelden lässt. Der offizielle Name lautet: Montagehaus mit Eisenbetonskelett und
Leichtbauplatten als Füllelemente für Wandungen und Decken. In der *Neuen Bauwelt*,
Heft 20, von 1947 stellt er dieses Konstruk-
tionsprinzip noch einmal vor im Zusammenhang mit provisorischen Wohnungsbauten zur
Behebung der Wohnungsnot in der Nachkriegszeit. Aufschlussreich ist ein Brief Alfons
Leitls, der 1946 eine Publikation plant in der
Absicht, Leistungen von Architekten des *Neu-
en Bauens* in der Zeit zwischen 1933 und 1945
darzustellen. »Es kommt in dem Buche darauf
an, die Leistungen und Persönlichkeiten her-
auszustellen, die den neuen Baugedanken
auch in den vergangenen anderthalb Jahrzehnten trotz aller Schwierigkeiten lebendig gehalten haben, gleichgültig, ob dies in gebauten
Werken, in Plänen oder auch in gesprochenen
und schriftlichen Äußerungen geschehen ist.
Ich würde mich sehr freuen, recht bald Ihre
Arbeiten zu erhalten, wenn es möglich wäre,
zu den Montagehäusern auch ein oder zwei
Lichtbilder der ausgeführten Bauten ...«

QUELLEN: MTA WV 88; Brief von Alfons Leitl an Max Taut
vom 22.8.1946; Briefe von Hugo Wilcken, Patentanwalt, an
Max Taut vom 13.10.1948, 16.1.1950 und 1.2.1950, MTA.
LITERATUR: Max Taut: Baumethoden und Wohnungsbau.
In: Neue Bauwelt (1947), H. 20, S. 312–314, Abb. S. 313;
Max Taut, 1984, S. 50.

111 Ankerwerke AG in Bielitz, Oberschlesien 1943

Entwurf

Ein Lageplan vom 24. 11. 1943 zeigt den Entwurf für die Ankerwerke an der Neuen Breslauer Straße in Bielitz. In einem Schreiben an Alfons Leitl wird ein »Vorprojekt für eine Großfabrik« aus der Zeit zwischen 1933 und 1945 erwähnt, mit dem sich Max Taut in der Vergangenheit beschäftigt habe. Leitl beabsichtigt die Herausgabe eines Buches, das Projekte der Moderne von Architekten vorstellt, die in der nationalsozialistischen Zeit an Entwürfen abseits der Gestaltdoktrin gearbeitet haben.

QUELLEN: MTA WV 89; Brief von Alfons Leitl an Max Taut vom 22. 8. 1946, MTA.
LITERATUR: Max Taut, 1984, S. 50.

112 Bebauungsvorschläge für Berlin 1946

Publikation: Berlin im Aufbau. Betrachtungen und Bilder des Architekten Max Taut. Berlin: Aufbau-Verlag 1946 (verfasst 1945)

In Bild und Schrift stellt Max Taut erste Gedanken für den Aufbau Berlins vor und erläutert in freien Skizzen die Möglichkeiten eines Neuaufbaus der Stadt. Für die unmittelbaren Bedürfnisse und alltäglichen Erfordernisse schlägt er provisorische Bauten vor, die dicht am Straßenrand platziert sind, während im Hintergrund die Neubauten errichtet werden. Bewusst wendet er sich mit seiner Darstellung an die betroffenen Bewohner des zerstörten Berlins.

»Der Reiz unserer neuen Stadt wird darum nicht in einer Kopie alter Romantik zu suchen sein«, schreibt Max Taut. »Dadurch, dass die Städte heute der Bevölkerung gegenüber nützlichere Aufgaben zu erfüllen haben – nicht, wie früher, ausschließlich zu Wohn-

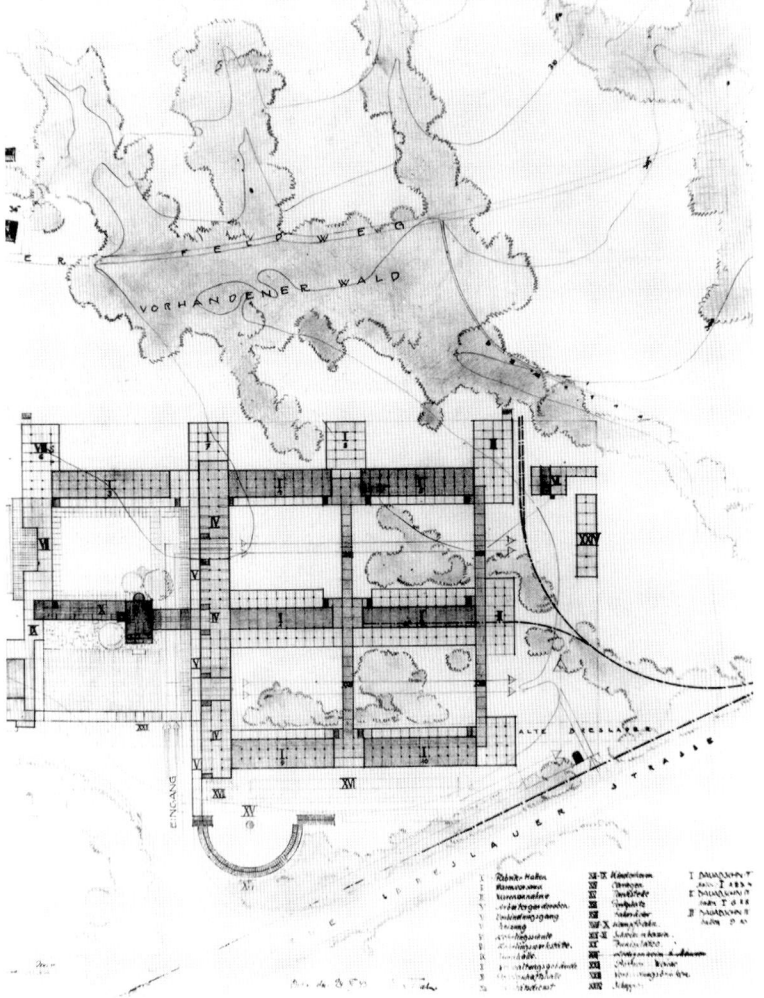

314 Ankerwerke in Bielitz Oberschlesien 1943, Lageplan (Ausschnitt)

315 Berlin im Aufbau 1946, Skizze. »Auf einem öffentlichen Platz provisorisch errichtetes Warenhaus, das nach Fertigstellung des Neubaues beziehungsweise Wiederherstellung des Altbaues abgerissen wird.«

316 Café und Restaurant, Umbau der Rotunde 1946, Grundriss und Ansicht

und militärischen Zwecken –, werden sie auch ein anderes Gepräge erhalten müssen. Schon allein die klare Trennung der Geschäftsviertel von den Wohnbezirken und andererseits die Herausnahme der Industrie aus diesen Gegenden müssen mitbestimmend für das Bild der Stadt sein.«

Die Redaktion der Zeitschrift *Der Bauhelfer* urteilt über die Mappe, deren Wert nicht zuletzt in den zeichnerischen Beispielen liegt: »Inhaltlich wie graphisch ein Kunstwerk.«

QUELLE: MTA WV 90.
LITERATUR: Max Taut: Der Wiederaufbau Berlins. In: Telegraf (21.4.1946), S. 3, und in: Der Sozialdemokrat (22.7.1946); Max Taut: Zum Aufbau einer neuen Stadt – Berlin. Vortrag in der Volkshochschule Wilmersdorf (26.6.1946), Redemanuskript MTA; Hans Josef Zechlin: Berlin im Aufbau. In: Neue Bauwelt (Juli 1946), H. 9, S. 6–8; Max Taut: Betrachtungen zum Aufbau Berlins. In: Der Bauhelfer (Juli 1946); Nr. 2, S. 1–9; Max Taut, Stadtbaurat Kolwes: Leserbriefe. In: Der Bauhelfer (Oktober 1946), Nr. 7, S. 20, 25; Edwin Redslob: Berlin im Aufbau. In: Illustrierte Sonntagsbeilage des Tagesspiegel (18.8.1946); Max Taut, 1984, S. 50, 100.

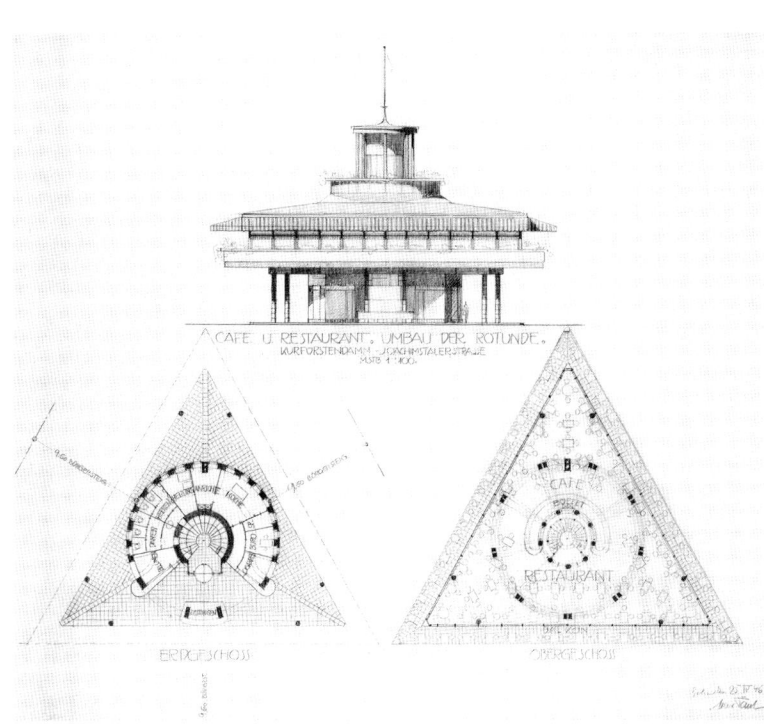

113 CAFÉ UND RESTAURANT – UMBAU DER ROTUNDE IN BERLIN-CHARLOTTENBURG 1946

Entwurf, Zeichnung vom 25.4.1946, Kurfürstendamm, Joachimstaler Straße

Für den Umbau der Rotunde sieht Max Taut eine interessante Baukörperkomposition vor, indem er über einer zylindrischen Basis den Grundriss des Cafés als gleichseitiges Dreieck anlegt. Die Idee dieses zweigeschossigen Pavillons, der um eine zentrale Wendeltreppe gruppiert ist, erinnert an das drehbare Haus aus der Frühlicht-Ära. Das Projekt findet sich auch in der Mappe *Berlin im Aufbau* wieder, wo das skizzierte Café zu den provisorischen Bauten gehört, die vor der Ruinenkulisse entstehen.

QUELLE: MTA WV 91.
LITERATUR: Max Taut, 1984, S. 50.

114 AUFSTOCKUNG EINES WOHNUNGSBAUS IN BERLIN-MITTE 1946

Jägerstraße

Zur Aufstockung von zwei historischen Bauten, einem barocken Haus von 1750 und einem Bau von 1850, entwirft Max Taut mehrere Varianten, die sich behutsam in den Bestand einfügen. Im Rahmen einer Sanierung erfolgt nach Auskunft des Landesdenkmalamtes in den Jahren 1999 bis 2001 der Abbruch der bautechnisch äußerst einfach ausgeführten Dachaufstockung.

QUELLE: MTA WV 92.
LITERATUR: Max Taut, 1984, S. 50.

Max Taut zwei Jahre später einen Vorschlag zum Neuaufbau unterbreitet. Eine Nachtskizze des Opernentwurfs verdeutlicht die Transparenz des Foyers, dessen Fassade durch eine mächtige Stützenfolge bestimmt wird.

QUELLE: MTA WV 93.
LITERATUR: Max Taut, 1984, S. 50.

115 OPERNHAUS FÜR BELGRAD 1946

Wettbewerbsentwurf

Mit dem Entwurf für die jugoslawische Nationaloper in Belgrad beteiligt sich Max Taut unmittelbar nach Kriegsende am Aufbau der Stadt, in der 1931 die von ihm mitgestaltete Ausstellung *Deutsche zeitgenössische bildende Kunst und Architektur* zu sehen war. In einer Reihe von perspektivischen Zeichnungen, atmosphärischen Skizzen und plastischen Schnitten veranschaulicht er seinen Vorschlag. Der Eingangsbereich und Teile des Zuschauerraums sind als halbrunder Bauteil vorgelagert. Die Offenheit des Vorbaus mit Wandelgängen im oberen Geschoss und der hohe Bühnenturm scheinen bereits auf das Konzept des Schillertheaters in Berlin zu verweisen, für das

319 Das wachsende Haus aus vorgefertigten Zellen 1946–1947

116 Doppelwohnhaus aus Betonfertig-teilen 1946

Entwurf vom 10.5.1946, vgl. Werk 110, 117
und 124

Das Doppelwohnhaus steht bautechnisch und
gestalterisch im Zusammenhang mit den
Montagehäusern, den Zellenhäusern und dem
Montagehaus aus Beton. Zum Einsatz gelangen hier die bereits 1943 zum Patent angemel-
deten Betonfertigteile, zu denen ein Steildach
mit Eisenbetonsparren gehört (T 59 354).

QUELLE: MTA WV 94.
LITERATUR: Max Taut, 1984, S. 50.

117 Das wachsende Haus aus vorgefer-tigten Zellen 1946–1947

Entwurf

In der Zeitschrift *Athena* stellt Max Taut das
Konzept eines Zellenhauses vor, mit dessen fa-
brikmäßiger Serienherstellung er dem akuten
Wohnungsmangel nach Kriegsende beizukom-
men beabsichtigt. Nicht nur der Titel des Hauses, auch sein Aufbau steht in engem Zusammenhang mit dem wachsenden Haus, das
1932 für die Sommerschau entstanden ist
(Werk 90). Ausgehend von einer »Keimzelle«,
einer Wohnküche mit separatem kleinem Sa-
nitärbereich, lässt sich das Zellenhaus in wirtschaftlicher und wohnlicher Beziehung den
Bedürfnissen der Nutzer anpassen. Zur ersten
Zelle treten je nach Bedarf weitere Module
hinzu wie Bad und Kammer, Wohn-, Arbeits-
und Kinderzimmer bis zur Komplettierung ei-

nes Familienhauses. Dabei wird das Projekt
weniger als Proklamation eines neuen Wohn-
stils gesehen, denn als bessere Alternative zur
Nissenhütte.

Von Bedeutung sind die witterungsunab-
hängige Vorfertigung und die rationelle Montage vor Ort. Während Max Taut 1932 mit einer
Stahlkonstruktion arbeitete, wendet er in diesem Fall Betonfertigteile an. Auf der Konstruk-
tionszeichnung ist die Patentnummer T 58 821
zu erkennen – sie verweist auf Planungen aus
den Jahren 1942–1943, in denen sich Max
Taut, ohne konkreten Auftrag, mit der Entwicklung von Montagebauten beschäftigt und
spezielle Konstruktionsverfahren zur Patent-
reife geführt hat.

»Wie wir bei der Benutzung eines Autos
nicht mehr an die Gemütlichkeit der Post-
kutsche denken, werden sich die Menschen
auch an die neuen Formen der Wohnhäuser
gewöhnen und anfangs Ungewohntes gern
zugunsten der neuen eigenen Wohnung
hinnehmen«, schreibt Max Taut zu seinem
Montagehaus in der *Neuen Bauwelt* und
nimmt damit auf frühere Erläuterungen zum
wachsenden Haus Bezug.

QUELLEN: MTA WV 95; Max Taut: Patentanmeldung für ein
Montagehaus mit armiertem Beton und Leichtbetonplatten
als Füllelemente vom 8.3.1943; Schreiben des Patent-
anwalts Hugo Wilcken an Max Taut vom 13.10.1948 und
16.1.1950, MTA.
LITERATUR: Die wachsende Wohnung. Vorschlag eines
Zellenhauses von Professor Max Taut. In: Athena (1946),
H. 2, S. 42–45; Max Taut: Baumethoden und
Wohnungsbau. In: Neue Bauwelt (1947), H. 20, S. 312–314;
Max Taut, 1984, S. 50, 102.

Entwurf

Die Zeitschrift *Athena* stellt 1948 Entwürfe zu Notkirchen von Otto Bartning und Max Taut vor. Diese Kirchen sollen nach der Idee der Architekten nicht nur als Provisorien errichtet und später abgerissen werden, sondern als »Signum einer Notzeit« erhalten bleiben. Die Grundgedanken des tautschen Entwurfs sind die Konzentration der Gemeinde um Altar und Kanzel zur Betonung eines Gefühls der Verbundenheit sowie der Einsatz von Glaswänden als Zeichen der Offenheit und der Einbeziehung der Umwelt. Die Ausführung soll baulich einfach, jedoch nicht primitiv sein, wobei Trümmerbeton und Holz als Baumaterial vorgesehen sind.

QUELLE: MTA WV 96.
LITERATUR: C.H.: Notzeitkirchen. In: Athena (1948), H. 3, S. 46–49; Max Taut, 1984, S. 50, S 103.

Bebauungsvorschlag, Auftragsarbeit für die Stadt Berlin

Nach den Vorschlägen für den Aufbau der gesamten Stadt Berlin von 1946 präsentiert Max Taut zwei Jahre später in der Zeitschrift *Architektur und Wohnform* sein Konzept für den Neuaufbau des Areals um die Gedächtniskirche im Zentrum Westberlins. »Berlin ist wohl eine zerstörte, aber doch eine bestehende Stadt. Daher muss die Planung Rücksicht auf das Vorhandene nehmen«, lautet seine Prämisse. Damit sucht er einen Weg zwischen den Forderungen nach einer gänzlichen Neugestaltung und der Wiederherstellung einstmals vorhandener Strukturen. Konstanten sind für ihn das vorhandene Netz der Verkehrswege und die unterirdische Infrastruktur. Bei alledem setzt er gleichwohl den Schwerpunkt auf einen verbesserten Neuaufbau für einzelne Kernbereiche. Nördlich der Gedächtniskirche plant er ein Ensemble aus Kulturbauten, Hotels und Geschäftshäusern. Wenn auch der Verkehr Ausgangspunkt für die Stadtbildung und -planung ist, betont Max Taut, dass das Wohnen entlang der Verkehrsachsen nicht sinnvoll sei. Während die Hauptstraßen von West nach Ost verlaufen, richtet

320 Notkirche 1947, Blick in den Innenraum

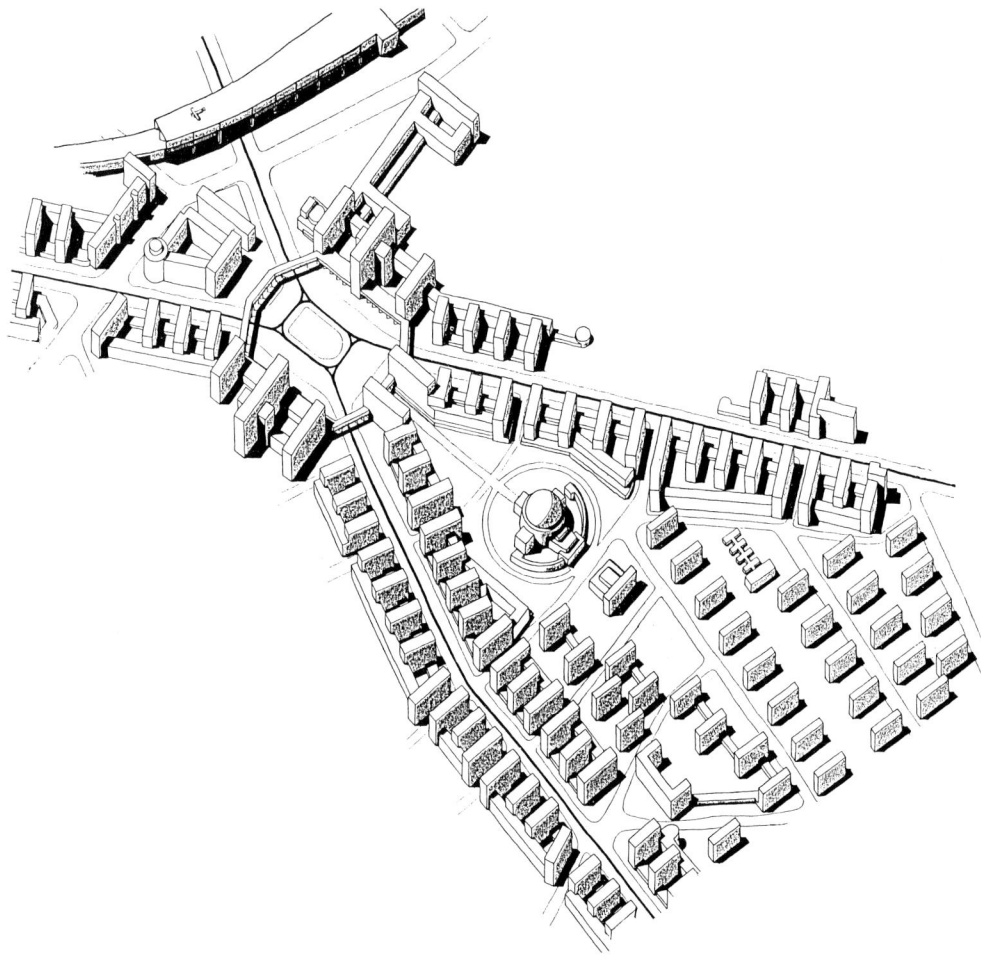

321 Neuaufbau rund um die
Gedächtniskirche 1947, Axonometrie

322 Neuaufbau rund um die
Gedächtniskirche 1947, Ansicht

er eine kammartige Bebauung quer dazu in
Nord-Süd-Richtung aus.

Die stark zerstörte Kaiser-Wilhelm-Ge-
dächtnis-Kirche betont Max Taut in ihrer Bedeutung als Wahrzeichen des Berliner Westens und Bezugspunkt für alle Straßenzüge in
diesem Bereich. Dies verbindet er mit dem
Wunsch, sie als Ruine und mahnende Erinnerung in das neue Stadtbild einzubeziehen:
»Sie soll langsam in sich zusammenfallen in
dem Maße, als wir oder unsere Nachbewohner
dieser Erinnerung nicht mehr bedürfen.« Der
Gedanke scheint überaus radikal und hellsich-

tig. Ein Ersatz für den Kirchenbau ist nicht
vorgesehen, stattdessen soll vis-à-vis eine Ge-
bäudegruppe entstehen, die verschiedenen
Zwecken des geistigen Lebens dient. Abschließend erklärt Max Taut in seinem *Vorschlag für eine Stadtplanung*: »Die einseitige
Berücksichtigung eines Gesichtspunktes, etwa
des wirtschaftlichen oder verkehrstechnischen,
würde niemals ein harmonisches Stadtbild ergeben. Eine Stadt kann eben nicht errechnet
oder konstruiert werden.«

Insgesamt kommen Max Tauts Anschauungen heutigen Stadtbauvorstellungen näher
als viele Planungen seiner Zeit, wie etwa die
scharounsche Trennung von Arbeiten, Wohnen und Verkehr mit einer die gewachsenen
Strukturen negierenden Neuplanung. Gleichzeitig überzeugt Max Taut in seiner durchaus
mutigen Haltung, die ihn scheinbar in die
Nähe zu manchen weniger radikalen Aufbau-
planungen bringt. So entspringen seine Vorschläge weniger einer abstrakten Ideologie als
der Einsicht eines Architekten, der die Kraft
der Realisation besitzt.

Im Herbst 1947 schreibt eine Gemeinschaft von privatwirtschaftlichen Unternehmen einen Ideenwettbewerb für die Gestaltung dieses Bereichs unter dem Titel *Rund um
den Zoo* aus. Das Spektrum der eingereichten Wettbewerbsbeiträge umfasst den unveränderten Wiederaufbau mit rekonstruierter Gedächtniskirche bis zur völligen Neuplanung
des Zentrums. Der prämierte Vorschlag von
Paul Schwebes ist eine Kombination beider
Konzepte: Während für die vollkommen zerstörten Bereiche Hochhauszeilen geplant sind,
sollen die übrigen Bereiche wiederhergestellt
werden. Er bleibt damit hinter der konsequenten Gestaltung Max Tauts für dieses Areal
zurück.

QUELLEN: MTA WV 97; Max Taut: Wiederaufbau rund um
die Gedächtniskirche, Erläuterungstext, MTA.
LITERATUR: Max Taut: Vorschlag für eine Stadtplanung.
Berlin: Wiederaufbau rund um die Gedächtniskirche. In:
Architektur und Wohnform, 57 (1948), H. 1/2, S. 1–6; Max
Taut, 1984, S. 50, 101.

120 Variable Wohnung in einem Reihenhaus 1947–1948

Entwürfe

Quelle: MTA WV 98.
Literatur: Max Taut, 1984, S. 50.

121 Wiederaufbau Wohnhausgruppe Horstweg in Berlin-Charlottenburg 1947–1949

Bauherr: Beamten-Wohnungs-Verein; Wohnhausgruppe II a: Horstweg 14–23, Sophie-Charlotte-Straße 75, Danckelmannstraße 23; weitere Instandsetzung für den Beamten-Wohnungs-Verein; Wohnhausgruppe I: Fritschestraße 71–73, Wallstraße 97–103, Kaiser-Friedrich-Straße 21–23

Bauherr der Wohnhausgruppe Horstweg ist der 1900 gegründete gemeinnützige Beamten-Wohnungs-Verein. Für die ursprüngliche Planung der Mietshäuser ist Paul Mebes verantwortlich, der zu den wenigen Architekten gehört, die sich bereits zu Beginn des Jahrhunderts dem sozialen Wohnungsbau in Berlin zuwenden. Ab 1906 wirkt er für den Beamten-Wohnungsbau-Verein und errichtet zahlreiche Mietshausgruppen, die durch hohe Qualität und solide Grundrissdispositionen auffallen. Die Wohnhausgruppe am Horstweg basiert auf einem Mäandersystem, das als fünfgeschossige Blockrandbebauung mit Höfen ausgeführt ist.

Die Instandsetzungsarbeiten der Anlage mit 140 Wohnungen beginnen schon bald nach Kriegsende, wobei es sich womöglich um einen Folgeauftrag für das Büro Taut und Hoffmann handelt, das als Fliegerschadenbeseitigungsbüro für den Bezirk Charlottenburg zuständig war. Die Häuser haben durch Kriegseinwirkung stark gelitten, so dass, angefangen mit der Neueindeckung von Dächern, unterschiedlichste Reparaturen durchgeführt werden.

Quellen: MTA WV 112 und MTA WV 99-1; Kontrolle ziviler Bauten im britischen Sektor Berlins. Bescheinigung zur Freigabe von Materialien und Arbeitskräften für Bauarbeiten vom 26.9.1947 (Neueindecken von Dächern Danckelmannstraße und Horstweg); Schreiben des Beamten-Wohnungs-Vereins an das Bezirksamt Charlottenburg vom 13.7.1949, MTA.
Literatur: Max Taut, 1984, S. 50.
Allg. Literatur: Julius Posener: Berlin auf dem Wege zu einer neuen Architektur. Das Zeitalter Wilhelms II. München 1979, S. 351–353.

122 Kaufhaus Hertie in Berlin-Charlottenburg 1947–1955

Wiederaufbau und Ausbau, Entwurf 1947, Ausführung 1950–1955, Wilmersdorfer Straße, Ecke Pestalozzistraße

Das ursprüngliche Kaufhaus aus dem Jahr 1905 wurde bereits 1912 größtenteils abgerissen und durch einen Entwurf der Architekten Hart & Lesser ersetzt. Nach der Übertragung des Kaufhauses an Hermann Tietz kommt es 1928 zu baulichen Erweiterungen durch Emil Schaudt, bei dem Max Taut im Jahr 1910 beschäftigt war.

1947 legen Taut und Hoffmann einen Entwurf für den Wiederaufbau des im Krieg stark beschädigten Kaufhauses vor. In mehreren Etappen erfolgt zwischen 1950 und 1955 die Ausführung mit dem Ausbau der Obergeschosse einschließlich eines fünften zurückgestaffelten Geschosses für neue Büroräume. Die Außengestalt wird in klarer Gliederung mit einem Wechsel von Werksteinbekleidung und Putzflächen ohne Außenschmuck wiederhergestellt.

Quelle: MTA WV 99.
Literatur: Paul Ortwin Rave: Die Bauwerke und Kunstdenkmäler von Berlin. Stadt und Bezirk Charlottenburg. Teil 1 und 2. Berlin 1961, S. 652; Max Taut, 1984, S. 50.

123 Einfamilienhäuser in Berlin-Eichkamp 1947–1957

Wiederaufbau beziehungsweise Neuaufbau der kriegszerstörten Bauten, vgl. Werk 41 und 72

Das Haus Zikadenweg 55, das frühere Wohnhaus des Schwagers Hans Kaiser, wird 1947 wieder errichtet. Ein Atelieranbau und Umbau erfolgen in den Jahren 1953 und 1955 bis 1959. Das Haus, das Max Taut ab Mitte der fünfziger Jahre als Büro nutzte, wird heute von Mitgliedern der Familie bewohnt.

Das Wohnhaus des ehemaligen Reichstagsabgeordneten Siegfried Aufhäuser am Zikadenweg 70 wird 1948 aufgebaut und von Max Taut bis zur Wiedererrichtung des eigenen Hauses als Wohnung angemietet. Siegfried Aufhäuser zieht nach seiner Rückkehr in den fünfziger Jahren in sein Haus zurück. Das Haus Lärchenweg 15, das Wohnhaus Margarete und Max Tauts, wird 1950–1951 aufgebaut. Weitere Wiederaufbauten: Lärchenweg 10 im

323 Max Tauts Atelier im Zikadenweg in
Berlin-Eichkamp, Neuaufbau in den fünfziger Jahren

Jahr 1950, Lärchenweg 12 in den Jahren
1951/1954 und Lärchenweg 18 im Jahr 1957.

QUELLEN: MTA WV 100; Planunterlagen in Privatbesitz von
Christine und Jenny Schily.
LITERATUR: Max Taut, 1984, S. 51.

124 MONTAGEHAUS AUS BETON 1948

Patentanmeldung, vgl. Werk 110, 116 und 117

Für ein »Montagehaus mit armiertem Beton
und Leichtbauplatten als Füllelemente« hat
Max Taut am 8.3.1943 ein Patent angemeldet.
Fünf Jahre später lässt er die Anmeldung
durch seinen Patenanwalt erneut einreichen,

um sich die Rechte zu sichern. Dabei handelt
es sich um den Entwurf für ein Steildach mit
Eisenbetonsparren vom 6.7.1943 (T 59 354)
und den Entwurf für das Montagehaus nach
einer Zeichnung vom 16.2.1942 (T 58 821).

Max Taut beschreibt seine Erfindung
1943 als einen reinen Montagebau, bei dem
auf früher übliche Konstruktionen oder Veran-
kerungen zur Verbindung der Einzelteile verzichtet werden kann. »Durch die erfindungs-
gemäße Ausführung ist das herzustellende
Haus sehr leicht und durch Verwendung fa-
brikmäßig hergestellter Elemente in kürzester
Zeit herzustellen, ohne dass hierzu besondere
Fachkenntnisse erforderlich sind.« Zum neu-
en Entwurf für ein Montagehaus erstellt Max
Taut 1948 einzelne Grundrissstudien. Auch
die Konstruktion des Doppelwohnhauses und
des wachsenden Hauses erfolgen nach den Pa-
tenten des Montagehauses.

QUELLEN: MTA WV 101; Max Taut: Patentanmeldung für
ein Montagehaus mit armiertem Beton und
Leichtbetonplatten als Füllelemente vom 8.3.1943.
Schreiben des Patentanwalts Hugo Wilcken an Max Taut
vom 13.10.1948, 16.1.1950 und 1.2.1950; Schreiben von
Alfons Leitl an Max Taut vom 22.8.1946, MTA.
LITERATUR: Max Taut, 1984, S. 51.

125 REFORMSCHULE FÜR BERLIN-ZEHLENDORF 1948

Vorentwurf

Der Vorentwurf zeigt im Vergleich zu den
Schulen der Weimarer Zeit ein baulich neues
Konzept. Hat sich in der Köpenicker Dorotheen-Schule auch schon das Thema Freiluftschule angedeutet, so zeigt sich im Zehlendorfer Vorentwurf erstmals das Pavillonprinzip
mit einer stärkeren Aufgliederung des Schul-
körpers statt einer mehr oder weniger geschlossenen Figur. An die Stelle einer sachlichen Funktionalität, die zugleich vom
stadträumlichen Ansatz geprägt war, tritt hier
das Prinzip der organischen Baukörperkomposition. Da das großzügige Baugrundstück inmitten eines waldreichen Berliner Stadtteils
liegt, entfallen die Zwänge eines mehrgeschossigen Bauens wie im innerstädtischen Block.
Die gut zwanzig Klassen sind ebenerdig in direkter Verbindung mit Freiluftflächen für den
Unterricht in ein landschaftliches Areal eingebettet. Mit diesem Entwurf wird die Grundidee
des später verwirklichten Darmstädter Ludwig-
Georgs-Gymnasiums vorweggenommen. Eine
Analogie besteht in der Grundrissanlage zum
letzten Projekt Tauts, dem Kinderheim in

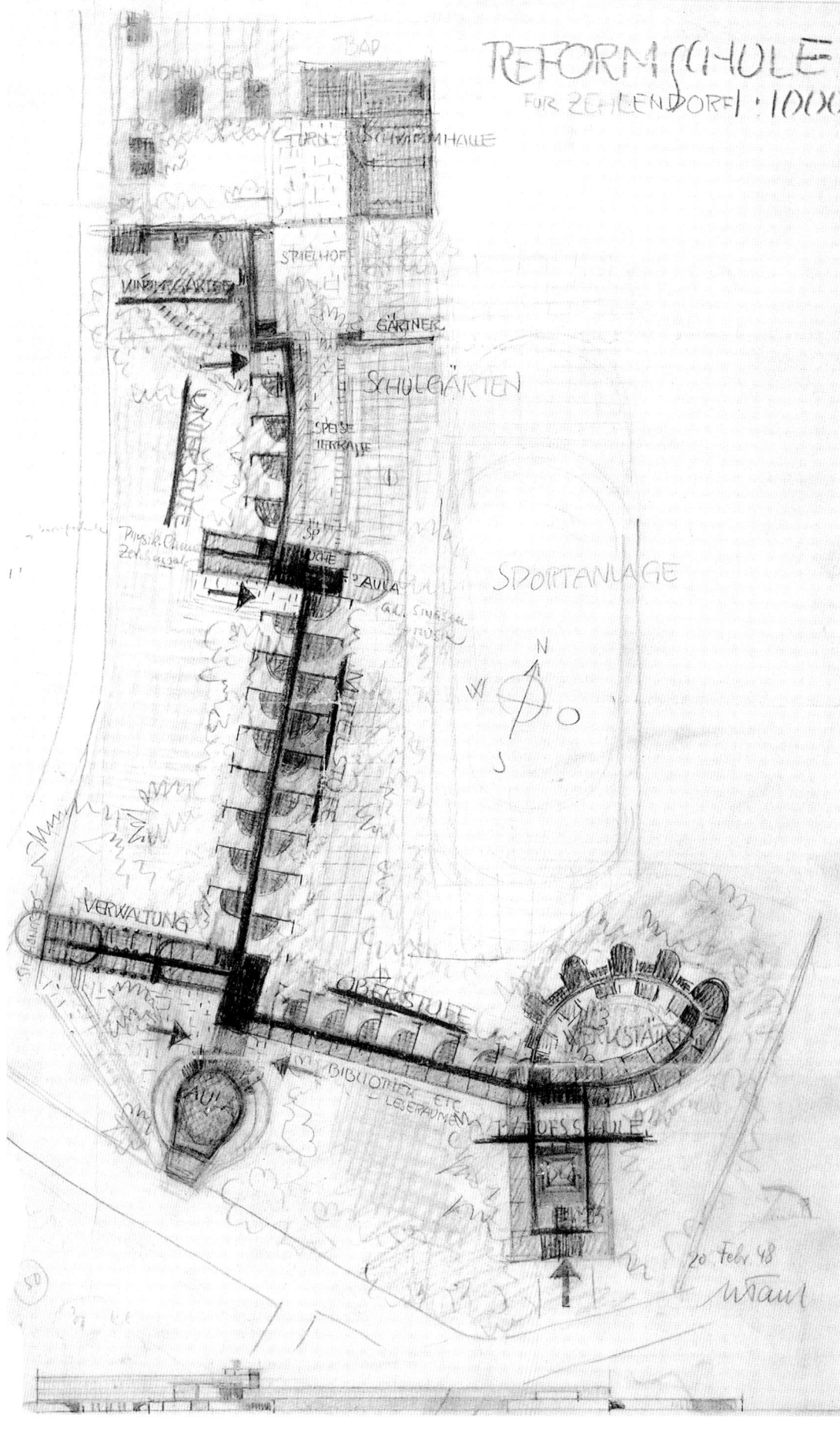

324 Reformschule für Berlin-Zehlendorf
1948, Grundriss

Kreuzberg, wo das gleiche rückgratartige Erschließungssystem mit beidseitig abzweigenden Räumen vorherrscht.

QUELLE: MTA WV 102.
LITERATUR: Max Taut, 1984, S. 51; Beate Eckstein: Licht, Luft und Sonne – das Ludwig-Georgs-Gymnasium von Max Taut. Darmstadt 1994, S. 24.

126 Gnadenkirche am Invalidenpark in Berlin-Mitte 1948

Entwurf zum Wiederaufbau und Neubau einer Kindertagesstätte

Die Gnadenkirche aus der Spätphase des Historismus geht auf einen Entwurf in romanischer Formensprache des Baurats Max Spitta zurück. Im Zweiten Weltkrieg werden Teile der Kirche und der Turm zerstört. Max Taut legt 1948 einen Vorschlag zum Aufbau des Sakralbaus vor, wobei er nicht von einer reinen Rekonstruktion ausgeht, sondern anstelle des ehemals dominanten, 69 Meter hohen Glockenturms ein schlichtes Dach als Abschluss projektiert. Die Aufbaupläne für die im Ostteil Berlins gelegene Gnadenkirche werden allerdings nicht weiter verfolgt und so teilt sie das Schicksal, das auch anderen Kirchenbauten in der ehemaligen DDR widerfuhr – die Reste des Sakralbaus werden im Jahr 1967 gesprengt und abgetragen.

QUELLE: MTA WV 103.
LITERATUR: Günther Kühne, Elisabeth Stephani: Evangelische Kirchen in Berlin. Berlin 1978, S. 389; Max Taut, 1984, S. 51.

325 Gnadenkirche in Berlin-Mitte 1948, Ansicht

GNADEN-KIRCHE SEITENANSICHT

127 Funkhaus des NWDR in Hannover 1948

Wettbewerbsentwurf für ein Funkhaus mit großem Sendesaal, Studios, Verwaltungs- und Hoteltrakt und Kantine; Entwurf und Variante, Ankauf

Zum Entwurf für das Funkhaus des Nordwestdeutschen Rundfunks in Hannover, eines der ersten öffentlichen Gebäude in der Nachkriegszeit, werden in einem engeren Wettbewerb neun Teilnehmer eingeladen. Die Bauaufgabe ist relativ neu, da mit der Entwicklung der Rundfunkübertragung spezielle Anforderungen an Sendeanstalten gestellt werden. Der tautsche Vorschlag sieht eine Anlage vor, die sich entlang dem Maschsee entwickelt und im Sendesaal als wichtigstem Gebäude ihren Abschluss findet. In Hinblick auf die Anforderungen des Lärmschutzes liegt der Saal als eigener Baukörper, abseits der Verkehrsachsen, am Endpunkt des Komplexes. Die lineare Bebauung führt zu einer weiträumigen Anlage, deren Bau in Etappen erfolgen soll und deren reizvolle Lage am See von den einzelnen Gebäudeteilen, von der Verwaltung bis zur Kantine, aus erlebbar wird.

Hans Hildebrandt widmet dem Entwurf Max Tauts einen eigenen Artikel und stellt hierin das Juryurteil in Frage. Im Vergleich zu den preisgekrönten Entwürfen biete Max Taut eine ebenbürtige funktionstechnische Lösung, die mit einer alle anderen Vorschläge überragenden künstlerischen Leistung einhergehe. Nicht weniger enttäuscht gibt sich Hubert Hoffmann angesichts der Wettbewerbsergebnisse und eröffnet seinen Beitrag mit einer Perspektivskizze des tautschen Entwurfs (Abb. 164). Die Bildunterschrift lautet: »Schaubild des in dem Wettbewerb nur mit einem Ankauf ausgezeichneten Entwurfes von Professor Max Taut, Berlin.« Hoffmann hebt den geschlossenen, organischen Aufbau als Arbeit einer charaktervollen Baupersönlichkeit hervor. Den Sendesaal gestaltet Max Taut als ausdrucksstarke Rahmenkonstruktion und sieht für den Innenraum die Mitarbeit anderer Künstler vor. Hierzu äußert Hubert Hoffmann. »In gotischer Herbheit ist dieser Sendesaal der Schlusspunkt und Höhepunkt einer klaren und bewegten Raumsymphonie.« Den eingeschlagenen Weg der Jury bewertet er als unverständlichen Kompromiss: Die drei Preisträger Friedrich Wilhelm Kraemer, Dieter Oesterlen und Gerd Lichtenhahn

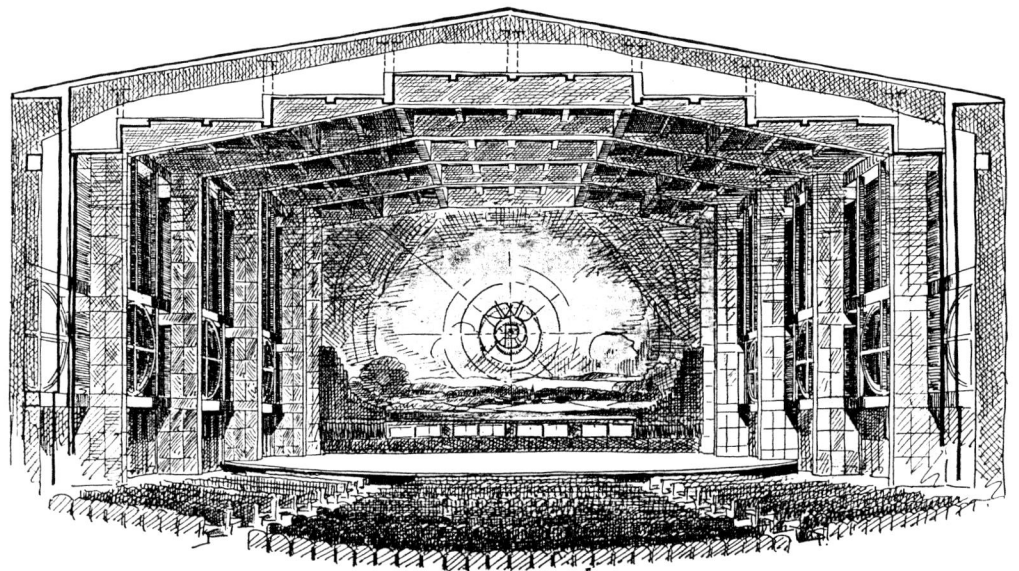

326 Funkhaus des NWDR in Hannover
1948, Blick in den Sendesaal

327 Funkhaus des NWDR, Axonometrie
des Sendesaals

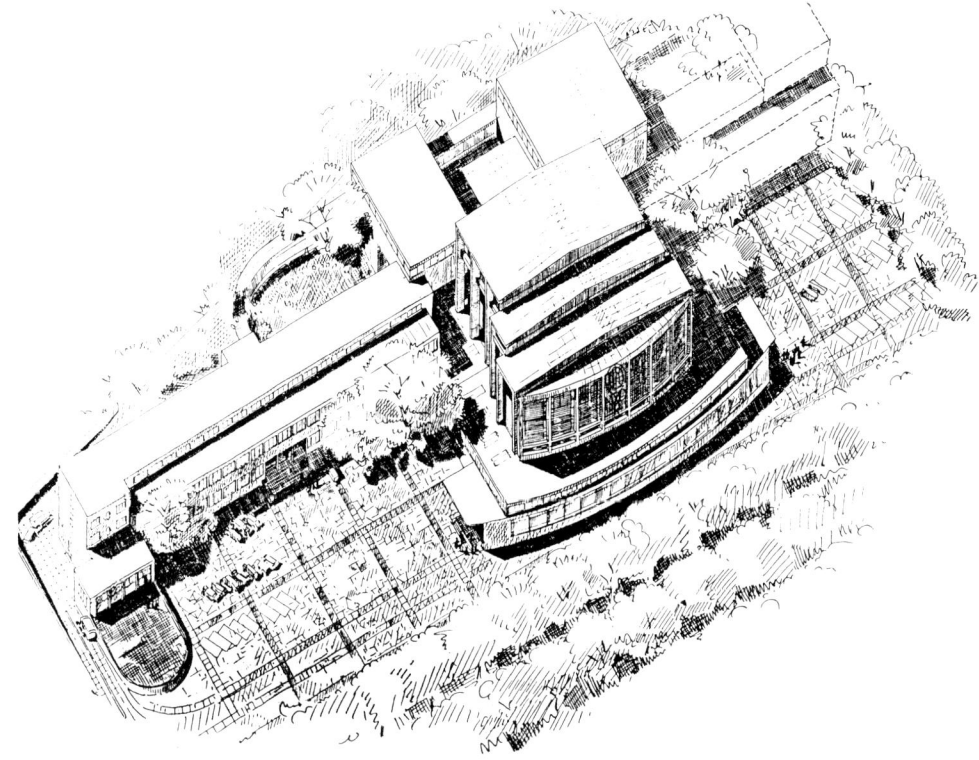

werden zu einem neuen, gemeinschaftlichen
Entwurf aufgefordert, ohne dass als Grundlage hierfür eine gemeinsame geistige Haltung
der Architekten gegeben wäre.

QUELLE: MTA WV 104.
LITERATUR: Hubert Hoffmann: Der Wettbewerb um das
Haus des Nordwestdeutschen Rundfunks in Hannover. In:
Neue Bauwelt (1949), H. 17, S. 263–266; Hans
Hildebrandt: Entwurf für ein Funkhaus in Hannover. In:
Architektur und Wohnform (1949), H. 6, S. 119–120; Max
Taut, 1984, S. 51.

128 SCHILLERTHEATER IN BERLIN-CHARLOTTENBURG 1948

Wettbewerbsentwurf (Abb. 165), engere Wahl,
Jurymitglieder: Karl Bonatz u. a.; weitere gela-
dene Architekten: Hans Semrau, Kurt Düb-
bers, Werry Roth, Werner Harting, Otto Firle,
Klaus Müller-Rehm, Heinz Völker u. a.

Mehr als zehn Architekten werden zum Wettbewerb für den Wiederaufbau des kriegszerstörten Schillertheaters eingeladen. Neben den
Beiträgen von Werner Harting und Heinz Völker wird Max Tauts Entwurf zur weiteren Ausarbeitung empfohlen, so dass in einer neuen
Phase ein endgültiger Ausführungsentwurf
bestimmt werden soll, doch beteiligt Max Taut
sich an diesem zweiten Verfahren offensichtlich nicht. Zu seinem Beitrag heißt es von Seiten der Jury: »Hier ist eine Persönlichkeit,
eine Individualität zu spüren, die auch dann
noch anzuerkennen ist, wenn man ihren Wegen im Einzelnen nicht ganz folgen kann.« Es

herrscht erkennbar Unsicherheit bei der Ent-
scheidungsfindung zu diesem ersten Theater-
bau im Berlin der Nachkriegszeit. Die *Bauwelt*
allerdings stellt den tautschen Entwurf auf die
Titelseite ihres Hefts.

Für die Planung des Theaters ist auch die
Gestaltung der näheren Umgebung relevant,
wobei Max Taut entlang der Bismarckstraße
mehrere Hochhäuser reiht. Die gestalterischen Möglichkeiten für den Theater-Aufbau
sind mit der Vorgabe zur Wiederverwendung

von Fundamenten erheblich eingeschränkt. Der Hauptfront wird im tautschen Konzept mit einem vorgestellten, leicht konvexen Glaskörper ein neuer Charakter verliehen, der sich deutlich von der blockhaften Architektur anderer Entwürfe absetzt. Im Bericht zur Juryentscheidung äußert Karl Bonatz, dass sich die Meinungen scheiden könnten, ob die Transparenz des Foyers für einen Ort der Sammlung angemessen sei oder eher an ein Palmenhaus erinnere. Max Taut sieht nach den Erfahrungen der nationalsozialistischen Monumentalbauten die Öffnung des Kulturbaus durchaus politisch, worauf er wenige Jahre später in einem anderen Zusammenhang, mit dem Darmstädter Schulbau, verweist. Demokratie und Transparenz werden in enger Verbindung gesehen. Die Transparenz eines Kulturbaus setzt sich wenig später beim Wettbewerb zum Konzertsaal der Hochschule für Musik von Paul Baumgarten mit Hilfe Max Tauts durch, der mit Heinrich Tessenow zur Jury gehört.

Das Schillertheater wird in den Jahren 1950–1951 nach dem Entwurf von Heinz Völker und Rolf Grosse ausgeführt und bietet ein Beispiel für eine Nachkriegsarchitektur, die Elemente einer klassisch-repräsentativen mit einer modernen Formensprache kombiniert, doch letztlich in starrer Travertin-Tradition befangen bleibt.

328 Reutersiedlung in Bonn 1948–1952, Lageplan

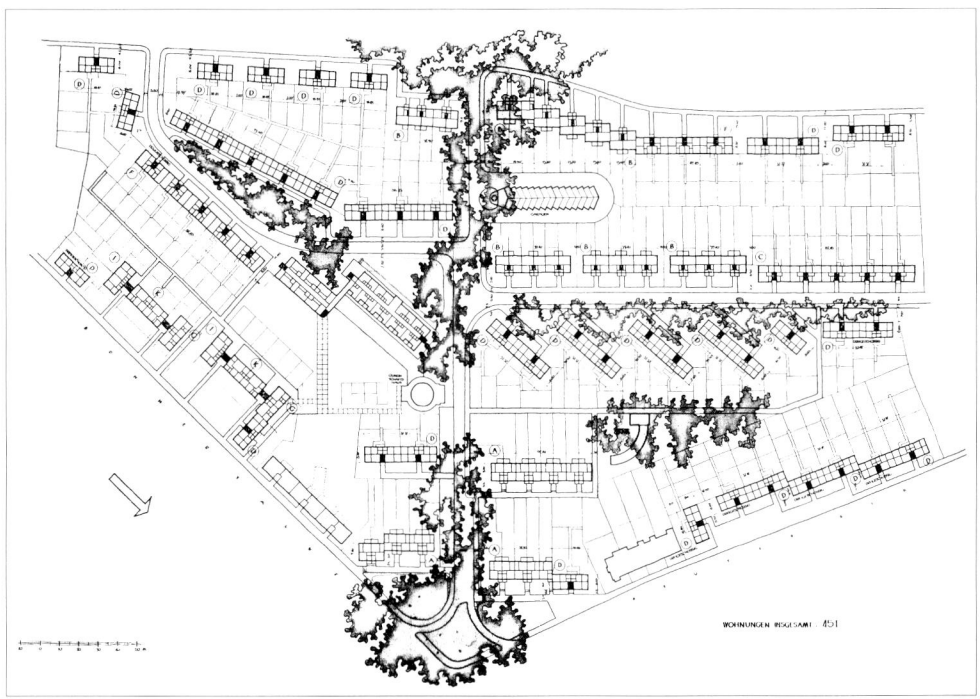

QUELLE: MTA WV 105.
LITERATUR: Karl Bonatz: Der Wettbewerb zum Wiederaufbau des Schiller-Theaters. In: Neue Bauwelt (18.10.1948), H. 42, S. 662–667; Max Taut, 1984, S. 51, 106.

129 Wohn- und Geschäftshaus in Berlin-Charlottenburg 1948–1950

Entwurf zum Wiederauf- und Umbau, Wilmersdorfer Straße, Bismarckstraße

Max Taut plant den Wiederauf- und Umbau eines Wohn- und Geschäftshauses von 1892, das unweit des Kaufhauses Hertie im Geschäftsviertel an der Wilmersdorfer Straße liegt.

QUELLE: MTA WV 106.
LITERATUR: Max Taut, 1984, S. 51.

130 Reutersiedlung in Bonn 1948–1952

Planung ab 1948, Ausführung 1949–1952 in drei Bauabschnitten, 487 Wohnungen, Bauherr: Rheinische Heimstätten, Gartenarchitekt Walter Rossow und Landschaftsplaner Heinrich Raderschall

Die Reutersiedlung nahe dem Regierungsviertel am Fuß des Venusbergs gehört mit fast fünfhundert Wohnungen zu den größten Siedlungen, die in der Nachkriegszeit in Bonn entstehen. Die Planung wird aufgrund der Wahl der beschaulichen Universitätsstadt zum Regierungssitz der jungen Bundesrepublik notwendig. Zahlreiche Bundesbedienstete benötigen ab Ende 1949 eine Unterkunft in der neuen Hauptstadt. Da die große Anzahl an Wohnungen in sehr kurzer Zeit errichtet werden soll, entwickelt Max Taut Wohnungstypen zur rationellen Herstellung. Ihre differenzierte Anordnung innerhalb der Siedlung führt zu einem lebendigen Siedlungsbild, das durch Vielfalt im Kleinen und gartenstädtischen Charme überzeugt.

Der Wohnungsbau soll zugleich Grundlage für eine weiterführende Bauforschung sein in Bezug auf Typengestaltung, Konstruktion und Materialität. Neben höheren Häusern wie dem drei- und sechsgeschossigen Ledigenheim finden sich vor allem ein- und zweigeschossige Reihenhäuser. Wenngleich die Kleinwohnungen mit 120 Einheiten den Hauptanteil bilden, zeigen die Wohnungstypen ein breites Spektrum zwischen vierzig und siebzig Quadratmetern Wohnfläche. Max

Taut macht hier die Konstruktionselemente der Schottenbauweise sichtbar, indem er die tragenden Querwände aus Ziegelsplittbeton jeweils gegenüber den Fassadenfronten leicht vorsetzt – leider ist diese Feinheit nach Wärmedämmmaßnahmen heute nicht mehr erhalten. Bei den Reihenhäusern entsteht zugleich eine feine Gliederung und Rhythmisierung, unterstützt durch die Farbgestaltung. Taut greift auf kräftige Farben zurück, wie sie auch bei seinen Bauten aus den zwanziger Jahre zu finden sind. Dies führt offensichtlich zu Beschwerden einiger Bewohner, da sie die Farben als zu grell empfinden. Heute setzt sich die Farbgestaltung in der gut erhaltenen Siedlung wohltuend von den pastellhaften Tönen der fünfziger Jahre ab und verleiht den Bauten eine angenehme Frische.

Die Fertigstellung der Siedlung nimmt aufgrund des notorischen Materialmangels in den frühen Aufbaujahren mehr Zeit in Anspruch als geplant. So kann das zentrale Ledigenwohnheim, das bereits Mitte 1950 bezugsfertig sein soll, erst ein Jahr später übergeben werden. Im August 1950 kündigt Max Taut dem Wiederaufbauministerium in Düsseldorf die Verzögerung des dritten Bauabschnitts an, da Rohre für die Hausanschlüsse nicht zur Verfügung stehen. Ebenso fehlen unter anderem Dachpfannen und Fensterläden, so dass sich der Bauabschluss trotz der Dringlichkeit bis 1952 hinauszögert.

Max Tauts Reutersiedlung bezeichnet Gabriele Wiesemann in einem Vergleich der Bonner Wohnanlagen als moderate Moderne, im Unterschied zur Siedlung, die Sep Ruf im gleichen Zeitraum entwirft. Als wesentliches Beurteilungskriterium wird die Dachform herangezogen. Während Ruf Flachdächer plant, bevorzugt Max Taut leicht geneigte Satteldächer, da ihm diese Ausführungsart nach frühen Versuchen mit Flachdächern im Wohnungsbau als die sinnvollere Variante erscheint. Er ist kein Dogmatiker in der Frage der Dachform, sondern unterscheidet gemäß der Funktion und der Lage, wobei seine großstädtischen und öffentlichen Bauten ganz selbstverständlich flache Dächer aufweisen.

Die Reutersiedlung gilt als eine der gelungensten Nachkriegssiedlungen in Bonn und steht heute, gut erhalten, unter Denkmalschutz.

QUELLE: MTA WV 107.
LITERATUR: Hans Hildebrandt: Neue Siedlung für Bonn am Rhein. In: Architektur und Wohnform (1949), H. 6, S. 116–118.; Geyer: Das Wohnhotel in Bonn, Architekt Professor Max Taut. In: Weltspiegel, Illustriertes Sonntagsblatt des Tagesspiegel (19.6.1949); E. H. Z.: Max Tauts Bundessiedlung. Das Regierungspersonal wird am Venusberg wohnen. In: unbek. Tageszeitung (6.9.1949), Nr. 134, S. 3, MTA; Fritz Jaspert: Wohnungsbau der Bundesregierung in Bonn. In: Neue Bauwelt, 5 (1950), H. 49, S. 197–201; Hans Josef Zechlin: Neue Bauten von Max Taut. Zum 70. Geburtstag am 15. Mai 1954. In: Bauwelt (1954), H. 19, S. 364–371; Fritz Jaspert: Städtebau. In: Reinhard Jaspert (Hrsg.): Handbuch moderner Architektur. Eine Kunstgeschichte der Architektur unserer Zeit vom Einfamilienhaus bis zum Städtebau. Berlin 1957, S. 111; Max Taut, 1964, S. 58–59; Max Taut, 1984, S. 51, 107; Gabriele Wiesemann: Die »Stadt-Landschaft« der Nachkriegszeit. Stadtplanung und Wohnsiedlungen der 50er Jahre in Bonn. In: Manfred van Rey (Hrsg.): Bonner Geschichtsblätter. Bonn von der Währungsreform zum Wirtschaftswunder. Bonn 1998, S. 239–278; Helmut Vogt: »Der Minister wohnt in einem Dienstwagen auf Gleis 4«. Die Anfänge des Bundes in Bonn. Bonn 1999.

329 Reutersiedlung, zweigeschossige Zeilen, Zustand 2000

131 GASTSTÄTTE DOMKLAUSE UND TANZCAFÉ IN BERLIN-WILMERSDORF 1949

Entwurf 25. 2. 1949, Fehrbelliner Platz, Ruhrstraße

Der Entwurf zeigt den Umbau einer teilzerstörten Kirche zu einer Gaststätte mit Tanzcafé. Dieser unkonventionelle Vorschlag für eine Kirchen-Umnutzung stellt einen weiteren Versuch Max Tauts dar, kriegsbeschädigte Sakralbauten zu erhalten. Allerdings wird das Projekt nicht weiterverfolgt, und Anfang der siebziger Jahre entsteht auf dem Areal das Bürohaus der Bundesversicherungsanstalt für Angestellte.

QUELLE: MTA WV 108.
LITERATUR: Max Taut, 1984, S. 51.

330 Gaststätte Domklause und Tanzcafé in Berlin-Wilmersdorf 1949, Ansicht

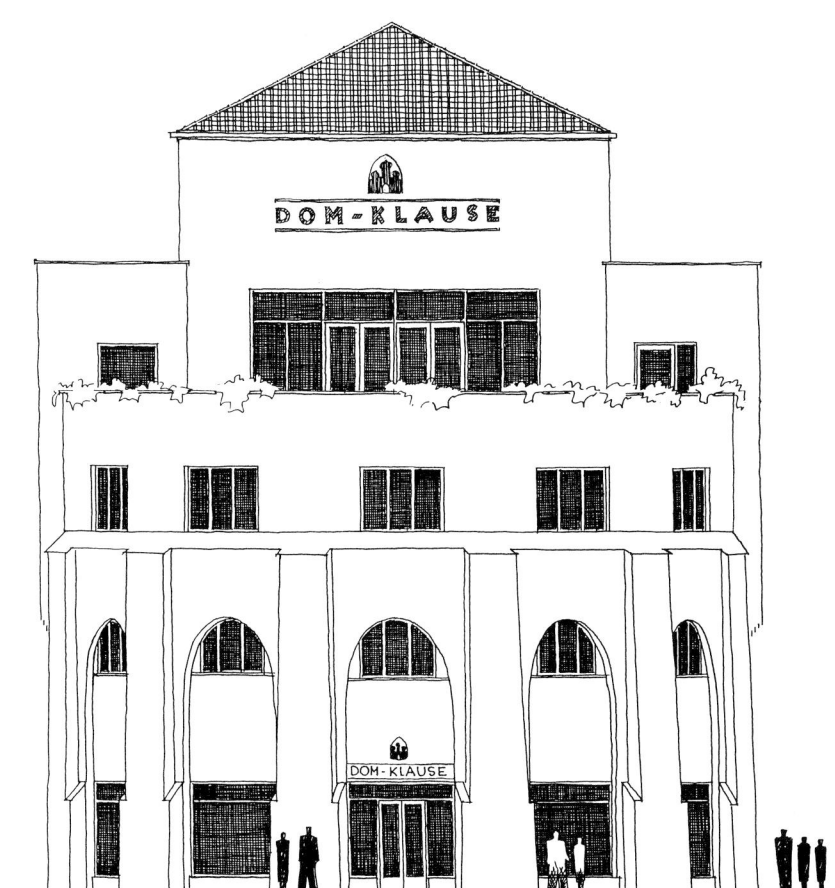

132 UMBAU DES BUNDESHAUSES IN BERLIN-WILMERSDORF 1949–1950

Auftragserteilung Februar 1950, Bauherr: Finanzamt für Liegenschaften; Bundesallee 216–218

Die Planung umfasst den Ausbau des zweigeschossigen Sitzungssaals im obersten Geschoss des Hauses und die Aufstockung des rechten Gebäudeflügels. Da das Bundeshaus der Vertretung des Bundesrats in Berlin dient, nimmt Max Taut zu Fragen der Innenausstattung und zur Abstimmung der Möblierung Kontakt mit Hans Schwippert auf, der zur gleichen Zeit den Plenarsaal für die Bundesregierung in Bonn plant.

Die Übergabe des Saals Anfang September 1950 schildert Franz Hoffmann in einem Brief an Max Taut: »Ich möchte Dir mitteilen, dass Herr Präsident Friedrich und die ganzen Herren, welche den Saal besichtigt haben, begeistert waren. Der Raum macht einen sehr guten, vornehmen und nicht protzigen Eindruck.« Cornelius Hertling, ein langjähriger Mitarbeiter Max Tauts, erinnert sich später an die Gestaltung des Bundeshauses: »Taut war zu dieser Zeit einer der prominentesten der damals noch wenigen Architekten Berlins. Der Umbau des Bundeshauses in der Joachimstaler Straße [Fortführung der Bundesallee] war so aufsehenerregend, dass sogar die Karikatur sich der Sache annahm: von einem Bauschild tropfender Schnee ›Es taut in Berlin‹.«

QUELLEN: MTA WV 109; Schreiben von Franz Hoffmann an Max Taut vom 24. 2. 1950, 12. 4. 1950 und 7. 9. 1950; Brieftelegramm von Max Taut an Hans Schwippert vom 27. 4. 1950, MTA; Interview mit Cornelius Hertling vom 12. 11. 2001, Archiv Menting.
LITERATUR: Max Taut, 1984, S. 51; Cornelius Hertling: Der alte Max Taut. In: Heinz Deutschland, Jonas Geist: Max Taut: Architekt und Lehrer (1884–1967). Berlin 1999, S. 116–118.

133 VERWALTUNGSBAU DER IG METALL IN FRANKFURT AM MAIN 1949

Verwaltungsbau für die IG Metall und andere Industriegewerkschaften in unmittelbarer Nachbarschaft zum ADGB-Haus, Bauleitung: Architekt Hill aus Frankfurt, Gartenanlage: Walter Rossow; Fassadenneugestaltung 1956–1957, Entwurf für Aufstockung und Anbau eines Vordachs 1957–1958, Abriss und Errichtung eines Neubaus (1995–2003) durch Gruber und Kleine-Kraneburg

In einem Schreiben von September 1948 berichten Max Taut und Franz Hoffmann dem wieder amtierenden Treuhänder des Gewerkschaftshauses Georg Hertel von der schwierigen Situation des Ateliers in Berlin und erkundigen sich nach den ursprünglichen Plänen zur Erweiterung des ADGB-Hauses in Frankfurt. »Während der Nazijahre haben wir es stets abgelehnt, für dieses System und für den Krieg zu arbeiten und waren deshalb jahrelang fast zur Untätigkeit gezwungen. Sie werden verstehen, was es für uns bedeutet (und zwar nicht nur geschäftlich), wenn wir auch nun wieder die Hände in den Schoß legen müssen, weil wir es auch heute ablehnen, für eine bestimmte Seite zu arbeiten; und nur mit Hilfe dieser Stellen kann heute in Berlin gebaut werden. Herr Hoffmann ist im Bau- und Wohnungsausschuss der S.P.D., was natürlich auch der anderen Seite bekannt ist.«

Anfang 1949 legt Max Taut einen Entwurf vor, der die Aufstockung des Hochhauses um zwei Büroetagen vorsieht und den alten Plan aufgreift, den Komplex durch einen Saalbau und ein Hotel zum Mainufer zu komplettieren. Doch stellt der ADGB kurzfristig seine ursprünglichen Erweiterungspläne zurück und wünscht ein separates Bürogebäude, das als Verwaltungssitz des Bundesvorstandes der Metallarbeiter und weiterer Gewerkschaften neben dem ADGB-Haus entstehen soll. Im Februar 1949 erhält das Atelier die Beauftragung für den sechsgeschossigen Bürobau, der bereits im Oktober des Jahres zur Verfügung stehen soll. Der schlichte scheibenartige Bau wird als Betonskelett in Anlehnung an den tautschen Bestand von 1931 ausgeführt. Auch hier gilt das Prinzip der Addition von Büroeinheiten, deren Größe entsprechend der Zahl der Fensterachsen variabel ist, von der kleinsten Einheit mit zwei Fenstern bis zum vierfenstrigen Büro. Den Architekten Taut und Hoffmann werden detaillierte Vorgaben gemacht: So soll die Raumeinteilung nach Möglichkeit wie im bestehenden Bürohaus ausgeführt und auf einfache Linienführung und zweckmäßige Raumausnutzung geachtet werden.

1957 setzt die Treuhandverwaltung der IG Metall Max Taut davon in Kenntnis, dass sie einen Frankfurter Architekten beauftragt habe, sein 1949 erstelltes Haus um eine Achse und ein Geschoss zu erweitern, außerdem soll die Fassade mit Werkstein bekleidet werden. Max Taut protestiert gegen die geplante Maßnahme und wird nach längeren Verhandlungen für die Fassadengestaltung beauftragt, während der Frankfurter Architekt Leufgen die Innengestaltung und örtliche Bauleitung übernimmt.

Ein Jahr nach dem Tod Max Tauts wird auf dem Grundstück ein weiteres Verwaltungsgebäude errichtet, wofür man den rückwärtigen Querflügel des tautschen Baus von 1931 opfert. Der Neubau stellt eine unglückliche Erscheinung in grober Ausführung dar und lässt eine angemessene Antwort auf den Bestand vermissen. Selbstkritisch schreibt der Deutsche Gewerkschaftsbund anlässlich des fünfzigjährigen Bestehens des Gewerkschaftshauses: »Aber die Grazie und Leichtigkeit des ›alten‹ fehlt dem neuen Gebäude, und deshalb wollen aufgrund der verwendeten – wuchtigeren – neuen Baustoffe die Proportionen nicht mehr stimmen. Insgesamt ist das Gebäude von 1968 nicht größer als der tautsche Saalbau etwa geworden wäre – wegen des Abbruchs des hinteren Quertraktes zugunsten des Parkplatzes am Main ist das neue Haus dem ›alten‹ jedoch zu dicht auf den Leib gerückt.« Der tautsche Verwaltungsbau von 1949 musste inzwischen einem 22-geschossigen Büroturm weichen, der im Jahr 2003 nach dem Entwurf von Gruber und Kleine-Kraneburg realisiert wurde.

Quellen: MTA WV 110; Schreiben von Max Taut und Franz Hoffmann an Georg Hertel vom 8.9.1948 und 11.12.1948; Schreiben von Georg Hertel an Max Taut und Franz Hoffmann vom 6.11.1948; Schreiben von Franz Hoffmann an Georg Hertel vom 19.11.1948; Schreiben von Max Taut und Franz Hoffmann an die Vermögensverwaltung der Gewerkschaften in Hessen vom 8.1.1949; Schreiben von der Vermögensverwaltung der Gewerkschaften in Hessen an Max Taut und Franz Hoffmann vom 22.2.1949, 1.3.1949 und 12.3.1949; Schreiben der IGMET an Max Taut vom 13.3.1957; Schreiben von Max Taut an die Treuhandverwaltung der IGMET vom 9.4.1957 und 2.7.1957, MTA.
Literatur: Z.: Frankfurt am Main baut. Max Tauts Erweiterungsbau seines Gewerkschaftshauses In: Neue Bauwelt, 4 (1949), H. 25, S. 90; Gewerkschaftshaus in Frankfurt / Main 1929–1949. Entwurf Professor Max Taut und Franz Hoffmann Architekten BDA. Frankfurt am Main 1949; Das Haus der Besitzlosen. 90 Jahre Gewerkschaftskartell, 80 Jahre Gewerkschaftshäuser 50 Jahre Neues Gewerkschaftshaus in Frankfurt am Main. 2., überarb. Auflage. Frankfurt 1982; Max Taut, 1984, S. 51, 106.

134 Haus der Arbeiterwohlfahrt in Bonn, »SPD-Baracke« 1949

Nutzung als Bürohaus der SPD von 1951–1975, Anbau 1953, Entwurf für die Erweiterung 1965–1966, Dottendorfer Straße, Friedrich-Ebert-Allee

Da die SPD zunächst von einem »Provisorium Bonn« ausgeht, ist der Partei weniger an einem repräsentativen dauerhaften Sitz gelegen als an einem Bau, der ihre Haltung demonstriert. So entspricht der Entwurf »transportabler Baracken« durchaus der Intention der Partei. Annemarie Renger erinnert sich:

332 Haus der Arbeiterwohlfahrt, »SPD-Baracke« 1949, Bauzustand

333 Haus der Arbeiterwohlfahrt, Fertigstellung

»Schumacher war sehr stolz darauf, dass er auf einem Rundgang mit Journalisten berichten konnte, der Parteivorstand könne diese Baracken sofort wieder in Berlin aufbauen.« Im Mai 1951 bezieht der Vorstand der Partei, die bislang ihre Zentrale in Hannover gehabt hat, zusammen mit der Redaktion der Zeitschrift *Neues Vorwärts* die 86 Räume in der Baracke. Bald schon ist aufgrund des zusätzlichen Raumbedarfs ein Anbau erforderlich. Die SPD behält 24 Jahre ihren provisorischen Sitz, ehe sie 1975 in das Erich-Ollenhauer-Haus zieht, das im Journalistenjargon weiterhin als Baracke bezeichnet wird.

Hans Josef Zechlin schreibt in der *Bauwelt*: »Diese ausgedehnte, zumeist ebenerdige Anlage im Montagebau ähnelt dank einiger weniger, sinnvoll gestalteter, durchaus nicht kostbarer Zutaten in nichts einem ›Barackenlager‹.« Der Gebäudekomplex ist kammartig mit dreiseitig geschlossenen und begrünten Höfen angelegt. Für die niedrigen Flügelbauten wählt Max Taut Satteldächer mit ausgeprägten Giebelfronten. Die Errichtung der Bauten nimmt unter Einsatz einer Tafelbauweise mit Holzbetonplatten (125 mal 250 Zentimeter) und Holzstielen (8 mal 8 Zentimeter) lediglich dreieinhalb Monate in Anspruch.

QUELLE: MTA WV 111.
LITERATUR: Hans Josef Zechlin: Neue Bauten von Max Taut. Zum 70. Geburtstag am 15. Mai 1954. In: Bauwelt (1954), H. 19, S. 364–371; Helmut Vogt: »Der Minister wohnt in einem Dienstwagen auf Gleis 4«. Die Anfänge des Bundes in Bonn. Bonn 1999, S. 232 (Zitat von Annemarie Renger), 233; Max Taut, 1984, S. 51, 106.

135 INSTANDSETZUNG WOHNHAUS VON GIERKE IN BERLIN-CHARLOTTENBURG 1950

Instandsetzungsmaßnahmen am Wohnhaus Carmerstraße 12

Max Taut plant die Instandsetzung eines repräsentativen Wohnhauses in der Carmerstraße 12, das der sozial engagierte Rechtshistoriker Otto von Gierke (1841–1921) bewohnt hat. Das Projekt wird nicht ausgeführt, 1955 entsteht an dieser Stelle ein Neubau.

QUELLEN: MTA WV 113, Pläne vom 13.7. bis 18.7.1950, MTA.
LITERATUR: Max Taut, 1984, S. 51.

136 WOHN- UND GESCHÄFTSBAU IN BERLIN-CHARLOTTENBURG 1950

Entwurf für den Wiederaufbau und Umbau, Wilmersdorfer Straße 46, 47, Schillerstraße, vgl. Werk 122 und 129

Wie bereits in den Jahren 1947 und 1948 wird Max Taut erneut für den Wiederauf- und Umbau eines Wohn- und Geschäftshauses im Charlottenburger Geschäftsviertel in der Wilmersdorfer Straße beauftragt.

QUELLE: MTA WV 114.
LITERATUR: Max Taut, 1984, S. 51.

137 UMBAU EINER VILLA ZUM NACHBAR-SCHAFTSHEIM IN BERLIN-ZEHLENDORF 1951

Deckenmalereien von Franz Mutzenbecher, Bauherr: Nachbarschaftsheim Mittelhof Berlin e. V.; Königsstraße 43

Der Bauherr ist eine Vereinigung von Quäkern, die sich im Nachbarschaftsheim Mittelhof Berlin zusammengeschlossen haben, um ehrenamtlich ihrer Ethik entsprechende Sozialarbeit zu leisten. Es ist anzunehmen, dass der Auftrag unmittelbar über Franz Hoffmann vermittelt wird, der selbst zu den Quäkern gehört. Nachdem die religiöse Gemeinschaft während der nationalsozialistischen Herrschaft Hilfsfonds für verfolgte Menschen eingerichtet hat, leistet sie in der Nachkriegszeit durch Quäker-Speisungen Hilfe für die Not leidende Bevölkerung. 1947 erhalten die Hilfskomitees der amerikanischen und englischen Quäker den Friedensnobelpreis.

Die Bauaufgabe besteht im Umbau einer Villa zu einem Nachbarschaftsheim, was Instandsetzungs- und Umgestaltungsmaßnahmen einschließt. Der Verein ist gezwungen, seinen Sitz in Berlin-Steglitz innerhalb kurzer Zeit im März 1951 zu räumen, so dass die Umbauarbeiten der Villa in Zehlendorf zügig durchgeführt werden. Franz Mutzenbecher berichtet seiner Schwester im Frühjahr 1951, dass er überraschend von Taut und Hoffmann einen Auftrag erhalten habe, der ihn etwas aus seiner finanziellen Misere heraushelfe. Er leistet mit Deckenmalereien einen Beitrag zur Neugestaltung der Villa.

QUELLEN: MTA WV 115; Schreiben von Franz Hoffmann an Franz Mutzenbecher vom 25.5.1951 und 4.6.1951, MTA; Schreiben von Franz Mutzenbecher an seine Schwester Elsbeth Richter vom 2.3.1951, Nachlass Franz Mutzenbecher, SAdK.
LITERATUR: Max Taut, 1984, S. 51.

138 NACHBARSCHAFTSHEIM IN BERLIN-NEUKÖLLN 1951–1952

Wand- und Deckenmalereien von Carl-Heinz Kliemann; Schierker Straße, Rübelandstraße

Der Entwurf für das Nachbarschaftsheim sieht ein kleines Ensemble aus einem Hauptbau und zwei niedrigen Nebengebäuden vor, die über einen gläsernen Gang verbunden sind. Während das zweigeschossige Frontgebäude einen Saal und einen Lehrraum beherbergt, dienen die Annexbauten als Clubräume. Das sich hier andeutende Prinzip der Reihung von Einzelbauten entlang einer Achse findet sich in den fünfziger und sechziger Jahren bei verschiedenen Gemeinschaftsbauten wie der Zehlendorfer Reformschule oder dem Hauptkinderheim.

Realisiert wird der Entwurf in abgewandelter Form ohne die großzügige Verglasung der Gangachse und mit Änderungen der Fassadenproportionen. Den Eingangsbereich und das Treppenhaus gestaltete Carl-Heinz Kliemann mit Decken- und Wandmalereien, die sich gegenständlichen Themen in einem lebhaft-plakativen Stil zuwenden.

QUELLE: MTA WV 116.
LITERATUR: Max Taut, 1984, S. 51.

334 Nachbarschaftsheim in Berlin-Neukölln 1951–1952

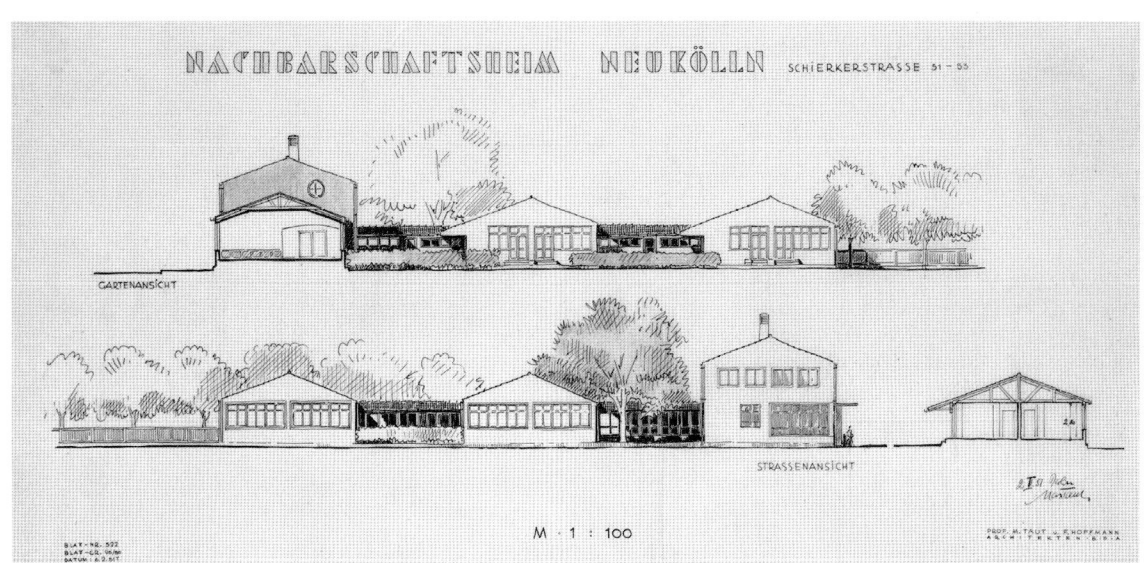

139 Ludwig-Georgs-Gymnasium in Darmstadt 1951–1955

Entwurf 1951 als zweizügige Schulanstalt mit 18 Klassen, Beauftragung des geänderten Entwurfs im Juli 1952, Bauantrag 31. 3. 1953, Fertigstellung März 1955, Mitarbeit der Künstler Helmut Brinckmann (Großer Sitzender), Karl Hartung (Brunnenplastik), Bernhard Heiliger (Zwei Figuren in Beziehung), Helmut Lander (Mosaik), Hans Leistikow (Ilias, Sgraffito) und Heinz-Otto Müller-Erbach (Wandbild); Nieder-Ramstädter Straße

Das Ludwig-Georgs-Gymnasium entsteht als einer der Meisterbauten, die 1951 im Rahmen des zweiten Darmstädter Gesprächs anlässlich des 50. Jahrestags der Jugendstilausstellung auf der Mathildenhöhe vorgestellt werden. Zu den Initiatoren gehört Otto Bartning, aber auch der Darmstädter Baudirektor Peter Grund, der unter den Nationalsozialisten die Ausstellung *Schaffendes Volk* organisierte und für die Schlageterstadt plante. Für die Auswahl der Meisterarchitekten spielen mithin sehr unterschiedliche Vorstellungen eine Rolle, so dass früh schon das Fehlen einer klaren Zielrichtung bemängelt wird. Zu den geladenen Architekten zählen unter anderem Paul Bonatz, Ernst Neufert, Hans Scharoun, Rudolf Schwarz, Otto Ernst Schweizer, Hans Schwippert und Max Taut.

In der ersten Konzeption ist für Max Taut der Entwurf eines Gewerkschaftshauses vorgesehen, doch ergibt sich aufgrund der Ansprüche lokaler Architekten eine Änderung, und Max Taut erhält eine Aufgabe, für die er kaum weniger prädestiniert erscheint – den Bau einer Schule. Für das Ludwig-Georgs-Gymnasium entwickelt er im Verlauf der Planung drei Fassungen, was auf den schwierigen Realisierungsprozess in Zusammenarbeit mit der Stadt Darmstadt verweist. Zur Ausstellung vom 4. August bis zum 16. September 1951 präsentiert er ein Konzept mit weitreichenden Vorstellungen einer Freiluftschule. Bereits sein Entwurf zur Zehlendorfer Reformschule von 1948 belegt die intensive Auseinandersetzung mit dem Freiluft- und Pavillonkonzept, aus dem sich die elementare Komposition des Schulgebäudes ableitet. Da Lage und Größe des vorgegebenen Grundstücks in Darmstadt eine ideale, weiträumige Disposition nicht erlauben, entwickelt Max Taut eine fantasievolle Geschoss-Staffelung, die es ermöglicht, die Klasseneinheiten jeweils mit Freiluftbereich und Gruppenraum auszustatten. In Erweiterung des Programms sieht er auf dem Schul-

335 Ludwig-Georgs-Gymnasium in Darmstadt
1951–1955

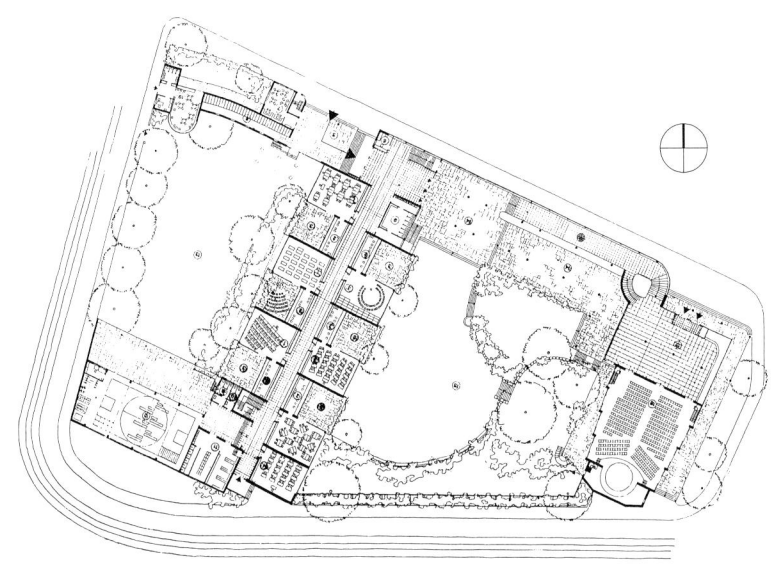

336 Ludwig-Georgs-Gymnasium,
Grundriss ursprünglicher Entwurf 1951

337 Ludwig-Georgs-Gymnasium,
Grundriss überarbeiteter Entwurf 1952

338 Turnhalle und Aula des Ludwig-
Georgs-Gymnasiums in Darmstadt

dach ein kleines Observatorium vor, das gemeinsam mit der Technischen Hochschule betrieben werden soll.

Nach der Aufforderung zur Planänderung entwickelt sich die Baugruppe im Juli 1952 zur kompakteren Anlage. Das Programm wird reduziert und der Schulhof so ausgerichtet, dass er sich zu einer neu projektierten Berufsschule auf dem Nachbargrundstück öffnet. Das ursprüngliche wabenähnliche Versetzen der Freiklassen als Pavillonsystem ist zugunsten eines Riegels mit offenen und geschlossenen Gefachen vereinfacht worden. Die elementare Komposition, die stärker vom Klassenraum aus gedacht war, scheint damit teilweise den äußeren Bedingungen geopfert. Neu ist in der zweiten Entwurfsfassung die leichte Schrägstellung der Baukörper: So entsteht im Bereich des niedrigen Pausenhallenflügels ein kleiner Vorplatz zur Straße, der auf die Eingangssituationen verweist. Die dritte Entwurfsbearbeitung hat weitere Einsparungen zum Ziel, so dass der Ende März gestellte Bauantrag grundlegend vom ersten Konzept abweicht.

Stärker als zur Weimarer Zeit strebt Max Taut die Normierung verschiedener Elemente an und damit eine Variabilität, die ein Grund für die gewählte Rahmenkonstruktion ist: »Da alle Klassen gleich breit sind, erfolgt durch Normierung verschiedener Elemente und vereinheitlichter Konstruktion eine starke Rationalisierung des Bauwerkes. Die vorgeschlagene Rahmenkonstruktion in Stahlbeton lässt ohne weiteres die Verschiebung der Klassenwände bei der wabenförmigen Anordnung der Klassen zu.«

Die Schulstätten in Köpenick und Lichtenberg weisen aufgrund ihrer Massivbauweise flächigere Fassaden auf, sind jedoch in ihrer Farbgebung der Darmstädter Schule verwandt. Gelbe Keramikplatten und Stahlfenster mit schwarz-weiß-roten Profilen fachen den Rahmen aus. Charakteristisch ist der bereits aus den zwanziger Jahren bekannte Einsatz von Glasbausteinen, die im Klassentrakt als vertikales Feld die Fassade gliedern und sich im Eingangsbereich finden. Besonders reizvoll erscheint seine Verwendung als Prismendach der offenen Pausenhalle, doch gerade hier ging man 1962 dazu über, schadhafte Stellen mit Bitumen abzudecken.

Nach diffamierenden Angriffen im Frühjahr und Sommer 1955 wegen der Aufstellung moderner Skulpturen auf dem Schulgelände schließt sich ein Jahr später eine zähe Auseinandersetzung mit der Stadt über Bauschäden an, für die man Max Taut verantwortlich macht. Der Rechtsstreit zieht sich bis in das Jahr 1962 hin und endet mit einem Vergleich, da letztlich die Hauptverantwortung bei den ausführenden Firmen liegt. Eine Veränderung des Gebäudes setzt aufgrund akuter Raumnot bereits in den sechziger Jahren mit dem Einbau weiterer Klassenzimmer im Bereich der Freiluftloggien ein. Seit 1986 steht das Ludwig-Georgs-Gymnasium unter Denkmalschutz, wobei der heutige Zustand kein adäquates Bild der originären tautschen Architektur vermittelt, die in künstlerischer, gesellschaftlicher und funktionaler Hinsicht eines der anspruchsvollsten Beispiele der deutschen Nachkriegsarchitektur darstellt.

QUELLEN: MTA WV 118; Schreiben der Studentenvertretung der HBK an Max Taut vom 20.5.1955; Schreiben des Studentenausschusses der HBK an den Oberbürgermeister der Stadt Darmstadt vom 13.5.1955; Schriftwechsel zur Streitsache Stadt Darmstadt gegen Max Taut aus den Jahren 1957–1962, MTA.
LITERATUR: Richard Döcker: Zur Ausstellung der Meisterentwürfe in Darmstadt. In: Die Bauzeitung (1951), Nr. 10, S. 411–420; Max Taut: Ludwig-Georgs-Gymnasium. In: Die neue Stadt (1951), H. 9; Max Taut: Baubeschreibung zu dem Entwurf des Ludwig-Georgs-Gymnasiums am Kapellplatz in Darmstadt. In: Otto Bartning (Hrsg.): Mensch und Raum. Darmstädter Gespräch 1951. Darmstadt 1952, S. 218–224; Max Taut: Der Neubau des Ludwig-Georgs-Gymnasiums. In: 325 Jahre Ludwig-Georgs-Gymnasium Darmstadt. Festschrift. Darmstadt 1954, S. 225–230; Das neue Ludwig-Georg-Gymnasium [sic] in Darmstadt. In: Bauwelt (1954), S. 168–169; Ludwig-Georgs-Gymnasium an der Nieder-Ramstädter Straße. In: Deutsche Bauzeitschrift (1954), Nr. 8, S. 539; Max Taut: »Was kosten die modernen Plastiken?« Architekt Professor Max Taut bittet um Richtigstellung. In: Darmstädter Tagblatt (7./8.5.1955); Darmstädter Echo: Berichte und Leserbriefe in den Ausgaben von 1951–1955; Das neue Ludwig-Georgs-Gymnasium in Darmstadt. In: Bauwelt (1957), H. 39, S. 1043–1045; Ludwig-Georgs-Gymnasium, Darmstadt. Architekt Max Taut. In: Baukunst und Werkform, 11 (1958), H. 7, S. 367–370; Architektur und Bildende Kunst. In: Baukunst- und Werkform (1960), H. 12, S. 692; Max Taut, 1984, S. 51, 109; Beate Eckstein: Licht, Luft, Sonne – Das Ludwig-Georgs-Gymnasium von Max Taut. Darmstadt 1994; Michael Bender, Roland May: Architektur der fünfziger Jahre. Meisterbauten Darmstadt. Stuttgart 1998. Darin: Michael Bender: Max Taut – Ludwig-Georgs-Gymnasium, S. 38–45, sowie: Beate Eckstein: Der schwere Weg zum Neuen Bauen, S. 116–121; Internet-Seite der Schule: http://www.tu-darmstadt.de/schulen/lgg/index.htm (Zugriff: 22.3.2003).

140 HANDWERKER-LEHRSTÄTTEN IN BERLIN-NEUKÖLLN 1951–1955

Entwurf März 1951 (Vorprojekt), Planung 1951–1952, Ausführung 1953–1954, Erweiterungsbauten 1955, Mitarbeit Klaus Hoffmann; Paster-Behrens-Straße, Berlin-Neukölln, Britz

In unmittelbarer Nachbarschaft zur Wohnsiedlung in Neukölln-Britz entstehen die Handwerker-Lehrstätten. Ein Gemeinschaftshaus in Gestalt eines Oktogons bildet den Eingangsbereich der Anlage. Die Werkstätten werden als Flachbauten in Sichtmauerwerk von den Maurer- und Tischlerlehrlingen selbst ausgeführt.

QUELLE: MTA WV 119.
LITERATUR: Hans Josef Zechlin: Neue Bauten von Max Taut. Zum 70. Geburtstag am 15. Mai 1954. In: Bauwelt (1954), H. 19, S. 364–371; Max Taut, 1984, S. 51, 110.

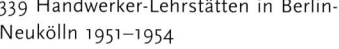

339 Handwerker-Lehrstätten in Berlin-Neukölln 1951–1954

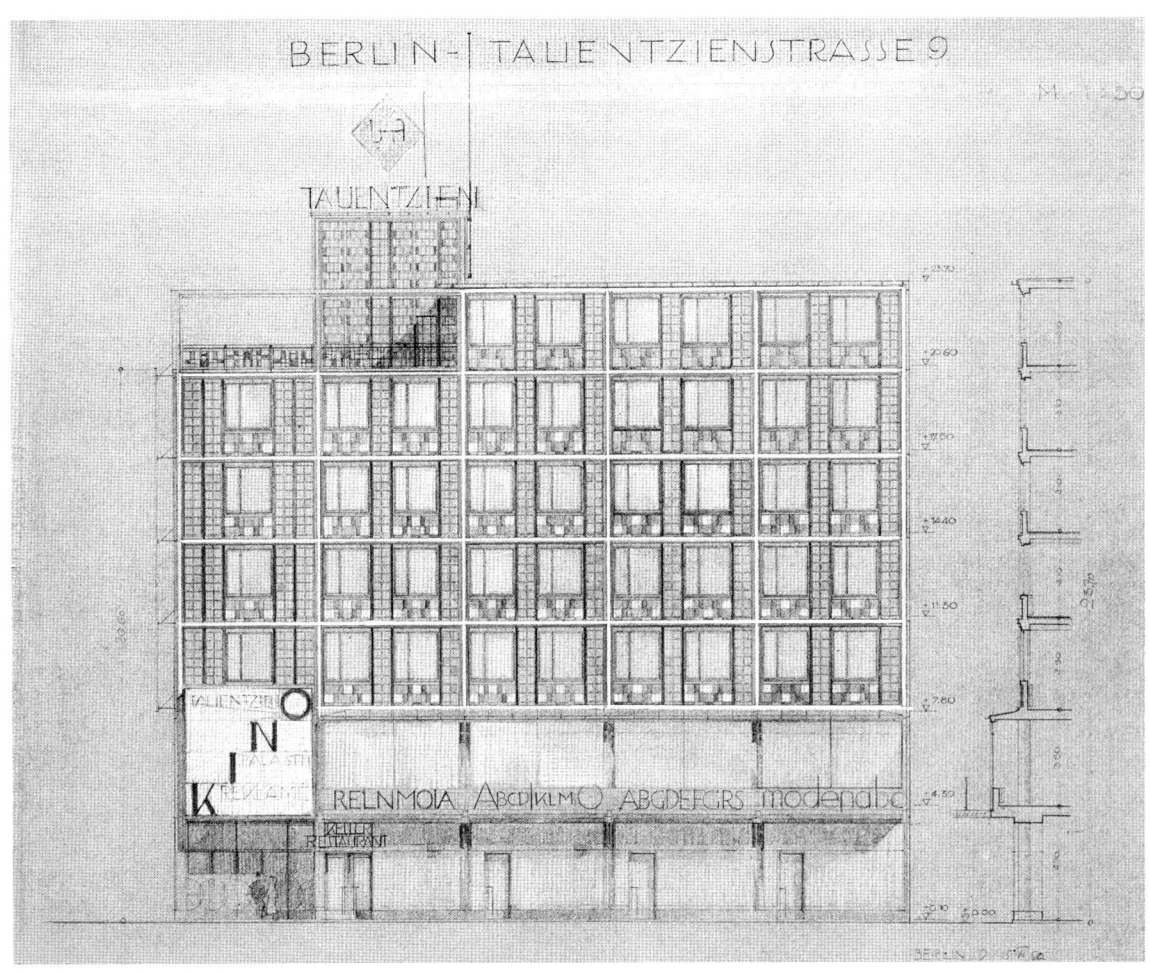

340 Geschäftshaus mit Kino und Restaurant in Berlin-Charlottenburg 1951, Ansicht

141 Geschäftshaus mit Kino und Restaurant in Berlin-Charlottenburg 1951

Entwürfe 1951–1953, 1956, Bauherr: Eugen Meyer; Tauentzienstraße 9, vgl. Werk 65

Max Taut wird aufgrund seiner Zeichnungen für ein Lichtspielhaus aus dem Jahr 1926 in der Publikation *Bauten und Pläne* von einem Geschäftsmann aus St. Gallen mit dem Entwurf für ein neues Kino am Tauentzien beauftragt. Über einer weitgehend verglasten Zone erhebt sich ein fein profilierter Rahmenbau in differenzierter farblicher Gestaltung. Während sich in den unteren Etagen ein Restaurant und das UFA-Kino befinden, sind hinter der Rahmenfassade Büroräume angeordnet. Das Projekt wurde allerdings nicht weiterverfolgt.

QUELLE: MTA WV 120.
LITERATUR: Max Taut, 1984, S. 51.

142 Wohnhaus Cordes in Dinslaken 1951–1952

Ausführung Wohnhaus 1951–1952, Entwurf für ein Gartenhaus 1958 (nicht ausgeführt), 1959 Entwurf für einen Anbau (nicht ausgeführt; später in veränderter Form von H. Döhmen aus Viersen realisiert), Dinslaken-Eppinghoven (bis 1975 Walsum), Rotbachstraße

Das Wohnhaus für den Neffen Walter Cordes ist der Auftakt einer Reihe von Projekten in Duisburg und Umgebung. Nach dem Tod des Büropartners Franz Hoffmann im Sommer 1951 ergibt sich ein Großteil von Bauvorhaben Max Tauts über die Vermittlung von Walter Cordes, der im selben Jahr zum Vorstandsmitglied der August Thyssen-Hütte AG in Duisburg aufsteigt und wesentlich an ihrem Neuaufbau beteiligt ist.

Das frei stehende Wohnhaus für eine achtköpfige Familie zeigt sich in klarer funktionaler Gliederung als dreiflüglige Anlage. Der vordere Gebäudeteil akzentuiert den Eingangsbereich und nimmt die Garagen auf. Die beiden rechtwinklig zueinander stehenden

341 Wohnhaus Cordes in Dinslaken
1951–1952

Hauptflügel sind nochmals in ihrer Höhe gestaffelt, wobei im eingeschossigen Teil Wohn- und Essraum untergebracht sind, während Schlaf- und Einzelzimmer im höheren Gartenflügel liegen. Aus der Giebelwand am Eingang entwickelt sich eine dreieckige Wandscheibe, die den Bau in seiner Umgebung zu verankern scheint und zugleich die Eingangszone vom privaten Gartenbereich trennt. Dieses ungewöhnliche Motiv ist bereits als Variante beim Sommerhäuschen von Asta Nielsen auf Hiddensee (Werk 52) zu finden. Das Wohnhaus Cordes entspricht in seiner originalen Grundkonzeption einem schlichten Wohnhaus, dessen Habitus sich aus der Nutzung für eine Großfamilie ergibt.

1958 plant Max Taut ein Gartenhaus, das jedoch nicht ausgeführt wurde. 1960 bis 1961 erfolgt eine Wohnhauserweiterung um eine Achse von etwa viereinhalb Metern, so dass ein Wintergarten und ein überdachter Freisitz entstehen. Diese Maßnahme geht nicht auf Pläne Max Tauts zurück, der sich hierzu kritisch äußert, denn mit der großflächigen Verglasung setzt sich die Erweiterung vom ursprünglichen Charakter des Hauses ab. Nachdem das Haus Cordes aus familiären Gründen Mitte der achtziger Jahre verkauft wurde, erfolgen außen wie innen weitere Änderungen. Die Charakteristik einer sich bescheiden gebenden Architektur der Nachkriegszeit musste der Modernisierung in dem Maße weichen, wie sich die Ansprüche ans Wohnen wandelten.

QUELLEN: MTA WV 121; Gespräch mit Dr. Sabine Wolter, der Tochter von Walter Cordes, und den Eigentümern Familie Dr. Stein; Fotos von Sabine Wolter.
LITERATUR: Max Taut, 1984, S. 51, 108.

143 FAHRRADABSTELLGEBÄUDE FÜR DIE THYSSEN-VERWALTUNG IN DUISBURG-HAMBORN 1951–1952

Entwurf

Nachdem im November 1951 die Neubauabteilung der August Thyssen-Hütte einen ersten Vorschlag für ein Fahrradabstellgebäude mit 102 Plätzen unterbreitet hat, erstellt Max Taut im Januar 1952 einen Entwurf zu diesem Projekt.

QUELLE: MTA WV 117.
LITERATUR: Max Taut, 1984, S. 51.

342 Berufstätigenheim in Duisburg 1952,
Axonometrie

343 Verwaltungsgebäude des
Kommunalen Elektrizitätswerks in
Hagen Westf. 1952, Perspektive

144 Berufstätigenheim in Duisburg 1952

Vorentwurfsplanung Juni 1952

Der Entwurf des Berufstätigenheims sieht
zwei rechtwinklig zueinander stehende Gebäudeflügel mit 102 Kleinstwohnungen von 12 bis
27 Quadratmetern vor. Der höhere Bauteil basiert auf dem Konzept eines Laubenganghau-
ses mit südlich ausgerichteten Wohnungen.
Zur Ausstattung des projektierten Heims
gehören ein Dachgarten, ein separater Veranstaltungsraum, Läden sowie ein Garten und
ein begrünter Innenhof. Das Laubengang-The-
ma des nicht realisierten Entwurfs greift Max
Taut drei Jahre später bei einer Wohnanlage in
Steglitz erneut auf.

QUELLEN: MTA WV 122; Baubeschreibung für das
Berufstätigenheim, MTA.
LITERATUR: Max Taut, 1984, S. 51, 106.

145 Finanzamt in Berlin-Steglitz 1952

Wettbewerbsentwurf, 3. Preis, Jurymitglieder:
Ernst Reuter, Karl Mahler, Senatsbaudirektor
Lemmer u. a.

Anlass des Wettbewerbs ist eine unbefriedi-
gende Vorlage der Bauabteilung des Finanz-
amtes, deren Entwurf für das Amtsgebäude
»in seiner schlichten Einfalt« an Bauten der
jüngeren Vergangenheit erinnert und architektonische Qualitäten vermissen lässt. Kurz vor
dem ersten Spatenstich kann Senatsbaudirektor Lemmer die Ausschreibung eines Wettbewerbs bewirken, zu dem unter anderem die
Brüder Luckhardt und Max Taut eingeladen
werden. Max Tauts Entwurf sieht eine Verdichtung auf dem Gelände vor, die vor allem durch
einen höheren Anteil an Wohngebäuden entsteht. Das Preisgericht kritisiert jedoch, dass
die umfangreichen Baumassen zu ihrer Umgebung und zum nahen Botanischen Garten
keine günstigen städtebaulichen Beziehungen
zeigten, wenngleich die architektonische Haltung zu loben sei. Man entscheidet sich letztlich doch für einen Vorschlag der Bauabteilung, die einen stark veränderten Entwurf
einbringt und die Jury offensichtlich durch die
städtebauliche und organisatorische Lösung
überzeugen kann.

QUELLE: MTA WV 123.
LITERATUR: Z.: Der Wettbewerb um das Finanzamt Steglitz.
In: Bauwelt, 44 (1953) H. 2, S. 30–33; Max Taut, 1984,
S. 51.

146 Verwaltungsgebäude des Kommuna-
len Elektrizitätswerks in Hagen Westfalen 1952

Wettbewerbsentwurf

Der Entwurf erinnert in seiner Disposition an
das Frankfurter Gewerkschaftshaus. In ver-
gleichbarer Weise finden sich hier ein niedriger Gebäudeflügel parallel zur Straßenflucht
und ein höherer Trakt, der quer dazu ausgerichtet ist. Auch die Konstruktion als Rahmenbau mit großflächigen Verglasungen entspricht dem Entwurfsprinzip aus den späten
zwanziger Jahren.

QUELLE: MTA WV 124.
LITERATUR: Max Taut, 1984, S. 51, 106.

344 Schwesternschule in Marl 1952,
Ansicht

147 SCHWESTERNSCHULE IN MARL 1952

Entwurf

Der Entwurf basiert auf einer kleinen Gruppe
schlichter Gebäudeflügel mit zwei und drei
Geschossen, die in konventioneller Bauweise
geplant sind. Auffallend bei der Fassadengestaltung ist der Einsatz von Rundfenstern in
Dreiergruppen.

QUELLE: MTA WV 125.
LITERATUR: Max Taut, 1984, S. 51.

148 KAUFHAUS KARSTADT IN HANNOVER 1952–1953

Wettbewerbsentwurf, Auslober: Rudolf Karstadt AG; Schillerstraße, Georgstraße

Max Taut entwickelt für die Fassade des Kaufhauses mehrere Varianten mit horizontaler
und vertikaler Betonung und in Form eines
Rahmens. In weiteren Fassungen untersucht
er unterschiedliche Fensterproportionen, Ma-
terialeinsatz und Farbgebung.

QUELLE: MTA WV 126.
LITERATUR: Max Taut, 1984, S. 51

345 Kaufhaus Karstadt in Hannover
1952, Ansicht

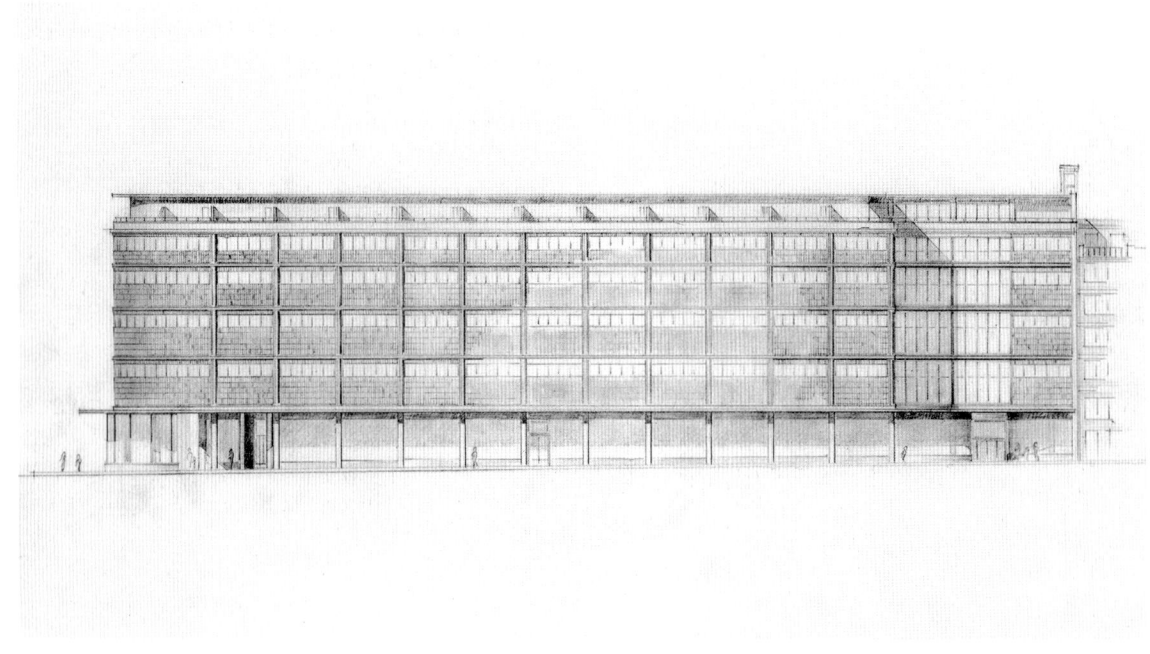

149 ATH-Siedlung Im Eickelkamp in Duisburg-Hamborn 1952–1961

Bauabschnitte: 1952 bis 1953 (354 Wohnungen), 1955 bis 1958 (275 Wohnungen), 1958–1961, Bauherr: Rheinische Wohnstätten AG, Gartenarchitekt Arno Rebsdat; Im Eickelkamp

Die Siedlung Eickelkamp wird von Max Taut als erste Wohnsiedlung für die August Thyssen-Hütte im Rahmen des Stahlarbeiter-Programms geplant. Dabei wendet die Siedlungskommission sich auf Wunsch der Belegschaftsmitglieder neben dem Aufbau von Mietwohnungen zur Beseitigung der Wohnungsnot erstmals dem »Eigentumsgedanken« zu. Die neue Bebauung schließt sich an eine seit den zwanziger Jahren bestehende Werkssiedlung an, doch setzt Max Taut sich mit seinem Konzept vom alten Siedlungstyp ab, schon weil mehr als die Hälfte der Wohnungen als Eigenheime projektiert sind. »Unter dem Architekten Professor Taut, Berlin, gelang es dann, beim Ruhrsiedlungsverband die Baugenehmigung für ein zweigeschossiges Einfamilienhaus durchzusetzen«, schreibt die werkseigene Zeitung im Rückblick. »Seither hat sich dieser Bautyp bei der Errichtung von Werkssiedlungen fast allgemein durchgesetzt.«

Die Anlage im Eickelkamp zeigt in ihrem gartenstadtähnlichen Konzept den Einfluss der kurz zuvor fertig gestellten Reutersiedlung in Bonn. Ein einheitliches Erscheinungsbild erzielt Max Taut, indem er eine zweigeschossige Bebauung unabhängig vom Nutzungstyp plant. Eigenheime werden zu Doppelhäusern oder zu Gruppen von Reihenhäusern zusammengefasst, wobei einige Wohnhaustypen zur Gartenparzelle auch eingeschossige Stallgebäude erhalten.

Für die Mietwohnungen entwirft Max Taut in der ersten Bauphase vier Typen und legt in den zweigeschossigen Zeilen Etagenwohnungen an. Die Gliederung der Fassaden erfolgt durch den regelmäßigen Wechsel von paarweise angeordneten Wohnungen und Treppenhaus, das zur Akzentuierung leicht vor- oder zurückversetzt ist. Bei den Zeilen mit Drei- und Vierzimmerwohnungen führt Max Taut eine Loggia ein, die sowohl der Steigerund der Wohnqualität als auch der architektonischen Gliederung dient. Das Wohnungsangebot wandelt sich im Verlauf des Entstehungsprozesses der Siedlung, wobei die in Etappen erfolgende Planung den veränderten Bedürfnissen der Bewohner angepasst wird. Nördlich der Eickelkampstraße entstehen ab Mitte des Jahrzehnts, in den Wirtschaftswunderjahren, dreimal mehr Eigenheime als Mietwohnungen und zugleich wird die Planung von Garagen zu einem wichtigen Aspekt der Siedlungsplanung. Insgesamt wächst der von Max Taut erstellte Abschnitt der Siedlung auf rund sechshundert Wohnungen an.

346 ATH-Siedlung Eickelkamp in Duisburg-Hamborn 1952–1961, Lageplan

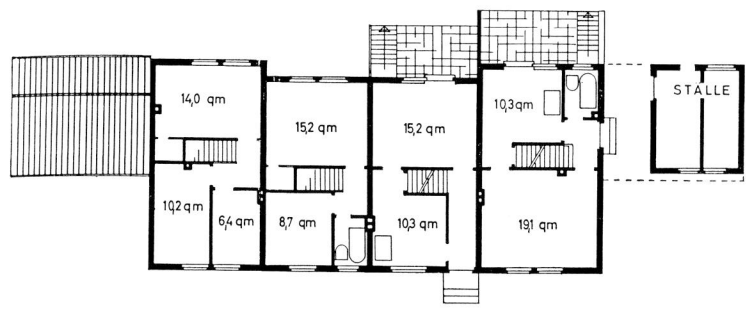

347 ATH-Siedlung Eickelkamp, Wohnhaustyp mit Stallgebäude. Von rechts nach links: Wohnung I EG, Wohnung II EG, Wohnung II OG, Wohnung I OG

Zur Feier des zehnjährigen Bestehens wird Max Taut im Sommer 1963 zum Siedlerfest eingeladen. Er schreibt an die Bewohner: »Ich bin der Meinung, dass der Rat und die kameradschaftliche Mitarbeit der Siedler wichtig für das Gelingen waren. Dabei denke ich an die ersten Gründerjahre der Siedlung, als die Verhältnisse für uns alle noch sehr schwierig waren.«

QUELLEN: MTA WV 127; Korrespondenz zwischen Max Taut und den Rheinischen Wohnstätten von 1952 bis 1962, Schreiben von Max Taut an ATH-Direktor Cordes vom 30. 9. 1953; Korrespondenz zwischen Max Taut und ATH-Direktor Johann Meyer von 1953 bis 1962; Bauprogramm 1957: 350 neue Wohnungen. 110 Eigenheime geplant – Neue Bautypen vorgeschlagen, Manuskript o. D.; Schreiben von Max Taut an den Vorstand der Siedler- und Mietergemeinschaft »Im Eickelkamp« vom 18. 7. 1963, MTA.
LITERATUR: Wohnstätten an Rhein und Ruhr. Aus der Arbeit der Wohnstätten-Gesellschaften für Kohle und Stahl. Hrsg. von Wilhelm Steinberg. Düsseldorf 1958, S. 90–91; Max Taut, 1984, S. 51, 112.

150 DRUCKHAUS UND VERLAGSANSTALT STEINIGER IN BERLIN 1953

Entwurf datiert vom 6. 8. 1953

Knapp dreißig Jahre nach dem Bau für den Buchdruckerverband widmet sich Max Taut erneut der Planung eines Druckereigebäudes. Für den Verlag Steiniger konzipiert er allerdings keinen Geschossbau, sondern ein weitläufiges eingeschossiges Fabrikgebäude, das über Oberlicht-Sheds belichtet wird. Der Produktionsstätte sind Sozialräume angegliedert und ein Verwaltungsteil vorgelagert.

QUELLE: MTA WV 128.
LITERATUR: Max Taut, 1984, S. 51.

151 WOHNUNGSBAU DUDENSTRASSE IN BERLIN-KREUZBERG 1953–1955

Ergänzung des Buchdruckerhauses und Hochhausneubau Methfesselstraße 45–49, Bauherr: IG Druck und Papier, Tragwerksplanung: Hellmuth Bickenbach, vgl. Werk 58

In Ergänzung des Buchdruckerhauses entwirft Max Taut einen Wohnungsbau in Kombination von Blockrandbebauung und frei stehendem Hochhaus-Solitär. Die neue Wohnzeile an der Dudenstraße vermittelt zum Bestand aus den zwanziger Jahren, indem die Höhe zunächst mit sechs Geschossen aufgenommen und dann auf vier Geschosse zurückstaffelt wird. Die Gliederung greift den Wechsel von tief eingeschnittenen Loggien und ebener Lochfassade des Altbaus auf. Zugleich zeigen die neuen Bauten die zeitliche Distanz von drei Jahrzehnten in ihrer Materialität und Farbigkeit: Neben das Ledergelb der Klinkerfassade setzt Max Taut eine leicht erscheinende Zeile mit hellen Putzflächen und gelb-weiß-schwarz gestalteten Fenstern. Das Erdgeschoss ist weitgehend verglast, da sich hier Läden und im halbzylindrischen Abschlussteil eine kleine Bibliothek befinden.

Mit dem Entwurf der Hochhausscheibe in der Methfesselstraße wählt Max Taut für die Großstadt eine besondere Form der Wohnverdichtung, die hier in seinem Werk erstmals auftritt. Das zehngeschossige Wohnhaus ist von der Blockkante zurückgesetzt und Ost-

348 Wohnungsbau Dudenstraße, Übergang von Alt und Neu

349 Wohnungsbau Dudenstraße und
Methfesselstraße, Blick zum Hochhaus

West orientiert. Bestimmend für die Westfassade ist die durchgängige Balkonzone, während die Ostseite durch vorgesetzte gläserne Treppenhäuser ihre auch farblich betonte Plastizität erhält. Das Gebäude ist Anfang der fünfziger Jahre eines der ersten Wohnhochhäuser in Berlin, deren Form sich bald nach den Planungen der Interbau 1957 und der erneuten Diskussion um die *Stadt von morgen* in Deutschland als Wohnhaustyp etabliert.

Der ursprüngliche Charakter des Zeilenbaus in der Dudenstraße ist heute nicht mehr erlebbar, da die weiß geputzten Fassaden mit Eternitplatten bekleidet wurden, die durch den Alterungsprozess und aufgrund mangelnder Pflege inzwischen ein unansehnliches Bild bieten. In neueren Publikationen wird dieser tautsche Bauteil oftmals ausgeblendet, was bedauerlich ist, aber angesichts der Vernachlässigung des originären Bauteils der fünfziger Jahre verständlich.

QUELLE: MTA WV 129.
LITERATUR: Hans Josef Zechlin: Neue Bauten von Max Taut. Zum 70. Geburtstag am 15. Mai 1954. In: Bauwelt (1954), H. 19, S. 364–371; A. Ronge: Eine Befragung von Hochhausbewohnern in Westberlin. In: Bauwelt (1957), H. 24, S. 572–574; Berlin und seine Bauten. Teil IV, Wohnungsbau, Band B. Berlin 1974, S. 602–603; Rolf Rave, Hans-Joachim Knöfel: Bauen seit 1900 in Berlin, 3. Aufl. Berlin 1968, Objekt 72; Max Taut, 1984, S. 51, 114.

152 WOHNANLAGE PASTER-BEHRENS-STRASSE IN BERLIN-NEUKÖLLN 1953–1955

Erweiterung der Hufeisensiedlung, Bauherr: Gehag; Paster-Behrens-Straße, Ecke Parchimer Allee in Britz

Für die Gehag plant Max Taut 1953 in Neukölln-Britz drei Wohnzeilen südlich der Hufeisensiedlung seines Bruders Bruno und Martin Wagners. Erst im Jahr zuvor hat sich die Gehag neu konstituieren können und einen arbeitsfähigen Aufsichtsrat gewählt. Dem Aufsichtsrat gehört auch Siegfried Aufhäuser an, der 1951 aus der Emigration nach Berlin zurückgekehrt ist und dessen Haus in Eichkamp Max Taut von 1948 bis 1951 angemietet hatte.

Im Unterschied zum Bestand östlich der Paster-Behrens-Straße orientiert Max Taut die drei neuen Zeilen so, dass eine offene Flucht zur benachbarten Bebauung des Bruders entsteht. Zur Raumbildung akzentuiert Max Taut den Abschluss der Zeilen jeweils mit Kopfbauten, die er kräftig farbig in Rot- und Hellbraun und Türkis gestaltet. Die Rhythmisierung der Zeilen wird durch einen charakteristischen Wechsel von hellem Kubus und einer zurückgesetzten Zone mit Südwest-Balkons erreicht. Die Plastizität innerhalb einer Zeile bildet Max Taut in den fünfziger Jahren stark aus, um die Vorteile eines Zeilenbaus nicht mit dem Erscheinungsbild einer ungegliederten Großform zu verbinden. Die Wohnungen der Ge-

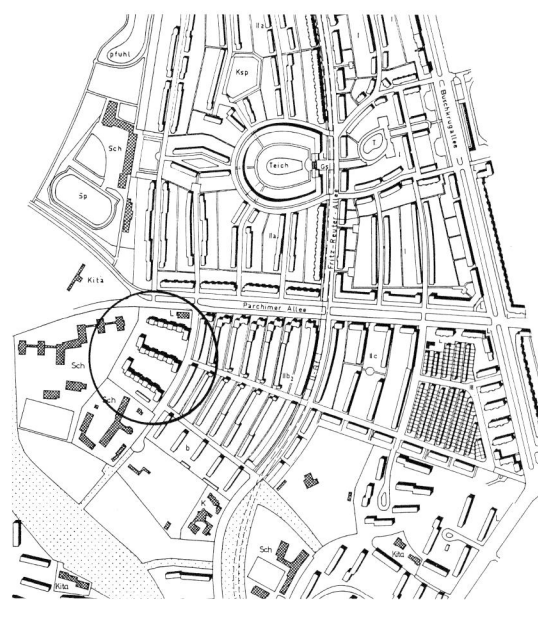

350 Wohnanlage Paster-Behrens-Straße in Berlin-Neukölln 1953–1955, Lageplan

351 Wohnanlage Paster-Behrens-Straße, Modell

hag sind im einfachsten Standard ausgeführt: Eine Zweieinhalbzimmerwohnung misst knapp 63 Quadratmeter und ist mit Ofenheizung ausgestattet. In den minimierten Bädern wird analog zum Vorkriegsbestand das Waschbecken eingespart. Sämtliche Wohnungen verfügen über einen Balkon und die Erdgeschosswohnungen zusätzlich über einen direkten Zugang zum Garten.

Ins Jahr 1951 reicht die Planung einer Handwerker-Lehrstätte zurück, die gleichzeitig mit dem Wohnungsbau ausgeführt wird. In Ergänzung dieser Anlage entwirft Max Taut ein eingeschossiges Ladengebäude an der Kreuzung zur Parchimer Allee. Als bedeutendste Siedlung der Gehag steht die Wohnanlage in Britz einschließlich der Ergänzung Max Tauts unter Denkmalschutz.

QUELLE: MTA WV 130.
LITERATUR: Wohnanlage Berlin-Britz, Paster-Behrens-Straße. In: Gehag 1924–1957. Entstehung und Entwicklung eines gewerkschaftlichen Wohnungsunternehmens. Berlin 1957, S. 83, 117–120; Rolf Rave, Hans-Joachim Knöfel: Bauen seit 1900 in Berlin, 3. Aufl. Berlin 1968, Objekt 79.3; Berlin und seine Bauten. Teil IV, Wohnungsbau, Band A. Berlin 1970, S. 435; Berlin und seine Bauten. Teil IV, Wohnungsbau, Band B. Berlin 1974, S. 760–761; 75 Jahre GEHAG 1924–1957. Berlin 1999, S. 53–54; Max Taut, 1984, S. 51, 111.

153 RHEINISCHE ARMATURENFABRIK SEMPELL AG IN KORSCHENBROICH 1954

Entwurf, Werner-von-Siemens-Straße

Der Auftraggeber Sempell war ein Freund und ehemaliger Geschäftspartner des Taut-Neffen Walter Cordes. Gemeinsam hatten sie in den Jahren 1946–1951 die Armaturenfabrik in Korschenbroich, nahe Mönchengladbach, aufgebaut, bis Walter Cordes 1951 in den Vorstand der August Thyssen-Hütte berufen wurde.

QUELLE: MTA WV 131; Gespräch mit Dr. Sabine Wolter, der Tochter von Walter Cordes.
LITERATUR: Max Taut, 1984, S. 51.

154 WOHNHAUS SEMPELL IN KORSCHENBROICH 1955

Ausführung, Fragenhütte 24, nahe der Fabrik Sempell

Nach der Planung für die Armaturenfabrik Sempell folgt der Entwurf für ein »Haus in der Niederrheinebene«. Die Analogie zum Wohnhaus Cordes in Dinslaken ist deutlich. Ein eingeschossiger Flachbau mit Satteldach wird auf Basis eines L-förmigen Grundrisses angelegt. Auch hier verlängert Max Taut die Giebelwände so, dass sich raffinierte Grundstücksbegrenzungen ergeben oder Trennungen zwischen Eingangs- und Gartenbereichen. Die Materialität wechselt zwischen Putzflächen und Sichtmauerwerk.

QUELLEN: MTA WV 134; Gespräch mit Sabine Wolter, der Tochter von Walter Cordes.
LITERATUR: Max Taut, 1984, S. 51.

352 Wohnhaus Sempell in Korschenbroich 1955, Ansicht

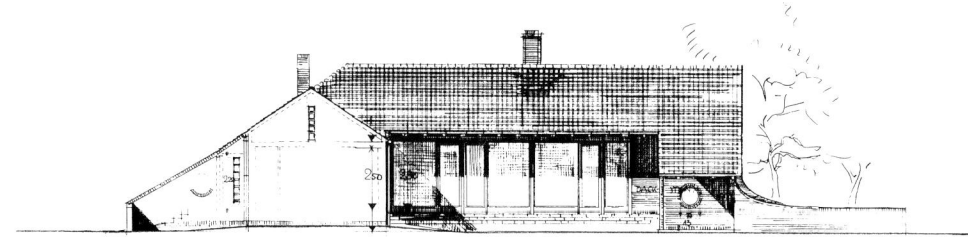

triert das erforderliche Volumen in einer hohen Gebäudescheibe, die im Spannungsverhältnis zu niedrigen Hofflügeln steht. Für den zweiten Abschnitt ist eine fünfgeschossige Scheibe an der gegenüberliegenden Grundstückseite projektiert. So entsteht ein großzügiger Gartenhof, zu dem die einhüftige Anlage der Klassenzimmer lärmgeschützt orientiert ist. Max Tauts Erfahrungen im Schulbau zeigen sich auch in diesem Entwurf, der sowohl eine gute städtische Einbindung als auch eine großzügige innere Organisation aufweist.

QUELLE: MTA WV 135.
LITERATUR: Max Taut, 1984, S. 51

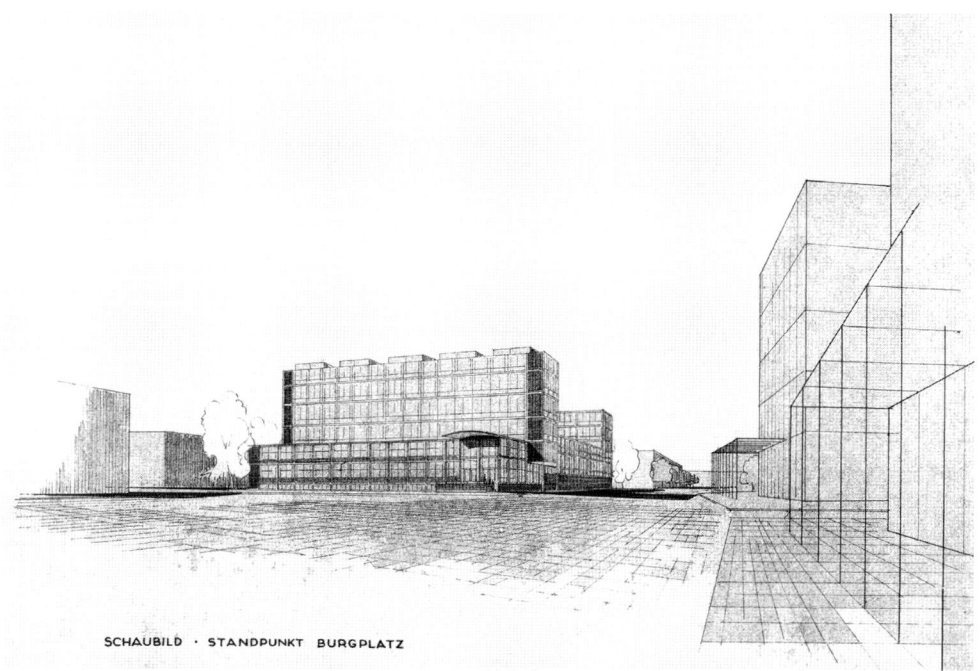

SCHAUBILD · STANDPUNKT BURGPLATZ

353 Wettbewerb Kaufmännische Schulen in Duisburg 1955, Perspektive

354 Bewag-Ausstellungsraum in Berlin-Charlottenburg 1955

155 KAUFMÄNNISCHE SCHULEN IN DUISBURG 1955

Wettbewerbsentwurf, Abgabe 5. 4. 1955

Die Kaufmännischen Schulen in Duisburg sollen auf einem Grundstück im Zentrum gegenüber dem Rathaus in zwei Bauabschnitten entstehen. Max Taut sieht zum Burgplatz eine sechsgeschossige Bebauung vor und konzen-

156 BEWAG-AUSSTELLUNGSRAUM IN BERLIN-CHARLOTTENBURG 1955

Kurfürstendamm, Ecke Grolmannstraße

Für die Bewag gestaltet Max Taut den Ausstellungsraum am Kurfürstendamm in dem Büro- und Geschäftshaus Königstadt von Paul Schwebes. Hierzu entwirft er eine Lichtdecke, die der Bogenform der Eckbebauung zwischen Kurfürstendamm und Grolmannstraße folgt. Zur weiteren Innenausstattung gehören filigrane Regale, Ausstellungstische und eine Stahltreppe. Der Ausstellungsraum wurde von der Bewag in den achtziger Jahren aufgegeben und die Einbauten demontiert.

QUELLEN: MTA WV 136.
LITERATUR: Max Taut, 1984, S. 51.

157 ATH-Siedlung Röttgersbach in Duisburg-Hamborn 1955–1957

Ausführung mit etwa 340 Wohneinheiten, Bauherr: Rheinische Wohnstätten AG, Röttgersbach, Schlachthofstraße, Kaiser-Friedrich-Straße, Am Bischofskamp

Der Kern der Röttgersbach-Siedlung wird bereits in den Jahren 1914 bis 1945 für die Belegschaft der August-Thyssen & Co. KG erbaut. »Die Röttgersbach-Siedlung enthält nach meinem Vorschlag etwa 340 Wohnungen«, schreibt Max Taut 1955 an den August-Thyssen-Direktor Meyer. In seinem Entwurf konzentriert er die Bebauung zugunsten der Freiflächen auf dreigeschossige Haustypen, während in der Siedlung Eickelkamp, deren zweiter Bauabschnitt zur selben Zeit in Planung ist, zweigeschossige Wohnhäuser vorherrschen. »Als Typen für die Bebauung habe ich die alten in Eickelkamp bewährten Grundrisse der Geschosshäuser zugrunde gelegt. Ich würde jedoch empfehlen, bei allen Grundrissen einen Balkon vorzusehen.«

QUELLEN: MTA WV 137; Schreiben von Max Taut an den ATH-Direktor Johann Meyer vom 8. 8. 1955; Bauprogramm 1957: 350 neue Wohnungen, 110 Eigenheime geplant - Neue Bautypen vorgeschlagen, Manuskript o.D., MTA. LITERATUR: Max Taut, 1984, S. 51.

158 Wiederaufbau Martin-Luther-Kirche in Berlin-Lichterfelde 1955–1957

Ausführung mit Erich Ruhtz (technische Leitung)

Die Martin-Luther-Kirche in Lichterfelde wird Anfang der dreißiger Jahre von Martin Kremmer (1894–1945) und Fritz Schupp (1896–1974) entworfen, die sich insbesondere als Industriearchitekten und Erbauer der Zentralschachtanlage XII der ehemaligen Zeche Zollverein in Essen einen Namen gemacht haben. 1944 wird die Kirche stark beschädigt, doch drei Jahre später sind die Kriegsschäden bereits notdürftig behoben. 1955 übernimmt Max Taut die künstlerische Oberleitung bei der Restaurierung der Kirche und entwirft anstelle der ehemaligen Holzbinderkonstruktion eine Betonkonstruktion. Auch die Farbgestaltung und die Neuanordnung von Kanzel und Luther-Standbild gehören zu den von Taut durchgeführten Arbeiten.

QUELLE: MTA WV 138. LITERATUR: Martin-Luther-Kirche, Berlin Lichterfelde. Renovierung und Farbgebung Prof. Max Taut. In: Tagesspiegel (9. 4. 1957), S. 3; Günther Kühne, Elisabeth Stephani: Evangelische Kirchen in Berlin. Berlin 1978, S. 234–235.

159 Wohnanlage in Berlin-Steglitz 1955–1959

Planung: 1955–1957, Ausführung: 1958–1959, Bauherr: GSW; Bismarckstraße 33–35, Stirnerstraße 1–15, Lauenburger Straße 113

Analog zum Wohnungsbau an der Duden- und Methfesselstraße entwirft Max Taut eine Kombination von niedriger Blockrandbebauung und Hochhaus-Solitär. Das siebengeschossige Hochhaus gleicht mit seiner Reihung von Einzimmerwohnungen einem Apartmenthaus, das als Laubengang-Typ angelegt ist. Der Laubengang ermöglicht die Erschließung von 13 Wohnungen pro Etage mit lediglich zwei Treppenhäusern. In der Fassade wirkt der Laubengang wie ein schlankes Rahmenwerk, das seine Spannung durch die leichte Schwingung des Baukörpers erfährt. Die Fenster- und Balkonseite zeigt demgegenüber eine Staffelung der Wohnungen, die so zueinander versetzt

355 Wohnanlage in Berlin-Steglitz 1955–1959

sind, dass jeweils eine geschützte Balkonzone entsteht. Der ehemalige Mitarbeiter Cornelius Hertling erinnert sich an die Entwicklung dieses Sägezahntyps: Wie bei allen Projekten habe Max Taut die Hundertstel-Zeichnungen selbst erstellt, um sie zur Detaillierung an die Mitarbeiter zu geben. Angesichts der Bogenform habe Hertling vorgeschlagen, die Gestalt funktional auszureizen und die Wohnungen so versprengen zu lassen, dass der Eingang jeweils von der Querseite erfolgen kann – dies sei einer der seltenen Fälle, in denen Max Taut einen Vorschlag des Mitarbeiters aufgegriffen habe. Der Laubengangtypus taucht später in der Duisburger August-Thyssen-Siedlung am Zinkhüttenplatz wieder auf. »Niemand wird erwarten, dass heute die jüngeren Leute so bauen wie Max Taut«, schreibt Julius Posener 1964 im Katalog zur Ausstellung. »Man kann aber nicht sagen, dass ein Bau wie das Laubenganghaus in Steglitz veraltet wirke.«

QUELLEN: MTA WV 139; Interview mit Cornelius Hertling vom 12.11.2001, Archiv Menting.
LITERATUR: Berlin und seine Bauten. Teil IV, Wohnungsbau, Band B. Berlin 1974, S. 715; Max Taut, 1964, S. 9, 65–67; Max Taut, 1984, S. 51, 114.

356 Interbau-Objekt 26 im Hansaviertel 1956–1958, Lageplan

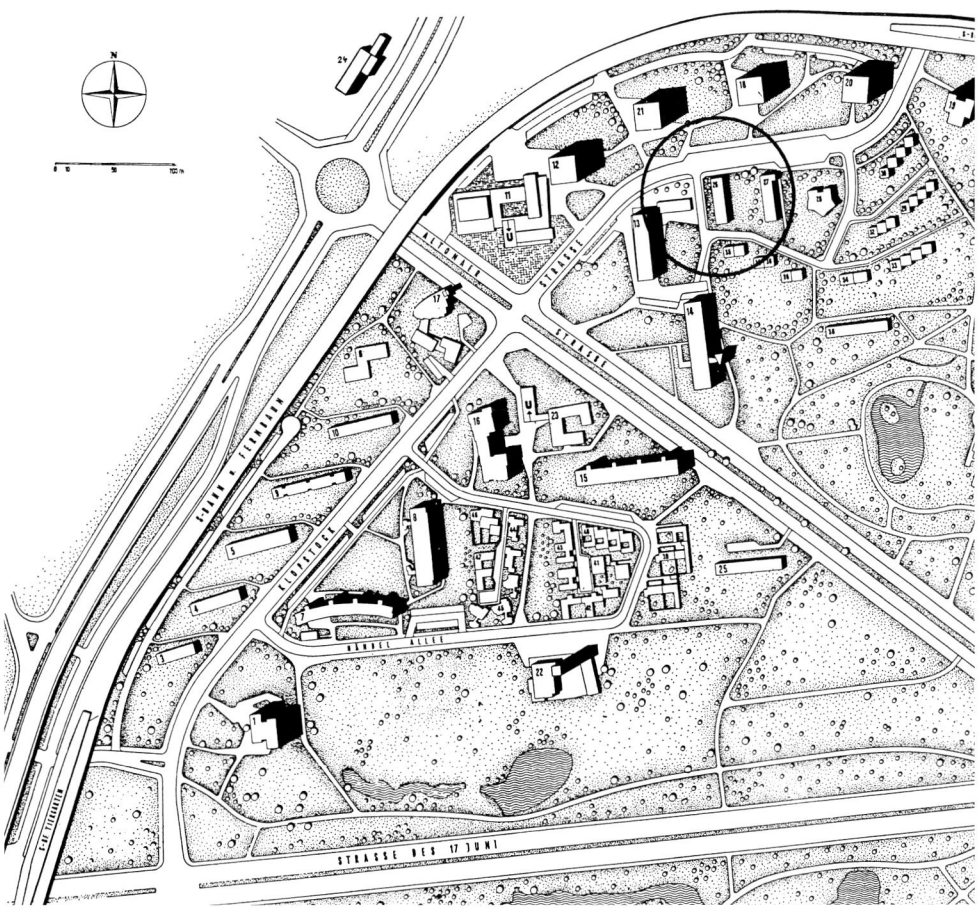

Auftraggeber: Gehag; Ausführung: Bauhütte Berlin; Paster-Behrens-Straße, Parchimer Allee

In Ergänzung zur Britzer Wohnanlage entwirft Max Taut 1955 ein eingeschossiges Ladengebäude an der Parchimer Allee. Für die Großeinkaufs- und Verbraucher-Genossenschaft, die GVG Berlin GmbH, plant er einen Laden mit Lebensmittelabteilung im Zentrum, seitlich angegliedertem »Telegraph« und Zeitungsladen. Wenige Jahre später ist der Flächenbedarf gestiegen, so dass Max Taut 1962 eine Erweiterung vornimmt, wobei die ursprüngliche Front erhalten bleibt und lediglich an der Rückseite angebaut wird.

QUELLE: MTA WV 140.
LITERATUR: Max Taut, 1980, S. 52.

161 INTERBAU-OBJEKT 26 IM HANSAVIERTEL 1956–1958

Bauherr: Aktiengesellschaft für den Aufbau des Hansaviertels und Gemeinnützige Deutsche Wohnungsbaugesellschaft, Ausstellung von Juli bis September 1957, Fertigstellung des Objekts 1958; Hansaviertel Berlin, Hanseatenweg 1–3

Im September 1954 erhält Max Taut die Einladung zur Teilnahme an der Interbau in Berlin. Er soll das Objekt 25, eine Tankstelle mit 30 Garagen, und das Objekt 30, zwei zweigeschossige Wohnhäuser, in der Nordhälfte des Hansaviertels planen. Wenige Monate später, im Dezember, wird der städtebauliche Plan in eine orthogonale Ordnung überführt und derart verändert, dass Max Tauts Bauten entfallen. Hans Scharoun bittet daraufhin den Vorsitzenden des Koordinierenden Ausschusses Otto Bartning um die Einbeziehung von Flachbauten, für deren Bearbeitung er unter anderem Max Taut vorsieht: »Vielleicht ließe sich mit Max Taut etwas organisieren – Taut sollte doch wohl auf irgendeine Weise wieder eingeschaltet werden.« Im Februar 1955 wird das Konzept einer »Teppichsiedlung« präsentiert und Max Taut erhält nach dem Senatsbeschluss vom 15. August 1955 den Auftrag zur Planung eines zwei- bis dreigeschossigen Wohngebäudes in der nördliche Flachbebauung.

Das tautsche Projekt ist als Ausschnitt einer städtischen Wohnanlage gedacht und soll im Verband einer Großsiedlung individuelles Wohnen ermöglichen. Durch die starke Gliederung der Wohnzeile entstehen drei kleinere Blöcke, die gestaffelt angeordnet sind und sowohl im Grundriss als auch im Volumen variieren. Dabei ergeben sich Möglichkeiten der separaten Nutzung bestimmter Bereiche unter Vermeidung eines starren Massenwohnungsbaus. Verbindend zwischen den drei Blöcken stehen weit zurückgesetzte, verglaste Treppenhäuser. Zur Schaffung eines persönlichen Wohnklimas weicht Max Taut von den klassischen Prinzipien des modernen Wohnungsbaus der zwanziger Jahre ab, indem er bei einigen Wohnungen zugunsten des individuellen Konzepts auf die typische Ost-West-Orientierung verzichtet und die sozialen Aspekte wie Nachbarschaft und Privatsphäre thematisiert. Eine angenehme Belichtung der Wohnungen erreicht er mit auffallend großen Fenstern, die auf die schottenartige Konstruktionsweise hindeuten.

»Der geplante Wohnblock ist als Wohngemeinschaft gedacht, wobei die Mieter Gemeinschaftsräume, wie Aufenthaltsraum für Kinder, Bastelraum und einen Versammlungsraum im Untergeschoss, erhalten«, heißt es in der tautschen Erläuterung zum Objekt 26. Die teilweise Aufständerung des Erdgeschosses und die geplante Dachterrasse sollen neben den Freianlagen Orte der Gemeinschaft werden, doch kann die Dachterrasse aus Kostengründen nicht ausgeführt werden. Die helle Farbgebung des Gebäudes und das Flachdach sind keineswegs selbstverständlich für Taut, der in den fünfziger Jahren oftmals kräftig-farbige Bauten mit geneigten Dächern plant. Hier mag das Gesamtkonzept der Ausstellung von Bedeutung gewesen sein: Ende 1955 und Anfang 1956 haben grundlegende Koordinationssitzungen stattgefunden, in denen man gemeinsam Festlegungen für ein abgestimmtes Erscheinungsbild der Siedlung traf.

Anfang der achtziger Jahre wird das inzwischen unter Denkmalschutz stehende Haus im Rahmen einer Sanierung durch die Aufbringung einer Wärmedämmschicht verändert. Die kleineren Fenster an der Nord- und Südseite erscheinen durch die tiefe Laibung schießschartenähnlich verengt. Auch die schlanke Profilierung und die Gliederung der Fenster sind durch die Maßnahme beeinträchtigt.

357 Interbau-Objekt 26

QUELLEN: MTA WV 143; Einladungsschreiben des Senators für Bau- und Wohnungswesen an Max Taut vom 13.9.1954; Bernhard Hermkes: Niederschrift über die Architekten-Besprechung am 7.12.1955 betreffend Planung der zwei- bis dreigeschossigen Bebauung im Rahmen der Internationalen Bauausstellung Berlin 1957; Schreiben des Senators für Bau- und Wohnungswesen an Max Taut vom 31.5.1955; Aktiengesellschaft für den Aufbau des Hansaviertels: Geschäftsbericht zum 31. Dezember 1954 und 31. Dezember 1955; Senator für Bau- und Wohnungswesen: Niederschrift, Arbeitsbesprechung der Architekten im Planungsbereich Hermkes am 5. April 1956; Max Taut: Hansaviertel, Objekt 26. Projektbeschreibung, Manuskript o. D.; Korrespondenz zwischen Max Taut und der Gemeinnützigen Deutschen Wohnungsbaugesellschaft im Jahr 1957 zu Ausführungsqualitäten, MTA; Brief von Hans Scharoun an Otto Bartning vom 17.12.1954. In: Johann Friedrich Geist, Klaus Kürvers. Das Berliner Mietshaus 1945–1989, Bd. 3. München 1989, S. 406.
LITERATUR: Berlin und seine Bauten. Teil IV, Wohnungsbau, Band A. Berlin 1970, S. 392–393; Berlin und seine Bauten: Teil IV, Wohnungsbau, Band B. Berlin 1974, S. 556–558; Max Taut: Objekt 26. In: Interbau Berlin 1957. Amtlicher Katalog der Internationalen Bauausstellung (6.7. bis 29.9.1957). Berlin 1957, S. 106–107; Interbau Berlin. Hrsg. vom Senator für Bau- u. Wohnungswesen und dem BDA. Darmstadt 1957, H. 3, S. 162–165; Max Taut, 1984, S. 114; Johann Friedrich Geist, Klaus Kürvers: Das Berliner Mietshaus 1945–1989, Bd. 3. München 1989; Gabi Dolff-Bonekämper und Franziska Schmidt: Das Hansaviertel. Internationale Nachkriegsmoderne in Berlin. Berlin 1999, S. 86–88.

162 ANITA-THYSSEN-HEIM, LEHRLINGSHEIM UND SPORTHALLE IN HÜNXE 1956–1959

Bauherr: ATH AG, Mitarbeiter Cornelius Hertling; Lindhagenweg, Hünxe-Testerberge

Für das Lehrlingsheim in Hünxe-Testerberge, das nach der Tochter von Fritz und Amélie Thyssen benannt ist, wird ein bestehender Klinkerbau durch den Anbau eines eingeschossigen Gästehauses erweitert. Auf dem weitläufigen Gelände entstehen außerdem ein eingeschossiges Lehrlingswohnheim mit Schlafsälen und eine Verwalter-Wohnung. Die Bauleitung dieser Anlage übernimmt Cornelius Hertling, der von 1955 bis 1958 zum Mitarbeiterstab des Ateliers Max Taut gehört. Er hat wesentlichen Anteil am Entwurf der Sporthalle, deren Planung von 1957 bis 1959 reicht. Das Lehrlingsheim ist weitgehend erhalten, doch mit willkürlichen baulichen Änderungen im Bereich des Wohnheims, so dass die Leichtigkeit und Offenheit aus den fünfziger Jahren heute nicht mehr vorhanden sind.

QUELLEN: MTA WV 132; Max Taut: Baubeschreibung für die Durchführung des Bauvorhabens zur Errichtung eines Lehrlingsheims der August Thyssen-Hütte in den Testerbergen vom 23.10.1956, MTA; Interview mit Cornelius Hertling am 12.11.2001, Archiv Menting. LITERATUR: Max Taut, 1984, S. 51, 108.

163 KLINKERSIEDLUNG IN DUISBURG-WALSUM 1956–1957

Bauherr: Rheinische Wohnstätten AG; Friedrich-Ebert-Straße, Beckersloh

Für die Stahlarbeiter der August Thyssen-Hütte entsteht entlang der Friedrich-Ebert-Straße nahe dem Vierlindenhof eine Siedlung, zu der auch Bauten im Versuchsprogramm der Montanunion gehören. Die Wohnbauten des jüngeren, von Taut geplanten Bauabschnitts werden mit Klinkern verblendet.

QUELLE: MTA WV 142.
LITERATUR: Wohnstätten an Rhein und Ruhr. Aus der Arbeit der Wohnstätten-Gesellschaften für Kohle und Stahl. Hrsg. von Wilhelm Steinberg. Düsseldorf 1958, S. 97; Max Taut, 1984, S. 52.

358 Anita-Thyssen-Heim, Lehrlingsheim in Hünxe (Testerberge) 1956–1959

164 ATH-Siedlung Zinkhüttenplatz in Duisburg-Hamborn 1957–1964

Bauherr: Rheinische Wohnstätten AG, Planung: 1957–1959, Ausführung: 1960–1963, Entwurf DRK-Heim 1961 und veränderte Ausführung ohne Billigung Tauts durch Dr. Hackert; Am Zinkhüttenplatz

Die August-Thyssen-Siedlung am Zinkhüttenplatz erstreckt sich über ein weitläufiges Areal zwischen den höher verdichteten Quartieren Alt-Hamborn und Marxloh. In den ersten Entwürfen bezieht Max Taut das Gesamtareal bis zum Hamborner Bahnhof ein, das etwa viermal so groß ist wie der später realisierte Siedlungsabschnitt.

Für die Mischsiedlung Zinkhüttenplatz entwickelt Max Taut etwa vierhundert Wohneinheiten mit unterschiedlichen Gebäudetypen von zwei- bis dreigeschossigen Staffelzeilen über fünfgeschossige Zeilenhäuser bis zu achtgeschossigen Scheibenhochhäusern und einem Punkthochhaus. Als wesentlich für das Erscheinungsbild der Siedlung erweist sich, neben der Vielfalt der Wohnhaustypen, ihre Farbgestaltung. Max Taut entwirft ein heiteres und farbenfreudiges Konzept, wie er selbst schreibt; er verwendet rote Klinker, die mit hellen Putzflächen wechseln, und gelbe Klinker, die mit blauen Terrassenbrüstungen kombiniert sind. So gliedern sich Wohnzeilen in einzelne Sequenzen, die durch Plastizität und Farbigkeit zur Rhythmisierung beitragen unter Wahrung eines harmonischen Gesamteindrucks der Siedlung. 1962 wird auf Max Tauts Vorschlag hin die Aufstellung einer kugelförmigen Plastik von Werthmann und eine Ausschmückung dreier Giebel durch den Farbgestalter Johannes Ufer erwogen.

Der Entwurf eines Heims auf dem Gelände, den Max Taut 1961 für das Deutsche Rote Kreuz erstellt, wird ohne Rücksprache mit ihm verändert und durch einen außenstehenden Architekten ausgeführt. Max Taut fragt nach den Gründen für diesen Schritt und bittet um Bekanntgabe des Architekten zur Vermeidung von Missverständnissen, denn er sei nicht gewillt, den ausgeführten Entwurf mit seinem Namen zu decken.

Bei all seinen Planungen legt Max Taut großen Wert auf Gespräche vor Ort mit Bewohnern und zukünftigen Nutzern, deren Bedürfnisse und Lebensweisen er erkundet. »Was glauben Sie wohl wie lange der Kumpel, der Bergarbeiter, seine Wohnung bewohnt? Sie werden wahrscheinlich alle staunen: Er bewohnt sie nicht etwa ein Leben lang, sondern wechselt jede eineinhalb Jahre seine Wohnung.« Ein solch häufiger Ortswechsel scheint das zu verhindern, was Max Taut als existentielle Grundlage einer gelungenen Siedlung betrachtet: die individuelle Wohnatmosphäre und das Wohnklima. Erst in einer zeitlichen Kontinuität könne sich die Identifikation mit dem Ort einstellen und damit auch das

359 ATH-Siedlung Zinkhüttenplatz

Wohnklima, erläutert Max Taut in der Diskussionsrunde *Schöner wohnen.* »Die Wohnung selbst, die in einer solchen Siedlung errichtet wird, ist heute der einzige Ort, wo sich die Persönlichkeit, sei es der Arbeiter oder sei es der Angestellte, als Individuum fühlen kann und wo ihm die Möglichkeit gegeben ist, im Gegensatz zu seiner Arbeitsstelle so zu leben, wie er will.«

In der ATH-Werkzeitung äußert der Arbeitsdirektor Meyer, dass vierhundert Familien am Zinkhüttenplatz für sich in einer kleinen Stadt im Grünen lebten. Auch heute bestätigen Bewohner die hohe Qualität der Wohnbauten und des unmittelbaren Wohnumfeldes, wenngleich die angrenzende Bundesstraße zur stark frequentierten Stadtautobahn mutierte. Die Siedlung ist weitgehend in gutem Zustand erhalten trotz mancher willkürlicher Eingriffe, zu denen ein rosafarbener Anstrich des einst roten Punkthochhauses gehört.

QUELLEN: MTA WV 133; Max Taut Aktennotiz zum Besuch in Duisburg vom 9. bis 11. Oktober 1961; Max Taut: Beitrag auf dem Diskussionsforum »schöner wohnen« am 24. und 25. Oktober 1960 in München. Manuskript 8 Seiten, Auszugsweise abgedruckt in: Max Taut. Berlin 1984, S. 104–105, sowie unveröffentlichte Vorfassung 7 Seiten; Schreiben der August-Thyssen-Hütte an Max Taut vom 23.1.1961; Korrespondenz zwischen Max Taut und ATH-Direktor Meyer zur Kunst am Bau im Jahr 1962, Korrespondenz zwischen Max Taut und Walter Cordes im Jahr 1963; MTA; Gespräch mit dem Mieter Günter Wolf, der seit 40 Jahren in der Zinkhüttenplatz-Siedlung wohnt, am 27.12.2000.
LITERATUR: Stadtplaner modellieren Hamborns neues Gesicht. In: Duisburg-Hamborner Stadtnachrichten (19.11.1958); Wohnstätten an Rhein und Ruhr. Aus der Arbeit der Wohnstätten-Gesellschaften für Kohle und Stahl. Hrsg. von Wilhelm Steinberg. Düsseldorf 1958, S. 116; Über 700 neue Wohnungen für unsere Mitarbeiter. Interview der Werkzeitung der August Thyssen-Hütte mit Arbeitsdirektor Meyer. In: Unsere ATH, 8 (1962), H. 12, S. 19–23, 25; Max Taut, 1984, S. 51, 113.

360 ATH-Siedlung Zinkhüttenplatz in Duisburg-Hamborn 1957–1964, Modell

165 Protestantische Notkirchen 1957

Entwurf, vgl. Werk 118

Max Taut widmet sich 1957 erneut dem Thema Notkirchen und zeichnet hierfür sowohl Beton- als auch Holzkonstruktionen. Es entsteht ein Idealentwurf als zylindrischer Zentralbau aus Glas, der von einer flachen Beton- oder Holzkuppel überdacht ist. Bereits zehn Jahre zuvor hatte Max Taut zu diesem Thema Entwürfe vorgelegt.

QUELLE: MTA WV 144.
LITERATUR: Max Taut, 1984, S. 52.

166 Stadion in Duisburg-Hamborn 1957

Entwurf

QUELLE: MTA WV 145.
LITERATUR: Max Taut, 1984, S. 52.

167 ATH-Siedlung Mattlerbusch in Duisburg-Hamborn 1957

Entwurf, Dinslakener Straße, Mattlerstraße

Im April 1957 beschäftigt sich Max Taut mit einer städtebaulichen Untersuchung zur Erweiterung der Eickelkamp-Siedlung im östlich angrenzenden Quartier Mattlerbusch. Hier ist eine flache zweigeschossige Bebauung für Einfamilienhäuser vorgesehen, doch wurde das Vorhaben nicht weiterverfolgt.

QUELLE: MTA WV 146.
LITERATUR: Max Taut, 1984, S. 52.

361 Protestantische Notkirche 1957, Schnitt

168 Wohnanlage Luisenstrasse in Dinslaken 1957

Entwurf

Zunächst entwirft Max Taut eine ausgedehnte Siedlung für das Areal zwischen Augusta- und Luisenstraße. Neben einem vielfältigen Angebot unterschiedlicher Wohnungsbauten vom Flachbau bis zum zehngeschossigen Hochhaus sind auch öffentliche Einrichtungen wie eine Schule, ein Kindergarten sowie Läden und eine Gaststätte vorgesehen. So legt Max Taut den Vorschlag für ein autonomes Wohnquartier vor, wie er es auch in seinen städtebaulichen Idealplanungen projektiert. Das ursprüngliche Projekt wird allerdings verworfen und später berichtet Max Taut dem ATH-Direktor Johann Meyer, dass er einen Vorschlag für die Errichtung von etwa dreißig Eigenheimen in der Luisenstraße ausgearbeitet habe.

QUELLEN: MTA WV 147; Schreiben von Max Taut an ATH-Direktor Johann Meyer vom 27.11.1957, MTA.
LITERATUR: Max Taut, 1984, S. 52.

169 ATH-Siedlung Sassenhof in Duisburg-Hamborn 1957–1958

Entwurf

Der Entwurf zur Siedlung Sassenhof bezieht sich auf die Erschließung eines Geländes nahe der ATH-Siedlung Eickelkamp. Das erste Siedlungskonzept für 680 Mietwohnungen, 100 Eigenheime und eine Schule wird jedoch nach der städtebaulichen Untersuchung nicht weiterverfolgt.

QUELLEN: MTA WV 148; Atelier Max Taut: Aktennotiz vom 7.11.1958, MTA.
LITERATUR: Max Taut, 1984, S. 52.

170 Wohnanlage Rotbachstrasse in Dinslaken 1957–1958

34 Mietwohnungen, Rotbachstraße, Voerder Straße

Die Siedlung Rotbachstraße liegt unweit des Wohnhauses von Walter Cordes, der zusammen mit seiner Frau Bauherr der Anlage ist. Der zweigeschossige Wohnhaustyp ähnelt dem Modell der Eickelkamper Siedlung. Die Eigentumswohnungen sind in gutem Zustand erhalten.

QUELLEN: MTA WV 149; Gespräch mit Sabine Wolter, der Tochter von Walter Cordes.
LITERATUR: Max Taut, 1984, S. 52.

362 Wohnanlage Rotbachstraße in Dinslaken 1957–1958, Zustand 2000

Bauherr: Rheinische Wohnstätten AG, Planung von August 1958 bis 1966, Bauzeit 1960–1964; Friedrich-Ebert-Straße

Mit der Großsiedlung Vierlinden in Duisburg-Walsum entsteht ein Wohnquartier für die August Thyssen-Hütte mit rund 800 Wohnungen. Max Taut plant den nördlichen Siedlungsteil mit 430 Mietwohnungen und siebzig Eigenheimen, während für das südliche Areal der Chefarchitekt der Rheinischen Wohnstätten Wilhelm Meinen aus Essen verantwortlich ist. In den städtebaulichen Entwürfen Tauts ist die allmähliche Entwicklung von einer flachen Siedlung mit wenigen Dominanten zu einer höhendifferenzierten und spannungsvollen Anlage erkennbar. Im August 1958 präsentiert Max Taut ein Siedlungsmodell, das sich gegenüber den Vorplänen mit stärkerer baulicher Dichte und zusammenhängenden Freiflächen zeigt, vergleichbar dem Konzept der ein Jahr zuvor geplanten ATH-Siedlung am Hamborner Zinkhüttenplatz.

Die Siedlung wird auf dem Gelände des alten Vierlindenhofs errichtet, der fünfhundert Jahre in Familienbesitz war. Ein 1819 aus Backstein erbautes Bauernhaus, das von alten Bäumen umgeben ist, bleibt in Max Tauts Planung als Namensgeber des Quartiers erhalten. Der Aufbau der lang gestreckten Vierlinden-Siedlung entwickelt sich von einer höheren Bebauung an der Friedrich-Ebert-Straße zur flachen Bebauung entlang dem Wäldchen Ruloffsbusch. Bei den flacheren Wohnbauten finden zum Teil die früher entwickelten Wohnungstypen Anwendung.

Besondere Aufmerksamkeit widmet Max Taut den Akzenten in der Siedlung, die er durch Punkthochhäuser und größere Freiflächen gestalten möchte. In einem Schreiben an den ATH-Direktor Meyer forciert er die

363 ATH-Siedlung Vierlinden in Duisburg-Walsum 1958–1964, 1966, Vogelperspektive (Ausschnitt)

Entwicklung eines neuen Typs: »Eine Kopie des achtgeschossigen Hauses vom Zinkhüttenplatz in Vierlinden zu errichten, ist architektonisch unmöglich. Die Siedlung Vierlinden hat einen ganz anderen Charakter. Sie hat eine offenere Bauweise, und infolge dessen würde ein derartig strenger Baukörper hier störend wirken.« Zwischenzeitlich denkt er an ein Hochhaus als Hängehaus-Ausführung. Der Architekt Heinz Rasch, Autor der Weißenhof-Publikation *Wie bauen?*, hat bei Max Taut wegen einer Mitarbeit an diesem innovativen Vorhaben angefragt und sich dabei auf die Visionen eines scheerbartschen Romans bezogen, in dem Häuser beschrieben werden, die an Galgen hängen. Hier zeigt sich der Kontrast der Welten – auf der einen Seite die pragmatische Aufbauplanung der Wohnungsbaugesellschaften, auf der anderen die utopische Fantastik eines Scheerbart-Romans. Der Wiederaufbauminister von Nordrhein-Westfalen nimmt bald allerdings eine grundlegend ablehnende Haltung gegenüber Wohnhochhäusern ein, so dass hierfür keine Landesmittel mehr bewilligt werden. Heinz Rasch schreibt dennoch an Taut: »Ganz abgesehen davon jedoch könnte ich mir denken, dass es Ihnen allein auf Grund Ihres Namens gelingen würde, eine Befreiung dieser ministeriellen Verfügung zu erhalten.« Doch sprechen auch die schlechten Bodenverhältnisse gegen die Errichtung einer wirtschaftlich vertretbaren Hängekonstruktion und so entsteht später lediglich ein achtgeschossiges Scheibenhochhaus.

Die Farbgestaltung wird in der Vierlinden-Siedlung von Max Taut mit besonderer Sorgfalt geplant. Zwischen Architekten und Bauherrn kommt es 1961 zu Auseinandersetzungen, da die Rheinischen Wohnstätten einen externen Farbberater hinzuziehen. In einer Notiz über eine Duisburg-Reise 1961 hält Max Taut fest, dass die vorgeschlagene Farbenskala durchaus nicht seinen Vorstellungen entspricht. »Ich fand wenige Ähnlichkeit mit meinen Vorschlägen heraus, die wesentlich kräftigere und heitere Farben aufweisen und überhaupt farbenfreudiger sind. Begründet durch das in Duisburg vorherrschende graue Wetter und die schnelle Verschmutzung der Farben durch die umliegende Industrie.« Max Taut bezieht sich auf Untersuchungen von Görsdorf, in denen der psychologische Gehalt von Farben analysiert und ihre Wirkung auf Menschen beschrieben wird. So erscheint nach der Auffassung von Görsdorf ein Gelb eher lebhaft und frisch, während ein Hellblau einen »gemütskräftigen Ausdruck« besitzt und als eher unpersönlich empfunden wird. Bei der Vierlindensiedlung entscheidet Max Taut sich für eine Komposition aus wenigen Farben mit einem gelben Stein und vier Edelputzfarben zu weißen Fenstern und schwarz-weißen Balkonen.

QUELLEN: MTA WV 141; Brief von Heinz Rasch an Max Taut vom 21.7.1960 (mit einem Auszug aus dem Paul Scheerbart Roman *Das graue Tuch*) und vom 4.8.1960; Brief von Max Taut an Heinz Rasch vom 2.8.1960; Max Taut, Aktennotiz über die Reise nach Duisburg vom 9.–11. Oktober 1961; Schreiben von Max Taut an Johannes Ufer vom 16.10.1961; Schreiben von Johannes Ufer an die Rheinischen Wohnstätten vom 17.11.1961; Schreiben von Johannes Ufer an Baudirektor Scheel vom 19.1.1962; Schreiben von Max Taut an Direktor Meyer vom 6.6.1963 und 22.7.1963; Schreiben von Max Taut an Kurt Doese, ATH, vom 22.12.1965; Schreiben von Max Taut an H. W. Distler, Rheinische Wohnstätten AG, vom 14.3.1966, MTA.
LITERATUR: Wohnstätten an Rhein und Ruhr. Aus der Arbeit der Wohnstätten-Gesellschaften für Kohle und Stahl. Hrsg. von Wilhelm Steinberg. Düsseldorf 1958, S. 95; Über 700 neue Wohnungen für unsere Mitarbeiter. Interview der Werkzeitung der August Thyssen-Hütte mit Arbeitsdirektor Meyer. In: Unsere ATH, 8. (1962), H. 12, S. 19–23, 25; K. Görsdorf: Straßen – Häuser – Farben. Ein Beitrag zur methodischen Aussenfarbgebung. Zeitschrift unbekannter Herkunft, o. D. (nach 1959), S. 290–294, MTA; Max Taut, 1964, S. 63; Max Taut, 1984, S. 52, 112; Architektur in Duisburg. Duisburg 1994, S. 23.

364 Altersheim in Walsum in der Siedlung Vierlinden
1959–1963, Kopfbau, Zustand 2000

172 Altersheim in der Siedlung Vierlinden in Duisburg-Walsum 1959–1963

Bauherr: Stadt Walsum (heute Duisburg)

Am 2.7.1959 schreibt Walsums Stadtdirektor an Max Taut: »Ich darf Ihnen zu meiner Freude mitteilen, dass der Rat der Stadt Walsum in seiner Sitzung am 29.6.1959 Sie mit der Planung zum Bau eines Altersheimes in Walsum beauftragt hat.« Die Errichtung des Heims steht im unmittelbaren Zusammenhang mit dem Konzept der Siedlung Vierlinden. Die August Thyssen AG zeigt als Eigentümerin des Geländes beim Erwerb des Grundstücks durch die Stadt »erkennenswertes Entgegenkommen«. Am Rande des Wäldchens Ruloffsbusch entsteht das Altersheim als aufgelockerte Baugruppe: Wohnhäuser für Paare und ein Trakt für Einzelpersonen sind L-förmig zueinander angeordnet und über die Gemeinschaftsbereiche miteinander verbunden. In dem als Rahmenbau ausgeführten Haus besteht bis heute ein Altersheim, das aufgrund der Lage im grünen Siedlungsareal besonders geschätzt wird.

QUELLE: MTA WV 141, Schreiben der Stadt Walsum an Max Taut vom 2.7.1959 zur Auftragserteilung; Schreiben von Oberbaurat Scheel an Max Taut vom 29.11.1962; Schreiben von Max Taut an Oberbaurat Kurt Scheel vom 30.8.1963, MTA.
LITERATUR: Über 700 neue Wohnungen für unsere Mitarbeiter. Interview der Werkzeitung der August Thyssen-Hütte mit Arbeitsdirektor Meyer. In: Unsere ATH, 8, (1962), H. 12, S. 19–23, 25; Max Taut, 1984, S. 52 (unter ATH-Siedlung Vierlindenhof); Architektur in Duisburg. Duisburg 1994, S. 23.

173 Wohnanlage Thyssen-Strasse in Dinslaken 1959

Entwurf

QUELLE: MTA WV 150.
LITERATUR: Max Taut, 1984, S. 52.

174 Wohn- und Geschäftshaus in Solingen 1959

Bauantrag Juni 1959, Bauherr: Walter und Hedwig Cordes; Wuppertaler Straße, Ahornstraße

Im Auftrag seines Neffen Walter Cordes plant Max Taut ein dreigeschossiges Gebäude mit Läden im Erdgeschoss und Wohnungen in den beiden Obergeschossen. Im Hofbereich ist ein Flachbau als Garage vorgesehen. Das Projekt wird von der Rheinischen Wohnstätten AG ausgeschrieben und ausgeführt.

QUELLE: MTA WV 151.
LITERATUR: Max Taut, 1984, S. 52.

365 Altersheim in Walsum, Grundriss der Entwurfsplanung, Erdgeschoss

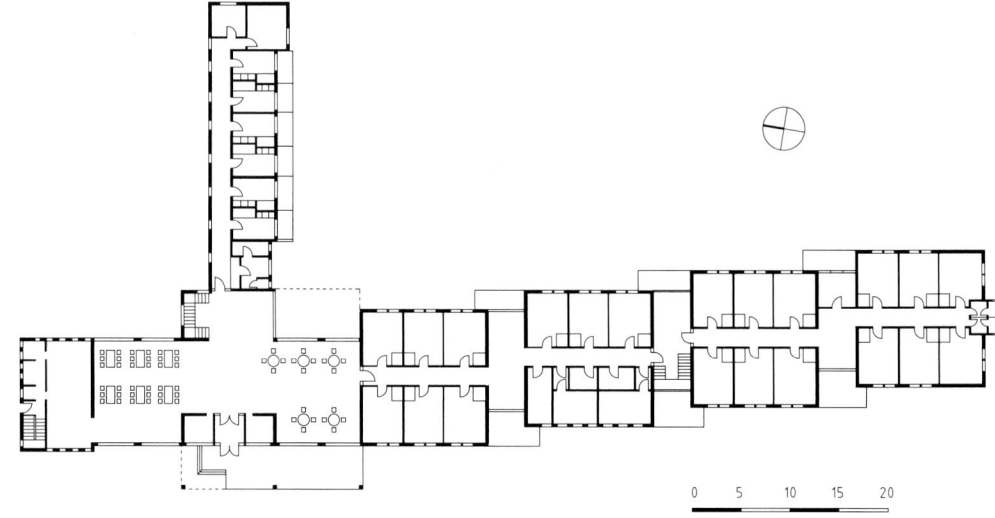

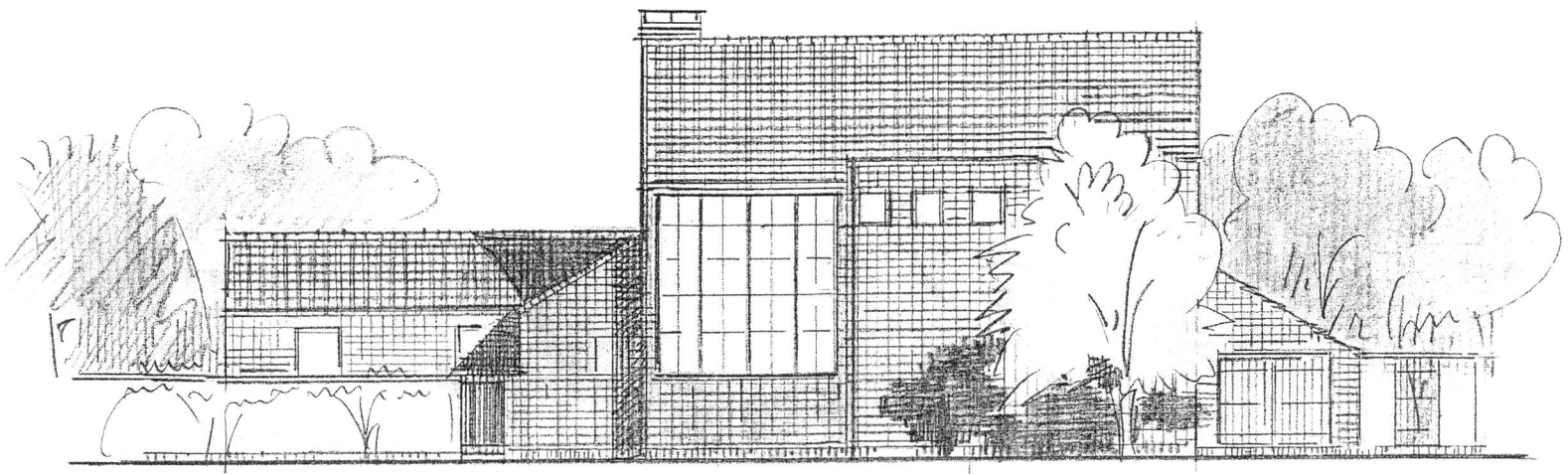

366 Entwurf Wohnhaus Meyer in
Duisburg-Hamborn 1959–1960

175 Wohnhaus Meyer in Duisburg-Hamborn 1959–1960

Entwurf, Bauherr: Johann Meyer; Mecklenburgische Straße

Bauherr des Wohnhauses ist Johann Meyer, der als Gewerkschaftsfunktionär in den Vorstand der August Thyssen-Hütte berufen wurde. Max Taut hatte ihn über Walter Cordes und die Zusammenarbeit bei seinen Siedlungsplanungen für die Rheinischen Wohnstätten kennen gelernt. Von Juni 1959 bis April 1960 entwirft Max Taut mehrere Varianten des Wohnhauses, das sich von einer ursprünglich linearen Anlage zu einem L-förmigen Typus entwickelt. Die Gestaltung des Wohnhauses verweist auf die Bauten für Walter Cordes und Sempell.

QUELLE: MTA WV 152.
LITERATUR: Max Taut, 1984, S. 52.

176 Umbau des Jagdschlosses Glienicke in Berlin-Wannsee 1960–1964

Bauantrag 3. 12. 1962, Auftraggeber: Senatsverwaltung Berlin, Mitarbeit Hans Joachim Mette und Klaus Hoffmann, Künstlerische Mitarbeit Richard Scheibe; Königstraße

Als Erbauer des Jagdschlosses gilt Charles Philippe Dieussart, der im Auftrag des Kurfürsten Friedrich III. die Arbeiten an dem Bauwerk um 1682 beginnt. Einen ersten weitreichenden Umbau erfährt das Haus 1862 durch den Baumeister von Arnim, der den Bau bis auf die Umfassungsmauern im Stil der Neo-Renaissance als Wohnhaus neu gestaltet. Etwa dreißig Jahre später wird der Bau um einen Seitenflügel erweitert. Das Gebäude dient unterschiedlichsten Nutzungen: vom Wohnhaus über eine Tapetenmanufaktur bis zum Filmatelier und zum provisorischen Kinderheim in den fünfziger Jahren. Anfang der sechziger Jahre erhält Max Taut den Auftrag, das Haus zu sanieren und es zu einer Jugendbildungs- und Begegnungsstätte umzugestalten.

Für diese neue Nutzung entwirft Max Taut einzelne An- und Ergänzungsbauten. Besonders hervorgehoben wird der Eingangsbereich des Schlosses, der einen gläsernen Vorbau im Bereich des Mittelrisalits erhält, so dass die Haupträume wie Eingangshalle und Gemeinschaftsräume eine unmittelbare Beziehung zum umgebenden lennéschen Parkgelände haben. Der Vorplatz wird durch eine umlaufende Pergola gefasst und soll mit einer Plastik von Richard Scheibe einen neuen Akzent erhalten. Ergänzt wird das modernisierte Schlossensemble durch weitere Neubauten, zu denen ein Wohnhaus, eine Küchenanlage und, in deutlicher Distanz, eine Gymnastikhalle

gehören. Max Taut ist um den Erhalt der äußeren Erscheinung des Gebäudes trotz gänzlich
neuer Nutzung bemüht und lässt maßstabslo-
se Anbauten entfernen, was von der Denkmalpflege als wesentliche Verbesserung begrüßt
wird.

Nach Abschluss der Arbeiten schreibt
Max Taut: »Ernst Reuter bewahrte das Haus
vor dem gänzlichen Verfall. Trotzdem mussten
im Inneren wesentliche technische und konstruktive Veränderungen aus statischen Gründen durchgeführt werden. Viele Konstruktionen genügten den heutigen Erfordernissen
nicht. ... Der Zweck und die Benutzung des
Hauses als Jugendbildungs- und Begegnungsstätte bedingten im Innern diese Veränderungen. Das Äußere ist ganz erhalten geblieben.
Die umgebenden Bauten und Pergolen sollen
dazu beitragen, dem alten Hause Maßstab und
Beziehung zum Park zu geben. Die gesamte
Anlage soll organisch und nicht mehr als
Fremdkörper im Park stehen.«

Das Jagdschloss Glienicke findet einschließlich der Umbauten Aufnahme in die
Berliner Denkmalliste, doch zerstört im April
2003 ein Brand weite Teile des Baudenkmals.

QUELLEN: MTA WV 153; Max Taut: Baubeschreibung
Umbau Jagdschloss Glienicke vom 14.3.1962; Max Taut:
Angaben zum Jagdschloss Glienicke vom 3.11.1964;
Dr. Seeleke: Vermerk der Denkmalpflege zum Jagdschloss
Glienicke vom 15.2.1963, MTA.
LITERATUR: Max Taut, 1984, S. 52.

368 Umbau des Jagdschlosses Glienicke,
Vogelperspektive, Skizze von Max Taut

367 Umbau des Jagdschlosses Glienicke
in Berlin-Wannsee 1960–1964

177 WOHNANLAGE SACKFÜHRERDAMM IN BERLIN-NEUKÖLLN 1961

Entwurf

Max Taut erarbeitet einen städtebaulichen Entwurf für eine Wohnanlage im Auftrag der Gemeinnützigen Siedlungs- und Wohnungsbaugesellschaft Berlin.

QUELLE: MTA WV 154.
LITERATUR: Max Taut, 1984, S. 52, 114.

178 HAUPTKINDERHEIM IN BERLIN-KREUZBERG 1963–68

Entwurf 1963, Bauantrag 13. 1. 1965, Auftraggeber: Senator für Jugend und Sport, Bauleitung: Senator für Bau- und Wohnungswesen; Gartengestaltung: Hermann Mattern, Tragwerksplanung: Manfred Manleitner, Weiterführung nach dem Tod Max Tauts durch Fritz Bornemann; Alte Jakobstraße, Ritterstraße

Das bisherige Kinderheim in Ruhleben sei unvergleichlich schlecht, berichtet der Telegraf vom 1. Mai 1964, so dass man sich für einen Neubau entschieden habe. Die neue Heimanlage in Berlin-Kreuzberg soll 400 Kindern Platz bieten und als Durchgangs- und Beobachtungsheim für Kinder und Jugendliche dienen, die als körperlich oder psychisch geschädigt oder als »erziehungsschwierig« gelten. Das Heimkonzept sieht vor, dass die Kinder im Hauptgebäude an der Ritterstraße aufge-

nommen und hier in verschiedenen Stationen untersucht und für kürzere Zeit untergebracht werden. Für einen längeren Aufenthalt bis zu einem Jahr legt Max Taut mehrere kleine Häuser an, die als aufgelockerte Baugruppe auf dem Gelände platziert sind. So möchte er den Aspekt des Wohnens in kleinen Gemeinschaften betonen und den sonst üblichen Eindruck eines Durchgangsheims oder gar einer Kinderklinik vermeiden.

Die zweigeschossigen Wohnungspavillons sind über einen Glasgang miteinander verbunden, der dem Pflegepersonal einen direkten Zutritt erlaubt. Die Bewohner haben ein eigenes Erschließungssystem mit Einzeltreppen zu ihren Pavillons. Auch diese konsequente Trennung der Wegeführung entspricht seinerzeit einer innovativen Heimkonzeption. In dem von Hermann Mattern gestalteten Garten finden sich Spielhöfe und eine Mehrzweck- und Gymnastikhalle.

Fritz Bornemann übernimmt nach dem Tod von Max Taut die Oberleitung zur Weiterführung des tautschen Projekts mit dem Ziel, »das Bauwerk im Sinne von Max Taut in äußerster Verantwortung richtig zu Ende zu führen«. In seinem Brief an Margarete Taut vom 2. Mai 1967 heißt es weiter, dass dabei viele noch ungeklärte Detailpunkte zu lösen seien. Bornemann führt seine architektonische Betreuung ohne Honorierung aus, da er die Fertigstellung des letzten Bauwerks von Max Taut als persönliches Anliegen und seinen Auftrag als Freundschaftsdienst betrachtet. Nach der Fertigstellung im August 1968 wird das Haus für Kinder jedoch von Seiten

369 Hauptkinderheim in Berlin-Kreuzberg 1963–1968, Modell des überarbeiteten Entwurfs

370 Hauptkinderheim, Treppe zu einem Wohnpavillon, Fertigstellung durch Fritz Bornemann

der Fachwelt kaum wahrgenommen. Ursache ist nicht zuletzt die einsetzende Kritik am aufgelockerten Städtebau der sechziger Jahre – das Kinderheim liegt zwischen der wenige Jahre zuvor entstandenen Otto-Suhr-Siedlung und der Springsiedlung in einem städtisch diffusen Raum. Südlich des Kinderheims wird zu alledem das Areal für eine projektierte Schnellstraße, die so genannte Südtangente, freigehalten. Auch entwickelt sich die Nutzung des Heims anders als vorhergesehen, da Geburtenrückgang und steigende Adoptionsrate zu mangelnder Auslastung führen. Die mit der Studentenbewegung einhergehende Infragestellung von institutionellen Strukturen und Autoritäten führt bei der Gruppe der Jugendlichen zu Widerständen und anhaltenden Konflikten mit den Erziehern.

Inzwischen ist auch Max Tauts Opus ultimum in die Berliner Denkmalliste aufgenommen.

QUELLEN: MTA WV 155; Max Taut: Baubeschreibung für den Neubau Hauptkinderheim Berlin vom 26.8.1964; Schreiben von Fritz Bornemann an Margarete Taut vom 2.5.1967; Schreiben von Walter Cordes an Fritz Bornemann vom 10.7.1967, 13.7.1967 und 28.7.1967; Schreiben von Walter Cordes an Rolf Schwedler vom 20.7.1967, MTA; Notizen des Taut-Mitarbeiters Eberhard Böttcher, der von 1963 bis 1967 an der Planung des Hauptkinderheims beteiligt war, Archiv der Universität der Künste: Bestand 112; Interview mit Fritz Bornemann am 23.1.2002, Archiv Menting.
LITERATUR: Neues Hauptkinderheim in Kreuzberg. Es soll an nichts fehlen. In: Telegraf (1.5.1964); Max Taut, 1964, S. 6, 68–69; Max Taut, 1984, S. 52, 115.

Max Taut 1884–1967

Mit einem Kaleidoskop habe ich in meiner Kindheit mit Freuden und vielem Vergnügen gespielt;
es war für uns Kinder damals ein sehr anregendes Spielzeug.
Soweit ich mich entsinnen kann, haben wir uns ein solches selbst angefertigt.
Ich bin überzeugt, dass mein Bruder, wenn er von einem Kaleidoskop spricht, bestimmt
das gleiche meint, nämlich die Freude an der Vielseitigkeit, am Spiel.
Brief von Max Taut an Klaus Lankheit, 15. 6. 1963

15. 5. 1884

Max Taut wird als dritter Sohn des Kaufmanns Julius Taut (1844–1907) und seiner Frau Augusta (1858–1933) im ostpreußischen Königsberg, heute Kaliningrad, geboren. Zwei weitere Kinder des Ehepaars, die Töchter Helene und Wilhelmine, sterben im ersten Lebensjahr. Die Beziehung zum vier Jahre älteren Bruder Bruno Taut ist für die persönliche und berufliche Entwicklung von nachhaltiger Bedeutung.

1899–1902

Beendigung der Ausbildung an der Städtischen II. Mittelschule am 21. 4. 1900 und Lehre als Zimmermann in Königberg vom 15. 5. 1899 bis zum 11. 10. 1902.

1904

Abschluss der Baugewerkschule nach vier Semestern mit Auszeichnung.

1904–1906

Mitarbeit im Atelier Heitmann, wo er bereits während seiner Ausbildung an der Baugewerkschule tätig war (April bis Oktober 1903 und April 1904 bis Januar 1906).

1906

Anstellung im Städtischen Hochbauamt Rixdorf (Berlin-Neukölln) bei Reinhold Kiehl und John Martens vom 5. 1. 1906 bis zum 1. 2. 1907. Erste Begegnungen mit Mies van der Rohe, der kurzzeitig an Plänen für das Rixdorfer Rathaus arbeitet.

Goldene Medaille auf der Dresdener Kunstgewerbe-Ausstellung für ein Einfamilienhaus mit Inneneinrichtung für ostpreußische Landarbeiter.

1907–1909

Mitarbeit bei Hermann Billing in Karlsruhe. Briefe belegen für Ende 1909 das Ausscheiden aus dem Atelier und die Rückkehr nach Berlin.

1910

Kurzzeitige Mitarbeit im Atelier Emil Schaudt und Teilnahme an Wettbewerben.

1911–1913

Selbstständiger Architekt in Berlin mit ersten Bauten: Schule und Kinderheim Finsterwalde, Fabrik Koswig und Entwurf des Nauener Realgymnasium (1913–1916).
Im Jahr 1912 Reise Bruno und Max Tauts durch Holland mit Besuchen in Amsterdam, Leiden, Den Haag und Scheveningen.
Goldene Medaille auf der Baufach-Ausstellung Leipzig 1913 für die Halle des Werdandi-Bundes. Ende des Jahres 1913 Assoziation mit dem Büro des Bruders und Franz Hoffmanns unter dem Büronamen *Brüder Taut und Hoffmann*.

1914

Teilnahme an der Werkbundausstellung in Köln mit einem Modell für ein Palmenhaus und einer Ladengalerie des Kunstgewerbehauses Hagen.
Einberufung zum Kriegsdienst am 3. 8. 1914.

Wenige Tage vorher Heirat mit Margarete Wollgast aus Chorin.

1918

Rückkehr aus dem Krieg und Mitgliedschaft in der *Novembergruppe*. Mitbegründer des *Arbeitsrates für Kunst*, dessen Vorsitz der Bruder Bruno übernimmt.

1919–1920

Beiträge zur *Gläsernen Kette* und zur Zeitschrift *Frühlicht*, die von Bruno Taut herausgegeben wird.
Erste Planungen zur Siedlung Eichkamp in Berlin.

1921

Entwurf des Grabmals Wissinger, das als einzig realisiertes Beispiel der imaginären Architektur der *Gläsernen Kette* gilt.
Max Taut bezieht mit seiner Frau Margarete eine Wohnung in der von ihm geplanten Siedlung Eichkamp. Wenige Jahre später erwirbt er in Eichkamp ein Siedlungshaus, das er mit einigen Unterbrechungen bis zum Lebensende bewohnt.

1922

Hochhausentwurf für die *Chicago Tribune*, publiziert in *Internationale Architektur* von Walter Gropius und in dem Standardwerk *Die Baukunst der neuesten Zeit* von Gustav Adolf Platz.

1923

Fertigstellung des ADGB-Hauses an der Wallstraße in Berlin um die Jahreswende 1923/1924.

1924–1926

Das Verbandshaus der Deutschen Buchdrucker in Berlin-Kreuzberg entsteht und wird begeistert von der Kritik aufgenommen.

1927

Teilnahme an der Werkbundausstellung am Weißenhof in Stuttgart mit zwei Wohnhäusern.
Das Dorotheen-Lyzeum in Berlin-Köpenick und der Entwurf für den größten Schulkomplex der Weimarer Zeit in Berlin-Lichtenberg entstehen.
Die Schrift *Bauten und Pläne* mit Bildern zum Buchdruckerhaus und Beiträgen von Adolf Behne erscheint.

1928–1930

Es folgen eine Reihe viel beachteter Bauten: das Verwaltungsgebäude der Reichsknappschaft 1928 in Berlin, das Bürohaus des ADGB in Frankfurt 1929, die Großbäckerei der Konsumgenossenschaft in Berlin-Spandau 1930 und die Planung des Warenhauses der Konsumgenossenschaft in Berlin-Kreuzberg.

1931

Reise mit Bruno Taut nach Moskau zur Besichtigung des Mosprojekts.

1933–1934

Max Taut wird von öffentlichen Bauvorhaben ausgeschlossen und als Architekt »bolschewistischer« Gebäude diffamiert. Viele Aufträge brechen weg. Der Bruder ist zur Flucht gezwungen. Max Taut reist häufiger nach Chorin und wendet sich dem Zeichnen zu.

1935–1938

Die Auftragslage des Büros Taut und Hoffmann bessert sich vorübergehend. Nach den ersten Anfeindungen kann das Büro mehrere Aufträge übernehmen, nicht zuletzt dank Franz Hoffmanns Akquisitionsarbeit. So entstehen neben einigen Privathäusern die Kreissparkasse Genthin und Wohnanlagen in Berlin.
Bruno Taut stirbt am 24. 12. 1938 in Istanbul an Herzversagen.

371 Porträtfoto Max Tauts aus den frühen dreißiger Jahren

1939–1942

Anfang des Jahres 1939 Reise in die Türkei, wo über die Weiterführung der Projekte des Bruders verhandelt wird. Treffen mit dem Bildhauer Rudolf Belling in Istanbul.
Das Büro nimmt an Wiederaufbauplanungen für die Region um Dresden teil. Es werden Projekte – überwiegend Wohnungsbauten – der Dringlichkeitsstufe I durchgeführt.

1942

Totale Zerstörung der Büroräume durch eine Brandbombe. Dabei gehen zahlreiche Zeichnungen und Pläne verloren sowie Teile des Nachlasses Bruno Tauts.

372 Max Taut, Eine steinern Palme, Feder und Bleistift 1965

1943–1945

Zerstörung des Wohnhauses in Eichkamp, so dass Max Taut sich mit seiner Frau endgültig nach Chorin zurückzieht. Das Büro existiert weiter als Fliegerschadensbeseitigungsstelle unter organisatorischer Leitung Franz Hoffmanns.

1945

Berufung an die Hochschule für Bildende Künste Berlin zum Aufbau einer neuen Bau- und Architekturschule unter dem Direktor Karl Hofer.

1946–1947

Berlin im Aufbau erscheint 1946 als eine der wenigen Publikationen aus der Feder Max Tauts. Engagement für die Neugründung der Akademie der Künste Berlin und des Werkbundes mit Hans Scharoun.

1948

Max Taut nimmt an wichtigen Wettbewerben teil und präsentiert Entwürfe für das Schillertheater in Berlin und den Nordwestdeutschen Rundfunk in Hannover, doch kommt es trotz großen Zuspruchs nicht zu Realisierungen.
Gegen Ende des Jahres erste Planungen zur Reutersiedlung für Bundesbedienstete in Bonn mit etwa fünfhundert Wohneinheiten.

1951

Max Taut zieht nach dem Neuaufbau seines kriegszerstörten Hauses in den Eichkamper Lärchenweg zurück. Einladung zum 2. Darmstädter Gespräch und Entwurf eines Meisterbaus, des Ludwig-Georgs-Gymnasiums, das 1955 fertig gestellt wird.
Franz Hoffmanns, der langjährige Büropartner, stirbt am 15. Juli.

1953

Emeritierung Max Tauts.
Großsiedlungen für die August Thyssen-Hütte AG in Duisburg-Hamborn und Duisburg-Walsum werden realisiert. Ab Mitte der fünfziger

Jahre kommen weitere Siedlungsplanungen
im Ruhrgebiet und in Berlin hinzu.

1955

Übernahme der Direktion der Abteilung Baukunst an der Akademie der Künste und Auszeichnung mit dem Kunstpreis des Landes
Berlin.

1957

Teilnahme an der Interbau im Berliner Hansaviertel mit einem Wohnblock, der Individualität und Gemeinschaft des Wohnens thematisiert.

1958

Die Fakultät für Bauwesen der Technischen
Hochschule Karlsruhe verleiht Max Taut am
28. Juli die Würde eines Doktor-Ingenieurs ehrenhalber. Hier hatte sein Lehrer Hermann
Billing bis 1937 unterrichtet. In einer Feierstunde am 27. 2. 1959 wird ihm die Urkunde
mit einer Laudatio von Egon Eiermann überreicht.

1963

Entwurf des Hauptkinderheims in Berlin-
Kreuzberg als Opus ultimum. Fertigstellung
nach Max Tauts Tod unter Leitung von Fritz
Bornemann 1968.

1964

Erste umfassende Werkausstellung in der Akademie der Künste Berlin anlässlich des achtzigsten Geburtstages. Julius Posener hält die
Laudatio und verfasst den Text zum Ausstellungskatalog. Ernennung zum Ehrensenator
der Hochschule für Bildende Künste als »Vorkämpfer des heutigen Bauens«.

1967

Tod in Berlin am 26. 2. 1967 nach einer
Lungenembolie. Beisetzung auf dem Friedhof
der Klosterruine Chorin. Seine Frau Margarete
wird 1975 an gleicher Stelle beigesetzt.

373 Max Taut 1962 vor dem Hintergrund
eines Bildes der Großbäckerei Spandau

BERLINS
KULTURLANDSCHAFT
HAT VIELE
GESICHTER

Ein IBZ-Sonderbericht
von
Peter Versen (Text)
und
Hilde Zenker (Bild)

Trotz Schandmauer und „Eisernem Vorhang" hat Berlin seine Stellung und Anziehungskraft als Umschlagplatz geistiger Werte behauptet und ist bestrebt, sie weiter auszubauen. Unser Blick über die vielgestaltige Kulturlandschaft des heutigen Berlin, der bisher den Malern, Bildhauern und Schriftstellern galt (IBZ Nr. 46, 47/62), richtet sich heute auf die Architekten. Dem neuen Bauen hat Berlin immer Chancen gegeben. 1897 baute Messel das Warenhaus Wertheim, ein kühnes, leichtes Gerüst aus Pfeilern, zwischen denen große Glaswände das Licht einfingen. Peter Behrens' AEG-Turbinenhalle entstand 1912 als ein Industriebau, der nicht mehr „Haus" oder Schuppen, sondern ein Typ war. In den zwanziger Jahren vor allem gingen von vielen Architekten, die in Berlin lebten und arbeiteten, Impulse aus, die bis heute wirksam sind. Viele dieser Architekten leben und arbeiten heute noch in Berlin, wie Hans Hertlein (Siemens-Gebäude), Bruno Paul (Kathreinerhaus), Max Taut, Hans Scharoun, Wassili Luckhardt. Neben diese sind viele jüngere getreten, die in dieser Tradition vieles geschaffen haben und schaffen. Sie wirken als Lehrer an der Technischen Universität, an der Hochschule für Bildende Künste und an der Meisterschule für das Kunsthandwerk, sie arbeiten in der Bauverwaltung oder als freie Architekten. Aus der Reihe der Namen seien hier nur Paul G. R. Baumgarten (Konzertsaal der Hochschule für Musik), Fritz Bornemann (Deutsche Oper), Peter Poelzig (Bettenhaus Virchow-Krankenhaus), Hans Bandel (Schule am Dardanellenweg), Konrad Sage (Umbau Epiphanien-Kirche), Hermann Fehling, Daniel Gogel und Peter Pfankuch (Studentendorf der FU) genannt. Ihre Namen mögen hier für viele stehen, über deren Leistungen für das Bauen und für Berlins Weiterentwicklung von Bedeutung sind.

MAX TAUT — in jedem Buch über die Geschichte des Bauens im 20. Jahrhundert findet man diesen Namen. Er gehört zu den Wegbereitern der modernen Architektur. Nicht nur durch seine Bauwerke, sondern auch durch seine Stellungnahme in der Öffentlichkeit weist er immer wieder den Weg zum guten Bauen. So wurde er schon 1924 Mitglied der Architektenvereinigung „Der Ring". In ihr schloß sich damalige Avantgarde, Peter Behrens, Otto Bartning, Richard Döcker, Walter Gropius, Otto Haesler, Ludwig Hilberseimer, Hans und Wassili Luckhardt, Erich Mendelsohn, Ludwig Mies van der Rohe, Hans Poelzig, Hans Scharoun, Bruno und Max Taut, Heinrich Tessenow, zusammen, um sich gegen die reaktionäre Vorherrschaft des damaligen Stadtbaurates Ludwig Hoffmann durchzusetzen und für das neue Bauen in Berlin Boden zu gewinnen. Was damals gelang und immer mit Max Tauts Wirken verbunden bleiben wird, wurde 1933 unterbrochen. Nach dem Kriege machte er sich gemeinsam mit Karl Hofer an den Aufbau der Hochschule für Bildende Künste und besonders ihrer Architektur-Abteilung. Dieser Abteilung stand er von 1948 bis 1953 vor. Auch an der Gründung des BDA Berlin und des Deutschen Werkbundes Berlin hat er wesentlichen Anteil. Man glaubt Professor Taut seine 78 Jahre nicht. Denn neben seinen eigenen Bauaufgaben ist er immer noch intensiv im öffentlichen Bereich tätig, unter anderem als Direktor der Abteilung Baukunst der Akademie der Künste. Max Taut hat als Zimmermann begonnen, er kennt sein Fach von der Pike auf. So bestimmt auch das konstruktive Gefüge seine Bauten: Vom Einfamilienhaus in der Weißenhofsiedlung in Stuttgart über große Bürohäuser für die Buchdrucker in Berlin und für die Gewerkschaft in Frankfurt am Main, über große Siedlungen und Wohnhäuser in Eichkamp, im Ruhrgebiet, über Schulen in Berlin, Bernau und Darmstadt bis zu großen Fabrikanlagen.

Anhang

LITERATUR

EIGENSTÄNDIGE PUBLIKATIONEN ZUM WERK MAX TAUTS

Max Taut: Bauten und Pläne. Mit einem Beitrag von Dr. Adolf Behne. Neue Werkkunst. Berlin, Leipzig, Wien, Chicago: Friedrich Ernst Hübsch Verlag 1927

Alfred Kuhn: Max Taut – Bauten. Berlin, Leipzig, Wien: Deutsche Architektur-Bücherei 1932

Max Taut: Berlin im Aufbau. Betrachtungen und Bilder des Architekten Max Taut. Berlin: Aufbau-Verlag 1946

Max Taut. Katalog zur Ausstellung in der Akademie der Künste vom 19.7. bis 9.8.1964. Texte von Julius Posener. Berlin: Akademie der Künste 1964

Max Taut 1984–1967. Zeichnungen, Bauten. Akademie-Katalog 142 zur Ausstellung in der Akademie der Künste vom 24.6. bis 5.8.1984. Berlin: Akademie der Künste 1984

Heinz Deutschland, Jonas Geist: Max Taut: Architekt und Lehrer (1884–1967). Berlin: Hochschule der Künste 1999

SCHRIFTEN UND TEXTE VON UND ÜBER MAX TAUT

1906

Hofmann, Albert: Die Baukunst auf der dritten deutschen Kunstgewerbe-Ausstellung in Dresden 1906. In: Deutsche Bauzeitung, Jg. 40 (8.9.1906), Nr. 72, S. 486 (Lageplan), und in: Deutsche Bauzeitung, Jg. 40 (8.12.1906), Nr. 98, S. 667–668

Wohnhaus für Arbeiterfamilie. In: Das Deutsche Kunstgewerbe (1906), S. 268, 270, 273

Zetzsche, Carl: Von der Dritten Deutschen Kunstgewerbe-Ausstellung in Dresden 1906. In: Architektonische Rundschau, 22 (1906), H. 10, Tafel 77, und 1. Beilage zu H. 10

1907

Arbeiterwohnhaus für ein ostpreußisches Gut. In: Berliner Architekturwelt, Jg. 9 (1907), S. 468–470, Abb. 551–558

Ein Arbeiterwohnhaus. Von Architekt Max Taut, Karlsruhe. In: Illustrierte Landwirtschaftliche Zeitung, Jg. 27 (Juli – Dezember 1907), Nr. 71, S. 620–623

Kurhaus für Triberg. In: Deutsche Konkurrenzen, Bd. 21 (1907), H. 243, S. 1–32, insbesondere S. 7, 10, 11

Sommer- und Ferienhäuser aus dem Wettbewerb der Woche. 11. Sonderheft der Woche. Neue Folge. Berlin: Verlag August Scherl 1907, S. 111–113, 117–119 und Abb. Tafel 12

1908

Möhnetalsperre. In: Deutsche Konkurrenzen, Bd. 23 (1908), H. 267, S. 27–29

1910

Lahrs, Fritz: Das Zusammenarbeiten von Architekt und Ingenieur und der Wettbewerb um die Schlossteichbrücke in Königsberg. In: Neudeutsche Bauzeitung, 6 (1910), H. 5, S. 53–58, insbesondere S. 57

1911

Goecke, Theodor: Der Wettbewerb um den Entwurf eines Bebauungsplanes für das Südgelände von Schöneberg bei Berlin. In: Der Städtebau, 8 (1911), S. 53–58

1912

Knabenvolksschule und Kinderheim für Finsterwalde NL. In: Das Schulhaus, 14 (1912), H. 3, S. 132–138

Rathaus für Allenstein. In: Berliner Architekturwelt, Jg. 14 (1912), H. 1, Tafel vor S. 1

Seeßelberg, Friedrich (Hrsg.): Das flache Dach im Heimatbilde als kulturelles und wirtschaftliches Problem gefasst und im Auftrage der Hauptstelle für Bau- und Kunstberatung des Werdandi-Bundes e. V. herausgegeben von Dr. Friedrich Seeßelberg. Berlin: Weise & Co. o. J. (Datiertes Protokoll im Buch vom 22. 5. 1912), Umschlaggestaltung von Max Taut, S. 100, Tafel zwischen S. 48–49, 80–81

1913

Blanck, Karl: Die Bauchfachausstellung in Leipzig. In: Der Profanbau, 9 (1913), Nr. 17, S. 520, 547

Die Einweihung des Knabenschulbaues. In: Niederlausitzer Anzeiger, 68 (17. 10. 1913), Nr. 244, 1. Beiblatt (Weitere Kommentare an gleicher Stelle am 19. und 20.10.1913)

Goecke, Theodor: Die bauliche Ausgestaltung Groß-Berlins im Dienste sozialer Fürsorge. In: Neudeutsche Bauzeitung, 9 (1913), H. 4, S. 55–73, Abb. S. 59 (Ledigenheim – Architekt Max Taut)

Hch. R. W.: Der Neubau der Knabenschule. In: Niederlausitzer Anzeiger, 68 (16.10.1913), Nr. 243, 1. Beiblatt

Realgymnasium in Oranienburg. In: Deutsche Konkurrenzen, Bd. 29 (1914), H. 2. S. 2, 8–9

Seeßelberg, Friedrich: Der Werdandibund auf der Baufach-Ausstellung in Leipzig. In: Die Bauwelt, 4 (1913), Nr. 23, S. 28–29

Taut, Max: Der Einfluss des Materials auf die Baukunst. In: Technische Rundschau. Wochenbeilage zum Berliner Tageblatt, Jg. 19 (6.8.1913), Nr. 32

Taut, Max: Knabenschule und Kinderheim in Finsterwalde. Beschreibung des Gebäudes. In: Festschrift zur Einweihung des Kinderheims. Max-Anna-Koswig-Stiftung, Finsterwalde, NL. 18.8.1913, S. 8–12

1914

D. R.: Knabenschule und Kinderheim Finsterwalde. Architekt Max Taut. In: Das Schulhaus, 16 (1914), S. 329–336

Moderne Türme. In: Die Bauwelt, 5 (1914), Nr. 31, S. 17–19 und in: Kunstbeilage, S. 65–72

Neubau einer Knabenschule und eines Kinderheims in Finsterwalde, Nieder-Lausitz. In: Deutsche Bauzeitung, 48 (1914), Nr. 27, S. 261–265, Tafel vor S. 261

Offizieller Katalog der Deutschen Werkbund-Ausstellung Cöln 1914. Hrsg. von der Ausstellungsleitung, 2. Auflage. Cöln-Berlin: Verlag Rudolf Mosse 1914, S. 305 (Ladenstraße), S. 377 (Modell eines botanischen Museums)

Realgymnasium in Nauen. In: Die Bauwelt, 5 (1914), Nr. 29, S. 1

Taut, Max: Knabenschule und Kinderheim in Finsterwalde. In: Das Schulhaus, 16 (1914), S. 329–336

Westheim, Paul: Neue Arbeiten der Architekten Bruno Taut, Max Taut, Franz Hoffmann – Berlin. In: Wohnungskunst – Die Raumkunst, Jg. 7 (1914) Sonderausgabe, S. 1–20

1915

Behne, Adolf: Ostpreußische Architekten in Berlin. III. Max Taut. In: Königsberger Allgemeine [oder Hartungsche] Zeitung (1915). Nachdruck in:

Akademie der Künste (Hrsg.): Max Taut 1884–1967. Zeichnungen, Bauten. Akademie-Katalog 142. Berlin 1984, S. 54–55

1917

Herzog, Hans (Hrsg.): Bericht über die Internationale Baufach-Ausstellung mit Sonderausstellungen Leipzig 1913. Leipzig 1917. Darin: Friedrich Seeßelberg: Die Halle des Werdandibundes, S. 328–230. Und: Richard Graul: Die Raumkunst und der Deutsche Werkbund, S. 321–324, Abb. S. 19 (Als Entwurfsverfasser für den Repräsentationsraum *Cadinen* wird hier nur Friedrich Seeßelberg genannt.)

1919

Café Odeon. In: Berliner Architekturwelt, Bd. 21 (1919), S. 173–178

Die Siedlung Eichkamp-Grunewald. In: Die Bauwelt, 10 (1919), H. 15, S. 7–8

Für unbekannte Architekten. Ausstellung (25. 3. bis 25. 4. 1919) in Berlin im Graphischen Kabinett J. B. Neumann, Kurfürstendamm 232 (Kleinsiedlungshäuser, Architekturphantasien)

Taut, Max: Antwort auf »Fragen, die der Klärung bedürfen«. In: Ja! Stimmen des Arbeitsrates für Kunst in Berlin. Berlin: Photographische Gesellschaft in Charlottenburg 1919, S. 104–106 sowie Abb. 34 (Turnhalle der Volksschule Finsterwalde). Nachdruck in: Arbeitsrat für Kunst, Berlin 1918–1921. Ausstellungskatalog 129 der Akademie der Künste Berlin 1980, S. 71–72, und in: Max Taut, 1984, S. 62–63

Turnhalle der Volksschule Finsterwalde (Abbildung). In: Ja! Stimmen des Arbeitsrates für Kunst in Berlin. Photographische Verlagsanstalt in Charlottenburg 1919, Abb. 34

1920

Ausstellung für Proletarier in Berlin (Januar 1920) in den Räumen der *Freien Jugend*, Petersburger Straße 39 (Kleinsiedlungshäuser)

Behne, Adolf (Hrsg.): Ruf zum Bauen. Zweite Buchpublikation des Arbeitsrats für Kunst. Berlin: Ernst Wasmuth 1920 (Phantasie und Formphantasien Abb. 7, 16, 17)

Behne, Adolf: Baukultur. In: Sozialistische Monatshefte, Bd. 58 (1. 5. 1922), H. 10, S. 431 (ADGB-Bürohaus)

Behne, Adolf: Fabrikbau als Reklame. In: Das Plakat, Jg. 11 (1920), H. 6, S. 274–276. Nachdruck in: Adolf Behne: Architekturkritik. Hrsg. von Haila Ochs. Basel [u. a.] 1994, S. 78–81 (Tuchfabrik Koswig)

Eine neue Gussbetonweise: In: Zentralblatt der Bauverwaltung (23. 10. 1920), Nr. 85, S. 539–540 (Siedlung Eichkamp)

Eiselen, Fritz (Fr. E.): Ausführung von Wohnhäusern in Gussbeton. In: Deutsche Bauzeitung, Jg. 17 (1920), Nr. 18, S. 139–140 (Abbildungen zur Siedlung Eichkamp)

Elkart (Stadtbaurat): Der Wohnlauben-Wettbewerb der Stadt Spandau. In: Die Volkswohnung (24. 10. 1920), H. 20, S. 268–274

Neues Bauen. Ausstellung (Mai 1920) in Berlin im Graphisches Kabinett J. B. Neumann, Kurfürstendamm 232 (Turnhalle der Knabenschule Finsterwalde, Phantasie)

Taut, Max: Das drehbare Haus – Entwurf. In: Bruno Taut (Hrsg.): Frühlicht. Eine Folge für die Verwirklichung des neuen Baugedankens. Beilage zur Stadtbaukunst alter und neuer Zeit (1920), H. 2, S. 30–31 (Nicht als Zeichnung von Max Taut gekennzeichnet und später versehentlich Wenzel Hablik zugeordnet.) Nachdruck in: Ulrich Conrads (Hrsg.): Frühlicht 1920–1922. Bauwelt Fundamente. Berlin [u. a.]: Ullstein 1963, S. 17

Taut, Max: Marmordom – Zeichnung von Max Taut. In: Frühlicht. Beilage zur Stadtbaukunst alter und neuer Zeit (1920), H. 12, S. 191. Nachdruck in: Ulrich Conrads (Hrsg.): Frühlicht 1920–1922, Berlin 1963, S. 62

Taut, Max: Titelblatt – Zeichnung. In: Frühlicht. Beilage zur Stadtbaukunst alter und neuer Zeit (1920), H. 12, S. 187. Nachdruck in: Ulrich Conrads (Hrsg.): Frühlicht 1920–1922. Berlin 1963, S. 60

Taut, Max: Volkshaus im Grunewald – Zeichnung von Max Taut. In: Frühlicht. Beilage zur Stadtbaukunst alter und neuer Zeit (1920), H. 12, S. 190

Wettbewerbe (Wohnlauben in Spandau). In: Deutsche Bauzeitung (1920), H. 49, S. 268, und H. 74, S. 368 (Ausschreibung und Erwähnung der Preisträger)

1921

Taut, Max: Erbbegräbnis Wissinger. In: Frühlicht (Winter 1921–1922), H. 2, S. 38, 44. Vgl. dazu Vorstudien in: Max Taut, 1984, S. 68. Nachdruck in: Ulrich Conrads (Hrsg.): Frühlicht 1920–1922. Berlin 1963, S. 113. Neuauflage: Berlin: Gebr. Mann Verlag 2000

Taut, Max: Reklamebauten des Werbedienstes für die Leipziger Messe. In: Frühlicht (Winter 1921–1922), H. 2, S. 45. Nachdruck in: Ulrich Conrads (Hrsg.): Frühlicht 1920–1922. Berlin 1963, S. 117. Neuauflage: Berlin: Gebr. Mann Verlag 2000

Wettbewerbe (Bürohaus Kemperplatz). In: Deutsche Bauzeitung (1921), H. 61, S. 272, und H. 85, S. 376

1922

Behne, Adolf: Allerlei Bauten. In: Freiheit (4. 5. 1922) (ADGB-Bürohaus)

Behne, Adolf: Baukultur. In: Sozialistische Monatshefte, 58 (1. 5. 1922), H. 10, S. 431 (ADGB-Bürohaus)

Behne, Adolf: Eine Gelegenheit, die nicht verpasst werden darf. In: Freiheit (12. 4. 1922), Nr. 174, S. 2 (ADGB-Bürohaus)

Das Berliner Gewerkschaftshaus. Künstlerische Forderungen. In: Die Bauwelt (1922), H. 17, S. 293 (Reaktion auf Adolf Behnes Artikel in der *Freiheit* vom 12. 4. 1922)

Hellwag, Fritz: Ein Bureauhaus des ADGB. In: Die Glocke (3. 7. 1922), Nr. 14, S. 382–383

P.: Das Haus des Gewerkschaftsbundes. In: Bauwelt (1922), H. 34, S. 584–585

Taut, Max: Architektonische Lösung: Ecke Bellevue- und Victoriastraße am Kemperplatz in Berlin. In: Frühlicht (Frühling 1922), H. 3, S. 80–84. Nachdruck in: Ulrich Conrads (Hrsg.): Frühlicht 1920–1922, Berlin 1962, S. 162. Neuauflage: Berlin: Gebr. Mann Verlag 2000

Taut, Max: Das Bürohaus des Allgemeinen Deutschen Gewerkschaftsbundes Berlin. In: Frühlicht (Sommer 1922), H. 4, S. 108–112. Neuauflage: Berlin: Gebr. Mann Verlag 2000

Taut, Max: Grabstein Reibedanz (Beitrag von Johannes Schlaf). In: Frühlicht (Sommer 1922), H. 4, Abb. S. 106. Neuauflage: Berlin: Gebr. Mann Verlag 2000

1923

(Bürohaus des Allgemeinen Deutschen Gewerkschaftsbundes in Berlin.) In: Bauhüttenarbeit, hrsg. vom Verband Sozialer Baubetriebe Berlin. Berlin 1923, Abb. S. 17

Behne, Adolf: Die Internationale Architektur-Ausstellung im Bauhaus zu Weimar. In: Die Bauwelt (1923), S. 533 (Max Taut wird neben seinem Bruder Bruno, Gropius und Meyer, Mendelsohn, Döcker und Mies van der Rohe als Ausstellungsteilnehmer erwähnt.)

Behne, Adolf: Ein Wolkenkratzer Wettbewerb für alle Architekten der Welt. Kritik der Ergebnisse. In: Berliner Illustrierte Zeitung (28. 1. 1923), Nr. 4, S. 63–64

Bürohaus des Allgemeinen Deutschen Gewerkschaftsbundes. In: Soziale Bauwirtschaft (20. 5. 1923), Nr. 10/11, S. 134

Der Bau des Bundeshauses. In: Jahrbuch des ADGB 1922. Verlag des ADGB 1923, S. 226–227

Internationale Architektur-Ausstellung des Staatlichen Bauhauses in Weimar (15. 8. bis 30. 9. 1923), Exponate von Max Taut

1924

Behne, Adolf: Neubauten und Antiquitäten. Das neue Gewerkschaftshaus. In: Die Weltbühne (1924), H. 19, S. 625

Behne, Adolf: Baukultur. In: Sozialistische Monatshefte, Rubrik Kunstgewerbe, 61 (1924), H. 6, S. 408. Nachdruck in: Adolf Behne: Architekturkritik. Hrsg. von Haila Ochs. Basel [u. a.] 1994, S. 133 (ADGB-Bürohaus)

Behrendt, Walter Curt: Die Architektur auf der Großen Berliner Kunstausstellung 1924. In: Kunst und Künstler (1923/24), S. 349–352 (ADGB-Bürohaus)

Bernhard, Karl: Vom Bürohaus des Allgemeinen Deutschen Gewerkschaftsbundes in Berlin. In: Deutsche Bauzeitung, 58 (2. 2. 1924), Nr. 9/10, Konstruktion und Bauausführung Nr. 3, S. 17–22 und 58 (2. 4. 1924), Nr. 27, Konstruktion und Bauausführung Nr. 7, S. 49–54

Das Bundeshaus des Allgemeinen Deutschen Gewerkschaftsbundes. In: Soziale Bauwirtschaft (15. 3. 1924), Nr. 6, S. 56 und Abb. S. 47–49

Das Haus des Allgemeinen Deutschen Gewerkschaftsbundes. In: Bauwelt (1924), H. 9, S. 145–147

Das neue Haus an der Inselbrücke. In: Vorwärts (17. 1. 1924), Nr. 27, 2. Beilage S. 2

Die Grundsteinlegung zum Verbandshaus. In: Korrespondent (1924), Nr. 96, S. 700–701

Erste Deutsche Kunstausstellung in Moskau und

Leningrad 1924, Katalog. Bseobschaja german-skaja chudoshestwennaja wystawka. (Die architektonischen Projekte fanden keine Aufnahme in den Katalog. Auf der Ausstellungen war Max Taut mit dem ADGB-Bürohaus vertreten.)

Hegemann, Werner: Das Hochhaus als Verkehrsstörer und der Wettbewerb der Chicago Tribune. Mittelalterliche Enge und neuzeitliche Gotik. In: Wasmuths Monatshefte für Baukunst (1924), H. 9/10, S. 296–309

Hellwag, Fritz: Das Bureauhaus des Allgemeinen Deutschen Gewerkschaftsbundes. In: Fachblatt für Holzarbeiter, Jg. 19 (August 1924), S. 113–117

Im eigenen Heim. Mitteilung des Bundesvorstandes des ADGB über sein neuer-bautes Bürohaus. In: Gewerkschafts-Zeitung (5.1.1924), Nr. 1, S. 4

Köppen, Walter: Ideenwettbewerb für eine Werkzeugfabrik der Firma S.K.F. Norma in Neukölln. In: Zentralblatt der Bauverwaltung, Jg. 44 (Januar 1924), Nr. 3, S. 20–22

Neubau des Bürohauses des Allgemeine Deutschen Gewerkschaftsbundes. In: Wasmuths Monatshefte für Baukunst, 8 (1924), H. 5/6, S. 163–174 (auch als Sonderdruck erschienen)

Osborn, Max: Das Haus der Arbeit. In: Vossische Zeitung (29.6.1924), Nr. 306, 1. Beilage S. 1

Osborn, Max: Ein Musterbeispiel moderner Architektur. In: Berliner Illustrierte Zeitung (27.7.1924), Nr. 30, S. 824–825

Soeder, Hans: Architektur auf der Großen Berliner Kunstausstellung. In: Der Neubau, 6 (1924), H. 13, S. 154 (ADGB-Bürohaus)

Taut, Bruno. Die Architektur der Arbeiterbewegung. In: Soziale Bauwirtschaft (1924), H. 17, S. 179–182 (ADGB-Bürohaus)

Von der Eierkiste zum Bundeshaus. In: Dachdecker-Zeitung (26.1.1924), Nr. 2, S. 2–3

Wohler, Gerhard: Das Hochhaus im Wettbewerb der Chicago Tribune. In: Deutsche Bauzeitung (16.7.1924), Nr. 57, S. 345–347

1925

Auszüge aus Presseäußerungen über Arbeiten der Architekten Max Taut & Hoffmann. Buchdruckwerkstätte Leipzig o. J. (1925), MTA. Die Sammlung enthält kürzere Auszüge aus Presseberichten über Bauten Max Tauts und Hoffmanns bis 1925.

Das neue Bundeshaus. In: Jahrbuch des ADGB 1924. Verlag des ADGB 1925, S. 178–180. Darin auszugsweise: Max Osborn: Das Haus der Arbeit. In: Vossische Zeitung (29.6.1924)

Gropius, Walter: Internationale Architektur. Bauhausbücher Band 1. München: Albert Langen 1925, S. 44. 2. Aufl. 1927, S. 50 (Chicago-Tribune)

Heimarbeitsausstellung in Berlin (28.4. bis 15.5.1925). Veranstaltet von der Gesellschaft für Soziale Reform und den freien Gewerkschaften (Ausstellungsgestaltung Max Taut)

Herrmann, Wolfgang: Moderne Baukunst und Wohnkultur. In: Kunst und Künstler, 24 (1925/26), Abb. S. 474–475 (Buchdruckerhaus)

Maul, Maximilian: Max Taut und Hoffmann, Berlin.

In: Neue Baukunst (1925), H. 14, S. 12–36 (auch als Sonderdruck erschienen)

Müller-Wulkow, Walter: Bauten der Arbeit und des Verkehrs aus deutscher Gegenwart. Königstein/Leipzig 1925, S. 68 (ADGB-Bürohaus)

Verband Deutscher Buchdrucker: Bericht über das Jahr 1924. Selbstverlag des Verbandes der Deutschen Buchdrucker. Berlin 1925, S. 9–10, 81 (SAPMO im Bundesarchiv)

Vom Werden des Verbandshauses. In: Korrespondent (1925), Nr. 89, S. 710

Weigert, Hans: Tauts Berliner Gewerkschaftshaus. In: Der Kunstwanderer, Berlin (1./2. Januarheft 1925), S. 154 (Verwechslung mit Bruno Taut)

1926

30 Jahre Aufgaben und Leistungen des Verbandes der Gemeinde- und Staatsarbeiter. Dargestellt auf der Großen Ausstellung, Düsseldorf 1926. Verbandsvorstand, Berlin (1926) (Gesolei)

Behne, Adolf: Der moderne Zweckbau. München: Drei Masken 1926. Neuauflage: Berlin: Gebr. Mann Verlag 1998.

Behne, Adolf: Tempelhofer Feld und Wedding. Das Haus der Buchdrucker. In: Die Weltbühne (22.1.1926), H. 9, S. 346. Nachdruck in: Adolf Behne: Architekturkritik. Hrsg. von Haila Ochs. Basel [u. a.] 1994, S. 129–130

Behne, Adolf: Verbandshaus der Deutschen Buchdrucker in Berlin. In: Kulturwille, 3 (November 1926), Nr. 11, S. 223

Bernhard, Rudolf: Haus des Verbandes der Deutschen Buchdrucker. In: Deutsche Bauzeitung, 60 (1926), H. 39, Konstruktion und Bauausführung Nr. 10, S. 73–79

Besichtigung des Verbandshauses. In: Korrespondent, 64 (22.5.1926), Nr. 40, S. 206–207

Collin, Ernst (E. C.): Das Haus der Buchdrucker – eine Kulturtat. In: Berliner Volkszeitung (18.5.1926), Nr. 230, S. 2

Das Buchdruckerhaus. In: Vorwärts (15.5.1926), Abendausgabe (B. Nr. 111), Nr. 226, S. 3

Das Haus der Buchdrucker. In: Kunstblatt, 10 (1926), S. 250–253

Das Verbandshaus der Deutschen Buchdrucker. In: Rote Fahne, 9 (18.5.1926), Nr. 113, 1. Beilage S. 3–4

Die freien Gewerkschaften auf der Gesolei. In: Jungbuchdrucker (1.7.1926), Nr. 13, S. 98

Die Gesolei. In: Grundstein, 39 (10.7.1926), Nr. 28, S. 210

Die Gewerkschaften auf der »Gesolei«. In: Holzarbeiter-Zeitung, 34 (5.6.1926), Nr. 23, S. 91

Die Gewerkschaften auf der Gesolei. In: Gewerkschafts-Zeitung, Jg. 36 (18.5.1926), Nr. 19, S. 267

Die Gewerkschaften auf der Gesolei. In: Der Bergarbeiter, 38 (26.6.1926), Nr. 26, S. 2

Die neue Heimstätte des Verbandes der Deutschen Buchdrucker. In: Korrespondent, 64 (6.1.1926), Nr. 1, S. 1

Die Verhandlungen des 13. Ordentlichen Verbandstages des Verbandes der Deutschen

Buchdrucker. Erster Verhandlungstag. In: Korrespondent, 64 (23.6.1926), Nr. 49, S. 274

Die Zentrale des Bildungs-Verbandes jetzt in Berlin. In: Korrespondent (20.3.1926), Nr. 22, S. 106 (Buchdruckerhaus)

Ein Denkmal intensiver Gewerkschaftsarbeit. In: Der Bergarbeiter (1926)

Ein Einfamilienhaus von Max Taut. In: Bauwelt, 17 (1926), H. 22, S. 508 (Weihnachtslotterie: Wohnung und Hausrat)

Eiselen, Fritz: Der engere Wettbewerb um das Deutsche Sportforum. In: Deutsche Bauzeitung, 60 (21.4.1926), Nr. 32, Beilage Wettbewerbe Nr. 8, S. 57–60, sowie (19.5.1926), Nr. 40, Beilage Wettbewerbe Nr. 10, S. 73–79

Grams, Arthur: Kritische Erinnerungen an die »Gesolei«. In: Korrespondent, 64 (4.9.1926), Nr. 70

Hellwag, Fritz: Das Haus der Buchdrucker. In: Fachblatt für Holzarbeiter, 21 (September 1926), S. 129–132

Herrmann, Wolfgang: Ausstellungen und Vorträge über moderne Baukunst. In: Kunst und Künstler, 24 (1925/1926), S. 365–366 (Berliner Sportforum)

Jubiläum des Verbandes und Verbandshaus im Urteil der Presse. In: Korrespondent, 64 (5.6.1926), Nr. 44, sowie (9.6.1926), Nr. 45, S. 240–241 (Zitate aus Pressebeiträgen zum Buchdruckerhaus)

Kl.: Der asketische Bau. Eine Arbeitsstätte der modernen Sachlichkeit. In: Welt am Abend (27.5.1926), Nr. 120, S. 3

Knoll, Alexander: Das Haus des ADGB auf der »Gesolei«. In: Gewerkschafts-Zeitung, Jg. 36 (22.5.1926), Nr. 21, S. 297–298

O. H.: Die freien Gewerkschaften auf der »Gesolei«. In: Korrespondent, 64 (22.5.1926), Nr. 40

Osborn, Max: Max Tauts neuer Bau. In: Vossische Zeitung Berlin (15.5.1926), Nr. 116, 1. Beilage S. 1

Rundgang durch die Gesolei. In: Gewerkschafts-Zeitung, Jg. 36 (21.8.1926), Nr. 34, S. 487

Schreiner, Gerth: Industrielle und gewerkschaftliche Menschenführung im Rahmen der Gesolei. In: Die Arbeit, 3 (1926), S. 582–588

Taut, Max: Das Haus des Verbandes der Deutschen Buchdrucker in Berlin. In: Verband der deutschen Buchdrucker. Bericht über das Jahr 1925. Berlin 1926, 16 Seiten als Sonderdruck mit Baubeschreibung (SAPMO im Bundesarchiv)

Verbandshaus der Buchdrucker. In: Sächsische Schulzeitung, 93 (2.6.1926), Nr. 18, S. 1

Verbandshaus der Deutschen Buchdrucker. Bericht über das Jahr 1925. Selbstverlag. Verband der Deutschen Buchdrucker. Berlin 1926. Sonderdruck hierzu siehe unter Autorenschaft Max Tauts (SAPMO im Bundesarchiv)

Verbandshaus der Deutschen Buchdrucker. In: Bauwelt (1926), H. 31, S. 725–732 (Beilage: Der Neue Bau. Veröffentlichung der Architekten-Vereinigung »Der Ring«, S. 1–8)

Verbandshaus des Verbandes der Deutschen Buchdrucker. Ansichtspostkartenserie hergestellt in den Buchdruckerwerkstätten des Verlages des Bildungsverbandes der Deutschen Buchdrucker (1926)

1927

Ausstellungshalle des ADGB auf der »Gesolei«. In: Jahrbuch des ADGB 1926. Berlin: Verlag des ADGB 1927, S. 119–120

Bartschat, Johannes: Wochenendhäuser. In: Deutsche Bauzeitung, 61 (14.5.1927), Nr. 38, S. 329–336

Bau und Wohnung. Die Bauten der Weißenhofsiedlung. Hrsg. vom Deutschen Werkbund Stuttgart: Wedekind & Co. 1927

Behne, Adolf: Die moderne Fabrik. In: Der Schünemann-Monat. Deutsche Blätter für Kunst und Leben (1927), Nr. 2, S. 160–167 (Werkzeugfabrik Norma)

Behne, Adolf: Einige Bemerkungen zum Thema: Moderne Baukunst. In: Max Taut: Bauten und Pläne. Berlin [u. a.]: Friedrich Ernst Hübsch Verlag 1927

Behne, Adolf: Neues Wohnen – Neues Bauen. Leipzig 1927 (Haus Pingel auf Hiddensee, Buchdruckerhaus). 2. Auflage, Leipzig 1930 (Weißenhofsiedlung, Dorotheen-Lyzeum)

Behne, Adolf: Weekend. In: Reclams Universum, 43 (1926/27), Nr. 33, S. 870–872 (Wochenendhäuser)

Berlin in der Bauhüttenbewegung. In: Soziale Bauwirtschaft, 7 (1927), S. 25–28 (ADGB-Bürohaus)

Das neue Heim des Verbands. In: Deutscher Buchdruckerkalender 1927, S. 76–80. Mit einem Teilabdruck des Beitrags von Max Osborn: Max Tauts neuer Bau. In: Vossische Zeitung Berlin (15.5.1926), Nr. 116.

Die Sozialen Baubetriebe Berlins. In: Soziale Bauwirtschaft, 7 (1927), S. 18–25 (Wohn- und Garagenhaus der Konsumgenossenschaft)

Düssel, Karl Konrad: Die Stuttgarter Weissenhof-Siedlung. Werkbund-Ausstellung »Die Wohnung«. In: Deutsche Kunst und Dekoration, 31 (Oktober 1927), H. 1, S. 91–98 (Haus 24 Rathenaustraße)

Fuchs-Röll, Willy P.: Neues Wohnen. Werkbundausstellung im September 1927. In: Der Neubau, 9 (1927), H. 17, S. 197–205, und H. 18, S. 235–239

La maison du livre à Berlin 1926. In: L'Architecture vivante. (Sommer 1927) S. 36–44 (Bildbericht über das Buchdruckerhaus)

Lachmann, Ismar (I. L.): Sparbaumethoden beim Wochenendhaus (II). In: Die Baugilde, 9 (15.6.1927), Nr. 6, S. 598–606

Platz, Gustav Adolf: Die Baukunst der neuesten Zeit. Berlin: Propyläen-Verlag 1927, S. 74, 397, 406, 418–420 (Chicago-Tribune, ADGB-Bürohaus, Buchdruckerhaus)

Sch.: Max Taut – Bauten und Pläne (Rezension). In: Die Wohnung, 2 (September 1927), H. 5, S. 176

Sörgel, Herman: Das Haus fürs Wochenende. Leipzig: Gebhardt 1927. Beiträge von Richard Riemerschmidt, Herman Sörgel, Konrad Wachsmann, Max Taut und Hoffmann, Hans Poelzig, Karl Bertsch

Stein, Georg: Wochenendhäuser auf der Ausstellung Das Wochenende. In: Der Neubau, 9 (10.5.1927), H. 9, S. 101–109

Taut, Bruno: Bauen. Der neue Wohnbau. Hrsg. von der Architektenvereinigung Der Ring. Leipzig, Berlin: Verlag Klinghardt & Biermann 1927, Abb. 53, 54, 140 (Landarbeiterhaus Treplin, Buchdruckerhaus)

Taut, Max: Meine Stuttgarter Häuser. In: Bau und Wohnung. Hrsg. vom Deutschen Werkbund. Stuttgart: Wedekind & Co. 1927, S. 139, Abb. S. 138, 140–143. Nachdruck in: Jürgen Joedicke, Christian Plath: Die Weißenhofsiedlung. Stuttgarter Beiträge 4. Stuttgart 1968, S. 41–42, erweiterte Auflage 1977, S. 53–54

Verband der Deutschen Buchdrucker: Bericht über das Jahr 1926. Selbstverlag. Berlin: Verband der Deutschen Buchdrucker 1927, S. 13

Völter, Ernst: Die Wohnung. Bemerkungen zur Werkbundausstellung. In: Die Baugilde, 9 (12.8.1927), Nr. 15, S. 834–846 (Wohnhäuser Tauts S. 837, 841)

Wedepohl, Edgar: Die Weißenhof-Siedlung der Werkbundausstellung »Die Wohnung« Stuttgart 1927. In: Wasmuths Monatshefte für Baukunst und Städtebau, 11 (1927), H. 10, S. 391–402, insbesondere S. 400

Werkbund-Ausstellung »Die Wohnung« 23. Juli bis 9. Oktober 1927. Amtlicher Katalog. Stuttgart 1927, S. 60–61

Werkbundausstellung »Die Wohnung«, Stuttgart vom 23.7 bis 9.10.1927. In: Die Form, 2 (Juli 1927), H. 7, S. 213

Wieckberg, Wolfgang: Das Wochenendhaus. In: Wasmuths Monatshefte für Baukunst und Städtebau, 11 (1927), H. 7, S. 289–293

Wochenendhaus. Entwurf von Max Taut & Hoffmann. Gebaut nach Fonitram-Bauweise. Verkaufsprospekt der Fonitram Gesellschaft, Rostock 1927, MTA

Wochenendhäuser. In: Bau-Rundschau, 18 (10.7.1927), H. 13, S. 194–195

Wolfer, Oskar: Die Werkbundausstellung »Die Wohnung« in Stuttgart (II). In: Die Kunst, Bd. 58 (1928), Teil II, S. 57–68, insbesondere S. 64, 68

1928

Barrez, Alphonse: Maisons d'habitations. Paris: Moreau o. J. (1928) (Mit Abbildungen von Projekten Max Tauts)

Bauhüttenarbeit. Hrsg. vom Verband sozialer Baubetriebe. Berlin: Verlag des ADGB 1928 (Wohn- und Garagengebäude der Konsumgenossenschaft, Buchdruckerhaus, ADGB-Bürohaus)

Behne, Adolf: Berlin. Bilderbericht. In: Das neue Frankfurt, 2 (1928), S. 37 (Berufsschulen Charlottenburg)

Behne, Adolf: Bundesschule des ADGB in Bernau. In: Die Baugilde, 10 (1928), H. 13, S. 981–984

Behne, Adolf: Bundesschule des Allgemeinen Deutschen Gewerkschaftsbundes in Bernau-Berlin. In: Bauwettbewerbe (1928), H. 33, S. 1–32 (Beitrag Max Tauts S. 18–21)

Behne, Adolf: Die Bundesschule des Allgemeinen Deutschen Gewerkschaftsbundes in Bernau. In:

Soziale Bauwirtschaft, 8 (1928), S. 198–199

Die Architekten Bruno und Max Taut. In: General Anzeiger für Dortmund und das gesamte rheinisch-westfälische Industriegebiet (11.3.1928)

Döcker, Richard: Werkbundausstellung »Die Wohnung« Stuttgart 1927. In: Bauwelt, 19 (1928), H. 11, S. 269–276

Engerer Wettbewerb um das Reichs-Knappschaftsgebäude in Berlin-Wilmersdorf, Breitenbachplatz. In: Bauwelt, 19 (1928), H. 23, S. 545

Entwurf zum Neubau von drei Berufsschulen in Charlottenburg. In: Die Baugilde, 10 (25.2.1928), Nr. 4, S. 253

Hajos, Elisabeth M.; Zahn, Leopold: Berliner Architektur der Nachkriegszeit. Berlin: Albertus-Verlag 1928 (ADGB-Bürohaus, Buchdruckerhaus, Erwähnung weiterer Projekte)

Häring, Hugo: Neues Bauen. In: Moderne Bauformen, 27 (1928), S. 329–330, 352–353 (Dorotheen-Lyzeum)

Müller-Wulkow, Walter: Bauten der Gemeinschaft. Königstein/Leipzig 1928, S. 6, 10 (ADGB-Bürohaus)

Müller-Wulkow, Walter: Wohnbauten und Siedlungen aus deutscher Gegenwart. Königstein, Leipzig (1928), S. 82 (Wohnhaus des Buchdruckerhauses)

Rasch, Heinz und Bodo: Wie bauen? Bau und Einrichtung der Werkbundsiedlung am Weißenhof in Stuttgart 1927. Mit einem Vorwort von Adolf Behne. Stuttgart: Wedekind & Co. 1928, S. 131–133

Zervos, Christian: Un grand édifice de Max Taut. In: Cahiers d'Art (1928), Nr. 3, S. 135–139 (Buchdruckerhaus)

1929

Bank der Arbeiter, Angestellten und Beamten A.G. in Berlin. In: Deutsche Bauzeitung. Wettbewerbe, 63 (November 1929), Nr. 11, S. 121–127

Dorotheenlyzeum Berlin-Neukölln [Berlin-Köpenick]. In: Bauwelt, 20 (1929), S. 1213

Engerer Wettbewerb: Bank- und Bürohaus des A.D.G.B. in Berlin. In: Bauwelt (1929), H. 43, S. 1041

Hellwag, Fritz: Aufgaben für den Siedlungsarchitekten. Zur Eichkamp-Siedlung von Max Taut. In: Das schöne Heim (1929/1930), H. 7, S. 261–264. Gleichlautender Beitrag in: Die Kunst (1929/1930), Teil II, S. 181–183

Linder, Paul: El Arquitecto Max Taut (Berlin). In: Arquitectura, 11 (Dezember 1929), Nr. 127, S. 422–430

Oberlyzeum Dorotheenschule in Berlin-Cöpenick. In: Bau- und Werkkunst, 6 (1929/1930), H. 1, S. 211–213

Schüssler, H. W.: Zehn Jahre Bauhütte Berlin GmbH. In: Soziale Bauwirtschaft, 9 (1929) (Wohn- und Garagenhaus der Konsumgenossenschaft, ADGB-Bürohaus)

Spiegel, Hans: Über die Gestaltung der Arbeitsstätten. In: Industrie, 10 (15. 2. 1929), H. 2, S. 67, 81, 79 (Buchdruckerhaus)

Taut, Bruno: Die Neue Baukunst in Europa und Amerika. Bauformenbibliothek Bd. 26. Stuttgart: Hoffmann 1929, 2. Auflage 1979, S. 73, 119, 122, 139, 167, 212

Wettbewerb für ein Gewerkschaftshaus in Frankfurt am Main. In: Bauwelt, 20 (1929), H. 41, S. 977

Wohn- und Garagengebäude der Konsumgenossenschaft. In: Moderne Bauformen, 28 (1929), S. 90

1930

Behne, Adolf: Berliner Bericht. Diplomaten an die Front. In: Das neue Frankfurt, 4 (1930), H. 4/5, S. 137 (Erweiterungsbau des ADGB-Bürohauses in Berlin)

Das neue Verwaltungsgebäude der Reichsknappschaft in Berlin-Wilmersdorf. In: Die Knappschaft, 6 (September 1930), Nr. 9 (Titelblatt)

Das Reichsknappschaftshaus in Berlin. In: Deutsche Bauzeitung, 64 (1930), S. 656 (irrtümlicherweise verweist die Bildunterschrift auf Bruno Taut)

Das Schuljahr 1929/1939. Dorotheenschule Berlin Cöpenick. Jahresbericht von Oberstudiendirektor Dr. Schulz, Berlin 1930

Der Neubau des Gewerkschaftshauses. Das erste Hotel am Mainufer. In: Frankfurter Nachrichten (30. 3. 1930). Nachdruck in: Das Haus der Besitzlosen. Frankfurt 1982, S. 18

Dewog-Bauten in Berlin. Siedlung Eichkamp. In: Wohnungswirtschaft, 7 (15. 6. 1930), Nr. 12, S. 229, 231, 233

G. St.: Kohle und Kali unter einem Dach. Sachlichkeit als Repräsentation im Reichsknappschafts-Haus. In: Berliner Stadtblatt. Generalanzeiger des Berliner Tageblatts für Berlin (29. 10. 1930)

Gantner, Josef (Gtr): Das neue Gewerkschaftshaus des Allgemeinen Deutschen Gewerkschaftsbundes in Frankfurt am Main. In: Das neue Frankfurt, 5 (1930), H. 1, S. 21

Hoffmann, Herbert: Die neue Raumkunst in Europa und Amerika. Stuttgart 1930 (Buchdruckerhaus, Dorotheen-Lyzeum). Englische Ausgabe: Modern interiors in Europe and America. London: The Studio 1932

Konsumgenossenschaft Berlin und Umgebung. Berlin: Vorwärts Buchdruckerei 1930, Abb. 16, 18

Oberlyzeum Dorotheenschule in Berlin-Cöpenick. In: Bauwelt, 21 (1930), S. 115–120 (Heft 4, Beilage S. 1–16)

Posener, Julius: École Supérieure de Jeunes Filles à Koepenick. M. Max Taut, Architecte. In: L'Architecture d'Aujourd'hui (Novembre 1930), Nr. 1, S. 32–33

Weller, A.: Schule und Schulhaus. In: Bauwelt (1930), H. 4, S. 121–122 (Dorotheen-Lyzeum)

Wettbewerb für den Neubau der Bank der Arbeiter, Angestellten und Beamten A.-G. in Berlin. In: Bau-Rundschau, 21 (10. 1. 1930), Nr. 1, S. 1–7

Wolff, H.: Die Eroberung der Wirtschaft durch die Verbraucher. In: Die Konsum-Genossenschaft

(16. 9. 1930), H. 18, S. 2 (Warenhaus der Konsumgenossenschaft)

Zucker, Otto: Konstruktion und Architektur. In: Wasmuths Monatshefte für Baukunst, 14 (1930), S. 474–479 (Dorotheen-Lyzeum)

1931

Ausstellung deutscher zeitgenössischer bildender Kunst und Architektur in Belgrad und Zagreb (Frühjahr–Sommer). Ausstellungskatalog. Berlin 1931. Veranstaltet von der Deutschen Kunstgesellschaft e. V., Berlin. Kommissar der Ausstellung: Alfred Kuhn; Beirat: Erich Heckel und Max Taut (Im Katalog: Max Taut: Neues Bauen in Deutschland, S. 38–42; Werkverzeichnis und Dorotheen-Lyzeum S. 146–147, 120)

Behne, Adolf: Max Taut's Gewerkschaftshaus in Frankfurt am Main. In: Wasmuths Monatshefte für Baukunst und Städtebau, 15 (1931), H. 11/12, S. 481–496

Berliner Groß-Bauten des Jahres 1930. In: Bauwelt, 22 (1931), S. 639–640 (H. 19, Beilage S. 8–9 Reichsknappschaftsgebäude)

Das Bürohaus des Allgemein Deutschen Gewerkschaftsbundes in Frankfurt a. M. In: Deutsche Bauzeitung, 65 (9. 9. 1931), Nr. 11 (Wettbewerbe, Entwürfe, Bauliches Gestalten. Beilage zur DBZ Nr. 73/74, S. 49–51)

Das Frankfurter Gewerkschaftshaus. In: Das neue Frankfurt, 6 (1931), H. 9, S. 153–157 und Titelbild

Deutsche Bauausstellung Berlin 1931 (9. Mai bis 2. August 1931). Amtlicher Katalog. Berlin 1931 (Dorotheen-Lyzeum)

Einweihung des neuen Gewerkschaftshauses. In: Frankfurter Zeitung (13. 7. 1931), Nr. 513, Morgenblatt

Einweihung des neuen Gewerkschaftshauses. In: Volksstimme, Frankfurt am Main (13. 7. 1931)

Gantner, Josef: Deutsche Bauausstellung Berlin 1931. In: Zentralblatt der Bauverwaltung, 51 (1931), S. 726 (Konsum-Großbäckerei)

Herbst, Friedrich: Über den Stahlbau der Großbäckerei der Berliner Konsumgenossenschaft in Spandau-Haselhorst. In: Die Bautechnik. Der Stahlbau, 4 (26. 6. 1931), H. 13, S. 145–150

Huth, Fr.: Das Reichsknappschaftsgebäude in Berlin. In: Deutsche Bauhütte, 35 (7. 1. 1931), H. 1, S. 26–27

Johannes, Heinz: neues bauen in berlin. Berlin: Deutscher Kunstverlag 1931, S. 12–13, 37, 39– 40, 75. Nachdruck: Berlin: Gebr. Mann Verlag 1998

Konsum-Großbäckerei in Spandau-Haselhorst. In: Konsumgenossenschaft Berlin und Umgebung. Bericht über das 32. Geschäftsjahr 1930–1931. Berlin 1931, S. 10, 30 (7 Aufnahmen)

Kuhn, Alfred; Taut, Max: Deutsche Architektur der Gegenwart. Ausstellungskatalog. Berlin o. J. (1931). Ein Exemplar in der Kunstbibliothek Berlin, das als Geschenk von Alfred Kuhn überreicht wurde, zeigt die handschriftliche Bleistiftnotiz: Ausstellung Reichenberg Böhmen. Die Reichenberger Sommerhochschulwoche »Deutsche Kunst der Gegenwart« fand vom 24. bis 29. August 1931 statt.

Lampmann, Gustav (Dr. G. L.): Reichsknappschaftsgebäude in Berlin. In: Zentralblatt der Bauverwaltung, 51 (11. 2. 1931), Nr. 6, S. 85–91, 130

Lotz, Wilhelm: Architektur-Reportage. In: Kunstblatt, 15 (1931), S. 181–182 (Reichsknappschaftsgebäude)

O: »... und der Wind wehte den Häusern die Dächer vom Haupt«. In: Ostdeutsche Bauzeitung (15. 10. 1931), H. 42, S. 317 (Schulgruppe Lichtenberg)

Oberlyzeum Dorotheenschule. In: Ostdeutsche Bauzeitung, 29 (26. 3. 1931), Nr. 13, S. 98–99

Posener, Julius: Das Gebäude der Reichsknappschaft am Breitenbachplatz in Berlin. In: Die Baugilde, 13 (1931), H. 4, S. 281–290

Reichsknappschaftsgebäude, Breitenbachplatz. In: Ostdeutsche Zeitung, 29 (12. 2. 1931), Nr. 7, S. 53 (Verwechslung mit Bruno Taut)

Reichsknappschaftshaus, Berlin Wilmersdorf. In: Wasmuths Monatshefte für Baukunst, 15 (1931), S. 492–494

Schallenberger, Jacob; Gutkind, Erwin: Berliner Wohnbauten der letzten Jahre. Berlin 1931 (Siedlung Eichkamp, Wohnbauten Waldowstraße, Humboldtstraße)

Schulanlagen in Berlin-Lichtenberg. In: Bauwelt, 22 (1931), S. 1116

Taut, Max: Neues Bauen in Deutschland. In: Deutsche zeitgenössische bildende Kunst und Architektur. Ausstellung in Belgrad und Zagreb. Katalog: Berlin 1931, S. 38–42. Sowie in: Alfred Kuhn, Max Taut: Deutsche Architektur der Gegenwart. Katalog: Berlin o. J. (1931), S. 2–4

Teuer erkaufte Erfahrung beim sogenannten modernen Dach. In: Deutsche Bauhütte, 35 (2. 9. 1931), H. 18, S. 289 (Schulgruppe Lichtenberg)

Weihe des neuen Gewerkschaftshauses. In: Volksstimme, Frankfurt am Main (13. 7. 1931)

1932

Ausstellung deutscher zeitgenössischer Architekten. Wystawka sowremennoi germanskoi archhitektury. Veranstaltet von der WOKS (Wsesojusnoje obschtschestwo kulturnoi swjasi s sagranizej) und der Deutschen Kunstgesellschaft e. V., Berlin, zusammen mit der Musterschau der Leipziger Buchmesse. Leitung: Dr. Alfred Kuhn. Moskau 1932. Katalog zur Ausstellung (russisch und gekürzte deutsche Ausgabe hrsg. von der Deutschen Kunstgesellschaft e. V., Berlin). Darin von Max Taut: Buchdruckerhaus, Konsumgroßbäckerei, Reichsknappschaftsgebäude, Dorotheen-Lyzeum, Siedlung Waldowstraße, Modell des Frankfurter Gewerkschaftshauses

Ein Musterschulhausbau in Lichtenberg. In: Lichtenberger Tageblatt, Beiblatt (6. 10. 1932)

Genzmer, Walther: Wohnbauten der Berliner Sommerschau 1932 – II. Klein- und Wochenendhäuser, Wohn- und Wochenendlauben. In: Zentralblatt der Bauverwaltung, 52 (1932), S. 380–381

Günther, Herbert: Alt und Neu. In: Die Form, 7 (1932), H. 2, S. 55–58 (ADGB-Bürohaus)

Häuser mit eingebauten Stahlmöbeln. In: Bauwelt, 23 (1932), H. 25, S. 622

Hegemann, Werner: Der Bildhauer als Teufelsbeschwörer der Architektur. Ein Gespräch mit Rudolf Belling. In: Wasmuths Monatshefte für Baukunst und Städtebau (1932), H. 8, S. 382–388

Heinicke, Erich: Zum Thema »Wachsendes Haus«. In: Deutsche Bauzeitung, 66 (15.6.1932), S. 503–510

Kellner, Wilhelm: Die Lichtenberger Schulen. Max Taut. In: Wasmuths Monatshefte für Baukunst und Städtebau (1932), H. 6, S. 257–269, 305–307 (auch als Sonderdruck erschienen)

Klein, Alexander: Um die Frage »Das wachsende Haus«. In: Die Baugilde (25.3.1932), H. 6, S. 281–304

Kuhn, Alfred: Max Taut – Bauten. Berlin, Leipzig, Wien: Deutsche Architektur Bücherei 1932

Nowak-Rischowski, Edith: Das »Anbauhaus« Berlin 1932. In: Innendekoration, 43 (1932), S. 315–338 (Wochenendhaus)

Rasmussen, Steen Eiler: Hannes Meyer's Gewerkschaftsschule in Bernau bei Berlin. In: Wasmuths Monatshefte für Baukunst und Städtebau (1932), H. 1, S. 16 (Max Tauts Wettbewerbsbeitrag)

Salomonsen, M.: Erweiterungsbau des Warenhauses I der Konsumgenossenschaft für Berlin und Umgebung. In: Der Stahlbau. Beilage zur Zeitschrift: Die Bautechnik, 5 (19.2.1932), H. 4, S. 25–28

«Sonne, Luft und Haus für alle«. Ausstellung für Anbauhaus, Kleingarten und Wochenende vom 14. Mai bis zum 7. August 1932. Katalog und Führer. Berlin 1932

Sonne, Luft und Haus für alle (II). In: Deutsche Bauhütte, 36 (22.6.1932), H. 13, S. 163

Taut, Max: Das wachsende Haus. Entwurf: Architekt Max Taut, Berlin. In: Martin Wagner (Hrsg.): Das wachsende Haus. Berlin, Leipzig 1932, S. 100–103 (Erläuterungsbericht)

Taut, Max: Reisebericht über Moskau. 23.12.1931 bis 3.1.1932, Manuskript, MTA.

Wagner, Martin: Das »wachsende Haus« der Arbeitsgemeinschaft. In: Deutsche Bauzeitung, 66 (13.1.1932), Nr. 3, S. 41–55

Wedemeyer, A[lfred]: Kleinhäuser, Sommer- und Wochenend-Häuser. Gute Bauideen von der Berliner Sommerschau. In: Deutsche Bauzeitung, 66 (15.6.1932), S. 511–516

Zilch, E. H.: »Das wachsende Haus.« Ein Querschnitt durch die Berliner Sommerschau »Sonne, Luft und Haus für alle«. In: Das Werk (Schweizer Werkbund), VII 35–37 (1932), S. 323–325

Zur Ausstellung »Sonne, Luft u. Haus für alle«. In: Deutsche Bauzeitung, 66 (11.5.1932), Nr. 20, S. 381

1933

Behrendt, Walter Curt: Großbäckerei-Anlage in Berlin-Spandau. In: Zentralblatt der Bauverwaltung (1.2.1933), H. 5, S. 49–58 (auch als Sonderdruck erschienen)

Das Haus mit der Glasmaske. In: Deutsche Bauhütte, 37 (12.4.1933), H. 8, S. 103 (Warenhaus der Konsumgenossenschaft)

Posener, Julius: Écoles allemandes. In: L'Architecture d'Aujourd'hui (1933/1934), H. 2, S. 3–6, 42–44 (Schulgruppe Lichtenberg u. a.)

1934

Przygode: Der Baumaterialien-Markt auf der Leipziger Baumesse Herbst 1934. In: Deutsche Bauzeitung (1934), S. 649–655, Abb. S. 653 (Dorotheen-Lyzeum)

1935

Holme, C. George (Ed.): Industrial Architecture. London: The Studio 1935, S. 32–33 (Konsum Großbäckerei)

1936

Klünder (Regierungsreferendar): Der Neubau. In: Kreissparkasse Genthin. Zur Einweihung des Neubaus am 25. November 1936. Druck: E. Donath, Genthin (1936)

1938

Thieme, Ulrich; Becker, Felix: Allgemeines Lexikon der bildenden Künste von der Antike bis zur Gegenwart. Bd. 32, hrsg. von Hans Vollmer. Leipzig: E. A. Seemann 1938. Unveränderter Nachdruck 1992, S. 479

1945

G. H.: Baumeister mit Phantasie. Prof. Taut über die Erziehung des Architektennachwuches. In: Berliner Zeitung (21.12.1945)

Taut, Max: Beziehungen der Bau- und Architekturschule zu den anderen technischen Lehranstalten. Studienplan für die Bau- und Architektur-Schule. Fassung vom 24.9.1945. In: Heinz Deutschland, Jonas Geist: Max Taut. Architekt und Lehrer. Berlin 1999, S. 85–93

Taut, Max: Der Bau. Organisationsschema der künstlerischen und technischen Lehranstalten für Architekten, schematische Darstellungen vom 6.9.1945 (Abb. 167 in diesem Buch) und vom 15.9.1945 (Abdruck in: Max Taut. Berlin 1984, S. 35). Sowie: Hochschule für Bildende Künste, schematische Darstellung vom 22.10.1945 (Abdruck in: Heinz Deutschland, Jonas Geist: Max Taut. Architekt und Lehrer. Berlin 1999, S. 90)

Taut, Max: Erläuterungen zum Lehrprogramm. Fassung vom 6.10.1945. In: Heinz Deutschland, Jonas Geist: Max Taut. Architekt und Lehrer. Berlin 1999, S. 93–98

Taut, Max: Statuten für die Hochschule für Bildende Künste (Entwurf vom 24.10.1945). Unveröffentlichte Fassung, Archiv der Universität der Künste Berlin

1946

Kolwes, D. (Stadtbaurat a. D.): Betrachtungen zum Aufbau Berlins von Max Taut. In : Der Bauhelfer. Leserstimmen Für und Wider. In: Der Bauhelfer, 1 (Oktober 1946). Nr. 7, S. 20, 25

Redslob, Edwin: Berlin im Aufbau. In: Illustrierte Sonntagsbeilage des Tagesspiegel (18.8.1946)

Taut, Max: Bauen aus der Tradition. Heinrich Tessenow zum siebzigsten Geburtstag. In: Der Tagesspiegel (7.4.1946)

Max Taut: Betrachtungen zum Aufbau Berlins. In: Der Bauhelfer (Juli 1946), Nr. 2, S. 1–9

Taut, Max: Berlin im Aufbau. Betrachtungen und Bilder des Architekten Max Taut. Berlin: Aufbau-Verlag 1946. Auszugsweiser Nachdruck in: Max Taut. Berlin 1984, S. 96

Taut, Max: Der Wiederaufbau Berlins. In: Telegraf (21.4.1946), S. 3, sowie in: Der Sozialdemokrat (22.7.1946) (Auszüge aus der Publikation: Berlin im Aufbau. Berlin 1946)

Taut, Max: Geleitwort zur ersten Nummer der Zeitschrift Der Bauhelfer. In: Der Bauhelfer, 1 (1946), H. 1, S. 5

Taut, Max: Zum Aufbau einer neuen Stadt – Berlin. Vortrag an der Volkshochschule Wilmersdorf (26.6.1946), Redemanuskript 22 Seiten, MTA

Zechlin, Hans Josef. Berlin im Aufbau. In: Neue Bauwelt (1946), H. 9, S. 6–8

1947

Taut, Max: Baumethoden und Wohnungsbau. In: Neue Bauwelt (1947), H. 20, S. 312–314 (Wachsendes Haus)

Taut, Max: Die wachsende Wohnung. Vorschlag eines Zellenhauses. In: Athena, 2 (1947), H. 2, S. 42–45

1948

Billig Bauen, praktisch wohnen: Prof. Max Taut skizziert die variable Kleinwohnung für die Frau. In: Mosaik. (Oktober 1948), S. 8–9

Bonatz, Karl: Der Wettbewerb zum Wiederaufbau des Schiller-Theaters. In: Neue Bauwelt (18.10.1948), H. 42, S. 662–667

C. H.: Notzeitkirchen. In: Athena, 2 (1948), H. 3, S. 46–49

Hagemann, Otto: Berlin vor der Zerstörung aufgenommen. Berlin: Deutscher Kunstverlag 1948, Abb. 83, 93

Taut, Max: Können die Architekten helfen? Eine Entgegnung. In: Die Neue Zeitung (12.1.1948), S. 4 (Manuskript vom 21.8.47, MTA)

Taut, Max: Über die Ausbildung der Architekten in der Architektur-Abteilung der Hochschule für Bildende Künste, Berlin. In: Der Bauhelfer, 3 (1.4.1948), Nr. 7, S. 176–178. Nachdruck in: Heinz Deutschland, Jonas Geist: Max Taut. Architekt und Lehrer. Berlin 1999, S. 98–102

Taut, Max: Vorschlag für eine Stadtplanung. Berlin: Wiederaufbau rund um die Gedächtniskirche. In: Architektur und Wohnform, 58 (1948), H. 1/2, S. 1–6

1949

E. H. Z.: Max Tauts Bundessiedlung. Das Regierungspersonal wird am Venusberg wohnen. In: unbek. Tageszeitung (6.9.1949), Nr. 134, S. 3, MTA

Gewerkschaftshaus in Frankfurt/Main 1929–1949. Entwurf Professor Max Taut und Franz Hoffmann, Architekten BDA. Hrsg. von der Vermögensverwaltung der Gewerkschaften in Hessen. Frankfurt am Main: Verlag für Architektur und Städtebau 1949

Geyer: Das Wohnhotel in Bonn. Architekt Professor Max Taut. In: Weltspiegel, Illustriertes Sonntagsblatt des Tagesspiegel (19.6.1949), Nr. 25 (Beiblatt)

Hildebrandt, Hans: Entwurf für ein Funkhaus in Hannover. In: Architektur und Wohnform, 57 (1949), H. 6, S. 119–120

Hildebrandt, Hans: Neue Siedlung für Bonn am Rhein. In: Architektur und Wohnform (1949), H. 6, S. 116–118

Hoffmann, Hubert: Der Wettbewerb um das Haus des Nordwestdeutschen Rundfunks in Hannover. In: Neue Bauwelt, 4 (1949), H. 17, S. 263–266

Kühne, Günther (G. K.): Meister konstruktiven Bauens. In: Der Tag, 2 (1949). Nr. 113, S. 3

Prof. Max Taut 65 Jahre alt. In: Architektur und Wohnform, 57 (1949), H. 5, S. 5

Steinecke, Joachim: Max Taut. Fünfundsechzig Jahre. In: Neue Bauwelt, 4 (1949), H. 19, S. 70–72

Taut, Max: Der Wettbewerb um die Rappbodesperre. In: Neue Bauwelt, 4 (1949), H. 33, S. 117–121 (Max Taut erläutert als Preisrichter das Wettbewerbsergebnis)

Z.: Frankfurt am Main baut. Max Tauts Erweiterungsbau seines Gewerkschaftshauses. In: Neue Bauwelt, 4 (1949), H. 25, S. 90

Zechlin, Hans Josef: Von kommender Baukunst. In: Neue Bauwelt, 4 (1949), H. 20, S. 314 (Ausstellung in der Hochschule für Bildende Künste unter Leitung von Max Taut)

1950

Jaspert, Fritz: Wohnungsbau der Bundesregierung in Bonn. In: Neue Bauwelt, 5 (1950), H. 49, S. 197–201

Taut, Max: Gespräch mit Prof. Max Taut über die Ausbildung des Architekten und ihre geistigen Voraussetzungen. NWDR, Sendetermin 12.6.1950. Abgedruckt in: Heinz Deutschland, Jonas Geist: Max Taut. Architekt und Lehrer. Berlin 1999, S. 102–106

1951

Taut, Max: Ludwig-Georgs-Gymnasium Darmstadt. In: Die neue Stadt, 5 (1951), H. 9, S. 346–350

1952

Taut, Max: Baubeschreibung zu dem Entwurf des Ludwig-Georgs-Gymnasiums am Kapellplatz in Darmstadt. In: Otto Bartning (Hrsg.): Mensch und Raum. Darmstädter Gespräch 1951. Darmstadt 1952, S. 218–224. Identisch mit Beitrag in: Die neue Stadt, 5 (1951), H. 9

Mensch und Raum. Darmstadt 1951. Ausstellungskatalog Berlin o. J. (Die Darmstädter Ausstellung wurde auszugsweise in Berlin gezeigt.)

1953

Gymnasiumsbau – eine Tat der Zuversicht. In: Darmstädter Echo (25.8.1953), S. 4

Modell des Gymnasium Neubaus. In: Darmstädter Echo (2.7.1953), S. 4

Vorarbeiten zum Gymnasiumsbau beginnen. In: Darmstädter Echo (25.2.1953), S. 3

Z.: Der Wettbewerb um das Finanzamt Steglitz. In: Bauwelt, 44 (1953) H. 2, S. 30–33

1954

Das neue Ludwig-Georg-Gymnasium [sic] in Darmstadt. In: Bauwelt 45 (1954), H. 9, S. 168–169

F. R.: Das neue Berlin – eine großartige Aufgabe. Zu Max Tauts 70. Geburtstag. In: Der Tagesspiegel (15.5.1954)

Ludwig-Georgs-Gymnasium an der Nieder-Ramstädter Straße. In: Deutsche Bauzeitschrift (1954), Nr. 8, S. 539

Prof. Max Taut wird am 15. Mai in Berlin siebzig Jahre alt. In: Der Kurier, 10 (14.5.1954), Nr. 111, S. 3

Taut, Max: Der Neubau des Ludwig-Georgs-Gymnasiums. In: 325 Jahre Ludwig-Georgs-Gymnasium Darmstadt. Festschrift. Hrsg. vom Ludwig-Georgs-Gymnasium. Darmstadt 1954, S. 225–230

Taut, Max: Rede zum Tod Hans Luckhardts. Redemanuskript 4 Seiten, 15.10.1954, MTA

Zechlin, Hans Josef: Neue Bauten von Max Taut. Zum 70. Geburtstag am 15. Mai 1954. In: Bauwelt (1954), H. 19, S. 364–371

1955

Darmstädter Echo. Berichte und Leserbriefe in den Ausgaben von 1951–1955 (Kunstdiskussion Ludwig-Georgs-Gymsium)

Das neue Gymnasium – Ausdruck moderner Baugesinnung. In: Darmstädter Echo (26.2.1955), S. 6

Röser, Rudi: Dem Geist verpflichtet, dem Leben aufgeschlossen. Das neue Ludwig-Georgs-Gymnasium seiner Bestimmung übergeben. In: Darmstädter Echo (2.3.1955), S. 5

Taut, Max: Was kosten die modernen Plastiken? Architekt Professor Max Taut bittet um Richtigstellung: In: Darmstädter Tagblatt (7./8.5.1955)

1956

Hagemann, Otto: Hauptstadt Berlin. Gestern–heute–morgen. 130 Aufnahmen. Berlin: arani 1956, S. 33, Abb. 80

1957

Das neue Ludwig-Georgs-Gymnasium in Darmstadt. In: Bauwelt, 48 (1957), H. 39, S. 1043–1045

Gehag 1924–1957. Entstehung und Entwicklung eines gewerkschaftlichen Wohnungsunternehmens. Berlin 1957, S. 83, 117–120 (Wohnanlage Paster-Behrens-Straße)

Jaspert, Fritz: Städtebau. In: Jaspert, Reinhard (Hrsg.): Handbuch moderner Architektur. Eine Kunstgeschichte der Architektur unserer Zeit vom Einfamilienhaus bis zum Städtebau. Berlin: Safari 1957, S. 111

Kunst am Bau in Hessen 1951–1956. Hrsg. in Zusammenarbeit mit der Hessischen Staats-bauverwaltung. 3. Sonderheft der Zeitschrift Baukunst und Werkform (1957), S. 36–39 (Arbeiten von Helmut Lander, Helmut Brinck-mann, Bernhard Heiliger und Karl Hartung für das Ludwig-Georgs-Gymnasium Darmstadt)

Martin-Luther-Kirche, Berlin Lichterfelde. Renovierung und Farbgebung Prof. Max Taut. In: Tagesspiegel (9.4.1957), S. 3

Ronge, A.: Eine Befragung von Hochhausbewohnern in Westberlin. In: Bauwelt (1957), H. 24, S. 572–574 (Wohnhochhaus Methfesselstraße)

Taut, Max: Objekt Nr. 26. 3geschossiges Wohnhaus. In: Interbau Berlin 1957. Amtlicher Katalog der Internationalen Bauausstellung. Berlin 1957, S. 106–107

Taut, Max: Wohnanlage Berlin-Tiergarten, Hanseatenweg. In: Interbau Berlin. Hrsg. vom Senator für Bau- u. Wohnungswesen und dem BDA. Darmstadt 1957, H. 3, S. 162–165

Vollmer, Hans (Hrsg.): Allgemeines Lexikon der Bildenden Künstler des 20. Jahrhunderts. Leipzig: Seemann 1958, Bd. 4. Unveränderter Nachdruck 1999, S. 422

Wohnhochhaus Dudenstraße (Berlin, Architekt M. Taut). In: Bauwelt, 48 (1957), H. 24, S. 573

1958

Joedicke, Jürgen: Geschichte der modernen Architektur. Synthese aus Form, Funktion und Konstruktion. Stuttgart 1958, S. 113, 127

Stadtplaner modellieren Hamborns neues Gesicht. In: Duisburg-Hamborner Stadtnachrichten (19.11.1958)

Taut, Max: Ludwig-Georgs-Gymnasium, Darmstadt. In: Baukunst und Werkformen, 11 (1958), H. 7, S. 367–370

Wohnstätten an Rhein und Ruhr. Aus der Arbeit der Wohnstätten-Gesellschaften für Kohle und Stahl. Hrsg. von Wilhelm Steinberg. Düsseldorf: August Bagel 1958, S. 90–91, 95, 97, 116 (Siedlungen in Duisburg)

1959

F. D.: Max Taut wird 75. In: Telegraf (15.5.1959)

Geburtstagsbrief der Bauwelt-Redaktion. In: Bauwelt, 50 (18.5.1959), H. 20, S. 603 Nachdruck in: Heinz Deutschland, Jonas Geist: Max Taut. Architekt und Lehrer. Berlin 1999, S. 107–108

Link, Erich: Berlin verdankt ihm viel. Zum 75. Geburtstag des Architekten Prof. Max Taut. In: Der Tag (15.5.1959)

O.: Pionier des neuen Bauens. Prof. Max Taut wurde am 15. Mai 75 Jahre alt. In: Berliner Stimme (16.5.1959)

Prof. Taut soll Altersheim (in Walsum) entwerfen. In: Duisburger General-Anzeiger (29.6.1959), Westdeutsche Allgemeine (30.6.1959), Neue Ruhr Zeitung (30.6.1959)

Scharoun, Hans: Einführende Worte zur Eröffnung des Gesprächs mit Max Taut aus Anlass seines 75. Geburtstages in der Akademie der Künste am 2.6.1959. Unveröfflichtes Manuskript 3 Seiten, Sammlung Scharoun, SAdK

Taut, Max: Architekten – und ihr erster Auftrag. In: Baukunst und Werkform, 12 (1959), H. 1, S. 5. Nachruck in: Glasforum (1989), Nr. 4, S. 4

Taut, Max: (Professor Taut am 2. Juni 1959 in der Akademie der Künste.) Rede anlässlich seines 75. Geburtstages. Auszugsweise Mitschrift, MTA

1960

Architektur und Bildende Kunst. Eberhard-Ludwig-Gymnasium [Ludwig-Georgs-Gymnasium], Architekt Max Taut. In: Baukunst- und Werkform, 13 (1960), H. 12, S. 692

Die Mitglieder und ihr Werk. Akademie der Künste. Berlin 1960, S. 53–54

Taut, Max: Beitrag auf dem Diskussionsforum »schöner wohnen« am 24. und 25. Oktober 1960 in München. Manuskript 8 Seiten, MTA. Auszugsweise abgedruckt in: Max Taut. Berlin 1984, S. 104–105

1961

Rave, Paul Ortwin: Die Bauwerke und Kunstdenkmäler von Berlin. Stadt und Bezirk Charlottenburg, Teil 1 und 2. Berlin: Gebr. Mann Verlag 1961

Taut, Max: Über moderne Architektur. Aufzeichnung eines Gesprächs mit Max Taut durch das Film- und Tonarchiv der Landesbildstelle Berlin am 6.6.1961 (Dauer 6 Minuten). In: Landesbildstelle Berlin, Film- und Tonarchiv, Reg. Nr. 765

Taut, Max: Wir wollen keine Schulmeister sein. »Schöner wohnen, aber wie?« Möglichkeiten und Grenzen des Architekten. In: Aachener Volkszeitung (13.2.1961), Manuskript MTA

1962

Conrads, Ulrich (UC): Frühlicht Architektur 1920. Architekt Max Taut, Berlin. In: Bauwelt, 53 (1962), H. 50, S. 1412–1413 (Grabmal Wissinger)

Über 700 neue Wohnungen für unsere Mitarbeiter. Interview der Werkzeitung der August Thyssen-Hütte mit Arbeitsdirektor Meyer. In: Unsere ATH, 8. (1962), H. 12, S. 19–23, 25 (Siedlungen Zinkhüttenplatz und Vierlindenhof, Altersheim der Stadt Walsum)

Unsere ATH. Werkzeitschrift der August Thyssen-Hütte AG, Duisburg-Hamborn, 8 (Dezember 1962), H. 12, S. 19–23 (Siedlung Zinkhüttenplatz)

Versen, Peter; Zenker, Hilde: Berlins Kulturlandschaft hat viele Gesichter. Max Taut. In: IBZ (1962), Nr. 48, S. 10

1963

Taut, Max: Vorwort. In: Die gläserne Kette. Visionäre Architekturen aus dem Kreis um Bruno Taut 1919–1920. Katalog der Ausstellung im Museum Leverkusen und in der Akademie der Künste Berlin o. J., Vorwort datiert vom 24.6.1963, S. 5–6

1964

König, Heinrich (k.h.): Es soll an nichts fehlen. Neues Hauptkinderheim in Kreuzberg. In: Telegraf (1.5.1964), S. 26

König, Heinrich (K. H.): Gegner von Programmen. Der Berliner Architekt Max Taut wird 80 Jahre alt. In: Der Tagesspiegel (14.05.1964)

König, Heinrich: Prof. Max Taut zum 80. Geburtstag. In: md (Interview) 1964, S. 79

Kotschenreuther, Hellmut: Das Phantastische wurde Realität. Zur Max-Taut-Ausstellung in der Akademie. In: Berliner Morgenpost (19.7.1964)

Kühne, Günther: Max Taut oder Kontinuität im Bauen. Eine Ausstellung in der Akademie der Künste. In: Der Tagesspiegel (23.7.1964)

Kühne, Günther: Max Taut zum Gruß. Zum 80. Geburtstag des großen Architekten. In: Der Tagesspiegel (15.5.1964)

Max Taut. Berlin: Akademie der Künste 1964. Katalog zur Ausstellung in der Akademie der Künste mit Texten von Julius Posener und einem Grußwort von Hermann Fehling

Max Taut 80 Jahre. In: Werk und Zeit, 13 (Mai 1964), H. 5

Max Taut zum 80. Bauwelt, 55 (18.5.1964), H. 20, S. 539

Posener, Julius: Laudatio pro Maximiliano. Rede zur Eröffnung der Max-Taut-Ausstellung der Akademie der Künste am 19.7.1964. Abgedruckt in: Heinz Deutschland, Jonas Geist: Max Taut. Architekt und Lehrer. Berlin 1999, S. 109–113

Scharoun, Hans: Eröffnungsrede zur Max-Taut-Ausstellung in der Akademie der Künste am 19.7.1964. Unveröffentlichtes Manuskript 3 Seiten, MTA

Scharoun, Hans: Rede zur Feier des 80. Geburtstages von Max Taut am 14. Mai 1964 in der Akademie der Künste. Abgedruckt in: Heinz Deutschland, Jonas Geist: Max Taut. Architekt und Lehrer. Berlin 1999, 108–109

Taut, Max: Ansprache des Architekten Herrn Prof. Dr.-Ing. h. c. Max Taut, Berlin, und Übergabe des Schlüssels [des Altersheims in der Siedlung Vierlinden] an den Bürgermeister der Stadt Walsum am 28. April 1964 (Rede nicht überliefert)

Teut, Anna: Er tat, was zu tun war: er baute. Max Taut wird achtzig Jahre. In: Die Welt (15.5.1964)

Zum 80. Geburtstag von Max Taut. In: Berliner Morgenpost (14.5.1964)

1965

Hauptkinderheim nach den Plänen von Architekt Prof. Max Taut. In: Der Tagesspiegel (26.8.1965)

Havenstein, Felix: Rechte der Bergknappen. In: Telegraf (21.8.1965) (Reichsknappschaftsgebäude)

1966

Taut, Max: Rede zur Ausstellungseröffnung Oud am 28.1.1966 in der Akademie der Künste. Manuskript 2 Seiten, MTA

1967

Borsi, Franco: Max Taut 1884–1967. In: Casabella, 313 (1967), 66 ff.

Henning-Schefold, Monica; Schäfer, Inge: Frühe Moderne in Berlin. Berlin 1967 (Buchdruckerhaus, Dorotheen-Lyzeum, Reichsknappschaftshaus, Siedlung Eichkamp)

Hilberseimer, Ludwig: Berliner Architektur der 20er Jahre. Neuauflage: Mainz, Berlin: Kupferberg 1967. Reprint: Berlin 1992, S. 50–51 (Chicago-Tribune)

Juckel, Lothar: Max Taut. In: Baumeister, 64 (April 1967), S. 504

Kühne, Günther: Ein Baumeister Berlins. Zum Tode von Max Taut. In: Der Tagesspiegel (28.2.1967)

Kühne, Günther: Max Taut: 15. Mai 1884 in Königsberg/Pr. – 26. Februar 1967 in Berlin. In: Jahresring 67/68. Hrsg. vom Kulturkreis im Bundesverband der Deutschen Industrie. 1967, S. 333–336

Maul, Alfred: Max Taut. Leserbrief auf den Nachruf in der Bauwelt (1967), H. 11. In: Bauwelt, 58 (1967), H. 17, S. 388. Nachdruck in: Heinz Deutschland, Jonas Geist: Max Taut. Architekt und Lehrer. Berlin 1999, S. 113–114

Max Taut. Königsberg, 15. 5. 1884 – Berlin, 26.2.1967. Nachruf des BDA Berlin für sein Ehrenmitglied, MTA

PMB: Max Taut, der Namenlose. Zum Tode des Berliner Architekten. In: Unbekannte Tageszeitung, MTA

Posener, Julius (J. P.): Max Taut. Königsberg, 15. Mai 1884 – Berlin, 26. Februar 1967. In: Bauwelt, 58 (1967), H. 11, S. 274

Posener, Julius: Max Taut†. In: Architektur und Wohnform, 75 (1967), H. 4, S. 234

Rossow, Walter: Für Max Taut. In: Werk und Zeit (1967), Nr. 3, S. 3 (Grabrede)

Scharoun, Hans: Gedenkrede auf Max Taut am 3. März 1967. Veröffentlicht in: Hans Scharoun. Bauten, Entwürfe, Texte. Hrsg. von Peter Pfankuch. Berlin: Gebr. Mann Verlag 1974, S. 142–144

Schmidt, Hans: Deutsche Architekten in der Sowjetunion. In: Deutsche Architektur, 16 (1967), H. 10, S. 625–629 (Zentrosojus-Entwurf für Moskau 1928)

Taut, Max: Redemanuskript zur Eröffnung der Hans-Scharoun-Ausstellung in der Akademie der Künste. Manuskript 1 Seite, 10.1.1967, MTA. (Max Taut verstarb vor Eröffnung der Ausstellung.)

1968

Junghanns, Kurt: Max Taut zum Gedenken. In: Deutsche Architektur, 17 (1968), H. 2, S. 109. Nachdruck in: Heinz Deutschland, Jonas Geist: Max Taut: Architekt und Lehrer (1884–1967). Berlin: Hochschule der Künste 1999, S. 114–115

Rave, Rolf; Knöfel, Hans-Joachim: Bauen seit 1900 in Berlin. Berlin: Kiepert 1968

1969

Borsi, Franco (F. B.): Max Taut. In: Dizionario Enciclopedico di Architettura e Urbanistica (dir. Paolo Portoghesi), Bd. 6. Rom 1969, S. 152–153

1970

Berlin und seine Bauten. Hrsg. vom Architekten- und Ingenieur-Verein zu Berlin. Teil IV, Wohnungsbau. Band A. Die Voraussetzungen. Berlin 1970 (Siedlung Eichkamp, Wohnanlagen in Mariendorf und Berlin-Ruhleben, Wohnhäuser Waldowstraße, Wohnanlage Paster-Behrens-Straße, Interbau-Objekt)

1971

Berlin und seine Bauten. Hrsg. vom Architekten- und Ingenieur-Verein zu Berlin. Teil IX, Industriebauten, Bürohäuser. Berlin: Ernst & Sohn 1971. Buchdruckerhaus (S. 66, 101); Konsum-Großbäckerei (S. 67, 103), ADGB-Bürohaus (S. 143–145, 193),

Reichsknappschaftsgebäude (S. 146–147)
Darin: Hermann Kreidt: Industriebauten. Sowie:
Hans Joachim Stark: Bürohäuser der
Privatwirtschaft

Kühne, Günther: Max Tauts Buchdrucker-
Verbandshaus. Aus dem Verzeichnis der Berliner
Baudenkmale. In: Der Tagesspiegel (21.11.1971)

1972

Kühne, Günther: Das Haus der Reichsknappschaft.
Aus dem Verzeichnis der Berliner Baudenkmale
(33). In: Der Tagesspiegel (14.5.1972)

1974

Berlin und seine Bauten. Hrsg. vom Architekten-
und Ingenieur-Verein zu Berlin. Teil IV,
Wohnungsbau. Band B, Die Wohngebäude –
Mehrfamilienhäuser. Berlin: Ernst & Sohn 1974,
S. 68–69, 384 (Buchdruckerhaus), S. 416
(Mansfelder Straße), S. 499 (Attilastraße),
S. 556–557 (Objekt 26, Interbau), S. 602–603
(Methfesselstraße und Dudenstraße,
Erweiterung), S. 715 (Wohnhäuser
Bismarckstraße), S. 715 (Laubenganghaus
Bismarckstraße), S. 760–761 (Paster-Behrens-
Straße, Siedlung Britz)

1977

Börsch-Supan, Eva und Helmut; Kühne, Günther;
Reelfs, Hella: Reclams Kunstführer. Deutschland
VII, Berlin. Stuttgart 1977 (ADGB-Bürohaus,
Schulgruppe Lichtenberg, Dorotheen-Lyzeum,
Buchdruckerhaus, Objekt 26 u. a.)

Tendenzen der Zwanziger Jahre. 15. Europäische
Kunstausstellung Berlin 1977.
Ausstellungskatalog. Berlin 1977 (Chicago-
Tribune, Das drehbare Haus, Ausstellungsraum
Heinrichshofen, Grabmal Wissinger, ADGB-
Bürohaus, Entwurf Geschäftshaus Kemperplatz,
Buchdruckerhaus; Zentrosojus-Entwurf,
Reichsknappschaftsgebäude,
Konsumwarenhaus)

1978

Berlin und seine Bauten. Hrsg. vom Architekten-
und Ingenieur-Verein zu Berlin. Teil VIII, Bauten
für Handel und Gewerbe. Band A und B. Berlin:
Ernst & Sohn 1978 und 1980, Band A, S. 62–63
(Konsum-Warenhaus), sowie Band B, S. 112
(Café Odeon)

Kühne, Günther; Stephani, Elisabeth: Evangelische
Kirchen in Berlin. Berlin 1978, S. 234–235
(Martin-Luther-Kirche), 389 (Gnadenkirche)

1979

Ludwig-Georgs-Gymnasium Darmstadt 1629–1979.
Festschrift zur 350-Jahr-Feier. Hrsg. vom Ludwig-
Georgs-Gymnasium Darmstadt. Darmstadt 1979

Posener, Julius: Berlin auf dem Wege zu einer
neuen Architektur. Das Zeitalter Wilhelms II.
München: Prestel 1979. Darin u. a. S. 493
(Fabrik Finsterwalde), S. 494 (Wassertürme
Nauen), S. 573 (Grabmal Wissinger)

1980

Arbeitsrat für Kunst, Berlin 1918–1921. Katalog zur
Ausstellung in der Akademie der Künste vom
29.6 bis 3.8.1980. (Dokumentation zeitgenössischer Texte: Ja! Stimmen des Arbeitsrates für

Kunst, Max Tauts Antwort S. 71–72)

Bollerey, Franziska; Kristina Hartmann: Bruno Taut.
Vom phantastischen Ästheten zum ästhetischen
Sozial(ideal)isten. In: Bruno Taut: 1880–1938.
Katalog zur Ausstellung in der Akademie der
Künste. Berlin 1980, S. 36, 38 (Wettbewerb
Möhnetalsperre)

Buddensieg, Tilmann: Schinkel wird nicht erwähnt:
Bruno Taut zum ersten Mal in Berlin. Ein Brief
an seinen Bruder Max Taut vom 2.3.1902. In:
Neue Heimat, Jg. 27 (1980), H. 5, S. 14–19

Kadatz, Hans-Joachim: Max Taut – Bruder und
Zeitgenosse Bruno Tauts. Wegbereiter modernen Stahlbetons. In: Architektur der DDR,
29 (1980), H. 4, S. 221–225

Posener, Julius: Max Taut, Otto Bartning, expressionistische Architektur. 13. Vorlesung zur
Geschichte der Neuen Architektur. In: Arch+
(1980), H. 53, S. 69–76

1981

Whyte, Iain Boyd: Bruno Taut. Baumeister einer
neuen Welt. Architektur und Aktivismus
1914–1920. Stuttgart 1981, S. 166 (Wohnlaube)

1982

Das Haus der Besitzlosen. 90 Jahre
Gewerkschaftskartell, 80 Jahre
Gewerkschaftshäuser, 50 Jahre Neues
Gewerkschaftshaus in Frankfurt am Main. Hrsg.
von der Vermögens- und Treuhandgesellschaft
des Deutschen Gewerkschaftsbundes. 2., überarbeitete Auflage. Frankfurt 1982

1983

Die Bau- und Kunstdenkmale in der DDR.
Hauptstadt Berlin. Berlin 1983, Band 1; Berlin
1987, Band 2 (ADGB-Bürohaus, Dorotheen-
Lyzeum, Schulgruppe Lichtenberg)

1984

Beckelmann, Jürgen: Bauten mit Phantasie und
Sachlichkeit. Architektur und Zeichnungen von
Max Taut in der Akademie der Künste. In:
Volksblatt, Berlin (27.6.1984)

Blechen, Camilla: Empfindsamer Rationalist. Der
Architekt Max Taut – 100. Geburtstag und eine
Ausstellung. In: Frankfurter Allgemeine Zeitung
(19.7.1984). Nachdruck in: The German Tribune
(12.8.1984), Nr. 1144, S. 11 unter dem Titel: Max
Taut, architect with a social conscience

Cramer, Johannes; Gutschow, Niels:
Bauausstellungen. Eine Architekturgeschichte
des 20. Jahrhunderts. Stuttgart: Kohlhammer
1984 (Landarbeiterhaus u. a.)

Ditzen, Lore: Ein Vorbild in Vielem. Max Taut,
Baumeister und Lehrer – Zur Ausstellung in der
Akademie der Künste. Beitrag für den Sender
Freies Berlin, Journal in 3, Sendung am
27.6.1984. Manuskript 4 Seiten, MTA

Ditzen, Lore: Sinn für das Angemessene. Zur
Ausstellung Max Taut in der Berliner Akademie
der Künste In: Süddeutsche Zeitung (25.7.1984)

Gerber, Jerry: Max Taut. Exhibition at the Academy
of Arts. Beitrag für den Deutschlandfunk,
England-Redaktion, August 1984. Manuskript
4 Seiten, MTA

Göpfert, Peter Hans (PHG.): Bescheidenheit
erweist den Meister. Zur Ausstellung »Max Taut
– Zeichnungen, Bauten« in der Akademie der
Künste. In: Berliner Morgenpost (25.7.1984)

Guratzsch, Dankwart: Talent unter spitzen
Ziegeldächern. Die Berliner Akademie der
Künste zeigt »Max Taut – Zeichnungen,
Bauten«. In: Die Welt (24.7.1984)

Hüter, Karl-Heinz: Monographische
Dokumentation des Schulkomplexes in Berlin-
Lichtenberg, Fischerstraße-Schlichtallee, jetzt
Kant-Oberschule, o. J. (vor 1984)

Kerp, Helga: Die Ladenstraße. In: Wulf
Herzogenrath, Dirk Teuber, Angelika Thiekötter
(Hrsg.): Der westdeutsche Impuls 1900–1914.
Kunst und Umweltgestaltung im
Industriegebiet. Köln 1984, S. 213–215

Kotschenreuther, Hellmut: Dauer aus dem
Selbstverständlichen. Das Werk des Architekten
Max Taut in der Berliner Akademie der Künste.
In: Stuttgarter Zeitung (12.7.1984), Nr. 159,
S. 23. Weitgehend gleichlautende Besprechungen
am 13.7.1984 in: Bremer Nachrichten (Humane
Architektur), Kieler Nachrichten (Architektur der
menschlichen Dimension), Mannheimer Morgen
(Architekt mit Sinn für Wirklichkeit und Utopie)

Kühne, Günther (gk): Max Taut 15.5.1884–26.2.
1967. In: Bauwelt, 75 (18.5.1984), H. 19,
S. 814–817

Kühne, Günther: Ein Baumeister Berlins. Zum 100.
Geburtstag des Architekten Max Taut. In: Stadt
und Wohnung, 20 (1984), H. 2, S. 4–7

Kühne, Günther: Bauen als soziale Kunst.
Ausstellung Max Taut in der Akademie der
Künste. In: Der Tagesspiegel (29.6.1984)

Max Taut 1984–1967. Zeichnungen, Bauten.
Akademie-Katalog 142. Berlin: Akademie der
Künste 1984.
Darin: Walter Rossow: Vorwort; Günther Kühne:
Max Taut. Versuch, einen Bau-Meister
darzustellen, S. 6–25; Ulrich Conrads: »Man
könnte darüber auch lachen...« Zu Max Tauts
»utopischen Skizzen« 1918–1922, S. 26–32;
Miron Mislin: Max Taut und die »neue
Architekturlehre«, S. 33–41; Konrad Sage:
Erinnerungen an Max Taut, S. 43

MN: Das Bauen als soziale Kunst für Arbeiter und
Angestellte. Zur Ausstellung über Max Taut in
der AdK. In: Die Wahrheit (9.7.1984)

Nungesser, Michael: Retrospektive Max Taut. In:
Die Kunst (Juli 1984)

Posener, Julius: Max Taut ist vor hundert Jahren
geboren. Vortrag zum hundertsten Geburtstag
von Max Taut, Akademie der Künste Berlin.
Unveröffentlichtes Redemanuskript 5 Seiten,
1984, MTA

Posener, Julius: Max Taut. Rede zur Eröffnung der
Max-Taut-Ausstellung (24. Juni bis 5. August
1984) in der Akademie der Künste Berlin.
Unveröffentlichtes Redemanuskript 11 Seiten,
1984, MTA

Sack, Manfred: Die Schönheit des Gebrauchs. Der
Architekt Max Taut – Eine Ausstellung zum
Hundertsten in der Akademie der Künste Berlin.
In: Die Zeit (20.7.1984)

Steinberg, Silke: Wohnungen sind keine Maschinen. Die Berliner Akademie der Künste zeigt Arbeiten des Architekten Max Taut. In: Das Ostpreußenblatt, Hamburg (28.7.1984)

Wolter-Schäfers, Bernhard: Max Taut – der Namenlose. Zum 100. Geburtstag ehrte die Akademie der Künste ihr ehemaliges Mitglied, den Architekten Max Taut, mit einer Ausstellung seiner Zeichnungen und Bauten. In: tip, 13 (1984), S. 22 (Auch als Rundfunkbeitrag am 23.6.1984, WDR 3)

1985

Bodenschatz, Harald: Von Mietskasernen ... zu behaglichen Wohnstätten. Zum 100. Geburtstag von Max Taut. In: ARCH+ (1985)

Novy, Klaus; Prinz, Michael: Illustrierte Geschichte der Gemeinwirtschaft. Wirtschaftliche Selbsthilfe in der Arbeiterbewegung von den Anfängen bis 1945. Berlin, Bonn 1985 (Buchdruckerhaus, ADGB-Bürohaus, Gewerkschaftshaus Frankfurt)

1986

Pitz, Helge; Brenne, Winfried: Das Reichsknappschaftsgebäude. Baudenkmal in Berlin-Wilmersdorf, Rüdesheimer Str. 52–56, Bestandsaufnahme. Im Auftrag des Senators für Stadtentwicklung und Umweltschutz (Berlin 1986), MTA

Woitzik, Manfred: Zur Stadtentwicklung von Finsterwalde. In: Architektur der DDR, 35 (1986), H. 3, S. 166–168

1987

Architekt Reinhold Kiehl. Stadtbaurat in Rixdorf bei Berlin. Hrsg. vom Bezirksamt Neukölln, Abteilung Bau- und Wohnungswesen. Berlin: Darge 1987, S. 33, 88 (Städtisches Rieselgut Brusendorf-Boddinsfelde). Darin: Günther Kühne: Ein deutsches Rathaus und ein römisches Bad in Neukölln, S. 133

Bruegmann, Robert: Als Welten aufeinanderprallten: Europäische und amerikanische Beiträge zum Wettbewerb der »Chicago Tribune« von 1922. In: John Zukowsky (Hrsg.): Chicago-Architektur 1872–1922. München: Prestel 1987, S. 304–321

Hüter, Karl-Heinz: Architektur in Berlin 1900–1933. Leipzig: Verlag der Kunst 1987, S. 310–315

Kirsch, Karin: Die Weißenhofsiedlung. Werkbund-Ausstellung »Die Wohnung« – Stuttgart 1928. Stuttgart: Deutsche Verlags-Anstalt 1987. 2. Auflage 1999, S. 163–167

1988

Ernst, Rainer: Ausstellung im Kreismuseum zum Schaffen von Max Taut. Kollektiv (3.8.1988)

Ernst, Rainer: Ausstellung zum Schaffen des Architekten Max Taut. Bauspiegel (4.8.1988)

Lindemann, Klaus; Steinhof, Barbara (Hrsg.): 75 Jahre Hauptbahnhof Karlsruhe. Karlsruhe: Info Verlag 1988, S. 55

Thiele, Hans-Joachim: Zwei Bauten in unserer Kreisstadt sind mit seinem Namen verbunden. In: Kollektiv (3.8.1988)

Woitzik, Manfred: Zeichnungen vom Architekten Max Taut. In: Lausitzer Rundschau (3.8.1988)

1989

Blechen, Camilla (C. B.): West-östlicher Rettungsakt für Max Taut. In: Frankfurter Allgemeine Zeitung (18.10.1989), Nr. 242, S. 36

Fischer, Christoph; Welter, Volker (Hrsg.): Frühlicht in Beton. Das Erbbegräbnis Wissinger von Max Taut und Otto Freundlich in Stahnsdorf. Geschichte und Hintergründe der Entstehung, Dokumentation der Restaurierung 1987/88. Berlin: Gebr. Mann Verlag 1989

1990

Fischer, Cristoph: Frühlicht in Beton. Restaurierung eines Grabmals aus Beton. In: Beton, 40 (1990) Nr. 8, S. 332–335

Posener, Julius: Fast so alt wie das Jahrhundert. Berlin: Siedler 1990. Erweiterte Neuausgabe, Basel: Birkhäuser 1993, insbesondere S. 161–162, Abb. S. 163 (Buchdruckerhaus)

Woitzik, Manfred: Die Bauten von Max Taut. Auf den Spuren des progressiven Architekten in Finsterwalde. In: Finsterwalder Heimatkalender 1990

1991

Börsch-Supran, Eva und Helmut; Kühne, Günter; Reelfs, Hella: Kunstführer Berlin. 4. neubearbeitete und erweiterte Auflage. Stuttgart: Reclam jun. 1991

Max Taut und seine Finsterwalder Bauten. In: Rainer Ernst, Olaf Weber (Hrsg.): Finsterwalde. Ein Lesebuch zur Geschichte der Stadt. Finsterwalde 1991, 2. Auflage 1998, S. 105–109

Schmidt-Thomsen, Helga: Schulen der Weimarer Republik. In: Berlin und seine Bauten. Hrsg. vom Architekten- und Ingenieur-Verein zu Berlin. Teil V, Bauwerke für Kunst, Erziehung und Wissenschaft. Band C. Berlin: 1991, S. 121–174

1992

Baukunst in Brandenburg. Hrsg. von der Landesregierung Brandenburg. Köln: DuMont Buchverlag 1992, S. 223 u. a.

Ernst, Rainer: Finsterwalde in alten Ansichten. Europäische Bibliothek. Zaltbommel, Niederlande 1992, Abb. 73–76

Janak, Ulf: Wolkenkratzerstadt Frankfurt. Zerklüftete Oberflächen – polierte Monolithen. In: Archithese (1992) Nr. 3, S. 53–61 (Gewerkschaftshaus Frankfurt)

Speidel, Manfred: Das Haus des Deutschen Verkehrsbundes in Berlin. Ein Werk von Bruno Taut. In: Architektur und Kunst im Abendland. Festschrift zur Vollendung des 65. Lebensjahres von Günter Urban. Hrsg. von Michael Jansen und Klaus Winands. Rom 1992, S. 179–188

1993

Schulgeschichte – Schulgeschichten. Texte und Fotografien. Hrsg. vom Janusz-Korczak-Gymnasium Finsterwalde (Finsterwalde 1993)

Tauts Zeichnungen im Lehrerzimmer. In: Lausitzer Rundschau (18.10.1993)

1994

Architektur in Duisburg. Hrsg. von ag arch ruhrgebiet. Duisburg: Mercator Verlag 1994, S. 23 (Siedlung Vierlinden)

Eckstein, Beate: Licht, Luft, Sonne – das Ludwig-Georgs-Gymnasium von Max Taut. Hrsg. vom Magistrat der Stadt Darmstadt, Denkmalschutz – Kulturamt, Heft 4 (1994) (Überarbeitete Fassung der Magisterarbeit 1991)

Kieren, Martin: Typologie- oder Ideologiedebatte. In: Foyer 4 (Juni 1994), Nr. 2, S. 58–59 (Dorotheen-Lyzeum)

Kresse, Dana: Instandsetzung statt Neubau – Schulgruppe von Max Taut in Lichtenberg. In: Foyer 4 (April 1994), Nr. 1, S. 37

Nicolai, Bernd: Max Taut. In: Lexikon der Kunst, Bd. 7. Leipzig: E. A. Seemann 1994, S. 226

Rannow, Wolfgang: Alexander-von-Humboldt-Oberschule Berlin-Köpenick. Rückblick auf die Geschichte des Schulstandorts der jetzigen Alexander-von-Humboldt-Oberschule in Berlin-Köpenick. Typoskript o. J. (1994)

Zukowsky, John (Hrsg.): Architektur in Deutschland 1919–1939. München: Prestel, 1994, S. 29 (ADGB-Bürohaus), S. 31 (Reichsknappschaftshaus), S. 41 (Dorotheen-Lyzeum), S. 64–65 (Gewerkschaftshaus Frankfurt)

1996

Buddensieg, Tilmann: Adolf Behne – Max Taut. Die Gewerkschaften als Bauherren. In: Max Taut: Bauten und Pläne. Berlin 1927. Neuausgabe mit einem Nachwort von Tilmann Buddensieg. Berlin: Gebr. Mann Verlag 1996

Whyte, Iain Boyd: Max Taut. In: The Dictionary of Art. Ed. by J. Turner. London 1996, Bd. 30, S. 371–372

1997

»... und die Vergangenheit sitzt immer mit am Tisch.« Hrsg. von der Stiftung Archiv der Akademie der Künste. Henschel Verlag o. J. (1997)

Birne, Torsten: Max Tauts Real-Gymnasium in Nauen (heute Goethe-Gymnasium). Architektur des 20. Jahrhunderts, Teil 12. In: Der Architekt (1997) Nr. 1, S. 12

Briefe zur Weißenhofsiedlung. Hrsg. von Karin Kirsch. Stuttgart: Deutsche Verlags-Anstalt 1997

Koetz, Roland: Max Taut 1884–1967. In: Deutsches Architektenblatt, 29 (1997), Nr. 6, S. 860–861

Krieg, Stefan: Stahl im »Neuen Bauen« in Berlin. In: Baukultur (1997), Sondernummer 1, S. 29–33 (Reichsknappschaftsgebäude)

Max-Taut-Schule Lichtenberg. Pitz & Hoh, Werkstatt für Architektur und Denkmalpflege GmbH, Christine Hoh-Slodczyk. Hrsg. vom Bezirksamt Lichtenberg von Berlin Abt. Bau- und Wohnungswesen. Berlin: Nicolaische Verlagsbuchhandlung 1997

Schirren, Matthias: Ein ›erweiterter‹ Architekturbegriff. Die Rezeption Hermann Billings durch die Jungen und Jüngsten um 1910. In: Hermann Billing: Architekt zwischen Historismus, Jugendstil und Neuem Bauen. Karlsruhe: Städtische Galerie Karlsruhe 1997, S. 58–70

Seydel, Renate (Hrsg.): Hiddensee: Ein Lesebuch. Berlin: Ullstein 1997, S. 165–179, Abb. S. 173 (Asta Nielsen im Sommerhaus *Karussell*)

Studien zum Frühwerk von Max Taut. Die Bauten in Finsterwalde und Nauen. Magisterarbeit von Kassandra Nakas am Kunsthistorischen Institut der Freien Universität Berlin bei Harold Hammer-Schenk (Berlin 1997)

1998

Bender, Michael; May, Roland: Architektur der fünfziger Jahre. Meisterbauten Darmstadt. Stuttgart: Karl Krämer 1998. Darin: Michael Bender: Max Taut – Ludwig-Georgs-Gymnasium. S. 38–45. Sowie: Beate Eckstein: Der schwere Weg zum Neuen Bauen, S. 116–121

Die Knabenschule Finsterwalde. Eine Chronik. Hrsg. anlässlich des 85. Geburtstags der ehemaligen Knabenschule durch eine Schüler-Forschungsgruppe des heutigen Janusz-Korczak-Gymnasiums unter Leitung von P. Troschke (Finsterwalde 1988)

Junghanns, Kurt: Bruno Taut 1880–1938. Architektur und sozialer Gedanke. 3., überarb. und erg. Aufl. Leipzig: Seemann 1998

Nicolai, Bernd: Moderne und Exil. Deutschsprachige Architekten in der Türkei 1925–1955. Berlin: Verlag für Bauwesen 1998, S. 151–152, 192, 194, 215

Pehnt, Wolfgang: Die Architektur des Expressionismus. Ostfildern: Hatje 1998, S. 116–120

Wiesemann, Gabriele: Die »Stadt-Landschaft« der Nachkriegszeit. Stadtplanung und Wohnsiedlungen der 50er Jahre in Bonn. In: Bonner Geschichtsblätter. Bonn von der Währungsreform zum Wirtschaftswunder. Hrsg. von Manfred van Rey. Bonn 1998, S. 239–278

Woitzik, Manfred: Max Taut und seine Finsterwalder Bauten. In: Rainer Ernst, Olaf Weber (Hrsg.): Finsterwalde. Ein Lesebuch zur Geschichte der Stadt. Berlin: Gallus 1991. 2. Auflage 1998, S. 105–109

1999

75 Jahre GEHAG 1924–1999. Hrsg. von Wolfgang Schäche. Berlin: Gebr. Mann Verlag 1999, insbesondere S. 53–54 (Wohnbauten Paster-Behrens-Straße)

Buddensieg, Tilmann: Die Gewerkschaften als Bauherrn. Max Taut, Adolf Behne und die Architektur der Sachlichkeit. In: Berliner Labyrinth, neu besichtigt. Veränderte und erweiterte Neuausgabe. Berlin: Wagenbach 1999, S. 119–129

Deutschland, Heinz; Geist, Jonas: Max Taut: Architekt und Lehrer (1884–1967). Berlin: Hochschule der Künste 1999

Dolff-Bonekämper, Gabi; Schmidt, Franziska: Das Hansaviertel. Internationale Nachkriegsmoderne in Berlin. Berlin: Verlag Bauwesen 1999, S. 86–88

Fischer-Sperling, Isi: Erinnerungen an die Architektengemeinschaft »Taut & Hoffmann«. Unveröffentlichtes Manuskript der Tochter Franz Hoffmanns (Braunschweig, 3.3.1999), Archiv: Deutschland, Geist, Menting

Goos, Manuela; Heyde, Brigitte: Eichkamp. Eine Siedlung am Rande mitten in Berlin. Hrsg. vom Siedlerverein Eichkamp e.V. Selbstverlag Siedlerverein Eichkamp 1999

Vogt, Helmut: »Der Minister wohnt in einem Dienstwagen auf Gleis 4.« Die Anfänge des Bundes in Bonn 1949/50. Bonn: Stadt Bonn, Stadtarchiv 1999 (Reutersiedlung)

2000

Architektur im 20. Jahrhundert. Deutschland. Hrsg. von Romana Schneider, Winfried Nerdinger, Wilfried Wang. München: Prestel 2000, S. 268 (ADGB-Bürohaus), 330–331 (Max-Taut-Schule)

Bucciarelli, Piergiacomo: Max Taut, un protagonista dimenticato. In: Controspazio, Jg. 31 (Februar 2000), Nr. 1, S. 60–76

Herzfeld, Isabel: »Nur praktische Arbeit führt zum sicheren Ziel«, 75 Jahre Verbandshaus der deutschen Buchdrucker. In: Kunst & Kultur 2000, H. 2, S. 14–15

Industriegewerkschaft Medien (Hrsg.): Gearbeitet, Gewerkschaftet, Gewohnt. 75 Jahre Verbandshaus der Deutschen Buchdrucker von Max Taut. Berlin 2000

Kähler, Gert: Ein Jahrhundert Bauten in Deutschland. Stuttgart, München: Deutsche Verlags-Anstalt 2000. Darin: Gewerkschaftshaus, Berlin, S. 58–59

Lampugnani, Vittorio Magnago; Nagel, Wolfgang (Hrsg.): Deutsche Architektur im 20. Jahrhundert. Jovis 2002, S. 75, Abb. S. 76, 78 (Buchdruckerhaus)

Nicolai, Bernd: Der weiße Kristall. In: Stadt der Architektur. Architektur der Stadt. Hrsg. von Thorsten Scheer, Josef Paul Kleihues, Paul Kahlfeldt. Berlin: Nicolaische Verlagsbuchhandlung 2000, S. 121–131 (ADGB-Bürohaus)

Paul, Ulrich: Im alten Warenhaus entsteht die Architektur von morgen. In: Berliner Zeitung (7.7.2000), Nr. 156, S. 22

2001

Dähmlow, Silke: Senftenberg, Stadtplanerische Aspekte von Bildungsbauten zur Zeit der Weimarer Republik. In: Brandenburgisches Landesamt für Denkmalpflege und Archäologisches Landesmuseum (Hrsg.): Brandenburgische Denkmalpflege, Jg. 10 (2001), H. 2, S. 44–57

Fischer-Defoy, Christine: Kunst, im Aufbau ein Stein. Berlin: Hochschule der Künste 2001. Darin: Architektur ist eine soziale Kunst. Zur Neugründung der Architekturabeilung der HfBK nach 1945, S. 127–152. Gespräche zur Neugründung der Architekturabteilung mit Konrad Sage, S. 19–21; Heiner Moldenschardt, S. 65–69; Willi Claus, 152–155; Klaus Müller-Rehm, S. 156–159

Jochinke, Ute: Senftenberg: Die Schulbauten der Brüder Bruno und Max Taut und ihre Stellung in deren Werk. In: Brandenburgisches Landesamt für Denkmalpflege und Archäologisches Landesmuseum (Hrsg.): Brandenburgische Denkmalpflege, Jg. 10 (2001), H. 2, S. 58–76

Menting, Annette: Der Architekt Max Taut. Sein Wirken in Finsterwalde und Berlin. Vortrag im Kreismuseum Finsterwalde anlässlich des Denkmaltags (9.9.2001)

Nerdinger, Winfried; Hartmann, Kristiana; Schirren, Matthias; Speidel, Manfred (Hrsg.): Bruno Taut 1880–1938. Architekt zwischen Tradition und Avantgarde. Stuttgart, München: Deutsche Verlags-Anstalt 2001

Zwischen Vision und Sachlichkeit. Den Taut-Brüdern gewidmete Vortragsreihe an der HTWK Leipzig, Studiengang Architektur. Vorträge von Hinrich Baller, Winfried Brenne, Max Dudler, Zvi Hecker, Peter Kulka, Volkwin Marg, Annette Menting [u.a.]. Tondokument 2001, Archiv HTWK Leipzig, Positionen

2002

Aufbau der Aula der Max-Taut-Schule. Bericht der Vorprüfung, 2002. Senatsverwaltung für Stadtentwicklung. Berlin 2002

Die Hand des Architekten. Zeichnungen aus Berliner Architektursammlungen. Ausstellung im Alten Museum, Berlin. Katalog. Köln 2002 (Mehrere Exponate Max Tauts in der Ausstellung)

Krajewsky, Max: Ausstellung in der Galerie Bodo Niemann. Berlin 2002. Die Ausstellung dokumentiert die Arbeit des Architekturfotografen und zeigt unter anderem Fotos zu Projekten Max Tauts.

Jaeger, Roland: Ein Dokument der zeitgemäßen Sachlichkeit. Die Max-Taut-Monographie von Alfred Kuhn. Nachwort zur Neuauflage. In: Alfred Kuhn: Max Taut – Bauten. Neuauflage. Berlin: Gebr. Mann Verlag 2002

Osman, Silke: Die Hand des Architekten. In: Das Ostpreußenblatt. Preußische Allgemeine Zeitung (14.9.2002). Rezension der gleichnamigen Ausstellung unter besonderer Berücksichtigung der Werke Max Tauts.

Rehm, Robin: Max Taut. Das Verbandshaus der Deutschen Buchdrucker. Berlin: Gebr. Mann Verlag 2002

Wiederaufbau der Aula der Max-Taut-Schule, Berlin-Lichtenberg. In: Bauwelt (2002), H. 22, S. 18

Namensregister

Kursive Seitenzahlen verweisen auf Abbildungen

ABBILDUNGSNACHWEIS

Arbeitsrat für Kunst, Berlin 1918–1921, Ausstellungskatalog. Berlin 1980: Abb. 54

Architektur und Wohnform, (1948), H. 1/2: Abb. 321, 322

Archiv Universität der Künste Berlin, Bestand 16, Nr. 172 und Bestand 112: Abb. 166, 167, 195, 373

Athena (1948), H. 3: Abb. 320

Bau und Wohnung. Die Bauten der Weißenhofsiedlung. Stuttgart 1927: Abb. 104, 105, 106, 108

Bauaufsichtsamt Finsterwalde: Abb. 231, 307

Bauaufsichtsamt Köpenick: Abb. 227

Bauhaus-Archiv, Berlin: Abb. 115

Bauwelt (1926), H. 22: Abb. 107, 266; (1954), H. 19: Abb. 169

Adolf Behne (Hrsg.): Ruf zum Bauen. Berlin 1920: Abb. 59

Berlin und seine Bauten. Teil IV, Wohnungsbau. Band A. Berlin 1970: Abb. 350; Teil IV, Wohnungsbau. Band B. Berlin 1974: Abb. 192, 311, 313

Berliner Architekturwelt (1907): Abb. 20, 21, 22, 209; (1912), H. 1: Abb. 220

Brandenburgische Denkmalpflege (2001), H. 2: Abb. 305

Winfried Brenne, Berlin: Abb. 110

Cervantes: Don Quijote. Leipzig o.J.: Abb. 31

Chorin Postkarte: Abb. 51, 52

Johannes Cramer, Niels Gutschow: Bauausstellungen. Stuttgart 1984: Abb. 356

Maurice Culot (Hrsg.): Les frères Perret. Paris 2000: Abb. 40

Das Haus der Besitzlosen. 90 Jahre Gewerkschaftskartell. Frankfurt 1982: Abb. 298

Denkmalarchiv Darmstadt: Abb. 179

Deutsche Bauzeitung (30. 4. 1898): Abb. 14; (13. 11. 1909): Abb. 18; (1914), Nr. 27: Abb. 30, 223; (1926), Nr. 32, Beilage Wettbewerbe Nr. 8: Abb. 267; (1926), H. 39: Abb. 263

Deutsche Konkurrenzen (1907), H. 243: Abb. 210; (1908), H. 267: Abb. 24, 214

Die Baugilde (25. 2. 1928), Nr. 4: Abb. 276; (1931), H. 4: Abb. 291

Die Bauwelt (1913), Nr. 23: Abb. 233; (1914), Nr. 31: Abb. 229, 230; (1919), H. 15: Abb. 240

Max Dudler, Berlin: Abb. 103

Klaus Frahm / artur: Abb. 100

Frühlicht 1921-1922: Abb. 56, 60, 73, 76, 242, 246, 249, 252

Gräfin zu Dohna, München: Abb. 2

Claus Graubner, Berlin: Abb. 173, 174, 177

Walter Gropius: Internationale Architektur. München 1925: Abb. 68

Hans Herzog (Hrsg.): Bericht über die Internationale Baufach-Ausstellung mit Sonderausstellungen Leipzig 1913. Leipzig 1917: Abb. 43, 44, 234

Theodor Heuss: Hans Poelzig. Stuttgart 1985: Abb. 38

Georg Holländer: Die technische Landschaft. Duisburg 1995: Abb. 180

Jürgen Joedicke, Christian Plath: Die Weißenhofsiedlung. Stuttgart 1968: Abb. 274

Konsumgenossenschaft Berlin und Umgebung. Berlin 1930: Abb. 294

Baldur Köster: Königsberg, Architektur aus deutscher Zeit. Husum 2000: Abb. 10

Kreismuseum Finsterwalde: Abb. 25, 36, 222

Alfred Kuhn: Max Taut – Bauten. Berlin, Leipzig, Wien 1932: Abb. 120, 126, 299

L'Architecture d'Aujourd'hui (Novembre 1930), Nr. 1: Abb. 91

Le Corbusier et Pierre Jeanneret. Oeuvre complète 1910–1929: Abb. 119

Märkische Scholle, Berlin: Abb. 278

Annette Menting, Leipzig: Abb. 27, 28, 32, 57, 78, 154, 170, 171, 187, 199, 243, 264, 329, 362, 364; Zeichnungen: Abb. 90, 139, 143, 144, 145, 146, 147, 148, 149, 163, 184, 221, 232, 244, 251, 256, 272, 273, 295, 304, 365

Mewes, Finsterwalde: Abb. 26

Hannes Meyer 1889-1954 Architekt Urbanist Lehrer. Berlin 1989: Abb. 121

Moderne Bauformen (1905): Abb. 16; (1928): Abb. 283

Museum Stadt Königsberg, Duisburg: Abb. 8, 9 (Sammlung Schmittke)

Neudeutsche Bauzeitung (1910), H. 5: Abb. 219; (1913), H. 4: Abb. 226

Neue Baukunst (1925), H. 14: Abb. 33, 35, 37, 39, 41, 53, 67, 79, 81, 236, 237, 241, 250, 253, 254, 255, 257, 258, 259

Neue Bauwelt (1947), H. 20: Abb. 319; (18. 10. 1948), H. 42: Abb. 165

Gustav Adolf Platz: Die Baukunst der neuesten Zeit. Berlin 1927: Abb. 80

Uwe Rau, Berlin: Abb. 131, 66, 84, 85, 86, 109, 113, 245

Wolfgang Reuss, Landesdenkmalamt Berlin: Abb. 75, 95, 367

Christine Schily, Berlin: Abb. 158, 159, 371

Karl Friedrich Schinkel. Lebenswerk. Band Mark Brandenburg. Berlin, München 1960: Abb. 46, 155, 198

Franziska Schmidt, Berlin: Abb. 193

Friedrich Seeßelberg (Hrsg.): Das flache Dach im Heimatbilde. Berlin o.J.: Abb. 42, 224, 225

Michael Snodin (Ed.): Karl Friedrich Schinkel. A universal man. New Haven, London 1991: Abb. 194

Sommer- und Ferienhäuser aus dem Wettbewerb der „Woche". 11. Sonderheft. Berlin 1907: Abb. 212, 213

Manfred Speidel, Aachen: Abb. 15, 205, 217

Stiftung Archiv der Akademie der Künste, Nachlass Bruno Taut: Abb. 17, 45, 69, 150, 207

Stiftung Archiv der Akademie der Künste, Nachlass Max Taut: Abb. 1, 4, 5, 6, 7, 11, 12,13, 19, 23, 29, 34, 47, 48, 49, 50, 55, 58, 61, 62, 63, 64, 65, 70, 71, 72, 74, 82, 83, 88, 89, 92, 93, 94, 97, 98, 99, 101, 102, 111, 112, 114, 116, 118, 122, 123, 125, 127, 128, 129, 130, 132, 133, 134, 135, 136, 137, 138, 151, 152, 153, 156, 157, 164, 168, 172, 175, 176, 178, 181, 182, 183 (und Frontispiz), 185, 186, 188, 189, 190, 191, 196, 197, 200, 201, 202, , 203, 204, 206, 208, 211, 215, 216, 218, 228, 238, 239, 247, 248, 260, 261, 262, 265, 269, 275, 277, 279, 280, 281, 282, 285, 286, 288, 289, 290, 292, 293, 296, 297, 300, 301, 302, 306, 308, 309, 310, 312, 314, 316, 317, 318, 323, 324, 325, 326, 327, 330, 331, 332, 333, 334, 335, 336, 337, 338, 339, 340, 341, 342, 343, 344, 345, 348, 349, 351, 352, 353, 354, 355, 357, 358, 359, 360, 361, 363, 366, 368, 369, 370, 372

Max Taut: Bauten und Pläne. Berlin [u.a.] 1927: Abb. 3, 87, 268, 270, 271

Max Taut: Berlin im Aufbau. Berlin 1946: Abb. 160, 161, 162, 315

Helmut Vogt: »Der Minister wohnt in einem Dienstwagen auf Gleis 4«. Bonn 1999: Abb. 328

Martin Wagner (Hrsg.): Das wachsende Haus. Berlin, Leipzig 1932: Abb. 140, 141, 142, 303

Wasmuths Monatshefte für Baukunst und Städtebau (1931), H. 11/12: Abb. 124; (1932), H. 1: Abb. 287; (1932), H. 6: Abb. 96, 284

Wohnstätten an Rhein und Ruhr. Düsseldorf 1958: Abb. 346, 347

Wohnungskunst – Die Raumkunst, 7 (1914): Abb. 235

Bruno Zevi: Erich Mendelsohn. Milano 1970: Abb. 77, 117